教育部人文社会科学重点研究基地
黑龙江大学俄罗斯语言文学与文化研究中心　学术丛书

术语学理论与实践丛书

术语学理论与实践名篇选译
——经典与现代

邱碧华　编译

黑龙江大学出版社
HEILONGJIANG UNIVERSITY PRESS
哈尔滨

图书在版编目（CIP）数据

术语学理论与实践名篇选译：经典与现代 / 邱碧华
编译 . -- 哈尔滨：黑龙江大学出版社，2023.4
ISBN 978-7-5686-0807-7

Ⅰ．①术… Ⅱ．①邱… Ⅲ．①术语学－西方国家－文
集 Ⅳ．① H083-53

中国版本图书馆 CIP 数据核字（2022）第 067510 号

术语学理论与实践名篇选译——经典与现代
SHUYUXUE LILUN YU SHIJIAN MINGPIAN XUANYI——JINGDIAN YU XIANDAI
邱碧华　编译

责任编辑	张微微　徐晓华	
出版发行	黑龙江大学出版社	
地　　址	哈尔滨市南岗区学府三道街 36 号	
印　　刷	三河市铭诚印务有限公司	
开　　本	720 毫米 ×1000 毫米　1/16	
印　　张	42.25	
字　　数	754 千	
版　　次	2023 年 4 月第 1 版	
印　　次	2023 年 4 月第 1 次印刷	
书　　号	ISBN 978-7-5686-0807-7	
定　　价	168.00 元	

前　言

按照当今公认的说法,现代术语学诞生于 20 世纪 30 年代,以奥地利人欧根·维斯特(Eugen Wüster)划时代的博士论文《在工程技术中(特别是在电工学中)的国际语言规范》("Internationale Sprachnormung in der Technik, besonders in der Elektrotechnik")的发表为标志。而后,苏联术语学家德列津(Drezen)积极促成苏联科学院把维斯特的这篇博士论文翻译成了俄文,故而这也间接影响了苏联的术语学发展。欧根·维斯特虽然是工程师出身,但他同时是世界语学家、社会活动家、文献学家及词典编纂学家等,通晓科学哲学思想。第二次世界大战之后,维斯特与联合国教科文组织(United Nations Educational, Scientific and Cultural Organization, UNESCO)及其他国际组织进行合作。这就促使他能够把自己的术语学思想萌芽付诸国际性的术语工作实践中。1961 年,维斯特当选"多语种词典提案小组委员会"主席,并领导国际标准化组织第 37 技术委员会[ISO/TC 37"术语(原则和协调)"]秘书处的工作。1971 年秋季, UNESCO 与奥地利标准协会[Österreichischer Normenausschuß (Austrian Standards Institute), ÖNA)]签订合同,国际术语信息中心(International Information Centre for Terminology, Infoterm)在奥地利维也纳正式成立,由维斯特担任这个中心的主要负责人。

欧根·维斯特首先于 1972 年 5 月 25 日在维也纳大学的一次演讲中,而后又在 1972 年 8 月 22 日于哥本哈根召开的第三届国际应用语言学会议期间,提出了"普通术语学是跨语言科学、逻辑学、本体论、信息学及各门具体科学的边缘科学"(Die Allegemeine Terminologielehre — ein Grenzgebiet zwischen Sprachwissenschaft, Logik, Ontologie, Informatik und den Sachwissenschaften)的思想。这一演讲标志着普通术语学思想的初步形成。从 1972 年到 1974 年,他在维也纳大学语言学学院举办了"普通术语学和术语词典编纂导论"(Einführung in die Allgemeine Terminologielehre und Terminologische Lexikographie)的讲座。讲座的内容涵盖了术语学的基础性要素。

20 世纪 70 年代中期开始,维斯特的学生和长期合作者费尔伯(Felber)开始传播维斯特的普通术语学思想,他从 1975 年到 1985 年在维也纳大学继续开设这个讲座。

从这个时期起,国际术语信息中心发起了针对术语学的深入研究,并举行了一系列的演讲和教学活动。20世纪80年代末,人们着手进行的是发展维斯特的普通术语学理论,特别是开展进一步巩固的工作。1984年,联合国教科文组织与国际术语信息中心携手合作,共同出版了 本《术语学手册》(Terminology Manual)。这部书的出版直接指导了全球化的术语学实践工作。

国际术语信息中心在20世纪70、80年代,在帮助世界上各类大学开设术语学课程方面功勋卓著,尤其对西欧、北欧、非洲、拉丁美洲术语工作的影响最为直接。在1981年和1984年,国际术语信息中心在中国北京也召开过术语学理论研讨会。国际术语信息中心最重要的使命就是在全世界的范围内,针对所有的专业领域和所有的语言,对所有类型的术语活动进行协调。为了完成这一使命,国际术语信息中心在世界各地对术语文献和涉及术语的信息进行收集、鉴定和评估,并以出版物的形式将其出版。国际术语信息中心对术语原则和方法运用的指导活动主要是以ISO原则标准作为基础的;这种指导性活动大大促进了术语原则向实践的转化。1978年,波及全世界范围的术语工作网络——"国际术语网"(TermNet)刚开始筹备。国际术语网是一个以术语工作为基础的机构性网络,参与这个工作网络的机构都有一定的分工。1980年,国际术语网创办的杂志《国际术语网新闻》(TermNet News)第一期出版。国际术语网的工作宗旨是为所有领域中术语工作的国际性合作服务,尤其致力于加强术语学基础性研究的合作,并积极推动术语工作原则在术语工作实践中得到应用。

从历史发展的角度去回顾,在20世纪前半叶,按照维斯特的原话,"在几十年前,这至多只是一个虔诚的愿望。在那个时候,术语学领域是一个'无人地带'——在这里,只有甘冒风险的'拓疆者'勇于闯入。那时的语言学家们不仅不怀任何同情之心,而且还藐视科学家们在语言方面的需求,更看不上科学家们为此付出的努力。而从事具体专业研究的科学家们呢? 他们也都禁止语言学家们干涉'自己的'语言。然而,一旦寻求彼此的合作,双方却又发现无计可施"。20世纪早期的世界语运动,对维斯特"什么可以作为一种国际交流的手段"这一思想的形成产生了显著的影响;而那个时代所盛行的维也纳学派(逻辑实证主义)等重要哲学运动的冲击——他们有关"科学语言"的理念及在理想化语言和标准化语言之间进行区分的探讨也极大地影响了维斯特,"二战"后国际标准化组织及联合国教科文组织的成立,都积极促成了以维斯特为代表的术语学先驱们为世界术语学的发展做出开创性的历史性贡献。那时,不仅是在说德语的国家内存在术语学理论与实践的萌芽,而且早在20世纪20—30年代的捷克斯洛伐克,人们出于维护民族语言和弘扬语言文化的需求,也开展起了术语学的理论与实践活动。

在 20 世纪 90 年代之前,可以说,术语学在理论和实践的发展上比较平缓,没有太多的理论争鸣。然而,"令人惊讶的是,在术语学理论多年不活跃之后,近些年来突然涌现出对术语学已经确定的原则及其建议的批评思潮,这些建议提出了替代传统术语学理论的新方法。2003 年,在欧洲举办的几次术语学研讨会都证明了这一点,这些研讨会专门致力于重新建立术语学理论的基础,或者与语言学或者与词典学形成对照,尤其是在布拉格召开'国际语言学家大会'期间举办的'术语学理论工作坊'、在英国萨里举行的第十四届欧洲专用语言(LSP)研讨会、在法国巴黎召开的有关术语学作为一门科学学科的系列学术报告会、在葡萄牙里斯本召开的葡萄牙语语言协会有关术语学理论的圆桌会议,以及欧洲术语学协会同在里斯本召开的术语学和词典学研讨会"。

那么,经过近 30 年的发展,今天的术语学理论和实践又呈现出怎样的面貌? 这也是这部《术语学理论与实践名篇选译——经典与现代》期望给予读者的答案。

ISO/TC 37/SC 2 主席、国际术语研究所副所长布丁(Gerhard Budin)教授说过:"尽管大家对维斯特理论的许多批评都是正确的,但是,为了从一个更为全面和更具综合性的角度进一步发展术语学理论,在对各种理论及个体化的假设和假说进行评估和比较时,我们则需要采用一种更具建设性和协作性的方法,只有这样做才会更有成效……幸运的是,近些年来,已经出现了一些博士论文,撰写者对既有的原则持批评态度,与此同时,他们提出了自己的理论模型,而且这些理论模型的确为发展更高层次的术语学理论做出了贡献。"布丁认为,应该找到一种基本方法,用它可以解决与地理环境和语言差异无关的、有关专业交流的所有术语问题。经过北欧学者劳伦(C. Laurén)和皮希特(H. Picht)对历史上的各"传统术语学学派"的科学比较工作,结合 20 世纪 90 年代之后出现的各种术语学的新理论和新方法,布丁教授说道:"进行比较的各种理论和流派(以维斯特和费尔伯为主要代表的所谓的维也纳学派,所谓的苏联学派,所谓的布拉格学派,以及加拿大、德国、斯堪的纳维亚等其他的一些研究传统,此外还涉及术语学和知识工程的最新进展)要比人们通常认为的多得多;这些'术语学学派'从来都不是完全分离和孤立存在的研究传统,相反,它们是紧密联系和相互影响的,并且共享着大量的理论假设;其不同之处只是在于各个群体具有不同的'当务之急'和研究兴趣。结论就是,我们宁愿谈论一种单一的术语学理论,所有的研究者都能以不同的方式(并以不同的语言)进行共享并为其贡献出自己的力量。""我们可以认为,在第一代术语学研究者先驱性成就的基础上,目前,一种单一的却是集体性的,而且具有多面性和多维度的术语学理论正在出现;现在,新一代年轻的研究者为这场讨论注入了许多新的特色。"布丁教授表示,他自己赞成集体性地发展一种真正的术语学理论。

西班牙著名术语学家卡布雷(M. Teresa Cabré)则开创性地提出了术语学的"多门理论"(the theory of doors)模型:"这个模型试图表示出,人们对(术语)对象的访问是多元化的(plural),但又不一定是同时的;而且,以这样一种方式,无论是从概念、术语还是情境(situations)出发,我们都可以直接到达处于中心的对象,即术语单元。因此,在术语(学)知识领域的核心位置上,我们发现的是术语单元,而且它还被视为'多面体',并具有三种视角:认知(概念)、语言(术语)和交际/交流视角(情境)。这种构想的出发点是这个模型的基础,也就是:把术语(学)领域中最复杂的要素——术语单元放置在问题的核心处。为什么我认为它(术语单元)是最复杂的要素呢?因为它与术语学这门学科本身一样,都表现出多维度性:每一个术语单元都是在特定条件下使用的概念和形式的集合。因此,如果我们接受术语单元的多维度性质,那么,我们就在谈三个维度,它们必须作为出发点而永久地保留在我们的眼前。虽然在术语单元中,这三个维度都是不可分割的,但是,人们通过它们当中的每一个都可以直接访问到对象。"

加拿大学者安杰拉·坎波(Á. Campo)则把1978年发表的著名科学哲学家伊姆雷·拉卡托斯(Lakatos)的"科学研究纲领方法论"作为一种解释模型,说明了术语学也可以视为一种"科学研究纲领"。这样就有力印证了术语学正在成长为一个更加强大的独立学科:将术语学看成一个"科学研究纲领",它的"硬核"代表了术语学的主要特征和核心内容;它以基本性的理论假设的形式,构成了这个"科学研究纲领"进一步向前发展的基础,更为未来的深入研究奠定了基石。"科学研究纲领"所具有的"启发式",则是一个强大的解决问题的机制,它借助复杂的科学分析能够消化不合理的假设,甚至将它们变成正面的证据。在术语学中,"负启发式"指的是向科学界提出的建议,其重点是要保持核心要素不被改变。它指出,理论的"篡改"不应该影响核心要素。对于事实与理论之间的任何分歧,可能会有一个新的假设出现,但"科学研究纲领"硬核中的要素要保持不变。"保护带"是指"硬核"周围的部分,是一套灵活的辅助假设,它依据"积极启发式"进行重新安排和重新调整。它作为一个缓冲区,可以在不显著影响"科学研究纲领"主要特性的情况下,在这里进行必需的适应和修改。这个"保护带"包括了术语学的新方法和理论导向(如:社会术语学方法、社会认知术语学方法、交流术语学方法、文本术语学方法和文化术语学方法等),

它们是一系列与"纲领"共享相同核心内容的理论或者方法。根据时代发展和实践的需要,这个"保护带"都会扩展、改变和更新。该"纲领"强调了"积极启发式"的重要性,因为它决定了"纲领"进行组织和指导未来研究的程度,它是即将开展的研究取得成功的保证。总而言之,现代术语学是一个渐进式的"科学研究纲领",理应对新方法持开放态度,需要不断修改、扩展和改进。

21 世纪以来,术语学所涉及的知识如下:科学理论和认识理论、逻辑学和本体论、科学哲学、现代语言学、术语编纂学、信息学(计算机科学)(Informatik)、信息科学(Informationswissenschaft)、知识论和知识技术、标准化和术语规划、术语与翻译、跨文化和跨语言的术语管理,以及各门具体科学等。而当今世界,机器翻译、知识工程、语言工程、术语管理、知识组织、科技写作等等,无一不是从维斯特最初开创的普通术语学理论里获得了巨大灵感的。

在眼前的这部《术语学理论与实践名篇选译——经典与现代》中,除收录了笔者过去在《中国科技术语》中介绍术语学的文章之外,还收集了在术语学发展史上占据着比较重要历史地位的名家名篇,尽量反映出术语学发展的基本轨迹。限于一些现实原因,例如与一些学者联系不上或者无法获得翻译权,还有一些欧洲学者的代表性名篇未能收入。

全书分为两大部分,一共四十九篇文章:第一部分,经典篇,包含收集的主要名篇。第二部分,现代篇,包含收集的主要理论名篇和介绍术语学实践的内容。

最新的术语学理论发展可以追溯到 2019 年。

本部译著得到欧洲各国著名术语学家们的大力支持,不少原始名篇是他们本人直接推荐给笔者的。没有这些原始资料,这个翻译工作则会失去学术代表性。译著最终得以完成,要感谢全国科学技术名词审定委员会领导和同志们的大力支持,尤其是裴亚军、代晓明、温昌斌等领导的一贯支持,以及黑龙江大学俄罗斯语言文学与文化研究中心叶其松主任的支持、鼓励和具体帮助,更要感谢中国德语界权威专家朱建华教授对本译著德语部分的精心审稿。最后,从此译著的交稿、联系版权到最后的付样成书,都离不开出版社编辑同志高度负责的工作,在此我也表示由衷的谢忱!

邱碧华
于北京
全国科学技术名词审定委员会事务中心
2020 年 4 月 2 日

目　录

经典篇

现代篇

经典篇

普通术语学

——一门跨语言学、逻辑学、本体论、信息学和各门具体科学的边缘科学①

欧根·维斯特 著   邱碧华 译

1 标题

我怀着忐忑不安的心情,犹豫而又小心谨慎地为这篇论述选择了一个很考究的标题:《普通术语学——一门跨语言学、逻辑学、本体论、信息学和各门具体科学的边缘科学》("Die Allgemeine Terminologielehre — ein Grenzgebiet zwischen Sprachwissenschaft, Logik, Ontologie, Informatik und den Sachwissenschaften")。

1.1 普通术语学表达什么样的含义?

"普通术语学"(Allgemeine Terminologielehre)! 仅仅是这个"序曲",就让人听起来很富有挑战性了。为什么不简单地给出"术语学"(Terminologie)这个标题? 也许这样更通俗易懂一些! 然而事实并非如此。因为 Terminologie 这个词有着三种不同的主要含义。

1.1.1 Terminologie 这个词所具有的两种最初含义

(1)首先,Terminologie 意味着某个专业领域的概念系统和名称系统;也就是,粗略地说,它指的是带有指定含义的一定词汇(量)。这里包含着一种"附带含义/次要含义"(Nebenbedeutung),在此仅作为一个注释提及一下。更确切地说,对这样一类

---

① 这篇论述是欧根·维斯特(奥地利)于 1972 年 5 月 25 日在维也纳大学所做的学术演讲;而后,在 1972 年 8 月 22 日于哥本哈根召开的第三届国际应用语言学会议上,作者又以缩略的形式将此内容做了学术报告(这篇论述谨代表着维也纳语言学研究所关于词典学和普通术语学的观点)[发表于《语言学》(*Linguistics*)1974 年第 119 期,第 61—106 页]。

术语的有序描述,譬如系统化的专业词典,人们通常也称为 Terminologie。这正如 Vokabular、Lexikon 这类的国际性词语在法语、英语甚至德语中的表达一样,它们同时也指一类词汇和某种确定类型的词典。

下面两个由 Lexiko-组成的复合词,也反映了这种"双关语"(语义双关)的特点:Lexikologie(词汇学)是关于词汇(Wortschatz)的学说;而 Lexikographie(词典编纂学)则是关于词典及其制作工艺的学说。

(2)Terminologie 的第二种主要含义,则指的是关于某一确定专业领域、某种特定语言的术语学说;这种学问跟这个专业领域的专业语言词汇学很相像。多年来,人们把这种学问也称为"术语学说"(Terminologielehre),更为精确一些,则称为"特殊术语学说"(Spezielle Terminologielehre)。针对 Terminologielehre 这个词,人们能提出不少反对意见,因为在根本上这就是一种"同义反复"。因为-logie 和 Lehre 大约意味着同一种含义(都含有"学说"之意)。然而,究竟应该给出什么样的名字才更好一些,人们也一时拿不出更好的方案。如果有谁提议一定要避免使用 Terminologielehre 这个复合词的话,那么采用"术语理论"(Theorie der Terminologie)这种说法可能更合适一些。但是,这样做的话,又在一定程度上把这个概念变窄了。

1.1.2 普通术语学

当人们想从"特殊术语学说"出发,为众多的专业领域和多种语言概括出共同的规律性时,也就产生出 Terminologie 这个词的第三种含义。这就是"普通术语学"。在此,人们当然不能将其理解为对各种"特殊术语学说"的简单相加。更确切地说,"普通术语学"与各种"特殊术语学(学说)"之间的关系,大概跟"普通语言学"(Allgemeine Sprachwissenschaft)和研究各门具体语言的科学之间的关系差不多。除了"普通术语学"这种叫法,人们还可以称其为"术语(学)原则学说"(terminologische Grundsatzlehre)。这门综合性的学说与个别名称(einzelne Benennung)[也就是语言名称(sprachliche Bezeichnung)]之间的关系并不是那么密切,在这里,个别的名称只是作为理论论证的实例加以提及。这个工作领域的工作方兴未艾,这一工作领域的起点可以追溯到几十年前。

1.1.3 对 Terminologie 的三种含义进行区分的迫切性

针对 Terminologie 这个古老词语的三种含义,为什么我们在根本上有必要采用三种名称(Benennung)对其进行区分呢? 在这里我们先加上一条注释:Benennung 这个词语——我在刚才已经使用过它了——在术语学中常用来表达"语言名称"(sprachliche Bezeichnung),用来表达"名字"(Name)。而 Terminus 这个词语——想必大多数的读者对它很熟悉——则在一般情况下仅指专业名称(fachliche Benennung)。

现在回到我们刚才提出的问题:鉴于上述的原因,对三类 Terminologie 在命名上进行区分则是必然的,因为自从"普通术语学"立住脚跟以后,人们对 Terminologie 的理解经常产生混淆。

下面可以举出三个例子:

(1)1970 年,"国际应用语言学协会"(Association Internationale de Linguistique Appliquée, AILA)成立了一个术语学和词典编纂学委员会。这个委员会的七个分委员会中,有两个分委员会计划开设"Terminologie 课程"(Terminologieunterricht)。但这些分委员会的成员们对 Terminologie 的理解存在着两种不同的建议性意见,因此,他们也就给 Terminologie 课程同时起了两个不同的名字,也就是"术语学教学"(德语:Terminologieunterricht;法语:enseignement de la terminologie)和"对术语学家(术语师)的培训"(德语:Ausbildung von Terminologen;法语:formation du terminologue)。这可能是因为在大家的脑海里浮现出对 Terminologie 的不同理解,主要体现在以下方面:一方面,将其理解成"术语词汇(terminologischer Wortschatz)和特殊术语学(学说)";而另一方面,则将其理解成"普通术语学"。围绕这种"二分法"而展开的讨论,时至今日也未能产生出最终清楚明了的结果。

(2)在跟外界社会的交流中,这个术语学和词典编纂学委员会也因为 Terminologie 这个词语的多义性而遇到了不少困难:"术语学教学"分委员会的工作重点是放在高等学校(尤其在欧洲)方面的,人们在此考虑的是——在这些高校里应该采用何种规模,又应该如何开展术语学教学活动。而当需要为这些问题寻找出答案的时候,人们又一筹莫展,因为大家常常弄不清楚,在不同的具体情况下,对这个 Terminologie 应当做何理解?

(3)当人们商量应该如何设置课程表时,大家同样感觉到无从下手。

眼前的这篇论述,实质上针对的是普通术语学(学说)。

1.2　对"普通术语学"的界定

在本人这篇论述的标题中,它的第二个关键词是"边缘科学"(Grenzgebiet)。这听来同样让人觉得过分讲究——跟其他若干门学科相比,普通术语学应该是一门边缘科学;而且,它自身还是一个独立的知识领域。

1.2.1　归属于应用语言学

在很大程度上,这一点恰好表明了普通术语学的特征。实际上,它早就已经是应用语言学的一个分支了。这一论断可以从学者坎德勒(Günther Kandler)(从 1952 年起)的以下论述中找到依据:"它超出了纯粹语言学的范畴,从生活的各个领域中收集语言知识,并打算将其运用于生活的各个方面。"

很久以前,一位早先受人低估的含义学说的创始人——学者施佩贝尔(Hans Sperber)[1965:69]就曾经指出过上述这种(语言科学与其他各门科学之间产生)相互影响的必要性,他在 1925 年写道:"我们已经到达了一个时间点,在此时此刻,语言研究者不得不做出决定——他是否应该把他的知识领域作为一个封闭的领域看待(……),或者,他是否应该把自己的工作跟以研究人类及其成就为宗旨的其他科学紧密联系起来,而且不断地从这些邻近的领域中受到新的推动,同时也给予它们同样的启迪。"

这也绝不是什么偶然,"应用语言学"(Angewandte Sprachwissenschaft)这一表达,在这同一部书里第一次出现。就这样,这部书中的观点为普通术语学的形成铺垫了第一批基石。

1.2.2 研讨会

近些年来,又有不少学者一再进行尝试,力图把普通术语学与其他科学之间的关系阐述清楚。这类最具说服力的会议活动当属两次跨学科的学术研讨会——它们分别是在 1969 年 12 月和 1971 年 12 月于莫斯科大学举行的。这两次研讨会的题目分别为:"术语学在当今科学体系中的位置"(Der Platz der Terminologie im System der heutigen Wissenschaften)和"科学语言、术语和信息学的符号学问题"(Semiotische Probleme der Wissenschaftssprachen, der Terminologie und der Informatik)。报道这两次会议的短讯一共编辑成了三部卷册,共有 1 000 页之多。

1.3 术语工作的高涨

1.3.1 德国和苏联

上述两次研讨会的报道已经清楚地说明:在今天(译者注:指 20 世纪 70 年代),就术语学研究者的数量及术语学与其他学科相互作用的程度而言,苏联处于世界的领先地位。然而,对全球性术语学研究起推动作用的原动力却源自德国。在 1931 年,在普鲁士土木工程学院(Preußischen Akademie des Bauwesens)的支持下,德国工程师协会(der Verein Deutscher Ingenieure, VDI)出版了一本著作[译者注:这部书应当指的是维斯特划时代的博士论文《在工程技术中(特别是在电工学中)的国际语言规范》("Internationale Sprachnormung in der Technik, besonders in der Elektrotechnik")]，这部书很快就获得当时具有社会影响力的工程师和语言研究者们的好评，并被人们奉为基础性的著作。4 年之后，苏联科学院组织人力将这本著作翻译成了俄文并予以出版。就这样，苏联的术语工作开始了它的征程。

自 1964 年以来，在苏联甚至存在着为开展术语和符号系统的标准化工作而成立的中心，不少于 300 个、分布于苏联全境的研究所都参与其中。全苏联技术信息、分类和编码研究院(Vsesojuznyj Naučno-Issledovatel'skij Institut Techničeskoj Informacii, Klassifikacii i Kodirovanija, VNIIKI)目前已经出版了 10 卷带有定义和俄文名称的术语标准，一共 5 000 页左右；另外，这个研究院还以著作的形式，出版了大量的术语学研究性论文；此外还出版了介绍国内外术语学研究出版物的图书目录及专题报告集。

近些年来，术语工作在德国的发展也形成了较大的规模。在 1969 年，联邦德国国防部部长施罗德(Schröder)博士就为联邦语言办公室(Bundessprachenamt)的建立奠定了基石。严格说来，这是一个术语办公室。时至 1971 年，人们已经为这个机构腾出了带有 20 000 平方米使用面积的场地；而且，就在这块空间上，人们还为 300 名公职人员准备了住房。这个语言办公室必将为培养和任用"术语学说的运用者和实现者"贡献出自己的力量。关于这一点，联邦语言办公室主任贝尔纳(Karl Ernst Berner)先生早在 1970 年的一次演讲里做过阐述了。

1.3.2　国际社会

在术语工作向全世界挺进的征途中，德国和苏联堪称是两个杰出的代表。但除了这两个国家之外，在世界上许多其他的国家里，术语工作也在蓬勃发展。所有这些工作不仅在国家层面上得到了组织，而且在国际层面上，术语工作也在迅猛发展着。国际应用语言学协会一直负责国际性的研究工作，这在前面也提到过了。关于国际标准化组织将在这篇论述的后面部分加以阐述。1971 年，联合国教科文组织为术语文献工作迈出了决定性的一步。在经历了长达 20 多年的考察和协商之后，国际术语信息中心(Internationale Informationszentrum für Terminologie，简称 Infoterm)建立了起来；更确切地说，在维也纳。

2　与普通语言学的关系

现在，我们开始对普通术语学与其他科学的关系进行考察。毫无疑问，我们必须先从普通术语学与语言学的关系入手。在这方面，我们常听到一些异议：您究竟为什么还需要研究出一门独立的术语学(学说)？也许您这样做就足够了：把语言学学说深入研究一番，然后把这些语言学规律应用到术语领域里就行了。

直到最近前不久,语言学还只是一门研究普通语言的科学。因此,语言学的代表人物们大多数拒绝对专业语言(Fachsprache)进行研究。说得更精确一些:他们拒绝对专业语言的概念进行全面彻底的研究。在他们眼里,专业语言只不过是人造产物罢了。

2.1 在基本态度上的不同

依据考察视角的不同,普通语言学(Wissenschaft von der Gemeinsprache)与普通术语学之间的根本区别可以分为两个方面。一方面,与"语言状况"(Sprachzustand)有关;而另一方面,则与"语言发展"(Sprachentwicklung)有关。

2.1.1 对语言状况的基本态度

术语学对语言状况所持的态度,可以由术语学的三个特点加以说明。

2.1.1.1 概念优先而且概念需要精确

每一种术语工作都要从概念入手。术语工作的目的在于对概念进行精确的界定。在术语学中,人们把概念领域看成是独立于名称领域的。因此,术语学家谈"概念",而与普通语言打交道的大多数语言学家谈"词的内容"(Wortinhalten)。从术语学家的角度上看,一个名称单元(Benennungseinheit)是由一个"词"(Wort)组成的,而且有一个概念作为含义与这个词相对应(分派给这个词)。而在现今的大多数语言学家看来,他们则把"词"看成是"词形"(Wortgestalt)和"词的内容"不可分割的统一体。

在对"概念"进行表达时,有一种情形可以让术语学家们轻松一些:他们只把名称的含义放到实物含义(Sachbedeutung)[亦称为"概念含义"(Begriffsbedeutung)]中去做阐述,这就足够了。通常情况下,"附带含义"(Mitbedeutung)则被省略了。在此加上一条注释:学者埃德曼(Karl Otto Erdmann)早在1900年就对"附带含义"的三种类型进行了区分,人们可以采用如下的名称加以称呼——"含义形式相似"(Sinnformanklang)、"随同感"(Begleitgefühl)和"含义域"(Bedeutungssphäre)。在术语领域里,人们有时也能观察到"含义形式相似"这一情况,譬如,化学物质名称。因此,这就说明,同一个概念有时可以出现在若干个概念系统中(分派给若干个概念系统)。也就是说,这同一个概念归属在不同的大概念之下。在对应的名称是要素连接(Elementenverbindung)的情况下,这些要素连接所形成的每一种排列,都反映了它们的"含义形式"(Sinnform)。

2.1.1.2　词汇(Wortschatz)优先于语法

术语学概念优先的原则,也造成了它与语言表达不太相同的另一种观点:对术语学家来说,只有词和词组才是最为重要的(就其含义而言)。而语法部分,譬如屈折学说(Flexionslehre)和句法(Syntax)规则,则不是首先需要考虑的东西。当涉及语法规则时,术语学家则可以从普通语言学那里接受过来。

2.1.1.3　共时性的语言考察优先

术语学概念优先的原则必然导致这样的情况:术语学对语言的研究和考察强调共时性(Synchronisch)。语言对于术语学来说最为本质的东西,是语言背后成为其基础的概念系统。对于这种见解,德语圈子的普通语言学界在经过了一定的时间之后才慢慢接受了。在这篇论述中,稍后会详细介绍。

2.1.2　对语言发展的基本态度

我们对语言状况的探讨暂时告一段落。普通术语学与普通语言学之间的另一种区别与"语言发展"有关。在此同样可以通过术语学的三个特点加以强调。

2.1.2.1　有意识的语言塑造(语言完形化)

(1)首先引人注目的就是,术语学研究的语言塑造过程是一种有意识的语言塑造(语言完形化)(Sprachgestaltung)过程。直到不久以前,普通语言学还在倡导一种自由的、不受驾驭的语言发展。在普通语言学中,只有实际的语言用法才作为"标准"(Norm)生效。人们可以把这类标准确表达为"是－标准"(Ist-Norm)。而在术语学中,由于概念和名称的数量极为庞大,倘若任凭语言进行自由发展,则会造成一场令人不堪忍受的混乱。因此,早在20世纪伊始——甚至更早一些——在少数几个专业领域里,人们就已经着手对相同的概念及其名称进行协调。大家把这种经过协调之后形成的约定同样称为"标准"。为了跟"是－标准"进行清晰区分,人们把这类经过协调约定的"标准"称为"应该－标准"(Soll-Norm)。现在,我们已经可以观察到一种至关重要的现实:在专业性的"标准语言"(Hochsprache)中,"应该－标准"相当快地变成了"是－标准"。我们从联合国教科文组织出版的一份图书目录及其续篇中得知:现今在世界上有大约7 000种带有"应该－标准"的单语词典。

(2)由于不允许从普通语言学中照搬经验,人们多年来为术语标准化保留着这么一句口号:"人们是不能对语言进行标准化的!"然而自此之后,声名显赫的语言学家们却以日益增长的数量、在自己的出版物里钻研起对于他们来说是新生事物的术语标准化来了。在说德语的国家里,首先要提及下列学者的名字:魏斯格贝尔(Leo

Weisgerber)（从 1933 年开始）、贝茨（Werner Betz）（1959 年）、伊什赖特（Heinz Ischreyt）（1963 年和 1968 年）、波伦茨（Peter von Polenz）（1964 年）、莫泽（Hugo Moser）（1967 年）。

在 1960 年，魏斯格贝尔教授甚至准许通过了一篇关于《技术中语言标准化的道路及其边界》（"Wege und Grenzen der Sprachnormung in der Technik"）的博士论文 ［拜尔（Elfriede Beier）撰写的］。如果把这篇博士论文与那些不计其数、研究确定行业表达——多恩赛夫（Franz Dornseiff）把这些行业表达收集在名为《德语词汇》（der Deutsche Wortschatz）的集子里——发展史的博士论文做个比较的话，人们则恍然大悟：学术界正在发生着一场向着"共时性"（Synchronismus）研究方法进行的转变。人们对反映当前状况的术语学博士论文的需求与日俱增。越来越多来自术语工作实践领域的个别性问题，期待着人们加以解释和澄清。

（3）在此，有一个问题几乎不言而喻：究竟哪些国家尤其对有意识的语言塑造（语言完形化）工作有所重视呢？ 显而易见，在这一方面处于前列的是那些在科学、技术和经济领域特别先进的国家，因此，这些国家在语言方面也极富创造性。这些国家在文化方面也处于发达地位。在我的这篇论述中，前面已经作为例子提到过德国和苏联的情况。除此之外，我们还不应该忘记另一类国家，也就是语言发展中国家（sprachliche Entwicklungsländer）。例如，南非、印度和以色列有关当局，这些国家都下了很大气力以求建立起自己独立的术语体系。它们希望借此使自己的文化生活越来越脱离英语文化的影响。在南非，人们正主要为本国的第二官方语言——南非荷兰语（Afrikaans）进行着不懈努力。而在印度，人们则要保护印地语（Hindi）和乌尔都语（Urdu）这两种官方语言。在以色列，有关当局则着重于寻求合理途径，以便有组织地实现对传统希伯来语（Hebräisch）的振兴和发展。

（4）术语标准化，首先意味着事后的协调统一工作，也就是剔除同义词（Synonym）和同音（同形）异义词（Homonym）。就剔除同义词这一点而言，术语学与普通语言学则处于鲜明对立的立场上。因为普通语言学需要的是语言表达的丰富变化，追求的是对文体（Stil）的改进。语言发展中国家的状况清楚表明，我们还特别需要做一些附加的工作：术语标准化工作还必须肩负创造新名称的任务；对名称进行集中创建可以从一开始就确保术语的统一性。无论是通过严格挑选，还是通过创造新术语而开展的语言标准化工作，都需要有一定的前提，而这个前提在普通语言学中则找不到踪影。这就是对语言组成部分（Sprachbestandteil）的评估工作。而在普通语言学中，人们最为关心的是语言的正确性，也就是说，要看这门语言与"是－标准"

是否一致。而术语学与此不同,术语学的目标在于实用性,而这一点则通过"应该－标准"体现。

但毕竟还是有那么两位语言研究者,在为语言标准化和语言规划奉献出自己的著作的时候,也连带着把普通语言包括了进去。这两位学者是美国康涅狄格州新哈文斯(New Havens)的雷(Punya Sloka Ray)(1963年)和瑞典乌普萨拉(Uppsala)的陶利(Valter Tauli)(1968年)。

2.1.2.2　国际性的语言考察

在普通语言中,有意识的语言塑造(语言完形化)活动,如果有的话,则只在极为有限的范围内才有可能开展。而在术语工作中,这类活动不仅司空见惯,而且还不止一次地跨越了国家和语言的疆界。人们针对概念和名称所开展的标准化工作,不仅在民族国家的层面上获得了成功,而且在国际层面上也取得了很大的成绩。就对名称的标准化而言,甚至在其外在形式上都常常能实现世界性的统一;如果做不到这一点,那么,至少在"含义形式"[＝内在形式(innere Form)]方面实现标准化是可能的,也就是对要素连接(Elementenverbindung)和转义名称(übertragene Benennung)的基本含义实现统一。

对各类名称实现标准化,就需要有统一的、跨语言的指导方针作为指导,也就是需要一种以普通术语学作为指导的工作指南。为了实现这一目标,在过去20多年的时间里,国际标准化组织制定了大量的指导术语和词典编纂工作的基本标准。在国际标准化组织的相关委员会中,目前有43个国家和35个国际性组织参与工作,其中就有联合国教科文组织。

如果谈到术语学家应该从语言学那里学到什么有益之处的话,对于德语国家的术语学家来说,单是掌握日耳曼学(Germanistik)——人们常常认为是这样——则还很不够,至少还要掌握比较语言学和普通语言学的知识,这对我们的术语学家来说同样重要。

在这里,也显露出了术语学和语言学之间富有成效的相互影响关系。"20年来,世界各地的人们都在从事着一种新型的、比较性的语言学研究工作……人们进行着多语种的、语言混合的语言学研究……以及进行着比较翻译的语言学研究。"在学者万德鲁什卡(Mario Wandruszka)于1971年出版的一部起着纲领性作用的书里,他就是这么写的[1971:10]。他建议为这种新型的交流语言学(Kontakt-linguistik)取名为"语际语言学"(Interlinguistik)。从1911年开始至今,这个名字一直用来指"计划语言的科学"(die Wissenschaft von den Plansprachen)。毫无疑问,这个工作领域(计划语言学)可以纳入到扩充了的"语际语言学"里去。即使万德鲁什卡没有这么明确地阐述过,这一点似乎也是显而易见的:加速了语言文化融合的国际术语标准化活动,无疑可以为这经过重新诠释的"语际语言学"注入富有价值的新见解。

2.1.2.3 书写形式优先于语音形式

术语学的另一个基础性特点,是与它的国际性语言考察这一特点有关系的。下面的话要是传到一位语言学家的耳朵里去,他会觉得特别刺耳:对术语学来说,名称的书写形式优先于语音形式,也就是说,优先于发音。国际社会统一的是专业表达的书写形式。只要想想那些数量庞大、其组成部分主要源自拉丁语或者希腊语的专业表达,人们就不难理解这一点了。举例而言,Psychologie 这个词,如果采用英语进行发音,则会与它的德语发音只有极少的相似之处。这类词汇之所以成为国际性词汇,作为依据的主要是它们的"字形"(Schriftbild)。科学性的国际性词汇没有经历大众化的语音演变过程,这跟拉丁语与它的派生语言在相分离的过程中所经历的情形并不一样。

因此,除了少数情况之外,从术语学角度上看,发音几乎毫无意义。在这篇论述的开篇,已经提到过这一点了。下面的表述同样会让人感觉有些自相矛盾:就算一个人说起外语来结结巴巴的,他本人也能成为一名出色的术语学家。总的来说,科学性的思想交流绝大多数仍然是借助眼睛进行的。在科学会议上,如果人们需要进行口头交流,则通常会安排口译人员参与其中。书写形式优先的一个征兆:在术语工作中,针对西里尔(zyrillisch)文字的书写形式,人们采用完全按字母逐个转写的形式(transliterieren),在大多数情况下,这就足够了;在此举一个例子,俄文中的 e 究竟应该读成 je 或者 jo 都无关紧要。而在普通语言的词典中,采用音标进行标注(Transkription)则是必需的。

术语学书写形式优先这一特点,还带来了另一个后果:人们必须在术语学中再纳入两种扩充形式的书写名称,那就是缩略词(Kürzung)和书写符号(Schreibzeichen)。缩略词——首字母缩略词(Lesekürzung)(如 *Auto*, *Bit*, *Radar*)和拼写缩略词(Buchstabierkürzung)(如 *LKW*, *Tbc*)——构成了形成新词干(Wortstämme)的源泉;它们就如同借用语(Entlehnung)和词义转移(转义)(Bedeutungsübertragung)这两种传统的词干源一样,在 20 世纪,它们同样对专业语言的构建大有裨益。书写符号,尤其是表意的书写符号(Sinnschreibzeichen)[表意符号(Ideogramme)],经常与名称相混合甚至彼此结合在一起,因此,它们已经与记载现代科学的文献资料构成了一个不可分割的整体。这些表意符号(Sinnzeichen)与语言无关,因此特别适用于实现国际化的交流。

2.2　在词汇描述方面的不同

在前面对普通语言学和普通术语学的不同观点所展开的阐述中,不得不把重点放在探讨基础性的问题方面,必须先把实际性的例子省略掉。如果读者考察一下人们在词典中是如何描述词汇的——这也是人们对此所持基本态度所产生的效果,我在下面的论述就会立刻变得直观、形象。

2.2.1　定义

正如前面说过的,术语工作要从概念出发。因此,在严肃性的专业词典里,在为每一个名称下定义时,我们必须依照规定的形式进行。这一点不仅适用于单语的专业词典,而且针对多语种的专业词典更为有效。因为只有这样,才可能避免发生"假国际化"(Scheininternationalität)的危险。虽然人们在普通语言的科学词典里——它们通常包含若干个卷册——也常常附上了定义,但是在 20 世纪最初的几十年里,语言教育中的概念方面远没有得到德语国家的重视。那时,在这些国家里,也许并不是每个人都拥有一本属于自己的单语定义词典。我们只能颇为羡慕地看到这样的情景——在其他国家里,人们都拥有像《小拉鲁斯》(*Petit-Larousse*)那样的语言词典;那个时候,在这些国度里已经是每家都珍藏着这样的一部词典。在说德语的国家里,我们只能拿《正字法词典》(*Rechtschreib-Wörterbücher*)与其相提并论。在我的印象里,1935 年出版的《德文图解字典》(*Sprach-Brockhaus*)才把这个令人深感惭愧的漏洞给填补了。但自 1968 年德国语言学家瓦里希(Wahrig)出版了单卷册的《德语词典》(*Deutsche Wörterbuch*)以后,人们则不再心存什么奢望。

2.2.2　词语位置的顺序

就普通语言学和术语学在定义方面的不同而言,人们目前还只是进行着渐进式的定性研究。

2.2.2.1　依据概念进行排序

如果审视一下,在当今专业词典里词语的位置是怎么安排的,人们就会发现:不同的专业词典之间存在着很大的差异。我在前面已经阐述过了,不仅术语工作要从概念入手,而且在术语工作中,人们要把某个具体专业领域里的所有概念放在相互关系中进行考察;也就是说,要把这些概念作为一个概念体系的一部分进行审查。由此,就会不可避免地造成这样的结果:当今所有基础性的专业词典是按照系统化顺序编排的。譬如,在前面提到的 7 000 种标准化词典中,至少有 90% 就是这样编排的。词语位置的编排是从大概念过渡到小概念,或者从整体过渡到部分,都是处于"系统"中的。人们通常是采用以下做法来实现这种系统化划分的:采用行首缩进的形式对对应于确定概念的名称进行排列;或者采用前置的十进制数字对其进行表示。当然,在这样一部按专业排序的词典的最后,人们应该附上一份按 ABC 字母顺序排列的名称索引。这份索引为读者指明了途径——在这部词典的系统化部分,人们怎样才能找到名称所在的位置。采用这种系统化布局的优点,就在于它有效避免了在下定义时所发生的自相矛盾——而这种弊端在按字母顺序编排的词典中则常常发生。

得益于概念在空间上的对照排列,在上述标准化词典中,定义则更容易为人们理解;甚至有时人们还可以把一些术语的定义估计出来。在严肃性的多语种专业词典中,出于另一种理由,对词目进行系统化编排也是绝对必要的:因为这样做的话,可以使这类词典的概念系统不依赖于单一主导语言的概念系统。这些术语所体现的民族性的概念体系——如果它们还没有经历国际性的标准化的话——则也会是不完全相同的。

2.2.2.2 语言学和术语学之间的竞赛

在人们对词典采用系统化编排的过程中,在语言学和术语学之间一直存在着一场悄无声息的竞赛。

(1)在语言学领域,把语言视为概念系统这一现代理念是从索绪尔(Ferdinand de Saussure)开始的。索绪尔曾在日内瓦(Genf)任教——主要在 1906—1911 年间。1931 年,人们才见到他去世后由后人出版的其学术讲稿的德文译本。但在当时的德语圈子里,这部译本并未引起人们的关注。

在我们德语世界,更受人们推崇的则是魏斯格贝尔(自 1929 年起)和特里尔(Jost Trier)(1931 年)的著作。他们的学说其实跟索绪尔的见解极为接近,尽管他们就此并没有什么交往。更确切地说,魏斯格贝尔一再引用的是威廉·冯·洪堡(Wilhelm von Humboldt)的观点,后者早于索绪尔一个世纪在大学里任教。顺便提一下,魏斯格贝尔和特里尔对"词域"(Wortfelder)的研究要比"概念系统"(Begriffssystem)更多一些——在他们看来,"概念域"(Begriffsfelder)只是("词域")较小的子系统罢了。

(2)前面已经说过,在 20 世纪上半叶,索绪尔的学说在德语圈子里几乎无人问津。但是,恰恰是索绪尔关于结构词汇学(strukturelle Lexikologie)的论断对于我们术语学尤为有益。音位学(Phonologie)却在当时的德语圈子里很受人们的赞颂,它是一门研究音位（Phoneme）——受系统制约的语音的学说。索绪尔的这一门学问先由特鲁别茨科伊（Nikolei Trubetzkoy）在维也纳进行了进一步的发展——从 1923 年直至他在 1938 年去世，特鲁别茨科伊一直在维也纳执教。虽然早在 1870 年，俄罗斯人库尔特尼（Baudouin de Courtenay）就已经认识了音位的本质，但是在后来，索绪尔又将音位的本质纳入到了他论述语言系统的广博学说里。但特鲁别茨科伊把这两位学者都奉为音位学的鼻祖。特鲁别茨科伊是所谓的"布拉格学派"（Prager Kreis）的一名领军人物，1929 年在国际舞台上崭露头角。早在那时，这个学派就与封闭的德语语言圈子在见解上存在着分歧，他们也维护深受索绪尔影响的结构词汇学观点。

（3）索绪尔和魏斯格贝尔的著作奠定了结构词汇学的理论基础，人们甚至对这种理论产生了实践需求。魏斯格贝尔早在 1929 年的著作里，就已经想到了如何将这个理论变为现实的问题。他明确表达了这一愿望。在这里逐字逐句地摘录如下："我们希望拥有更多更好的词典，其中的词语不是按照语音形式的偶然性编排的，而是根据生活领域、根据内容有序地呈现给读者的。"

但是一直到 1952 年，才有两位语言学家把这种认识变为了行动。他们把自己出版的系统化的普通语言词典，纲领性地称为《作为词典编纂基础的概念系统》（*Begriffssystem als Grundlage für die Lexikographie*）。

以上就是伟大的罗马语族语文学家瓦特堡（Walther von Wartburg）与哈利希（Rudolf Hallig）共同合作建立的功业。这部词典内容详尽的引言部分是采用德文撰写的，而概念的分类采用的则是法文。就在这部词典出版后不久——几周或者几个月之后，在伦敦召开了第七届国际语言学大会。在一次特别会议上，瓦特堡向大家汇报了自己对概念系统的研究成果。我参加了这个会议，因此我见证了这件事情发生的始末：瓦特堡就像一位歌剧明星似的受到人们的热情赞美。很显然，当时人们都存有这样的想法：这简直就是发生了一场哥白尼式的转折。那"愚蠢的字母顺序"——瓦特堡本人就是采用这样的表达，在语言学中人们已经把它放弃掉了。

在这次会议上，让我最感兴趣的情节，就是瓦特堡向大家介绍了那些走在他前面的先驱们。怀着深厚的崇敬之情，瓦特堡首先提到西班牙人卡萨雷斯（Casares）在 1942 年出版的《意识形态词典》（*Ideologische Wörterbuch*）。这多少让人觉得惭愧，因为这位编纂者本人并不是语言学家，而是一位外交官。然后，瓦特堡又回到英国人罗热（Roget）在 1800 年之后不久——也就是洪堡的时代——出版的名著《类属词典》（*Thesaurus*）上［施勒辛（A. Schlessing）在 1881 年出版了这本著作的德文改版；后来，韦尔勒（Hugo Wehrle）和埃格（Hans Egger）又将这项工作继续了下去］。除此之外,瓦特堡还提到多恩赛夫在 1934 年出版的重要著作《按照专业组编排的德语词汇》(*Deutschen Wortschatz nach Sachgruppen*)。

然而,上述所有的词典,包括瓦特堡构建的概念系统,从根本上说,都还只是一堆收集起来的材料,充其量也只是人们做好了的准备工作,但还未形成真正意义上的概念系统。而且就定义而言,只有在那位西班牙外交官的著作里才具备经过认真仔细撰写的定义。在多恩赛夫之前的著作只能称为"恰当表达的指南"(*Wegweiser zum treffenden Ausdruck*)。但在此我们也不应该完全忘记黑克尔(Oscar Hecker)在 1907 年左右出版的一部多语种著作《系统编排的词汇》(*Systematische geordnete Wortschatz*)。这部书是应旅行者的需求特别"量身定制"的,因此,它不但包含了特殊的词语,而且还收集了许多习惯用语。

(4)在这次特别会议之后,我跟瓦特堡又亲密地坐在了一起。瓦特堡万分惊奇地听我说起,早在 50 年前,在术语领域中就已经实现了从"字母顺序"到依照"系统化"方式进行词典编排的突破。只是在术语领域中,这种演变不是从理论到实践的,而正好是反向而行。

说得更确切一些,在 20 世纪之初,差不多有一年的时间,究竟应该采用"字母顺序"还是按照系统化的方式进行工作,人们在这两者之间进行的抉择简直就是一场富有戏剧性的较量。1900 年伊始,德国工程师协会就决定着手编制一部里程碑式的词典——《技术词典》(*Technolexikon*)。担任这项工作的负责人是一位年轻的语文学家——他是由朗根沙伊特出版社(Verlag Langenscheidt)推荐的。从 1902 年到 1905 年,工作组一共收集了 3 600 000 张写有词语的纸条。自然,这部《技术词典》在当时是依照字母顺序编排的。1906 年,有一位名字叫施勒曼(Alfred Schlomann)的年轻工程师,他出版了一部小型的介绍机器零件的词典;他的这部词典是按照系统化顺序组织的,而且采用了 6 种语言,并配有插图。这种新式的解决方案无疑就像在人群中扔了一枚炸弹,在学术界引起了极大的轰动。1907 年,德国工程师协会理事会做出估计,如果《技术词典》还是依照过去的工作方法继续运作下去的话,人们则还需要 40 年的时间才能将之付梓成书。经过德国语文学家施罗尔(Arnold Schröer)的鉴定——施罗尔教授在科隆大学(Universität Köln)任教并支持英国语言文学研究,他本人自称是词典编纂家——得出的结论是:采用施勒曼的工作方法为权宜之策。于是,德国工程师协会把这项工作停了下来。到这时为止,人们已经为此耗费了 50 万马克。

几年之后,德国工程师协会开始转向资助施勒曼的计划。这部直到今天还颇受读者好评的大型术语词典就是这么诞生的。到 1932 年,这部大型词典已经出版了厚厚的 17 卷,一共囊括了 17 个专业领域。遗憾的是,几年之后,纳粹党阻挠了施勒曼继续完成他的工作。1935 年 12 月,他不得不背井离乡,离开了德国。1931 年,在柏林夏洛腾堡(Berlin – Charlottenburg)的高等技术学校里,施勒曼就已经获得了荣誉博士的称号。但在当时的语言学阵营里,对施勒曼的工作方法持敌视态度的还大有人在。1931 年,在我写给施勒曼的问候信里,我提到魏斯格贝尔于 1929 年发表的对系统化词典的表态声明,施勒曼就这个话题,以下面一段话对我进行了回复:"但是,我不敢奢望魏斯格贝尔教授本人也能对术语词典研究感兴趣,因为未来的语文学家中的绝大多数,都会谢绝从事技术领域的词典编纂工作,或者把这类工作当成拙劣的活儿看待。"

(5)就在这场"决斗"在德国将近尾声之时,在全世界范围内又上演了一出雷同的戏剧,自然这跟德国没有什么关系。1906 年,国际电工委员会(die Internationale Elektrotechnische Kommission,IEC)成立。这个委员会的宗旨之一,就是要整顿电工技术领域中术语的国际秩序。1939 年,在经过近 30 年的辛勤劳动之后,这个委员会完成了一部规模可观、带有 6 种语言的定义词典,国际电工委员会将此作为自己国际术语工作的成果。从那时起到今天为止,这部划时代的巨作已经出版了第二版,而且增加到了 24 卷册,并覆盖众多的分支学科领域。然而,在这部词典于 1939 年完成第一版之前的 30 多年里,由于错误地采用了按字母顺序进行编排的工作方法,差不多有将近一半的宝贵时间被浪费掉了。到了 1924 年,人们才恍然大悟,最终决定转向按系统化编排的方式继续工作;自此以后,这项工作进展迅速。

(6)1963 年,瓦特堡研究概念系统的论著,经过他重新修改之后,又以扩充版的形式得以出版。就其分类本质而言,这个版本并没有对此进行改动。仅就词典编纂工作来说,从我目前所见到的情况来看,迄今为止,人们并没有普遍采用系统化的方法;而且,为普通语言编制的其他的系统化词典,也不太为人所知(图解词典是个例外)。这种现象不禁会让人们产生出一个疑问:在普通语言领域里,为什么在理论上论证得无懈可击的现实需求,却远远落后于理论变为现实的可行性? 这个问题的答案,也许可以从下面的理由中找到:普通语言的词典需要蕴含丰富的含义,而且需要展示含义之间的细微差别;而且,这类词典的许多含义之间,并不需要进行精确的界定。因此,如果采用系统化的方法,这看起来则很不实用——至少从实用性的目的上看,而且也不方便——因为如果这样去做,则会在对普通语言进行描述时,却把"含义网"(Bedeutungsnetze)给撕裂了。而另一方面,人们也很容易理解,并且大家也一直习惯于这么去做——把一部专业词典(的内容)只限定在某个单一的专业领域里。因此,在一部专业词典里出现的名称,向来只有一种或者少量的几种含义。

(7)令人惊诧的是,在现今所有的术语词典里,语言学概念是依照 ABC 字母顺序进行排列的。就连自 1961 年开始发行、由克诺布洛赫(Johann Knobloch)与魏斯格贝尔联合出版且内容全面的《语言学词典》(*Sprachwissenschaftliche Wörterbuch*)也是如此。也许这种情形与下列事实有关:为某个具体专业拟制出一个优质的概念系统,这需要消耗极大的工作量。

2.2.3　词典符号

人们从第一眼就能发现,按系统化方式编排的基础性专业词典与普通语言词典是不一样的。此外在基础性专业词典中,人们越来越多地采用词典符号(Wörterbuchzeichen)来表达概念之间的相互关系。在这一方面,则需要谈到与逻辑的关系。

对于术语工作的一个特点,我在前面提到过对名称的评估和标准化的问题。语言处理中术语工作的这一特点,则导致了在编纂基础性的专业词典时,术语工作所具有的另一个特点——给确定的名称和定义添加上权威符号(Autoritätszeichen)及其他的评估符号(Wertungszeichen)。权威符号说明的是:这个名称或者定义是由哪一个组织实施标准化的。例如:DIN(德国标准),ÖN(奥地利标准),NF(法国标准)。

那些为专业词典实现国际标准化而设置的词典符号,也可以从普通语言的词典那里接纳过来。语言符号(Sprachenzeichen)和国家符号(Länderzeichen)就属于此列。

2.3　构词方面的不同

上文已经阐述过,概念优先及在国际层面上实现有意识的语言塑造过程,是术语工作特有的两个特点。术语工作的这种见解,也就决定性地影响了概念的符号化(Symbolisierung)过程,也就是影响了对名称进行选择的细节;简而言之,影响了应该如何进行构词(Wortbildung)。

2.3.1　一般性的构词

名称可以是词汇要素(Wortelemente)[= 词素(Morpheme)]、要素连接(Elementenverbindung)[= 词素连接(Morphemverbindung)]和转义名称(übertragene Benennung)。人们应该把派生词(Ableitung)、复合词(Zusammensetzung)和词组理解为要素连接。不言自明,在对语言组成部分进行术语评估的时候,诸如易于书写、易于拼读、文字简洁、含义明确等语音或者书写方面的质量特性，都应该视为极为重要的评估标准。遗憾的是，上述这些标准之间经常相互矛盾。但是，在术语学中具有特别重要意义的仍然是概念关系，它们在构词中通过要素连接和转义名称的含义形式显露出来。关于这一点仍然需要谈到与逻辑的关系。

2.3.2　国际化的名称

2.3.2.1　德语和世界词汇

在通过术语工作的国际协调方式进行的术语构词过程中，人们肯定会听到一些相左的意见。以国际协调的方式开展术语工作——这不是在助长人们偏好外来语（Fremdwort）的倾向吗？而实际上，术语工作走的是一条"中间路线"（Mittelweg）。下面的两个原则可以证实这一点：

（1）人们不应该不惜一切代价地去追求语言的纯洁性。对德语世界而言，这也就意味着：人们不应该不惜一切代价地追求实现德语化。而另一方面，人们也不应该不惜一切代价地去贯彻国际化的词汇——命令大家必须采用国际性词汇的书写形式。国际标准化组织出台了一项决议，它已经对这类片面性做了预防：针对同一个概念，如果一种本地化名称和一种外来语这两者都是大家常用的，那么则允许将其标准化后并列使用。如果不是这种情况，则只允许有一个名称实现标准化。术语标准的有效性也不是永恒的。如果我们力争实现这一点（译者注：追求术语标准的永恒有效性），那么术语标准则需要做到：剔除所有的同义词，以及剔除标准化德语和国际性名称这两者的任何变体。

（2）第二个原则：比剔除源同义词（Abstammsynonymen）（民族性名称和国际性名称之间的竞争）更为重要的，则是对名称所对应的概念和含义形式进行国际标准化。在此附上一条注释：即便在普通语言中，这类文化适应的情况也是存在的，它是不受控制的语言演变的结果。只是在那里，这种情况相当少见罢了。

2.3.2.2　国际名称系统

到目前为止，我们探讨的还只是单个的国际性名称。但实际上，一些专业领域不仅拥有国际性的概念体系，而且还具有一套完整的国际名称系统，这套名称系统是与这个领域的概念体系相对应的。

众所周知，形成这些国际性名称的大部分要素都起源于拉丁语或者希腊语的构词要素。从语法角度上看，也就是根据这些名称的词尾，人们可以发现：它们要么是像拉丁语词汇那样处理的，要么就是作为民族语言词汇处理的。换句话说，它们要么是拉丁化（latinisiert）了，要么就是具有拉丁文特征的（latinistisch）词语。动、植物的科学名称大多是拉丁化的名称;而化学物质的名称,则是具有拉丁文特征的名称。

　　上述这两类名称系统的每一类名称,其数量都以百万计算。这些名称系统的标准化工作要远早于其他大多数专业领域的术语标准化工作,它们早在 1900 年以前就起步了。就词汇要素及每一种词素所构成的名称数量而言,生物学中所蕴含数量之大,令化学领域自愧弗如。因此,在生物学中,主要是对单个完整的名称进行标准化,特别是依照优先原则。而在化学领域里,人们首先进行标准化的,则是它的构词原则。

2.3.2.3　课程和研究

　　(1)大多数国际性词汇要素的起源表明:人们理解国际性名称及正确构建国际性新名称最可靠的方法,就是对拉丁语和希腊语进行学习和研究。但事情并不像人们所想象的那么简单。那些接受过全面语言教育的人,对从事术语工作这一目的而言,他知道的东西太多了;但从另一方面来讲,他知道的又太少了。他背着太多的包袱,因为他所掌握的有关动词变位形式及大部分古典词汇和古典词汇含义的语言知识,从术语工作角度来看用处不大。但从另一方面看,对于以前只掌握高中阶段的语言知识的人而言,他又装备得太少,因为术语中的古典词汇要素或多或少都有着偏离普通语言的含义,故而,对于这一点,人们还没有学到。

　　在这里,我必须赶紧做一下声明,以避免造成某种误解:只要欧洲不想在病态的"心灰意冷"中丢弃掉自己智慧和道德文化的基础,对我们的一部分同胞来说,对古代语言进行研究,将永远保持着其应有的价值。因此,我所发表的言论,仅限于术语学教育的需要。

　　(2)在对术语感兴趣的人们当中,不乏做过这样尝试的人:他们试图借道古典语言而避免走一些冤枉路。人们已经出版了一些汇编,在其中,他们把古典词汇中从术语角度上看是多余的东西剔除了出去。但从语义学角度来看,这些工作只是为人们提供了词源学上的帮助,但它们的专业性是很不够的。

　　在瑞典,已经不再是少数人在做这种尝试。在 1967 年之前不久,在瑞典高级中学(höhere Schule)(在更广泛的意义上,这里的 höhere Schule = Mittelschule = Gymnasien)的教学计划里,人们增加了一门新课程,虽然人们称它为"普通语言学"(Allgemeine Sprachkunde),但这门课程主要讲授的是对国际性词汇的理解。因此,埃勒高(Alvar Ellegård)在把为这门新专业所撰写的教科书翻译成德语时,将其书名明确表达为 *Die Internationalen Wörter: Lehrbuch der Allgemeinen Sprachkunde für höhere Schulen*(《国际词汇:高级中学普通语言学教科书》)。其他跟这本教科书相关的教材则称为:《拉丁语词素目录》(*Lateinisches Morphemverzeichnis*)和《拉丁语微型语法》(*Lateinische Minigrammatik*)。但从术语学教学的角度上看,这些教科书的内容不是太多了,就是太少了。

(3)那么,一门满足具体专业领域需求的特殊术语学课程,究竟需要什么样的教材呢?

维尔纳(Fritz Clemens Werner)以生物学作为例子对此阐述得很清楚。他的两部基础性著作的第一部就叫作《生物学、动物学和比较解剖学中的拉丁语－希腊语专业表达词汇要素》(*Wortelemente lateinisch-griechischer Fachausdrücke in der Biologie, Zoologie und vergleichenden Anatomie*)(1956年第一版;1968年第三版)。这部厚厚的词典是按照字母顺序编排的。从内部结构上看,它很像乔治(George)编写的拉丁语词典。在这两部词典中,编纂者都为每一个关键字列出了结构良好的含义网络。但是这两位作者的词典却有一个至关重要的区别:在维尔纳的著作里,人们能够发现那些像在今天术语学里所存在的那种含义网络。维尔纳著作中的关键词只有词干,而不像乔治著作中的那样是完整的单词。它们现今的科学含义,则是通过对传达这些科学含义的专业表达进行语义分析来确定的。

(4)正如前面已经说过的,维尔纳的第一部词典是从依照字母顺序排列的词形(Wortform)入手的,因此,他的这部词典体现的是一种"含义学说"(Bedeutungslehre)。但是,维尔纳本人一定知道,在创造新的术语(专业表达)时,人们必须从概念出发。所以,在1970年,继这部按照字母顺序编排的词典之后,他又出版了一部词典,这次则是依照概念进行组织编排的。这部词典的名字叫作《组织和器官名称》(*Die Benennung der Organismen und Organe*)。可以说,这是一部为生物学家准备的、体现"名称学说"(Benennungslehre)的词典。

在这第二部词典中,作者对起始概念(Ausgangsbegriffe)的选择是一次性的。作者不是从生物系统出发,而是从特征类型(Merkmalarten)和特征入手的——它们是在生物名字的含义形式里获得表达的。总的说来,这本著作是第一部含义形式词典。维尔纳用大约300页的篇幅,展示了形式化的系统学(Systematik der Formen);他又花了大约80页,专门介绍特征类型的数量和大小。对色彩类型的介绍则构成了这部词典的最后80页。针对每一个特征,作者都向读者叙述了应该采用什么样的拉丁语同义词(即词干和词缀),以及应该采用哪一种方式。

(5)可以让人理解的是,在这项局限在生物学词汇的庞大工作中,作者的视线没有放在民族性的术语上。也就是维尔纳把术语学——或者正如他说过的——术语科学(terminologische Wissenschaft)定义为"国际技术术语的科学"(Wissenschaft von den internationalen Termini technici)[1956:11;1963:159;1970:521;1971b]。

从下列的摘录中,我们可以更精确地把握他的观点:

"这个有着自身规律的领域,不是由任何已经得到承认的语言学学科就能探讨清楚的,因此,它必须成为其自身科学的研究对象……"[1971a:106]

他又更进一步阐述道:"一旦语言学家们认识到,国际性的术语"——在这里,维尔纳明确地加上了"国际性的"(international)这些字眼儿!——"是一个在很大程度上有着自身固有的规律性且具有特殊性质的语言领域,他们就将面临新的任务,而且他们将与自然科学、技术等领域的代表们通力合作。"[1970:533]

最后,他又阐述道:"这门'术语-学说'(Termino-Logie)需要严肃的语言研究者们开展实质性的合作,总有一天,它将会跟今天的普通语言学或者日耳曼学、罗马语族语言文学研究等学科并驾齐驱,并占据跟它们一样重要的地位。"[1970:25]

维尔纳的这种呼吁——号召古典语文学家参与到术语研究中去,并在术语教学材料的开发方面携手合作,与我先前提到过的事实并不矛盾,也就是:就单纯使用术语而言,不需要人们必须接受古典语言培训。维尔纳所撰写的这两本著作,是他特意为术语学教学而准备的辅助教材,而且他反复说明这样做是必需的。[1956:9;1963:160;1970:529;1971b:537]

2.3.3 计划语言

2.3.3.1 计划语言工作的繁荣

今日术语学家对国际性名称和名称系统孜孜不倦的探索,为一门迄今为止还鲜为人知而且相当年轻的语言学分支带来了益处——它就是先前提到过的"语际语言学"[依照耶斯佩森(Jespersen)的理解],也就是"计划语言的科学"。因为这种所谓"自然主义的"(naturalistisch)计划语言,它的词汇要素是从国际化的词汇中摘取出来的。这已经成长起来的语言所面临的主要困难是词形的屈折变化(Flexion)问题。在自然主义的计划语言体系中,这一难题所造成的漏洞是借助辅助词(Hilfswörter)加以弥补的。如果针对某个概念找不到合适的国际性词素[词根(Wortstamm)或者词缀(Affix)],人们则从拉丁语或者原始罗马语族(拉丁语系)(Proto-Romantische)的语言中选取一个词素进行代替。由此,这些国际化的术语逐渐演变成了一种独立的国际性术语语言。

维尔纳[1970:533]和万德鲁什卡[1971:11]分别在1970年和1971年再一次强调了进行上述努力的现实性。虽然,早在一百多年以前,就有一代语言设计者踏上了前面描述过的这条复苏国际性科学语言(Gelehrtensprache)的道路[首先应当提到皮罗(Pirro)在 1868 年的学术活动,见戈德(Gode)编纂的词典《(拉丁)国际语－英语》(*Interlingua-Englisch*),1951:Ⅷ]。但是,直到近几十年,人们才逐渐熟悉精确性的科学思维方式,并且习惯于合乎逻辑地进行思考,因此,那往日主宰人们头脑的、喜欢零敲碎打的思维方式才受到遏制。

2.3.3.2　术语工作的繁荣

从那时起到今天,人们认识事物的思想方式就如同潮水一样,有时也向相反方向流动:人们从对计划语言的研究转到对术语学的研究上来了。这场由语言学家发动的计划语言研究,它的荣誉桂冠应当戴在这些人头上:他们是一群来自不同国家的语言学家,在 1924—1951 年间,他们在美国的领导下,从多个角度就计划语言中存在的问题展开研究。这些学者是由所谓的"国际辅助语协会"(International Auxiliary language Association, IALA)团结在一起的,并与哥伦比亚大学(Columbia-Universität)保持着密切的工作联系。他们的研究工作得到美国著名的铁路和航运大亨范德堡家族成员莫里斯(Alice Morris)女士的极大鼓励和支持,并得到了这个家族的大力资助。

这些学者们的研究成果以书籍的形式得以出版。其内容包括:对国际性词汇及其含义出现频率的调研;介绍对各种处理意见的表决结果在一定范围内是如何进行传播的;介绍在国际会议上人们对解决语言问题形成过哪些不同的方案;等等。国际辅助语协会的最终研究成果于 1915 年在莫里斯女士去世后不久发表。这是一部内容丰富、按字母顺序编排的国际化词典。最为重要的是,词典中的每一个名称的含义,都是在含义网络(Bedeutungsnetz)中构建的。显而易见,这样的一部集子无疑为构建国际性术语提供了珍贵的宝库。与国际辅助语协会的工作相独立,甚至早在他们之前,就已经有个别从事跨语言研究的学者和术语学家进行过类似的研究活动,他们花了几十年的时间,一直在钻研国际性词汇的后缀派生词问题。他们的研究素材便是那时已经出版的逆序词典(rückläufige Wörterbücher)和押韵词典,此外还有他们自己收集起来的资料集,以及重要的拉丁语和罗马语族(拉丁语系)语言的相关语法著作。

这些学者为深入探索国际性词汇在语音方面,尤其在语义方面的规律性做出了自己的贡献。下面就提及两位学者的名字:

罗马语族语文学专家迪茨(Friedrich Diez)(自 1836 年起)和吕贝克(Wilhelm Meyer-Lübke)(1894 年和 1920 年)。

3 与逻辑学的关系

到现在为止,我已经阐述了术语学与普通语言学的关系。在这里蕴含着一个本质上的区别:从根本上说,普通语言学把语言作为概念系统看待,这是比较晚才开始的。而且普通语言学也没有真正严肃地去做这件事——依据这种新式的思考方法,按照概念体系对词典进行编排。这种情况的发生,其实跟下列的事实不无关系:直到今天人们也没有弄清楚,在普通语言学领域中,究竟存在着哪些在类型上根本不同的概念系统,而且这每一种类型的概念系统各自又是个什么样子。术语工作是从概念出发的。所以,鉴于术语学在概念方面的这一特点,它要发展自身则别无选择:它需要以这些学科——这些研究概念之间及个体之间关系的科学,也就是逻辑学(Logik)与本体论(Ontologie)为依据。

在普通语言学中,一般来说,人们并不独立地去考察概念之间的关系,而是把它与构词(Wortbildung)联系起来。因此在那里,专业概念和名称的产生与发展就跟"词汇配对"(Kopulation)和"同位语"(Apposition)的出现一样,显得平平常常,这在某种程度上把概念关系掩盖住了。当我现在谈起"逻辑学"的时候,在我的脑海里出现的不仅有古典概念学说(Begriffslehre),而且还有数学逻辑(mathematische Logik)、数理逻辑(Logistik)。甚至就连普通语言学中也逐渐渗透了数理逻辑的思考方法和运作模式。

表 1　概念和主题关系

	概念关系										主题关系	
	概念系统(概念分类)										主题分类	
	逻辑关系(抽象关系、相似性关系)		本体关系									
			接触关系(心理学上的联想关系)				因果关系(尤其是世代之间)					
			并列关系[尤其是组成部分关系(存在关系)]		相继关系(尤其是继任/跟随关系)		一般	种系发生	个体发生	材料		
1	2	3	4	5	6	7	8	9	10	11	12	13
关系成员	大概念	>	包含关系	>-	前任		直系长辈(祖先)		例如,幼虫		大主题	⊃
	小概念	<	部分关系	-<	继任		后裔		蛹成虫		小主题	⊂
	2 和 4　较宽泛的概念		3 和 5　BT 为"宽泛的"概念配置的缩略符号									
	较狭窄的概念		NT 为"狭窄的"概念配置的缩略符号									
	归属关系概念		RT 为"归属关系"配置的缩略符号								相关主题(具有"归属关系"的主题)	
联系	限定(更详细的确定)	→	✕	✕							✕	✕
	概念合取(逻辑与)	∧									主题合取	∧
	概念析取(逻辑或)	∨	一体化(联取)	Y							主题析取	∨

3.1　逻辑概念关系

首先应该说明的是:在术语学中,逻辑概念关系(logische Begriffsbeziehung)和非逻辑概念关系(nicht-logische Begriffsbeziehung)是做了严格区分的(见表 1 中第 2 和 3 列或者第 4 和 11 列)。

3.1.1　逻辑关系

所有的逻辑关系,亦称为"抽象关系"(Abstraktionsbeziehung),都是建立在相似性(Ähnlichkeit),也就是至少建立在(概念)特征的共性(Gemeinsamkeit)基础上的。

3.1.1.1 逻辑比较关系(Logische Vergleichsbeziehungen)

(1)如果存在着这种情况,即一个概念是另一个概念的大概念(Oberbegriff),那么,人们在此谈论的就是"逻辑从属关系"(logische Unterordnungen)。

(2)另一种情况则是"逻辑并列关系"(logische Nebenordnungen)。两个概念都是同一个大概念的小概念。它们彼此之间仅通过唯一的特征相互区分。

3.1.1.2 逻辑概念连接(Logische Begriffsverknüpfungen)

如果我们考察三个概念,它们之间并不全处于逻辑从属关系之中,同时也不全处于逻辑并列关系之中。在这种情况下,其中的两个概念可以是"起始概念"(Ausgangsbegriffe),它们通过彼此之间的"结合/联系"(Verbindung)——或者称之为"连接"(Verknüpfung)——形成了第三个概念。逻辑概念连接有三种类型:

(1)"限定"(Determination)或者"更详细的确定"(nähere Bestimmung):在一个概念的内涵中加入作为附加性特征的第二个概念。

举例:概念连接"进口 – 商人"(*Import-Kaufmann*)。这样产生的结果——第三个概念是第一个起始概念("商人")的小概念(Unterbegriff)。在学校的语法书里,人们肯定只是介绍过这种类型的"连接"。

(2)"概念合取"(Begriffs-Konjunktion)或者"逻辑与"(Abpaarung):这是将两个概念的内涵——也就是它们的特征(Merkmale)——结合了起来。

举例:概念连接"工程师 – 商人"(*Ingenieur – Kaufmann*)。在这里也出现了一个小概念,也就是(两个)起始概念的共同小概念。

(3)"概念析取"(Begriffs-Disjunktion)或者"逻辑或"(Aufpaarung):这是将两个概念的外延——也就是它们的小概念——合并在了一起。

举例:概念连接"印 – 欧人"(*Indo-Europäer*)。在这里则出现了(两个)起始概念的共同大概念。

3.1.1.3 逻辑概念系统

如果一定数量的概念在这样的一种关系当中进行排列,即一部分是逻辑从属关系(logische Unterordnung),一部分是逻辑并列关系(logische Beiordnung),那么,这些概念就构成了一个"逻辑概念系统"(logisches Begriffssystem)。

3.1.2 对逻辑关系的描述

在很多情况下,术语词典编纂学被迫使用符号去表达概念之间的逻辑关系。

3.1.2.1　对逻辑比较关系的描述

对逻辑比较关系进行描述的符号,可以从数学中引用过来(见表 1 中第 3 列上方)。

$=$　表示"等于"

$\approx$　表示"相似"

$>$　表示"是……的大概念"

$<$　表示"是……的小概念"

有些名称可能存在着多义的情况,也就是它们同时表示一个概念及它的一个小概念["阶梯(同音/同形)异义词"(Leiterhomonyme)]。在术语学中,这种含义上的区分,可以借助下列方式解决:人们可以给这个名称加上上标[I];当人们进一步想到这个名称在逻辑上的另一种含义时,则给这个名称加上上标[II](见表 2,图 a、b 和 d)。

表 2　概念关系及其标示(例子)

3.1.2.2　对逻辑概念连接的描述

为表示逻辑概念连接而采用的符号,在逻辑学中早就存在了(见表1中第3列下方)。

∧　表示"与……的概念–(逻辑)合取"

∨　表示"与……的概念–(逻辑)析取"

在过去,人们并没有为"限定"设计普遍通用的符号,因此在术语学中,人们必须引进一种新的符号:

–+　表示"通过……限定"(加号的向左延长)

3.1.2.3　对逻辑概念系统的描述

在逻辑学中,人们很早就采用图示的形式对逻辑概念系统进行描述:角规式树形图(stammbaumartige Winkelbilder)就是其中的一种。在这样的图示里,大概念置于它的小概念之上(见表2,图a、b 和 d)。

3.2　构词中的逻辑关系

到现在为止,我们只探讨了概念之间的关系,还没有兼顾到名称的情形。在构词中,我们也可以看到逻辑关系的存在。在这里,这种关系出现在起始含义(Ausgangsbedeutungen)和终端含义(Endbedeutung)之间。它适合于两类构词:不仅适合于要素连接(词素连接)的情况,也适合于含义转移(词义转移)(Bedeutungsübertragung)的情形(见表3,第2和3列)。

表 3　构词中的概念关系

1a	1b	2	3	4	5	6	7	8	9	10	11
			概念关系								
			概念系统								
		逻辑关系		本体关系							
				存在关系	跟随关系			因果关系			
			关系符号		关系符号						
词义转移	a)		✕	✕	✕						
要素连接	词组	限定	由……表明	✕	✕						
		概念析取	或者	✕	✕						
		概念合取	和（同时）	一体化	和……一起						
	组合	限定	✕	✕	✕						
		概念析取	✕	✕	✕						
		概念合取	✕	一体化	✕						
	派生	派生	✕	✕	✕						

注:a)在含义转移(词义转移)中使用的名称,可以是根词(Stammwort)、词组、复合词或者派生词。其终端的含义是作为一个整体被转移过来的。

3.2.1　要素连接

首先谈谈要素连接(词素连接)。

3.2.1.1　词(Wörter)

当我在前面举出"进口－商人"、"工程师－商人"和"印－欧人"的例子时,我所想到的并不是词语,而仅仅是概念连接。那个记录下某种概念关系终端含义的词语,从它那一方面上讲,则未必一定是复合词。举例而言,人们常在同一种含义上使用"雅利安人"(Arier)和"印欧人"(Indoeuropäer)这两个词语。但上面举出的那三个要素连接,同时也可以作为下列这类要素连接的例子——它们构成的名称也常常反映了某种概念连接。这类例子是复合词。但并不是所有的复合词和派生词都能表达出它们背后(作为其基础)的概念连接类型。表 2 中图 c 所显示的,就是复合词和派生词无法反映其概念连接类型的情况。

3.2.1.2　词组

在词组的各组成部分之间也会出现同一类的逻辑概念连接。在这种情况下,概念关系是借助"词语"表达出来的,尤其是通过下列的表达:

"由什么表明"(*gekennzeichnet durch*)　　适用于"限定"

"和(同时)"[*und*(*zugleich*)]　　　适用于"概念 – 合取"

"或"(*oder*)　　　　　　　　适用于"概念 – 析取"

"和"与"或"这两个词的特殊用法,在逻辑学里早就有规定了。

3.2.1.3　汉语中的"合取复合词"

"合取复合词"(Konjunktionszusammensetzungen)或者"析取复合词"(Disjunktionszusammensetzungen)在欧洲语言当中相对少见。然而,通过"合取"方式构成复合词,对于汉语却至关重要。中国方言中大约只有 1 000 种"读音"(Wortlautung),或称其为"音节"(所有汉字都是单音节的)。在这些单音节词中,不少都有 20 多种含义。直到后来,在创造汉字的时候,人们才有可能通过添加不用读出来的语义符号(Sinnbereichszeichen)(义符),而使得同样多义的汉字符号变得单义、清晰了;这些语义符号(义符)的数量大约为 200 个。但早在此之前,汉语口语就以另外的方式完善了自身:在口语中,人们借助于"合取"这种形式,创造了大量常用的合成词,而这些合成词的组成成分,不仅可以读出来,而且后来还可以写出来。

3.2.2　含义转移(词义转移)

除了通过要素连接之外,人们还可以通过含义转移形成名称。此外,在起始含义和终端含义——也就是转移了的含义——之间也存在着相似性关系(Beziehung der Ähnlichkeit)。在这种情况下,在语言学里人们则常说到"比喻(借喻、隐喻)"(Metapher)。如果在逻辑从属关系中也存在着相似性(Ähnlichkeit),则人们把这种"含义转移"称为"收缩"(Einengung)或者"扩展"(Erweiterung)。

4　与本体论的关系

在这篇论述的开篇题目里,紧随"逻辑学"之后的便是"本体论"(Ontologie)这个词。想必许多读者对 Ontologie 或者 Seinslehre(本体论)这个概念只有一个很模糊的印象。幸运的是,我们在这里只需要在一定范围内对"本体论"进行研究,我们只需要掌握对澄清可能的概念关系有必要了解的知识就行了。

4.0　逻辑关系的界限

哈利希和瓦特堡的概念系统是从下列词汇开始的,在此,我们从法文翻译了过来(译者注:译者是从德文翻译过来的):

宇宙(Weltall)

世界(Welt)

自然(Natur)

生物(Lebewesen)

怪兽(Ungeheuer)

天空(Himmel)

天空的(himmlisch)

天体(Gestirn)

太阳(Sonne)

太阳光(Sonnenstrahl)

发光(不定式)(strahlen)(Infinitiv)

晨曦(Morgendämmerung)

升起(太阳)〔aufgehen(von der Sonne)〕

落山(太阳)〔untergehen(von der Sonne)〕

黄昏(Abenddämmerung)

上面所有的单词都是上下排列的,两位作者也没有对它们做任何区分。如果按照抽象关系对上述这个词汇序列做一番整理的话,人们则能发现有内在联系的两组"词对":

生物(Lebewesen)和怪兽(Ungeheuer)

天体(Gestirn)和太阳(Sonne)

4.1　本体概念系统

4.1.1　一般意义上的本体关系

4.1.1.1　本体关系类型

除了抽象关系之外,一定还存在着其他(类型)的概念关系。但都有哪一些呢?在这个问题上,逻辑学教科书并没有给我们提供答案。属于逻辑学研究对象的,恰恰只有那唯一的"逻辑关系",亦称"抽象关系"。而非逻辑关系(nicht-logische Beziehungen)则属于本体论的范畴。因此人们称之为"本体关系"(ontologische Beziehungen)。然而有些遗憾,第一次详细考察了"概念系统究竟是什么样"的人,他其实既不是逻辑学家,也不是本体论学家,而是一位生物学家——格罗斯(Durand de Gros)(1899年)。

如果就这个核心问题还想进一步追根溯源的话,人们则可以跟亚里士多德(Aristoteles)建立上关系。因为他所区分过的两类"思想－联想"(Ideen-Assoziationen)刚好与这两组主要的概念关系相对应。也就是说,"联想"(Assoziationen)或者是建立在"相似性"基础上的,这是一类抽象关系;或者它们是以"连续性"(Kontinuität)为基础的,也就是建立在空间或者时间联系的基础上。虽然"联想学说"(die Lehre von den Assoziationen)属于心理学范畴,但是这并不妨碍我们将这种划分引用到语言领域中来。我们把这种本体关系——或者它最重要的亚类型(见4.1.4)——称为"接触关系"(Berührungsbeziehungen)。我们又将其进一步划分为"并列关系"(Beieinander-Beziehungen)和"相继关系"(Nacheinander-Beziehungen)(见表1,第4—7列)。

4.1.1.2　逻辑学家的启示

刚才我已经说过,在寻找非逻辑概念关系这个问题上,逻辑学并没有给出答案。但终究有一位名叫西格瓦特(Christoph Sigwart)(1904年已经去世)的古典逻辑学家给我们提供了一个启示,这正与我们从"联想学说"中得出的结论相吻合。与温德尔班德(Windelband)的观点不谋而合,在1900年,西格瓦特区分出下面的"关系理念"(Relationsvorstellungen),或者简称"关系"(Relationen):(1)"逻辑和模态关系"(logischen und modalen Relationen);(2)"空间、时间和因果关系"(räumlichen, zeitlichen, causalen Relationen)。其中,西格瓦特还把"整体和部分关系"(die Relation des Ganzen und der Teile)也归纳在了"空间关系"(räumlichen Relationen)里。对于上述的第二类关系,我已经把它们称为"本体关系"(ontologisch)了——但西格瓦特和温德尔班德则将其称为"结构关系"(konstitutiv);据西格瓦特本人的解释,这类关系具有"物体的含义"(gegenständliche Bedeutung)。而对于上述的第一类关系——逻辑关系,他则称之为"反身关系"(reflexiv)。对此他解释说,因为这一类关系"依赖于它们在同一种意识中是如何同时发生的"(hängen von ihrem Zusammentreffen in demselben Bewuβtsein)。

4.1.2　并列关系

4.1.2.1　存在关系(组成部分关系)

并列关系中最重要的代表就是存在关系(组成部分关系)(Bestandsbeziehun-gen),也就是某个整体及其部分之间,或者其部分之间存在的关系。在此举一个"组成部分阶梯"(Bestandsleiter)的例子,例如"国家 – 省份 – 地区(= 专区) – 乡镇"[*Staat – Provinz – Bezirk(= Kreis) – Gemeinde*]这个概念序列。某个从属的(untergeor-dneter)"组成部分概念"(Bestandsbegriff)被称为"部分概念"(Teilbegriff);而某个处于上位的(übergeordneter)"组成部分概念"被称为"包含概念"(Einschluβbegriff)。在术语学中,存在关系(组成部分关系)是仅次于抽象关系的最为重要的关系类型。为此,术语学家被迫自己为这类关系导入合适的名称,尤其是引入像"存在关系(组成部分关系)"(Bestandsbeziehung)、"组成部分阶梯"和"组成部分系统"(Bes-tandssystem)这样的名称。而把"组成部分连接"(Bestandsverknüpfung)——也就是"部分之间的连接"——称为"一体化"(Integration)或者"联取"(Anpaarung)。

4.1.2.2　对存在关系(组成部分关系)的描述

术语学不仅需要被迫为自己导入合适的名称,而且还需要引进相应的符号。

(1)表示"存在关系"(组成部分关系)或者"组成部分连接"的符号与表示逻辑关系和逻辑连接(见表 1 中第 5 列)的符号很类似:

>-　　表示"……的包含概念"

-<　　表示"……的部分概念"

Ⅰ　　表示"与……一体化"(integriert mit)

如果某个名称在一定程度上具有多义性,以致这个名称可以表达出在两个相互跟随的组成部分阶梯上每一层组成部分的含义["组成部分 – 阶梯同义词"(Bes-tands-Leitersynonyme)],那么人们可以采用上标^A和^B把具有不同含义的同一个名称加以区分。这跟为"逻辑阶梯同义词"(logische Leitersynonyme)标上上标^Ⅰ和^Ⅱ的情况很类似(见表 2,图 c)。

(2)在术语学中,人们也为"组成部分系统"引入了符号标记,这同样和逻辑概念系统所采用的符号很类似。只是在角规式图(Winkelbilder)的位置上,人们使用的是大括号图(Klammernbilder)(见表 2,图 c 和图 d)。人们也可以采用十进制数字(Dezi-malzahlen)(参见 2.2.2.1)对"组成部分"进行划分。但在此处,做这样的处理则更合适一些:在标明某个部分(而不是某个小概念)的十进制数字位置前面,添加上一个连接符。例子:2.2.2.1(表示"2.2.2"的小概念);而 2.2.2 - 1(表示"2.2.2"的一个部分)。

做这样的划分相当有必要,因为常常会出现这样的情况:在同一张概念图(Begriffsplan)或者图解里,逻辑关系和组成部分关系(存在关系)同时存在。

4.1.3 相继关系

并列关系是一种空间关系,因此,这类关系是一种"同时性的关系"(Gleichzeitigkeitsbeziehung)。而"相继关系"(Nacheinander -Beziehungen)却是一种时间关系(见表 1 中第 6 和 7 列)。这类关系的代表就是"继任/跟随关系"(Nachfolge -Beziehungen)。在此可以举出"教皇的大事年表"或者"历代世俗王朝的更迭"的例子。

4.1.4 因果关系

学者休谟(David Hume)早在 1748 年就从"接触性联想"(Berührungsassoziationen)中把那些以因果联系为基础的"联想"分离了出来。就术语学而言,在这里则建议人们接受休谟的观点,从纯粹的"相继关系"中区分出"因果关系"(Ursächliche Beziehungen)(见表 2,第 8 到 11 列)。因果关系的主要代表就是"起源关系"(Abstammbeziehungen)。"起源关系"不仅存在于不同的世代之间,而且也存在于同一个个体或者同一种物质的各个发展阶段上。人们也经常借助树形图(谱系)(Stammbäume)对这种关系进行描述。而且(有趣的是),如果人们采用树形图对世代序列进行描述追踪的话,甚至很可能找到某个谱系的起源。

4.1.5 逻辑关系和本体关系之间的鸿沟

经验表明,对于逻辑关系和本体关系之间的区别,许多人都觉得相当费解。然而,在这两种概念关系之间的确存在着不可逾越的鸿沟。举例来说,每一个个体,例如我的狗布鲁诺(Bruno),则可以经历人类思想不同强度的抽象化。结果就是:同一个个体可以从某个确定抽象阶梯(Abstraktionsleiter)上依次跟随的每一个概念出发,而实现不同程度的抽象化。例如,我的狗布鲁诺,它可以同时是一条雪山救人犬,也是一条一般意义上的狗,同时它又是哺乳动物和生物。

与之相比,在本体阶梯(ontologische Leiter)中,却没有哪一个个体可以实现同时占有几个梯级。在任何一张地图上,人们都不会找到在地球上有这么一个部分:它既是一个国家,同时又是这个国家的一个省;或者它既是一个省,同时又是这个省的一个专区。换句话说,只有逻辑关系,也就是抽象关系,才直接存在于概念之间。而本体关系则是由存在于现实中的、个体之间的关系[存在关系(ontische Beziehungen)]形成的,它们是由个体关系[所谓的关系个体(Beziehungsindividuen)]借助关系概念[例如"从……起"（ab），"在……下"（under）]概括而成的。本体关系只是间接地存在于概念之间。

4.1.6　狭窄、宽泛和归属概念

但无论如何，在抽象阶梯和组成部分阶梯之间，我们可以做一个形式上的类比：一个大概念（Oberbegriff）包含了若干个小概念；而一个包含概念则包含了若干个部分概念。因此，不仅在普通语言中，而且在信息学领域里，人们把这些处于上位（上级）的概念，归纳为"较宽泛的概念"（weitere Begriffe）。与此相应，把"小概念"和"部分概念"概括为"较狭窄的概念"（engere Begriffe）。

另外，在术语学实践中，实际上存在着一种需要：人们应该为属于同一概念系统但不属于同一阶梯的两个概念之间的关系也给出一个名字。而处于这种状况的两个概念，它们要么相互并列，要么彼此重叠，或者它们在概念系统中形成了对角线关系。在术语学中，人们称这类概念关系为"归属关系"（Zugehörigbeziehung）[隶属关系（Zugehörigkeitsbeziehung）]。更准确地说，则应称之为"层级归属关系"（hierarchische Zugehörigbeziehung）。而与此形成对比，所有其他的本体关系（也就是所有"不是存在关系的本体关系"），则概括在"非层级归属关系"（außerhierarchische Zugehörigkeitsbeziehung）的名字下面（另见5.2.1）。

4.2　构词中的本体关系

4.2.1　要素连接（词素连接）

在要素连接（词素连接）中，本体连接（ontologische Verknüpfung）也可能是存在的（见表3，第4和第5列）。为了说明这一点，人们经常举复合词"连裤内衣"（Hemdhose）这个例子。这里的连接方式则是"一体化"（Integration）。因为"连裤内衣"既不是一件衬衫（Hemd），也不是一条裤子（Hose），而是这两者在空间上的连接。如果将复合词"裙裤"（Hosenrock）与上面这个例子进行比较，人们就会对构词中本体连接和逻辑概念连接之间的区别恍然大悟。在"裙裤"（Hosenrock）这种情况下，它无疑是一条裙子（译者注：按德语国家的习惯，其中 Rock 是裙子的意思），而且在这里存在的是一种逻辑概念连接形式——"限定"。在词组中，这种"一体化"的关系可以借助于 mit（"和……一起；以；用"等等）这个词体现出来；说得更清楚一些，则是借助于 zusammen mit（和……一起）进行表达。

4.2.2　含义转移（词义转移）

在含义转移中，本体关系也会存在，尤其是"并列关系"和"因果关系"。在语言

学中,人们称这个过程为"转喻/换喻"(Metonymie)。在此举一个例子:stilus 这个单词在拉丁语中既有"笔"(Schreibgriffel)的意思,又有"文笔、文体"(Schreibweise, Stil)的含义。在拉丁语中,上述这两种意思都包含在了 stile 这种形式里。但是德语单词 Stil(义笔/义体)却只有转义(含义转移)之后的含义。

本体论意义上的概念借用(ontologische Begriffsübertragung)是以"整体 - 部分"这种组成部分关系(存在关系)为基础的。在此的语言学名称则为"提喻法/举隅法"(Synekdoche)或者"用部分代替整体"(Pars pro toto)(拉丁语)。例如:用"帆"(Segel)代替"船"(Schiff),用"头"(Kopf)代替"人"(Mensch)。

4.3 语言学中的构词

4.3.1 元素连接

为了给术语学理论和实践寻找到合适的构词原则,我们对最重要的语法著作及相关专著进行了深入钻研。在此特别提到下列学者及其著作:

关于印度日耳曼人(indogermanisch)(印欧语系)语言的:布鲁格曼(Karl Brugmann)和德尔布吕克(Berthold Delbrück)(从 1866 年起)。

关于罗马语族(拉丁语系)语言的(一般而言):早就提到过的迪茨和吕贝克的语法书。

关于法语的:达梅斯特泰(Arsène Darmesteter)(1875 年和 1877 年)。

关于英语的:梅茨纳(Eduard Mätzner)(1873 年)、科齐奥尔(Herbert Koziol)(1937 年)、莱希(Ernst Leisi)(1955 年)。

关于德语的:保罗(Hermann Paul)(自 1880 年起)、亨岑(Walter Henzen)(1957 年)、《杜登语法》(Duden-Grammatik)(1959 年)、弗莱舍尔(Wolfgang Fleischer)(1969 年)。

所有这些著作都为我们提供了大量的实例及原则性的解释。让人感到有些遗憾的是,从术语学角度上看,这些作者们都未能把概念化表达与语言性表述充分地加以分离。

从术语学的角度,我们想实现的另一个愿望是:一方面,应该明确词组间的概念结构关系(begrifflich-strukturelle Zusammenhangen);另一方面,则更应该突出复合词或者派生词之间的概念结构关系。在上述这些著作中,对复合词的研究一直处于中心地位。至于谈到对拉丁语派生词(latinische Wortableitung)的研究,我们在前面早就探讨过了(见 2.3.3.2 节)。

4.3.2　含义转移/借用(词义转移)

对通过含义转移/借用(词义转移)形成构词的研究,在上述的语言学著作中所占篇幅很少。但这一话题,却构成了语义学(Semantik)[含义学说(Bedeutungslehre)]著作的主要研究对象。下列这些学者就上述专题都有过独到的研究:

埃德曼(Karl Otto Erdmann)(1900 年后不久);

施佩贝尔(Hans Sperber)(1925 年);

施特鲁克(Erdmann Struck)(1940 年);

加米尔舍格(Ernst Gamillscheg)(1951 年);

乌尔曼(Stephen Ullmann)(1951 年和 1962 年为英语,1952 年为法语);

克罗纳瑟(Heinz Kronasser)(1952 年);

莱希(Ernst Leisi)(1953 年);

沙夫(Adam Schaff)(Hermann 译,1966 年);

科齐奥尔(Herbert Koziol)(1967 年)。

从以上学者从事这方面研究的年代上可以看出,"语义学"在 20 世纪尚处于幼年时期。在这里,尤其应该提到学者施佩贝尔的贡献。

对于以概念关系为目标的术语学来说,通过语言学对含义学说进行扩充是一个迫切需要关注的问题。但在上述提到的部分著作里,则一再流露出学者们对逻辑思考方法进行压制的主张(处于上风)。例如,施特鲁克就在自己著作的序言中明确指出:"我避免使用依靠逻辑推断出的人造词汇,虽然它们总结了心理过程的结果,但却对这个过程解释不够。例如,对含义的缩小、含义的扩大、含义混淆及换喻/转喻这些问题缺乏解释。或者所做的评估经常让人感觉没有把握,譬如:很难评估含义的质量变化。"[1954 年]

而在术语学中,情况看起来则正好相反:对于术语学来说,恰恰是那些命名动机(Benennungsmotive)起着重要作用,因为它们是以概念关系和实用性/目的性(Zweckmäßigkeit)[评估(Wertung)]为基础的。在这一点上,特别值得提到学者乌尔曼的名字。乌尔曼支持对含义变化的种类进行逻辑划分,但他对含义变化的理解不只局限于含义的缩小和扩大[1952:274]。然而,对于语义学而言,含义变化的产生则更为重要。对于心理学呢? 对它来说,对"联想"进行划分则是具有决定性意义的。但乌尔曼只对两种类型的"联想"进行了区分[1952:277],把它们翻译过来就是:

(1)两种含义之间的相似性(借喻/比喻)(Metapher);

（2）心理学上的联想（Kontiguität），也就是两种含义之间的联系（换喻/转喻）（Metonymie）。

乌尔曼所做的这种区分清楚明了，而且正好对应于逻辑关系和本体关系之间的对比。在涉及语义学的出版物中，却经常缺少这种明确的区分。

在1955年出版的一部著名百科全书中，人们可以发现一个绝好的例子，特别适合说明人们经常见到的混淆。在这部百科全书里，人们对"提喻法/举隅法"的解释如下："一种措辞，在其中，人们用一个特殊概念代替普遍概念，或者反过来。例如，用猫代替狮子。最为扩展的就是'用部分代表全体'（pars pro toto）［拉］。提喻法是比喻的一个小概念。"［译者注：（1）"提喻法"也叫"举隅法"，这种修辞方法是用与某种事物同类的事物来代表这种事物。它通常把某个名词换成另一个具有同类同范畴含义的名词。或者以部分代表全体，或者以全体代表部分；或者以抽象代表具体，或者以具体代表抽象。（2）猫在动物学分类中属于脊索动物门，脊椎动物亚门，哺乳纲，食肉目，猫科，猫亚科。与猫同在猫科的还有狮、虎和豹子。狮子在动物学分类中属于脊索动物门，脊椎动物亚门，哺乳纲，真兽亚纲，食肉目，裂脚亚目，猫科，豹亚科。在上述提到的百科全书里，人们举"用猫代替狮子"这个例子，这显然是错误的，因为猫和狮子虽然同属猫科动物，但它们却不是猫科动物这一大概念下的同一类小概念，两者之间不具有特殊概念与普遍概念之间的关系，更不具备部分和全体的关系。］

5　与信息学（计算机科学）之间的关系

5.1　什么是信息学（计算机科学）？

依据这篇论述的标题，现在应该仔细谈谈普通术语学与信息学（计算机科学）（Informatik）的关系。就我到现在已经阐述过的学科来说，信息学（计算机科学）是一门最新兴的科学。它是一门关于计算机构造和运用的科学。计算机不仅为数学运算服务，也是另一门也并不古老的学科——也就是文献信息科学（Dokumentations-und Informationswissenschaft）——最为重要的技术辅助工具。"信息学"这个名称本身，就应该对上述的含义有所暗示。电子计算机可以为文献和信息管理提供两类服务：

（1）计算机可以把海量的语言表达信息（数据）储存起来。这类数据可以是书面报告或者某种事实情况。

（2）计算机为人类提供了这种可能性：人们可以在顷刻之间再次找出储存在计算机中的信息。

为了能够实现上述第二种服务，人们则需要为每一类信息添加上标记/标签（Etikette）。它们是"关键词"（提示词）（Schlagwörter）——一般也称为"叙词"（说明词）（Deskriptoren），或者数字串和字母串["标记符号"（Notationen）]。"叙词"（说明词）全部来自一种生机勃勃的语言。但是，人们不应该随心所欲地对它们进行具有偶然性的选择，而必须从某类叙词词典中将其摘取出来；而且，这类词典的内容还必须在一定的读者群里获得过认可（经过一定程度的协调）。这类称为"类属词典"（汇编）（Thesauren）的词典还必须以概念分类为基础。人们把叙词系统（System von Deskriptoren）又称为"叙词语言"（Deskriptorsprache）、"索引语言"（定位语言）（Indexierungssprache）或者"文献资料汇编语言"（Dokumentationssprache）[Wersig,1971：250]。

5.2　分类

概念系统也是一种概念"分类"（Klassifikation）。然而，从形式上讲，信息学的分类却超出了迄今为止我们所探讨过的所有典型的概念系统。

5.2.1　逻辑概念系统和本体概念系统的混合

首先要说明的就是，在很多的"类属词典"（汇编）中，人们并没有对逻辑概念系统和本体概念系统进行区分。出于某些信息搜索的目的，我们也没有必要一定这么做。但为了能更让人明白一些，人们则应该对"狭窄的"和"宽泛的"概念或者名称进行一下讨论。很遗憾的是，就连有些从事"类属词典"（汇编）编制工作的专家们也把"包含概念"和"部分概念"说成是"大概念"和"小概念"；我们应该将这种做法视为一种滥用。为"宽泛的"和"狭窄的"概念所配置的缩略符号，大多可以从英语中引用过来：BT 和 NT。我们可以把它们与术语学中标准化的符号进行配对合并：

BT　等同于 > 或者 >-

NT　等同于 < 或者 -<

我们在前面已经探讨过归属关系（见 4.1.6 节），为这类关系所配备的缩略符号也来源于英语：RT。其完整的英语表达原文是 related term。很令人遗憾：在将这个英语表达翻译成德语时，人们大都把它与"联想关系"（assoziative Beziehung）建立起了联系[Soergel,1969：80]。

对类属词典（汇编）工作而言，这三种缩写词必不可少。一部类属词典（汇编）的用户,可以通过使用这些缩写词,而节省自己在词典系统化部分(也就是在各项分类)中经常性地来回查阅所浪费的时间。因此,为了方便用户,在类属词典(汇编)按字母顺序排列的叙词部分,人们添加上了由相关缩写词引导的或更为宽泛或更为狭窄的叙词,以及其他具有归属关系的叙词(通常在第二列里)。

5.2.2 主题-分类

在主题-分类(Thema-Klassifikation)中,我们曾经谈到过的、与术语学家的原则相偏离的情况则不再存在。相反,说得更确切些,从信息化的角度上讲,就连"分类"这个概念,都常常要比它在术语学理论中的更为宽泛。人们在此不仅要想到逻辑概念系统和本体概念系统,而且还要考虑到我们建议表述为"主题-分类"的这种东西(见表1中,第12和第13列)。也有学者将之表述为"文献资料汇编分类"(dokumentarische Klassifikation),但这种表达并不完全单义(可能会产生歧义)。

在一定程度上,"主题-分类"与划分好的内容一览表很相似。某个章节段落细分部分的主题,就是主要段落主题的"小主题"(Unterthemen);而主要段落的主题就是"大主题"(Oberthema)。但充当"小主题"和"大主题"的,并不一定要是小概念或者部分概念。然而遗憾的是:在实际工作中,人们也经常把"大主题"和"小主题"叫成"大概念"和"小概念"。这样做的危害则是妨碍了人们之间实现清晰明了的沟通交流。在词典中也见得到"主题-分类"。但在基础性的词典里,人们则应该避免采用"主题-分类"这种形式。

5.2.3 主题连接

人们能够在计算机中迅速找到某类信息的标记/标签,这则要归功于下面的处理方法:这类标记一般由若干个(例如,三个)描述符(叙词)组成一个系列。如果人们想检索到某个标记,现在则存在着两种不同的可能性:(1)也许人们检索到三个描述符(叙词)同时都出现的标记就满足需要了——这则是一种"主题-合取"(Thema-Konjunktion);(2)或者人们渴望检索到所有的标记,包括至少包含了三个描述符(叙词)中的一个的标记——这则是一种"主题-析取"(Thema-Disjunktion)。在"主题-析取"这种情况下,人们所能检索到的标记数量大得惊人!而在"主题-合取"的情况下,人们采用坐标对描述符(叙词)进行比较就可以了。

电子计算机能够根据人们的需求实现这样或者那样的主题连接。它不仅是一台数学计算器,而且也是一台可以进行逻辑运算(依据布尔代数进行的逻辑代数运算)的工具。

需要注意的是:"主题-合取"和"主题-析取"与"概念-合取"和"概念-析

取"是完全不一样的。因为通过"概念连接"产生了一个新的概念(大概念或者小概念)。与此相反,"主题连接"只是意味着——在所寻找的标记中,或者在由这些标记所描述的信息里(例如在文献档案里)出现了若干个主题。

5.3 主题关系符号

为了避免造成混淆,我们建议为主题关系和主题连接引入自己的图示符号。这些符号仅通过下列方式,与前面为概念关系和概念连接所设计的符号有所区别,也就是在概念关系和概念连接符号里补上一个点(见表 1 中,第 13 列):

    ·>

    <·

    ·>–

    –<·

5.4 标准化过程

对类属词典(汇编)的编制是一个标准化的过程。为此,则必须采取三种措施:

(1)首先,必须对所涉及的概念进行分类。

(2)其次,必须对这些概念进行选择。更确切地说,在此可能需要跳越个别的概念阶梯。

(3)最后,也有必要对名称进行一下选择。应该把所有的同义词剔除。视可能性而定,也尽可能不使用(同音/同形)异义词。

上述的第一和第三种措施是原则性的,在这里所提出的要求,与普通术语学对标准化的要求是一致的。而第二种措施——对个别阶梯阶段的跳越,则是类属词典(汇编)编制工作(Thesaurusarbeit)的一个特点。

5.5 术语工作和类属词典(汇编)编制工作的结合

类属词典(汇编)编制工作与普通术语标准化工作非常相似,因此,在这两个领域之间建立起紧密的合作关系是我们渴望的事情。但现实情况却是,在这两个领域之间开展的合作还远远不够。我在前面谈到以分类和连接的方式构建概念时,已经指出过这一点了。但是,即便是类属词典(汇编)所涉及的分类工作(Thesaurus-Klassifikationen)乃至对叙词的确定工作,也通常是在对标准化分类和标准化名称一无所知的情况下开展的。

生物学家和文献学家舍勒(Martin Scheele)在 1967 年出版了一部书,在这部书里,他特意对上述这种亟待改变的状况进行了描述。在前言里,他对相关的事实一一进行了列举,以期唤起读者们对此的足够重视。下面就摘引其中的一段话:"事实上,文献资料汇编工作(Dokumentation)所面临的主要问题,始终都是分类问题。这个问题与术语和专门名词汇编(Nomenklatur)工作中所遇到的问题有着紧密的联系"[1967:6]。在这部书的"语言问题和汇编问题"(Sprachfragen und Thesaurusprobleme)这一章中,他写道:"人们时常有这样的印象:这主要是跟汇编工作打交道的文献资料员们的过错——他们未能向自己的老板充分说明清楚,在汇编工作领域开展真正地道的语言研究工作是多么有必要。而在另一方面,大多数的语言学家又对文献资料汇编研究不感兴趣。而且,在通常情况下,人们也没有认识到——由于经常缺乏足够的相互沟通,在互不通气的情况下,不同的机构其实在处理着同样的问题。"[1967:27]

文献学家韦希(Gernot Wersig)在他 1971 年出版的著作里写道:"在 1970 年于法兰克福召开的题为'文献资料汇编工作领域中的语言问题'(Sprachliche Ansätze im Dokumentationsbereich)的工作会议上……与会者们一致认为:在语言学家、信息学家和文献学家之间,仍然存在着严重的沟通困难。"[1971:15]

在前面提到的于 1969 年在莫斯科召开的术语学研讨会上,与会者们也纷纷抱怨:在汇编工作和术语工作这两个领域之间,人们进行的横向联系很不充分。随着现代科学和经济发展的突飞猛进,人们已经深信不疑——在帮助人们快速获取专业信息方面,汇编工作起着决定性的重要作用。在术语学研究和汇编研究(Thesaurusforschung)之间开展明智的合作,现在已经是时候了。

《德国工程师协会报道》(VDI-Nachrichten)是自然科学和技术领域中发行量最大的德语杂志(发行量大约 100 000 份)。这本杂志曾经对 1971 年德国"文献学家日"(Dokumentartag)进行过详细报道。在这篇报道的结尾,记者是这么写的:"然而,在这场努力中,一门人文科学得到了大家的重视;在二十年前,它在我们的大学里还不太起眼,那时,它只拥有很小的教师和学习者圈子。这就是语言学(Linguistik)。在今天,它扮演了开拓者的角色(……)。"依我个人之见,恐怕这位记者的思想真是超前于时代。

5.6　目前汇编工作的范围

在这里,"开拓者"这个词,远比它乍看起来更富有深刻的内涵。因为现在我们完全不清楚,汇编工作该继续沿着什么样的道路去走。到目前为止,人们所编制的大多数类属词典(汇编),还只限于单一性的专业领域,并只使用一种语言。在今天,人们甚至还不能预测,跨学科或者多语种的类属词典(汇编)是否能够诞生,以及为此应该采取什么样的方法。然而,人们对此依旧充满了希望。

6 与各门具体科学的关系

6.1 形式化的科学和各门具体科学

到现在为止,我们已经探讨过普通术语学与普通语言学、逻辑学、本体论和信息学的关系。这些学科都与普通术语学在本质上有些共同之处。它们都只是一般性地、在形式上对概念和名称进行研究。换句话说:它们都只考察概念与概念之间、名称与名称之间,以及概念和名称之间的关系。至于这些概念和名称具体是什么,在一开始则无关紧要。它们只把某些确定的概念和名称作为例子看待。而对于各门具体科学而言,情况却很不相同,现实生活中真实的概念和名称,却是各门具体科学(例如,物理学、电子技术、医学、国民经济学、法学等)应该负责的对象。

6.2 各学科之间开展合作的必要性

诚然,各种可能存在的关系特性取决于概念本身的性质。而寻求既定的规律性,并不是普通术语学所追求的目的本身;我们对这些规律的探寻,应该为人们更容易理解各门具体科学提供帮助,也应该为各门具体科学构建起自身的专业词汇提供便利。就特殊术语学而言,它则完全是以单个专业领域和单种语言的词汇为研究方向的。1963 年,弗里茨·维尔纳(Fritz Werner)曾经用下面一段话,对一直困扰着他的一种事实进行了总结,他说:"术语的改善和进一步适当的发展,这不仅仅是一件跟'内涵 - 专业'(inhaltlich -fachlich)有关的事情,它同时也涉及'语言 - 形式'(sprachlich-formale)问题。它不仅要求人们精确掌握与需要命名的对象相关的知识,而且还要求人们掌握相关语言材料的知识及其构成规则。对象和名称、概念和表达、内容和形式是彼此密切相关的,因此,在这里也就涉及下面的问题:人们怎样才能理解和重建这种统一,并在未来能将这种统一保持下去。也许,这个问题的答案就是——人们需要在这个具体领域中将专业知识和语言学知识结合起来。"[1963:155]

在几十年前,这至多只是一个虔诚的愿望。在那个时候,术语学领域是一个"无人地带"——在这里,只有甘冒风险的"拓疆者"勇于闯入。那时的语言学家们不仅不怀任何同情之心,而且还藐视科学家们在语言方面的需求,更看不上科学家们为此付出的努力。而从事具体专业研究的科学家们呢? 他们也都禁止语言学家们干涉"自己的"语言。然而,一旦寻求彼此的合作,双方却又发现无计可施——在 20 世纪初,德国工程师协会的巨型词典《技术词典》计划实施过程中人们进行的争论、误入歧途乃至这项计划的最终失败,都清楚地表明了这一点 [见第 2.2.2.2(4) 中内容]。

但时至今日,专业技术术语的情况已经发生了令人欣喜的变化,尤其是在国家和国际标准化工作蓬勃发展的时代背景之下。在今天的众多其他领域中,也出现了彼此寻求通力合作的可喜兆头。在此可以举一个大有可为的事例:杜登编辑部(Dudenredaktion)的"专业词汇部"(Referat Fachwort)已经在严肃认真地听取医学专家各方面意见的基础上,于 1968 年精心制作出了《杜登医学词典》(*Medizin-Duden*)(1968)。相当多的医学专家参与了这项工作。美中不足的是,《杜登医学词典》是按照字母顺序编制的,因此,它还不能反映完整的医学术语体系。但即便如此,为了完成这部词典,在 1966 年,"国际组织医学科学理事会"(Rat für internationale Organisationen auf dem Gebiet der medizinischen Wissenschaften, 简称 CIOMS)向《杜登医学词典》工作组推荐了国际标准化组织和国际电工技术委员会的工作经验和工作原则。

6.3 合作的形式

总的说来,在今天,具体专业领域的科学家们和术语学家之间开展的合作,并不是采取"圆桌会议"的形式,即大家坐下来讨论解决某个特定专业领域的术语课题,而是通过下面的方式就足够了:双方参与合作的研究人员以书面形式写下各自的需求和意见,然后彼此交换,双方加以考虑,并提出批评性的建议供对方进行参考。

除《杜登医学词典》之外,其他的合作实例也举不胜举。例如,联合国教科文组织就多次派遣熟悉普通术语学理论的专家到术语发展中国家去。在那里,这些专家协助这些国家的术语学家开展工作,为如何表达和发展该国专业术语献计献策。举例来说,在埃及,人们就通过这种方式解决了数学术语的扩充问题,而充当术语顾问这一角色的人本身并不是数学家出身。

在南非,人们也意识到了一种迫切性——他们必须在专业技术和语言这两个领域里以较大的规模组织起积极的合作。在过去几年里,那里的人们就已经认识到,为众多学科培养出南非荷兰语的术语学家是一件刻不容缓的事情。南非当局还为每一个专业组建了一个工作组。在这些成员里,有一半的人是这个专业领域的专家,而另外一半的成员则是语言学家。所有这些专业领域的专家们,都是从自己的其他专业义务中抽出身来,专门花费了一段时间来参加术语标准化工作的。

然而,在术语工作中大家对经验和方法的交流,远不如人们下定决心去开展建设性的合作、按照计划脚踏实地去实现"内容和形式的统一"那么重要。只有这样,我们才能完成积极力量的良性循环:仅凭语言和实在的知识也还是不够的——术语工作需要人们的美好意愿和足够的勇气。

参考文献

[1] BERNER K E. Die Anforderungen des Bundessprachenamtes[J]. Der Sprachmittler, 1970(8): 110 – 112.

[2] SCHEELE M. Wissenschaftliche Dokumentation: Grundzüge, Probleme, Notwendigkeiten: Dargestellt an eigenen Arbeiten und Beispielen[M]. Schlitz: 1967.

[3] SOERGEL D. Klassifikationssysteme und Thesauri[M]. Frankfurt/M.: 1969.

[4] SPERBER H. Einführung in die Bedeutungslehre[M]. 3. Aufl. Bonn: 1965.

[5] STRUCK E. Bedeutungslehre: Grundzüge einer lateinischen und griechischen Semasiologie mit deutschen, französischen und englischen Parallelen[M]. 2. Aufl. Stuttgart: 1954.

[6] ULLMANN S. Précis de sémantique française [Abriß der französischen Semantik] [M]. Bern: 1952.

[7] WANDRUSZKA M. Interlinguistik: Umrisse einer neuen Sprachwissenschaft[M]. München: 1971.

[8] WEISGERBER L. Muttersprache und Geistesbildung[M]. Göttingen: 1929.

[9] WERNER F C. Wortelemente lateinisch-griechischer Fachausdrücke in der Biologie, Zoologie und vergleichenden Anatomie[M]. 1. Aufl. Leipzig: 1956; 3. Aufl. Halle/Saale: 1968.

[10] WERNER F C. Die Fachausdrücke in den Naturwissenschaften und der Medizin als fachliches und sprachliches Problem[J]. Wiss. Z. der karl-Marx-Universität Leipzig, 1956(12): 155 – 160.

[11] WERNER F C. Die Benennung der Organismen und Organe nach Größe, Form, Farbe und anderen Merkmalen[M]. Halle: 1970.

[12] WERNER F C. Das Sprachenproblem in der biologischen Terminologie[J]. La Monda LingvoProblemo, 1971(3): 101 – 109.

[13] WERNER F C. Terminologie als Wissenschaft von den internationalen Termini technici[J]. Wiss. Z. der Karl-Marx-Universität Leipzig, Math. -Naturwiss. R., 1971(20): 531 – 538.

[14] WERSIG G. Information – Kommunikation – Dokumentation: Ein Beitrag zur Orientierung der Informations- und Dokumentationswissenschaften[M]. München-Pullach: 1971.

术语学说[1]

欧根·维斯特 著 邱碧华 译

Terminologie［拉丁语 Terminus(术语)加上希腊语 logie(学说)］指的是某个专业领域的概念系统和名称系统,它涵盖了所有常见的专业用语。它们以概括在定义中的固定有效性作为特征。Terminologie 也指在一部系统化词典中这类词汇的有序表示。

Terminologie 又指 Terminologielehre(术语学说)。

Terminologielehre(术语学说):关于术语(Terminologien)、术语原则学说(terminologische Grundsatzlehre)和专业词汇学(Lexikologie)的科学。一门特殊术语学(eine spezielle Terminologielehre)涉及的是单个的专业领域,例如,化学或者经济学。而普通术语学(die Allgemeine Terminologielehre)则包括所有的或者许多的术语,以及语言所共有的基本事实和原则。普通术语学不是特殊术语学的总和,而是包含从涉及许多专业领域和语言的特殊术语学中抽象出来的共同规律性。

普通术语学是一门带有语言学特点并具有实用性的(linguistisch-pragmatisch)学科,在国际层面上,它通过对概念、含义形式(Sinnformen)与书写形式进行调配和同化而实现民族性专业语言之间的适应［语言指导(Sprachlenkung)］。普通术语学所倡导的概念系统优先的原则,使其与在内容上(与之)相关的结构语言学很接近。由于对概念的研究占据首要地位,因此,这门学科必须与其他形式的科学进行合作。鉴于概念具有的抽象化系统,这门学科必须遵循逻辑学的规律;而就其本体概念系统(系统、部分－整体关系、起源系统)而言,它则需要遵循本体论［个体的秩序理论(Ordnungslehre)］的规则。同理,对于"概念连接"(Begriffsverknüpfungen)(在逻辑上:更详细的确定或者限定、析取或者一体化)情况也是如此,它经常反映在词素连

---

① 这篇论述的德文名为"Terminologielehre",是欧根·维斯特对涉及 Terminologie 和 Terminologielehre 这类术语学基本概念的澄清。最早发表于 1973 年版《布罗克豪斯百科全书》(*Brockhaus Enzyklopädie*)的第 567 页上(见 *Brockhaus Enzyklopädie*,17. Aufl.,18. Bd.,STAM-TRIE. Wiesbaden:Brockhaus,1973,S.567.)。后收录于由学者劳伦和皮希特主编的《术语学文选》［*Ausgewählte Texte zur Terminologie*/C. Laurén,H. Picht(Hg.)),1993］。

接(Morphemverbindungen)中。反过来,信息学和文献科学则可以从术语学说对概念系统进行处理和描述的理论基础中获益[叙词表/词库(Thesaurus)]。

　　当然,普通术语学还必须与各门具体科学(技术、医学等)紧密结合。

从普通术语学的角度
谈术语科学的几个基本问题①

赫尔穆特·费尔伯 著　邱碧华 译

1　引言

在过去 20 多年的时间里,经过对不同领域相关专业知识的吸收和综合,诞生出了术语学(术语科学)(Terminologiewissenschaft)。术语学是学科交织和跨学科的。也就是说,它一方面将诸如逻辑学、本体论、语言学这些专业知识领域的重要部分融入了自己的专业领域中,与此同时,在另一方面,它又是这些学科的有机组成部分。因为每一个专业领域都必须运用术语学去拟定自己的专业术语。学者贝尔格(Berger)曾经在 1971 年举行的题为"关于科学语言、术语学和计算机科学的符号学问题"(Wissenschaftliche Symposium über semiotische Probleme der Wissenschaftssprachen, Terminologie und Informatik)的科学研讨会上,对"术语科学"(术语学)做过如下的阐述:

"从以上讨论过的定义出发,同时兼顾到我们已经探讨过的、作为一门科学的术语学研究对象的本质,我们可以得出结论:作为科学的术语学,根本就不能将其看成是属于语言学范畴的一门学科(当今人们经常以为是这样)。术语学是一门跨语言学(语言的科学)、科学的科学[元科学(Meta-wissenschaft)]和所有其他(具体)科学的边缘科学。"

在 1972 年于哥本哈根召开的第三届国际应用语言学会议(3. Internationalen Kongress für Angewandte Sprachwissenschaft)上,维斯特[Wüster 1974]提出了"术语

① 本文曾发表于《俄罗斯语言文学与文化研究》2020 年第 1 期。德文原文发表在《专业语言》期刊 1986 年第 3 – 4 期上,第 116 – 122 页。[见 *Special Language/Fachsprache* 8 (1986), Nr. 3 – 4, S. 116 – 122.]文章德语题目为"Einige Grundfragen der Terminologiewissenschaft aus der Sicht der Allgemeinen Terminologielehre"。

学"——他称其为"普通术语学"（Allgemeine Terminologielehre, AT）——"是一门跨语言学、逻辑学、本体论、信息学和各门具体科学的边缘科学"的思想。

有很多语言研究者和实践家，甚至还有一些其他的学者仍然心存这样的想法：术语研究只应该属于应用语言学范畴。他们不想承认这样的事实：在术语中存在着某些语言之外的东西（etwas Außersprachliches），而这些东西对于术语研究而言又是根本性的。因此，这些学者仍然把术语研究限定在语言学的范围内，不敢越过语言学的疆域——而这一点又是那么有必要——去对术语本质的表现（die Erscheinungen des Terminologiewesens）进行充分的描述。

于是，在探讨术语本质的问题上，上述的这种态度也就导致了人们采用语言学的研究方法，由此产生的结果却不能令人满意——其理论成果无法充分满足实践的需要。如果把加拿大（魁北克）和苏联在术语学理论和实践上取得的成果进行一下比较，我们则可以发现二者有一定区别：加拿大的术语学研究和实践活动是以语言学为导向的；而苏联的术语学研究和实践则是跨学科的[TermNet News 1985]。在民主德国人们也把术语学研究看成是跨学科领域的[Baakes 1984:249]，也就是"……最重要的是着手启动那些旨在促进科学技术进步的任务，以及必须找到一种解决方案让语言学在复杂的跨学科协作中……做出应有的贡献"。

术语基础性理论研究（术语科学）和涉及个别专业领域的术语研究，它们都需要跨学科的合作。然而，除了苏联之外，在世界上的大多数国家里，人们在这方面的合作还远不是那么尽善尽美，甚至在有的国家里，这种合作还根本不存在。从1953年到1977年维斯特去世，在德国标准化委员会（Deutscher Normenausschuss, DNA）[现称"德国标准化研究院"（Deutsches Institut für Normung, DIN）]的"术语（原则和协调）"专业委员会[Wüster 1967]和国际标准化组织（ISO）[ISO 1986]相应的国际委员会ISO/TC 37"术语（原则和协调）"[Terminology（principles and co-ordination）]中，在"术语原则学说"（terminologische Grundsatzlehre）领域中，则存在着上述这种跨学科的合作。

2 术语基础性理论研究

20世纪30年代，术语领域的基础性研究拉开了它的序幕。但在此之前，术语研究则是在个别学科（例如，生物学、动物学、医学、化学等等）里进行的。有很长的一段时期，术语研究工作主要是由懂得专业知识的人，也就是具体专业领域的专家们承担的。只有极少数的语言研究者、语言学家、语文学家和语言教师参与到术语研究活动中来。20世纪60年代起,语言研究者和语言教师们才以数量递增的趋势开始关注起专业语言研究来。那些投身于专业术语研究的具体专业的专家们代表着一种观点——术语是专业语言的承载要素,因此,"句子构成"的规则从普通语言那里接纳过来就行了;而语言研究者们则声明:专业语言是从通用语言(Gemeins-prache)里诞生出来的,它本身是语言研究的对象[Hoffmann 1976:498]。所以,从这个角度上说,专业语言被看成是普通语言的亚语言(Subsprache)[Hoffmann 1976:498]。近十年以来,人们对专业语言的研究形成了一个高潮,这股热潮与各大学纷纷开设了外语课程不无关系。在苏联和民主德国,人们对专业语言的研究甚至开展得更早一些[Hoffmann 1977:165－167]。

　　自20世纪30年代以来,在奥地利、德国、苏联和捷克斯洛伐克就一直存在着术语基础性理论研究。这些国家或者地区在术语学研究上各有自己的特色,于是便出现了术语学的布拉格、苏联和维也纳学派。这些术语学学派有着许多的共同点。为解决国家和国际层面上的术语问题,它们共同发展出了一个理论性的框架。就在布拉格学派——苏联学派在某种程度上也是如此——将许多异质的研究综合起来形成自己的主张的时候,维斯特却从实践中总结出一套自成一体的理论——普通术语学。可以说,欧根·维斯特就是一台"积分仪"(集成器),他将来源于不同术语研究家和实践家的异质要素进行了集成,并将它们融合成一门同质的学说。普通术语学是术语学维也纳学派的理论基础,而且,这门学说还必将继续发展完善。

　　从本质上说,现在在术语学研究中存在着两种基本方向:

　　(1)立足于具体科学(化学、医学、物理学、技术等等)的术语学研究("概念"处于核心地位);

　　(2)立足于语言学的术语学研究("名称"处于核心地位)。

　　倘若人们不把立足于社会科学的术语学研究[Riggs 1985:159－160]作为一个独立的研究方向看待的话。

3　术语学研究中的概念和符号方面

　　追求精确性是对人们从事科学、技术工作的基本要求,它也是人们从事任何一类职业活动所必需的。要想在人类认识乃至信息传递的过程中让精确性得以实现,人们则离不开对概念(它们在人类的思维中代表着具体或者抽象的对象或者对象组)的运用。概念是思维要素,人们也必须对其进行定义。而且在本质上,也必须将概念与日常生活中人们冠之以"概念"的某些事物相区别。在感官上,人们无法察觉到什么是概念,因此,人们必须使用符号对概念进行表达。由此可见,对于术语的拟定,人们则必须立足于两种现实:(1)某个具体专业领域的概念系统;(2)符号系统。与具体专业领域打交道的专家们应该负责概念构成物(Begriffsgebilde)的构建;而对于符号构成物(Zeichengebilde)的构建来说,则需要精通语言的学者与专业领域的专家们共同完成。

术语学研究需要具体专业领域的专家们与术语学家和精通语言的学者(语言学家和语文学家)精诚合作才能富有成效。

3.1 概念方面

术语学产生的目标,就是要通过定义将各专业领域的概念界定清楚,要揭示出概念之间的相互关系,并通过概念结构(概念系统)整理概念秩序。因此,术语工作是相关专业领域的有机组成部分。出于这个目的,我们需要发展针对于每一个专业领域都适用的概念学说(Begriffslehre)。概念学说是普通术语学的组成部分。语言学中的语义学(Semantik)与之对应,语言符号是它的出发点。然而,概念独立于语言符号而存在。

3.2 符号方面

概念在人的思维中代表着某个对象或者对象组;在大多数情况下,这个概念与某个语言符号长久地对应着。经常性的情况是:人们采用某种词形(Wortform)[它已经具有了一定的“词的内容”(词义)(Wortinhalt)]作为名称,它被分派给某个概念(与这个概念相对应);或者某个由词汇要素(词素)(Wortelementform)构成的复合词与这个概念相对应(尤其在构成新名称时)。也会存在这样的情况:某种已经存在的名称与这个概念相对应[从另一个专业领域中借用过来的名称——名称转义/借用(Benennungsübertragung)]。概念和名称构成了一个术语单元(terminologische Einheit)。

由于名称还具有以下功能——它作为语言符号还在普通语言中发挥作用,因此,它同样也必须依据语法和句法等与普通语言需要满足的必要条件相吻合:对语言研究者而言,名称也是一种特殊的词汇单位(词位)(Lexem)——在此分为语段(语言组合体)(Syntagmen)和文段(Textemen),人们可以对其进行单独考察,或者把它放在语言关系中进行考察。

但是,也有许多概念与感官符号、文字数字符号(包括文字和数字)或者其他的符号(例如,有着不同粗细程度画线的连接符号)(例如商业贸易中的条形码)相对应。这些符号是与语言符号有区别的,然而,在科学、技术和经济领域中,人们却经常使用到它们。

4　术语学研究的两种基本方向

从前面的讨论中我们可以得知,上述提到的术语学研究的两种基本方向采用的是不同的方法。

立足于语言学的术语学研究采用的是语言学的方法,例如,语义学、词汇学、词典编纂学等等。遗憾的是,采用这种方法所产生的研究结果,对于语言学自身的发展来说自然是相当重要的,但针对具体专业领域中专家们的术语实践需求来说则没有太大的价值。语言学家巴克斯(Baakes)(1984)曾在一部内容广博的著作中,从语言学的角度,对术语研究和实践的状况进行过阐述,并且在这部书中,他还积极呼吁语言学研究者们与各门具体学科的专家建立起合作关系。而就立足于具体专业领域的术语学研究而言,它的最佳代表人物就是维斯特。维斯特对"普通术语学"(AT)和"特殊术语学"做了区分。普通术语学是一门跨语言学、逻辑学、本体论、信息学和各门具体科学的边缘科学[Wüster 1979:45]。而特殊术语学研究的则是确定专业领域或者确定语言中术语形成和发展的规律性[Wüster 1974:62]。

具体专业领域中专家们所致力的术语工作是从概念出发的,他们揭示的是概念系统的规律性,而这个概念系统与某个符号系统——在大多数情况下则是名称系统——相对应。与之相反,语言研究者则努力探索孤立名称的含义——就像在词汇学中发生的那样,而且对名称的形式进行考察。甚至有些语言研究者根本就拒绝对概念进行研究[Wiegand 1979:132]。

"……这不是从概念也不是从某些概念中的某个概念出发的。他们关于概念的概念既不是本体意义上的,也不是(思维-)心理学意义上的,更不是概念化的(konzeptualistisch),这样做根本就不具有现实意义。……术语学家应该就此深入思考一下,就他们所要实现的目标来说,从语言表达入手是否不太适当。"

人们经常不在"概念"(Begriff)和"含义"(Bedeutung)之间做区分。以下阐述的,却是这二者之间的重要区别[Langner 1975:82]:

——含义　在某种语言的发展过程中产生,因此,它们与某种确定的语言休戚相关;

　　概念　则产生于独立于某种确定语言的人类认识过程中,它们属于思维范畴,因而是跨语言的(涉及多种语言,或者是多种语言共有的)。

——含义　在大多数情况下是多义的;

概念　则始终是单义的。

——含义　经常包含评价的、情绪上的和表示意愿的成分;

概念　一般则只包含理性的因素。

——含义　是语言学考察的对象;

概念　则是逻辑学和认识论研究的对象。

就具体专业专家所从事的术语工作而言,它的基本支柱是:通过专业组织或者标准化组织的相应委员会,对概念系统、概念和名称进行标准化或者规范化。然而,任何一种术语标准化工作都必须以一种基础性的术语研究为前提[Wüster 1971:294]。

5　普通术语学

5.1　概述

维斯特在 1931 年发表了他划时代的著作《在工程技术中(特别是在电工学中)的国际语言规范》。这部著作是 1936—1939 年国家标准化协会国际联合会(Weltbund der Normungsvereinigungen, ISA)开展术语原则研究和制定工作的最初依据。从 1952 年至今,国际标准化组织(Internationale Normungsorganisation, ISO)接替了 ISA 的工作,也把术语国际标准化工作延续了下去。在维斯特的这部著作里,人们就已经可以发现有关"普通术语学"的基本思想了。就"普通术语学"的思想,维斯特在 1972 年为维也纳大学语言学学院授课的讲稿中有过阐述。在维斯特去世之后,后人把这份讲稿整理成著作出版[Wüster 1979]。维斯特本人也曾经以学术论文的形式发表了其他的研究成果。

术语学说(Terminologielehre)由下列部分组成:

(1)对"对象"(Gegenstand)这个概念的定义;

(2)维斯特的"认识理论模型"(erkenntnistheoretische Modell);

(3)概念学说;

(4)本体关系和对象系统;

(5)符号构成学说(Lehre von der Zeichenbildung)和符号－概念之间的对应(这里包括了名称的构成和名称－概念之间的对应);

(6)术语编纂学(Terminographie)。

5.2　对"对象"这个概念的定义

在如何对待主观(subjektiv)和客观(objektiv)世界这个问题上,"普通术语学"的态度是非常务实(注重实效)的。

对于术语学说而言,"对象"是感官可觉察的(客观)现实世界的一个片段,或者是可设想的或可想象的(主观)现实世界的一个片段。维斯特曾经有过如下的表述[Wüster 1959/1960:183]:

"用哲学语言来说,一个人的思想对准的或者可以对准的所有事物,就是'对象'。在这个意义上讲,事态也是对象。"

"在人成长的初期,孩子只与'个体对象'(即'个体')打交道。因为,每一个感觉到的对象,对于孩子来说是某种唯一性的东西,就像一个特定的人那样。个体对象是一个在时间上'它的存在'已经确定的事物,它属于时间世界。譬如,我窗前的这棵树,或者我在某个确定时刻所感觉到的(身体或者精神上的)疼痛。"

5.3　维斯特的"认识理论模型"

"对象""概念""符号"这三者的组合,则是普通术语学的基本支柱。维斯特曾经在一个"认识理论模型"里,将"对象""概念""符号概念""符号"进行了描述,这是他依据"三部分词语模型"(dreiteiliges Wortmodell)发展出来的,因此亦称之为"四部分词语模型"(vierteiliges Wortmodell)。

自1908年以来,许多学者,例如贡珀茨(Gomperz)、迪特里希(Dittrich)和奥格登(Ogden)等,采用"三部分词语模型"对"语音体—词的内涵—对象"(Lautkörper-Wortinhalt-Gegenstand)进行过形象说明:

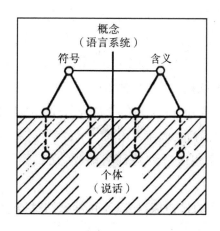

图1　维斯特的"认识理论模型"

维斯特曾经针对这个模型做过下面的解释[Wüster 1959/1960:188]:

"图中域右下方的两个个体对象客体概括成了一个共同概念(普遍概念)(Allge-meinbegriff)(域右上方)。用作符号的另一个概念(左上方)与这个概念对应,譬如语音概念或者书写符号概念就可以用作符号。在说话时,符号一再得以现实化(域左下方),譬如通过语音个体或者书写图形个体,但每次都有些不同。

"这个模型包括了四个域。上面两个域对应着概念世界,它们描述了来自语言系统['语言'(langue)]的片段。下面两个域对应着个体世界,在说话['口语'(parole)]时,它们才露面。"

5.4　概念学说

在普通术语学中,概念学说占据着中心地位。与专业领域中的概念打交道也构成了术语工作的基础。人类生活在由感官可觉察的或者可设想的对象——所谓的个体(Individuen)——所包围的世界里,从这些对象出发,人类形成了自己的思想构成物(Gedankengebilde),它们在思想中代表着这些对象。在人类的科学活动或者职业生涯中,为了对这些思想构成物实现单义性的理解,人们对其进行了精确的界定(定义)。人们把这类思想构成物称为概念。在日常生活中,出于交流活动的需要,人们也使用一些思想构成物,但是它们并没有经过精确(清晰)的界定。遗憾的是,人们把这类思想构成物也称为"概念"。而实际上,只有前一类的思想构成物才是概念学说考察的对象;而后一类思想构成物则是语义学的研究对象。

针对概念的形成,维斯特曾经有过下列的论述[Wüster 1959/1960:184]:

"概念——如果个体对象不再在场，孩子也能够记起它。如果这种记忆带有如形状、颜色等的直观印象，它就是一种'表象'；如果这种记忆是不直观的，它只记录下为了识别这个个体所需要的那些个体的本质，那么，这个记忆就包含了一个'概念'。一个个体的概念就是一个'个体概念'。如：'拿破仑'，或者'我的自来水笔'。成长中的孩子又注意到，世界上存在着若干种个体对象，譬如苹果，它们彼此之间'相像得让人很容易混淆'，成年人用同一个名字'苹果'对它们加以命名。在这里，孩子通过把这些对象相区分的特征省略掉，而得到了这类对象的个体概念'苹果'。"

关于人类对概念本质的最初探讨，以及哲学家们对概念是如何诠释的，我们可以从古希腊哲学那里找到源头[Horn 1932：101]。

许多术语学研究者对概念有过深入的研究。下面提及几位重要人物或者组织：

阿曼诺娃（Ahmanova）（1966），达尔贝格（Dahlberg）（1976），德罗兹德（Drozd）（1973），洛特（Lotte）（1961），维斯特（1979），ISO（1969），等等。上述学者或者组织在解释"概念是什么"的问题上，既存在着共同点，又存在着差异性[Schulze 1978：173 – 191]。

针对"概念"这一概念，维斯特有过下列阐述[Wüster 1979：70]：

"一个概念，这里撇开个体概念不谈，是一种共同的事物，是人们为大多数对象确定的。人们把它作为实现思想理解（领悟）（Begreifen）的手段，故而，人们利用它来实现增进相互理解的目的。因而，概念是一种思维要素。在分析一个概念时作为个别特征而确定下来的内容，在整体上，人们称之为'概念内涵'（Begriffsinhalt）。从这一点上看，概念是与其概念内涵相符合的。为了确认和固定（fixieren）一个概念，名称或者符号则是必不可少的。如果倒过来，人们想从符号出发去思考概念的话，那么，概念就称为'符号的含义（Bedeutung）'或者'符号的意义（Sinn）'。"

为了编订国际标准化组织的术语学说词典（ISO Wörterbuch der Terminologielehre），苏联[ISO 1956：5]曾经建议对概念做如下的解释：

"……思想，借助它，对象具有普遍性和本质性的特征以及客观现实的现象得到了表达。"

苏联学者达尔贝格[Dahlberg 1976]建议对概念做如下解释：

"知识单元，以一种语言形式对针对某个所选对象所做的可复查且必要的说明进行了归纳。"

达尔贝格在此所做的解释，针对的是个体概念（Individualbegriff）而不是普遍概念(Allgemeinbegriff)。

ISO 1087[ISO 1969]推荐版则对概念做了下面的解释：

"每一个思维单元,它通过一种名称(Benennung)、一种字母符号或者其他符号而表达出来。概念是个体对象的思想代表。一个概念可以单独代表一个个体对象,或者借助于抽象化过程将一个对象集合包含进来,而且这个集合里的对象都具有某些确定的共同特性。概念不仅可以是生物或者事物在人们思想里的思维代表(借助名词进行表达),而且从广泛的意义上看,它们也可以是某些特性的代表(借助形容词或者名词表达)、行为的代表(借助动词或者名词表达),甚至是地点、位置或者关系的代表(通过副词、介词、连词或者名词来表达)。"

对概念排序而言,(概念)特征(Merkmale)是基本要素。对象具有特性(Eigenschaft),在人的认识活动中(概念)特征与之对应,而(概念)特征则是构成概念的要素。学者达尔贝格曾经在讨论对象问题时,(针对上述话题)有过非常恰当的论述[Dahlberg 1976:87]。普通术语学把(概念)特征划分为性质特征(Beschaffenheitsmerkmale)(例如形状、大小、颜色等等)和关系特征(Beziehungsmerkmale)(即这些特征形成了某个对象与其他对象之间的关系)。关系特征可以细分为应用特征(Anwendungsmerkmale)(例如用途、作用原理等等)和来源特征(Herkunftsmerkmale)(例如生产者、发明者、来源产地等等)[Wüster 1979:14]。

有些苏联学者[其中有阿曼诺娃、沃尔科娃(Volkova)],还有达尔贝格(1976)等人,则采纳了古典哲学家(亚里士多德)所使用过的划分方法,将特征划分为本质特征和非本质特征。这种划分只适用于个体概念,在这里将其解释为某个对象的特征总和。而普遍概念则相反,人们应该把它们理解成一个对象集合共同具有的特征总体。在普遍概念的情况下,人们则不能谈本质特征(见前面维斯特所做的概念描述)。

概念依据其特征共同处于相互关系之中。概念系统所指明的就是这种概念间的相互关系,人们可以采用概念图(Begriffspläne)[Wüster 1979：14]对其加以描绘。最近,脑神经科学家和认识理论领域的研究人员已经令人信服地揭示出,人类思想是在概念系统(分级结构)(hierarchische Strukturen)中对信息进行加工处理的[Haugeland 1981]。

某个概念可以只属于一个概念系统,但通过这个概念所代表的那个对象,却可以与若干个概念系统发生联系。遗憾的是,分类学研究者却常常将这种情况忽略掉了。人们万不可将概念和对象混为一谈。

由某个个体对象(出发)可以形成不同抽象水平上的概念;而且,这些概念可以属于不同的系统。这一点可以通过下面的图示加以说明。

个体对象集合

G_{01}　u　b　c　d_1　e　f　g　h_1　i_1……

G_{02}　a　b　c　d_2　e　f　g　h_2　i_2……

G_{03}　a　b　c　d　e　f　g　h　i……

G_{04}　a　b　c　d_4　e　f　g　h　i_4……

G_{05}　a　b　c　d_5　e　f　g　h_5　i_5……

G_{06}　a　b　c　d　e_6　f_6　g_6　h_6　i_6……

G_{07}　a　b　c　d　e_7　f_7　g_7　h_7　i_7……

G_{08}　a_8　b_8　c_8　d_8　e　f　g　h_8　i_8……

……

G_{16}　a　b　c　d_{16}……

……

G_{yz}　a_{yz}　b_{yz}　c_{yz}……

个体概念

$$I_{01} = a + b + c + d_1 + e + f + g + h_1 \cdots\cdots$$

$$I_{02} = a + b + c + d_2 + e + f + g + h_2 \cdots\cdots$$

……

$$I_{yz} = a_{yz} + b_{yz} + c_{yz} \cdots\cdots$$

普遍概念

$$A_1 = a + b + c$$

$$A_{11} = a + b + c + d$$

$$A_{111} = a + b + c + d + e_6$$

$$A_{112} = a + b + c + d + e_7$$

……

$$A_{12} = a + b + c + d_5$$

……

$$A_2 = e + f + g$$

$$A_{21} = e + f + g + h$$

$$A_{211} = e + f + g + h + i_4$$

……

$$A_{22} = e + f + g + h_2$$

……

图 2　个体对象集合

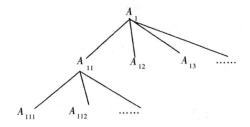

概念系统 1

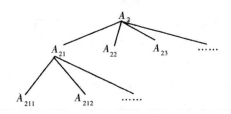

概念系统 2

符号的解释

对象

$G_{01} = $ 对象 1

$G_{02} = $ 对象 2

……

$G_{yz} = $ 对象 yz

个体概念

$I_{01} = G_{01}$ 的个体概念

$I_{02} = G_{02}$ 的个体概念

……

$I_{yz} = G_{yz}$ 的个体概念

图 3　概念系统

特征

$a_x, b_x, c_x = G_x$ 的特征

$a = G_{01}$、G_{02}、G_{03}、G_{04}、G_{05} 等的共同特征

$b = G_{01}$、G_{02}、G_{03}、G_{04}、G_{05} 等的共同特征

……

$d_1 = G_{01}$ 的特征

$d_{yz} = G_{yz}$ 的特征

普遍概念

$A_1 = G_{01}$、G_{02}、G_{04}、G_{16}、G_{18}、G_{22} 等的普遍概念

$A_{11} = G_{03}$、G_{15}、G_{17}、G_{23} 等的普遍概念

　　A_1 的小概念

$A_{111} = G_{06}$、G_{19}、G_{25} 等的普遍概念

　　A_{11} 的小概念

$A_{112} = G_{07}$、G_{11}、G_{22} 等的普遍概念

　　A_{11} 的小概念

……

$A_{12} = G_{05}$、G_{14} 等的普遍概念

　　A_1 的小概念

……

$A_2 = G_{01}$、G_{05}、G_{09}、G_{12} 等的普遍概念

$A_{21} = G_{02}$、G_{03}、G_{13} 等的普遍概念

　　A_2 的小概念

$A_{211} = G_{04}$、G_{11} 等的普遍概念

　　A_{21} 的小概念

……

$A_{22} = G_{02}$、G_{10} 等的普遍概念

……

图 4　特征

由以上得知，一个概念只能属于一个概念系统。而概念所代表的那个对象却可以属于不同的概念系统。因此，举例而言，概念 A_1 在概念系统 1 中代表对象 G_{01}，概念 A_2 在概念系统 2 中也代表对象 G_{01}。

因此说,在普遍概念情况下,谈什么本质特征或者必要特征等特征并不正确。那么,哪些特征对于概念 A_1 而言,哪些特征对于概念 A_2 而言,应该是本质的呢? 概念 A_1 由对象 1 的特征 a、b、c 组成,而概念 A_2 则由同一对象 1 的特征 e、f、g 组成(见上图)。

我很希望在下一次讨论术语学说或者术语原则标准化的国际会议上,尤其是在由国际标准化组织第 37 委员会(ISO/TC 37)——"术语(原则和协调)"委员会的会议上,我们能够针对"特征"这一话题,就我在上面指出的问题重新进行细致的讨论。

人们可能认为,普通术语学在追求精确性方面走得太远了。然而,情况并非如此。因为普通术语学与实践保持着密切的联系,它自身也会随着实践的发展而不断得到丰富和完善。知识技术是一门新兴的知识分支,正在致力于知识系统的构建。这样的一种系统则由处于关系中的概念组成,而这些概念又是与科学或者技术事实和信息密不可分的。在知识传递和发现新知识(启发学)(Heuristik)的过程中,这种系统则扮演着极为重要的角色。在现有概念及其特征的基础上,通过新的特征编组,尤其借助于计算机的帮助,我们则可以形成新的概念;而且,我们还可以把概念排列整理成新的概念系统,从而构建出描述新知识秩序("世界图景")(Weltbilder)的新模型。所有这些,都需要我们在术语工作中追求最大限度的精确性。

为了让术语学在未来获得更好的发展,我们在术语工作中需要追求更大的精确性。因此,在普通术语学中,我们非常有必要对"定义"(Definition)(在严格意义上)和"解释"(Erklärung)当中的"概念确定"(Begriffsbestimmung)进行一下区分[ÖNORM A 2704, Vorlage 1986]:

概念确定:一种通过已知的概念借助于标记[名称、符号(Symbole)]对概念进行的描述;

定义:一种通过陈述概念内涵的特征而进行的概念确定,它与概念系统有关;

解释:一种通过陈述概念内涵的特征而进行的概念确定,它与概念系统无关;

外延确定(Umfangbestimmung):一种通过列举在某个概念下处于同一概念阶梯上的小概念或者列举处于这个概念范围内的个体对象[分类(Klasse)]而进行的概念解释;

组成部分确定(Bestandsbestimmung):一种通过列举某个整体中的部分而对这个整体进行的描述。

5.5　本体关系和对象系统

除了以概念相似性为基础的逻辑概念关系之外,在许多专业领域中,人们还需要对对象的本体关系进行描述。本体关系是对象在空间和时间上的接触关系（Beziehungen der Berührung）［Wüster 1979：12］。

一个最为重要的本体关系就是"整体－部分"关系。普通术语学非常重视逻辑概念关系和对象本体关系之间的区别。有的时候，人们把本体关系也放到了概念关系里，尽管从严格的意义上讲，本体关系跟概念关系是两回事情。

人们把"对象系统"称为"本体系统"。本体系统与概念系统很类似。这样的系统在化学、医学、地理等专业中较为常见。例如人的躯体及其各个部分就是一个本体系统。

5.6 名称学说（Bezeichnungslehre）

在普通术语学中，概念领域和符号（名称、记号等）领域是彼此分开的。概念是人类感官不可觉察的，因此，为了方便人类交流，我们必须采用符号与概念相对应。

在语言学中，人们把词看成是"词形"（Wortform）和"词的内容"（Worthalt）的统一体。依据这种观点，不少以语言学为导向的术语学研究者把名称看成是词或者词组与概念的统一体。

在普通术语学中，某个符号——在大多数情况下则是某种词形或者某个由词素形式构成的复合词——与概念相对应，以这种方式也就形成了一个名称。某个已经存在的名称也可能分派给某个概念，通过这种方式，这个名称也就与若干个概念实现了对应（名称借用／转义）（Benennungsübertragung）。但这种情况的存在是有条件的，也就是说这里涉及的名称，原本是与另一个专业跨度较大的学科里的概念相对应的。

针对"符号－概念"（Zeichen－Begriff）之间的对应，维斯特曾经有过下列的论述［Wüster 1959/1960：187］：

"可以通过指明一个相关的对象去提示一位谈话伙伴某种个体概念（的存在），或者就此唤起他的意识——使他意识到，现在展示给他的只是一个替代对象（Ersatzgegenstand）。为了便于在人们之间进行相互交流和达到彼此理解，依据风俗习惯或者经过协调商定，人们规定采用这个替代对象去代表原始对象。这种替代对象，就是一个代表原始对象的'符号'。

"在根本上，人们只能借助符号去识别普遍概念。因为人们无法指明这种概念。如果人们想指明一下某个普遍概念的某个个体代表的话，那么，通过这种方式所获得的，只是这个特殊代表的个体概念。"

5.7 术语编纂学

在普通术语学中,概念构成了术语工作的出发点——这个现实所带来的后果(之一)就是术语编纂学(Terminographie)的诞生[Felber 1984:18],维斯特也称之为"术语词典编纂学"(terminologische Lexikographie)。有关概念的信息被分解成较小的单元,即所谓的"术语数据"(terminologische Daten)(名称、同义词、定义、外语对等物、概念关系等等),其他涉及数据来源、数据管理、数据标记等信息的补充性数据(Zusatzdaten)也跟它们归在了一起。针对每一个概念或者对象都建立有数据记录(Datensatz)。在术语词典中,数据记录(数据条目)是依据概念相似性或者对象同属性(Zusammengehörigkeit der Gegenstände)(例如,整体—部分)依次进行排列的。

计算机辅助术语编纂工作的蓬勃发展,自然也就导致了在工业界乃至在行政管理领域中术语数据库的建造。在过去的 20 多年间,在国际和国家层面上出现了不少包含众多专业领域的大型数据库。在这些数据库中,有相当一部分是为翻译工作者服务的。现在人们着手建造具有大量术语数据记录的专业数据库,而且在这些数据库中的数据精确度很高——这些数据必须准确可靠。因此,现代术语工作也必须以拟定大量高质量的术语数据记录为导向[Felber 1984:23]。这一新兴的领域存在着极大的研究和发展空间,它更需要术语学家与信息学家(计算机科学家)之间的精诚合作,共同开拓。对这个新领域进行充分的研究和开发,也为当今突飞猛进发展的知识技术奠定了基础。

6 结束语

从本质上说,存在着两种术语学研究:(1)以语言学为立足点的术语学研究,它采用语言学方法开展工作;(2)以具体专业领域为立足点的术语学研究。维斯特的"普通术语学"——"一门跨语言学、逻辑学、本体论、信息学和各门具体科学的边缘科学"则属于后者。"概念学说"构成了"普通术语学"的核心。这篇论述主要阐述的是"对象""概念""符号"的相互关系,以及几个有关术语科学(术语学)的基本问题。

附注:

赫尔穆特·费尔伯(Helmut Felber)(1925—2005),奥地利术语学家。欧根·维斯特的长期合作伙伴。年轻时学习过土木工程和哲学。会讲英语、法语、西班牙语、意大利语和俄语。从 1964 年到 1970 年,他在维斯特的私人研究所担任研究助理。费尔伯教授关于术语学的著述颇丰。1970 年,他在奥地利维也纳接管了 ISO/TC 37 国际秘书处的管理工作。从 1971 年到 1985 年,他担任国际术语信息中心主任一职。他为术语国际原则的发展做出了卓越贡献。1989 年,费尔伯教授和布丁(Gerhard Budin)合作出版了专著《术语学理论与实践》(*Terminologie in Theorie und Praxis*)。2001 年,在他76 周岁时,他出版了名为《普通术语学、知识论和知识技术》(*Allgemeine Terminologielehre*, *Wissenslehre und Wissenstechnik*)的专著,这是他对自己一生研究成果的总结。

赫尔穆特·费尔伯的相关研究成果:

[1] FELBER H. Terminology as applied linguistics. Memoir for Univ. -Prof. Dr. Eugen Wüster. (1979)

[2] FELBER H. Terminology manual. Infoterm. (1984)

[3] FELBER H, BUDIN G. Terminology in Theory and Practice. (1989)

[4] FELBER H. General terminology teaching, knowledge teaching and knowledge engineering. Theoretical foundations and philosophical reflections. TermNet. (2001)

[5] FELBER H. Basic Principles and Methods for the Preparation of Terminology Standards (Standardization of Technical Terminology: Principles and Practices). (1983)

[6] FELBER H. Eugen Wüster — a pioneer in terminology. (1973)

[7] FELBER H. International terminological activities in the Austrian Standards Institute. (1971)

[8] FELBER H. L'élaboration de directives internationales pour la Terminologie et pour la Lexicographie. (1970)

[9] FELBER H. Standardisation of Terminology in U. S. S. R. (1970)

参考文献

[1] AHMANOVA O S. Slovar linguisticeskich terminov[M]. Moskva: Sovetskaja ENciklopedija, 1966: 339,374.

[2] BAAKES K. Theorie und Praxis der Terminologieforschung Deutsch – English (am Beispiel der Umformtechnik in der Metallbearbeitung)[M]. Heidelberg:Groos, 1984.

[3] DAHLBERG I. Über Gegenstände, Begriffe, Definitionen und Benennungen[J]. Muttersprache, 1976,86(2):81 – 117.

[4] DAHLBERG I. Begriffsbeziehungen und Definitionstheorie[C]//Infoterm. Terminologe und benachbarte Gebiete 1965 – 1985. Wien/Köln/Graz:Böhlaus Nachf. ,1985:137 – 148.

[5] DROZD L, SERBICKE W. Deutsche Fach- und Wissenschaftssprache. Bestandsaufnahme, Theorie, Gesichte[M]. Wiesbaden:Brandstetter,1973.

[6] FELBER H. Terminology manual[M]. Paris:Unesco,1984.

[7] HAUGELAND J. Mind design[M]. Bradford,1981.

[8] HOFFMANN L. Kommunikationsmittel Fachsprache[M]. Berlin (DDR):Akademie-Verlag,1976.

[9] HOFFMANN L. Leipziger Thesen zur fachsprachlichen Forschung[J]. Wiss. Z. Karl Marx -

Universität Leipzig, Ges. -und Sprachwiss. R. , 26, Jg. 1977(2).

[10] HORN E. Der Begriff des Begriffes. Die Geschichte des Begriffes und seine metaphysische Deutung [M]. München: Reinhardt, 1932.

[11] ISO. Vocabulary of terminology used in terminological work[R]. (proposal of USSR. ISO/TC 37/ WG 1 8. 1956.

[12] ISO. Vocabulary of terminology[R]. Genève: ISO, June 1969, 20S. A4(ISO/R 1087 – 1069).

[13] ISO. Some thoughts on the present situation of ISO/TC 37 "Terminology(principles and coordination) [R]. ISO TC 37 N341, 1986.

[14] LANG F, WERSIG G. Terminologie als angewandte Sprachwissenschaft. München[M]. New York/London/Paris: K. G. Saur, 1979.

[15] LANGNER H. Zu den Termini "Bedeutung", "Begriff", u Fachwort[J]. Sprachpflege, 1985 (4):82.

[16] ON. Terminologie. Allgemeine Grundsätze für Begriffe und Benennungen [R]. Vorschlage ÖNORMA 2704,1986.

[17] RIGGS F. Help for social scientists. A new kind of reference tool [J]. International Classification, 1985,12(3): 159 – 160.

[18] SCHULZE E. Der Terminus. Eigenschaften und Wesen sowie seine Abgrenzungen von anderen Lexemarten[C]//HOFFMANN L. Sprache in Wissenschaft und Technik. Ein Sammelband. Leipzig: VEB,1978:173 – 191.

[19] TermNet News 13,1985.

[20] WIEGAND E H. Defintion und Terminologienormung Kritik und Vorschläge[M]//FELBER H, LANG F, WERSIG G. Terminologie als angewandte Sprachwissenschaft. Paris: K. G. Saur,1979: 101 – 148.

[21] WÜSTER E. Das Worten der Welt, schaubildlich und terminologisch dargestellt[J]. Sprachforum, 1959/1960 (3/4): 183 – 204.

[22] WÜSTER E. Wie die ISO-Empfehlung "Benennunggrundsätze" entstanden ist[J]. Muttersprache, 1967(6).

[23] WÜSTER E. Internationale Sprachnormung in der Technik, besonders in der Elektrotechnik. 3rd rev[M]. Bonn: Bouvier, 1970.

[24] WÜSTER E. Grundsätze der fachsprachlichen Normung [J]. Muttersprache, 1971, 81 (5): 289 – 295.

维斯特的"世界话语"研究
及对普通术语学的影响①

邱碧华

摘要:欧根·维斯特是第一个从术语学角度对"世界话语"进行深入研究的学者,他的这项研究对维也纳术语学派的形成起到了重要作用。文章从简介这项研究产生的学术背景入手,着重介绍了维斯特的"世界话语"理论,并论述了"世界话语"理论对形成维斯特普通术语学理论所产生的影响。

关键词:世界话语,个体和概念,符号和含义,四部分词语模型

1 维斯特"世界话语"产生的学术背景

奥地利的术语学研究有着较为悠久的传统[1],我们可以在奥地利语言批评和哲学领域中找到术语学研究先行者的踪迹。自 1895 年始,在维也纳的大学里就有"归纳科学的哲学"这么一个教席。1922 年,维特根斯坦在这个席位上主持研讨会,当时他出版了著名的《逻辑学 – 哲学研究论文》,该著作对哲学逻辑实证主义维也纳学派的奠基人莫里茨·施利克起到了决定性影响。实际上哲学逻辑实证主义维也纳学派对后来成为术语学维也纳学派缔造者的欧根·维斯特也产生了重要影响。

从科学的角度看,奥地利的自然科学家和语言哲学家之间一直存在着紧密联系。语言批评这种形式,正是为了提高语言运用在数学、物理和机械力学等领域中的效率而产生的。欧根·维斯特正是从研究电工技术中的国际语言标准化(1931

---

① 本文曾发表于《中国科技术语》2011 年第 2 期。主要介绍欧根·维斯特的德文版名篇"Das Worten der Welt,schaubildlich und terminologisch dargestellt"(1959/1960)(收录于 Terminologie und Wissensordnung:Ausgewählte Schriften aus dem Gesamtwerk von Eugen Wüster,edited by Heribert Picht,Klaus-Dirk Schmitz. TermNet Publisher, 2001)。

年)开始了语言批评,也开始了他创立作为独立学科的普通术语学之旅。

在19世纪与20世纪之交的维也纳,一位名叫弗里茨·毛特纳的新闻记者着手辨析和描述语言界限的工作。约在1906年,毛特纳写了一部题为《对语言的批评做些贡献》的哲学著作,他的结论是:所有的哲学问题在根本上就是语言问题,科学语言完全是不恰当的[2]。这促使维也纳哲学逻辑实证主义的代表人物们认识到进行语言批评的必要性,不过他们与毛特纳的观点保持了距离。

哲学逻辑实证主义维也纳学派是在1929年随着一本名为《维也纳学派的科学世界观》的小册子的出版,而为公众所熟悉的。施利克以他的著作《普通认识论》(1918年)而成为哲学逻辑实证主义维也纳学派的奠基人。

欧根·维斯特的早期学术思想是受弗里茨·毛特纳影响的。在他具有划时代意义的专题论著《在工程技术中(特别是在电工学中)的国际语言规范》(1931年)和他1959—1960年发表的《从术语角度,以图示的形式描述世界话语》的研究性论著中,都对毛特纳的观点进行了吸收。

后来,维斯特的哲学观点渐渐向哲学逻辑实证主义维也纳学派靠拢[4]。在《在工程技术中(特别是在电工学中)的国际语言规范》里,欧根·维斯特探讨了语言哲学特别是语言批评的问题,哲学逻辑实证主义维也纳学派的哲学观念极大地支持了维斯特的论点。维斯特在1932年研读了维也纳学派代表人物鲁道夫·卡纳普的著作《世界的逻辑结构》,发现其中包含着对形成其术语学理论具有重要意义的方法论联系。此外,欧根·维斯特还认真研读过索绪尔1923年出版的《数学哲学导论》。

可以说,欧根·维斯特是一台"积分仪",他接纳了哲学逻辑实证主义维也纳学派的先驱者关于语言批评和逻辑实证主义的哲学观点,并且把这些观点与那些语言学大师的认识相融合,最终走上独立的学术发展道路,形成了与实践紧密联系的普通术语学理论。1959—1960年,欧根·维斯特对"世界话语"的论述,正是在奥地利语言哲学界倡导语言批评这一大背景下产生的,是对当时"世界话语"理论的推陈出新,也为20世纪70年代初普通术语学的形成做了基础性理论准备。

2　欧根·维斯特的"世界话语"简介

有关"世界话语"(das Worten der Welt)这个概念,德国的语言学家莱奥·魏斯格贝尔早已经注意到了它的基本语言过程:认为它是人类世界在词语中的鲜明体现。1959—1960年,欧根·维斯特又从自然科学、语言科学、心理学和逻辑学的视角,重新描述了这个外部世界的语言进化进程或称"话语进程"[1]。

欧根·维斯特采用示意图的方法,从术语学角度出发,对"客观世界"的"话语"和在说话中出现的多种多样的关系进行了描述。他从(1)个体和概念,(2)符号和含义,(3)模仿,(4)说话,(5)自然符号等几个方面入手,对"世界话语"进行了阐述。

维斯特首先认为,"话语"可以利用两种基本关系进行说明:一是"个体"和"概念"之间的关系,一是"符号"和"含义"之间的关系。

2.1 个体和概念

维斯特借助孩子感知和意识的发展,运用生动的语言向人们表述了个体和概念的关系。

2.1.1 对象客体

他认为,通过孩子是如何感知世界的,人们得出这样的观点:可觉察的印象是从客观构成物出发的,这些客观构成物部分属于它自己的躯体,部分又与它的躯体相分离。其躯体四肢,其存在环境中的单个的人和动物、家具和植物,就连地球和天空都是不同的。其中,有许多的事物是运动的,或者以其他的方式活动着。

用哲学语言来说,一个人的思想对准的或者可以对准的所有事物,就是"对象客体"。在这个意义上讲,事态也是对象客体。

2.1.2 个体

在人成长的初期,孩子只与"个体对象"(即"个体")打交道。因为,每一个感觉到的对象,对于孩子来说是某种唯一性的东西,就像一个特定的人那样。个体对象是一个在时间上"它的存在"已经确定的事物,它属于时间世界。譬如,我窗前的这棵树,或者我在某个确定时刻所感觉到的(身体或者精神上的)疼痛。

2.1.3 概念

如果个体对象不再在场,孩子也能够记起它。如果这种记忆带有如形状、颜色等的直观印象,它就是一种"表象";如果这种记忆是不直观的,它只记录下为了识别这个个体所需要的那些个体的本质,那么,这个记忆就包含了一个"概念"。

一个个体的概念就是一个"个体概念"。如:"拿破仑",或者"我的自来水笔"。

成长中的孩子又注意到,世界上存在着若干种个体对象,譬如苹果,它们彼此之间"相像得让人很容易混淆",成年人用同一个名字"苹果"对它们加以命名。在这里,孩子通过把这些对象相区分的特征省略掉,而得到了这类对象的个体概念"苹果"。

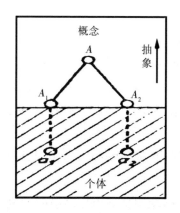

图1　个体－概念之间的关系

在图1中,从不同的个体概念 A_1、A_2 等出发而得到了唯一的共同概念(总体概念)A,它可以通过已存在的对象 a_1、a_2 等(或者通过另一些落到概念 A 下面的个体)得以"现实化",这些个体称为概念的"代表"。

2.1.4　个体系统(组成部分系统)

在某确定全景中的所有个体对象共同构成了一个复合体,这是一个具有唯一性的、综合性很强的个体。

这样的复合体在思想上是否可以分解并且怎样分解成部分,在很大程度上则取决于对这个复合体进行研究和描述的人是怎么想的。

有时,一个复合体的各部分可以清晰地分开,譬如两个正在运动着的人,或者两个天体。而在很多情况下,对复合体的划分只是一种思想上的创作,譬如将地球划分成地区或者国家。

这种只是以某种方式在思想中进行划分的由部分组成的复合体,科学上称为"系统"。由个体组成的系统是一个"组成部分系统"。大的个体拆分成部分,由此产生了部分系统,这个拆分过程称为"分解"。

思想上进行分解是(形成)"话语"的第一步,它是人类对世界进行精神诠释的第一步。

分解过程是可逆的。譬如:通过"一体化"或者"联取",由砖瓦可以建成一座房子;经过若干的思想上的"一体化"过程,由许多的国家可以构建出一个统一的欧洲;男人和女人构成了一种人类配对。但进行"一体化"的是个体,而不是概念。

词语"个体"可用来表达"个体对象客体"这个名称。从哲学意义上说,"个体"的意思还相当于"时间世界里的一次性对象",这与"概念"不一样。个体可能是一个很大的复合体。

2.1.5　概念系统(抽象系统)

正如若干个个体概念概括成了一个总体概念(即它们共同的"大概念")一样,若干个总体概念也可以再进一步概括成具有更高抽象程度的概念。譬如,不同的个体苹果共同概括成了总体概念"苹果"。概念"苹果"和概念"梨""李子"等共同概括成了大概念"水果"。

由此出现了一个多层级的"抽象系统",与组成部分系统一样,它也可以通过一个"树形图"来描述。

对概念的概括,从个体概念中抽象出更高级的大概念,与导致了个体概念形成的"分解"一样,在很大程度上依赖于人类的判断。

因此,"抽象"是形成话语的第二步。从更高程度上讲,与第一步相比,"话语"这个名称与第二步更相适宜,因为,借助抽象才可能形成种类名词(形成话语的第三步)。反过来,借助种类名词也才可能实现抽象。

2.1.6　概念的形成

有两条相反的途径都可以形成新概念:概念外延的扩大和概念外延的缩小。也就是通过减少和增加概念的特征。第一条途径是由个体概念出发,也就是从经验出发。这在图1中,是用"抽象"来表述的。在概念域中,它指向上。另一条途径是在相反方向上进行的,在图1中,它是指向下的。新的特征补充到了起始概念上,这个过程叫作"限定"。譬如,概念"植物"经过限定而成为概念"树"。经过概念的限定,也可以创作出虚构的概念,譬如:"半人半马怪"。

"抽象"和"限定"也可以理解为处于相同序列等级的两种概念的连接,也就是把这两个概念理解成概念的"配对":在抽象过程中,构件概念的外延被集中了起来,这个过程称为"逻辑析取/逻辑或"。在进行限定时,概念内涵被结合了起来,这个过程称为"概念合取/逻辑与"。譬如,从概念"男人"和"女人"出发,经过逻辑或/逻辑析取产生的是共同的大概念"人类",经过逻辑与/概念合取产生的则是"两性人"。个别概念的抽象和限定过程,对应于思维进程的归纳和演绎推论。

2.2　符号和含义

针对"符号和含义",维斯特在"世界话语"中,共分了12个部分进行论述,限于篇幅,笔者只着重分析前7部分。

2.2.1　个体符号

如果某谈话者想把谈话伙伴的注意力引向某一个个体对象客体的话,那么首先,这个个体对象客体对于这两个人来说应该是看得见的,或者是谈话者或者是谈话伙伴随身带着的,因此,谈话者只需指向这个个体对象客体,或者出示一下这个个体对象客体就行了。

但是,如果这个个体对象客体不在现场,在此情况下,可供谈话者"调遣"的,则只可能是这个对象的个体概念,而且前提条件是,这个个体已经在这两个人的头脑里了。个体概念是这样被唤入到谈话伙伴的意识中的:谈话者把一个替代对象客体展示给谈话伙伴,而这个替代对象是已经由习俗或者协议确定下来了的,它可以代表原始的对象客体。这样的替代对象就是为原始对象客体设计的"符号"。

因此,维斯特认为,作为符号使用的对象客体应该具有的条件是:它是随时"可供调遣"的。在这里存在着两种可能情况:一种情况是,如果它是个体对象客体,则它是容易移动的;另一种情况是,如果它是一个概念,则它随时可转化成现实,也就是说,它是一个合适的总体概念。

以某种语音符号或者文字符号表示的总体概念作为符号使用会更便捷一些。因为语音概念(音位或者音位连接)和书写符号概念随时容易被现实化。

2.2.2　总体概念的符号

总体概念必须借助符号得以识别。因为,人们不可能对总体概念进行指明。如果人们指向某个总体概念的某个个体代表时,获得的只是这个特殊代表的个体概念。因此,如果作为符号的合适的总体概念没有与这些个体代表对应上的话,那么,形成永久性的总体概念,则是不可能的。

因此,符号输送,特别是命名——是形成世界话语的第三步。但是,我们不能理解成第三步就紧跟着第二步。在概念的形成(第二步)和其命名的形成(第三步)之间存在着很强的相互作用。符号所表明的就是它的"含义"。

2.2.3　四部分词语模型

"个体－概念"和"符号－含义"这两种基本关系,在每种语言中都是无间断的,而且同时起作用。维斯特采用"四部分词语模型"对此进行了清楚的说明(见图2)。

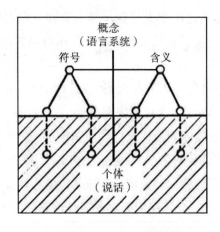

图 2　四部分词语模型

这个模型包括了四个域。上面两个域对应着概念世界,它们描述了来自语言系统("语言")的片段。下面两个域对应着个体世界,在说话("口语")时,它们才露面。

图中域右下方的两个个体对象客体概括成了一个共同概念(总体概念)(域右上方)。用作符号的另一个概念(左上方)与这个概念对应,譬如语音概念或者书写符号概念就可以用作符号。在说话时,符号一再得以现实化(域左下方),譬如通过语音个体或者书写图形个体,但每次都有些不同。

2.2.4　"符号 – 含义"对应的本质

符号和含义最初只是在人们的头脑里相互对应的。如果符号是基本的,也就是说,符号不是由带有含义的要素组成的,那么,在符号和含义之间的初次对应则是随意的。这属于语言符号的本质问题。如果某种对应已经成了语言习俗,随意的改变就很难实行了。

在人们头脑中的符号和含义之间的对应究竟如何?

得到公认的是,符号(特别是语音符号)是与它的含义相互制约、互为条件的。如果没有含义,一种语音形式只是一种物理学上的声音;没有符号,概念也就不存在。"符号和含义"这个通过一体化出现的整体究竟该如何称谓?维斯特时代的学者们,有的称其为"关系单元",也有人称"名称单元"。

当时,那些说"符号"或者"词语",而不说"名称单元"的语言学家,实际上已经认识到,通用语言已经不能完全满足实践的需要。

还有一种反对在"名称单元"的意义上使用"词语"这个词的意见:一个名称单元

的符号部分,常常不是由一个单个的词语(词体)组成的,而是由一个或多或少存在的词组组成。这里涉及的"词语"、"词体"和"词组"的大概念,从古到今都被称为"术语"(Terminus)。20世纪以后,其同义词"名称"也被人们普遍接受。这种表达相当于过去采用的表达"指称",它可以理解成是"名称"和"图示符号"的共同大概念。

2.2.5　三部分词语模型

奥地利研究者诺布洛奇(Knobloch)曾在语言论坛中发展了一种表述语言关系的三角词语模型(图3),维斯特在"世界话语"中分析了它的不足。

图3　三部分词语模型

图3中的表述"词语内涵"和"对象客体",与图2中的表述"含义"和"个体"具有相同的意义。如果我们把四部分模型中的左边两个域瘪下去,变成"语音体"这个点,四部分词语模型也就成了三部分词语模型。三部分模型的不足在于:在概念世界(语言系统)和个体世界(语言的使用)之间的鸿沟只给填平了一半。

三部分词语模型的出现是与语言大师索绪尔和特鲁别茨科伊之前普遍流行的考察语言关系的研究方式相对应的。这两位研究者对语音形式概念("语音形象""音位连接")和它变化着的现实进行了区分,他们对三部分模型仔细研究之后认为:模型中三角形的左端应该被剪开,它可拆开成两个点,因为,在"音位"和"音位变体"之间是有区别的。

2.2.6　感官形式

四部分词语模型只对基本符号是普遍有效的;也就是说,只有当基本符号在其基本含义上使用时,四部分模型才是适用的。对于在语言领域中数量庞大的复合符号和借用符号而言,四部分词语模型则有必要进行扩展(见图4)。

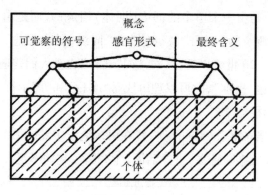

图 4　感官形式

在概念世界中,在符号域和含义域之间再插入一个域,这个域对应于"感官形式"。

"感官形式"是复合符号或者借用符号的词语含义,譬如词语"头"和"鼻子"的解剖学上的基本含义就是这样。"感官形式"同时既是含义又是符号,它是可觉察符号的基本含义,如一种语音符号的基本含义。就此而言,它是一种概念,但一般来说它不是语音概念。

对于"感官形式",维斯特也曾把它称为"概念形式",以后又把它称为"语义形式"。

在图 4 中,"可觉察的符号"和"最终含义"这两个点,可以通过两条不同的线路相连接。当通过第二条线相连接时,感官形式就被排除了。选择哪条路线因人而异,取决于某确定名称的感官形式对于某个人来说是否活跃。

2.2.7　符号连接

感官形式的另一种类型,即"复合感官形式"也很常见。复合感官形式反映了概念的连接。

但是,这种反映常常是不完全的。如果把符号看成是一种名称,那么它的各"组成部分概念"之间的关系只能在词组中体现。

尽管符号不是词,我们也可以依据符号的"句法"把它们相互连接起来。在进行符号连接时,我们要遵守确定的规则。

譬如:"印度日耳曼语系的人"(Indogermane)是"印度人"和"日耳曼人"这两个大概念通过"逻辑析取"(逻辑或)形成的;"同时是商人和工程师"是组成部分概念"工程师"和"商人"通过"逻辑合取"(逻辑与)形成的。词语连接"发动机 – 发电机","带有发动机的发电机"是通过"逻辑联取"(一体化)出现的。

维斯特还探讨了"次要符号""双轨符号""基本符号的分解""制定的和生长的概念""主观概念和客观概念"这几个问题,限于篇幅,笔者在此省略。

2.3　其他论述

维斯特在"世界话语"中所论及的话题,还有"模仿""说话""自然符号"。

在"模仿"这一节,他分析了"纯粹的模仿""语言的过渡",并也为"模仿"设计了一个四部分词语模型,对它的术语学意义进行了剖析,指出"模仿"是语言形成的一种过渡,但是,模仿不描述总体概念,而只描述个体。同时,维斯特也对索绪尔曾经采用过的特殊两部分词语模型进行了批评,指出这个模型对符号与含义之间特殊对应的描述并不充分。

维斯特对"说话"也做了细致的术语学分析,他同样为这个过程设计了两个并列放置的"四部分词语模型",仔细分析了消息的发送和接收过程。同时,在这里,维斯特也对说话时的"被指者"进行了分析,指出"被指者和符号的固定含义是有区别的"。他还谈到说话时的"主观定位",提到了"指示词语"在说话时所起的重要作用。

在"世界话语"的最后,维斯特谈到了"自然符号",指出了它与"习俗符号"的不同。

3　对普通术语学的影响

欧根·维斯特对"世界话语"的论述,在维也纳术语学派的基础理论框架中占有一席重要之地[1],因为,维斯特在这里实际探讨了"普通术语学"的一些基础性问题。"普通术语学"和语言学之间有着本质的不同,术语学家谈概念,而语言学家则谈"词"的内容[6]。因为要对术语概念进行系统化研究,术语学必须引用逻辑学和本体论的知识,并且还要和信息学相互交织。

在本文前面已经提到,欧根·维斯特并不是最早研究"世界话语"的学者,但他是第一个从术语角度对"世界话语"进行思索的人。实际上,维斯特在1959—1960年对"世界话语"的研究,其中很多的话题远超出了术语学的范畴。但是在这里,维斯特关于"普通术语学"基础性问题的思索已经较为成熟了,在他后来写的《普通术语学和术语词典编纂学导论》中所形成的观点,在此已经初现端倪。

维斯特20世纪70年代初写成的《普通术语学和术语词典编纂学导论》[6]一书标志着普通术语学作为一门独立学科的形成[7],普通术语学实际上由6部分组成[10]:(1)对"对象客体"这个概念的定义;(2)维斯特的认知理论模型(四部分词语模型);(3)概念学说;(4)对象客体的本体关系和系统;(5)符号－概念的对应关系和符号构成学说(包含了名称－概念的对应关系和名称的构成);(6)术语词典编纂学。"对象客体－概念－符号概念－符号"的对应关系是普通术语学的支柱。而维斯特在"世界话语"中,已经对"对象客体"这个概念进行了定义,同时较系统地探讨了对象客体(个体)的本体关系、概念学说、符号－概念的对应关系和符号构成学说,特别是他在此提出了极为重要的认知理论模型(四部分词语模型),这是理解"对象客体－概念－符号概念－符号"对应关系的钥匙。

术语的产生,其实是"世界话语"发展的必然结果,术语是由通用语言经专业语言而逐渐形成的。人类语言从"口头语言""书面语言"到"术语",经由例如欧洲的威廉·冯·洪堡、雅各布·格林、卢梭、约翰·乔治·哈曼、约翰·戈特弗里德·赫德尔、德国"青年语法学派"、索绪尔、伦纳德·布龙菲尔德、安德烈·马尔丁内等大学者和语言学家到术语学家欧根·维斯特,术语正是经由了这个语言演变过程并随着人类科技的进步才产生出来的。对人类语言发展的研究从"语言就是说话""写出来的东西不是语言""语言学家基本上不考虑文字的情形"[6]到认识到"书面语言是语言的第二种基本表现形式""书面语言是矢志不移地向前推动的有意识的语言完形化的第一个结果""对语言进行标准化和规范化是有完全可能的"[6],再到"出现了另外一种有意识的语言完形化的情形,这是次要的完形化""……次要的完形化最根本的对象是词汇,词汇主要是为科学和技术服务的,所以,它们经历了一个特殊的完形化过程,这样的词汇称为'术语'","术语是可以标准化的""术语学要优先研究语言的书面形式"[6],这正是以发展眼光对"世界话语"进行研究的必然结论。

参考文献

[1] LAURÉN C, PICHT H . Ausgewählte Texte zur Terminologie[C]. IITF Infoterm.

[2] MAUTHNER F. Beiträge zu einer Kritik der Sprache. Bd. 1: Zur Sprache und zur Psychologie [M]. 2. Aufl. Stuttgart/Berlin: Cotta, 1906.

[3] WITTGENSTEIN L. Tractatus Logico-philosophicus[M]. Frankfurt: Suhrkamp, 1963.

[4] HEMPEL C G. Der Wiener Kreis und die Metamorphosen seines Empirismus[M]. In: LESER, N. [Hrsg.] Wien: Österr. Bundesverlag, 1981.

[5] RICHTER L. Laudatio für Hochschuldozent Dipl. Ing. Dr. Techn. Eugen Wüster [J]. Österreichische Ingenieur-Zeitschrift,1963(6).

[6] WÜSTER E. Einführung in die Allgemeine Terminologielehre und terminologische Lexikographie [Introduction to the general theory of terminology and terminological lexicography] [M]. Wien/New

York: Springer, 1979/Copenhagen:1985/Bonn: 1991.

［7］ FELBER H, BUDIN G: Terminologie in Theorie und Praxis ［Terminology in theory and practice］ ［M］. Tübingen: Gunter Narr Verlag, 1989.

［8］ FELBER H. Allgemeine Terminologielehre, Wissenslehre und Wissenstechnik［J］. IITF – series 10, 2001.

［9］ Brockhaus-Enzyklopdie［M］. 17 Aufl. , 18. bd. , STAM – TRIE. Wiesbaden: Brockhaus, 1973, S. 567.

［10］ FELBER H. Special Language/Fachsprache［J］. 1986,8(3 –4). Termnet.

浅谈欧根·维斯特 1948 年对语言技术与信息技术的论述①

邱碧华

摘要:介绍欧根·维斯特在 1948 年发表于奥地利公开学术出版物上的一些学术思想,以期为人们深入了解奥地利维也纳术语学派的理论和实践的发展提供一个视角,也为进一步发展术语学理论和实践提供借鉴。

关键词:语言,符号,关系,语言技术,信息技术,相互作用

1 引言

欧根·维斯特是奥地利维也纳术语学派的创始人,一生辛勤耕耘,在术语学领域中著述较多[1]。1931 年他的《在工程技术中(特别是在电工学中)的国际语言规范》(*Internationale Sprachnormung in der Technik, besonders in der Elektrotechnik*)一书的出版,推动了全世界的术语活动,并在 1936 年促成了一场世界范围的研究术语基本原则的合作,这场合作不仅催生了术语学,还推动了术语学奥地利维也纳学派、捷克布拉格学派、苏联学派的产生和发展。

20 世纪 60 年代末,普通术语学作为一门独立学科初步形成[2]。1972 年,维斯特在哥本哈根召开的第三届国际应用语言学会议上,提出"普通术语学是一门跨语言学、逻辑学、本体论、信息学和各门具体科学的边缘学科"这一观点,从 1972 年到1974 年,他在维也纳大学的语言科学学院(原语言学系)讲授《普通术语学和术语词典编纂学导论》这门课程。普通术语学是跨学科的,它立足于多门学科的研究成果之上,又为一切学科所需求。相对于具体学科所存在的特殊的术语学理论,普通术

---

① 本文曾发表于《中国科技术语》2012 年第 4 期。主要介绍欧根·维斯特的德文版名篇 "Sprachtechnik und Nachrichtentechnik"(收录于 Terminologie und Wissensordnung: Ausgewählte Schriften aus dem Gesamtwerk von Eugen Wüster, edited by Heribert Picht, Klaus-Dirk Schmitz. TermNet Publisher, 2001)。

语学是用同一种语言描述了几门或者所有专业学科的术语学基本原则和方法[3]。

国际术语信息中心(Infoterm)和德国科隆高等技术学校的学者们看到,在术语学早期发展阶段,维斯特的思想和研究成果几乎不为人所知,而实际上,维斯特的一些早期带有术语学启蒙色彩的学术思想,在他的思想发展道路上起到了里程碑作用。基于这种认识,国际术语信息中心和德国科隆高等技术学校的学者们不辞劳苦,搜集维斯特在术语学领域中的全部著作并进行了选编,以飨读者。

选编的内容很多,本文仅就维斯特在1948年在"语言技术与信息技术"这一话题下所形成的一些认识,向读者做些浅显介绍,以期与读者们共勉。

2　历史背景

1948年,维也纳电信技术学院的缔造者、常年担任奥地利专业标准委员会主席的佩提士(Pertitsch)教授认识到:"全部的信息技术构成了一种统一,它与人类语言之间存在着深刻的相互影响关系。"他认为这种相互影响关系的载体就是"术语",并一再主张技术语言必须在有意识的规划下得到统一调节并能加以教授,必须要满足国际相互理解的需要。"信息技术应该被语言技术充实起来。"[4]

维斯特受到这种观点的启发,对语言技术和信息技术问题进行了关注,他对语言学上的一些基本问题进行了思考,接纳了索绪尔的语言学思想,并利用几个例子对语言技术的工作领域做了一些解释和介绍。

3　关于语言、语言与符号关系等基本问题的论述

维斯特在语言学上深受索绪尔语言学思想的影响,他认为:作为语言系统的语言和作为言语的语言之间是有区别的。语言系统是概念和概念符号之间对应关系的全部。它是通过持续不断的语言创造,通过对概念和对为这些概念设计的符号进行选择才产生出来的。概念和符号这两者是人们从对外部世界无止境的多种多样的印象中挑选出来的。我们首先选择符号要素,并借助于对这种符号要素的组合而形成真正意义上的符号。这些符号要素是否可以说出,或者是否可以借助于一种仪器产生语音,或者它们是否是可书写的字母,或者是在一个确定位置中的标志,这些对于语言本质来说,只居次要地位。

语言的应用存在于观念(Vorstellung)和符号的相互对应关系中,也就是它不仅在发出者(说话者)这里存在,也在接受者(听众)那里存在。但是,这些观念更多的是与概念系列,而很少与单个概念相对应,并且,这些对应关系是暂时的。我们在人

类语言器官的活动中会看不到语言的本质,而在记录着一个民族世界记忆的"内部语言"(innere Sprache)中,我们则可以看到语言的本质。维斯特强调,语言符号的生产要考虑到它与语言的关系。

在维斯特看来,语言符号的物理属性对于语言的本质而言无关紧要。语言的本质始终是符号要素与符号的组合,以及这种组合与概念的永久或者暂时对应。符号的物理属性是指符号是可视的(视觉),还是可听的(听觉),是可感觉的(触觉),还是自然生成的,或者是人造的。

发出声音的语言大多使用自然生成的可听的符号、使用口语表达的语词。这些语词也可以通过人工途径得以操纵(比如使用喇叭筒)、被加强(使用扩音器)或者重新给生产出来(使用留声机)。还有一些听觉符号系统可以逐渐发展成人们广泛应用的口头语言。比如加纳利群岛上现已完全欧洲化的居民过去所使用的哨声语言(自然听觉符号)、非洲的鼓声语言(人工听觉符号)。第一次世界大战期间,在西部非洲战场上使用的鼓声语言,被证明远比在所有其他战场上使用的电话更具有使用优势。

在可视符号中也有自然的(手势、面部表情)和人造的(烟雾符号、火焰符号和灯光符号)符号。触觉符号是盲人实现相互理解的唯一手段。一种具有储存能力的触觉符号就是盲文。可发声语言的意义远远盖过其余类型的语言。这不仅是因为大多数的其他语言类型是可发声语言的转型,也是因为可发声语言的符号可以随意、快速地产生和传输。因此,对于发声语言来说,符号不是主要的,而只是处于次要地位,因为这些符号没有自己的实物含义,它们表示的只是词汇语言符号的意义,在必要情况下,它们是借助莫尔斯电码辗转表示词汇语言符号的意义的。甚至哨声语言和鼓声语言也只是日常语言的翻译。

书写语言的情形也如此。书写语言的书写图形几乎是作为感性第一性的东西而被人们感觉到,特别是就国际上通用的缩略词而言(比如物理学上的量值和单位)。在外来语词中,也表现出这样的意思:个别的民族语言,宁可将其他民族的书写图形毫无更改地接纳过来并改变其发音,也不愿意采纳另一个民族的发音而改变其书写方式。在专有名词问题上,英国人和法国人就是这样处理的。

4 对语言技术和信息技术的论述

在维斯特看来,语言技术包含了所有的辅助手段,这些辅助手段的使用促成了语言符号的自然产生,并有助于人们接受这些符号。维斯特将语言技术与语言科学和哲学(文献科学)做了区分。他认为,语言科学研究内部语言的法则,研究语言符号的自然生成和接受,但是不会对语言的塑造和形成施加影响,它与语言技术的关系大约就像物理学与工程技术的关系一样。而就语言、语言技术与哲学的关系而言,某种语言的知识并不重要,而是多种语言的知识更为重要,知识技术对于哲学而言只是一种方法,使用语言技术只是为了透彻研究以语言形式储存的文化资料。

而信息技术所处理的,则是这样的过程:以人工方式(比如借助于唱片表达的语言符号)或者将语言符号通过人工的途径传播给听众。由此,信息技术扩大了自然的传播距离。信息技术进一步发展还可以做到把语言符号转换成另一种符号(比如借助于为盲人设计的阅读机),或者对符号的接收进行改进(比如为演说者准备的喇叭,为听觉迟钝的人设计的扩音器,眼镜和望远镜的使用)。信息技术不仅是把信息从一个地方传送到另一个地方,而且还把信息从现在向将来传递。为此,信息技术必须把符号储存在物质载体上,比如用墨水将其涂抹到纸张上,借助于唱针轨迹在唱片上的划刻,通过扬声器上的线圈产生磁场。记录发音语言的文字被缩写成缩略文字,借助于打字机和印刷技术进行打字复制,这些工作又可以借助于速写打字机、缩略文字的机器和小幻灯片而再一次精简化。信息技术中承担符号传输任务的那一部分,也就是没有物质符号载体的传输,特别是电报、电视和有线或者无线图像的转播可以看成是电信技术,这些电信技术的出现,是对过时的电信装置(比如日光反射信号仪、臂板信号机、信号旗、信号灯光)的一次革命。

但是,维斯特指出,信息技术传输的是不具可协调意义的感觉印象,比如音乐和图像,而不是代表概念的符号。1948 年维斯特已经注意到了不使用语言符号的内部语言的传输,也就是人们通过心灵感应能力进行的语言传输,他提到:维也纳大学弱电流学院以及在奥地利其他高等学院中,对脑电流现象的测试,是人们向理解观念的心灵感应传输迈出的第一步。

5　对语言技术实践的介绍

维斯特认为"语言"这个词有两种意义:语言系统(语言创造)和语言运用。他认为,语言技术要完成的任务主要体现在后者中。他把语言技术分为"词汇语言的语言技术"和"词汇语言之外的语言技术"。1948 年,他在学术期刊上介绍了当时国际上在"词汇语言的语言技术"方面已经开展的工作,主要涉及的是语言运用技术和翻译技术,在这个领域中,当时所开展的主要是技术性的集体工作,通过编纂一流的词典而进行。从 1902 年到 1905 年,德国工程师协会(Verein Deutscher Ingenieure,简称

VDI）打算通过收集语言学材料编纂一本按字母顺序排列的技术词典，后来，由于工作方法不当，这项工作被迫中断。1906 年，工程师施勒曼（Schlomann）博士所著的《技术词典（带插图）》第一卷的出版标志着语言技术工作决定性的转折。

创造语言的技术即"语言规划"，从本质意义上说就是语言标准化。国家语言标准化的目的是对一个民族的专业语言进行规范。命名应该是单义的和统一的。国际语言标准化应该体现在对概念进行确定时要具有民族性，并且尽可能标示出其民族性，同时，它应该使内在的语词形式相互适应。在这方面，具有划时代意义的事情是 1906 年国际电工委员会（International Electrotechnical Commission，简称 IEC）的成立，该委员会一经成立就着手编纂一本有六种语言的带定义的电工词典。另一个重要事件是，1936 年，拥有 20 个成员国的国家标准委员会国际联盟（Der Weltbund der Normenausschüsse，International Standard Assosiation，简称 ISA）为术语学特意成立了一个委员会。这个委员会为技术性概念创造出一种国际性的符号系统，即所谓的"术语编码"，从实质上说，这种编码是具可比较性自然科学的动植物的拉丁语名字。

科学性的规划语言研究（Plansprachenforschung）对于国际术语研究也具有基础性意义，这项研究主要是在位于纽约的国际辅助语协会（International Auxiliary Language Association，IALA）的组织下开展起来的。在战争期间，这个协会编纂了一部含国际化概念的"频率词典"（Häufigkeitswörterbuch）（根据词语的出现频率编排的词典），并对国际性词语进行了系统性收集。这些都为国际术语标准化奠定了基础。

第二次世界大战期间，人们在为普及基础英语所做的种种努力过程中，不经意间也为术语工作做了些事情：1944 年，英国科学促进协会（British Association for the Advancement of Science）发表了一篇题为《战后大学教育委员会》的报告，谈到了世界辅助语言这个问题，并坚持认为一种人工语言（比如世界语）最好是基本固定的。在二战期间，也有盎格鲁－撒克逊人主张国际专业词典的形成或者说它们的系统化要以古希腊词汇为基础。

维斯特主张，在把所有类型的符号系统都理解成是"语言"之后，可以归到"语言"里的还有缩略词、在本文第二点谈到的符号系统，以及各种用作符号的图形。在这些领域中所涉及的语言技术就是"词汇语言之外的语言技术"。1948 年，维斯特在《奥地利电报、电话、广播和电视技术》这份杂志上，对于"词汇语言之外的语言技术"做了分析介绍，并且对当时由于语言技术不恰当的运用而带来的不良社会影响进行了批评。他认为，虽然缩略词只是从词汇语言中派生出来的，但是在人们给材料命名和进行名称修订的情况下，缩略词却起着巨大的作用。缩略词系统要服从于一定的命名系统,它是一种不依赖于词汇语言的符号系统。

国际十进分类法(die internationale Dezimalklassifikation,简称 DK)是第二种不依赖于词汇语言的符号系统,在二战前的几年里才在欧洲技术世界出现并发挥作用。许多国家的标准化刊物和标准刊物目录在当时已经依据国际十进分类法做了编排,许多技术杂志也将 DK - 数字添加到了文章中。在当时的一些国家里,人们对为不同技术领域设计的图形符号进行了民族性的标准化,其中,为电工技术设计的图形符号还被国际电工委员会进行了国际标准化。

6　论述语言发展和信息技术之间的相互作用

维斯特认识到,从信息方法是为传播或者记录一种发声语言服务这个角度上看,信息方法的效用或者其形态就是由相关语言的结构决定的。几千年来,在人类的文字交流中,从希伯来文字转换成另一种文字(比如拉丁文)时,人们就遇到了困难。在古典的缩略文字中,不存在对所有的语言都同样适合的文字。比如在当时法国相当流行的速写机,从语音角度看,对德语基本上是不适用的。因此,采用什么样的信息方法,取决于相关语言的结构。

又如,如果远程语言转播不能完全达到"自然"的效果,那么,至少它应该努力达到良好的"理解效果",要使这种理解效果成为衡量"转播质量"的尺度。这种"理解效果"依赖的就是确定的、受到语言类别限制的稳定性。从这方面来讲,信息技术的发展起到了一种无意识的语言改良的作用。文字,主要是书籍印刷的发明,极大减弱了语言在时间上的不稳定性。文字、书籍印刷和广播可以将语言视觉和听觉的作用范围扩展到地球的各个角落。信息技术也就产生了这样的效果:方言中的语言差别通过文字语言的形成而消除。同时,要求推广国际统一语言的呼声也越来越大了。

此外,远程语言传播有着摆脱不了的缺陷,而这些缺陷迫使它借助于与文字完全相符的言语,通过有意识的语言改良而去抵消。从第一次世界大战结束以后,人们就试图为广播提供一种国际性的统一语言,人们特别对语音能力进行了考虑。事实证明:在广播中,意大利语或者意大利语的发音表达,要比法语和英语更容易得到人们的理解。

7　维斯特 1948 年的论述对术语学的影响

我们应该把维斯特 1948 年的这些研究成果放到其产生的历史背景下去分析考察,否则就不能真正地理解它,也不能对维斯特的学术贡献做出什么正确的评价。

　　1948 年,维斯特对语言技术与语言科学、语言技术与哲学(文献科学)所做的区分,纠正了当时人们在这些问题上的认识偏差。他对语言技术、信息技术的论述,在当时具有划时代的意义。当时欧洲的术语实践工作已经有了很大起色,从 20 世纪30 年代起,术语学基本研究不仅在德国和奥地利,而且在捷克斯洛伐克和苏联开展起来,1931 年苏联科学院就将维斯特的《在工程技术中(特别是在电工学中)的国际语言规范》翻译成了俄文。维斯特在"语言技术和信息技术"这个话题下提到的语言技术方面的实践活动,日后都被定性为术语学发展史中的经典事件。

　　维斯特发展的"本体论—逻辑学—符号学"模型,用于描述"对象客体—概念—符号概念—符号"的对应关系,这个模型清楚地描述了术语的结构。维斯特的这项研究成果,在语言学方面深受语言学大师索绪尔(F. de Saussure)语言学思想的影响,特别是受"作为语言系统的语言和作为言语的语言之间是有区别的"这一思想的影响。正是因为看到语言学家所使用的词语模型对于术语学不适用,维斯特才建立了普通术语学的"四部分词语模型"[3],维斯特的后继者也一再对这个模型进行改进,以跟上现代知识结构的发展步伐。维斯特对"语言技术与信息技术"所持的观点,是基于 1948 年欧洲科技发展的历史背景的,由于当今世界科技的迅猛发展,有些思想自然已经落伍,但是,他当时对索绪尔"作为语言系统的语言和作为言语的语言(也就是作为语言运用和语言系统运用的语言)之间是有区别的"的语言学观点的接纳,为最终形成普通术语学理论奠定了理论基础。对于普通术语学来说,"对象客体—概念—符号"的对应关系是基础,对象客体、概念、符号概念和符号这四部分是普通术语学的基本支柱。索绪尔对符号和信号的研究启发了维斯特,使他精心研究了信号和符号的概念关系,也启发他日后建立起与概念相关的"对象客体—概念—符号概念—符号四部分词语模型"(vierteiliges Wortmodell)。这是他的普通术语学认识理论的基础,也表达了他的哲学世界观。普通术语学是跨学科的。对象客体学、逻辑学、认识理论、符号学、信息学和各专业学科领域在普通术语学中也连接成了一个功能整体。所以,研究清楚语言与符号的关系是一项基础性理论工作。

　　维斯特对人们通过心灵感应能力进行的语言传输这一现象的注意,启发了他的弟子赫尔穆特·费尔伯。2000 年在费尔伯于 75 岁高龄写成的《普通术语学理论、知识理论和知识技术——理论基础和哲学思考》一书中,他对在普通术语学、知识理论和知识技术的研究中"心理因素"的介入进行了强调,并且认为"精神体验(直觉/灵感)是所有智慧的基础",这一思想无疑源于欧根·维斯特的早期学术思想。费尔伯的这部论著进一步发展和丰富了维斯特的普通术语学思想,探究了普通术语学的哲学源头，并且在普通术语学理论的基础上构架起知识理论的体系，并以此为基础对知识技术进行了论述。费尔伯的学生格哈德·布丁（G. Budin）在 1989 年与其老师合写成的《术语学理论与实践》一书中，侧重谈论术语工作的实践和与实践有关的理论。可以说，《普通术语学和术语词典编纂学导论》《术语学理论与实践》《普通术语学理论、知识理论和知识技术——理论基础和哲学思考》这三本书是了解普通术语学理论和实践，了解奥地利维也纳术语学派理论的入门书。目前，《普通术语学和术语词典编纂学导论》和《普通术语学理论、知识理论和知识技术——理论基础和哲学思考》这两本书，已经由全国科技名词委翻译并出版。

欧根·维斯特在世界术语学史上享有"术语学之父"的声誉，他的影响力早在 20 世纪 30 年代就得到了公认。著名语言研究者霍夫曼（Hoffmann）在 1976 年指出："不仅在苏联和其他的社会主义国家，而且在资本主义世界都享有很高声誉的，可能是奥地利的欧根·维斯特。他的权威性是如此巨大，以至于像 L. 魏斯格贝尔（L. Weisgerber）那样的语言科学家及他的后继者，都从维斯特那里直接采纳了许多思想，并且将其纳入到他们的体系中。"[2]

对欧根·维斯特的早期学术思想进行一些研究，也必将推动中国的术语学理论建设。

参考文献

［1］邱碧华. 术语学之父——欧根·维斯特［J］. 科技术语研究, 2001(3)：30 – 34.

［2］FELBER H, BUDIN G. Terminologie in Theorie und Praxis［M］. Tübingen：Gunter Narr Verlag, 1989.

［3］FELBER H. Allgemeine Terminologielehre, Wissenslehre und Wissenstechnik［J］. IITF, 2001.

［4］PICHT H, SCHMITZ K D. Ausgewählte Schriften aus dem Gesamtwerk von Eugen Wüster. Terminologie und Wissensordnung［M］. Wien：TermNet Verlag, 2001.

［5］WÜSTER E. Einführung in die Allgemeine Terminologielehre und terminologische Lexikographie［M］. Wien/New York：Springer, 1985.

浅析奥地利维也纳术语学派[①]

邱碧华

摘要: 奥地利维也纳术语学派是对世界术语学发展影响最大的学派,它从诞生之日起,就具有世界性的眼光。其创始人欧根·维斯特一生不懈的努力,使得普通术语学作为一门独立的交叉学科屹立于世界科学之林。这个学派依旧对现代术语学,特别是对术语学理论和实践起着领导作用,并且也在不断发展完善中。文章主要探讨到 20 世纪末已经成形的,并便于与其他学派进行比较的基本理论要点,以飨读者。

关键词: 概念,名称,概念和名称的关系,概念系统和名称系统,语言规划和标准化

1 概况

奥地利有着进行哲学和自然科学理论探讨的民族传统[1]。20 世纪在维也纳产生的哲学和语言批评思潮,是维也纳术语学派形成的渊源。当时所出现的哲学和科学理论,极大地推动了哲学逻辑实证主义维也纳学派的理论探讨,也把一些对"科学中的语言"共同感兴趣的语言哲学家和自然科学家聚拢了起来。当时科学的发展已经到了高度专业化的程度,这也要求各学科的科学语言要相应地发展起来。当时的语言批评在数学、物理和机械领域中开展得最为有效。就是在这种文化思潮之下,欧根·维斯特(Eugen Wüster)开始了他逐渐形成的术语学理论的探索。词典学家和工程师施勒曼(Alfred Schlomann)及语言大师魏斯格贝尔(Leo Weisgerber),都跟维斯特有过合作,并对他产生过影响。他也研读过语言学家索绪尔(F. de Saussure)和布拉格语言学派的语言学思想[2]。

维斯特个人对世界术语学理论的形成有过划时代的影响[1]。他于 1931 年发表

---

① 本文曾发表于《中国科技术语》2013 年第 6 期,由译者从几篇德文文章整理编译而成。

了《在工程技术中(特别是在电工学中)的国际语言规范》的博士论文,这是一本蕴涵着普通术语学萌芽思想的基本书籍。他既是一名工程师,又是一位有着深厚语言知识的著名世界语学家。他还深入研究语言哲学的问题,在这点上,他的思想与哲学逻辑实证主义维也纳学派代表人物之一卡纳普(Carnap)的观点接近[3]。

在 1931 年他指出:"应用物理技术是'语言技术',为了更好地把语言技术推广到工程领域,需要哲学家掌握科技知识,或者工程师哲学化。"[1]

这种思路像一条红线贯穿他一生的工作。1972 年,他关于普通术语学的总体思想已经成熟,而向全世界提出了"普通术语学是一门跨语言学、逻辑学、本体论、信息学和各门具体科学的边缘学科(交叉学科)"的论断,标志着普通术语学作为独立学科的形成[4]。他在 1974 年左右写出《普通术语学和术语词典编纂导论》教材,在维也纳大学进行讲授。

维斯特一生对术语学具有里程碑性质的理论贡献有[4]:他在 1960 年前后发表《从术语角度直观描述的世界话语》一文中展示的"维斯特的认知理论模型"[4];《机器工具》(1968)和《语言概念世界的结构和它在词典中的描述》;他对信息和文献专业领域与术语学之间联系的论述——《信息服务中的国际术语学》(1970);《概念分类和主题分类·其本质和应用的区别》(1971)。

维斯特于 1977 年逝世。他的思想对他身后的术语学实践和理论的发展依然影响深远。但他的思想必然有其历史局限性,这也为他的后继者们所共识,随着科技的发展和国际化潮流的影响,奥地利维也纳术语学派在新一代术语学实践家和学者的共同耕耘下,又有丰硕成果,鉴于笔者资料有限,本文只对至 20 世纪末的理论要点进行粗浅归纳。

2　理论要点

2.1　概念

鉴于维也纳的语言哲学和自然科学传统,也就不难理解概念会成为理论探讨的起点[6]。依维斯特的观点,概念是术语学理论的核心[7]。从概念的思考方法出发,维也纳术语学派以维斯特的认知理论模型为起点(这个模型是基于语义学的三部分模型发展起来的)[8]。在这个模型中,对"语言"(language)和"言语"(parole),以及"符号"和"含义"之间做了区分。符号的概念可以是一个语音概念,也可以是一个书写符号概念。概念从来都不是孤立的,它总是作为概念系统的一部分进行考察。

依据维也纳术语学派的见解,概念作为"思维要素"不能单独出现,而要一直处于与其他概念的关系之中。

至 20 世纪末,维也纳术语学派已将维斯特静态的、基于各种关系的词语模型,发展到了基于过程的动力学模型[5]。这个稍做修改过的模型,反映了人们认识发展的自然阶段。而实际上,维斯特的思想也注意到了个体层面上的动力学要素,他曾经谈到概念如何在孩子那里出现,又如何在语言共同体中形成[8]。在术语学工作中,人们从概念出发,强调概念可以独立于语言表达而存在,这种思考方法在语言学那里是从来没有过的。

维斯特对"概念"这个概念有过如下论述[8]:

"这里撇开个体概念不谈,概念是一个共同体,是人们基于多数对象客体确定的,作为思想秩序排列的手段(理解、领悟),是为实现理解沟通服务的。概念是一种思维要素,在对概念进行分析时,在其总体中,作为个别特征而起确定作用的部分是概念的内涵。就这点而言,概念与它的内涵是完全一致的。为识别和固定一个概念,名称或者另一种符号是必不可少的。反而言之,从概念的符号出发,这个概念称为这个符号的含义或者意义。"

2.2　名称

在维斯特的四部分词语模型(认知理论模型)中,语言表达落在命名为"符号"和"含义"的语言系统层面(维斯特命名为"概念"),由此,在这个模型的符号层面(或者名称层面)不只存在着由个体实现的语言表达,而且存在着抽象的语言表达。就抽象的语言表达而言,这个模型的缺陷在于,个体以书写形式或者口头形式实现的语言表达,缺少一些独立于说话者或者书写者自身特点、其所处情景的特色。

20 世纪 80 年代末,学者厄泽尔(Oeser)给维斯特的认知理论模型添加进动力学的因素[5]。在维也纳术语学派理论中,与语音形式相比,人们自然要给书写形式以更大的关注;在术语标准化过程中,人们对概念层面上的符号更有兴趣。一般认为,名称是不能与一种语言符号(专业语言中有特例)相区别的[6]。

跨越国际交流的障碍,一直是维也纳术语学派甚为关注的事;因此,这个学派一直对制定国际上通用的名称深为重视[7]。为了实现国际层面的有效交流,甚至有学者推荐对名称采用相同的外在形式,譬如采用带有确定含义的希腊语或者拉丁语的构词要素;维斯特著名的"术语学钥匙"就是一份带有确定含义的希腊语和拉丁语构词要素表。虽然把它作为原则让全世界都采用不太可能,但是在实践中,把它在有着共同起源或者受着共同影响的几种语言中推广,则是可行的[11]。

1969 年国际标准化组织的推荐标准 ISO/R 860《概念和术语的国际一元化》,就是有关名称国际化方面最大的文献;它很好地反映了维也纳术语学派的理论传统。在这套标准的修订版中,人们补充进在专业语言中实现真正名称国际化的理念,这套标准目前还在修订中。维斯特还推断,"术语学钥匙"是可以扩充为一种计划语言的[11]。但他的这种思想还未由这个术语学派的后继者们进一步深化。

2.3　概念和名称的关系

维斯特的认知理论模型[4]从理论层面上阐明了概念和名称的关系。维斯特给概念引入了意义形式。这种意义形式是一个符号复合体的形态语义学含义,或者是一个符号(这个符号有着转义含义)的形态语义学含义;在最佳状态下,它反映了概念的若干特征。在这种情况下,名称具有很高的自我解释价值,对语言使用者很有帮助,因为它便于理解和记忆。在国际交流中,如果使用同一种语言表达不可行,那么意义形式的统一是第二种最好的解决方案。在像芬兰语这样的语言中,由于有语言维护的传统而排斥希腊语或者拉丁语的构词要素,它们采取直接接受这个名称,同时又进行借译的策略。电子技术领域中的名称就是如此。维也纳术语学派对这种方法予以承认,在术语标准中把它作为同义现象的特例看待。

2.4　概念系统和名称系统

维也纳术语学派的普通术语学理论中,分别谈到名称系统和概念系统;在这两个系统中,概念系统都处于中心角色。一个概念只有在它所属的概念系统框架内,才能阐述清楚。概念间的相互关系,只有借助特征,才能表达明白。一个概念只属于一个概念系统,而落在某一个概念下的对象客体,则可以在不同的系统中出现[12]。

神经科学家已经证实,在人类的思维过程中,概念系统起着根本性作用。概念系统是术语学家、专业人员和从事知识加工的专家们进行工作的工具[13]。维也纳术语学派理论中所探讨的概念系统的类型,最初首先考虑的是它们在自然科学和技术领域中的应用。今日,人们更注意为非技术的知识领域开发相应的辅助工具。概念优先于名称,强调概念的首要地位,意味着概念系统与名称系统相比,概念系统的存在更具有必要性[7]。

依据维也纳术语学派倡导的"系统"思想,在此得到的逻辑结论是:撇开关系,或曰"名称应该反映概念的内涵"不谈,名称还应该作为一个整体,形成一个具有透明度的名称系统,以便于语言使用者的使用。因为这个学派一直具有国际化的眼光,这个结论也适用于国际命名系统[7]。

2.5　术语学与语言维护、语言文化、语言规划和标准化的关系

维也纳术语学派一直考虑对专业语言中名称的命名施加影响。它很旗帜鲜明地主张,要在通用语言和专业语言之间做明晰区分。因为语言的自由发展是通用语言的特色,但是对于专业语言则不合适,它不能保证专业语言的良性发展,不能保证专业语言的准确性。因此,通用语言的"是－标准"(Ist-Norm)转变成专业语言中的"应该－标准"(Soll-Norm)是必需的。而专业语言中的"应该－标准"转变成"是－标准"则容易得多[7]。

专业语言实现国际化,这一直是维也纳术语学派追求的目标;它其实是一种很进步的语言规划活动。像语言维护和语言文化这种传统上旨在捍卫本民族语言和文化的概念,在这个学派的理论里可能没有占据很重要的位置。但在国家层面上的语言标准化活动,正如它在国际层面上一样,却是这个学派的中心工作[6]。

维也纳术语学派在术语领域里,对国际标准化工作的影响主要通过下述三个机构实施:(1)由奥地利标准化研究院代管的国际标准化组织第37技术委员会(ISO/TC 37)(负责制定标准化术语方针的技术委员会)秘书处;(2)国际术语信息中心(Infoterm),负责收藏术语文献、进行国际术语信息协调等工作;(3)国际术语网(TermNet),是一个国际术语合作论坛,成员来自世界各地的公司、大学、研究所和协会,负责开拓全球术语市场,协助完成术语产品在信息交流、信息分类和翻译领域中的服务功能和本地化任务。

3　结语

现今维也纳术语学派的学者比维斯特本人更加强调:术语学是一门多学科、跨学科的知识领域。普通术语学融合了哲学(尤其是逻辑学、本体论和认识理论)、科学理论、应用语言学、交流理论和信息科学的方法。在这门学问里,信息、文献和标准化同样起着重要作用。它是各门具体科学研究领域不可缺少的部分。

正如任何一种研究领域一样,术语学的发展也受着新生学科的冲击和影响,从中,它自身不断得到充实、更新和完善。20世纪末,普通术语学所涉及的基本要素或者知识领域如下:

科学理论和认识理论;逻辑学和本体论;对象客体和概念;概念关系和对象客体

关系;术语编纂学;知识技术;信息学(Informatik);信息科学(Informationswissen-schaft);标准化和术语规划;术语管理。

这些要素之间的关系不是简单的量的累积,也不是折中主义的调和或者支离破碎的关系;它们之间是一种共生关系,也是一种将原本没有直接联系的学科融合成一门边缘学科的关系[8]。

由欧根·维斯特创立的奥地利维也纳术语学派,必将在人类知识发展的长河中,不断摆脱其理论旧有的历史局限性,而与时俱进地发展自身,让其内在的科学光芒经得起时间的考验。

参考文献

[1] FELBER H. In memory of Eugen Wüster, founder of the General Theory of Terminology[J]. International Journal of the Society of Language, 1980: 25 – 27.

[2] WÜSTER E. Benennungs- und Wüsterbuch-Grundsaetze. Ihre Anfaenge in Deutschland[J]. Muttersprache, 1973.

[3] NEDOBITY W. Eugen Wüster und die Sprachkritiker des Wiener Kreises[J]. Muttersprache, 1985: 1 – 2.

[4] FELBER H, BUDIN G. Terminologie in Theorie und Praxis[M]. Tübingen, 1989.

[5] OESER E. Terminologie als Voraussetzung der Wissenstechnik[C]// Terminology and Knowledge Engineering, Supplement. Frankfurt/M. : INDEKS Verlag, 1988: 224 – 231.

[6] GALINSKI C. The Vienna General Theory of Terminology[M]. Wien: Infoterm, 1987.

[7] WÜSTER E. Die Allgemeine Terminologielehre – ein Grenzgebiet zwischen Sprachwissenschaft, Logik, Ontologie, Informatik und den Sachwissenschaften[M]. Wien: Infoterm, 1974.

[8] PICHT H, LAURÉN C. Ausgewählte Texte zur Terminologie[M]. IITF Infoterm, 1993.

[9] DROZD L. Zum Gegenstand und zur Methode der Terminologielehre[M]. Wien: Infoterm, 1975.

[10] PICHT H, SCHMITZ K. Ausgewählte Schriften aus dem Gesamtwerk von Eugen Wüster. Terminologie und Wissensordnung[M]. Vienna: TermNet Publisher, 2001.

[11] WÜSTER E. Terminologieschlüssel[M]. Wien: Infoterm, 1986.

[12] FELBER H. Allgemeine Terminologielehre, Wissenslehre und Wissenstechnik[M]. Wien: TermNet Publisher, 2001.

[13] FELBER H. Einige Grundfragen der Terminologiewissenschaft aus der Sicht der Allgemeinen[M]. Wien: Terminologielehre, 1986.

术语学与科学理论
——兼谈维也纳术语学派与维也纳哲学学派在科学理论方面的关系①

邱碧华

摘要:从术语学产生的历史背景着手,探讨了术语学与科学理论发展的关系,特别是探讨了普通术语学与维也纳哲学学派在科学理论发展方面的关系,由此梳理出普通术语学与以概念为基础的现代知识技术之间的理论联系。

关键词:普通术语学,元术语学,概念优先,受控制的概念动力学,术语学与知识技术

1 维斯特术语学思想的特色

看到"术语"这个词,人们一般会想到某专业领域一个经过梳理的概念集合,并带有与之相对应的名称或者语言标志。经过人类历史上对特殊专业领域术语形成规律的不断探索,20 世纪 70 年代诞生了"普通术语学"的理论;在此之前,维斯特(Eugen Wüster)也曾使用过"术语理论"或者"术语基本原则学说"的说法[1]。在1971 年莫斯科术语工作会议上,也曾有学者称其为"元术语学"(超术语学)(Metaterminologie)。在这个称名下,人们思考的是如何为专业词汇和专业词汇系统建立理论模型,并为此探究了逻辑哲学和普通语言学的理论基础[2]。

维斯特一直强调,在术语学理论或者元术语学中,逻辑哲学的理论基础要优先于普通语言学的理论基础。他明确指出:"每一种术语工作都要从概念出发。"[3]他旗帜鲜明地声明普通术语学与普通语言学是有界限的。在术语学中,概念领域是与名称领域相独立的。因此,术语学家谈"概念",而研究通用语言的语言学家谈"词"

---

① 本文曾发表于《中国科技术语》2013 年第 3 期,由译者从几篇德文文章整理编译而成。

的内容。

维斯特倡导"概念优先"的术语学理论,相对于语言学理论还有另一层意思:在维斯特的术语学中,语言本身仅仅是一种常规性的东西,它是次要的,因为它传递不了有关某专业领域基础性概念系统的信息,充其量只不过是一种有意识语言塑造的结果。而专业领域概念系统的信息与普遍知识相比更具有特色,这种信息对于专业领域实现系统化更有用。因此,在探索概念和概念系统构成的规律性时,普通语言学的理论作为工具是不适合的。在探讨专业领域所存在的规律性时,普通语言学的知识也远远不够用。概念系统形成的规律性,构成了产生特殊专业术语的历史性和系统性的前提。

维斯特普通术语学思想的形成,与逻辑实证主义维也纳哲学学派(简称维也纳哲学学派)科学理论的发展有着不可分割的关系。在这个哲学派别对通用语言进行批评的大背景下,维斯特也开始了他对专业语言的批评,这个哲学派别科学理论的发展,一直对维斯特的术语学思想的形成有着启发作用,从一定程度上说,二者的发展是一种并行关系。

2 近二三百年科学理论发展中的术语学思想

科学专业语言的形成是一个漫长的历史发展过程,在其产生之初,根本没有普遍公认的规则和基本原则。在工业革命之初,专业语言的概念系统是混乱的,几乎在所有的自然科学领域中的情形都是如此:物理学中的基本度量衡单位是混乱的;生物学中不仅专业概念的命名是混乱的,就连确定动、植物分类的划分特征也成问题。

在 18 世纪工业革命时期,科学理论发展有一个重大转折。当时人们认识到,概念这种不系统的命名状态,是可以借助于术语规则进行调整的。当时的术语规则考虑到了在概念间进行上下左右排列的系统关系。例如:著名瑞典博物学家林奈(Carl von Linné)的动、植物双名命名法及由此产生的植物专业语言;在可量化的科学中,也产生了国际上统一的基本度量衡单位制[4]。

在大多数专业领域中,概念系统的状态是一堆未经规范的称名。时代急切呼唤着一种规范性的术语工作。这种描述性或者规范性的术语研究,是在对专业领域现存的名称进行修正的工作中展开的,而标准化的术语工作就是贯彻这种研究所产生的术语规则[5]。

科学理论的发展在 19 世纪有第二次重大转折。当时在生物、化学、医学等领域中,人们开始依照专业组织术语委员会所制定的术语规则对称名进行整理。人们认识到,由相关专业委员会制定的术语规则不仅比由个别专家或者教材作者所编写的规则更加可靠,而且更容易为公众所接受和贯彻执行。

那么标准化术语的规则和规律性从何而来呢?我们可以回顾一下科学史:在诸如物理学、植物学、动物学等不断出现术语的专业领域,都运用到了古典的概念逻辑。在这些学科中,无论是把概念划分为上位概念(属概念)和下位概念(种概念),还是对不同概念形式进行质的或者量的分类,人们都是以亚里士多德的范畴学说和谓词学说为依据的[5]。所以维斯特认为从普遍性意义上,逻辑阐述清楚了概念间可以用什么样的关系进行相互排列、如何依据这种关系加以整理,以及如何才能形成一个概念系统或者概念域的问题[6]。术语工作涉及的不是日常生活中的或者通用语言中的概念,而是科学的专业概念,这也就是为什么维斯特一再强调术语学与科学理论的紧密关系。在奥地利,维也纳哲学学派系统性地运用了形式逻辑,对自己的科学理论进行了进一步的梳理。

3 维斯特术语学思想与维也纳哲学学派在科学理论上的关系

在维也纳哲学学派的代表人物卡纳普(Carnap)于1928年写成的《世界的逻辑结构》一书中,实际上已经包含了术语学与科学理论的基本联系。他提到了一种基本思想:为了更好地把世界用语言勾画出来,人们需要使用逻辑作为支架[8]。语言哲学大师维特根斯坦(Wittgenstein)在他的《逻辑哲学论》中对这种思想也有所表述,并且他对逻辑实证主义维也纳学派的哲学思想产生了决定性影响。

尽管维也纳哲学学派有关科学理论的基本理念与维斯特的术语学理论有很多一致的地方,但二者有着本质不同:维也纳哲学学派倡导陈述逻辑,把科学看成是陈述系统;而维斯特是从概念逻辑出发的,把科学看成是概念系统。二者的目标设置也不一样:维也纳哲学学派的科学理论实际上是元数学的一种延续,运用陈述逻辑进行元理论构建,注重分析科学语言的逻辑句法;而维斯特的术语学理论从一开始就立足于更为实际的目标设置,他试图实现国际性专业语言标准化,以便能为专家之间实现单一清晰的专业交流提供便利,可以跨越民族语言的鸿沟。维斯特认为,术语学理论研究应该为这个目标提供理论基础。这也就决定了术语学理论从一开始就不能只以纯粹的形式逻辑为依据;各专业领域在现实知识基础上已经建立的、特殊的概念关系,更应该是创立术语学理论的具体起始点。

卡纳普注重形式的科学理论倡导的是:对科学语言进行逻辑重建,试图让科学语言彻底摆脱所有实际的内容。因此,这种理论把每一种与对象客体实际内涵有关的陈述,都转换成了一种形式演算,以便实现逻辑不相矛盾的学术初衷[6]。而在元术语学中,科学语言涉及具体对象客体的内涵方面是必须要保留的。只有这样,人们才可能把专业知识领域的特殊专业结构作为概念系统地去理解。

就术语学与逻辑的关系,维斯特曾经说过:"阐述概念间关系所必需的知识,一定要从逻辑学中接收过来……某具体专业领域中概念间的真实关系应该如何确定,这是术语学应该承担的责任。"[7]描述性的术语学研究,只有与具体的专业科学或者实用科学紧密结合才可能向前发展,而这些领域为标准化的术语工作所提供的研究工具,就是实用的概念逻辑。维斯特就是运用概念逻辑对现存的专业语言或者专业术语进行批评的。这应和了维特根斯坦对通用语言的语言批评。也是维斯特术语学理论的起点。在研究之初,他是依照语言学家的思路摸索的,并试图摆脱这种研究方法的缺陷,一年后他豁然开朗,发现运用逻辑的概念学说,很多困惑可以迎刃而解。

术语学研究从以语言学为导向转向以概念逻辑为导向的这种转变,可以称为术语学发展的科学理论性转折。这标志着术语学以用概念逻辑武装的元术语学的姿态,成为实用科学元理论的一个有机组成部分。从科学理论整体的角度看,维斯特把科学作为概念体系的见解,与卡纳普把科学作为陈述系统的主张并不矛盾,二者相得益彰[5]。

维也纳哲学学派的科学理论,曾试图实现与术语学相互补充的理论关系。卡纳普就曾试图把科学语言的逻辑句法借助语义学,甚至借助于语义信息的理论进行扩充。但这些努力,都没有脱离维特根斯坦从语言关系出发的框架,没有从概念出发。维特根斯坦对语言关系的含义(或者名称)和概念之间没有做区分,没有解决"语言和现实"这个基本的认识论问题。因为依据他的观点,从概念上理解的现实,是独立于自成体系的语言系统的,与语言的内涵方面无关:"语言和现实的联系是借助对词的解释实现的,这属于语言学范畴。这便于语言以自我封闭的自治方式存在。"[2]

由于局限于语言学的理论框架,人们想从语言之外的参考点去开展进一步的语言批评,想从以概念为代表的事实或者事物出发去开展语言批评,从根本上说是实现不了的。这就需要另辟蹊径。而元术语学的产生正是铺垫了一条新的道路。因为元术语学不仅兼顾了对现实进行语言描述的认识论条件,而且也考虑到了把概念逻辑作为工具这一前提,实际上这些要素已经在现存的专业术语中存在了。元术语学作为对专业语言进行批评的工具,并不是从术语规则的绝对零起点出发的,它是一个对事先整顿过的专业语言持续不断的勘误过程;这个过程是借助描述性的术语工作实现的[2]。

维斯特用他的认知理论模型阐述了这种对专业语言进行勘误的标准化基本原则。在这个模型中,维斯特其实谈到了两个代表层次:一个代表着个体对象客体的普遍概念,而且他谈到一个符号概念,它与那个普遍概念相对应,并且借助语音构成物(语音形体)或者书写构成物(书写形体),通过不同的方式得以体现。

符号概念通过不同的语音构成物(语音形体)或者书写构成物(书写形体)得到实现的过程可以是任意的,也可能是按常规进行的。但是,普遍概念和符号概念之间的对应却不能这么随意,它必须遵循概念逻辑的基本原则。这个原则具有普遍意义,它规定了概念究竟是以什么样的关系相互排列在一起的,它对处于不同代表层次的概念也适用。代表个体的普遍概念与理想化的符号概念,它们必须在一个同构的映象关系中才能彼此相处;由此,这也就把对象客体的结构,转换成了它们所代表的符号的结构。

每一类知识的传递,每一种成功的知识加工,都离不开对对象客体概念性的把握。维特根斯坦曾说:"当我概念性地掌握了一个对象客体的时候,我也认识了它在实际状态下存在的全部可能性。"[2]只不过,维特根斯坦和受其影响的维也纳哲学学派的科学理论,是从陈述逻辑的角度理解对对象客体的认识的。而元术语学是以概念逻辑为立足点的。

带着概念逻辑优于陈述逻辑的术语学研究思路,维斯特对当时日益蔓延的维也纳哲学学派所倡导的一种观点进行了抵制。这种观点认为:现代数学化的陈述逻辑应该接替古典逻辑,甚至应该完全取代古典逻辑。从维也纳哲学学派科学理论的目标设置去看,这种观点是完全可以理解的。这个学派只是注重了陈述逻辑与经验科学的陈述系统不相矛盾的一面,而没有注意到这些科学的内涵方面;而在现实的科学专业中,其内涵所包含的却是概念系统这种逻辑结构形式。维斯特认识到,维也纳哲学学派的观点对于形成术语学理论完全不适用,他的术语学把知识领域作为概念系统或称"概念域"去考察,他坚定地引用古典概念逻辑,没有像维也纳哲学学派那样将其清除,而是彻底保留了古典概念逻辑不可或缺的自身价值,将其作为术语学的逻辑工具加以珍惜。

在概念逻辑中,它首先只考虑概念本身,而没有考虑概念在逻辑判断和逻辑结论中的作用。概念可以当成思维的对象客体看待,是一种"所指"(das Gemeinte)。至于它真不真实,存不存在,是抽象还是具体,是个体的还是普遍的,是一种现实的事物,还是一种现实情况或者仅仅是某事物的一种特性……这些都无关紧要。从这种意义上,这种"所指"可以描述成"语言之外的概念(= 逻辑概念)"。这样理解的逻辑概念,它对于所有的人都是相同的,并且只服从逻辑法则,这些法则可以借助自然的通用语言,或者借助经过协商规范的专业语言而较为精确地制定出来。尽管语言的表述形式可能相差甚远,但是这种逻辑法则却是普遍有效的。就像中国人与德国人,虽然语言思维截然不同,但是从超语言的层面去看,他们都运用相同的逻辑形式进行着判断和推理。

基于概念逻辑的元术语学,对于国际化的专业语言标准化来说,具有基础性意义。因为在过去,专业语言间的相互协调适应一直是在民族国家内部开展的。而维斯特的术语学以概念逻辑的基本原则为基础,因此,它为实现国际化的专业语言间的协调提供了正确保证。对已经存在的专业语言进行协调统一,不仅需要有统一的概念,而且必须有统一的概念系统;这不仅要立足于具体科学的专业知识,也要立足于概念和概念系统逻辑结构方面的知识。

由此可见,纯粹的逻辑作为一种单纯的思维工具具有普遍意义,而对于科学的认识而言,它又具有特殊性。一种工具,越是简单,它的用途越多,就越是好用。元术语学从产生开始,就为普遍概念逻辑结构的形成,也为概念系统逻辑结构的形成提供了关键性的东西:特征复合体的一致性和多样性。一个概念的逻辑结构由其特征复合体的一致性确定。由此,这个概念也与另一个特征复合体划清了界限,而这另一个特征复合体形成的是另一个概念。将不同的概念组合成一个概念系统的关系,只有通过不同的特征复合体间相同的交集才可形成。由此出现了上位概念(属概念),人们把它作为逻辑上的属,而与作为逻辑上的种的下位概念(种概念)相区别。原则上,人们可以从一个概念里摘取出若干个特征,然后把这个新形成的特征复合体作为属,附在每一个将成为下位种概念的概念上。从纯逻辑的角度看,一个属概念的种概念,是在属概念的所有特征上再添加了其他的特征,而种概念的属概念,只具有比种概念更少的特征。描述性的术语工作,是从个别的专业领域出发的,在这些领域中,实际的概念关系是依据科学的专业知识得以描述的。这也是科学认识的任务,认识论对于元术语学的建设也具有重大意义。

4 科学理论与普通术语学的概念动力学思想

在当今科学理论中,存在着"理论动力学"的说法。这是指在科学理论框架中,运用认识论的方法对各种科学理论的出现和变化进行动态分析,以求探索出某一知识领域发展的规律性。在普通术语学理论中，摸索科学概念形成规律的认识论方法，体现在"受控制的概念动力学"这个理念上。概念动力学描述的是概念的出现、变化及其连续性，这是科技进步必然带来的结果。在现代术语学理论中，受控制的概念动力学是作为一种方法论得以运用的，在术语学研究和工作中采用这种理念，可以对已有的术语命名和定义进行更好的"扬弃"，这也更有效地促进了各专业学科自身的发展。

受控制的概念动力学描述的是在新的科学知识和科技产品不断出现的洪流中，规范化或者标准化的术语工作持续存在的状态。在术语学中采用这种理念的目的是"在概念自由发展的基础上，为术语标准化工作（为概念及其名称的确定和统一）找到恰当的时间点"[8]。受控制的概念动力学作为一种方法论，本质上是对术语学研究方法的创新。因为在当今这个时代，科学的进步以前所未有的规模借助信息技术得以加速，而这个理念提供了对日益浩大的信息流进行科学管理所必不可少的基础。这样的时代背景，也为普通术语学和科学理论在新的信息技术的基础之上融合成知识技术提供了切实的理由。

人们在从数据加工到知识加工的过渡中已经清楚认识到，最基本的知识单位不是由孤立的数据组成的，而是由复合的构成物所组成的。作为特征复合体的概念，在一个知识领域框架内，经历了随意地去粗取精、去伪存真的过程，通过一个系统化的逻辑关系相互联系在一起，在总体上，代表了一个现实的片段。以概念为基础的知识技术，要比语义学的信息加工具有明显的优点。

维也纳哲学学派的承继者所倡导的语义学的信息加工，在科学理论和信息科学之间架起了第一座桥梁。依据普通术语学的观点，现代知识技术则应该从一个以概念为基础的术语知识技术出发，这样才可能使自身更加开放，以迎接新时代的挑战。

5　结语

术语学与科学理论的发展是相辅相成的，术语学已成为科学理论不可分割的有机组成部分。20世纪末，在全球术语学界，术语学与知识论、术语学与知识技术的关系，已经成为欧洲术语学家研究的热点。这都是科学理论不断适应新的时代要求而自身向前推进的结果。

1986年，术语学与知识传播协会（GTW）在德国特里尔市成立，从此，作为科学理论有机组成部分的术语学又有了新的飞跃性发展。术语学基础性理论研究和以应用为导向的研究，如同雨后春笋般在欧洲蓬勃发展起来。当今的科学理论到了计算机支持的、网络化的科学理论发展阶段,作为其组成部分的术语学的发展,也进入到术语学与知识技术成为一个整体研究和发展领域的阶段。这也反映了术语学的理论层面与方法论层面,明显出现了一体化融合的趋势。"术语学与知识技术"这个称名,也成为普遍接受的概念,术语学更加强调多学科介入的一体化的发展特点。对普通术语学与历史上科学理论之间关系的回顾,有助于对这门交叉学科有更深刻的理解。

参考文献

[1] NEDOBITY W. Eugen Wüster und die Sprachkritiker des Wiener Kreises[J]. Infoterm, 1985.

[2] BUDIN GERHARD, OESER E. Beiträge zur Terminologie und Wissenstechnik[M]. Vienna: TermNet Publisher, 1997.

[3] WÜSTER E. Einführung in die Allgemeine Terminologielehre und Terminologische Lexikographie [M]. Bonn: Romanistischer Verlag, 1991.

[4] OESER E. System, Klassifikation, Evolution, Historische Analyse und Rekonstruktion der wissenschaftstheoretischen Grundlagen der Biologie[J]. Infoterm, 1996.

[5] OESER E. Wissenschaftstheorie als Rekonstruktion der Wissenschaftsgeschichte[M]. Oldenburg: Wien-München, 1979.

[6] CARNAP R. Der logische Aufbau der Welt[C]//Beiträge zur Terminologie und Wissenstechnik. Vienna: TermNet Publisher, 1997.

[7] WÜSTER E. Die Struktur der sprachlichen Begriffswelt und ihre Dastellung in Wörterbüchern [C]//Ausgewälte Schriften aus dem Gesamtwerk von Eugen Wüster. Wien: TermNet Publisher, 2001.

[8] FREYTAG LÖRRINGHOFF Br v. Logik, ihr System und ihr Verhältnis zur Logistik[M]. Vienna: TermNet Publisher, 1997.

[9] OESER E. Begriffstheoretische Grundlagen der Wissenstechnologie[M]. Vienna: TermNet Publisher, 1997.

[10] FELBER H. Kontrollierte Begriffsdynamik[J]. Infoterm, 1990.

[11] BUDIN GERHARD. Terminologie und Wissenstechnik als Integratives Forschungs- und Entwicklungsfeld[J]. TermNet, 1997.

术语学学派之比较^①

劳伦 皮希特 著　邱碧华 译

1　引言

在眼前的这卷文集(译者注:这里指由劳伦和皮希特两位教授主编的《术语学文选》)及其他一系列涉及术语学的出版物中,人们都提到了"术语学学派"(terminologie Schule)这个话题。而实际上,到目前为止,我们并没有运用自己的学识去做一番严肃的尝试,把这些(所谓的)"学派"进行一下比较和对照,认真探讨一下它们之间的实质性区别(如果真的存在的话,则还应该把它们之间的共同点阐述清楚)。

在我们就上述问题本身进行深入探索之前,应该先对下列问题做一下回答,这样做似乎更恰当一些:什么是科学学派? 什么又是学术观点? 人们对它们是如何定义的? 针对"学派"这个概念,从其可以取得充分独立的地位的角度上看,人们究竟允许对学派的理解存在多大的误差(偏差)?

在百科全书式的参考书里,人们把"学派"这个概念定义为"以共同的基本思想和信仰为基础的古代哲学家及其门徒所形成的团体"。在人类发展的历史长河中,人们一直恪守这种对"学派"内涵的理解。而且,直到今天,当人们在科学和艺术领域里需要使用"学派"这一概念时,大家仍旧依据它的这种古老内涵。

举个例子来说,所谓的"布拉格学派"(Prager Schule),它发展了一种符号学理论(semiotische Theorie)及其方法论。这种学说及其方法论满足了人民生活众多方面的需求,而且也适应社会和交流活动的需要。因此,在现实生活中这种理论得到了应用;并且,这门学说为语言学、文学、社会学乃至民族学(人种学)的发展也带来了积极影响。但与此形成一种对比,举"苏格兰学派"(Schottische Schule)这个例子,这个

---

①　这篇文章的德文名为"Vergleich der terminologischen Schulen",发表于由劳伦(Christer Laurén)(芬兰)教授和皮希特(Heribert Picht)(丹麦)教授主编的《术语学文选》(*Ausgewählte Texte zur Terminologie*)(IITF, Infoterm, TermNet 1993),第493—539页。

"学派"却只属于哲学领域;因为它突出强调的是,采用健康的理性原则而与休谟(Hume)的怀疑主义形成鲜明对照。托马斯·库恩(Thomas S. Kuhn)对"范式概念"(Paradigmabegriff)的深入探讨,为我们解决眼前的问题带来了启发,我们将运用他的理念为"学派"这个概念下一个适当的定义(突出强调它在科学中的含义)。库恩本人说过,当大多数的读者把他对"范式"(Paradigma)的理解解释为"学科矩阵"(disziplinäre Matrix)的时候,他们大都误解了他使用范式的意义[Kuhn 1977:306 disciplinary matrix]。库恩表示,他只接受这种观点:人们对"范式"的这种诠释,只是他对这个概念进行解释的若干种可能性之一。

一位名叫特内布姆(Törnebohm)的瑞典科学理论家,则从经验主义的角度对"范式"做了如下描述:范式是由单个研究者确定的研究特点(特色)所组成的复合体。研究者能够取得什么样的成果,则取决于下面的因素:

(a)他的研究兴趣,他想做什么;

(b)他的个人能力,他能做什么;

(c)他的视野,他对自己的研究领域(包括研究对象、自己及同事的研究目标)所能把握的程度;简而言之,取决于他的世界观(Weltbild);

(d)他本人对科学的见解,这其中包括应该采取什么样的研究策略[Törnebohm 1983:238f.]。

依据特内布姆的观点,"研究策略"包括下列内容:在研究者的头脑里,什么样的任务才具有重大意义;研究者应当怎样思考去完成这些任务(方法论);研究者对自己力求取得的结果具有什么样的设想。根据特内布姆提到的"特点"(特色)(Eigenschaften),也就是依据库恩的"学科矩阵"观点,在这篇论述里,我们则从强烈的经验主义角度出发,就"什么是一个科学学派"这个论题,在此总结出下面的定义:"一个科学学派要具有一个共同的理论开端,要具有相同的、对研究对象进行分类的方法;学派的目标要考虑到科学的全貌,要具有有着共同基本特征的研究策略。"

即使从上述定义出发,我们仍然需要确定:在这些(所谓)"学派"的基本观点里,它们具有何种程度的"共性"或者"偏差";其中又有哪些因素可以用作说明它们是独立学派的依据。我们将在本文最后关于"在术语学中谈论独立学派可以谈到什么程度"的结论性阐述中,重新回到这个话题上来。

2 各个学派或者思潮的发展背景

2.1 布拉格学派

在捷克斯洛伐克,推动术语学发展及促成理论基础形成的原动力有若干种,但最主要的推动力则源于三个方面:

(1)从19世纪就开始的要维护民族国家权益的思潮,对强调捍卫本民族语言的思想意识一直有着深远影响。这种影响随着1918年捷克斯洛伐克共和国的建立而加强,人们对语言有着迫切的需求,在语言上实现统一势在必行。使专业语言及相关专业词汇实现民族化,也自然成为当时人们关注的热点[Drozd/Roudný 30/31]。

(2)在20世纪20至30年代的捷克斯洛伐克,从上面第一点提到的推动力中,诞生出人们对语言维护(保养)和弘扬语言文化的要求,这也导致人们开展起了有计划的制定术语的活动,只是这种活动是从对语言规划进行批评的角度出发的。从更广泛的意义上讲,术语标准化活动也在这个范围之内,尽管这种活动从制度化的角度上看,采取的是另一套措施。

人们已经意识到术语标准化工作势在必行,对术语进行研究也应该纳入到语言规划和对本民族语言进行维护的计划里去。20世纪30年代,维斯特有关"从术语角度对语言进行探讨"(terminologische Sprachbehandlung)的理论在欧洲风靡一时,在对语言进行规划的过程中,捷克斯洛伐克也顺应了这一时代潮流。

(3)最有力和最具持续性的一股推动力[它远远超越了术语(专业词汇)领域的范围,而与语言本身有关]则来自布拉格语言学派。这个学派是以语言大师索绪尔倡导的"功能风格学说"(die Lehre von den Funktionalstilen)为基础而创立的。对于专业语言(由此也就对术语)的发展产生了重要影响的,还有"功能经济语言学"(funktionellen Wirtschaftslinguistik)思潮[Drozd 110]。

尤其是最后提到的两股推动力,它们促成了一场早已深入人心并以语言计划、语言理论作为后盾的运动;在这场运动中,术语学的理论和实践活动自然占据着一席之地。人们从学者索霍尔(Sochor)(1955年)和霍雷茨基(Horecký)(1956年)撰写的术语手册中,就可以清楚了解到当时的实际情形[Kocourek 8f.]。总而言之,我们可以做个小结:布拉格术语学派最初是从"民族 – 语言"的需求中孕育而生的,它植根于语言学基础占有优势的理论土壤里,从应用语言学这一概念的宽泛意义上看,这个学派的理论基础包含了对专业交流过程而言绝对必要的因素。

2.2　苏联学派

（译者注：本部分内容在其他处已有介绍，故在此省略译文。）

2.3　维也纳学派

20世纪伊始，在奥地利维也纳盛行的语言批评和哲学思潮，奠定了维也纳术语学派的理论基础。当时出现的哲学逻辑实证主义维也纳学派的理论，决定性地推动了哲学和科学理论的重建及新的探索。在逻辑实证主义维也纳学派的哲学圈子里，也汇聚了一批经常对"科学中的语言"感兴趣的语言哲学家和自然科学家们。至于语言研究者对此产生了多大的影响，我们目前难以查明。当时的科学已经发展到了高度专业化的程度，各学科的科学语言也要相应地迅速发展起来，这已经是大势所趋。当时的语言批评在数学、物理和机械领域中开展得最有成效［Nedobity 1］。

就是在这种知识分子倡导的思潮之下，那时还在西里西亚（Schlesien）读高中的奥地利人欧根·维斯特（Eugen Wüster），开始编纂一部世界语的大百科全书词典。1918年，他在德国柏林的高等技术学院深造。与此同时，他继续完成他那部大百科全书词典的工作，1923年，这部词典的第一部分出版。尽管这部词典是依照字母顺序编排的，但是它的起草却是以概念系统学为基础的。在维斯特于1927—1929年间着手写博士论文时，他与施勒曼（Alfred Schlomann）取得了联系，施勒曼在词典编纂原则中强调：术语工作必须以概念为基础方可成功。实际上，早在维斯特编纂那部世界语大百科全书词典时，他就是一位结构主义者（Strukturalist）了，尽管连他自己也确定不了的是，从何时起，他就接触到了索绪尔的"符号概念"（Zeichenbegriff），以及索绪尔在"语言"（langue）和"言语"（parole）之间做出区别的观点的。这些思想则构成了维斯特后来建立其"词语模型"（Wortmodell）的基本方面［Wüster 1959］。同样弄不太清楚的是，早就从什么时候起，维斯特就接触到了他那个时代独具一格的语言学思潮（那与他的想法相接近的语言学流派），即布拉格学派的思想。虽然在维斯特1974年的一篇文章里［Wüster 1974：74］，他本人提到了索绪尔和布拉格学派，但更为确切的时间，则大概是在维斯特完成了博士论文之后，他通过一位德语研究者的渠道，才对布拉格学派的思想日益熟悉起来的［Wüster 1973：437f.］。维斯特所谓的"普通术语学"或者维也纳术语学派（的理论）是一种着眼于实践并且自成一体的理论。这门学说理论基础的起始点，则源于不同的科学学科［Felber 1986：111；Galinski VGTT：5］；维斯特本人及维也纳学派的另一位研究者一直致力于将这门学说进一步发展的工作。普通术语学包括了概念的构建、概念系统、定义及名称(命名)原则等内容[Felber 1986;Galinski 1987:5]。

无论是维斯特为理论发展所撰写的论著,还是他对自己与外界联系的记载,这些内容都具有很强的可读性;因为从科学史的角度上看,这些文字给后人提供了进行深入研究、思考的宝库。维斯特的这些文章向人们阐述的是:一个科学学派是怎么产生的,它又汲取了什么样的丰富营养;这些文章所反映的内容,有的是目的明确的理论探索,有的则是维斯特与其他知识领域研究者之间的文字往来。维斯特在1931年发表的博士论文,使他有机会与德国著名语言学家魏斯格贝尔(Leo Weisger-ber)建立了长期的合作关系。魏斯格贝尔教授很早就对如何编写好词典进行了研究,他认为,一部好的词典应该以内容为基础,而不是依据具有偶然性的(词的)语音形式[Wüster 1974:75]。魏斯格贝尔作为一名结构主义者,也为普通语言词典编纂学(die gemeinsprachliche lexikographie)词域理论(Wortfeldtheorie)的发展做出了杰出的贡献,并因此闻名于欧洲学术界。

无论是维斯特的世界语词典,还是他在1931年发表的博士论文《在工程技术中(特别是在电工学中)的国际语言规范》("Die internationale Sprachnormung in der Technik, besonders in der Elektrotechnik"),这些成就都显示出:从一开始,维斯特就把国际性的专业语言交流置于其研究的显著位置上。维斯特在其再版的博士论文中所体现的思想表明:在接下来大约40年的时间里,他进一步发展了自己努力寻求某种极为有效的交流形式的观点。他研究了对自然语言(包括拉丁语)和辅助语言进行系统化处理的可行性。从所花费的时间比例上看,他为世界语研究付出的精力更多,而且对它寄予的期望值更高一些,但是到了后来,经过认真比较和考虑,他则是通过一把"术语(学)钥匙"(Terminologieschlüssel)(一份关于源自拉丁语和希腊语的构词要素的一览表,并且这些词素都具有确定的含义)才最终达到了自己追求的实现真正国际化的目标。

因为维也纳学派的起点在哲学和自然科学领域中,所以,在它的理论中,概念和概念系统必然占据着中心地位。这里也存在着一种原因:维斯特和维也纳学派的兴趣在于国际术语标准化方面,后来,在20世纪80年代,这个学派的研究兴趣又转到了知识技术领域中。

2.4 北欧术语学圈子

北欧地区包括丹麦、芬兰、冰岛、挪威和瑞典等国家,其中丹麦语、挪威语和瑞典语属于斯堪的纳维亚语系,又称北欧日耳曼语系。北欧地区不仅仅指斯堪的纳维亚半岛(如果按照这个名字,那只有上述第一个和最后的两个国家才算数)。这些北欧国家,从文化上讲,相对来说是同质的;但从语言和术语的角度上看,它们彼此之间的区别更为重要。在语言上,除了占主流的斯堪的纳维亚语系(北欧日耳曼语系)外,还有芬兰语、因纽特语和拉普语等。另外,还应该指出,所有的北欧语言都属于在地理上很受限制的语言。北欧地区或称北欧圈子,在文化和语言方面是一个统一的整体,这个事实在近二三百年的时间里多次显露出来。例如,在1856年,北欧人想通过一场正字法改革对三种属于斯堪的纳维亚语系的语言(丹麦语、挪威语和瑞典语)进行协调,以期实现斯堪的纳维亚语系内部的便利交流,但是这场改革未能获得全面的成功。

在这之后,可以看成是最新积极举动的,便是"北欧语言秘书处"(Nordisk Språksekretariat)〔一个由北欧部长理事会(Nordischen Ministerrat)任命并且受其资助的机构。在这个机构中,所有民族的语言委员会都有自己的代表〕和"北欧术语工作论坛"(NORDTERM, Forum für die nordische Terminologiearbeit)(它还把其他在北欧地区同样具有代表性的语言包括了进去)相继建立。这两个机构主要从事语言(也包括专业语言和术语)的协调工作。

研究北欧历史的芬兰学者克林格(Matte Klinge)教授经过多次的研究考察,已经在词汇层面上证实了芬兰语与其他北欧语言(特别是与瑞典语)之间在语义学上的相似性,他尤其对芬兰语与这些北欧语言之间的翻译结果进行了特别关注。

克林格教授的这种考察结果也适用于术语领域,他的研究成果使人们清楚地认识到,在概念层面上对术语实现协调和统一存在着可能性。在实践中产生的结果就是:不管是涉及什么样的专业领域,只要是在北欧地区举行的会议,就斯堪的纳维亚语系的语言而言,与会者经常不需要口译工作者和笔译工作者的协助。

北欧各国开展术语工作主要出于两种动机:

其一,几乎北欧所有国家都想抵制住各种外来压力而捍卫本民族的特色,各国都想从语言的概念上保持民族语言的完好无损,也就是要在生活的各个领域,尤其要在专业交流领域中,力争把本民族国家的语言作为交流的工具。在科技迅猛发展和国际交流日益频繁的今天,面对在知识传递过程中与其他语言圈子的交往日益增多的情况,要实现上述的愿望,也就是抵消外界的语言压力,并迅速发展起具有本民族特色的语言,这绝非易事。然而在北欧地区,虽然在不同的国家里,人们维持自己整体语言的文化动机和发展自身术语的具体动力有所不同,但各民族国家的这一迫切愿望,在总体上已经形成了一股不可抗拒的推动力。

其二,在北欧地区掌握外语有其必要性,以便在各式各样的知识传递和国际科技文化交流中实现外来语与母语的互译。从很多文献(在狭义的角度上)中人们可以看到,其中的大部分内容在各种层次上都与专业有关,也就是它们都是专业语言。换句话说,这其中直接或者间接地也存在着发展经济的动机。

基于上述两种动机,我们就不难理解为什么在北欧地区存在着从事语言维护和语言计划,以及从事专业语言和术语协调工作的机构了,这些机构与国家政府和经济界联系紧密,以实现术语的形成、完善和规范推广工作。例如:属于从事语言维护和语言计划的机构就有各民族的语言委员会(Sprachkommission, sprognævn);属于从事专业语言和术语协调工作的机构则有瑞典国家术语中心(Teknsika Nomenklatur-centralen, terminologicentrum,简称 TNC)、挪威的术语工作中心(Rådet for teknsik ter-minologi,简称 RTT),以及芬兰的术语工作中心(Tekniikan sanastokeskus,简称 TSK)。另外,最近几年,在北欧的一些商业高等学院和大学里,人们从理论层面也开始深入地对专业语言和术语学理论进行研究,并对专业语言和术语工作中出现的问题进行探讨。上述这些机构和大学在"北欧术语工作论坛"中都有自己的代表。为了从根本上更好地奠定共同的理论基础,拥有一个共同的起点,在 1978 年,北欧各国还共同举办过第一届北欧术语学培训班,培训班为期 14 天,上述机构和大学都派代表参加了培训。当时的培训材料主要反映的是奥地利维也纳术语学派的理论。当时在北欧国家的术语领域中,既不存在占据主流的语言学学派,也没有创立学派的个别领军人物。但是,在那时,有那么一批北欧学者,他们将上面提到的两种动机进行了协调,并从其他语言圈子里汲取了尚处于萌芽状态的术语学理论营养,目的是从实现更高目标的意义上为己所用,力求以一种适当的形式,结合自己的民族特色进一步发展术语学思想。

2.5　加拿大术语学思想萌芽

加拿大对术语学研究和术语工作实践的兴趣,主要源于其双语国家的实际情况。20 世纪 70 年代,大规模术语学活动的开展主要是由说法语的加拿大人倡导的,这场活动具有很强的务实特色。加拿大魁北克省想求得自身文化、科学、工业活动和日常生活的法语化,为此,该省采取了大量的语言规划措施,术语学活动也是这个整体措施的一部分。随着国际科技交流的日益频繁,说法语的欧洲人与说法语的加拿大人之间有了更多的交流渴望,在进行科技交流之前,加拿大人首先需要对自己的法语进行整顿。因为在北美洲,专业词汇主要是以英语形式存在的,所以面对日益严峻的国际化科技交流的挑战,加拿大说法语的公民被迫先去做最基本的法语术语标准化的工作。在加拿大,传统常规的法语语言维护工作其实还要早一些[Laurén 1983]。在 20 世纪中叶,语言维护工作的焦点主要侧重在专业语言领域和命名工作方面。到 20 世纪 60 年代,加拿大存在两种官方语言,以说法语为主的魁北克省产生了一种显著的语言独立意识,这与该省经济现代化的现实是分不开的。

从国家的层面上是两种官方语言的需要;而从魁北克省的自身利益来说,法语也需要成为具有功能价值的语言,以协调现代社会各方面的利益。因此,加拿大术语工作的发生,在开始时与欧洲的术语学传统没有丝毫联系。加拿大的术语学工作带有很强的语言学烙印,从一开始就是加拿大语言规划工作的一部分。

这种语言维护和语言规划的传统,使得加拿大术语工作的目标设置主要以产生新词(或者旧词新义)为主,即产生自己的法语名称。这种术语工作视角意味着,加拿大的术语学侧重于民族化而不是国际化。

3　对各个学派或者思想萌芽的阐述和分析

在这一章节里,我们主要就手头可以获得的语言材料,尝试着对上述这些术语学学派或者术语学研究导向的基本观点进行阐述。在此,我们把"基本观点"理解为那些在我们研究过的所有或者大多数论著中,具有共性的论述或者定义;在这个章节里所引用文字的作者,大都是普遍受到大家公认或者至少是传播较为广泛的学术思想的代表人物。当我们在下面谈到布拉格学派、苏联学派和维也纳学派时,在"学派"这个名字下,我们所指的是"术语学学派"。另外,在这一章节里,我们也对北欧和加拿大的两种术语学思想萌芽进行更进一步的探索。为了能为这种比较找到一个经得起推敲的基础,我们将依据术语学说的中心要素,采用统一的参数对各个学派或者术语学思潮进行阐述。这些参数由以下几点组成:

——概念;

——名称;

——概念和名称之间的关系;

——概念系统和名称系统;

——术语学与语言维护、语言文化、语言规划和标准化的关系;

——在知识体系中术语学所处的地位。

3.1　布拉格学派

从上面提到的描述参数出发,我们在下文中对这个学派的基本特点做一阐述。

3.1.1　概念

几乎所有的作者都以某种形式提到了属于特定科学领域或者生产领域的概念,而且,大家还采用定义对这些概念进行了规定,或者进行了描述。

布拉格术语学家科曹雷克(Kocourek)在汲取其他学者研究成果的基础上,对"概念"有了如下见解:"(普通语言和科学意义上的)概念是一个理性的复述(Wie-dergabe),是事物的一种表象。"后来,他又做了进一步阐述,把"概念"描述为"专家的基本思维单元",并谈到"(若干)概念中的思想"。依据劳德尼(Roudný)引用捷克斯洛伐克术语标准化委员会对"概念"的定义:"概念是一个其本质在人类实践的世界映像中出现的思维对象客体。"劳德尼后来又对这个定义的不完善之处及其他学者的定义中存在的问题做了总的指正。尽管布拉格术语学派的学者们对"概念"的见解不是很统一,甚至彼此存在着分歧,但这些论述从哲学角度出发,把"概念"与"含义"相提并论。学者们公认的观点是:概念描述名称的内涵方面。学者德罗兹德(Drozd)和劳德尼的论断堪称架设在概念和含义之间的一座"桥梁",两位学者把"概念"(Begriff/concept)和"术语的含义"(terminological meaning)同等看待了。

3.1.2　名称

在布拉格术语学派的文献中,人们更偏爱讨论"术语"(Terminus)而不是谈论"名称"(Benennung)。然而对于"术语"和"名称"是否被理解成是等效的这一点,并没有论述得很清楚。学者们一般把"术语"看成是一个总体,这正如人们在德国标准DIN 2342 草案中看到的那样;依照索绪尔的观点,"内涵"(Inhalt)等于"概念","表达"(Ausdruck)等于"名称"。但是从这个学派众多的定义和解释当中,人们也推断出,借助术语的命名功能和标志功能,学者们对"术语表明某个概念"这样的观点有一定的共识。下面两段话更清晰地表达了这种观点:"(……)术语(Termini)表达一个清晰的概念,它的含义(内涵和外延)是精确界定和可定义的,也就是说,它并不是仅仅通过语境才得到含义的(……)。原则上说,它不包含情绪的因素(……)"[Smi-lauer 1951:6;Kocourek S.7];"术语(名称/标志)是一个概念的含义,它通过定义和它在一个知识领域概念系统中的位置来界定"[ČSÚTK 1964;Kocourek S.15]。

术语的语言形式可以由一个词或者词组组成,这个词组由具有从属性含义的词构成。科曹雷克对此做了更详尽的阐述[Kocourek S.23]。他把冠词、感叹词、代词、介词和连词剔除了。专有名词可以作为术语的特殊形式出现。学者们取得一致的观点是:术语的结构是被说明的概念,而不是单个词的语义学意义。学者菲利派茨(Filipec)做了这样的表述:"从词的科学意义上说,术语是一个特殊的词汇单元,它在一个专业领域系统中表明一个被定义了的概念。"

3.1.3　概念和名称之间的关系

在布拉格术语学派的理论中,对概念和名称之间的关系是利用以索绪尔思想为基础的基础语言学模型加以描述的。值得一提的是,近 20 年来,由德罗兹德、劳德尼、霍雷茨基这些学者所倡导的名称学(onomasiologische Ansatz)思想,主要表述了名称构成和术语单元的分析方法。德罗兹德认为:"对术语单元的分析要具有双重特色,即形式语言学特色和概念特色。"[Drozd 1975:111]以这种注重细微差别的思考方法为线索,德罗兹德和劳德尼在 1980 年写出了《名称学分类导论》[Drozd/Roudný 1980],霍雷茨基也于 1982 年进一步发展了这种思想,从而为分析概念和名称之间关系的差别做出了贡献。同时,这种思想萌芽起到了很好的过渡作用,它从概念的语义学网络化过渡到最终的概念系统,由此,又得到了概念系统和与之对应的名称系统的关系。这种思想萌芽的特殊贡献在于,它重视了名称的形成功能:一方面,它顾及了已经存在的连接形式和内涵的符号;另一方面,从思维领域的角度,它也包含了对象客体的抽象范畴。霍雷茨基在 1982 年有过如下论述:"概括说来,从名称学或者从命名过程的视角看,(……)对术语系统的分析,可以形成'借助三个基本点就可以确定不同的关系类型'这样的观点,即借助定义(或者借助概念)和在已知术语系统中概念的位置,借助所使用词语的内涵方面,以及借助这个词语的形式方面。在此,定义构成了起点。"[Horecký 1982:53]术语的含义要与其概念部分相对应,这一点也在实践中反映了出来。劳德尼在 1980 年认识到:"术语的含义和概念的分类代表着一个学科,这个学科的发展不能单单留给语言学家去解决。"[Roudný 1980:40]

3.1.4　概念系统和名称系统

布拉格术语学派的学者将语言学的观点做了些修改,把一个专业领域的概念当成系统去理解。在早期的定义中,概念既被看成是概念系统,又被看成是名称系统(效仿语言学中把语言符号作为同一事物的两个方面),尽管这两种系统具有不同的功能。

索霍尔于 1955 年在他的捷克语术语学手册中写到:"我们在鉴定一个专业用语的语义学方面时发现,它实际上是一个概念精确的语言学描述,而这个概念是属于一个已知专业领域的某个系统的。"[Sochor 1955:8ff,见 Kocourek S.8]这个论述是索霍尔从俄罗斯学者捷尔皮戈列夫（Terpigorev）那里接收过来的。在以后所做的所有定义中，这个论述就像一条红线一样贯穿始终。科曹雷克对概念系统和名称系统的关系论述得很清楚："专业术语，作为专业概念的词语系统和词组系统，构成了专业概念系统的对应物；它与具有专业特征的事物之间有着联系，也与专业概念系统有着联系，与其他语言的术语也是相互联系着的。"[Kocourek S.25]在这段话的后面部分，强调了专业术语与概念系统具有等效性这一本质功能。

劳德尼还有过以下的一段论述，他的论述证明了概念系统在秩序理论（Ordnungslehre）和教学法中的作用，值得注意的是：在这里，非语言学学科所提供的支持性作用受到了强调，而且他认为这是相当必要的。"概念分类和概念系统的建立要应用逻辑准则。这项工作形成了应用逻辑的一部分，它没有马上与语言学发生联系；它也离不开与相关科技领域专家们的合作。概念和术语的分类和系统化代表着本专业领域的某种超理论。它在本专业领域知识和概念复合体中起到一种简单的定位作用。这种方式对于资深专家和初学者都适用。"[Roudný 1980:38]

菲利派茨则结合名称学方法和现代逻辑，对术语系统进行了详细阐述。

3.1.5　术语学与语言维护、语言文化、语言规划和标准化的关系

语言维护、语言文化、语言规划这三个概念，在实践中很难进行清晰划分。因为，无论从定义上还是从民族传统来看，它们都存在着或多或少的交叉重叠。布拉格语言学派有着长期的语言维护和语言规划传统。对于术语学来说，这就意味着，持续形成和批判性地加工本民族的专业词汇，不仅不会伤害民族语言的稳定性，而且还会使民族语言在整体上得到丰富。为了保证民族语言的完整性，不仅已有的语言标准需要经受住批判性的考察和不断得到修正，而且在那些还没有使用标准的科技经济领域中，也需要制定出相应的术语标准。

在捷克斯洛伐克，编撰带定义的词典一直是一项语言规划活动。在编撰定义词典时，也一直制定有相应的术语法规汇编和严谨的术语标准。一般而言，术语标准的权威性要高于定义词典的权威性，科技标准具有法律效益。而在军事领域里则要求严格遵守标准。鉴于这种不同的等级要求，至少在实践中人们可以采用略微灵活一些的尺度，特别是如果考虑到语言发展所具有的动态性因素。捷克斯洛伐克科学院负责所有语言的语言规划和标准化工作，而国家标准化机构则主要负责在可实施标准化的领域中开展标准化工作；这两个机构之间存在密切合作。

3.1.6　在知识体系中术语学所处的地位

通过前面的内容我们不难看出，布拉格术语学派有着很清晰的语言学导向，它

把自己的立场定位在应用语言学领域中。在布拉格术语学派的理论中,逻辑学和各门具体学科的知识也起着重要作用。这个学派并没有忽视非语言学学科对术语学的意义,这一点从这个学派的学者对"概念"的见解中就可以看到。布拉格术语学派的学者们一直在与时俱进地做着努力,力求把那些对专业交流有裨益并绝对具有必要性的因素,不断融入术语学这个总体框架里去。

3.2　苏联学派

3.2.1　概念

在所有与苏联学派相关的新旧文献中,概念都属于术语学的中心概念装置,因此,很多学者都对其进行了研究。在与 ISO/TC 37 工作相关的苏联文件中,人们对概念的定义如下:"再现对象一般基本特征的思想";对象可以是系统、过程、状态、属性、量值和客观(即独立于我们思维存在的)现实的其他关系[转引自 Kulebakin, Klimovickij S. 1]。马涅夫(Mančev)说:"概念形成是对给定对象的反映,在这个过程中,这个概念不可避免地与其他已知的或者新形成的概念建立了关系,而且还将已有的概念纳入到概念系统中。"[转引自 Kandelaki S. 2]

这些针对概念的见解,在本质上是以反映论(Abbildtheorie)为基础的;然而,在我们这里的上下文中,如何从各种科学学科的角度去解释一个概念的起源似乎并不重要,重要的是,应该如何理解概念在术语学中所起的作用,以及人们对它的重视程度如何。就这一点而言,它一方面体现在定义学说及其实践当中[见 Nalepins],而另一方面,则体现在学者坎德拉基(T. L. Kandelaki)的论述里。在此,她一方面从语言学的角度,另一方面又从学科科学的角度对概念问题进行了处理。在科学的"某种理论的概念系统"框架内,人们谈论的是包含了关于某个对象种类的整体知识且"影响深远"的概念,而且在此,概念本身也是科学考察的对象。它们也不一定在所有情况下都必须通过名称(术语)来标明。在这种情况下,则又谈到了理论性的知识体系。

从语言学角度来看,人们关注的是术语和含义。概念则是规定性过程产生的结果,在此,当涉及自然形成的术语时,人们就会谈到它们的含义。在这种意义上,概念和含义可以(但并不需要)是一致的,这可以使用语言学方法进行考察。下面对坎德拉基论述的一段引用,可能会对我们理解这类对概念和含义的见解有所启发:"通过这种方式,我们可以看到,在术语的语言科学含义和蕴含在科学术语里的更具深远意义的概念之间存在着本质差异。而研究术语'含义'的语言学家肯定不会去钻研相应科学领域的知识"[Kandelaki S. 251]。

术语的含义及普通语言中词汇的含义属于纯粹的语言范畴,在这一点上,我们有理由重复一下学者波铁布尼亚(A. A. Potebnja)的名言:"'单词的含义'是什么意思? 显然,语言学并没有偏离它的主旨,它只在一定限度内考察词的含义。"他进一步说道:"(……)除了其自身无可争议的内容之外,其他科学都无法判断不受上述限制的语言学是否还包含了所有其他科学的内容。例如,当我们谈到树的含义时,我们必须深入到植物学领域里去,而且还要处理我们世界中存在着的因果关系——原因和结果之间的关系。然而,我们应该说,在植物学领域中,我们会遇到与树这个词语的日常含义不一样的东西,那就是树这个术语的植物学语言'含义',甚至涉及更深远的植物学'整体'意义上的树的概念,自然,这与这个术语在植物学的相互关系中所处的位置有关。"波铁布尼亚进一步阐述道:"在术语学中,这个简短的语言含义也代表着概念,这个含义是完全科学的。"

下面对马尔切夫(Malcev)思想的引用,也有助于我们进一步了解有关概念的某些见解。他写道:"表达某个对象具体方面(例如其物理特性、化学结构等)的概念,只是反映了这个对象的具体特征(Merkmale)的概念,它们构成了共同概念内涵(Begriffsinhalt)的要素。"[Kandelaki S. 5]马尔切夫进一步阐述道:"概念内涵并不是特征的累积,也不是在反映对象的概念中所表达的相互独立的基本属性(Eigenschaften)的总和。概念内涵还包括即使在最精确的定义中也无法完全表达的特征之间的相互依赖性、相互之间的关系和彼此从属的关系。"

最后,我们应该给出学者祖拉列夫和萨姆布罗娃(Zuralev, Samburova)[1985:40]关于概念的定义:"概念是一种知识形式,它以广义的方式反映和挑选出某一知识分支的对象(它们已经成为思想的对象),并根据其本质特征采用名词性的词汇单元进行表达。"

上述对概念的定义、解释和陈述表明,人们已经从不同的角度对概念进行了考察,它在术语学中占据了中心位置,而且,人们越来越普遍地认为,概念是一个包含知识的值(Größe)。这一发现,对于明确术语学在现代知识技术中所起的作用尤为重要。我们这里提出的想法与布丁(Budin)等学者的想法具有相似性。布丁教授等人在特里尔提出的有关概念与知识技术的见解是引人注目的;(术语学和知识技术)是从不同方法出发的两种发展方向,然而,在基本见解方面却产生了非常相似的结果。

3.2.2　名称

苏联学派对术语的理解主要基于索绪尔的符号学理念。根据洛特(Lotte)和列福尔马茨基（Reformatskij）等学者的观点，术语具有两个方面，即语音复合体（Lautkomplex）或者语音构成（Lautzusammensetzung）（根据洛特的观点），其中还包括图形表示，以及概念系统内与语音复合体相关的概念（含义）。上述两个方面作为一个统一体共同构成了术语，它是术语系统的成员［Kulebakin et al. S. 8］。不同于普通语言词汇的术语的特殊标志，在此强调的是它们的可定义性和对术语系统的归属性；术语具有命名功能，在这一点上，术语与词汇具有共同之处，这是无可争议的。但是，也有一些学者（如 L. A. Kapanadze）提到了维诺格拉多夫（V. V. Vinogradov），他们认为，在命名一个概念时，术语不同于普通词汇，"而是概念与术语对应，并与定义一起分配给术语"［Kandelaki S. 2］。

在苏联学派中，Terminologie（术语集/术语总体）和 Nomenklatur（专门名词汇编）之间有明确的区别。虽然在其他学派和理论导向中也存在这种区别，但是都不太明显。术语和专门名词汇编符号（Nomenklaturzeichen）都算作技术词典的一部分；其根本区别在于语言符号是与概念（术语）相结合，还是与某个确定种类的对象（专门名词汇编符号）相结合。

列福尔马茨基认为，维诺库尔（Vinokur）的下列定义是绝对不可或缺的。她写道："就 Nomenklatur（专门名词汇编）而言，它是与 Terminologie（术语集/术语总体）不同的，它应被理解为一个完全抽象和自由约定的符号系统。从实际角度来看，其唯一的任务就是找到最方便的方法来标明对象，使事物具有可用性，而无须直接涉及对这些对象进行运用的理论思想的要求。"［Reformatskij S. 5］

坎德拉基使用人们熟知的逻辑学中有关总体概念（Allgemeinbegriff）、个体概念（Individualbegriff）和集体概念（Kollektivbegriff）之间的区别来区分普通语言的词汇、专门名词汇编符号和集合名词（Sammelname）及术语。

从词类的角度来看，坎德拉基认为，术语的首选词类是名词，尽管也可以考虑其他词类。这一观点是有道理的，因为在俄语中每一个动词性术语都有其等效的名词。这在多大程度上适用于其他语言，在此并没有作为一个问题进行解释或者讨论。Terminologie 中明确排除了专业语言惯用语（fachsprachliche Phraseologie），但应该包括专业措辞（Fachwendungen）［见 Superanskaya S. 36］。

3.2.3　概念和名称之间的关系

如上一节所述，苏联学派在很大程度上遵循了索绪尔的思想及其众所周知的词语模型，但是，苏联学派在 Terminologie 和 Nomenklatur 之间所做的区分，还是产生了一些后果。列福尔马茨基就说过："人们对名称、概念和词之间关系的看法不一，有些学者强调名称的主格倾向,即它的客观关系(gegenständliche Beziehung),而其他的学者则将名称与概念联系了起来。"[Reformatskij S.3]

列福尔马茨基本人倾向于后一种观点。对他来说,Terminologie 与一门科学的概念系统相关,而 Nomenklatur 则是给它的对象贴上了标签。然而,这种区别有些模糊,因此,列福尔马茨基又补充说,维诺库尔所说的"不允许将作为标明某种思想对象(Gedankenobjekt)的名称与专有名词(Eigennamen)或者专门名词汇编符号相混淆"可能是正确的,但是,我们不应该忽视专门名词汇编符号和专有名词也用于表示具有不同性质的思想对象,然而,它们与概念具有不同的性质。依据这条思路,我们可以清楚地看出,关于概念和术语的不同见解是如何影响人们对内涵(Inhalt)和表达(Ausdruck)之间关系的理解的。简而言之,我们可以说,概念(思想对象)是借助于某个术语、某个名称标明(表示)的,在此,作为某种特殊类型思想对象的对象,在语言上则是由一个专门名词汇编符号[学者纳坦森(Natanson)建议采用 Nomen 这个名称]来表示的[Kandelaki S.28]。

3.2.4　概念系统和名称系统

在具有很强科技导向性的苏联术语工作中,术语系统占据着中心地位。其强烈的概念导向性,也体现在对概念系统的研究中。正如在前面讨论概念的章节中已经提到的,坎德拉基区分出了"某种理论的概念系统",它以概念的形式包含了总体知识,因此也称为知识系统。在其中,不一定所有的概念都有名称,它们可以通过描述或者定义来进行解释。而通过规定性过程(Regelungsvorgang)创建的概念系统,是借助于与概念系统相协调的名称系统来表达的。这种系统在专业上与各自的现实相吻合,概念借助于定义得到充分(但绝不是详尽)的解释,概念彼此之间得到清晰界定,而且彼此处于相互关系之中。所属的名称系统与概念系统完全对应;这些术语或者是从现有的术语库存中选择出来的,或者如果不符合严格性的要求,则是根据系统创建的新术语。尤其在论述与系统兼容的命名原则方面,相当多的学者(包括洛特和纳坦森)都写有论著。在搭建这种通过规定性过程创建的概念系统时,其特征就是要依照概念"依次出现"(Hervorgehen)的严格顺序。此外,系统中的每一个概念也要在其所属的每个类别的层级结构中得以考察。

坎德拉基将第三类的概念系统化(Begriffssystematisierung)描述为自然形成的科学技术术语的含义系统。它也可以称为描述性术语工作的产物,其中含义可以自然重叠,尽管这种系统是根据相同的关系类型和层级原则构建的。对它与第二种类型的不同之处,坎德拉基描述如下:"因为在自然形成的术语中,没有完整的概念作为

语言学、科学意义上的术语含义出现,所以,这类系统没有表现为一个'深层概念'的系统。"[Kandelaki S. 17]

　　我们从文献中可以推断出,概念系统在规范化工作中起着主导作用,而(概念系统化的)第三种类型似乎更多地被视为初级阶段,即语言方面在这里占主导地位,它在描述性术语工作中占据了更广泛的空间。而语言规划方面在第二种类型中占主导地位。此外,必须强调的是,我们所提到的对概念系统的描述和研讨,一般是与科学技术领域有关的。而对于上述的划分在多大程度上也适用于其他的知识领域,例如社会科学或者法律领域,我们手头则缺乏进行深入研究的材料。似乎概念系统主要履行的是支持知识排序的功能,它对名称的形成和评估起到了支持作用。术语教学功能就源于上述这两种功能。从现有的文献中,我们无法推断出,有哪些大型概念系统在确定多语言术语工作中的等效性方面发挥了作用。

3.2.5　术语学与语言维护、语言文化、语言规划和标准化的关系

　　苏联学派最突出的特点之一就是强烈关注概念系统中概念及其顺序的规定性(Regelung),这也反映在这种原则构成了命名规则的基础;由此,从狭义角度上说,规定性不一定必须被理解为标准化。然而,从苏联标准化机构 GOSSTANDART 的倾向性立场来看,我们可以得出这样的结论:规定性往往等同于标准化(Normung)。这也可以从学者祖拉列夫和萨姆布罗娃的论述中看出。这里需要注意的是,"术语(学)钥匙"的思想被多次提及,除了具有(国际性)统一的要素之外,还具有明显的语言规划的特征。

　　西方国家在术语学领域里众所周知的语言规划活动,在苏联似乎并不那么明显。很可能这类活动在术语规范性工作及其基础方法研究中得到认可,在其中与此相关的工作中,人们详细讨论了创建术语的可能性并给出了术语形成的建议。作为一项辅助性的语言规划活动,可以对在教科书中遵守规定性术语的使用情况进行评估。

3.2.6　在知识体系中术语学所处的地位

　　语言学家茹佩斯卡娅[Superanskaya 1985:37]在她的论著中对这个问题做了如下阐述:"在术语工作中,语言学家所发挥的作用是由具体专业领域的特点和所追求的目标决定的。我们应该把术语问题作为一般词汇学的一部分和应用语言学及具体学科知识的一部分来对待。"在论著的结尾,她还提到了列福尔马茨基的观点:"(……)列福尔马茨基教授指出,在术语工作中,语言学家和学科专家都有一个共同的目标——创建和改进术语系统——他们对这两个目标都保有同等的兴趣。"

哲学和逻辑学所产生的影响,在苏联学派这里并没有明确说明;然而,自20世纪60年代以来,上述这两个知识领域在苏联学派中的重要性显著提高,现在它们已经成为术语学的组成部分;这多少要感谢学者祖拉列夫和萨姆布罗娃的贡献。如果再提一下苏联学派还具有哪些优先性的思想的话,那就是它将术语学定位在跨上述提到的科学或者学科的边缘科学的地位上。如果把术语学划归到应用语言学领域的话,这将意味着人们把重要的非语言学领域的学科排除在外了。我们在前面已经引用的波铁布尼亚的话,就很好地说明了这种观点。

3.3　维也纳学派

3.3.1　概念

考虑到维也纳的语言哲学和自然科学传统,我们也就不难理解,为什么概念会成为这个术语学学派的理论起点。依照维斯特的观点,概念是术语学理论的核心[Wüster 1974:12;Felber 1986:115]。采用从概念出发的思考方法,维也纳术语学派将维斯特的"认识理论模型"(erkenntnistheoretisches Modell)作为理解起点(这个模型是基于语义学的"三部分模型"发展起来的)[Wüster 1959:188]。在这个模型中,维斯特对"语言"(langue)(模型图示的上半部分)和"说话/言语"(parole)(模型图示的下半部分),以及"符号"(模型图示的左侧上方)和"含义"(模型图示的右侧上方)做了区分。符号的概念可以是一个语音概念,也可以是一个书写符号概念。概念从来都不是孤立的,它总是作为概念系统的一部分受到考察的。依据维也纳术语学派的见解,概念作为"思维要素",不能单独出现,而是一直处于与其他概念的关系之中。

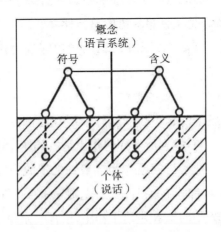

图1　维斯特的"认识理论模型"

　　至 20 世纪末,维也纳术语学派已经将维斯特静态的、基于各种关系的"认识理论模型"发展为基于过程的动力学模型(动态模型)[Oeser 1988:228]。这个对维斯特式概念模型稍做修改的版本,是人们认识发展的自然反映。而实际上,在维斯特本人的思想里就已经反映出,他也注意到了在个体层面上存在的动力学(动态)要素——他曾经谈到概念如何在孩子那里出现,又如何在语言共同体中形成;例如,在阐述世界语这一辅助语言是如何发展的论述中,维斯特就对概念在语言共同体中如何形成有过清晰的叙述。在术语工作中,人们从概念出发,强调概念可以独立于语言表达而存在,这种思考方法在语言学那里是从来没有过的。

　　维斯特[Wüster 1979:7]对"概念"这个概念有过如下论述:

　　"这里撇开个体概念不谈,概念是一个共同体,是人们基于多数对象客体确定的、作为思想秩序排列的手段(理解、领悟),是为实现理解和沟通服务的,概念是一种思维要素。在对概念进行分析时,在其总体中,作为个别特征而起确定作用的部分是概念的内涵。就这点而言,概念与它的内涵是完全一致的。为识别和固定一个概念,名称或者另一种符号是必不可少的。反而言之,从概念的符号出发,这个概念称为这个符号的含义或者意义。"

3.3.2　名称

　　在维斯特的"四部分词语模型"(vierteiliges Wortmodell)(亦称"认识理论模型")中,语言表达落在了带有名称"符号"(Zeichen)的"语言系统"(langue)[维斯特命名为"概念"(Begriffe)]的层面上(见图 1)。依据这个词语模型,这个符号应该在"言语"(parole)层面上获得实现[维斯特将其命名为"个体"(Individuen)]。按照维斯特本人的说法,索绪尔关于语言符号的"两部分模型"是与语言符号自身的概念水平相对应的。所以,在对"符号"这一表达含义的理解上,维斯特是与索绪尔不一样的。在维斯特这个词语模型的符号层面(或者名称层面)上,也就相应地不只存在着由个体实现的语言表达,而且还存在着抽象的语言表达。就抽象的语言表达而言,这个模型的缺陷在于:个体以书写形式或者口头形式实现的语言表达,缺少一些独立于说话者或者书写者自身特点及其所处情景的特色。

　　20 世纪 80 年代末,学者厄泽尔进一步发展了维斯特的"认识理论模型",他给这个模型注入了动力学的因素[Oeser S. 228, Abb. 1],但并没有改变原有的对名称的考察方式。在维斯特和维也纳术语学派的理论中,与语音形式相比,人们自然要给书写形式以更大的关注[Wüster 1974:71];在术语标准化过程中,人们对概念层面上的符号更感兴趣。维也纳术语学派一般认为,名称是不能与语言表达[一般称为

"词"(Wort)]相区分的[Wüster 1974:67; Felber 1986:112]。需要强调的是,这里与对词进行考察的语言学方法的区别在于:语言学家通常想到的,只是索绪尔称为"语言符号"的那个事物的统一性。名称通常被定义成是不能与语言符号(专业语言除外)相区分的[Galinski S.6]。

正如前面说过的,逾越国际交流的障碍一直是维也纳术语学派甚为关注的事情;因此,这个学派一直对制定国际上通用的名称高度重视[Wüster 1974:70]。为了实现国际层面上的有效交流,有的学者甚至建议对名称采用相同的外在形式,譬如采用带有确定含义的希腊语或者拉丁语的构词要素。按照维斯特的想法,这样的一些构词要素可以总结成所谓的"术语钥匙"(译者注:"术语钥匙"是一份带有确定含义的希腊语和拉丁语构词要素表)。虽然,把"术语钥匙"作为某种原则在全世界范围内推广不太可能,但在实践中,在有着共同起源或者受到共同影响的若干种语言中使用它则是具有可行性的。

国际标准化组织在 1969 年出台的推荐版标准 ISO/R 860《概念和术语的国际统一化》(*International Unification of Concepts and Terms*),就是一份为实现名称国际化做出了很大贡献的文件;它很好地反映了维也纳术语学派的理论传统。在这套标准的修订版中,人们又补充进了在专业语言中实现真正名称国际化的理念。这套标准目前还在修订中。就名称的外部形式而言,则存在着在有限的国际层面上实现国际化的可能性,也就是说,在具有共同起源或者以其他方式受到共同影响的语言之间,存在着实现国际化的可能性。

维斯特指出,在自然科学领域中,人们对国际名称系统的使用及对古典语言进行开发的事实都证明了,国际性术语工作已经取得了一些成效[Wüster 1974:79 - 84]。他还介绍说,"术语钥匙"是可以进一步扩充为计划语言(plansprache)的[Wüster 1970:425f.,429ff.]。但他的这一思想,还未由这个术语学学派的后继者们进一步深化。维斯特的"术语钥匙"在 20 世纪 90 年代已经有了微缩胶片版[Wüster 1986]。

3.3.3　概念和名称之间的关系

维斯特的认识理论模型从理论层面上阐明了概念和名称的关系。维斯特给概念引入了意义形式(Sinnform)[Wüster 1959:191]。这种意义形式是某个符号复合体(komplexes Zeichen)的形态语义学含义(morphosemantische Bedeutung),或者是某个符号(这个符号有着转义含义)的形态语义学含义,如一种比喻(Metapher)。在最佳状态下,它反映了概念的若干个特征。在这类情况下,名称具有很高的自我解释价值,这对语言使用者很有帮助,因为它便于理解和记忆。在国际交流中,如果采用同一种语言表达行不通的话,那么,统一(概念的)意义形式则是第二种最佳解决方案[Wüster 1974:70]。在像芬兰语这样的语言中,由于自身具有语言维护的传统而排斥希腊语或者拉丁语的构词要素,人们所采取的策略则是直接接受这个名称,同时又进行一定程度的借译(Lehnübersetzung)。电子技术领域中的名称就是如此[Elomaa 1984]。维也纳术语学派对这种方法予以承认[Wüster 1974:79],在术语标准中把它作为同义现象的特例看待。

3.3.4　概念系统和名称系统

在维也纳术语学派的普通术语学理论中,人们谈到名称系统和概念系统;在这两个系统中,概念都在"系统"中处于中心角色,在概念学说(Begriffslehre)中,这样做是绝对必要的。只有把某个概念放在它所属的概念系统框架内,才能把它阐述清楚。对概念间相互关系的阐述,只有借助(概念)特征,才能表达明白[Wüster 1979:14;Felber 1985:117]。一个概念只能属于一个概念系统,而落在某个概念下的对象客体,则可以在若干个不同的系统中出现[Felber 1986:119]。

神经科学家已经证实,在人类的思维过程中,概念系统起着根本性作用[Felber 1986:117]。同样有趣的是,专业文本中有关概念系统的知识至少为现代知识加工提供了便利。概念系统是术语学家、专业人员和从事知识加工的专家们开展工作的工具。对于维也纳术语学派所探讨的概念系统类型(作为辅助手段进行开发的),首先要考虑它们在自然科学和技术领域中的应用。在今天,人们更注意为非技术类的知识领域开发出相应的辅助工具。这项任务已经得到维也纳学派[Budin 1988]及其他国家的术语学家们[Nuopponen 1987]的认可。概念优先于名称、强调概念的首要地位,就意味着与名称系统相比,概念系统的存在更具有必要性[Wüster 1974:79]。

依据维也纳术语学派倡导的"系统"思想,在此得到的逻辑性结论是:撇开关系,或曰"名称应该反映概念的内涵"不谈,名称还应该作为一个整体,形成一个具有透明度的名称系统,以方便语言使用者的使用。由于这个学派始终具有国际化的眼光,因此这个结论也适用于国际名称系统[Wüster 1974:80]。

3.3.5　术语学与语言维护、语言文化、语言规划和标准化的关系

维也纳术语学派的先驱们一直坚信,他们对专业语言中名称的命名可以施加影响。这个学派旗帜鲜明地主张,要在通用语言(普通语言)(Gemeinsprache)和专业语言之间做明晰区分[Wüster 1974:69]。语言的自由发展是通用语言的特色;但这一特点对于专业语言则不合适,因为它不能保证专业语言的良性发展,更不能保障专

业语言的准确性。因此,与通用语言的"是－标准"(Ist-Norm)相比较,制定专业语言的"应该－标准"(Soll-Norm)是必需的。在专业语言中,把"应该－标准"转变成"是－标准"则容易得多,维也纳学派对此一再强调[Wüster 1974:69]。

专业语言实现国际化,一直是维也纳术语学派所追求的目标之一;这其实是一种很进步的语言规划活动。但像语言维护和语言文化这种在传统意义上与个别语言相关的理念,在这个学派的理论中可能没有占据很重要的位置。然而,在国家层面上的语言标准化活动,正如在国际层面上的活动一样,却是这个学派的中心工作。在这里就涉及了以集体(团体)方式完成的标准化工作[Galinski S.4]。

在书面形式的专业文本(语篇)和口头形式的专业话语之间,存在着显著的不同——这种事实是存在的[Fachjargon;Strömman 1988]。因此,当牵涉到名称这个问题时,一位观察到上述现象的语言学家就很容易对维也纳术语学派的语言用法表示不满,因为他总是没有认识到,他其实是在跟"应该－标准"打交道。再举个例子,当人们说到在专业领域的语言当中不存在同义词时,语言学家们表现出的反感可能会更明显。然而,在现代专业语言中,"是－标准"的真实状况究竟如何? 目前人们对此却没有开展过研究。

在术语领域里,维也纳术语学派对国际标准化工作的影响,主要通过下述三个机构实现:(1)由奥地利标准化研究院代管的国际标准化组织第 37 技术委员会(ISO/TC 37)(负责制定术语标准化方针的技术委员会)秘书处;(2)国际术语信息中心(Infoterm),负责收藏术语文献、进行国际术语信息协调等工作;(3)国际术语网(TermNet),是一个国际术语合作论坛,其成员来自世界各地,主要来自企业公司、大学、研究所和协会,它负责开拓全球术语市场,协助完成术语产品在信息交流、信息分类和翻译领域中的服务功能和本地化任务。

3.3.6　在知识体系中术语学所处的地位

现今维也纳术语学派的学者们比维斯特本人更加强调——术语学是一门多学科、跨学科的知识领域。普通术语学融合了哲学(尤其是逻辑学、本体论和认识理论)、科学理论、应用语言学、交流理论和信息科学的方法。在这门学问里,信息传递、文献工作和标准化活动同样起着重要作用。与此同时,术语学也是各门具体科学领域不可缺少的有机组成部分[Budin, Galinski, Nedobity, Thaller 1988:1; Felber 1986:110; Wüster 1974:64]。

在今天,维也纳术语学派依然坚决地表示:术语学不是语言学的分支学科[Felber 1986:110f.]。如果情况不是这样的话,那么术语学就无法在人类知识的发展中肩负起自己应该完成的使命了。

3.4　北欧术语学活动

依据前面对"学派"的判断尺度,在术语学领域而言,目前北欧地区还没有形成自己的理论学派,也尚未建立起一个独立的理论框架。就现状来看,建立独立的理论框架在人们看来并不具有太大的追求价值,也不具有太强的现实意义。但是,北欧术语学的发展已经显露出自己的特色,我们完全有必要把它作为一个统一体去研究,并按照一定的标准对它进行分析。

3.4.1　概念

在北欧术语学界,"概念"也被看成是支撑术语学理论大厦的支柱。但人们对概念的研究,则远不如上面那三个术语学学派考察得那么充分。北欧国家积极投身于国际标准化工作,北欧学者对"概念"的见解主要以国际标准化工作的研究成果为蓝本。有语言学背景的术语学家更倾向于布拉格术语学派的观点;非语言学背景的或者是专业语言学背景的术语学家,则倾向于维斯特的术语学观点。然而,要对这些见解进行明确划分似乎又会成问题,因为人们在理论上的差异并没有在实际的术语工作中得到很好反映——这里没有涉及专业词典的编纂问题。

北欧地区的术语学培训教材中有关"概念"的定义,主要是依照布拉格学派、维也纳学派和国际标准化组织(ISO)的论述。在北欧术语工作中,把"概念"作为"思维单元"来理解的观点占有绝对优势,也就是"概念"是通过抽象过程产生的,陈述逻辑(Aussagenlogik)的因素在此占据绝对位置。"概念"是一切有意义的术语工作的出发点——这一点毋庸置疑。"概念"不仅是知识秩序的工具,也是澄清等效词和同义现象问题不可或缺的工具。一句话,在北欧这样一个语言异质的地区,"概念"是术语工作的基础。

3.4.2　名称

在几乎所有的北欧语言中,"名称"和"术语"都被看成是核心。一般把"名称"理解为"概念"的语言表达标志,但是关于它与"符号"的区分,语言学家们则没有达到共识。跟苏联学派形成对比,在这里,只要满足了命名功能,在原则上,"名称"可以来源于所有的词类。虽然人们对"术语"和"专门名词汇编"做了区分,认为"专门名词汇编"是指按一定规则编排的语言符号(集)以及在可以做这种汇编的学科中按照这个规则进行编排的结果,但是这种区分并不严格,在术语工作实践中,也没有谁强制要求人们对这二者加以区分。

在语言规划方面,工作的重心则主要放在对名称语言用法的考察上。人们主要关注名称的语言使用是否准确、名称构建是否有理据,这也是从概念及其定义出发的。在最近几年,依照"概念的可连接性"(Verknüpfbarkeit der Begriffe)拟定的专业语言惯用语[也就是依照(国际)术语原则起草的]获得了广泛认可;从史深远的意义上说,它们在术语学和专业交流之间架起了桥梁。人们甚至建议在术语工作领域中也采纳这些专业语言惯用语。

3.4.3　概念和名称之间的关系

北欧从事术语学研究和实践工作的术语学家大多数具有语言学教育背景,因此,他们对概念和名称关系的见解大多倾向于索绪尔的语言学思想,这也不足为奇。还有一部分术语学家则是工程师出身,他们则更容易接纳维斯特(Eugen Wüster)的词语模型。这也很符合逻辑性,因为这样做更容易与人们各自的思想世界相适应。上述这两组术语学家在接受共同的术语学研究培训时,不仅了解到了上述那两类模型,而且也接触到了布拉格学派的名称学思想。人们更偏爱新理念,而对保守正统的主张并不热衷。与北欧人在理论上的瞻前顾后相比,上述术语分析的双重特色,在北欧的术语学实践中体现得更为明显。在注重实践的北欧术语学界看来,其他术语学学派较为成熟的理论已经显示出它们可以运用于实践的成果,从这些理论中摘取精华并将之直接运用于实践则会更省力气。

3.4.4　概念系统和名称系统

在北欧术语学界,概念系统被理解为某个专业领域中相互关联的概念总体。概念处于各类关系之中。依据不同的关系类型和划分视角,可以形成不同的概念系统;这实际上是从不同视角对同一个专业领域进行的探讨。因此,概念系统不是先验的,尽管出于实际原因,作为工作的最终结果,也许人们只描述了一种概念系统。人们建立概念系统的主要目的是揭示和描述概念(抽象)关系、知识秩序,以及对某个具体专业领域的概念结构进行比较,也便于在不同语言(语言圈子/国家)之间开展概念等效性和同义词的确定工作。

建立概念系统属于非自然科学技术领域的工作,这一点在北欧术语学界尤为明显。为了满足普遍有效性的要求,在制定术语时,人们必须从头到尾重新审视来源于技术领域的具有普遍性的基本原则。名称系统必须要与概念系统相对应,因为它是概念系统在交流维度上的体现,尤其是在形成民族语言的新术语方面。例如,在挪威"近海 - 术语"(Offshore-Terminologie)中,人们就能发现系统化命名原则的实际运用。在通常情况下,人们一般尽量避免对现有的名称体系进行触及本质的改变。

在专业语言教学法中对概念系统和名称系统的使用,是术语学基本原则在实践中得到应用的又一个明证[Picht 1988:151ff.]。

3.4.5　术语学与语言维护、语言文化、语言规划和标准化的关系

前面已经提到过,在北欧多数的语言群体里,语言维护和语言规划的因素在专业语言领域中也占有重要地位。我们采用这种较为谨慎的表述,旨在表明在个别语言群体里,人们的语言态度彼此之间可能会有很大的差异。对某个群体的语言规划工作起决定作用的,则是一系列非语言的因素,诸如:多数人群掌握的语言或者少数人群掌握的语言所处的地位如何;在这个群体里,语言维护和语言规划工作是否存在;对语言群体的标准语言(Standardsprache)及专业语言发展起影响作用的势力有多大;等等。

依照北欧术语学界的基本观点及其采取的措施,可将开展语言维护和语言规划工作的语言群体分为以下几组:

(a)持多数人群语言的语言群体,这种群体有着语言规划的传统,并对标准语言的发展有着近乎无限的影响力。比如在瑞典的瑞典人、在丹麦的丹麦人、在挪威说博克马尔挪威语(bokmålnorwegisch)的人、在冰岛的冰岛人及在芬兰的芬兰人。

这类语言群体对语言发展所持的态度带来这样的结果:无论是在术语工作方面,还是在语言规划方面,他们都致力于发展自己的语言交流手段,以求保持各自的语言在所有的交流领域里的可使用性。这个群体的态度还会影响到与邻国语言的关系及自身语言在国际语言框架中的地位。

长期以来,芬兰语受到瑞典语和其他日尔曼语族的强烈干扰。因此,在这种语言里会有很多借用词(Lehnwörter)(借词现象)。从某种程度上说,(与受丹麦语影响相比)芬兰语则更容易受到博克马尔挪威语(和新挪威语)的影响。芬兰语作为芬兰–乌戈尔语(das finno-ugrische),在历史上找不到亲缘关系;因此,这种语言在北欧的语言环境中就处于特殊的地位上。在芬兰的术语工作中,人们创造新词和"借译"的现象很常见。

丹麦进行语言维护的传统不如瑞典。在瑞典,早在18世纪,人们就依照法国的模式成立了一个语言文学学院。而在丹麦,人们则更奉行语言自由主义。但是,丹麦语是欧盟的小语种,因此,丹麦人还是有必要考虑一下,应该如何对自己的语言进行维护。

在冰岛,人们也有着形成共同语言群体的愿望,人们渴望在术语工作中为词语构成和名称构成注入本土语言的因素。

（b）持少数人群语言的语言群体,但有着语言规划的传统,并对标准语言的发展有着很大影响。比如新挪威语（neunorwegisch）,人们也把它作为标准语言进行推广使用。在挪威,挪威语和新挪威语的相似程度如此之高,以至于挪威的术语工作无须在这两种标准语言的差别上化太多精力。

（c）持少数人群语言的语言群体,有很显著的语言规划和语言维护活动,对其标准语言的发展影响有限。如在芬兰的瑞典人和在瑞典的芬兰人。在这两个国家里,人们遵循由多数人群语言的语言群体制定的术语标准。也就是:芬兰的瑞典人遵循瑞典制定的术语标准;瑞典的芬兰人遵循芬兰制定的术语标准。但也有少数例外,例如,在管理领域中明确规定,人们必须创造属于本领域的名称,即使在相应的多数人群语言中这种名称还不存在。在芬兰,瑞典语也是官方语言之一,这就显示了人们的某种特殊需求。

（d）持少数人群语言的语言群体,没有语言规划的传统,但对其标准语言的发展有着影响。如在芬兰、挪威和瑞典说拉普语的拉普人（die lappischen）。他们有着不是一种而是若干种的不同标准语言。这也说明,拉普语在北欧各个国家都不太占有优势,因此,它对术语标准化工作的需求更大。首先考虑的是要有一种共同的标准语言。

难以归类的是北欧的法罗群岛语（Färöisch）和因纽特语（Eskimoisch）（格陵兰岛）,它们长期受丹麦语的影响。法罗群岛语在结构上与丹麦语很接近,因此,这种情况对法罗群岛语的独立存在构成了很大威胁,尤其在专业语言方面。再加上说法罗群岛语的人数又少,所以,它的语言维护工作首先要放在非专业语言的使用上。

挪威北部的芬兰语和丹麦南部的德语,在专业语言方面,则遵循以这种语言为民族语言的近邻国家（芬兰和德国）的有关标准。

以下的表格展示了北欧地区语言维护的情况:

表1　劳伦的简化模型(Vereinfachtes Modell nach Laurén)[1988:13]

	多数人群的语言	少数人群的语言
由这个语言群体所在中心地域进行语言维护的标准语言	丹麦语—丹麦(母语国家) 法罗群岛语—法罗群岛(Färöer)(丹麦) 因纽特语—格陵兰岛(丹麦) 冰岛语—冰岛 芬兰语—芬兰 挪威语(博克马尔挪威语)—挪威 瑞典语—瑞典	新挪威语(nynorsk)—挪威 拉普语—(挪威、瑞典和芬兰)
在这个语言群体所在中心地域之外进行语言维护的标准语言	(如:德语—瑞士)	瑞典语—芬兰 芬兰语—瑞典 丹麦语—法罗群岛 —格陵兰岛

另外,如果想了解北欧各国在此方面的具体情况,可以参见《北欧国家的特殊问题》(*Special issue on the Nordic Countries*, *TermNet News*, Nr. 12)。

北欧从事语言维护和语言规划工作的人们对术语学理论和实践的兴趣,可以从数量可观的术语学课程和研讨会参加者那里找到证据。在北欧地区,有相当数量的术语学家有着哲学教育背景,在术语工作中,他们能显露出自己与术语学理论相切合的方法论优势。这些人要比纯粹的语言学家更容易熟悉术语学的工作思路。在北欧的语言维护和语言规划工作中,已经显示出语言学、哲学和术语学知识相结合的富有成效的成果。在冰岛,语言学家与具体学科专家的合作有着长期的传统,这可以追溯到20世纪初[Jónsson, Helgadøttir 1985:17ff.,1988:21ff.]。在术语工作领域中开展语言规划活动,这在芬兰和挪威早已经固定了下来,在瑞典情况也是如此[TermNet News 12 1985]。

谈到北欧语言维护和语言规划工作与制度性标准化工作之间的关系,我们可以认为它是很务实的(重实效)。人们只对那些有着直接需求或者从经济发展的角度看具有标准化必要性的领域才实施标准化。瑞典国家术语中心(TNC)、挪威术语工作中心(RTT)及芬兰术语工作中心(TSK),另外还有一些其他的机构(如 Norsk Termbank),经常与大型企业合作开展术语活动:他们对术语进行联合开发,共同起草和修订。这样做的优势,就是充分发挥了术语的控制功能,继而产生了较大的规范效应。这种合作性的术语工作,则把语言维护、语言规划和标准化活动融合在了一起。

3.4.6　在知识体系中术语学所处的地位

毋庸置疑,北欧地区的术语工作与应用语言学有着明显的联系,因为名称是与某个概念已有的定义相对应的。术语工作中涉及大量技术交流的内容,这也证明了上述联系存在的合理性。然而,人们不应该忘记的是,在北欧的术语工作中,来自各专业领域的专家们同样发挥了不容轻视的重要作用。因此,我们不能片面地把术语划归到应用语言学领域里去。同样不容人忽视的是,在一些北欧国家里,术语学与知识技术这两个领域正表现出日益融合的趋势。在这种背景下,我们将作为一门独立科学的术语学定位在边缘科学领域里则更为恰当一些;可以说,术语学在各门科学之间架设起了桥梁,各门科学都必须以这样或者那样的方式运用到术语学的知识。就北欧地区而言,针对"术语学定位"这个话题的明确讨论,还只限于学术兴趣。北欧地区的术语工作更侧重于实践,这种务实的态度也反映在"北欧语言秘书处"(Nordisk Språksekretariat)的章程里,该章程强调语言工作机构和术语工作机构之间的合作。北欧长期的术语实践工作本身,早已是一个各方面力量自发参与进来的合作过程。

3.5　加拿大术语学思想萌芽

3.5.1　概念

在加拿大的术语工作中,"概念"没有得到太多关注。人们一般把它当作语言符号的内涵看待[Rondeau 1981:23]。但需要指出的是,在术语学理论中,概念却受到了高度重视[Dubuc 1978:14;Rondeau 1981:14]。与此同时,在做术语分析时,人们倾向于从名称到概念,而不是反过来[Auger,Rousseau 1977:12]。这种事实是可以理解的,因为加拿大术语学研究是植根于语言学和法语词典编纂学的土壤里的[Dubuc 1978:15]。但是,概念的重要地位并没有被忽略掉。

当在某个确定的专业领域里使用名称时,实际上人们想表达的意思是:名称所对应的概念是某个确定概念系统的一部分。为了对某个确定的概念进行精确理解,人们必须把它放在与相关专业领域其他概念的关系之中,这样才能把它理解透彻。

3.5.2　名称

在加拿大,"术语"(Terminus,Term)这个称谓,是作为"名称"和"概念"的联合体使用的。在这里,它是一个语言符号[Rondeau 1981:23]。但也存在"术语"专指表达方面的情况[Auger, Rousseau 1977:31]。在上述两种情况下,术语学的研究方法都带有浓厚的语言学特色。同义现象在术语学界不受青睐。在这一点上,加拿大的术语学观点与别的学派没有差别。可能对同义现象的避免,是由于英语和法语的词法具有太强类似性。

加拿大术语工作的注意力放在名称构成(新词、新语义)上,其原因可以归结于我们在前面谈过的加拿大开展术语工作的原因和目标上。"新词(新语义)"(Neologie)这个概念,也是(国际)法语语言学界(法语圈)讨论的对象。在 1985 年于蒙特利尔举行的术语讨论会上,著名法语词典编纂学家阿兰·雷伊(Alain Rey)曾经说过:在知识和技术领域里,人们不仅创造着新的名称,而且还对某种语言中已经存在的名称片面性地提出新的用法——这已经成为语言表达国际化过程中(出现)的一个问题[Rey 1985:63]。

3.5.3 概念和名称之间的关系

在加拿大的术语学研究文献中,人们不仅可以发现维斯特的研究思想(把名称作为概念的语言表达去看待)[Auger, Rousseau 1977:12],而且还能看到索绪尔的语言学研究方法(把术语作为语言符号去理解)[Rondeau 1981:23]。迪比克(Dubuc)[1978]和龙多(Rondeau)[1981]这两位学者,却没有对与名称构成(Benennungsbildung)相联系的概念和名称之间的关系进行探讨,而是从语言学和语言维护的角度对构词(法)进行了研究。

3.5.4 概念系统和名称系统

维也纳术语学派的研究方法是从概念和概念体系出发的,我们可以把这种方法称为名称学工作方法[Rondeau 1981:70];而语义学研究方法则是指:遵循词汇学的传统,把语言符号作为分析的出发点。在加拿大术语学实践中,在工作的开始阶段,术语学家们大多强调词汇学的思考方法[Auger, Rousseau 1978:12],然后才转向依照概念体系进行工作[Rondeau 1981:70f.]。人们认为,就名称学的工作方法而言,它只针对有限的专业领域(譬如化学)才是合适的。加拿大术语学家似乎对不同类型的概念系统兴趣不大。在这个有着深厚语言学烙印的术语学圈子里,名称系统被看成是一种重要的辅助手段[Auger, Rousseau 1978:58],概念系统只在构建和评价符合系统规则的名称时,才被人们作为工具使用。

3.5.5 术语学与语言维护、语言文化、语言规划和标准化的关系

正如本章前面强调过的,加拿大的术语学工作带有很强的语言维护色彩。它的态势是,要在北美把法语发展为一种工具,以便在现代社会的各个领域使法语与英

语势均力敌。在北美讲法语的公民,企望法语味儿十足地生活着;这等于是人们要抵抗住英语对北美法语词汇和法语术语的影响。在许多方面,这种语言维护意识要比在欧洲的法国人对法语的维护意识更为强烈。因为在北美,由于地域的接近和英语区总体经济的发达,英语对法语的冲击要比在欧洲大得多。这里的法语术语工作,不仅要把法语在社会经济各方面的地位巩固住,而且还要完善它的语言质量。为了把术语工作的成果在科技、文化等领域中进一步强化,加拿大术语学界采用了一套法定的标准规范。

在魁北克省,魁北克法语办公室(office de la langue française,OLF)、魁北克市和蒙特利尔市的几所大学分别从事术语规范工作和术语学研究工作。就术语学中的理论问题,20 世纪 70 年代之后,在魁北克省召开过数十次国际会议;其内容涵盖术语资料、语言标准化、新词规划、术语定义、术语学与语言学、术语学与科学技术的关系、术语学与信息学和文献学的关系、术语中的定义和同义词问题等等。

为了支持术语学基础研究,加拿大在 1979 年成立了术语科学研究和跨学科应用小组(Groupe interdisciplinaire de recherche scientifique et appliquée en terminologie,GIRSTERM),并在魁北克省的拉瓦大学(Université Lava)设立了一个术语学的教授席位。担任术语学教授的是语言学家龙多,他也是 GIRSTERM 的主任。直到 1987 年去世前,他一直致力于术语基础研究和术语学教学工作。他的目标是建立起加拿大术语学派。

GIRSTERM 是加拿大术语学基础研究的中心,与许多大学联合起来共同从事术语学的基础研究工作。人们把大量的术语学研究成果收录在《术语学工作文集》(*Travaux de Terminologie*)里,于 1979 年出版了第一版。正如本章前面所述,加拿大术语学理论研究以语言学和翻译理论为基础。著名术语学研究学者有:奥热(Auger)、布朗热(Boulanger)、迪比克、龙多等。龙多也是国际术语协会(International Association of Terminology,TERMIA)的发起人;这个协会于 1982 年在拉瓦大学成立,也开展术语学基础研究和教学工作。多年来,加拿大的术语学家们也致力于术语基本原则和方法论的研究与创建工作。这些原则和方法由魁北克法语办公室及其他相关机构贯彻实施。

3.5.6 在知识体系中术语学所处的地位

在加拿大,人们也是把术语学当作一门学科来看待的,考察专业语言概念的名称[Rondeau 1981:14]。也许人们在此想谈论术语学与哲学的关系,然而,从加拿大目前的术语工作目标设置情况看,把术语学首先理解为语言学的一部分是很自然的事。为了把另一种语言的潜在影响摒弃掉,在加拿大的法语圈子里,术语学与翻译学和词典编纂学一直是紧密相连的。基于上述事实,欧洲术语学家大多认为,加拿大的术语学研究实际上主要是在语言学领域中进行的。

4　对各个学派或者思想萌芽的观点比较

在前面第三部分,我们依照统一的参数,对这五种最重要的术语学学派或术语学思想萌芽进行了介绍。现在,我们将依照每一个参数对它们进行分类比较,然后将结果以简要概括的形式呈现给大家。

4.1　概念

所有这些术语学学派或者思想萌芽都把概念作为重点进行研究和理解;我们可以认为,在这个问题上,主要存在着两种见解:(1)以语言学为导向,其内涵方面与索绪尔关于"含义"(Bedeutung)的思想很相符;(2)以认识理论和知识理论为指导,从哲学立场出发,把内涵方面作为"概念"看待。术语学苏联学派明确论述了这种"二元性"(Dualität),这就表明,上述这两种见解不一定是对立的。我们把主要观点归纳如下:

(a)概念是一种"思维要素"(Denkelement)、一个"知识单元"(Wissenseinheit)、一个自我动态发展的"值"(Größe);

(b)概念显示出一种"单义的系统关系"(ein eindeutiger Systembezug);

(c)在单语种和多语种的术语工作实践中,概念是一种不可或缺的"工具";因为作为可以定义的"值"(Größe),它代表了一种超越了语言表达(在语言表达之上)的参考点。

所有这些学派或者思潮都对上述两种见解有过不同深度的思考和研究。在这里,由于实际目标的驱动而产生的影响,是一个不容忽视的因素。总的来说,我们可以认为:在关于"概念作为工具发挥作用"这一点上,人们存在着很大的一致性。但是,就思考问题的角度和思想传统而言,这些学派或者思潮之间则存在着差异性;然而这些差异也绝不是不可逾越的。由此可以得出结论:在"概念"这个话题之下,在上述各方的看法当中,具有共性的因素占据着主导地位;尽管上述各方根据自己具体目标的不同,而对自己的观点有所侧重。这种现实也就导致上述各方对概念的研究采取了不同的侧重点;这样做的效果,则是上述各派理论观点的对抗性减弱,甚至可以认为它们的观点是相互补充的。

4.2　名称

　　大家普遍认同的观点是：名称标明了某个概念，也就是说，名称起到的是命名的作用。这种作用对于语言领域的任何一种交流来说都是基础性的。此外，从上述各学派或者思潮对于名称的见解中，我们可以清楚看到：大家都是以索绪尔的理论为出发点的，即使有的学派对索绪尔的观点进行了一定扩充或者修改，这尤其在维也纳术语学派中表现得比较明显。

　　上述各派还具有共识的观点是：人们迫切需要为诸如"应该如何构建名称"之类的问题制定出指导原则（指南）。这些指南大部分应该具有通用性。当然，针对个别性的要求，则不会不出现相互矛盾的情况，而且也不可能完全保持一致；更确切地说，人们应该把这些指南理解成是推荐性的，这样做的目的是给予用户以自主权，让他们自己去决定，应该为特定的命名问题提出什么样的最佳解决方案；在这里，人们特别强调命名动机和名称在名称系统中的连贯一致性。

　　与此同时，我们也不应该忽略各派之间存在的不同观点或曰不同的研究重点。就 Nomenklatur（专门名词汇编）和 Terminologie（术语）之间的区别，苏联曾经进行过比较细致的讨论；在某种程度上，布拉格学派对这个问题的探讨也远比剩下的那些理论派别更为深入。在名称的词类归属关系（Wortklassenzugehörigkeit）问题上，我们同样可以看到，至少存在着下列两种具有倾向性的差异：一方面，人们偏好采用名词作为名称；而另一方面，在原则上，大家又强调名称应该不限于某种确定的词类。并且，在怎样解决专业语言惯用语（fachsprachliche Phraseologie）的归属问题上，人们也没有形成一致性的意见。

　　在上述的术语学学派或者思潮中，有的（如加拿大、北欧地区及布拉格术语学派）把（民族）语言维护（如创造新词）放在优先位置上，而有的（主要是维也纳术语学派）则把自己的注意力放在国际交流方面，尤其放在国际标准化活动上——在此要算上"术语钥匙"的拟定工作。在维也纳学派和北欧地区最新开展的术语工作中，对术语学与符号学之间关系的研究，则是一个明显的亮点；这一新趋势无疑会在未来对名称问题的研究产生深远影响。

　　尽管术语学各派之间存在着一些差异［与其把这些差异解释为对主要矛盾（原则性的对立面）的表达，倒不如说是由于上述各派各自的研究重心（侧重点）有所不同］，但是，就上述所有学派和思潮所持的基本观点而论，它们具有的共同之处则占据着主导地位，而且，就所持的不同侧重点而言，它们又更具有互补性，并且完全可以按照我们在本文第二部分(译者注:即"各个学派或者思潮的发展背景")里所做的分析,把它们解释清楚。

4.3　概念和名称之间的关系

作为共同的出发点,索绪尔的思想在所有学派或者思潮的见解中清晰可见;然而,这种对索绪尔思想的发展却又完全不同;尤其是在维也纳,在那里,在索绪尔的思想之上,人们又叠加了其他非语言学的方法。一般来说,人们在此可以谈到"以语言学为导向的术语学方向"和"以专业 – 认识理论为导向的(fachlich -erkenntnistheo-retisch orientiert)术语学方向"。在其中,前者主要以语言模型为依据,而后者则从语言模型出发,为的是进一步对其进行发展,并使它们与具体实际相适应。

维也纳学派在概念和名称之间进行了清晰的划分;他们谈"概念领域"(Reich der Begriffe)和"名称领域"(Reich der Benennungen)。这两个领域通过"名称与某个概念之间的对应关系"(将名称分派给某个概念)而建立起了联系。维斯特的"认识理论模型"就生动直观地表明了这种观点。

虽然苏联学派也从索绪尔的观点出发,但它把重心放在了概念及其与概念系统的联系上。苏联学派的特色还在于——它对 Nomenklatur 和 Terminologie 进行了区分。当然,这也是前面对概念和概念系统之间关系进行考察所产生的结果。

在布拉格学派中也存在着类似的却更倾向于语言学理论的观点,但这个学派因其名称学思想而特别重视概念方面;他们强调概念的系统性,并考察在概念系统背景下的名称构成。尽管术语具有二元性(binär)特性——这在分析苏联学派时也谈到了——但霍雷茨基强调定义的重要性,因而这也间接地强调了概念的重要性。

北欧术语学界则将上述提到的三种术语学导向进行了调和。北欧还谈不上形成了自己独立的术语学理论,但占主流的术语学观点则与霍雷茨基的名称学方法密切相关。

而加拿大的术语学理论和实践,则明显表现出以语言学为导向的特点。只要能与专业语言的要求兼容,人们就尽可能遵循词汇学的语义学传统。

在上述四种术语学理论和实践方向上,存在着一系列具有原则性的共性,例如,术语分析的"二元性"特点、名称学的研究视角、概念及其系统制约性等观点占据着主导地位。

各个术语学圈子之间在见解上的差异是显而易见的。然而,它们之间的分歧似乎没有那么大,不至于应该让人们把它们称为"组成了学派"(schulenkonstituierend)。

在(对它们)进行评估时,如果人们设置了不同的目标,那么大家可以从这些术语学见解中推断出一些差异性;但是,我们通常可以把这些差异性理解成是各派侧重点的不同,何况这些侧重点是相互补充的。

4.4　概念系统和名称系统

在欧洲的术语学学派或者思潮中,人们一般都赋予"系统化思想"以中心性的重要意义;在这里,概念系统(对于揭示或者构建概念系统之类的事情,人们通常认为是相关专业专家们的任务)优先于名称系统。只有当概念和它们之间的关系是清晰明确的时候,人们才研究交流活动的可行性和名称的系统化;后者尤其与起规范作用的术语工作有关。

与概念系统紧密结合,也构成了知识秩序和教学法的一个方面;这里旨在以有序的方式对知识进行整理,然后,再以更容易被人们获取的形式对知识进行传播。此外,在涉及多语种的工作中,概念系统构成了对名称进行等效性评估和同义词评估的基础。概念的这种工具功能,在维也纳学派和北欧的术语学圈子里表现得尤为突出。维也纳学派明确强调概念系统在思维过程中所起的作用,其他的术语学学派或者思潮对此也有一定的阐述。最近几年,这种思想方法在欧洲得到了进一步的发展,由此也在术语学和知识技术之间架起了桥梁。就名称系统而言,只要有可能,人们就尽量做到让名称系统反映概念系统,并努力使概念之间的关系在名称中清晰可见。要做到这一点,在规范性的术语工作中则要比在描述性的工作中更具有可能性;在所有的欧洲术语学学派或者思潮中,人们都考虑到了这一事实。

系统化思想在加拿大则没有在欧洲那么显著;只有在对与系统相适应的名称进行构建和评估的时候,人们才把概念系统作为工具加以考察和运用。在加拿大,人们对"语义域"(semantisches Feld)的思想更为亲近,这种思想也完全符合加拿大术语工作中占主流的语言学导向。

4.5　术语学与语言维护、语言文化、语言规划和标准化的关系

从本文第三部分(译者注:即"对各个学派或者思想萌芽的阐述和分析")中我们得知,在所有的术语学学派或者思潮中,都存在着以这样或者那样的形式出现的语言维护、语言文化、语言规划和标准化活动(虽然就它们各自所设立的目标和开展活动的强度而言,彼此之间可能存在着显著的差异)。下面就罗列一些较为突出的差异或者具有倾向性的不同点:

（a）在标准化方面,它通常具有语言规划的基本特征,在所有的术语学学派或者思潮里都能找到代表。在布拉格学派、苏联学派和加拿大术语学圈子里,标准化活动的主要目的是维护自己的民族语言;标准化、语言规划和语言维护活动主要是国家性的,目的是尽可能寻找到最佳的途径,使自己的民族语言在整体上作为在所有生活领域里使用的交流工具。而维也纳学派则相反,在一定程度上,北欧术语学圈子也是一样的,它们都努力追求国际性标准化和对专业语言进行维护的理想,它们的代表人物都积极投身到国际性组织和国际社会的标准化活动,以及其他的语言规范化活动中去。在北欧层面上,人们也积极参与北欧各国之间的语言和术语协调工作。

（b）诸如加拿大、捷克斯洛伐克和北欧地区,在术语和专业语言领域中,针对本民族语言的语言维护和语言规划活动,主要是由相应的国家机构组织开展的;它们负责在整体上对语言进行维护。

（c）要论制度性标准化工作的重要程度,这在东方社会和西方社会各不相同。在社会主义国家,标准化活动更多是立法性的;而在西方社会,标准化活动则基于对此感兴趣的人们的广泛共识;人们经常出于发展经济的动机,而去遵循推荐性的标准,而且还仅在某些情况下才受其约束。

综上所述,上面提到的差异主要归因于术语学理论自身之外的因素,但在一定程度上,这些差异可以在方法论中反映出来。在语言规划和语言维护领域中所体现的差异性,则可以解释成是各派侧重点的不同,我们可以将其视为形成某个语言圈子或者某种思潮所具有的特征。但这些都不足以说明我们可以将其称为"创立了学派"（schulenbegründend）,更何况从方法论角度来看,它们彼此之间并不相互冲突。

4.6　在知识体系中术语学所处的地位

针对"术语学在知识体系中所处的地位"这个话题,上述术语学各派所持的见解相差甚远。我们应该把这些观点放在本文第二部分（译者注:即"各个学派或者思潮的发展背景"）所述的背景下进行考察。虽然术语学各学派或者思潮的先驱们的专业背景不尽相同,但是他们的思想却闪耀着不朽的光芒（尽管我们也应该注意研究后人对这些先驱思想的推陈出新）。

加拿大术语学界明确地把术语学划入语言（科）学（Sprachwissenschaft）的范畴之内;而与此形成鲜明对比的是,维也纳学派却把术语学诠释为"一门跨专业的独立边缘科学"。介于这两个"极点"之间的,则是布拉格学派的观点,它把术语学放在了

"应用语言学"的范畴里;与此同时,它还强调术语学与其他学科的必要联系。

北欧术语学界则采取比较实用的态度;人们充分认识到术语学与其他学科进行合作的必要性,并且,将这种合作大规模地置身于实践的土壤;虽然人们没有旗帜鲜明地开展过讨论,但是,北欧术语学界把术语学更确切地定位为跨学科的科学。

苏联学派则均衡强调术语学与语言学学科和非语言学学科的联系[Reformatskij S..]。然而,也就是在这个术语学学派里,人们可以观察到一场(术语标准化)运动,而它又与维也纳学派所倡导的立场极为相似。

从更高的角度上看,人们对术语学的这种划分依旧很有问题,因为术语学本身及其相关的学科都是在不断发展演变的。我们认为,探讨术语学的学科地位问题有其必要的学术价值;术语学诞生于实践的土壤,来源于实践的实际需求,又影响着术语学的可持续发展;所有这一切,都很难通过借助分类法对术语学的位置进行确定来驾驭。也许在未来,术语学会继续从与其本质相近的学科中寻求并找到适合自己的理论和方法的启示,而不用去理会人们把它纳入到了科学系统的哪一个位置上。

5　术语学领域是否存在学派建设?

在前面做过的分析和比较的基础上,我们总结出下面的结论:可以依据视角的不同,把上述的术语学学派和思潮分为两个"极对"(Polpaar)。

在图2中,我们把这两个"极对"分别称为"语言学导向"和"各学科融合和跨学科导向"(inter- und transdisziplinäre Orientierung),在此,我们依照在上面4.6节里已经简述过的观点,对这两个理论"极对"之间的关系进行阐述。

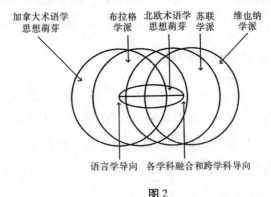

图2

从理论层面上说,任何一种处于动态发展中的科学,其特征都是在不断地寻求适当的解决途径的,也就是说:它们不断处于"形成理论并在实践中检验理论,以及寻求理论运用于实践的方法"这一动态过程中。在这个过程中,自然会存在不同的见解,或者,更精确地说,存在着不同的侧重点(Schwerpunkt)(人们的意见不是必须绝对一样的)。对于这种事实,我们只能给予积极的评价,因为从两种或者若干种观点的冲突当中,常常会孕育出更为进步的新发展。

如果我们改变一下视角,把"语言－交流"之间的关系放在我们考察的焦点上,那么图2中的要素就会变成下面图3所示的情况。

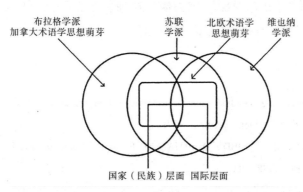

从"国家(民族)－语言"或者"国际化"(多语言)的角度进行理解

图3

在图3中,我们对"语言－交流"关系进行考察的角度是术语工作,也就是说,看看在"国家/民族"(国家/民族－语言)层面上或者在"国际层面"(多语言)上所开展的术语工作都到了何种程度。

图3包含了与历史发展和目标设置有关的方面,我们在本文前面第二部分和第三部分里都特别提到过。如果说布拉格学派把眼光放在实践需求方面的话,那么加拿大术语学理论和实践则主要侧重于影响其民族语言的发展方面,而维也纳学派却始终如一地追求实现国际性交流的理想。在这张全息图中,苏联学派则占据着中间位置,主要致力于在概念和语言层面上对自己国土上大量存在的并具有代表性的语言进行统一。在北欧地区,一方面,人们在概念层面上对语言进行统一;而在另一方面,人们又必须在语言层面上对不同语言中出现的多语言表达进行协调。也就是说,北欧国家的语言规划和语言维护工作针对的是民族性语言,但在概念层面上开展的协调统一工作则具有国际化的性质。

这张示意图可以强化我们对不同学派或者学说的直观认识。但是,如果现在我们回到本文开头阐述过的有关"学派"的定义,参照着诸如"理论开端""研究对象的分类""共同研究策略的基本特点"这些在"学派"定义中加以强调的本质性要点,读者就会发现,在本文我们分析过的这些学派和思潮当中,在上述方面,它们都存在着很多共同之处。人们假想的、貌似不同学派之间的分歧,在实质上,应当被理解为因各派目标设置的侧重点不同而形成的不同特色;这些差异在原则上不是相互对立的,而是对术语(学)整体领域中不同方面的不同强调,因而它们是互补的。

最后,我们还不应该忘记,所有这些"学派"和"思潮"的宗旨都是与术语学的总体目标相一致的,这就是:要确保和改进专业交流的质量。无论出于什么样的原因,我们都应该避免谈论"术语学学派",因为谈论这种("学派")关系时隐含着一种根本对立的关系,而这又是与现实情况很不相符的。

参考文献

[1] AUGER P, ROUSSEAU L-J. Méthodologie et la recherché terminologique. Études, recherchese et documentation No. 9[M]. Québec: OLF, 1977.

[2] BUDIN G, GALINSKI C, NEDOBITY W, THALLER R. Terminologie und die Wissensverbreitung [M]. Wien: Infoterm, 1988: 480 – 492.

[3] BUDIN G. Möglichkeiten und Grenzen der Terminologieforschung in den Sozialwissenschaften[D]. Wien: Universität Wien, 1988.

[4] DROZD L. Zum Gegenstand und zur Methode der Terminologielehre[M]. 1975: 67 – 80.

[5] DUBUC R. Manuel pratique de terminologie[M]. Montréal/Paris: Linguatech, 1974.

[6] ELOMAA A. Suomen kielen sähköteknillisen termistön muutoksia 20 vuoden aikana[M]//LSP and Theory of Translation IV. Vaasa/Vasa: Universtät Vaasa, 1984.

[7] FELBER H. Einige Grundfragen der Terminologiewissenschaft aus der Sicht der Allgemeinen Terminologielehre[J]. Special Language/Fachsprache, 1986(8): 377 – 396.

[8] FILIPEC J. Zur Spezifik des spezialsprachlichen Wortschatzes gegenüber dem allgemeinen Wortschatz[M]. 1976: 96 – 108.

[9] GALINSKI C. The Vienna General Theory of Terminology (VGTT)[M]. Wien: Infoterm, 1987. (manuskript).

[10] HORECKY J. Zu Bedeutungsbeziehung zwischen den terminologischen Benennungen[M]. 1982: 81 – 88.

[11] JONSSOM B, HELGADOTTIR S. Iceland[J]. TermNet News, 1985(12): 17 – 20. (Special issue on the Nordic Countries).

[12] JOMSSON B, HELGADOTTIR S. Terminological activity in Iceland[J]. Nordisk Tidskrift for Fagsprog og Terminologi, 1988(2): 21 – 28.

[13] KANDELAKI T L. Die verschiedenen Beduetungen der Termini und die Bedeutungssysteme der wissenschaftlich-technischen Terminologien[M]. 1970: 238 – 279.

[14] KOCOUREK R. Der Terminus und seine Definition[M]. 1965: 33 – 66.

[15] KUHN T. The essential tension. Selected studies in scientific tradition and change[M]. Chicago: University of Chicago Press, 1977.

[16] KULEBAKIN V S, KLIMOVICKIJ J A. Arbeiten am Aufbau einer wissenschaftlich-technischen Terminologie in der Sowjetunion und die Sowjetische Schule der Terminologie[M]. 1970: 121 – 158.

[17] LAURÉN C. Canadian French and Finland Swedish: minority languages with outside standards, regionalisms and adstrate[M]. Québec: ICRB, 1983.

[18] LAURÉN C. Societal bilingualism and language planning[C]//JORGENSEN J N [et al.]. Bilingualism in Society and School. Multilingual Matters. Clevedon: 1988.

[19] LAURÉN C. Klassische Sprachen und Termini. Eine Studie zu vier schwedischen Technolekten [M]. 1988: 457 – 469.

[20] NEDOBITY W. Terminologie in Österreich[M]. 1986: 293 – 301.

[21] NUOPPONEN A. Begreppssystem och deras betydelse för terminologisk analys, licentiatavhandling [M]. Vasa: Vasa Högskola, 1987.

[22] OESER E. Terminologie alt Voraussetzung der Wissenstechnik[M]. 1988: 470 – 479.

[23] PICHT H. Nordisk Terminologikursus, 20.–30. Juni 1978. 2 Bde. [M]. Skodsborg:1978.

[24] PICHT H. Die Terminologie als didaktisches Mittel im fachsprachlichen Unterricht. [C]//GNUTZMANN C. Fachbezogener Fremdsprachenunterricht. Tübingen: 1988.

[25] PICHT H. Fachsprachliche Phraseologie [M]. 1989: 439 – 456.

[26] REFORMATSKIJ A A. Was ist eine Benennung und was ist Terminologie? [M]. 1961: 206 – 220.

[27] REY A. Les fonctions de la terminologie[G]//AAA. Actes du sixième colloque OLE-STQ de terminologie: L'ère nouvelle de la terminologie. Montréal: OLF, 1985.

[28] RONDEAU G. Introduction à la terminologie[M]. Montréal: Centre éducatif et culturel, 1981.

[29] ROUDNÝ M. Die Terminologielehre in Institut für Tschechische Sprache der Tschechoslowakischen Akademie der Wissenschaften[R]. 1980: 89 – 95.

[30] STRÖMMAN S. Fackslang i tvasprakiga företag-svensk eller finsk? [C]//HOLMEN A, HANSEN E, GIMBEL J, et al. Bilingualism and the individual. Multilingual Matters Clevedon:1988.

[31] SUPERANSKAJA A V. Theoretische Terminologiearbeit[G]. 1985: 221 – 228.

[32] TÖRNEBOHM H. Studier av kunskapsutveckling[M]. Lund: Doxa, 1983.

[33] WÜSTER E. Internationale Sprachnormung in der Technik, besonders in der Elektrotechnik[M]. 3. uberarb, tufl. Bonn: 1970.

[34] WÜSTER E. Das Worten der Welt, schaubildlich und terminologisch dargestellt[J]. Sprachforum 1979(3/4): 183 – 204.

[35] WÜSTER E. Benennungs-und Wörterbuch-Grundsätze. Ihre Anfänge in Deutschland[J]. Muttersprache, 1973(6).

[36] WÜSTER E. Die allgemeine Terminologielehre — ein Grenzgebiet zwischen Sprachwissenschaft, Logik, Ontologie, Informatik und Sachwissenschaften[J]. Linguistics, 1974(19).

[37] WÜSTER E. Einführung in die allgemeine Terminologielehre und terminologische Lexikographie [M]. Wien: TermNet, 1979.

[38] WÜSTER E. Terminologieschlüssel[M]. Wien: Infoterm, 1986.

[39] ZURALEV V F, SAMBUROVA G G. Philosophisch-logische Aspekte der Terminologiereglung und -normung[M]. Wien: Infoterm, 1985: 229 – 237.

谈术语学说的对象和方法[①]

L.德罗兹德 著 邱碧华 译

摘要：L.德罗兹德是所谓的"术语学布拉格学派"的代表人物之一。在这篇论述中德罗兹德从布拉格功能经济语言学的独特视角对正在发展的术语学说进行了考察，阐明了这门新兴学科的研究对象和研究方法，探讨了术语学中作为秩序系统的科学概念系统问题、术语学家职责/能力问题以及历时性和共时性问题等。他的观点与传统意义上的维也纳术语学派有些不同之处，更加强调了功能语言学的研究角度。

关键词：布拉格学派，经济语言学，功能经济语言学，术语学说的研究对象，术语学说的研究方法，科学概念系统，历时性和共时性

1　术语

Terminologielehre(术语学说)这个复合词的基本词是 lehre，含义是知识分支、一门科学学科、一门科学本身，以及诸如此类的科学。当前语境里，我们对这个"语音形式"的其他含义并不感兴趣。Terminologie 这个限定词，在今天则具有几种基本性的含义。Terminologie 可以是：

（a）描述某个专业的"术语"(Termini)集子(经过标准化或者未经标准化)。例如，在专业词典中作为"专业词汇"(Fachwortschatz)出现的"专业语言词汇"(Vokabular der Fachsprache)等。

（b）在特定专业中存在的或者已经查明的语言手段的总体。

---

① 本文曾发表于《俄罗斯语言文学与文化研究》2021 年第 1 期。L.德罗兹德(L. Drozd)(捷克)是所谓的"术语学布拉格学派"的代表人物之一。这篇论述是他在 1972 年 8 月于哥本哈根召开的应用语言学国际会议上所做专题报告的修改版，德文题目为"Zum Gegenstand und zur Methode der Terminologielehre"，发表于《母语》杂志 1975 年第 86 期，第 109－117 页[*Muttersprache* 86(1975)，Nr.2，S. 109－117.]。本文之所以名为"术语学说"是因为这篇文章的标题里使用了 Terminologielehre 这个术语，这个术语的直译就是"术语学说"，强调的是"知识分支，术语的理论"的含义。

（c）"专门名词汇编"（Nomenklatur）。例如，在植物学、动物学、化学领域中存在的、以国际样板为蓝本的传统"双名制命名法"（binäre Nomenklatur），也就是专业领域中存在的、具有广泛系统规模的"专门名词汇编"（术语表）。人们还把从商业贸易、经济科学等领域中选择出来的术语也称为"专门名词汇编"。

（d）知识分支，术语的理论，说得更确切一些，即"术语学说"。

由于理论与实践之间存在着密切联系，因此，在社会实践领域，人们也需要解决与术语有关的问题。举例而言，人们经常把语言维护工作或者带有语言维护特点的、编制"专门名词汇编"的任务及其推荐工作也称为 Terminologie。在德语里，Terminologie 这个词出现的历史相对较短。18 世纪初，Terminologie 这个叫法就已经出现在有关艺术词汇（Kunstwörtern）的学说和艺术词汇集里了。直到 19 世纪才出现了 Fachsprache（专业语言）这个名称。从那个时候起，Terminus technicus（技术术语）、Terminus（术语）、Kunstwort（人造词或者艺术类的词汇）、technischer Ausdruck（技术表达）才被 Fachwort（专业词汇）、Fachwortausdruck（专业词汇表达）替换。学者赛比克（W. Seibicke）写过一部专著［Seibicke 1968］，他在这部著作中为我们描绘了一幅与技术术语有关的名称发展史的生动图景。

依照人们对 Terminologie 的不同理解，以及对它进行研究的不同目标，视具体情况，我们可以在语言表现/现象（Spracherscheinung）中进行选择。在编制"专门名词汇编"时，人们首先要考虑名词、形容词和分词。而在编制"术语集"（Sammlungen von Termini）时，除了要考虑上述因素，还要兼顾到动词和术语化的结构段连接，在此包括所谓的"专业措辞"（Fachwendungen）［Warner 1966］，这里由"起辅助性作用的、不完全的词"构成的术语单元具有特别重要的意义，如数学或者逻辑学中所谓的逻辑运算符就属于此类［Tonndorf 1956:107–112］。就某确定专业中存在的或者被查明的语言手段总体而言，人们需要把与术语相关的所有语言层面都考虑进去。也就是说，既要考虑到形态、词汇、句法等特点，还要从句子层面、从语义角度（对语言手段总体）进行通盘考虑等等［Barth 1971:206–363］。在我们这个时代，把 Terminologielehre 理解为"作为知识分支的术语学"的观点已经得到了人们的广泛认同。也正是在这种意义上，E. 维斯特（E. Wüster）在其文章《术语学说》（1973）里使用了这个表达。

2　谈术语学说的研究对象

对"专业语言"（Fachsprache）或者"科学和技术语言"（Sprache der Wissenschaft

und Technik）这类现象的兴趣，显然不是在语言学家的圈子里产生的。这类字眼是在近代由人们对科学和技术的需求催生而来的。18 世纪这个"重在收集"的自然科学大发展的时代，为"专门名词汇编"的产生奠定了基石。19 世纪末，这又是一个科学语言成为形式逻辑研究对象的时代。20 世纪初，（逻辑实证哲学）维也纳学派卡纳普（R. Carnap）、施利克（M. Schlick）等人提出所谓的对象语言和元语言这些概念。20 世纪 20 年代，商业高等院校里产生了对语言的需求，所谓的经济语言问题脱颖而出。到了 20 世纪 30 年代，一种对术语进行语言探索的独特方向诞生了，它由维斯特开创[1931 年，他撰写了《在工程技术中（特别是在电工学中）的国际语言规范》（1931 年第一版，1970 年第三版）这一划时代的博士论文]。今天，人们为术语工作所付出的全部努力都能在这里找到起点。20 世纪 30 年代，诞生了一场旨在对经济语言进行界定的运动，它主要是从功能 – 结构语言学的意义上开展的，布拉格语言学派的理论构成了这场变革的基础。1936 年，西本沙因（Siebenschein）发表了《关于经济日耳曼语言学研究》这一论文。当大多数侧重历史研究的经济语言学研究者在荷兰、德国和瑞士的商业高等院校里开展研究的时候（诚然，他们也经常提到充满生机的语言研究视角），从事功能和结构语言学研究的学者们则将自己的视野尤其锁定在文本（语篇）分析，以及"专业语言手段"和"非专业语言手段"的功能性对照方面。依照布拉格商业高等院校学位论义的要求（1935 年），专业语言被视为语言手段的功能性整体，是术语单元和非术语单元的总体，是为某种确定的经济目的服务的。依照功能经济语言学的观点，在经济语言系统内部起作用的，一方面是术语单元[包括术语和术语结构段、特殊句法表达（spezielle syntaktische Wendungen），万丘拉（Z. Vančura）将其称为 Schablonen，也就是"措辞单元"（phraseologische Einheiten），人们可以将其与耶斯佩森（O. Jespersen）的 formula、巴利（Ch. Bally）的 unite phraseologique，以及瓦尔纳（A. Warner）的"专业措辞"（Fachwedungen）进行比较]，另一方面则是非术语因素（包括非术语和非专业语言的措辞）。

　　根据万丘拉的观点，对术语因素和非术语因素之间的对照，只有在具有相互联系的表述中才能进行。至于应该如何对这种正在探讨的"具有相互联系的表述"进行界定，则需要我们以经验为依据，而且还要以各自的专业领域为基础[Quadri 1952：166]。

　　直到今天，依旧存在着一个公开且有待商榷的问题："专业语言"是否是语言手段的总体？是否是一个独立的系统？或者，它仅仅是一种专业语体层面的东西。把"专业语言"看成是语言手段的总体，并将其作为一个独立的、具有功能性的语言系统看待,学者们在这方面的假设性观点,对于术语学说来说,具有特别重要的方法论意义。毋庸置疑,在自然语言和形式化的语言之间存在着一个较为宽阔的回旋空间,各式各样的专业语言在这里发展着并且发挥着作用,人们也在寻求可靠和合适的方法,力图在它们之间建立起牢固的界限。不管怎样,术语学说要与文本(语篇)、要与某种专业语言,也要与某种功能性语言打上交道。

把专业语言或者科学语言看成是特殊的语言系统(spezielles Sprachsystem),学者们的这种假设性观点,是建立在把语言构成物(Sprachgebilde)视为一个整体的基础上的。因此,这就必然导致系统化和结构化思想的产生。顺着这条思路,我们就有可能把语言学知识与当今处于最前沿的思想(其中就运用了系统化和结构化的思想)富有成效地结合起来。由此,上述这种假设也就具备了与维斯特式术语学语言处理方法建立联系的可能性:每一种要被考察的语言现象/表现都可以看成是与系统有关的;专业语言可以作为功能性的语言系统看待,在这个语言系统的背后,则是作为其基础的科学(技术)概念系统。概念系统借助名称系统而被命名为术语系统。语言手段的总体构成了术语系统,可以供人们进行摘录、描述和分析。在某一确定的时间点上,人们可以确定出某一特定知识分支的出版物总体,并由这个知识领域的专家们(将其)作为资源加以认可,然后再作为特定的语言库存和特定的语言手段系统供人们使用。

3　术语学说的研究方法

术语单元的分析具有双重特征:语言形式方面的特征和概念方面的特征。术语分析不仅需要考虑词的语言形式(语音形式),而且同时还要考虑它的内涵,这一点更为特殊。所以说,人们对专业语言及其要素的研究,是从以下的基础性问题入手的,这也是现代语言学关心的话题,即:探讨词、句子、表达(表现)之间的关系,以及语言和思维、语言和语言之外的现实世界之间的关系问题等。前面对术语学说研究对象的思考,其实为我们提供了一种可能性,我们可以在若干个学科中去寻找作为术语学说理论基础和工作方法的东西。

人们会问,"术语学说"是:

(a)词汇学?专业词汇学/特殊词汇学(spezielle Lexikologie)?或者专业词典编纂学/特殊词典编纂学(spezielle Lexikographie)?(在提出这个问题时,人们必须承认,在此涉及的并不是所有的语言层面,而只是其中的几个)

(b)专业名称学/特殊名称学(spezielle Onomasiologie)?(在提出这个问题时,人

们似乎也必须放弃几个重要的语言层面,尤其是句法层面)

(c)概念学说(Begriffslehre)或者一门与逻辑学相关的知识分支?

(d)一门独立的知识分支? 或者应用语言学的一部分? 或者普通语言学的一部分?

一些语言学家和术语学家倾向于把术语学说作为独立的知识分支去看待,并由此推动其进一步发展。迄今为止,从那些已发表的大量研究论文中,人们就足以找到证明[Barth 1971:206 – 363],我们可以在与内涵/内容有关的全部语言层面上对专业语言和科学语言进行考察。但是,正如学者 W. 赖因哈特(W. Reinhardt)在一次国际研讨会上指出过的,术语所具有的二重性造成了一种必要性,我们必须把术语学说的研究视野及其方法论基础从本质上拓宽一些。拓宽后的术语学说则可以与若干个学科领域(例如,形式逻辑、对语言和思维之间关系的研究、语言语义学和逻辑语义学的分支、语言哲学、认识理论等)相关。研究方法应该与研究对象相适应,也就是说,研究方法应该与带有语言学特征的对象相适应[Quadri 1952:166]。

然而,这种简单的论断常常招致人们的争议。因为,虽然纯粹的语言学分析能够把专业语言(或者科学语言)在语言形式方面的全部问题阐述清楚,但是它却解决不了与这个要被命名的(技术或者科学)概念系统有关的问题;也就是说,如果离开了从特殊/专业术语的观察角度去考察问题,那么,(专业语言中)存在的语义类型的问题,最终也得不到彻底的澄清。

举例来说,在词、句子和表达(表现)层面,属于基础性术语学观点的就有精确性和单单义(绝对单义)性。在专业和科学语言中,遵循术语学精确性和单单义性的原则,有利于保持语言和思维的同一性;但这也导致在自然语言和单功能语言之间产生了差异性。单功能语言在一个更高的抽象水平上对客观世界最不同的表象进行了分割,并且,它通过自己的语言库存标明自身和捍卫自身。而语言形式(尤其是在语义方面)的差异化过程,则是从某种多功能的自然语言[母语、民族语言、标准语言(术语学布拉格学派称为书面语言)]过渡到某种单功能的专业语言的标志。人们在处理逻辑学中的语义问题时已经发现:自然语言是无法遵守精确性和单单义(绝对单义)性原则的,更何况,履行这样的原则也不是自然语言的功能。

(语言学)对形式逻辑的关注,是从对自然语言的多义性和模糊性进行批评开始的。现代逻辑学创始人 G. 弗雷格(G. Frege)早在其《表意文字》(Begriffsschrift)(1879 年)一书中,就已经表达过这样的见解:自然语言没有能力将蕴含于其中的复杂事实、陈述及其结构表达出来。自然语言的结构不是依照逻辑的科学性需要发展的,满足不了一种单功能语言的交流需求。自然语言适合用作多功能性的语言,为人们丰富多彩的交流需求提供服务;但它却在满足科学性思维结构和单功能的需求时"不听使唤"。人们已经看到:逻辑学对语言的要求,可以在一种逻辑化的人工语言那里得到实现(也就是说,这种语言从一开始就是在逻辑学基础上创建的,它需要满足这样的根本性前提),它要对某种陈述的真值进行确定。形式逻辑的首要目标是追求正确性,探索的是思维过程和思维规则的逻辑规律性,目的是要确定真值并寻求发现真理的途径。形式化的语言(如数学语言)就是一种能够满足上述要求的语言,这种语言的要素(词)和关系(句法)完全是形式化的。

然而,大多数的专业语言和科学语言并不是完全形式化的,它们的要素及其句法关系充其量只是部分形式化。在大多数情况下,人们只是对个别的术语进行了形式化。随着抽象程度的递减,也就是,人们越是从抽象化向具体化过渡,这些语言越是逐渐受到自然语言的影响。自 W. 洪堡(W. Humboldt)时代起,就一直存在着一种众所周知而且是在生机勃勃的语言加工过程中观察到的事实:每一种自然语言都具有自己的规律性。因此,一种自然语言与其他的自然语言之间产生了分歧,然后它与这些语言脱离开来。这种"脱离"首先与这种自然语言和"语言之外的现实世界"之间的关系有关,也与它对语言之外的实体/存在进行的分割有关。在这里,充满着生命力的语言加工活动,就是在与所谓的"语言内容/内涵"之类的概念打交道。从自然语言的差异性出发,欧洲经济语言学的奠基人学者 E. E. J. 梅辛(E. E. J. Messing)提出过"民族科学"(Nationenwissenschaft)假设。在回答"语言和思维之间关系"这个问题上,上述这些涉及充满活力的语言加工过程的假设,都可以追溯到人类早期理想主义语言哲学的源头那里。

从根本上讲,维斯特的术语学语言加工方法也是从自然语言的差异性出发的。虽然我们现在的目标是要揭示这种差异性,但是我们还只是处于收集性术语活动的第一阶段。这里的整理和分类的活动会导致编纂典籍(规范)活动的产生,其实质则是要消除由自然语言造成的差异性。按照对古典逻辑学的传统划分法,我们可以将其分为三个主要部分,即概念学说(Lehre vom Begriff)(符号:词、词组)、判断学说(Lehre vom Urteil)(符号:句子)和推论学说(Lehre vom Schluss)。

维斯特式的语言加工方法接纳的是概念学说。其基本思想是名称的概念构建应该预先发生。这一思想已经在具有权威性的德国命名原则和国际命名原则中有所体现(DIN 2330; ISO/R 704; ISO/R 860; ISO 704,1987; ISO 860,1992)。从语言学角度来看,维斯特主要是以学者 K. 埃德曼(K. Erdmann)关于"概念以及不变的概念核心"的见解作为起点。"概念"这一概念的使用问题,在语言学中引起了不少争议,这场讨论至今仍旧没有平息。

尽管如此,国际社会和国家层面开展起来的术语标准化工作有力地证实了人们对"概念"这一概念的运用,为术语学理论和实践带来了累累硕果。认识论中出现的最新理论成就,进一步推动了人们对概念学说的深化:人们不再从先验论(形而上学)的角度去理解概念,而是把它看作一个辩证的统一体;与研究概念外延相对的,便是对概念内涵的探讨。

作为自然语言"抽象－创造"(Abstraktions-konstrukt)的普遍概念,与作为专业语言或者科学语言抽象产物的专业概念或者科学概念被严格区分开来。术语学说对专业概念或者科学概念进行考察,并由此对专业词汇的含义进行把握。在术语系统(某个术语域、某个子系统、某种结构)内被确定的位置值,是用于评判某个词或者某种措辞是术语单元还是非术语单元的可靠标准。

4　作为秩序系统(Ordnungssystem)的科学概念系统

为了确定一个术语系统,人们把某个专业化知识分支中发挥作用的全部语言手段都摘录出来。人们把一些作品(以专家们的意见为基础,在某个时间点上对这个领域基础性专业知识的描述)作为专业文本(它们是为某一确定目的服务的专业表达)摘录出来。这里显示出团队工作的必要性,因为术语学家(术语师)单凭自己无法判定,是否产生了一个新的术语系统。术语学家应该具备的职责/能力(Kompetenz)限定了他只能做分析、综合和批评的工作,并对规范性的典籍编纂工作提出自己的建议。

术语系统的产生要以概念系统的构建为前提,这里依然要依靠人们对某个客观现实里存在的实体系统的认识。对实体系统的认识和对相应科学概念系统的构建,不是术语学家分内的事情;因为,对实体/存在(也就是对概念系统)进行认识和构建,是属于这个专业领域的事情(涉及这个领域的具体专业知识)。

我们始终可以认为术语系统与语言系统和与其背后的、作为其存在基础的概念系统二者的关系有关。

任何时候,人们都可以在上述两种系统关系中,对专业语言的最小单元,也就是专业词汇或者专业措辞进行检查:一方面,在与语言系统的关系上;另一方面,则是在与概念系统的关系上。由此我们可以得出结论:术语(学)思考方法具有二重性(二元性)的特点,它针对的是所有与内涵相关的语言层面。对音位层面的二元性考察,也就是在所谓的"语言双重划分"(zweifache Gliederung der Sprache)的第一个层面上[学者马丁内特(A. Martinet)称其为"双重发音"(double articulation)],至少在德语里是不可能的。通过这种方式,我们可以断定:在多功能的标准语言(Standardsprache)和单功能的专业语言或者科学语言之间的差异性,就德语而言,则首先是从词素层面(Morphemebene)开始的。

5　关于"职责/能力"

以语言(学)为导向的术语学家的职责不是不可分割的。具体要看他们是在哪个层面上与专业语言打交道或者对其进行干预,然后视情况而定,他们必须掌握与之相应的哪些语言学知识或者专业知识。实际上,在所有边缘学科中,都存在着类似的技能资格要求,显而易见,在这里,术语学说是被作为一门边缘学科看待的。

以语言(学)为导向的术语学家应该具有的能力,首先体现在他们应该有能力对"语言标准"进行分析和描述;这里"语言标准"指的是,在某一个时间点上,各自语言中客观存在的总体规律性。其次,在确定各自专业语言"语言标准"的基础上,他们要为行将着手进行的规范性典籍编纂工作(即为目标明确的语言调控、语言规范和语言标准化工作制定原则)制定与术语相关的要求。最后,这些术语学家还应该具备制定术语标准推荐版的工作能力。

上述第一步工作,在分析和综合方面带有较强的语言学特色,而且必须严格遵守为维护语言形式和概念精确性而制定的原则。在此包括了被考察的功能性语言所具备的全部规律性,即受专业制约的语言标准的整体,它构成了术语学基础性研究的典型内容。

上述第二步工作,虽然也与已经查明的全部语言标准有关,但从根本上,人们在此考虑问题的角度,应该限定在:现在的工作目标是要进行规范性的典籍编纂工作,也就是要对已经调查过的语言标准进行规定。上述第一步和第二步的工作可以交给个体研究者去独立完成,尤其是涉及分析和综合性的工作时。当然,集体性的工作方式也是可行的。在为语言规范和语言调控工作征求意见时,个体性的建议也应该受到关注。

第三步的工作又可以分为以下两个主要方面:(a)从已经调查过的语言标准中,只选择出那些将成为规范性典籍编纂工作对象的语言表现(在技术术语中主要是术语和简单的结构段);(b)对语言关系实施集体性的(如今主要是通过机构性的工作)干预活动,通常情况下,这主要由术语学家(语言学家和相关专业的专家)和其他领域的专家参与。

如果按照上述的步骤去做,术语标准化工作则被视为一种干预活动。由于它给语言造成的后果,人们把它归在"术语的科学语言维护(科学语言文化)"这一广义的范畴之内(这里 Terminologie 被理解成"在特定专业中存在的或者已经查明的语言手段的总体")。从科学语言维护的角度上看,上述第一步和第二步的工作是对给定的功能性语言中存在的语言标准进行分析、综合和批评,而第三步工作,则主要具有咨询和编纂的特征。

术语标准化工作的成果,就是要产生相应的术语标准;它们以"优先名称"(Vorzugsbenennung)或者"许可名称"(zugelassene Benennung)的形式公布。术语标准就自身而言,则是两种在原则上并不相同的标准——语言标准和术语标准的结合。

语言标准是人们以客观存在的规律性为基础,在某一个确定的时间点上,为某一门给定的语言确定的(标准)。因此,对于这类标准的规定,要通过编纂规范性的典籍(例如,标准化语法、词典)来实现。

而术语标准本身就是规范性典籍编纂活动的成果,它主要依据国际和国家层面的命名原则形成;与此同时,它也兼顾了各民族语言标准的特色。

然而,上述这两类标准(指术语标准和语言标准)是分别沿着自己的轨道发展的,就连这两类标准的维护和保持,也是以不同的因素为基础的。就维护术语标准而言,存在一系列深具影响力的保障因素,如专利权、贸易权,以及国家/民族性和国际性的命名原则;除此之外,更具决定性的因素有经济发展的需求,商品交换和大生产的要求,以及服务业乃至科学和技术信息交换所产生的需要,尤其是电子数据处理技术所带来的语言需求。与上述那些起到巨大影响作用的因素相比,还存在着另外一些这样的因素:它们构成了语言标准维护工作及其规范性典籍编纂工作的基础,简而言之,它们是风俗、惯例、习惯、语言文化、民族语言独具一格的代表性功能。在此,虽然我们始终把语言理解成一个处于发展演变中的概念,但是,它一直排斥任何违背和忽略已有的且还在生效的语言标准的现象。因此,对于语言标准和术语标准之间存在的这种相互影响的辩证关系,我们在术语标准化工作中,应该充分加以兼顾,并力求合理利用。

6　关于"历时性"和"共时性"

考察通用语言(普通语言)和专业语言之间差异的形成过程时,我们需要找到一种方法,借助它,我们不仅可以对个别词汇和个别现象的作用进行研究,而且还可以对术语系统总体进行确定和评估。一般来说，人们都把专业语言看成是一个同质的、有序的结构性整体，它的各个部分在这个结构的内部发挥着作用。这种整体性可以通过这个整体各个部分的特性显示出来；反之亦然，人们也可以通过这个整体而把它各个部分的性质识别出来。这种对系统性和功能性的依赖，必然导致在术语学说中人们对结构和功能语言学方法的采用。20世纪30年代结构经济语言学的大发展，就已经充分展示了这种语言学方法的巨大魅力。在谈到结构功能方法的使用问题时，我们就不得不谈到与其有着密切联系的"历时性"（Diachronie）和"共时性"（Synchronie）的问题。这一点对于术语学说而言，有着特别重大的意义。

历时性/历时研究的考察方式要求人们从历史发展的角度对语言现象/表现进行研究，要探讨语言现象之间的因果关系及其局限性。

共时性/共时研究的考察方式要求人们在一个确定的时间点上对语言现象/表现进行考察。确切地说，我们要把语言发展过程中某一个确定发展阶段看成是"时间长线上的一个点"。

现在，大家普遍接受这样的观点：我们可以始终采取"共时性"和"历时性"的眼光来看待语言的演变问题。即便是在现代，语言也是按照自身的规律发展着的；在语言发展的任何一个时间点上，都描绘了一个带有相应自我变化结构的、自我（继续）发展的系统。按照学者 B. 特尔恩卡（B. Trnka）的说法："历时性"是一个始终自我移动的"共时性"。

上述这种认识，对于专业语言中的语言维护而言，尤其是在语言调控和语言规范工作方面，也具有重要意义。每一种规范性典籍的编纂工作、每一种标准化干预工作、每一项语言调控措施，都对当前的语言状况进行了记录和保留；与此同时，也对预期的语言变化产生了影响。除了语言形式方面的特性缓慢向前发展之外，任何时候（今天亦是如此），随着新知识、新工艺、新产品的层出不穷，语言内容方面的特性则经历着迅速的转变。一言以蔽之，语言内容方面的转变受着客观现实世界各式各样发展及其表现形式的制约。然而，在概念方面却不存在着直接的必然性，随着概念的变化，却不一定要求它的形式方面也与这种变化相适应。因为概念的形式方面有能力继续对一个正在变化的甚至在根本上改变了的概念内涵进行标明，而无须一定要创造出一个新的名称（去适应概念内涵的变化）（例如，概念"原子"和名称"原子"）。特殊的需求可能会导致名称的更改。（概念的）形式方面和内涵方面处于连续相互作用的关系之中；这种关系的特点，则在于专业词汇的语言形式结构和它的认识论—逻辑结构之间存在着矛盾。这两种结构都在不断发展着，而且可以随时供人们进行历时性或者共时性的考察。至于应该选择哪一种方法,则取决于人们具体的研究目标。

参考文献

［1］BARTH E. Fachsprache. Eine Bibliographie［J］. Germanistische Linguistik, 1971(3): 209 – 363.

［2］DROZD L, SEIBICKE W. Deutsche Fach - und Wissenschaftssprache［M］. Wiesbaden: BRANDS-TELLER, 1973.

［3］QUADRI B. Aufgaben und Methoden der onomasiologischen Forschung［M］. Bern: A. Francke Verlag, 1952.

［4］SEIBICKE W. Versuch einer Geschichte der Wortfamilie uμ τεχ uh in Deutschland vom 16. Jahrhundert bis etwas 1830［M］. Düsseldorf: VDI-Verlag, 1968.

［5］TONNDORF R. Englische Aussprache mathematischer Formeln［J］. Elektronische Rundschau, 1956(4): 107 – 112.

［6］WARNER A. Internationale Angleichung fachsprachlicher Wendungen der Elektrotechnik［C］//Versuch einer Aufstellung phrasedogischer Grundsätze für die Technic. Berlin: VDE-Verlag, 1966.

术语名称之间的含义关系①

J. 霍雷茨基 著　邱碧华 译

摘要: 霍雷茨基(J. Horecký)(捷克)是所谓的术语学布拉格学派的代表人物,他所倡导的名称学思想对北欧乃至整个世界的术语学理论和实践都产生了深远影响。布拉格术语学界有着很清晰的语言学定向,因此,霍雷茨基的名称学思想与维也纳术语学界所倡导的思想有所不同。霍雷茨基在名称学方面的特殊贡献,在于他重视了名称的形成功能。20世纪80年代,霍雷茨基深入研究了"术语名称之间的含义关系"。

关键词: 布拉格术语学界,术语名称,含义关系,名称学,重名/复名现象,异名现象

引言

依照北欧著名术语学家劳伦(C. Laurén)和皮希特(H. Picht)这两位教授的观点,(所谓的术语学学派)其实是由于"各派目标设置的侧重点不同而形成的不同特色;这些差异在原则上不是相互对立的,而是对术语(学)整体领域中不同方面的不同强调,因而它们是互补的"[1],"无论出于什么样的原因,我们都应该避免谈论'术语学学派'(这样的称谓或者说法),因为谈论这种('学派')关系时隐含着一种根本对立的关系,而这又是与现实情况很不相符的"[1]。但作为术语学布拉格学派的代表人物,J.霍雷茨基(J. Horecký)所倡导的名称学思想(onomasiologische Ansatz),对北欧乃至整个世界的术语学理论和实践都产生了深远影响[2]。霍雷茨基的名称学主要表述了名称构成和术语单位的分析方法,从而为分析概念和名称之间的关系及差别做出了贡献。霍雷茨基的这种思想起到了很好的过渡作用,因为它从概念的语义学网络过渡到最终的概念系统,由此又对概念系统和与之对应的名称系统之间的

---

① 这篇文章的德文题目为"Zu Bedeutungsbeziehungen zwischen den terminologischen Benennungen",德文原文发表于 *Special Language/Fachsprache* 4 (1982),Nr. 2,第50—54页上。

关系进行了探究。霍雷茨基名称学思想的特殊贡献,在于它重视了名称的形成功能:一方面,它顾及了已经存在的连接形式和内涵的符号;另一方面,从思维领域的角度看,它也包含了对象客体的抽象范畴。20 世纪 80 年代,霍雷茨基研读了维斯特的论著《普通术语学和术语词典编纂学导论》(*Einführung in die allgemeine Terminologielehre und terminologische Lexikographie*)中探讨"持久性的语言对应"(Bleibende sprachliche Zuordnung)的这一章节,在此基础上,他深入研究了"术语名称之间的含义关系"。布拉格术语学派植根于语言学基础占有优势的理论土壤里,它有着很清晰的语言学定向,并把自己的立场定位在应用语言学领域中。因此,霍雷茨基所倡导的名称学观点与传统维也纳术语学界的观点有所不同。在下面的篇幅里,笔者将霍雷茨基题为《术语名称之间的含义关系》的文章全文翻译成了中文,以飨读者。

　　下面是原文的中文译文:

　　在欧根·维斯特(Eugen Wüster)的论著《普通术语学和术语词典编纂学导论》中关于"持久性的语言对应"这一章里,他介绍了几种"词"(Wörter)或者"名称"(Benennungen)与概念相对应的形式。通过这些内容,维斯特想说明的是:"是 – 对应关系"(Ist-Zuordnung)是通过语言习俗形成的;在这里不存在专断的对应关系。

　　诚然,维斯特在这里谈论到的这种"持久性的对应",主要是从"精确性程度"(Präzisionsgrade)角度考虑的。例如,从术语学立场出发,则对名称有单义性(Eindeutigkeit)的要求,然而,这(在现实里)却无法实现,因为语言表达通常是带有歧义(具有多义性)的。为此,维斯特建议在"单种意义"(Einsinnigkeit)和"单义"(Eindeutigkeit)之间做一些区分。他写道:"如果名称脱离上下文后只有唯一的一个含义,那么它就是具有单种意义的。另外,如果同一个名称不再具有其他的含义,那么,一个具有单种意义的名称也是唯一单义的(eineinsinnig)。"[2]但是,当维斯特在这一章里把"同音(同形)异义现象"(Homonymie)和"意义形式异义现象"(Sinnformhomonymie)也看成是具有"单种意义"的,并且进一步向读者介绍了"单名"(Einnamigkeit)和"多名"(Mehrnamigkeit)的概念时,很明显,在这里涉及的是一种"不可以接受"的、从命名领域(Gebiet der Namensgebung)向语义领域(Sphäre der Semantik)的过渡(或者转变);或者,换句话说,一种从"名称学"(Onomasiologie)(它是术语学学说很重要的着眼点)到语义学(Semasiologie)[它对于词汇学(Lexikologie)和词汇语义学(lexikalische Semantik)来说很重要]的转变。当维斯特从"单名"和"多名"的角度对名称进行探讨时,在这里实际上涉及同义词(Synonyme),这种转变就更为清晰。

　　这里应该注意的是,就术语系统而言,同义词名称实际上是有害的,或者至少是令人不愉快的。在这样的系统里,我们应该把词的多义词剔除,因为名称的内涵是由定义及(名称所对应的概念)在概念系统中的位置给出的。因此,"一词多义"现象(Polysemie)是在给定语言的普通词汇范围内、(普通)词的显著特征之一,但它不属于术语名称(terminologischen Benennung)的特征。

例如,在每一部德语词典里,针对"根"(Wurzel)这个词,人们都是做了"多语义"(polysemantisch)处理的;也就是说,除了对这个词的含义(词义)的一般性解释之外,人们还在词典里附上了这个词的特殊用法,而不管别人觉得这样做特别有必要还是多此一举。众所周知,在解剖学和植物学术语里,人们也经常使用到 Wurzel 这个词,在数学和语言学里,人们也经常用到。例如,从语言学观点来看,这个词表示"词根",是一类语素/词素(Morpheme)(根)(radix)的名称。

就同义词而言,则必须在给定语言的词汇框架内,从语义关系的角度对它们进行考察。虽然在术语系统中也存在一些同义词名称,但人们通常表示,它们是不受欢迎的。

对于某类词汇中的语义关系,人们通常可以这样加以描述:从(词的)形式(Form)出发,然后试图说明有哪些内涵(内容)可以划归到这种形式之下。我们可以将这种处理方法称为"语义学方法"(semasiologischer Verfahren)。但是,这种语义学观点对于术语学处理来说似乎是不合适的。在维斯特的论著里,我们还可以看到,他采用图解的形式做过下列的直观性表示:采用符号○代表内涵,采用符号□表示形式,然后把两者编成一个符号链□－○;与此同时,他通过符号链□＜○○表示同音(同形)异义词(Homonymie),又采用□□＞○表示同义词(Synonyme)(当然,它们有若干个变体)。

如果我们想对"持久性的语言对应"有更深入的领会,那么当我们在对内涵(内容)(Inhalt)和形式(Form)之间的关系(在○和□之间的关系)进行判断时,就不能从形式方面出发,而是必须从内涵(内容)方面着手;因为在名称学方法的意义上,我们应该为内涵(内容)找到适当的形式。但是,如果只是探讨○和□(内涵/内容和形式)之间的关系,则还不足以找到"持久性对应"的动机。在这里,我们有必要进行以下的思考:把所选择的名称看成是一个由内涵(内容)和形式组成的整体,然后考察这个整体和客观现实之间的关系。当然,我们只能把这种关系看成是通过对单个对象进行一般性概括而形成概念,也就是将精神、思想领域作为中介来进行考察。如果我们用符号 Δ 表示这个精神领域,那么,我们可以得到一个非常简化的符号链:

$$\triangle \rightarrow \bigcirc \rightarrow \square$$

如果我们现在把认识过程看成是一个映射过程（Abbildungsprozeß），也就是说，如果我们同意这种观点，某个对象的特性是（先）在个体的精神领域里，然后又在整个语言共同体中得以塑造和领悟的，或者换句话说，也就是信息从受观察的对象流向作为观察者的（正在进行认识/识别的）主体，那么我们还必须同意这样的观点：个体通过适当的语言手段、借助名称来标明他获得的认识，个体就是以这样的方式将自己的知识固定住。在这种"用名称标明"（bezeichnenden）的活动中，个体要依赖于自己以前的知识；但是，在很大程度上，这种活动也依赖于整个社会的知识。这种事实也就迫使我们不能使用随意的形式，而只能使用在特定的语言群体里已经与稳定的"内容/内涵"相关联的形式。换句话说，人们不仅使用形式，而且还要使用现存的语言符号对精神对象进行表示，而后者（指现存的语言符号）的特点则是形式和内容的结合［或者按照索绪尔（F. de Saussure）的观点，是"能指－所指"（signifiant－signifié）的结合］。这种"语言对应"（sprachliche Zuordnung）跟符号有关，从这里我们可以清楚看出，在此出现的是（由形式和内容组成的）整个结构，而不是来自精神领域里的对象，这个整体则代表着概念［在古典"符号定义"（klassische Zeichendefinition）（西方对符号的传统定义）的意义上，则称为"一物代一物"（aliquid stat pro aliquo）］。

针对上述提到的关系——一方面是形式和内涵/内容之间的关系，另一方面是名称和概念之间的关系——我们打算依据以语言学为导向的术语学（sprachwissenschaftliche Terminologie）观点[3]，采用图解的形式对它们进行说明，也就是我们想考察一下，人们是怎样以系统化的方法以及从相互对抗的视角（in konfrontativer Sicht）对它们进行研究的。对于上面提到的例子，在1981年5月召开的基辅会议期间，在以语言学为导向的术语学国际委员会（internationale Kommission für linguistische Terminologie）会议上，与会者们进行过讨论。

针对"词"（Wort）和"句子"（Satz）这类名称，迄今为止，人们还没有给出统一的定义；但是，在以语言学为导向的术语学中，它们却占据着重要的位置。因此，我们必须为它们设计出两条彼此平行并且相互独立的符号链：

$$\triangle \rightarrow \bigcirc \rightarrow \square \qquad \text{Wort}$$
$$\triangle \rightarrow \bigcirc \rightarrow \square \qquad \text{Satz}$$

我们打算从名称学视角出发，把这类名称（互）称为"别名"（Allonyme），尽管人们已经把这个名称用来指一类"假名"（Pseudonym）。通过这两条平行的符号链，尤其通过"别名"这个名称,我们不难看出,"词"和"句子"这两个名称并不包含共同的特性/特征。

但是,在任何一门科学领域里,如果我们想使用同一个名称来标明具有差异性的概念或者具有差异性的定义的话,那么,我们还必须为这些名称添加上(分派)在内涵上具有差异性的特性。lingua(法语:langue)这个词,一方面,人们把它用作名称/名字(Bezeichnung)来标明普遍性的概念"语言"(Sprache),而另一方面,人们又把它用作标明语言器官[舌头(Zunge)]的名称。从语义学角度上看,这里涉及的是lingua(langue)这个词的多义性(一词多义);在这里,就 lingua 这个词所具有的"语言"和"舌头"这两种含义之间所存在的内在联系,人们并不难解释。但从名称学角度来看,这里却涉及两条符号链,而且它们汇聚成了一种共同的形式:

$$\begin{array}{c} \Delta \to \bigcirc \\ \Delta \to \bigcirc \end{array} > \square$$

如果把这类名称称为"重名/复名"(Tautonyme),似乎是恰当的。也就是说,像 lingua、langue(语言)和 lingua、langue(舌头)这类名称,在拉丁语和法语里是一种重名/复名。

在我们看来,像 Deklination(变格)和 Deklination(这种形式变化的某种类型,例如,第一格、第二格)这样的"配对"也可以视为一种重名/复名。在一部解释性的词典里,Deklination 这个词的上述用法并不算作是它的特殊含义,而只被看成是在相同含义的背景下,这个词所存在的某些细微差别,在词典里对此略加提及而已,因为它们在内涵方面的特征看起来几乎是一样的。如果我们在这里采用图解表示,则可以找到下面的符号链:

$$\begin{array}{c} \Delta \\ \Delta \end{array} > \bigcirc \to \square$$

为了强调与在 lingua(langue)例子中所采用的符号链的区别,我们可以把在 lingua(langue)这个情况下的重名/复名称为"内容/内涵上的重名/复名"(inhaltliche Tautonyme),而把 Deklination 这个例子中发生的重名/复名称为"概念上的重名/复名"(begriffliche Tautonyme)。

至少在术语系统中,与重名/复名现象形成逻辑对比的,便是"异名现象"(Heteronymie)。也就是这种情况:两个或者若干个名称分派给了同一个概念。从语义学角度上看,这些名称可以被认为是等效的(gleichberechtigt),也就是说,人们可以把它们视为同义词。与重名/复名现象相类似,在这里,我们也可以把异名现象区分为两种主要的类型。

在像 Lexem（语素/词位）－ Sematem（义素/义位/一个词担当词义的部分）这种情况下,是采用不同的单词标明思维领域中的同一种对象,这些词具有很不相同的内涵,并且各自占有具有区别性的内在结构［或者"理据性"（Motivation）］:前者强调这个对象的词汇学或者词典编纂学方面,而后者则强调它的语义学根据。下面的符号链就直观地展示了这种关系:

$$\Delta \ < \ \begin{matrix} \bigcirc \ \rightarrow \ \square \\ \bigcirc \ \rightarrow \ \square \end{matrix}$$

因为在这里存在着内涵/内容方面和形式方面的区别,所以,我们把异名现象的这类情况称为"内涵异名现象"（inhaltliche Heteronymie）（与"内容/内涵上的重名/复名现象"相类似）。

当然,就"异名现象"而言,也存在着这类情况:两个名称的"理据性"是相同的,只是这种"理据性"的表达有所不同而已。因此,举例来说,其中一种形式借助"希腊语－拉丁语"的语言要素进行表达,而另一种形式则采用了本地语言的要素形式［其实是一种"仿译/借译"（Lehnübersetzung）］。这两种表达形式的不同,可以通过 Respiration（呼吸）－ Atmung（呼吸）这一词对很明显地反映出来,也可以通过下面的链条进行直观显示:

$$\Delta \ \rightarrow \ \bigcirc \ < \ \begin{matrix} \square \\ \square \end{matrix}$$

最后,如果我们把下列这种情况也考虑在内,也就是同一个名称处于术语系统的两个位置上,举例而言,若其中一个反映的是它在词汇学上的本义,而另一个是它在文体修辞方面的"比喻/隐喻"（Metapher）,在这里,这个名称的内涵方面及其形式方面完全重叠了,那么,我们就必须再认识第四种类型的关系,也就是异义词（Isonymie）的情况,其直观图示如下:

$$\Delta \ \Rightarrow \ \bigcirc \ \Rightarrow \ \square$$

在下表中,我们罗列出前面提到的在一个术语系统各环节（Glieder）［位置（Position）］之间存在的语义关系的所有类型。综上所述,我们可以说,如果我们从名称学视角出发,对某个术语系统（在这里我们指的是语言学意义上的术语系统）进行分析,也就是对名称的形成过程进行分析,则会产生出这样的见解,即通过三个基本点可以对关系类型进行确定:(1)通过定义（或者通过概念）和通过概念在给定系统中的位置（Δ）;(2)通过所使用的词的内涵方面（〇）;(3)通过这些词的形式方面（□）。在此,定义构成了分析的出发点。

别名	$\Delta \to \bigcirc \to \square$	Satz(句子)
	$\Delta \to \bigcirc \to \square$	Wort(词)
重名/复名现象		
内涵上的	$\Delta \to \bigcirc$ $\Delta \to \bigcirc$ $> \square$	lingua/Sprache(语言) lingua/Zunge(舌头)
概念上的	Δ Δ $> \bigcirc \to \square$	Deklination(变格) Deklination(形式变化的某种类型)
异名现象		
内涵上的	$\Delta <$ $\bigcirc \to \square$ $\bigcirc \to \square$	Lexem(语素/词位) Sematem(义素/义位)
形式上的	$\Delta \to \bigcirc >$ $\square$ $\square$	Respiration(呼吸) Atmung(呼吸)
异义现象	$\Delta \Rightarrow \bigcirc \Rightarrow \square$	Metapher(比喻)

　　从对上述这些关系的分析中,我们可以得知:不同的"元术语学"(Metaterminologie)之间可能存在着严格的差异性。虽然从语义学(semasiologisch)角度上看,在术语中存在多义现象、同音(同形)异义现象和同义现象是很习以为常的,但是,如果从名称学的角度上进行考察,研究术语的重名/复名现象、异名现象和包含了别名现象的异义现象,则更具有必要性。

参考文献

[1] LAURÉN C, PICHT H. Vergleich der terminologischen Schulen[C]// Ausgewählte Texte zur Terminologie. Wien：TermNet, 1993：493－539.

[2] WÜSTER E. Einführung in die allgemeine Terminologielehre und terminologische Lexikographie [M]. Wien：Technische Universität, 1979：80.

[3] FELBER H. Einige Grundfragen der Terminologie-Wissenschaft aus der Sicht der Allgemeinen Terminologielehre[C]//Ausgewählte Texte zur Terminologie. Wien：TermNet, 1993：377－396.

术语学发展的科学史话[①]

皮希特 著　邱碧华 译

摘要:《放大镜下的术语学》一书是由芬兰的劳伦、挪威的迈京以及丹麦的皮希特这三位教授在20世纪末合作撰写而成的,其德文版于1998年出版。这部书是三位学者在20多年对术语学进行客观考察的基础上,带着批评性的眼光对术语学传统和中心问题进行的重新审视。他们同时提出了颇具北欧国家术语学特色的、对术语学未来发展的思考。本文是皮希特教授执笔的第一章的德文中译版。皮希特教授在此顺着术语学的历史发展脉络,综合各国术语学发展之特点,描绘了一幅术语学发展的全息图。

关键词:术语知识技术,布拉格学派,经济语言学,功能经济语言学,元科学

《放大镜下的术语学》(*Terminologie unter der Lupe*)是由北欧的三位术语学大师——芬兰的劳伦(Christer Laurén)、挪威的迈京(Johan Myking)和丹麦的皮希特(Heribert Picht)在20世纪末合作撰写而成的,其德文版在1998年由"国际术语网"(TermNet)出版。这部书是三位学者在20多年对术语学进行客观考察的基础上,带着批判性的眼光对术语学传统和中心问题进行的重新审视,并提出了具有北欧国家术语学特色的对术语学未来发展的思考。

本文是皮希特教授执笔的第一章的德文中译版,德文原名为"Die wissenschaftsgeschichtliche Entwicklung der Terminologie"。作为一位资深术语学家,皮希特教授在此顺着术语学的历史发展脉络,综合各国术语学发展之特点,向读者描绘了一幅术语学发展的全息图。其对术语学理论的深厚造诣令读者难以忘怀。

以下是原文的中文译文。

[①]　这篇文章的德文题目为"Die wissenschaftsgeschichtliche Entwicklung der Terminologie",德文原文可见*Terminologie Unter der Lupe*, IITF Series 9. TermNet, 1998。

引言

纵观术语学实践和理论发展的历史,人们在对这门学问及其应用进行考察时可以采取不同的角度。在术语学实践活动发生的人类历史阶段上,出于不同的认知兴趣,更根据不同应用领域的具体情况,在术语学实践和理论的发展历程中,在不同的历史时期,人们对于它的研究的侧重点都有所不同。然而,在对术语学实践和理论发展进行考察时,这种"在主要方向上的力量集中"(Schwerpunktbildung)却会误导人们得出错误的见解:好像术语学发展的重点应该着重于其应用的方面,例如,着重于术语标准化和词典编纂工作。并且人们习惯于把术语学作为一个整体进行通盘考察,而缺乏对其更为细致的分解性研究。实际上,上述这种考察方式难免过于"简单化",甚至太"主观片面"了。因为它只罩住了茂密丛林的几片林子。

在这部分引言中,作者以概述的形式,对术语学在过去和现时代所存在过的重要理论萌芽及其涉及的工作领域进行梳理,以飨读者。

1.(在形态上表现为)语言学的理论萌芽,它首先利用语言学提供的知识和方法。

2.一系列的理论萌芽,它们归在"应用语言学"(angewandte Linguistik)这一范畴里,其中包括专业语言翻译、口译和技术写作[这三者可以概括成"专业语言语篇生产"(fachsprachliche Textproduktion)这一名称]。

3.语言和术语规划标准化。

4.国际和国家层面上的专业交流,尤其在专家群体里展开。

5.信息和文献(Information und Dokumentation,I&D)。

6.知识技术。

当然,有的学者对上述这种归纳持不同意见(这无疑是有理由的)。他们提出,上述的这些所谓的理论萌芽,彼此之间显露出交叉重叠的态势。不管怎样,人们都不应该把上述各方面单独作为一个庞大的领域进行考察,好像它们都能独立囊括其他方面似的。在此,倒不如说得更确切一些,上述种种理论萌芽都只能看成是"指示器":它们显示了在术语学发展的不同时期上,在不同的具体情形下,人们对术语学研究的侧重点是不同的。或者,它们常常唤起人们对"术语学是什么"的某种"印象",并继而帮助人们去理解,究竟有哪些内容可以"单独"划归到术语学这个范畴里去。

另外,上述罗列的这些要点,也可以用来描述术语学在走向一门独立和复杂的学科的道路上,在其所处的不同阶段上,有过哪些特性。

在今天,人们完全可以像术语学史上人们做过的那样,以传统方式按照时间顺序对术语学的发展进行一番追本溯源。然而,与传统做法相反,在下面的阐述中,作者所尝试的,却是在这些上述提到的术语学理论萌芽、涉及的工作领域和侧重点之间建立起联系,并由此试图对术语学的发展阶段进行界定划分,同时力求对它们阐述清楚。

因为,作为定义成"能够使专业领域里的概念装置进行交流的、词汇层面上的语言手段"的"术语"(Termini),无论人们在某个确定时刻对某一专业领域如何进行界定,也不管概念是专门性的还是普遍性的,人们都可以说,自从人们开始就专业性问题进行交流以来,术语就在被人们使用着。或者,换而言之,术语(虽然在大多数情况下是无意识的)一直在专业交流中发挥着举足轻重的作用。对于这种"陈词滥调",人们可以归纳出下面的座右铭:

没有专业领域——就没有术语;

没有术语——就没有专业领域!

术语学的先驱们

在人类的发展史上,人们很早就对术语在人类交流中所处的中心地位有所意识,学者卡尔费肯佩尔(Kalverkämper)在其 1979 年的论著中就写过这样的一段话:

"(古罗马修辞学家)昆体良在其《雄辩术原理》(*Institutio oratoria*)中,除了那些与方言土语有关的词汇之外,还特别列举了一些在法庭演说里作为禁忌或者应当即刻解释清楚的专业表达。在这部书里,昆体良还对那些与清晰性相违背的古词语、地方性用语、同音异义字,以及诸如技术专门用语、固有艺术字等专业词汇进行了标记。恰恰是那些技术术语(termini technici),也就是专业用语(Fachwörter),阻碍人们进行畅通无阻的对话和沟通交流。因为上述的词汇表达,都未遵循人们在日常生活中所使用的语言习惯(语言习俗、习惯用法和日常演说习惯等)。"

若想再为术语在促进人类文明进步方面所具有的重大意义找出一些证据的话,人们还可以从中世纪鼎盛时期西班牙翻译学校做过的工作中发现一些痕迹(譬如,中世纪在西班牙托莱多有一所著名的翻译学校,那里收藏着许多凝聚了古代劳动人民智慧和富含广博知识的专业文献,这都是那时的学者不辞劳苦地将大量古代文献翻译过来的成果)。如果对这些翻译成果仔细检查一下,尤其将过去的翻译者所做的注释细细地读上一遍,人们就不难辨认出这些专业翻译家所遇到过的术语难题。

撇开专业交流的意义不谈,在术语促进人类文明进步所具有的重大意义上,人们还能发现术语所承担的知识传递的作用。而且人们完全有理由再补充上一点,术语促进人类文明发展所具有的重大意义已经跨越了语言的疆界,它在更广泛的意义上还具有跨文化的含义。

从上述所举的两个例子里(自然,人们还可以从 18 世纪之前的时代找出更多的实例加以旁证)我们可以推断出,在人类历史的长河中,人们早就:

1. 意识到术语在专业交流中所具有的重要作用,并且对此认识深刻;

2. 强调指出了这一专业交流手段所存在的弱点:缺乏条理、秩序和系统性。

科学及其专业语言是在未经协调或者没有受到其他干预的状态下存在着的;其结果就是在概念及其名称以及概念系统的理解上经常给人们造成混乱。在此毋庸多言,人们对概念及其名称以及概念系统的理解早已达成共识:将其视为所有专业语言交流手段最具基础性的组成部分,也将其视为潜在的知识结构。

然而,在 18 世纪,尤其到了 19 世纪下半叶,在西方知识界发生了一些决定性的变革:

——拉丁语作为科学"通用语"(Lingua franca)的时代一去不复返了;

——手工业产品逐渐让位于工业产品;

——第一场标准化运动完成;

——人们对民族语言的兴趣成为时代潮流;

——在自然科学领域中,首次召开国际性的会议,专业交流手段所存在的缺陷和面临的问题提到了国际会议的讨论日程上;

——专业知识及与此相应出现的新概念的数量都呈指数增长,并且迫切需要进入专业交流的渠道里。

显而易见,组成上述这些变革的要素,无论是单个发挥作用还是彼此相互渗透,都超出了专业交流所涉及的普遍性因素。在这里,又有另外的几个因素呈现出来,即使它们所起到的作用无足轻重。它们是:

——专业语言翻译,尤其是与超越了语言疆界的、与知识传递相关的专业语言翻译;

——语言学(Sprachwissenschaft)。

术语工作最强大的推动力无疑来自专业领域本身。在具体的专业实践中,人们愈发感觉到他们对得力交流手段的需求与日俱增。人们尤其需要呈系统化且经过加工处理了的术语"库存"。或者,说得更直截了当一些:人们需要明确的术语。在今天，人们则称之为经过协调的或者标准化了的术语。

在 18 世纪，在研究领域中有这么一批科学家，他们已经开始对自己专业领域里的术语进行系统化探讨了。他们在这方面的工作具有开创性和划时代意义，与此同时，也为术语学的发展奠定了牢固的基础。

在此，人们不会忘记瑞典生物学家卡尔·冯·林奈（Carl von Linné）（1707—1778）所做过的先驱性工作。通过他的不懈努力，植物学的概念系统和植物学名称构成规则得以问世，由此，他也为植物学术语的发展打下了坚实的基础。林奈于1736 年出版的名著《植物学基础》（*Fundamenta botanica*），堪称是人类第一部经过协调且呈系统化的术语集。当然，林奈所处的时代给他提供了得天独厚的研究优势，他在术语工作方面的里程碑式的贡献，得益于他对当时依旧处于"万能"地位的科学"通用语"——拉丁文的使用。

另一个例子，则可以提一下罗蒙诺索夫（Michajlo V. Lomonosov）在民族语言层面上所从事的术语工作。早在 18 世纪中叶，他就已经为物理学和化学俄语术语的发展付出了自己的心血。他所做的工作主要是：在物理和化学领域中尽可能多地采纳俄语名称，只有在实在无法避免的情况下，才在这些领域的术语中使用外语元素。

在法国，人们也能在形成系统性化学术语的史实里看到类似的奋斗故事。拉瓦锡（Lavoisier）、德莫尔沃（de Morveau）、贝托莱（Berthollet）和富克鲁瓦（Fourcroy），这些学者都为化学物质命名系统原则的确立立下了汗马功勋。此外，瑞典人贝尔塞柳斯（Berzelius）和丹麦人厄斯泰兹（Ørsted）也功不可没。其主要思想是：简单的物质由一个词表示，而与这种物质相关的化合物则采用这个词的派生物去表达（譬如：硫—>硫酸盐、硫化物、亚硫酸盐）。借助这种方式，一种统一协调并且一目了然的命名法诞生了。受到植物学和化学领域术语工作大发展的影响和极大激励，休厄尔（William Whewell）在其 1840 年出版的《归纳科学史话》（*Geschichte der inductiven Wissenschaften*）一书中，写下了第一篇术语学赖以为普遍科学理论支柱的论断。迄今为止，他的这一理论阐述依旧被人们作为在专业语言和非专业语言之间进行区分的依据。在休厄尔看来，术语系统（Terminologie）就是技术术语构成的体系，是借助明确的规则构建而成的，而且，术语的命名（名称）是与专业领域的概念稳定地捆绑在一起的。

在术语学发展的历程中，18 世纪的德国学者贝克曼（Johann Beckmann）（1739—1811）同样堪称是一座丰碑。当时他在德国的哥廷根（Göttingen）担任哲学和经济学教授。他本人与林奈谋过面，并对林奈的思想非常熟悉和推崇。林奈的思想给了贝克曼以巨大的灵感。受前者启发,贝克曼对商业贸易和手工业领域的术语提出了类似的诠释方法。在18世纪,上述领域里的术语的混乱状况显然要比在其他领域中的更为严重。因为在这些领域中,人们无法追溯到词语的拉丁文源头并将它作为"共同语"(gemeinsame Sprache)使用。针对这种情形,贝克曼曾经写道:

"这实在令人不快,在不同的手工业领域里,同样的工具和相同的工作却有着完全不同的名称。如果人们想对这些技术术语从哲学的角度进行调整,或者对其做些系统化的处理,在引入新的名称时,人们则不得不剔除过量的同义词。"

时隔不久,贝克曼又写道:

"如果在任何时候,工艺技术都处于蓬勃发展的态势的话……我们的语言则也必须逐渐学会'容忍'大量新词的涌入。"

贝克曼的思想勾画出一幅现代标准化工作的蓝图,然而,就对大量的技术术语"库存"进行标准化而言,直到150年后,他的这一梦想才变为现实。

在语言学领域,人们主动针对专业表达及与术语相关的问题提出倡议,大约发生在19世纪中叶。在那时,德国的格林兄弟(Gebrüder Grimm)对专业表达已经表现出浓厚的兴趣,并将其收录到词典当中。

从全球的角度上看,跟术语有关的实践活动,它的下一个高潮则发生在19世纪末。这股"推动力"来自技术科学领域。在这里,人们日益感受到一种强烈的实践需求,迫切需要改善这些领域里的术语状况。首先,在电工领域中,人们抓住了这一划时代的契机,召开了涉及术语工作的首次会议。1906年,成立了国际电工委员会(International Electrotechnical Commission, IEC)。它的第一项任务,就是启动标准化进程,为改善这一领域的术语状况付出了实质性的努力。与此同时,人们也提出了开展有价值的理论性研究的动议。

第二次世界大战之前的发展

在第一次世界大战前后的时期,就术语学的理论萌芽而言,除了上面提到的那些要素之外,人们又添加了两个要素,它们对专业交流(由此也对术语学的诞生)具有至关重要的意义:

——科学及其在产品和商业贸易领域中的应用呈现出日益国际化的趋势;

——(尤其在技术领域中)人们对标准化的需求日益增加。

上述第一点意味着,语言知识(尤其是专业语言)应该通过培训体系得以传播;在大学和商学院里,除了讲授古典语文学之外,还或多或少地纳入了广泛的专业语言培训的内容。这种情形在当时的德语国家中非常突出。另外，在当时的荷兰及在一部分北欧国家里，这种情况也屡见不鲜。

因此，在专业语言教学领域里产生出了一股重要的推动力。这一点尤其在所谓的经济语言学（Wirtschaftslinguistik）领域中反映了出来；在这时，"专业语言"（Fachsprache）这一名称，已经被人们引入到教学活动中。然而，在"专业语言"（这个语言学分支）里首次开展研究和考察工作，则是到了 20 世纪第一个十年才得以实现。在学者梅辛（Messing）的文集中，在其全部的文章里，他几乎都在直接或者间接地探讨着与术语有关的内容。在其大部分论著中，梅辛提出的根本性观点是：专业交流迫切需要将"专业知识"和"语言知识"进行综合；如果缺少了"专业知识"，语言学方法则会失去平衡。正如上面提到的，经济语言学第一次并且是有意识地将"专业知识"及其交流手段与语言学靠拢在了一起。

在布拉格学派（Prager Schule）及其结构主义（但也是交流主义）（kommunikatorisch）的语言学思考方法里，人们可以明显发现这种将语言学因素与专业因素相互渗透并进一步强化的痕迹。关于这一方面的精彩分析，人们可以参看学者德罗兹德（Drozd）与塞比克（Seibicke）在 1973 年，以及学者霍夫曼（L. Hoffmann）在 1984 年出版的论著。在苏联（尤其在其术语学领域中），人们也可以观察到具有相似特征的发展轨迹。

"一战"结束之后，作为政治变革的结果，各国都提出了制定语言政策的倡议，并且都引起了广泛的反响。在这些倡议中，就包含语言规划和术语规划的内容。在国际和国家层面上，"一战"之后，在术语学理论和实践方面，又出现了一些新的开端：

1. 术语规划，它成为提高国际交流质量、保证交流通畅和安全的工具。在这一方面，诸如维斯特（Wüster）和德列津（Drezen）等人被誉为代表人物。这两位术语学先驱都是杰出的世界语学家，无巧不成书，两人对涉及多语言的问题产生浓厚兴趣都是源于他们对发展人工语言的活动情有独钟。维斯特公开的且以国际化为导向的立场，可以从他的著名论著《国际术语钥匙》（internationaler Terminologieschlüssel）中找到佐证。在此，他的基本观点是：（术语）国际化的实现，可以以名称中的希腊语和拉丁语要素为基础。虽然在今天，维斯特的这一观点在全世界的范围内几乎不再通用，然而，这并未抹杀这样的事实：我们的先人早就跨越语言的疆界，开始寻求改善专业交流之路了。在欧盟（EU）制定语言政策并开展相关活动之时，与术语有关的基础性问题又再度提到了议题当中。

此外还有国际标准化工作，它包含了大量的术语规划的因素。因此，也应该将其看成是"以国际化为导向"这一立场所产生的实践性成果。在这种时代背景之下，像维斯特和德列津这样的术语学先驱，他们满怀热情地投身于国家层面的尤其是积极投身于国际标准化活动，也就不足为奇了。

2. 在国家层面上开展的语言规划和术语规划活动，它们的目的是产生并持续维护民族术语的整体"库存"，以期在社会的方方面面把语言（包括在专业交流环境下使用的语言）变为一种功能性的工具。在此，可以列举波罗的海东岸三国及几个北欧国家（譬如冰岛）的例子。

3. 此外，诸如芬兰和捷克斯洛伐克这样的双语国家，侧重的则是语言在语义学和"表达是否得体"这些方面所做的协调性工作。例如在捷克语和斯洛伐克语这两种具有亲缘关系的语言之间所做的协调工作。

4. 在国家层面上开展的语言规划和术语规划活动，它们带着不言自明的目的：在广泛的疆域内，对若干种民族语言进行整合，以期让其中一种语言处于优势地位。据考察，在苏联存在的整个时期内，它的语言规划和术语规划活动当属此列。

5. 在国家层面上开展的语言规划和术语规划活动，但其目的是在国家层面上对某种少数民族的语言进行加强，以求让这种少数民族语言与在总体上占优势的语言处于一种均衡的状态。20 世纪 70 年代，加拿大在其法语占据主导的地区开始大力推广法语的使用，这就是一个典型的例子。这种"社会语言学"（soziolinguistisch）的语言格局，在今日的西班牙和旧日苏联的几个加盟共和国里，都可以被观察到。

与上述这种语言规划和术语规划活动在国家层面上获得普遍性大发展并成为一股时代潮流相并行的，是在应用语言学这一语言学分支里发生了一场成功的思想变革，这就是被维斯特称为"术语词典编纂学"（terminologische Lexikographie）［今日称为"术语编纂学"（Terminographie）或者"专业语言词典编纂学"（fachsprachliche Lexikographie）］的学科的诞生。在这个发展方向上最重要的杰出代表人物就是施勒曼（Alfred Schlomann），他是一位工程师。他是第一位以较大的规模对技术性词典实现系统化构思的人，甚至对在现代社会成为热门的专题（譬如专业语言惯用语学）（fachsprachlicher Phraseologie）都有所涉猎和研究，而且，他还将自己的研究成果直接运用到现代技术词典的编纂工作当中去。上述这场变革也对国际电工委员会所领导的实践工作产生了深远影响。在国际电工委员会的工作框架内，1938 年，第一部以系统化形式编排的《国际电工技术词汇》（*International Electrotechnical Vocabulary*）得以出版。

同样地，在不同的专业领域中，也在经历着一段自发的演变过程。在 1900—

1930 年期间，在国际和国家这两个层面上，标准化活动实现了制度化。1926 年，国际标准化协会（ISA）［今天的国际标准化组织（ISO）］成立，1936 年，其技术委员会 ISA/TC 37"术语"（术语委员会）开始工作，承担起为术语工作起草原则方法并对其进行标准化的任务。

综上所述，如果对"二战"爆发之前术语工作发展的情况做一归纳，在对上述提到的要点进行了一番比较之后，我们可以断言，这个时期的发展囊括了下列一些方面：

——专业交流；

——语言学的理论发展（布拉格学派）；

——应用语言学，其中包含专业语言翻译学、口译学和专业语言词典编纂学/术语编纂学；

——语言政策方面（语言维护、语言规划，以及作为规范性的语言规划活动形式之一的标准化工作）。

尽管上述方面的大部分内容属于语言学的范畴，而且在社会政治生活中愈来愈发挥出其应有的作用，但是，在那段时期里却只有寥寥几位语言学家关注专业语言的课题，更不用说（语言学家）能把术语（学）作为自己的研究对象了。

对术语学的发展产生过影响的人物

在术语学的理论发展方面，最具决定性的推动力来自奥地利人欧根·维斯特。1931 年，他在术语学发展史上起到奠基性作用的著作《在工程技术中（特别是在电工学中）的国际语言规范》（*Internationale Sprachnormung in der Technik*, *besonders in der Elektrotechnik*）出版。正如其他一些术语学实践和理论的拓荒者一样，维斯特也是一位工程师。另外，正如前面所提到的，他也是一位拥有渊博语言学知识、声名显赫的世界语学家。除此之外，他还深入探索过语言哲学的课题，特别是与以卡纳普（Carnap）为首的逻辑实证维也纳学派关系甚密。维斯特与早期语言学圈子的多年交情就有史料为证。

如果想就维斯特这个话题做进一步探究的话，那么大家可以挖掘出内容详尽的史料和文献，它们不仅真实记载下了维斯特 45 年的实践和理论工作，同时也客观深刻地反映了维斯特对术语学发展的巨大影响。在这里，作者只是对维斯特的术语学理论成就（这直到 20 世纪 70 年代末才为世人所知）做一简单列举。维斯特于 1977 年逝世。

早在 1931 年,维斯特就将术语学划入应用语言学的范畴。而"术语学"这一概念直到大约 20 年后才具有现代的含义(在此应该做一注释:经济语言学也早已使用了这个概念)。维斯特在 1931 年的著作中写道:

"有意识的语言调节就是应用语言学(ANGEWANDTE SPRACHWISSEN-SCHAFT),这跟技术是应用物理学是一个道理:有意识的语言调节就是'语言技术'。为了促使对语言技术以工程学的方式进行发展,语文学家需要掌握技术知识,或者工程师需要掌握语文知识。但对于工程师来说,掌握通向技术语言维护这一边缘科学的途径则会容易一些。"

维斯特的这一论断及其纲领性的阐述,就犹如一条红线贯穿在维斯特的全部著作之中。这同样的思想(当然,又经历了缜密的思索之后)在其后期的著作《普通术语学——一门跨语言学、逻辑学、本体论、信息学及各门具体科学的边缘学科》(*Die Allgemeine Terminologielehre — ein Grenzgebiet zwischen Sprachwissenschaft, Logik, Ontologie, Informatik und den Sachwissenschaften*)(1974 年出版)和《普通术语学和术语词典编纂学导论》(*Einführung in die Allgemeine Terminologielehre und Terminologische Lexikographie*)(1979 年出版)中愈加巩固。

在维斯特先驱性的研究和富有开创性的实践工作中,其具有里程碑式的成就可以归纳如下:

1. 他的"词语模型"(Wortmodell)。对此,他在其 1959/1960 年发表的《世界话语,直观和术语化的描述》("Das Worten der Welt, schaubildlich und terminologisch dargestellt")一文中做了阐述;费尔伯(Felber)和布丁(Budin)两位教授在 1989 年将这个模型诠释为"维斯特的认知理论模型"(Wüsters erkenntnistheoretisches Modell);而学者厄泽尔(Oeser)则在 1988 年又对维斯特的"词语模型"进行了添加,将其发展为"维斯特概念模型的动态转型"(die dynamische Transformation des Wüsterschen Begriffsmodells)。

2. 在国际和国家层面上,维斯特对术语原则标准制定方面的贡献。

3. 通过其著作《机器工具》(*The Machine Tool*)(1968 年)及《语言概念世界的结构及其在词典中的描述》("Die Struktur der sprachlichen Begriffswelt und ihre Darstellung in Wörterbüchern")(1963 年)对术语编纂学做出了理论和实践性的贡献。

4. 他对信息和文献学及其与术语学的关系方面的研究有所贡献。譬如,他为此著有《在信息科学服务中的国际化术语》("Die international Terminologie im Dienste der Informatik")(1970 年)[注:此处 Informatik 的含义是"信息科学"(Informationswis-

senschaft）］及《概念和主题分类，其本质和应用的差异》（"Begriffs-und Themaklas-
sifikation. Unterschiede in ihrem Wesen und in ihrer Anwendung"）（1971 年）。

在苏联的发展

在苏联，除了罗蒙诺索夫等人早期提出的术语创造和术语调节工作的倡议之外，在 20 世纪 30 年代初，苏联开始了在术语工作方面的现代化进程。这主要体现在工程师洛特（D. S. Lotte）（1898—1950）所做的工作上。洛特为苏联术语工作奠定了理论和方法论基础。根据学者库烈巴金（Kulebakin）等人的观点，可以对洛特的基本观点做如下的归纳：

"Terminologie 描述的是术语的整体，它与科学或者技术某个已有领域的概念体系相适应。在某种程度上可以说，术语系统代表着概念系统。"

洛特的这些论断与维斯特的许多观点极为相似。

在苏联术语学发展史上，另一位同样举足轻重的人物则是德列津（E. K. Drezen）（1892—1936）。早在洛特之前，他就对苏联术语工作的理论和实践活动起过推动作用。与维斯特一样，德列津也是一位工程师和世界语学家，而且具有丰厚的语言学背景。他在术语学领域的主要兴趣是标准化及其国际交流的内容。在这一方面，他与维斯特具有许多共同之处。

苏联术语学发展的一个重要特色就是：语言学家在很早的时候就介入到了术语学的基础性研究工作之中。许多像列福尔马茨基（Reformatskij）、维诺格拉多夫（Vinogradov）和维诺库尔（Vinokur）这样的语言学家的研究工作就是一个明证。

"二战"到 1980 年前后的发展

在这段时期，主要有两股潮流对今天术语学的发展意义深远：

1. 术语学理论基础得以巩固和扩展；

2. 早已着手的以语言学为理论基础的专业语言研究，在经历了一个根本性的变革时期之后，出现了术语学跟专业语言研究相互靠拢的局面。

与上述第一点相关的最重要的发展，我们在这一章前面部分已经提到了。然而，在此，还应该对一些要点再做进一步的强调，以便使这个时期的"全息图"变得更加完善，也便于今日的读者更能理解当前的世界术语学理论和实践的状况。

"二战"之后，人们对专业语言翻译持续增长的需求，以及电子辅助工具引入到术语工作中来，使得第一批术语数据库的建造较早地成为事实。尤其在国际或者国家层面上,在较大规模的翻译服务部门(譬如:德国联邦语言局和欧洲共同体)里建造起来的术语库则更具典型性。此外,还有国家层面上的术语服务机构[譬如:在位于斯德哥尔摩的瑞典技术术语服务中心(Technische Nomenklaturzentrale)]里也建造起了术语数据库。与这些事件相关的,则是在术语学和信息科学相互交叉的领域里,人们开展起了跨学科的学术研究活动,旨在为术语工作的顺利开展开发出更为适宜和对用户友好的术语工作工具。

信息和文献学则是一个与术语学更深入融合的学科领域,这主要是因为这二者在实践和理论上都存在着重要密切的关系。对于这一点,维斯特在其著作中都做过重要强调。

针对上述第二点,我们在此可以断言:在语言学领域中,抛开布拉格学派不谈[布拉格学派从经济语言学中发展出自己的版本,也就是"功能经济语言学"(funktionale Wirtschaftslinguistik)],只有为数不多的学者对术语学怀有兴趣;语言学领域的学者们大多仅把术语学看成是对词汇进行研究的可能形式之一。但是不可否认,在语言学的圈子里,人们对维斯特的思想并不陌生。关于这一点,人们只要查阅一下20世纪70年代语言学界的各类会议文件,便可深信不疑。

当专业语言研究如雨后春笋般日益繁荣起来的时候,术语学也随之慢慢挪入了语言学家的兴趣范围之内。但当时的主体状况依然是:大部分的语言学者(尤其在20世纪70年代)不仅对专业语言问题而且也对术语问题的提出持保守态度。就这一点,一方面,我们必须从语言学家的知识背景上加以解释,因为语言学家一直就不具备发展术语学和奠定其基础所必需的足够知识。而从另一方面上看,语言学家们普遍认为,语言才是他们这个领域应该研究的对象,这与探究语言手段的起源,以及考察与这些研究相关的条件毫无关系。

自然,我在这里也必须强调,在这段时期,还是有不在少数的语言学家正确估价了维斯特学术观点中的积极因素;要论这里的本质性原因,则是这些语言学家中的大多数通过亲身工作(经常性地在专业高等学院里授课)或者通过接受第二职业的培训,已经掌握了一门或者若干门非语言学专业的专业知识。

随着语言学领域中这种悄然无声的变化,语言学本身也向前发展了,也朝着一个新的发展方向迈进,与此同时,它也扩大了自己的研究对象,拓宽了自己的研究范围,专业语言研究也随之得到了巩固。在语言学领域中,人们逐渐依照自己的参数着手进行研究工作,这些参数实则与术语学领域中的相关参数相当近似。

可以归入这个历史时期的另一个事实,便是术语学自身也获得了长足的发展:

在大学层面上,术语学已经成为课堂上讲授的对象。在 20 世纪 50 年代的东欧,人们就能看到这一景象;而在西欧,随着维斯特于 1972 年在维也纳大学开设起第一场术语学讲座,术语学也在西欧的大学课堂里生根开花了。

通过对这个历史时期进行回顾,我们可以得出下面的结论:

——术语学的理论基础得到了巩固加强;

——术语数据库得到了建造和发展;

——术语学和信息文献学日益靠拢;信息文献学的一般性知识渗透到了术语学领域中去;

——术语学与专业语言研究彼此携手共进,二者以日益增长的态势,共同成为专业交流不可分割的部分。

术语学成为一门独立学科之路

正如前面也谈到的,早在 18 世纪和 19 世纪,术语活动就有了较为蓬勃的发展,但是,如果从更确切的意义上说,以理论为导向的术语学研究活动作为一门新兴学科的兴起,则是发生在 20 世纪的事情。

造成这种发展的推动力,则要从人们对术语(总称)双重本质的认识说起。术语的这一本质,人们在维斯特的"词语模型"里可以直观看到。一方面,存在着一个系统化的、属于某一个确定专业领域的概念集合;另一方面,这些概念有一个表达的方面。术语的这种"二分",也可以理解成是对术语能力的一种划分,也就是说:术语的表达方面,通常涉及的是语言方面的问题,落在了语言学的能力范围之内;而术语的内容方面,则涉及的是概念,落在了各个专业领域的能力范围里。在谈到"通用语言"(Gemeinsprache)问题时,探讨上述的这种划分则毫无意义,因为"通用语言"跟这种划分没有丝毫关系。换句话说,为了便于使用语言学意义上的术语,人们则需要对概念的语义学内容进行分析,但这又是语言学家竭力避开的课题,因为语言学家通常缺乏具体专业领域的技能,而人们要做这种分析却又必须以掌握专业知识为前提。

术语与通用语言之间的这种差别,导致了以下见解的产生:时代的发展呼唤着一门独立学科的出现,那就是"术语科学"(Terminologiewissenschaft),或者更确切地说,一门具有普遍意义的术语学说(allgemeine Terminologietheorie)。当时,不少学者也表达了相同的思想,而不仅仅是维斯特。譬如,学者福季耶夫(A. M. Fotiev)在 1969 年就指出:

"学者、专业行家之间开展跨学科和国际性交流的必要性,连同信息科学家和其他消费者对标准化的需求,这些都导致人们需要找到具有牢固科学基础的理解工具。这个特别重要而且颇具现实性的问题,如果借助目前已有的知识、凭借人们熟知的手段,却又是解决不了的。我们迫切需要一种关于专业名称构成和命名系统的理论,这种理论必须能够应对实践所提出的那些待定的课题。"

在 1971 年于莫斯科就同一主题召开的研讨会上,学者哈尤廷(A. D. Hajutin)将术语学研究描述成一门跨语言学、元科学(Metawissenschaft)和其他科学的边缘科学。

对于术语学的这一跨学科特性,维斯特也不断加以强调。譬如,在 1972 年召开的第三届应用语言学会议上,他将术语学刻画成一门"跨语言学、逻辑学、本体论、信息科学及各门具体科学的边缘科学"。术语学的这一交叉学科的特征,在 20 世纪最后的近 20 年里进一步得到强化。这种事实也就意味着:术语学和语言学相距并不甚远。学者鲍曼(Baumann)和卡尔费肯佩尔在 1992 年就谈道:

"与相应的具体学科的科学家、专业领域的行家、科学技术及手工业领域里熟悉业务的专家一样,专业语言研究者通过第二职业的形式日益参与到术语活动中来,甚至直截了当地承担起术语研究的义务了。人们从术语编纂学及术语学理论中已经了解到,语言知识和术语知识及具体的专业知识是相辅相成、彼此不可或缺且互为条件的;当人们考察专业交流的复杂情形时,这一点尤其需要得到强调。"

20 世纪 70 年代初,人们最先在俄文文献里遇到"术语学学派"(Terminologische Schule)这一概念,此后,在西方学者的论著里也出现了这个概念。这种现象给人们造成一种印象,似乎全世界就术语学实践及其理论基础存在着不同的见解。针对这一情形,劳伦(Laurén)和皮希特(Picht)两位学者带着质疑的态度对此进行了深入研究。他们的结论是:

"这些假想的学派构成,实则是一种偏差。在实质上,人们必须将其看成是因目标导向的重点不同而形成的不同特色。这些侧重点并不是从根本上相互对立的,而是就整个术语学领域而言,人们所强调的侧面不同罢了,因此它们具有互补性。"

学者哈格施皮尔(Moschitz-Hagspiel)曾对苏联学派进行过较为全面的审视,在他的一篇论著中,他也提出了相同的见解。在俄文文献中,"学派"这个概念似乎根深蒂固,因为早期的术语学家毫不动摇地执着于就不同的学派进行探讨,这似乎也是俄罗斯的一种传统。

1980 年之后的发展

时至 21 世纪初,距维斯特发表其最后的著作已经有 20 多年了。下面的事实是有目共睹的,那就是:维斯特的思想在其生前乃至去世之后都对术语学的发展产生了深远的影响。在一些学术圈子里,有些人把这一事实看成是对维斯特个人的盲目崇拜,或者是维斯特的后继者对其研究思想的忠实诠释和延续。然而,这样的解释却违背了术语学领域已经发展起来的实际情况,更是忽视了这个领域里所发生的翻天覆地的变化。

如果要对术语学的发展做一合乎实际并且恰当的评判,人们则不仅要关注术语学(它自然是一门独立发展的研究领域)自身的发展,而且还要兼顾其他学科——首先是新兴的科学领域——对术语学的渗透和影响,后者无疑为术语学基础理论的研究提供了包罗万象且内容详尽的资源。

特别引人注目的事实是:术语学就其方法论研究而言,又有了一系列新的突破。今天的术语学涵盖了下列的内容:

——科学理论(Wissenschaftstheorie)和认识理论;

——逻辑学和本体论;

——对象和概念;

——概念关系和客体对象关系;

——术语编纂学;

——知识技术;

——信息学(Informatik);

——信息科学(Informationswissenschaft);

——标准化和术语规划;

——术语管理。

然而,术语学的发展不应该只从数量上考察;术语学并不是上述方面“折中主义”东拼西凑而组成的拼盘。如果人们不只是从相互联系的角度,而且也从相互作用的角度对上述要素进行考察,那么人们能很快地洞察到:在上述的要素之间,一方面存在着共生的关系;另一方面它们又在边缘领域彼此交叉,而在过去,这些要素之间有的根本就不存在什么直接的联系。

人们可以断言,应用语言学尤其与专业交流实践日益相关;与此同时,其他的一些因素,譬如行为学(Handlungstheorie)、认知科学和其他符号系统(而不仅仅是语言这一个因素)也与专业交流实践密不可分。上述的这些要素(起码有一部分)早在很早的时期,就已经被术语学接纳为自己的研究对象了。

自20世纪80年代以来,在各国学者理论研究的讨论当中,科学理论和认识论

(Erkenntnistheorie)愈发成为热门性话题,并且占据了极高的学术地位。这一现实可以从这个时期国际会议和专业性研讨会的大量论文中找到佐证,在其他学术刊物的文章中也能寻到它们的踪影。

在专业语言和术语学的框架内,语言政策和语言规划也走到了前台;在几个北欧国家,这方面的工作更是开展得如火如荼,尤其在对受地域限制而使用范围狭窄的语言进行传播方面。

在1980年之后到21世纪伊始的这段时间里,对术语学理论和实践的推动力也来自知识技术领域方面,知识技术与术语学的关系日益趋近。在对对象客体、概念、概念关系、知识表示等这些在术语学理论中处于中心地位的要素的研究中,人们发现,知识技术为术语学发展提供了更为广阔的新契机。对于这一事实,人们可以从涉及"术语学和知识工程"(Terminology and Knowledge Engineering)的4次会议(1987,1990,1993和1996年)的文件里寻到依据。

在知识传递(Wissenstransfer)方面(多年来它一直以这样或者那样的形式存在着)也注入了新的要素。对这些新要素人们可以用关键词"知识库""信息管理"进行称呼。在这里,术语"库存"之间以复杂的系统进行融合和一体化,对此可以列举出术语数据库、机器翻译和其他形式的数据库,或者术语知识库和专家系统等。

自1977年维斯特逝世之后,在术语学领域里发生了实质性的发展变化。诚然,这种变化不是那么显而易见的,这主要是因为:迄今为止,对术语学领域里的这些变化进行较大规模的概括总结,人们还没有着手这方面的工作。

如果把术语学理论和实践的发展放在一个广阔的历史大背景下进行考察,人们就能得出下面的结论:术语学诞生于人们对专业交流"不满意"的状况下,这些"不满"部分也表现在人们对专业领域中专业交流现状所持的批评性态度上。对于这些问题的解决,人们先是尝试着在专业内部采取务实的方式。随着时间的推移,在进一步发展的过程中,又有越来越多的领域卷入其中。一方面,这些现实促进了术语学理论基础的形成;另一方面,在质量和数量两个角度上,也促使了术语学研究对象的进一步扩大。由此,在更好地考虑到专业交流复杂性的前提下,对术语学进行较为精确的描述也就有了可能。

参考文献

[1] AHMAD K. A Terminology Dynamic and the Growth of Knowledge: A Case Study in Nuclear Physics and in the Philosophy of Science[R]. Ch. Galinski & K. D. Schmitz (eds.), TKE' 96:

Terminology and Knowledge Engineering. Frankfurt a. M. : 1996.

［2］AHMAD K, ROGERS M, PICHT H, THOMAS P. Terminology and Knowledge Engineering: A Review Technical Report［R］. TWB Cl－1. Sept. 1989. University of Surrey: 1989.

［3］ARNTZ R, PICHT H. Einführung in die Übersetzungsbezogene Terminologiearbeit ［M］. Hildesheim, Zürich & New York: 1982.

［4］AVERBUCH K J, DREZEN E K. Terminologist and Standardizer［J］. Terminology Science and Research, 1994, 5(2).

［5］BLUM. Der Kaufmann und das Leben［J］. Beiblatt zur Z. f. Hw. Und Hpr. , 1916(10－12).

［6］BUDIN G. Wie (un)verständlich ist das Soziologgendeutsch? ［M］. Frankfurt a. M. : 1993.

［7］DROZD L, SEIBICKE W. Deutsche Fach-und Wissenschaftssprache: Bestandsaufnahme, Theorie, Geschichte［M］. Wiesbaden: 1973.

［8］FOTIEV A M. Wissenschaftlicher und technischer Fortschritt und die Verständigsmittel: Terminologie — eine selbständige wissenschaftliche Disziplin ［G］//Ch. Laurén & H. Picht (Hrsg.), Ausgewählte Texte zur Terminologie. Wien: 1993.

［9］GAIVENIS K. Terminology in Lithuania［J］. Terminology Science & Research, 1991, 2(2).

［10］HAJUTIN A D. Die verschiedenen Richtungen in der Terminologiearbeit［M］. Wien: 1993.

［11］MESSING E E. Zur Wirtschaftlinguistik［M］. Rotterdam: 1932.

［12］NEDOBITY W. Eugen Wüster und die Sprachkritiker des Wiener Kreises［J］. Muttersprache, Bd. 95; 1984/1985(1－2).

［13］OESER E. Terminologie als Voraussetzung der Wissenstechnik［G］// H. Czap & Ch. Galinski (eds.). Terminology and Knowledge Engineering. Supplement. Frankfurt a. M. : 1988.

［14］OESER E. Terminology and Philosophy of Science［C］// J. Kewley Draskau & H. Picht (eds.). International Conference on Terminology Science and Terminlogy Planning; Riga 17－19 August 1992. IITF－Series 4. Wien: 1994.

［15］OESER E, PICHT H. Terminologieforschung in Europea: ein historischer Überblick［G］// Fachsprachen. Ein internationales Handbuch zur Fachsprachenforschung und Terminologiewissenschaft. 1. halbband. Berlin, New York: 1998.

［16］PICHT H. The Multidiscplinary Nature of Terminology: Remembering Eugen Wüster［J］. Terminology and LSP Linguistics: Studies in Specialized Vocabularies and Texts, 1994/1995(7/8).

［17］PICHT H. Wirtschaftlinguistik: ein historischer Überblick［G］// Fachsprachen. Ein internationales Handbuch zur Fachsprachenforschung und Terminologiewissenschaft. 1. Halbband. Berlin, New York: 1994.

［18］SCHRÖER A. Handels－Hochschule und Sprachwissenschaft ［M］// E. E. J. Messing. Zur Wirtschaftlinguistik. Rotterdam: 1932.

[19] TOFT B. Conceptual Relations in Terminology and Knowledge Engineering [C]// J. Kewley Draskau & H. Picht (eds.). International Conference on Terminology Science and Terminology Planning. Riga 17 – 19 August 1992. IITF – Series 4, Wien: 1994.

[20] WÜSTER E. Die Strultur der sprachlichen Begriffswelt und ihre Darstellung in Wörterbüchern [C]// Proceedings of the IIIrd Congress of the International Federation of Translators. Oxford, London, New York & Paris: 1963.

[21] WÜSTER E. The Machine Tool. An Interlingual Dictionary of Basic Concepts [M]. London: 1968.

[22] WÜSTER E. Die internationale Terminologie im Dienste der Informatik [J]. Probl, 1970(2).

[23] WÜSTER E. Einführung in die allgemeine Terminologielehre und terminologische Lexikographie [M]. Wien: 1979.

[24] WÜSTER E. Die allgemeine Terminologielehre — ein Grenzgebiet zwischen Sprachwissenschaft, Logik, Ontologie, Informatik und Sachwissenschaften [J]. Linguistics, 1974(119).

术语学的科学理论视角①

劳伦 著　邱碧华 编译

摘要：20世纪90年代末，芬兰的劳伦、挪威的迈京以及丹麦的皮希特这三位术语学专家合作撰写了《放大镜下的术语学》一书，他们集自己20多年对术语学研究之经验，带着批判性的眼光对术语学传统进行了重新审视，同时提出了代表着北欧国家术语学特色的对术语学未来发展的思考。本文是劳伦教授执笔的第二章的德文中译版编译，探讨了跟术语学相关的科学理论的多个方面。

关键词：术语学的应用领域，古典"二分法"，"描述特征的"科学，"系统普遍性的"科学，不同的学科及其术语储备

《放大镜下的术语学》是北欧的三位术语学大师——芬兰的劳伦（Christer Laurén）、挪威的迈京（Johan Myking）和丹麦的皮希特（Heribert Picht）这三位教授在20世纪末合作撰写而成的，其德文版在1998年由"国际术语网"（TermNet）出版。这部书是三位学者在20多年对术语学进行客观考察的基础上，带着批判性的眼光对术语学传统和中心问题进行的重新审视，同时，他们提出了具有北欧国家术语学特色的对术语学未来发展的思考。

本文是劳伦教授执笔的第二章的德文中译版编译，德文原名为"Die Terminologie aus wissenschaftstheoretischer Sicht"。劳伦教授在此探讨了跟术语学相关的科学理论内容，其开阔的知识面和缜密的科学思维给人留下了深刻的印象。

以下是原文的中文版编译。

术语学的应用领域

今日术语学的理论手段，主要可以应用于三个目的：1. 专业语言研究；2. 为整理

---

① 这篇文章的德文题目为"Die Terminologie aus wissenschaftstheoretischer Sicht"，德文原文可见 *Terminologie Unter der Lupe*, IITF Series 9. TermNet, 1998。

知识秩序提供便利;3.专业语言的语言规划(譬如传统术语工作;语言规划)。

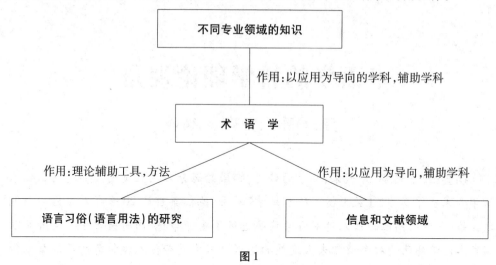

图 1

术语学方法可以为不同的目的服务:1.从传统角度上看,术语工作自然要承担对不同专业领域里的知识进行分析的工作,以求术语学的手段(名称和概念)有效地发挥作用;2.在信息和文献领域中,术语工作也必不可少,它为对知识进行系统化整理、为人们有效地获取知识服务;3.除此之外,即使术语工作方法与实践性应用还没有直接发生联系,人们也可以把术语工作方法应用于对语言习俗(语言用法)的研究中。这最后提到的方面,首先涉及的是对专业语言交流领域中语言用法的研究。但迄今为止,在相关文献中,人们对这方面还未有过认真记载,在过去的实践中,这方面的研究也未得到充分应用。

上述第一种情况,涉及的是术语学手段在基础研究领域中的应用;在这里,术语工作的目标是促进语言习俗(语言用法)方面知识的自身发展。上述第二种情况,谈的则是对术语汇编(类属词典)(Thesauri)、数据库、图书文献及相关领域中的知识进行整理,以便为人们更好地获取知识服务。上述第三种情况,则是当今术语学实践中的"热点",它涉及的是一种以行为为导向的(handlungsorientierte)研究,也就是人们应该把它的成果直接应用于现实社会。

在术语学为语言规划服务这一点上,人们还可以将其向纵深处发展。从这一角度上看,术语学存在着一个社会科学的维度。即使上述提到的第一种情况和第二种情况的产物彼此相似,人们还是可以说,专业词典的编纂工作就是一个明证:它直接表明了,术语学与广泛的实践应用之间的紧密关系是不言而喻的。

在编纂多语言的类属词典时,术语学的手段就能大大派上用场。因为在这里,人们常容易犯一些错误:人们为在目标语言中尚不存在的术语,贸然采用一个人造的但未必恰当的翻译等效物,也就是说,人们对语言的现实使用情况并没有进行缜密的思考。

在上述第一种和第三种情况之间存在的差别最大。劳伦教授在此提到,作为一名语言研究者,在他自己的语言学项目中,他会把术语学的理论分析工具作为供其选择使用的若干种辅助手段之一。因为,举例而言,在人们对专业语篇的语言用法进行考察时,研究者是必须要对其中的术语状况及其与其他语言特性之间的关系进行关注的。在这种情形下,除了运用其他各类语言学的方法之外,劳伦教授还采用术语学的工作手段,以便为他开展分析工作提供帮助。在劳伦教授看来,尽管术语学是在一系列完全与语言学不相干的学科基础上发展起来的,但是,他没有任何理由在自己主要是语言学的工作手段里,对术语学的工作方法不予以接纳。

劳伦教授认为,作为一名语言研究者,他一直有必要或多或少地从其他领域中汲取好的工作方法。他在此举例说,那些对语料库工作感兴趣的语言学家们也已经从统计学方法中吸取了营养,甚至对注释学也并不陌生。

令人惋惜的是,即便是术语学家(他们也跟以专业语言为导向的语言学家一样)也没有认识到,即便是人们出于纯粹好奇的心理,在对专业语言交流进行考察的时候,术语学的工作手段也是可以拿来一用的。换句话说,那些牢记着实践需求的人们也容易忽略从尽可能多样化的角度尝试使用不同的工作手段。譬如,人们会认定某种工作手段(工具)只适用于语言规划这一种实践,却不会设身处地地针对当前具体的环境对工作结果本身进行判断,并采用灵活多样的方法主动去选择自己所需要的手段。除此之外,语言规划工作中的这种"单面性",还会给那些对术语学怀有兴趣的其他研究者带来不必要的困难。这种"单面性"造成的结果还可能是:人们可能只对某些专业领域的语言用法热衷,尤其是对那些短期能产生经济效益的专业领域感兴趣(这种现实无论如何应当引起大家的注意)。这样做也就造成了目前的大多数术语工作方法都仅仅针对科技领域。而且,迄今为止所有探讨术语学问题的文献,都只将注意力聚焦到语言规划问题上。

然而,就语言规划者/术语学家所面临的任务而言,术语学还发挥着另一种作用。毋庸置疑,就术语学的理论范畴来说,术语学不是应用语言学。因此,术语学家有充足的理由坚持自己的独立性。他们理当充分利用非语言学的科学成果,以求独立发展术语学的理论和方法。

　　专业语言研究者和术语师都可以根据不同需要并采用不同的方法选择适合自己的语料库。在实践工作中，术语师极少能像专业语言研究者那样拥有一个在专业上界定清楚的语料库。如果利用专业界定清楚的语料库，术语师一般无法把自己工作所需的所有概念和名称全部包括进去，即便他努力为之奋斗过，渴望将语料库工作作为一种对他有用的方法进行开发。在正常情况下，术语师是与相关领域的专家们一起工作的，这些专家们帮助术语师找到那些概念系统需要接纳的要素。术语师对材料的选择也有一定的质量要求，在这一点上，术语师的工作就与专业语言研究者的工作有所不同了。

　　术语师的工作目标是标准化；而语言学家/专业语言研究者的兴趣，则首先是从事基础性理论研究。一位语言学家可以（全部或者部分）运用术语学的工作方法，以便扩充他的知识面，或者提高他在语言用法和专业语言方面的综合概括能力；但在其研究的后期阶段，紧随其后也许没有（也并不必须）产生什么实际性的应用成果。语言学家同样可以运用上述方法，对古代语篇中的专业语言或口语资料中的术语状况进行研究；或者，也许他自己就对这种可能发生的应用根本不感兴趣。

　　术语学发展所必需的理论性手段是从数量庞大的多门学科中诞生出来的，这些学科直到今日依旧对术语学的发展有着持久性的影响。下面的论调在北欧术语学理论和实践的发展中一再得以重申，这就是：学科交叉和跨学科的理论倾向也是与语言学观点相互结合的。因为从概念出发的术语学分析方法（在通常情况下它并不描述语言学的研究对象）是不把语言学导向放在第一位的。

　　在科学发展的某个阶段上，当科学研究结果难以预测时，学科交叉和跨学科的理论倾向就会存在。G. 布丁（Gerhard Budin）教授在1996年为知识、信息和交流组织构建的模型中[这个模型部分可以追溯到学者博格朗（R. Beaugrand）在语言学领域里开展的系统论研究工作（1988年及以后）]对这一观点有所阐述。上述两位学者都对术语学作为研究领域所产生的成果特别感兴趣。近些年来涌现出的一些新思潮在原则上与自索绪尔（F. de Saussure）以来在语言学领域及其他研究领域中占优势的结构主义思想相决裂。就跟混沌理论（Chaostheorie）、系统论和复杂性理论（Komplexitätstheorie）一样，术语（Termini）是对一场意义深远的范式转变进行的表达，这场转变为自己开辟着道路，并从根本上改变了既有的科学思想。

　　欧根·维斯特（Eugen Wüster）曾经假想过，作为科学分支的术语学可以"二分"为一个普遍性的理论领域[普通术语学（allgemeine Terminologielehre）]和一个由一批专业术语学理论组成的全面广博的领域[特殊术语学（spezielle Terminologielehre）]。

维斯特将自己的理论见解阐述得更为深入,他甚至谈到了研究某个专业领域在某个特定语言中术语存在状况的学说。依据维斯特的观点,"普通术语学"与"特殊术语学"的关系,大概就跟普通语言学与研究各门具体语言的科学之间的关系差不多。

自此之后,又有许多学者对这种"二分"的思想进行了发扬光大,将"特殊术语学"又进一步划分成更多的术语学分支,就如同各专业领域(或者科学领域)中的情形那样。H.费尔伯(H. Felber)教授和G.布丁教授也接受了这种"二分法",他们提倡在"普通术语学"和"特殊术语学"之间做进一步的区分,然而却没有对这种建议的现实性进行充分阐述。另外,在这里也涉及维斯特所做的一种解释:普通术语学是一门跨语言学、逻辑学、本体论、信息学及具体科学的边缘科学。这里最后提到的表达(译者注:指具体科学)指的是任何一种科学,也就是所有的科学。这样一来,也就自然导出了逻辑性的后果[这里说的是(上面"二分"出的)"特殊术语学"]。

维斯特的这种对未来科学领域进行划分的可能性假设是模糊的。他参照普通语言学与各门具体语言科学之间的关系所进行的平行类比,看起来也令人难以信服。

在这种背景下,为术语学这一科学分支构建起一个体系看起来并不现实,在理论上理由也不充足。也许,对术语与客体对象之间的关系、对术语与专业领域语言用法之间的关系,人们必须做另一番审视。一个比维斯特等人的设想更为合理一些的平行类比,就是[进行语篇(文本)解释的]语文学家与其语篇(文本)之间的关系。如果要很好地完成语文学的任务,人们就需要做好准备,对其他全新的领域进行钻研探索,无论是自己实践还是借助他人的帮助。(遗憾的是)还没有谁愿意从这个点出发进行思索,然后断言,所有的专业领域都潜在地为语文学的工作方法做出了贡献。也许,人们有必要理解一下强调"内容"的必要性。造成这种状况,部分是因为所谓的现代语言学严重疏忽了语言的含义。

时至今日,人们没有任何理由把所有专业领域(或者科学)都看成是术语的提供者。古典"二分法"只有在纯粹的实践层面上才是现实的。举例而言,在北欧国家的术语工作中,这种"二分法"是通过以下方式体现的:通常情况下,术语工作组是由术语师及来自各自专业领域的专家组成的。在编纂专业词典时,这样的搭配就既能充分利用术语师的专业特长,又能让专家的专业领域知识有用武之地。

不同的学科及其术语储备

不同的学科为其领域所特有的概念及其名称储备的发展所提供的前提,可能是完全不同的。因此,在谈到专业术语的构成及应用时,其状况常常令人很不满意,似乎人们对它们做过的说明都不够详细。

依据学者温德尔班德（W. Windelband）将科学（Wissenschaften）划分为更大的组（Gruppen）的观点，我们可以将科学中的一部分学科刻画为"系统普遍性的"（nomothetisch）（只要它们创立和检验规则，并且可以概括产生出一般性的知识）。自然科学为解释自然现象提供方法论依据，因此，它们是典型的"系统普遍性的"科学。而研究具体事件或者个别现象的学科（人们只能在行为、现象内在的相互联系中去理解它们），则是人文科学（Humanwissenschaften）。它们涉及的是意图、价值和目标等问题。

借助上述的划分，我们不仅能够捕捉到研究对象的特征，而且还能对其行为（Handlung）进行研究。温德尔班德断言说，基于心理学的研究对象，人们可以将其看成是人文科学，但就心理学的方法论而言，又可以把它看成是一门自然科学。在温德尔班德对这种分类问题的讨论中，在涉及对"描述特征的"（idiographisch）科学进行分类时，看上去他首先想到的是历史学（Geschichtswissenschaften）。

"描述特征的"科学（特象科学）将其研究对象视为一种"转瞬即逝"的现象，因此，它们没有发展起标志着这类学科的特有理论性概念，从而无法拥有仅针对这类学科适用的权威性。

当然，在政治史的语篇中存在着某种理论性装置，而且，这不是只针对编年史而言的。这种理论性装置所具有的特点是：它主要是在其他的学科（譬如在经济学、社会学和心理学）中发展起来并得以现实化的。"描述特征的"科学与"系统普遍性的"科学之间的区别，也可以描述成"概念和规则应用"的科学和"概念和规则生产"的科学之间的区别。

这类"二分法"自然为概括和综合提供了必不可少的思考工具。在科学出现的过程中，对科学进行阐述说明具有极大的偶然性和不连贯性。除此之外，事实证明，深受自然科学影响的"古代经典文献"（Humaniora）所记载的全部科学也由此打上了"系统普遍性的"烙印。

在政治史的语篇中有一类名称［主要是纯粹的专有名称（Eigennamen）］相当丰富：三十年战争、第二次世界大战、芬兰历史上的"大不和"（der Große Unfrieden）、第二次布匿战争（der Zweite Punische Krieg）、宗教法庭（die Inquisition）、文艺复兴、奥拉宁的威廉（Wilhelm von Oranien）、查理五世（Karl Ⅴ）、克伦威尔（Cromwell）、俾斯麦（Bismarck）、伊丽莎白二世（Elisabeth Ⅱ）等等。人们可以采用确凿的方式将这些名称概括为摄政王、时期或者战争，但是，这并不意味着由此人们就可以把这些概念作为要素,以同一种方式构建起某些理论(而在"系统普遍性的"科学中,从概念出发构建起相应的理论则有可能实现)。

有一个事例,第一眼看上去很像是给出了一个反例,那就是"布拉格扔出窗外事件"(Prager Fenstersturz)这个表达。这是一个历史事件,它导致了"三十年战争"的爆发。在这个事件发生之前,在布拉格就已经发生过一次"扔出窗外事件"(Fenstersturz)了。在西班牙大百科全书中,使用 defenestración(抛出窗外)这个名称对此事件进行了表示;但是,这个名称同时也指代一个葡萄牙事件(在后面的这个事件当中,也有人从窗子里被扔出来)。如果人们打算尽量采用概括的方式进行历史学研究(历史性描述)的话,就很可能期望为"扔出窗外"(Ausfensterung)这个现象构建一个理论(译者注:劳伦教授在此说明,Ausfensterung 这个德文词只是一个具有可能性的名称,他写这篇文章时,这个名称还不存在)。也许,对 Ausfensterung 这个词进行概括,会让我们偏离历史学的研究范畴。因为即使战争、文艺复兴、革命这样的概念是存在着的,把诸如"从窗户里扔出来"(Wurf aus Fenstern)这类现象进行概括,并将其作为历史现象进行研究,对于历史学研究来说也不够典型。与此相反,在历史学研究中,历史学家应该做的则是把现象放在它发生的个性化环境里去研究,而不应该去探究这个现象与另一个现象有什么共同之处。

在历史学研究中有一种极端情况:有些现象是在任何历史时期都存在着的,或者,有些事件是同时代的新闻记者、编年史学家或者历史编纂学者共同经历过的,因此,对一些确定的现象,人们喜欢采用在自己语言中跟这种现象非常接近的专有名称进行命名。在这里就涉及对"发送者和接受者"这一共同体进行直接具体说明的问题。在口语化的专业语言环境(语境)里和在单个具体的工作场景下,有的时候,在书面专业语言里应该产生术语的位置上,产生出的是专有名称。

温德尔班德的划分是一种粗略的分类,人们对这种方法的诠释可以有不同的版本。人们经常强调,在自然科学和历史学的研究方法之间,似乎并不存在原则上的区别。如果依据这种论调,那么,上述两者的区别首先在于:自然科学家运用的法则是为了描述目标,而历史学家所面临的目标则常常是不言明地存在着的。因此,在历史学家这里,目标只是手段。因为历史学中的每一种解释同时也是一篇报道,所以,得出下面的结论是具有说服力的:一篇历史学的语篇给人留下的是强烈的"描述特征的"印象。

人们还会发现,在历史性的语篇(文本)里,人们运用了不少文学修辞手段。受历史学缪斯克利欧(Klio)的影响,人们在历史性的语篇里难以看到在科学语篇里颇受欢迎的简洁性。若论其起因，则是由于在历史学中，一篇文本中的文字与通用语言(Gemeinsprache)非常接近；因此，在这里术语的含量很低，其中涉及的各种具体理论，大都采用公理进行了含蓄表示。

依据历史学界现代理论家海登·怀特(Hayden White)的说法，历史是"一种叙事散文话语形式的言语结构，标榜的是过去的结构和过程的模型或者图标，通过对它们进行表示，来解释它们是什么"。根据怀特的这一论断，历史学就不可能完全跟一幅图画似的(因为它存在着并要就"关于什么"进行论述)。

"描述特征的"科学与"系统普遍性的"(独立有制定规律能力的)科学之间的这种区分，对各自理论手段的诞生、对概念体系，由此也对相应分析工作所必不可少的术语储备都产生了影响。

在实际工作中，人们也发现，如果想对文学研究(较早称之为"文学史")的语篇进行考察，并且以简单、逻辑化的方法对其概念、名称和概念系统进行分析的话，则是一件较为困难的事情。因为自柏拉图[对话录《埃奥恩》(Ion)]以来直至现代社会，人们早就形成了一个古老的传统，文学研究的语言要受到研究对象的影响，而且这还不够，文学语篇还需要与读者的期望值相符合。当满足了这种审美的需求时，我们也就滑到艺术领域里去了。在文学研究领域里，却存在着这种倾向。在这里，术语学作为语篇(文本)分析的辅助手段也得到了应用，固然，它在本质上受到了一些限制。如果人们肯去探究一下，在人们尝试着把那些做文学语篇分析时必须使用的方法分离出来之后，要想在一篇文学语篇里做一下专业语言分析的话，人们究竟能够深入到什么程度(这样做一下自然一定会相当有趣)。

另外，我们还可以举一下古典地理学(klassische Geographie)的例子。尽管这个领域的工作带有"描述特征的"特点，人们还是把这门学科划到自然科学的范畴里去了。除此之外，今天可以归属到地理学(Geographie)这个范畴里去的，还有另外两个大的领域，即文化地理学(Kulturgeographie)和自然科学地理学(naturwissenschaftliche Geographie)，此外还有其他更为深入的分支学科。在正常情况下，文化地理学是一门带有"描述特征的"科学。对处于古典形态的自然科学而言，其典型特点则是：它对其现实部分的解释，是由一定数量自成一体(自我封闭)的概念体系和公理体系构建成的。

自然科学古典形态的这一特点，也影响了人们对专业特有概念及其名称应该如何存在所做的猜想。依靠自身的理论手段，"描述特征的"科学分支是达不到与"系统普遍性的"科学同等程度的泛化级别(Verallgemeinerungsgrad)的；因此，它也形成不了同等级别的自身独立的理论。这种影响还在于：存在于"描述特征的"科学领域专业语篇里的专业术语（Fachtermini），大都源于其他的专业领域。

电工技术（Elektrotechnik）领域里的情形却相反。在这个领域的文本语篇里，这个领域特有的术语占据着很大优势。电工技术是一门"系统普遍性的"科学，另外，它也有着长期形成的国际标准化和专业语言标准化传统。

对交流学（交流理论）（Kommunikationstheorie）（作为社会科学的研究领域）进行的以经验为依据的考察证实：其具有本身专业特色的术语数量很少，举例而言，每三十二个词语中才有一个术语；而在传统的语法语篇里，每四个或者五个词语中就有一个术语存在（在电工领域的语篇里，情况类似）。在交流学中自然存在着一批交流学必不可少的概念和术语，但它们却属于其他的知识领域。针对交流学的这种情况，我们可以做下面的特别解释：交流学是一门相对新兴的科学领域，是在许多其他学科知识的基础上建立的。在这门新兴学科找到自己的存在形式并形成自己的传统之前，人们不可能期望它拥有数量庞大的概念及其名称储备。人们还可以设想，在考古学中，属于其自身的专业术语数量也很稀少，但我们对这种情形的解释却与对交流学领域的解释有所不同。交流学探讨的是人类交流中产生的问题，其中，总是需要在许多学科之间开展必不可少的合作。

作为科学或者科学分支的术语学，它自身是以庞大的不同学科的方法论为基础建立起来的，因此，它也就利用了这些学科的概念体系及其名称。正如本章开头谈过的，欧根·维斯特本人强调指出，逻辑学、本体论、信息学（Informatik）[在信息科学（Informationswissenschaft）的意义上]及各门具体科学是术语工作的对象，他是把这些学科作为术语学的背景学科加以强调的。学者 V. M. 莱希克（V. M. Leichik）在1990 年（自维斯特提出上述观点差不多 20 年之后）又对其进行了扩充，将下列领域也涵盖了进来：认识论（Gnoseologie）、概念学说、符号学、系统论、数学、信息科学的法典编纂理论 [Kodifizierungstheorie der Informatik (Informatik = Informationswissenschaft)]、知识论和标准化理论（Normungstheorie）。莱希克强调的是，术语学有两个目标：分析和语言规划。这最后一点意味着，术语学也具有一个社会科学的维度，在某种情况下（大多数情况都如此！），术语学影响了语言习俗（语言用法）。

就术语学的这两个目标而言，它们自身特有的概念体系和名称体系的发展所必备的前提，在术语学自身内部是不同的。在这里，"分析"所具有的先决条件也许要比为"语言规划"设定的条件更好一些。但是，术语学的这两个目标，都在很大程度上依赖于其他研究领域中的知识、理论和方法论的发展情况。即便术语学作为一门学科已经有了半个多世纪的发展历史,我们还是要说,它的方法论尚处于发展阶段,术语学作为"独立"学科的发展道路还很漫长。我们还可以说,对术语学理论有意识的发展工作,人们做得还很不够。这就意味着,术语学一直需要对随着"母学科"(Mutterwissenschaften)的发展而产生的新理论和新概念进行思索,同时需要人们不断对来源于其他知识领域的术语进行深入研究。

然而,实际上,不同的学科领域在不同程度上是相互适应的。当术语师使用来源于计算技术(Datentechnik)领域的术语时,通常情况下,他们并不会提出要求去占有这些术语的"权威性"(Autorität)。尽管如此,在术语学的"技术行话"(Technolekt)里,却包含着一大批主要是从语言学和哲学中接纳过来的术语,对于这些术语,术语学还是把它们的"权威性"接管过来了,尤其是针对名称和概念这样的中心性表达。术语学尤其有理由对这些概念进行发展和定义。从这个意义上说,哲学家的术语和心理学家的概念,跟术语学家的对等物不再相同了。

计算技术以相应的方式也从其他的领域里"挪用"了一些概念和名称。从相关研究中得知,从时间上看,这跟这些术语的来源有关。在这个领域的现代术语中,大部分起源于18世纪和19世纪,甚至还存在着更为古老的术语。当计算技术作为一个领域在20世纪产生并获得自身发展的时候,它需要对自身进行部分调整,以求与已经存在的概念世界相协调。

这是不可避免的,在不同的情况下,某个学科在不同程度上把不同辅助学科的术语吸收了过来,同时它自身在概念上又获得了独立的发展。举例而言,考古学所使用的方法,按时间顺序对木制和石制对象进行鉴定,这就需要以归属于地质学或者生物学的知识及其技术为前提。就术语学来说,则更容易一些,它将语言学的术语接纳了过来,然后继续进行自身的独立发展,就像考古学将地质学的术语接纳过来一样。经我下面解释一下,读者可能会更明白一些,在社会科学领域中存在着彼此雷同并且要比地质学领域更难进行定义的概念,人们也更容易从其他的研究领域中将其概念接纳过来并进行扩充。在这里,显而易见,这个领域的成果受到了"时间"和"个人研究成果"这些因素的影响,人们在此可以想到维斯特个人对术语学含义的理解。

下面是一个例子:在认知科学领域中存在着相当大比例、来自其他学科的术语,而且,这些学科占有对这些术语的"权威性"。认知科学是一门新兴学科,在其基础性的概念装置(Begriffsappart)中,就包含了多样化的、来自其他领域(譬如,认知心理学、人工智能研究、语言学、逻辑学、认知神经学、科学哲学和语言哲学、心理语言学、语言数据处理、计算技术、数学、物理学、生物学、人类学和社会学)的概念。除此之外,术语学作为一门科学分支,也能为认知科学奉献出极为宝贵的知识。上述提到的认知科学所涉及的若干个知识领域本身就是新兴学科。也就是说,从术语的角度上看,这些学科的术语本身还不够稳定。考虑到认知科学是建立在不同概念世界及其术语储备组合的基础上的,而这个组合中的要素又有着不同的发展基础,因此,这门学科就具有以下的特点:自身发展起来的术语储备比较薄弱,而且,在其内部存在着比较棘手的交流难题。

大多数为认知科学做出贡献的学科,都可以被视为"系统普遍性的"科学。通过对这个学科术语的考察,人们常常可以了解到这个学科的研究者们为这个领域所带来的新方法和做出的理论贡献。

在一门新出现的科学领域中,其概念呈现出混乱状态则是正常的。一门新兴科学语言(包括属于这门学科的术语)的构建是一个步履艰难的历史发展过程。

术语储备丰富和贫乏的原因

我们能从上面的讨论中得出一个结论:那些在具有"描述特征的"科学分支领域里从事研究的人们,大多数并不占有对这个领域概念体系及其术语的"权威性";虽然就概括综合水平而言,他们需要为这个学科付出高水平的脑力劳动。因此,在这些学科中,人们也就没有感觉到一种需求:应该为这个学科的术语工作付出努力,或者应该为这个学科制定出带有定义的术语一览表。当这些专家学者对这类辅助手段有需求时,他们则向相应的辅助学科求助。正如前面已经探讨过的,我们已经得知:事实已经证明,企图在理论层面上寻求自然科学和文化研究(Kulturwissenschaften)之间的统一,在一个过于一般性的水平上,这无论如何是实现不了的。这种在理论层面上的差异,势必导致不同的"技术行话"在术语储备方面存在着差别。

我们可以进一步得出另一个结论:那些新兴的学科,在其存在的初期阶段上,是通过学科之间的交叉合作发展起来的;因此,就其概念和名称储备而言,则至少在一个比较长的时期内,它们对其他学科领域的理论和方法论(由此也对这些学科的概念和名称)存在着依赖性。当有关研究者认为(基于各种各样的理由)他们需要强调自己的科学自主性的时候,这些新兴学科就赢得了本学科概念及其名称的独立性和权威性。诚然,这种想法也一直招来一些反对性意见。

还有一个更深一步并且本身也很有趣的意见,它可以为人们找到较为合理的依据,以更好地解释围绕不同学科的术语构建而出现的不同理论倾向,那就是系统论的启发。这个理论在开放体系和封闭体系之间进行了区分。开放体系在本质上是与封闭体系有区别的。开放体系以与环境进行相互作用为特征。举例而言,这里就涉及那些研究对象是人和社会的学科。这些学科的对象处于现实性(Wirklichkeit)的最高层次上,并以复杂性和非预言性(不可预言性)(Nicht-Voraussagbarkeit)为特征。相对而言,数学则是一个封闭体系的例子。作为封闭的体系,数学显示出很高的可预见性;固然,这同时也给它带来了一个"缺点",即它无法对现实性进行预言。

　　下面的图 2 显示了三个刻度。图左侧的起点,表明其自身学科的术语储备丰富;而图右侧的起点,表明其自身学科的术语储备不足。第一个刻度,表明的是起决定作用的理论出发点不同;第二个刻度,表明的是在科学研究对象上的差异;第三个刻度,表明的是在科学巩固程度上的不同。

"系统普遍性的"科学	———	"描述特征的"科学(特象科学)
数学	———	社会科学
已经巩固了的学科	———	尚处于巩固阶段上的学科

图 2

　　上图中的三种刻度较为直观地表明了几个协同作用的原因,它们造成各类学科专业概念及其名称的蕴藏量之间有所不同。图示表明,在刻度图左侧的科学分支要比右侧的科学分支显示出更大的术语储备量。造成上述差异的原因为:在第一个刻度上,可以由各个学科的理论出发点有所不同加以解释;在第二个刻度上,可以解释为研究对象存在着本质性的不同;在第三个刻度上,则是由于各类科学分支的古老程度是不一样的。

不同层面上的术语储备

　　在这一章里,迄今为止我们已经探讨过的,首先是那些存在于科学语言用法当中的术语,也就是在知识世界里处于最复杂的相互内在关系中的术语。我们谈到了与历史学形成对照的自然科学,而对于历史学中的术语,我们又首先探讨了政治史中的术语问题。此后,我们展开谈论的学科领域则是文学研究、文化地理和自然地理、电工技术、交流学、认知科学、语言学和术语学。当谈到使用口头和书面术语的问题时,我们也略微提及了一个很难掌握的特定知识领域,这个领域的具体性知识含量很少,但是从语言规划的角度来看,这个领域的知识也是人们迫切需要的。

　　我们还重点讨论了专业领域的划分问题,有几处我们探讨的是依据交流方式进行的划分(诚然,在这里必然涉及由此产生的术语问题)。在剩下的篇幅里,我们又在科学理论的角度上,探讨了术语与第三个维度——应用的关系。譬如,术语在理论化语言和车间语言中的状况;在此,我们重温了布拉格结构主义者探讨专业语言的一些论调。

由此,我们得出一些结论:在最先进的层面上使用着专业术语的专业行家,对术语的使用应该最自由;因为专业行家从事着创新工作,所以,他对新术语的需求最为迫切。然而,专业行家越是接近实践工作的一线,就亲自创造新术语而言,他反而越不自由。因为他对这些术语并不拥有同等的"权威性"。与此同时,在这里,又有与应用紧密结合的新领域分支出现,在这种情况下,则是专业行家自己(而无论如何不是那些科学家)对概念进行构思,并对定义进行起草,同时创造出新的命名。再往下,我们又进入一个范畴里:在这里,术语的使用是有条件的,这正像一份"受众"较为广泛的使用说明书,或者像报纸上的广告和其他的非专业性的宣传。术语在这里所起到的作用,几乎只是影响一下受众,而不太在乎受众究竟理解了多少。于是,专业含义较为清晰的术语就这样以发散式的概念轮廓为受众接受,并且以流行用语的形式迁移到通用语言中去了。

但是实践证明,上面探讨过的学科及其术语也并非没有其他的应用形式。因此,这些学科的专业行话及其术语储备的所有变量,也不一定与布拉格学派为具有复杂性的专业领域所勾画的三个维度完全一致。

历史学缺乏以应用为导向的技术维度;电工技术似乎也与某种高度成熟且具有唯一性的理论基础研究(仅满足电工技术领域的需求)没有什么直接的关联。然而从另一种角度上看,现在却又存在着在高度抽象水平上对电力现象的研究,那用途各异的、研究电力现象的文章(哪怕是研究最简单的电力现象)数不胜数。如果把带有专业行话及其语篇的所有专业领域的三个维度,放在一个巨型立方体里,这个立方体则又可以分成更小的、同样工整的矩形,这在现实中则又不太好采用图示说明清楚,但这里涉及的绝对不是一种正交关系。如果抛开纯粹的、受到专业限制的特征,每一种专业语言及专业语言的每一种术语储备,都是人类社会在不同历史时期形成的文化积淀,并且都印下了具有独创性的人类个体贡献的痕迹。但从对术语储备进行研究的角度来看,人们在上述方面的研究还远远不够充分。

综上所述,我们可以得出的结论是:术语工作就其属性而言,首先在"系统普遍性的"科学里更有成效,尤其是在那些受经济利益影响比较大的领域,最先就是技术领域(如应用技术领域)。在涉及术语的概要性著作中,人们经常能发现涉及自然科学(植物学、动物学、地质学和化学)的专门名词汇编(Nomenklatur)(它们是18、19世纪术语工作先驱们宝贵智慧的结晶)。但劳伦教授表示,他对这些结论的正确性持一定的保留意见。因为,一方面,专门名词汇编与名称(Benennungen)不一定是相同的实体,它们之间的界限还有待商榷。但人们可以形成一种共识:专门名词汇编所运用的命名法的任务是"贴标签",它对隐身其后的概念体系并没有进行揭示;而实际上,名称、概念和概念系统是相互联系着的。另一方面,人类历史上在上述领域中围绕命名法进行的工作与技术领域里的术语工作之间,并不存在着自然的或者历史性的联系。

参考文献

[1] BEAUGRANDE R. International terminology: Prospects for a new agenda[C]// J. Kewley Draskau & H. Picht(eds.). International conference on terminology science and terminology planning and International IITF-workshop Theoretical issues of terminology science. IITF-Series 4. Wien: 1994.

[2] BUDIN G. Wie (un)verständlich ist das Soziologgendeutsch? [M]. Frankfurt a. M.: 1993.

[3] BUDIN G. Wissensorganisation und Terminologie. Die Komplexität und Dynamik wissenschaftlicher Informations – und Kommunikationsprozesse[M]. Tübingen: 1996.

[4] EDLUND L-W. Dialektal terminologie[M]. Vasa: 1996.

[5] FELBER H, BUDIN G. Terminologie in Theorie und Praxis[M]. Tübingen: 1989.

[6] FRICKE H. Die Sprache der Literaturwissenschaft: Textanalytische und philosophische Untersuchungen[M]. München: 1977.

[7] HEISENBERG W. Ordnung der Wirklichkeit[M]. 2. Aufl. München: 1990.

[8] HÜBNER K. Grundlagen einer Theorie der Geschichtswissenschaften[M]// R. Simon-Schaefer, W. Ch. Zimmerli (Hrsg.). Wissenschaftstheorie der Geistewissenschaften. Hamburg: 1975.

[9] KUHN Th. S. Bemerkungen zum Verhältnis von Wissenschaft und Kunst[M]// Th. S. Kuhn: Die Entstehung des Neuen. Frankfurt a. M: 1977.

[10] LAURÉN Ch, PICHT H. Ausgewählte Texte zur Terminologie[M]. Wien: 1993.

[11] LEICHIK V M. Application of methods from basic and related sciences in studying terms and term system[C]// Internaitional forum on information of documentation: 1990(3).

[12] MOSCHTITZ-HAGSPIEL B. Die sowjetische Schule der Terminologie(1931 – 1991). IITF-Series 5[M]. Wien: 1994.

[13] OESER E. Terminology and philosophy of science[C]// Kewley J. Draskau, Picht H. (eds.). International conference on terminology science and terminology planning and International IITF-workshop Theoretical issues of terminology science. IITF-Series 4. Wien: 1994(4).

[14] SCHWEMMER O. Theorie der rationale Erklärung: Zu den mehtodischen Grundlagen der Kultur-wissenschaften[M]. Müchen: 1976.

[15] WÜSTER E. Die allgemeine Terminologielehre – ein Grenzgebiet zwischen Sprachwissenschaft, Logik, Ontologie, Informatik und den Sachwissenschaften[J]. Linguistics, 1974(119).

现代篇

浅析西方术语学发展历程
——介绍"术语学是一种'科学研究纲领'"的思想[①]

Á.坎波 著　邱碧华 编译

摘要:这篇文章是笔者对加拿大学者安杰拉·坎波的长篇论文《对欧根·维斯特著作的接受和术语学的发展》(378 页)的要点介绍。在本文的最后,笔者也介绍了术语学领域的最新发展。在术语学的发展史上,欧根·维斯特的著作(尤其是他的《普通术语学和术语词典编纂学导论》),一直是各国从事术语学工作和研究的学者们的灵感源泉。时至今日,维斯特的遗产仍然是术语学领域的基石之作。维斯特被公认为是"现代术语学之父",术语标准化的先驱,第一位撰写术语学理论的作者。自20世纪90年代初,随着科技和相关领域的迅猛发展,新的理论方法也逐渐渗透到术语学中来,术语学领域也出现了新的工作方法或者理论导向,它们大都对传统术语学持批评态度,由此引起了激烈的学术争论。本篇编译的文章较为详细地介绍了术语学的发展轨迹,以及近30年来新出现的术语学理论导向。最后介绍了学者安杰拉·坎波以拉卡托斯提出的"科学研究纲领方法论"作为基础的术语学解释模型,有力地说明了现代术语学是一个在理论和方法论上更加强大的独立学科。

关键词:术语学,标准化,普通术语学理论,现代术语学,新的术语学工作方法和理论导向,术语学作为一种"科学研究纲领"

1　引言

在现代术语学的发展史上,欧根·维斯特(Eugen Wüster)的著作,尤其是他的

---

① 这篇文章的简版见《中国科技术语》2019 年第 6 期。译者的英文版可见欧洲议会术语协调部(Term Coord)的论文集,见 http://termcoord. eu/theses – papers/,英文名为"How we understand Terminology as a discipline and its development"。Á.坎波(Á. CAMPO)(加拿大)的英文全文可见 https://papyrus. bib. umontreal. ca/xmlui/bitstream/handle/1866/9198/Campo_Angela_2012_these. pdf, 英文原名为"The Reception of Eugen Wüster's Work and the Development of Terminology"。

《普通术语学和术语词典编纂学导论》(*Einführung in die allgemeine Terminologielehre und terminologische Lexikographie*)一直是西方世界的术语学研究者的灵感源泉。时至21世纪第2个十年,维斯特的术语学遗产仍然被公认为是术语学理论和实践领域的基石之作。欧根·维斯特是现代术语学的重要创始人之一,是国际术语标准化的先驱者,更是提出术语学理论的第一人。20世纪90年代初,科技领域的新理论方法日新月异,也为现代术语学带来了新的启示,在客观上对术语学的发展形成了巨大的推动力量。然而,术语学新理论方法的大多数倡导者似乎对维斯特的术语学观点持批判态度,尤其将矛头指向他的普通术语学理论。如何客观看待欧根·维斯特对现代术语学的伟大贡献?又应该如何审视在对维斯特术语学观点的争议中催生出来的各种术语学新理论和实践方法?加拿大学者安杰拉·坎波(Ángela Campo)在科学哲学家伊姆雷·拉卡托斯(Imre Lakatos)的"科学研究纲领方法论"(methodology of scientific research programs)思想的启发下,提出了"术语学是一种'科学研究纲领'"的思想[1][2]。本文是对安杰拉·坎波长篇博士论文(378页)的缩编,并融会了译者的归纳总结,以期为中国读者了解术语学的基本面貌提供一条途径。

2 对维斯特的术语学思想产生重要影响的客观因素及他对现代术语学的基本贡献

现代术语学在20世纪30年代诞生于奥地利[3],奥地利人欧根·维斯特的博士论文《在工程技术中(特别是在电工学中)的国际语言规范》("Internationale Sprach-normung in der Technik, besonders in der Elektrotechnik")(1931)标志着现代术语学的历史起点。除了这篇博士论文,维斯特的代表作还有《机器工具:跨语言的基本概念词典》(*The Machine Tool: An Interlingual Dictionary of Basic Concepts*)(1968)、《走向Infoterm之路:代表联合国教科文组织起草的两篇报告》(*The Road to Infoterm: Two Reports Prepared on Behalf of Unesco*)(1974),围绕"普通术语学"理论发表的文章(1974),及其逝世后由后人出版的《普通术语学和术语词典编纂学导论》(1979)和国际术语信息中心(Infoterm)在21世纪初发布的一系列探讨维斯特理论的丛书。这些资料可以为想知道"术语学是什么"的人们提供最基本的理论文献。

维斯特对术语学领域的广泛影响,在全世界范围都是具有说服力的。这种影响不仅局限在20世纪,而且将持续到21世纪和遥远的未来。

2.1 影响维斯特术语学思想的历史事件

维斯特的一生,受到过一系列历史事件的影响,这些事件在他的术语学研究中发挥了重要作用。尤其要提三个重要事件：其一，两次世界大战促进了国际中立性语言——世界语（Esperanto）的发展；其二，"逻辑实证维也纳学派"早在 1907 年就开始了科学哲学和认识论的研究；其三，1945 年成立了联合国教科文组织（UNESCO）。

2.1.1　世界语运动

19 世纪晚期，俄罗斯眼科医生卢多维克·拉扎勒斯·柴门霍夫（Ludovic Lazarus Zamenhof）认为，世界语可以为不同国家之间实现沟通和理解架起语言桥梁，从而促进世界和平。维斯特则思考得更深一步：世界语和术语都能实现这一目的。

关于世界语作为一种计划性语言的作用，维斯特在其《百科全书：世界语－德语词典》（*Enciklopedia Vortaro Esperanta-Germana*）（1923—1929）一书及上述提到的博士论文和"一把术语（学）国际钥匙"（an international key to terminology）项目里都有所表述。应该承认，20 世纪早期的世界语运动，对维斯特"什么可以作为一种国际交流的手段"思想的形成产生了显著的影响[4]。

2.1.2　维也纳学派（逻辑实证主义）

维也纳学派的学术活动是 20 世纪最重要的哲学运动之一。他们有关"科学语言"（scientific language）的理念[5]，在理想化语言和标准化语言之间进行的讨论，极大影响了维斯特的思想。维也纳学派的主要代表人物有：哈恩（Hans Hahn）、弗朗克（Philipp Frank）、诺伊拉特（Otto Neurath）、克拉夫特（Viktor Kraft）、卡纳普（Rudolf Carnap）和施利克（Moritz Schlick）。施利克是维也纳学派的领导人。

维也纳学派注重对科学逻辑进行探讨，详尽研究"对所有科学学科（都适用的）共同语言是什么"这个课题。他们有关"世界科学化概念"（scientific conception of the world）的理念，对西方哲学产生了巨大影响。从这场哲学上的讨论中，诞生出了现代哲学学派——"逻辑实证主义"（logical positivism），亦称"逻辑或科学经验主义"（logical or scientific empiricism）。

逻辑实证主义者试图将两个前提引入到哲学当中：首先，知识的唯一来源是经验；其次，借助逻辑可以解决任何哲学问题。

逻辑实证主义者认为，科学可以通过逻辑和数学语言来表达。他们认为，要实现科学的统一，就需要所有的科学都使用相同的语言、法则和方法。只有追求精确度和准确性的要求与追求中立性语言（a neutral language）的要求相同，人们才可能减少普通语言中所发生的歧义问题。而实际上，单义性（univocity）、精确性和连贯性是当时欧洲哲学中关于科学语言的共同价值观。而在维斯特的思想中则可以看到与此相同的价值观。

据布丁(Gerhard Budin)教授介绍,在维也纳学派活跃时期(1920—1930),语言的规范性理论是很受欢迎的,如世界语等计划性语言。科学家、语言学家和哲学家都试图通过采用一种通用性语言来解决世界性的沟通交流问题。布丁教授认为:"维斯特系统化的术语学方法,与几个世纪以来的哲学共享着在本质上相同的基本问题:什么是现实? 我们怎样才能把握它? 现实中的对象是什么? 我们怎样去观察它们? 我们又怎样与现实沟通? 我们应该如何命名对象?"[5]维斯特本人和逻辑实证主义思想都是在欧洲哲学的背景下成长起来的,在当时的欧洲哲学背景下,哲学被理解为一种以语言为导向的活动。维斯特接纳了维也纳学派关于科学作为概念体系的理念及其理想化目标:追求实现明确清晰的交流和精确化的科学语言。简而言之,对于维也纳哲学圈子来说,数学、物理学和力学的语言可以表达丰富的话题,它足以供人们充分反思普通语言(通用语言)在表达专业知识方面的局限性。人们可以从维斯特的文章《形象化和术语化的世界话语》(*The Wording of the World Presented Graphically and Terminologically*)里看到这一想法。

普通语言(通用语言)与科学技术语言之间的差异,以及科学家之间寻求共同性的理解——这是与维也纳哲学学派有关系的学者们共同研究的两个主题,它们也反映在维斯特的著作中。而维斯特与联合国教科文组织和其他国际组织的合作,则使得他能够把自己的想法付诸实践。

2.1.3 联合国教科文组织和国际标准化组织

联合国(United Nations, UN)成立于1945年,联合国教科文组织(United Nations Educational, Scientific and Cultural Organization, UNESCO)于1946年成为联合国的机构后,不可避免地需要建立标准。为了更好地传播知识和文化,它创立了名为"全球科学和技术信息系统"(Universal System for Information in Science and Technology, UNISIST)的世界科学信息项目。当对术语工作的需要提上日程时,历史使命就落到了维斯特的肩上。1961年,维斯特当选"多语种词典提案小组委员会"主席,并领导技术委员会ISO/TC 37"术语(原则和协调)"秘书处的工作。不久之后,教科文组织建议设立一个常设秘书处,以便协调词典编纂和术语学活动。1971年秋季,联合国教科文组织与奥地利标准协会[Österreichischer Normenausschuß, ÖNA(Austrian Standards Institute)]签订合同,国际术语信息中心(International Information Centre for Terminology, Infoterm)在奥地利维也纳正式成立[6]。此外,第二次世界大战之后,工业革命的需求一直持续推动着人们追求物质的标准化、语言的标准化,以致追求术语的标准化。2001年2月,ISO/TC 37重新命名为"术语和其他语言资源"委员会,并扩大了语言资源管理的范围。

2.2　维斯特的主要著作

维斯特最著名的五部著作是:《在工程技术中(特别是在电工学中)的国际语言规范》(1931)、《机器工具:跨语言的基本概念词典》(1968)、《走向 Infoterm 之路:代表联合国教科文组织起草的两篇报告》(1974)、《普通术语学——一门跨语言学、逻辑学、本体论、信息学和各门具体科学的边缘学科》(*Die allgemeine Terminologielehre — ein Grenzgebiet zwischen Sprachwissenschaft, Logik, Ontologie, Informatik und Sachwissenschaften*)(1974,1976,1981)和《普通术语学和术语词典编纂学导论》(*Einfuhrung in Die allgemeine terminologische Lexikographie*)(1979,1985,1998)。当然,维斯特的术语学著作远远不止上述五部,他的其他一些著作可见"国际术语学网"(TermNet)2001 年出版的《术语学和知识秩序:欧根·维斯特全集选摘》(*Terminologie und Wissensordnung. Ausgewählte Schriften aus dem Gesamtwerk von Eugen Wüster*)[7]。虽然维斯特参与了几个领域的专业工作,但术语学及其标准化工作是他的主要兴趣。时至今日,他的"普通术语学理论"(the general theory of terminology,GTT)仍然在全世界术语学界具有极强的影响力和争议性。

2.2.1　《在工程技术中(特别是在电工学中)的国际语言规范》

这部博士论文被公认是维斯特开创性之作。这部著作成为应用语言学的标准著作,并于 1935 年被翻译成了俄文。它代表着专业技术领域中术语工作及术语标准化工作的先驱性文件。它为"国家标准化协会国际联盟"(the International Federation of the National Standardizing Associations,ISA)[今天国际标准化组织(ISO)的前身]提供了成立第 37 技术委员会[TC 37——"术语(原则和协调)"]的原动力[8]。在这部书里,维斯特为术语工作的方法和原则奠定了基础[9],旨在实现科学语言的标准化。根据费尔伯的观点[10],维斯特通过这部著作为术语学奠定了作为独立学科的基础,并随后建立起了术语科学。维斯特的博士论文可能是第一个系统化的术语学模型。它是对专业语言的首次描述,旨在实现技术语言的标准化。以维斯特的这部著作为标志,现代术语学在 20 世纪 30 年代诞生于维也纳,这已经是人们的普遍共识[2]。

2.2.2　《机器工具:跨语言的基本概念词典》

《机器工具:跨语言的基本概念词典》(1968)也是维斯特的重要出版物。它是一部富有创新性的英法技术词典,带有德语补编。它包含一个按字母顺序编排的词典和关于机床的分类词汇表,其中的定义和说明是按照通用十进制分类法进行系统组织的,并带有插图。它是在联合国和欧洲经济委员会(欧洲经委会)的共同赞助下编写的。这部书可看作是一本关于术语学的教科书,也可视为是国际术语项目的典范。为了测试当时的欧盟委员会(当时称"欧洲共同体委员会")"多语种术语库"(EURODICAUTOM)的结构,人们将维斯特的这部著作作为参考;为了对这部书进行编辑加工,欧盟委员会还与国际术语信息中心缔结了合同。EURODICAUTOM 创建于 1975 年,是欧盟委员会(前身为欧洲共同体委员会)的开创性术语数据库。采用术语表达的概念系统成为对知识进行排序、实现知识传递、进行信息存储与检索、构建知识工程的基础。2007 年,欧盟机构间互用术语数据库(the inter-institutional terminology database Inter-Active Terminology for Europe,IATE)取代了 EURODICAUTOM。虽然,术语学界认为维斯特的主要术语学观点是规定主义(prescriptivism)的,而这部词典也采用描述性方法[11],但是,从概念出发依旧是这部词典的理论基础,比如:一个概念一个条目;下定义的方法要求精确;交叉参考的概念揭示了概念系统内部的概念关系;在同义词代表相似概念的情况下,采用逻辑(属-种)关系和本体(但只有"整体-部分")关系对它们做了区分等。

人们可以把《机器工具:跨语言的基本概念词典》视为术语编纂学(terminography)的教科书,也可以将其视为国际(术语)项目的样板。

2.2.3 《走向 Infoterm 之路:代表联合国教科文组织起草的两篇报告》

这两篇报告代表了术语学研究的一项重大成就。这两篇报告是:《科技术语来源详细目录》(Inventory of sources of scientific and technical terminology)和《建立术语国际信息中心(信息交换机构)的计划》[A plan for establishing an International Information Centre (Clearinghouse) for Terminology]。报告不仅通告了科学和技术的迅猛发展,同时详细阐述了创建国际术语信息中心的根本原因。它的成立可以追溯到 1949 年,当时联合国教科文组织提议在联合国教科文组织和国际标准化组织的共同主持下成立"国际术语局"(International Terminology Bureau)[12]。Infoterm 于 1971 年成为现实。它由联合国教科文组织和奥地利政府共同创立。Infoterm 自诞生之日起,就积极致力于促进、支持和组织世界范围内术语学领域的理论和实践合作。

出版《走向 Infoterm 之路:代表联合国教科文组织起草的两篇报告》是为了把来自世界各地的科学文献记录下来,在此包括词典和叙词表,旨在于国际层面上进行科学信息的交换。术语学这门学科的发展,需要术语学家、语言学家、学科专家和分类学专家、笔译和口译人员、词典编纂者、技术写作教师及文献学家和图书馆员对术语学理论和实践活动的积极参与。

《走向 Infoterm 之路:代表联合国教科文组织起草的两篇报告》这部著作权威性地总结了与国际术语标准化工作相关的事实,对世界各地的术语机构、组织、委员会等具有指导作用。著名的布拉格术语学家科曹雷克(Kocourek)说:"维斯特的这两篇报告是一份简明而有力的证据,它们表明术语学研究已经发展成为一个复杂而又繁荣的人类知识领域。"[13]

2.2.4 《普通术语学———门跨语言学、逻辑学、本体论、信息学和各门具体科学的边缘学科》

在这份 1974 年发表在《语言学》[Linguistics,119(1),61—106]上的划时代的论述里,维斯特第一次明确阐述了"普通术语学"理论。他明确说明,普通术语学是扩展到其他学科(如语言学、逻辑学、本体论、信息学和其他具体科学)里的,这就使得术语学成为跨学科领域的边缘科学变成了事实。

涉及这篇论述的第一个法语版本是一篇从德语文章中摘取的摘录,这篇摘录对应于 1975 年在加拿大魁北克政府法语管理机构(the Régie de la langue française du gouvernement du Québec)组织的第四届国际学术研讨会期间,维斯特在蒙特利尔举行的演讲。1976 年在《国际术语研讨会论文集》(Actes du Colloque International de Terminologie)里,以《术语学一般性理论———一个涉及语言学、逻辑学、本体论、计算机科学和对象科学的跨学科领域》(La théorie générale de la terminologie — un domaine interdisciplinaire impliquant la linguistique, la logique, l'ontologie, l'informatique et les sciences des objects)为标题出版。第二个法语版本于 1979 年在《语言与人类》(Le Langage et l'Homme)期刊上发表,标题为《一般术语学理论———(I)和(II)》[La théorie générale de la terminologie — (I) et (II)][14][15]。第三个法语版本则可以在 1981 年出版的《术语学文选》(Textes choisis de terminologie)(第一卷,术语学基础理论)中找到,第三版的标题是《术语学一般科学研究:处于语言学、逻辑学、本体论、计算机科学和事物科学之间的边界地带》(L'étude scientifique générale de la terminologie, zone frontalière entre la linguistique, la logique, l'ontologie, l'informatique et les sciences des choses)[16]。

关于语言学和术语学之间的联系,维斯特将普通语言学(language for general purposes, LGP)与术语学进行了比较,目的是把专用语言(language for specific purposes, LSP)和 LGP 区分开来。

在探讨概念系统中的概念之间和现实生活中的客观对象之间可能存在的各种

关系时,维斯特提到了逻辑学和本体论。他表示,逻辑学和本体论的知识也可以用于术语学。维斯特还指出了信息技术对术语学和文献学的潜在贡献。将术语(term)作为"标签"(label)对信息进行记录和检索,这一理念也在这篇文章里得到清楚表达[15]。事实证明,在当今世界,维斯特有关在计算机科学与术语学之间建立关系的梦想,早已不再是一种幻想。现代术语学和信息技术为语料库语言学、人工智能的发展,为专家系统的建立,为计算机辅助翻译技术,更为术语知识库的创建和全世界的术语师开展术语协调工作都做出了不可磨灭的贡献。学者皮希特(Picht)明确描述的"术语学的多学科性质"[17]的观点,实际上,在维斯特这篇文章里就已经有了清楚的论述。

2.2.5 《普通术语学和术语词典编纂学导论》

在维斯特逝世(1977年)后不久的1979年,德国出版了这部著作的德文第一版。这部著作是后人在维斯特于1972年至1974年间在维也纳大学举办的讲座基础上整理而成的;具体说,是在维斯特去世之后,由他的长期合作伙伴费尔伯(Helmut Fel-ber)教授编辑出版的。维斯特的国际声望也源于他的这部英文名翻译为"the general theory of terminology"的著作,这也是他最受争议的著作之一。1985年和1991年分别又有两个德文版重印出版;这表明,这部书很快就成了德语世界术语工作的典范。普通术语学理论满足了保证术语工作系统化的需要。普通术语学理论以概念为中心面向各门具体科学。因为在当时的时代背景下,技术人员和科学家们都意识到,随着所有知识领域里新概念层出不穷,要实现有效的专业沟通和知识传播,就需要对术语进行标准化。

根据费尔伯的说法[18],普通术语学理论"将概念及其与其他相邻概念之间的关系、概念－术语的对应,以及术语如何分派给概念置于考虑的中心"。因此,普通术语学从根本上说是一种术语学的"名称学方法"(onomasiological approach)。它强调概念及其之间的关系(而不是术语之间的关系)是术语学研究的对象。对于普通术语学而言,术语是指派/指称概念的"标签";在某种程度上,这种理论认为,术语的语言属性是无关紧要的。学者诺波宁(Nuopponen)曾对这个英文名为"the general theory of terminology"(普通术语学理论)的基本公理进行过总结[19]:

——术语工作(TW)从概念出发,其目标是在概念之间进行明确界定;

——概念和术语被视为彼此独立的单元;

——强调共时性;

——只能在与相关概念和术语的关系之中对概念和术语进行研究;

——术语条目/记录的组织是系统化的,或者按照主题进行的,而不是按照字母顺序排列的。

"维斯特的研究主要基于索绪尔(Ferdinand de Saussure)[强调系统化的语言(langue)和言语(parole)之间的区别]和施勒曼(Schlomann)(专业词汇表中专业术语按系统排序)所建立的理论。"[20]普通术语学来源于实践,标准化和语言规划是这一理论的主要目标。它旨在实现国家和国际层面上的术语统一工作。这种术语学方法以逻辑学为基础,对普通语言(通用语言)和如何实现专业沟通的一致性进行探索。从术语跨学科性质的角度对普通术语学理论进行考察,则可以揭示出术语学与其他几门学科之间的联系,例如语言学、逻辑学、本体论和信息科学等,它们又为语言规划、词典编纂等工作提供了方法论的依据。按照这些原则,就术语学的一般理论而言,它的主要特征在于它的工作方法——采用了名称学的方法(the onomasiological approach),而词典编纂学则采用了语义学的方法(the semasiological approach)。故而术语工作偏爱系统化的排序方式。

迄今为止,大量的术语工作在普通术语学理论的启发下得以开展起来。根据学者安卡拉的见解,维斯特的普通术语学理论对于术语研究和实践的重要性不可低估。当今世界,计算机辅助翻译、语言工程、术语管理、知识组织、技术写作等等,无疑都从维斯特的普通术语学理论中获得了巨大的灵感。

2.3 所谓的"传统术语学派"

虽然,劳伦(Laurén)和皮希特(Picht)两位学者指出:"本文作者之前(见两位作者1993年的文章)进行过调查研究,我们得出结论认为:谈论'学派'的存在,在哲学意义上没有任何合理的根据。(这些所谓的'学派')只是出于不同研究兴趣,又由实际需要所支配而形成的研究中心。"[21]这些"术语学学派"主要指的是:布拉格学派、苏联学派(俄罗斯学派)和维也纳学派,其主要特点是使用术语学的"名称学"方法。它们被划归为"传统术语学派"是因为这些"学派"共享类似的理论原理和研究方法。虽然维斯特可能并不知道这些"学派"的存在,但他们都具有两个方法论特色:首先,概念是任何术语分析的出发点;其次,语言标准化是术语工作的潜在动机。另外还有"加拿大术语学导向"[22]。

3 自1979年以来(尤其自20世纪90年代以来)术语学新的理论导向

自维斯特1977年去世以来,随着科技领域中大量新方法的涌现,来自各类学科

（譬如,社会学、语言学、认知科学和心理学等）的新理论和工作方法也渗透到术语学领域中来,尤其在 20 世纪 90 年代以后。这里介绍的术语学新理论导向,主要是从社会语言学角度出发的;它们大都对传统术语学思想持或和缓或激烈的批评态度。如社会术语学(socioterminology)、交际(交流)术语学(communicative theory of terminology)、社会认知术语学(sociocognitive terminology)、文化术语学(cultural terminology)和文本术语学(textual terminology)。可以广义归类为"面向社会语言学的术语学方法"(sociolinguistic oriented approaches to terminology)。

3.1 社会术语学方法

社会术语学方法(sociolinguistic approach to terminology)的理论导向可以追溯到 20 世纪 70 年代的法国和加拿大魁北克,首先是由从事语言标准化工作和负责语言规划的学者们倡导的。主要代表人物有:吉尔贝(Louis Guilbert)、布朗热(Jean-Claude Boulanger)、冈比耶(Yves Gambier)、戈丹(Fançois Gaudin)和盖潘(Louis Guespin)。他们表明自己与结构主义和维斯特规定性的术语学思想保持距离[23],并以一种新的术语学转向——称之为"社会术语学"(socioterminology)——来对术语学的原则进行质疑[24]。他们对普通术语学理论的"社会术语学式的反应"(socio-terminological reactions)如下:

(1)概念和定义一直是在发展的,因为它们所属的学科是会随着时间的推移而发展的,这就意味着概念不是一成不变的;

(2)多义性(polysemy)和同义词(synonymy)属于语言的本质,因此,它们不可避免地会出现在专业性的话语中;

(3)人们无法对专业学科领域进行定义,因为几乎所有的学科领域都以这样或者那样的方式涉及跨学科的知识;

(4)属于不同科学技术研究群体的专家们,(在一般情况下)既不能共享相同的专业,也不能与其他学科的专家实现互动,因此,他们彼此之间不会形成同质的群体。

社会术语学观点来源于这样的假设:术语活动是一种在专业交流中发生的现象,这种现象是由文化的社会语言学影响所框定的。显然,在这里,语言被视为由不同社会群体创造的社会交流工具,需要不断改进以满足交际的需求。其基本点强调的是:通过在由历史、地理和文化因素决定的情况下发生的社会交往互动,来调节个人行为[25]。

正如"社会术语学"(socioterminology)这个术语所表明的那样,这种方法是在语言的实际使用中研究术语的,并且明确框定在特定的社会环境(语境)中。这种方法需要一种描述性的方式,它替代了经典或者传统术语学所假设的规定性的立场(the prescriptive position)。戈丹曾把"社会术语学"定义为(术语学)这门学科的"社会语言学概念"(conception sociolinguistique)[23],旨在研究与术语出现的上下文语境相关的术语,也就是在语言学、实际(具有实用性)的、社会和历史性的上下文语境中研究与其相关的术语。实际上,这是一种社会语言学的术语学方法(sociolinguistic approach to terminology),它考虑到了要对术语(出现、形成、巩固和各种关系)进行分析,并从社会互动的语言学角度上对这些术语进行考察。从这个意义上说,社会术语学是术语工作的一门实践性学科,它以对术语传播的社会和语言条件进行分析为基础。

依据戈丹的说法[26],对社会术语学具有重要意义的年份是 1987 年,在这一年,冈比耶发表了他的文章《酸雨的术语问题:为社会术语学而作》("Problèmes terminologiques des pluies acides:pour une socioterminology")。鲁昂大学(Université de Rouen)盖潘教授的团队则在冈比耶之前就使用了 socioterminology 这一概念和术语,把社会语言学和术语学结合了起来。在今天,社会术语学已经扩展到了南美洲国家,如阿根廷、乌拉圭和巴西。在北欧也有了它的翻版,如挪威学者迈京(Johan Myking)在斯堪的纳维亚所倡导的主张。在芬兰,冈比耶在该领域更是贡献卓著。

社会术语学以社会语言学的概念和方法为基础[27]。术语学社会语言学方法的理论基础声称(自己)是科学、工业、商业和语言方法的核心,正如冈比耶所述[28],它是以质疑传统术语学理论的假设为基础的。冈比耶指出,传统术语学的一些原则,例如,透明性/清晰性(transparency)、双单义性(biunivocity)、单义性(monosemy),以及建立在追求理想化术语的动机基础之上的假设,都忽略了一词多义和一种语言与另一种语言可能具有的等同程度,故而传统术语学排除了同义词。

社会术语学家发现了普通术语学理论无法解决的问题。冈比耶首先强调了一个事实,即没有历史就没有术语(terminology),因为概念是随着它们所表达的现实变化而变化的,所以它们融合了旧的知识。除此之外,各门知识领域之间的边界也会发生变化,因而允许出现新的词汇。然后,他又强调指出,没有社会实践,就不可能有术语的存在。因为话语群体确定了表达的条件,在这些条件的制约下,术语本身并不是可以附加到对任何科学或者专业实践进行有限定义中去的对象。最后,他强调术语与科学技术的产生有关,概念在抽象化的概念网络中根本不存在[28]。冈比耶批评了维斯特提出的"清晰透明的语言"(langue limpide),例如,创建具有单指性

（monoreferential）、动机性（motivated）和透明性的术语，以指称代表专业领域中逻辑系统的概念。诸如 domaine（领域）、biunivocité（双单义性）、univocité（单单义性）、synonymie（同义词）等假设，则限制了人们在术语编纂的现实情况中对术语进行处理[29]。他的结论是，普通术语学理论只能是"乌托邦式"的。

社会术语学有双重目标[26]：一方面，它侧重描述特定的语言情境；另一方面，它解释了语言实践，尤其考虑用户的语言行为等。具体说来，社会术语学寻求的是：

（1）分析语言参与者（技术人员、翻译人员、编辑、教授、研究人员等）的需求，并兼顾与科学技术生产之间的关系；

（2）兼顾概念和术语产生所面临的困难和条件，继而理解知识传播所面临的困难和条件；

（3）强调术语的演变过程；

（4）从语言学的角度对术语进行研究，将自己的视野转向社会互动，因为传统术语学无法解释用户的语言行为[30]。

社会术语学还考虑到了语言规划的过程，因为它继承了社会语言学的许多理念和方法论的特征。

而鲁昂研究小组（the Rouen research group）的观点是：社会术语学必须以社会语言学（sociolinguistics）为基础，因为它是一门更为成熟的学科，旨在超越普通术语学理论的准则。按照社会术语学家们的说法，普通术语学理论已经达到了自己的极限。

从方法论的角度上看，社会术语学是从描述性立场出发的[26]。它不同于传统的术语学方法（例如与专家进行讨论、对有限的语料库进行处理、忽视口头表达的维度，并在全球范围内开展术语工作），而是持一种更为语言学化的态度。在语言学注重描述性的分支中，人们假设应该在术语的交互活动和话语维度上对其进行研究。术语学家（术语师）应该从话语所提供的词汇储备中对概念进行理解[31]。显然，这一步骤[说得确切一些，采用的是语义学（semasiological）方法]与普通术语理论所提倡的观点相抵触。另外，社会术语学强调了变量/变异（variation）的重要性，变量的存在是一种语言事实，它不是需要人们去解决的问题，而是需要人们去描述的重要现象。

在社会术语学领域的出版物中，在此可以提到戈丹和阿萨勒（Allal Assal）在1991年主编的一期《术语学和社会语言学》（*Terminologie et sociolinguistique*）。同年，科米尔（Monique C. Cormier）和勒图维耶（Jacques Lethuillier）编辑了杂志 *Meta* 第36卷第1期，专题为"世界术语学：方向与研究"（La terminologie dans le monde：orientations et recherches），冈比耶在这一期上发表了经典名篇《专业词汇及其工作：社会术语学绪论》（"Travail et vocabulaire spécialisés：Prolégomènes à une socioterminologie"）[32]。有关"鲁昂研究小组"的社会术语学观点，人们可以查阅《语言与人类》（Le Langage et L'homme）杂志发表的有关"社会术语学"的特刊第 28 卷第 4 期（由冈比耶和戈丹于 1993 年主编）。同年，戈丹出版了他的博士学位论文，题为《社会术语学：从语义学问题到制度实践》（Pour une Socioterminologie：Des Problèmes Sémantiques aux Pratiques Institutionnelles）。有关社会术语学这一专题的其他论述，还可以参见 1995 年在 Meta 杂志第 40 卷第 2 期上发表的文章，标题为《术语的社会用途：理论和依据》（"Usages sociaux des termes：théories et terrains"），由戈丹和布朗热主编。2003 年，戈丹出版了他的《社会术语学：术语学的社会语言学方法》（Socioterminologie：Une Approche Sociolinguistique de la Terminologie）一书，这是他对自己 1993 年著作的更新版。2007 年，国际标准化组织发布了第一版的《社会术语学实用指南 ISO/TR 22134：2007》（Practical guidelines for socioterminology ISO/TR 22134：2007），这是一部阐述社会术语原则、方法和词汇的指南，包括了社会术语学的一般原则。

3.2　交流术语学方法

交流术语学方法（communicative approach to terminology）的主要代表人物是卡布雷（María Teresa Cabré）。她是西班牙加泰罗尼亚术语中心（Centro de Terminología de la Lengua Catalana，TERMCAT）的创始成员之一，并从 1985 年至 1988 年担任该中心的主任[33]。她于 2003 年发表的《术语学理论：对术语的描述、规定和解释》（"Theories of terminology：their description，prescription and explanation"）一文则包含了这种术语学方法的理论基础。简而言之，大多数与交流术语学相关的出版物都来自西班牙庞培法布拉大学（the University of Pompeu Fabra）研究人员的研究成果。

有三部术语学著作，为加泰罗尼亚的术语学发展做出了贡献[34]：奥格（P. Auger）和卢梭（L. -J. Rousseau）撰写的《术语学研究方法》（Méthodologie de la Recherche Terminologique）（1978 年），龙多（G. Rondeau）的《术语学导论》（Introduction à la Terminologie）（1981 年），以及费尔伯（H. Felber）的《术语学手册》（Manuel de Terminologie）（1987 年）。直到 1985 年，随着加泰罗尼亚术语中心的成立，加泰罗尼亚语的术语才正式确立起来。首先让加泰罗尼亚术语中心感兴趣的课题，便是如何促进加泰罗尼亚语在科学和技术领域中的使用，以及如何建立起标准化的且能获得国际认可的术语（体系）。实际上，加泰罗尼亚语术语工作的灵感，来自加拿大魁北克省和当时正盛行着维斯特术语学思想的奥地利维也纳。但随着加拿大魁北克和西班牙加泰罗尼亚术语学实践工作的开展,在魁北克诞生了更亲近社会术语学的方法,而在加泰罗尼亚则诞生了交流术语学的方法。这两种方法都有别于维斯特提出的术语学方法[34]。

虽然英国学者塞杰(Sager)在 1990 年就已经探讨过术语的认知、语言和交际/交流维度[35],但卡布雷的交流术语学方法所主张的是"认知、语言和交际三个维度中的每一个维度在术语单元中都是不可分的,但都允许直接访问这个对象"[36]。交流术语学方法是由知识论、交流理论和语言理论丰富了的跨学科的术语学方法[9]。这种术语学方法的提出,主要是受到普通术语学理论在实践中所产生的不足的驱动,而且超越了它的发展阶段。从其理论和方法上来看,交流术语学主要注重语言变量。卡布雷认为,这种方法的主要特点是它考虑了知识表示在语言自发和自然生成中["体内"(in vivo)]发生的情况,而标准化语言则是在"体外"(in vitro)进行的知识表示。在"体内"对知识表示进行分析,就使得这种术语学方法偏爱描述性方法(the descriptive method),而不青睐规范性(prescriptive)方法。

这种方法认为,术语工作不是一种识别概念并对其进行命名的"命名活动",而是作为一种交际(交流)活动。在其中,一个术语所代表的具体概念,取决于具体情境和环境;它把术语看成是自然语言的一部分,其含义随着时间而改变。这个想法与普通术语学理论的原则相冲突。根据普通术语学理论的原则之一,普通语言词汇的含义可能会发生变化,但是术语含义却必须保持不变。尽管术语具有基本语言因素的性质,但从交流术语学方法出发,对普通术语学理论的主要批评是:它没有考虑到专业单元在其全球交流的环境中所具有的复杂性和多样性[9]。这就是为什么卡布雷说"在术语学知识领域的核心,我们将术语单元看作是一个具有三个维度——认知(概念)、语言(术语)和交际(情境)维度的多面体"[36]。从这个意义上讲,交流术语学方法是偏离了普通术语学理论的,因为在对术语进行分析时,它考虑到了不同的角度或者"门"。卡布雷创新性地提出了现代术语学的"多门理论模型"(the theory of doors)[37],主张术语分析可以从不同角度(或者"门")入手。对于卡布雷的"术语多面体"的观点,维斯特的普通术语学只解释了多面体的一个维度,即概念化的方面,而没有考虑到多面体的其他维度。但卡布雷认为,这并不意味着普通术语学濒临危机,而只是人们已经认识到"术语单元"是复杂和多维度的现象,人们几乎无法一次性同时进入所有的"门"去进行分析。但是,从术语学的交流方法角度上看,这就意味着,普通术语学理论可能只是某种更为全面的理论中的辅助成分。

卡布雷曾经对交流术语学方法的原则进行总结[38]：

——研究对象是术语单元（terminological unit，TU）本身，术语单元是自然语言的一部分；

——术语单元是词汇单元（lexical units），人们可以通过其语用条件来激活它们，并可以根据给定的交流类型对其进行调整；

——术语单元也是由形式和内容组成的单元，而且内容和形式相匹配；

——在给定专业领域中，概念彼此之间保持着不同类型的关系；

——依据术语项目中所确定的标准，术语的（价）值（value of a term）由它在给定领域的概念结构中所占的位置确定；

——理论术语学的目标是为可以获得术语（价）值的单元提供形式、语义和功能上的描述；

——应用术语学的目标则是对具有术语（价）值的单元进行编制；

——在给定领域中，对具有术语（价）值的单元进行的编制和分析，其目的是多种多样的，并且允许有多种形式的应用；

——此外，交流术语学方法声明，每一个术语单元都在寻找交流的目标。

关于工作方法，卡布雷指出，交流术语学方法在理论上既连贯又灵活，足以阐释它所应用的各种情况和目标。这种方法以适应性（adaptability）为中心，因为每一种术语工作都需要根据专业领域、目标、上下文语境和可利用的资源采用适合自己的方法。它的工作方法不是死板僵化的；恰好相反，只要没有违反原则，它就可以是相当灵活的[39]。此外，这种方法肯定是一种描述性的方法，需要对在不同沟通情况下专家所使用的实际"术语单元"进行编制[40]。最后，这种方法还强调：语言变量和概念上的变化是术语数据的主要特征[40]。

卡布雷还提出[38]，人们不可能只靠单一的理论来解释术语的复杂性，与此相反，需要许多具有互补性的综合性理论，以便对术语的不同组成部分进行处理。如前所述，在 2000 年到 2003 年间，卡布雷创造性地提出了一个名为"多门理论"的比喻性模型[36][41][42]。人们对（术语）对象的访问是多元化的（plural），但又不一定是同时的；而且，以这样一种方式，无论是从概念、术语还是情境（situations）出发，我们都可以直接到达处于中心的对象，即"术语单元"[36]。它声称，术语学的研究对象不是概念，而是术语单元；它强调，虽然在术语单元中（认知、语言和交流）这三个维度是不可分割的，但是人们可以通过其中的一个维度直接访问到（处于中心的）对象（术语单元）。卡布雷的见解无疑为新的、开放型的术语学理论模型的产生奠定了基础。

3.3　术语学的社会认知方法

术语学社会认知方法(sociocognitive approach to terminology)的代表人物是泰默尔曼(Rita Temmerman)。这种方法起源于布鲁塞尔专业语言和交流中心(Centrum voor Vaktaal en Communicatie，CVC)，该研究中心属于布鲁塞尔伊拉斯慕斯学院(Erasmushogeschool Brussel)的应用语言学系。该研究小组由泰默尔曼负责,主要从事专用语言(languages for special purposes，LSP)研究。这个研究小组进行的术语学研究工作,主要集中在生命科学(例如生物学、遗传学、微生物学、分子遗传学、生物化学、生物技术及社会科学)领域中的分类和命名实例研究。

术语学的社会认知方法强烈反对维也纳、布拉格和苏联学派提出的传统术语学理论,并反对这些观点中所隐含的客观主义前提。这种方法是针对传统术语学理论的不足而提出的另一种解决方案。

社会认知术语学研究开始于 20 世纪 90 年代末,在泰默尔曼完成其术语和标准化方面的博士论文的时候。她的论文主要研究生命科学中的语言和分类(categorization)问题。该论文在 2000 年以《术语描述的新方法：社会认知方法》(*Towards new ways of terminology description. The sociocognitive approach*)为书名出版[43]。她于 1997 年、1998 年、1999 年和 2000 年早期,都发表过一系列文章,开始对传统术语学进行反思,并逐渐形成了自己的社会认知术语学观点。她的博士论文是对该方法的第一次全面综述。此后,她更多的、围绕术语学社会认知方法应用的文章也相继发表。

泰默尔曼在分析生命科学领域的科学文献语料库后意识到,传统术语学解释不了生命科学术语的具体情形。她发现：首先,大部分术语并没有明确界定；其次,这些术语很少是无歧义的,而且也不可能根据概念在层级结构或者概念体系中的位置来定义概念；再次,同义词和多义词是存在的；最后,这些术语的类别和含义是随时间而变化的。泰默尔曼的发现使其得出结论：传统术语学的原则妨碍了人们对生命科学领域中大量范畴/类别(categories)和术语进行现实和务实的描述。事实证明,在这个领域里,贯彻标准化原则不是很有必要；而且,传统术语学的原则不能充分满足对生命科学术语进行现实性描述的需要。泰默尔曼对传统术语学的批评,首先针对它的客观主义观点,即：现实独立于人类的理解之外。其次,她批评传统术语学的教条(主义)本质,因为似乎毫无疑问,好像凭借这一教条性,人们都应该运用它的原则似的。最后,她批评它的标准化观点,这种观点集中表现在追求术语的高效能和明确性,而不是追求促进专业领域自身交流的便利[43]。因此,泰默尔曼认为,传统术语学把对术语的科学性研究与务实的标准化活动相混淆了。

泰默尔曼[43][44][45][46]制定了五项术语原则,以取代那些被认为是不切实际的传统术语原则——因为它们只关注术语标准化,而不对生命科学中术语的含义进行现实性描述。这种方法的主要原则揭示的是语义学和名称学观点的组合。其中有两个想法特别具有重要意义:同义词和多义现象在专业语言中起着功能性作用;历时性的方法是不可避免的。

社会认知术语学方法受到认知语义学(cognitive semantics)和社会语言学的启发。在认知语义学中,词汇的含义对应于人脑海中的概念,并以个人的理解为基础。从这个意义上说,"含义"并不像传统术语学理论所倡导的,仅仅指在现实或者可能的世界中所存在的事物。认知语义学"阐述了在世界、语言和人类思想之间相互作用的全部潜力;并从中发现了语义三角(形)(the semantic triangle)的各要素在社会环境中所起的作用"[43]。而在社会语言学中,语言在理解过程中被视为一种认知工具和一种社会学数据。

为了更好地对生命科学领域的术语进行描述性研究,她提出了一种植根于认知语义学的新方法[44]。这种方法中采用了三种术语描述方法:原型结构分析、认知模型分析和历时分析。社会认知术语学方法旨在提供用于分析和描述术语数据的新原则和方法,主要为包括文本数据和基于语料库的科学话语提供支持。它从"理解单元"(unit of understanding, UU)开始,而不是从概念出发;"理解单元"具有原型结构,并处于不断演变之中。在生命科学中,不显示原型结构的类别,则被视为传统术语学所定义的概念(concept);而在另一方面,在分类过程中使用的"显示原型结构的理解单元则是类别"[43]。

泰默尔曼的观点也提倡概念分析的方法,这种方法反映了在话语群体中术语是如何使用的。只是在这里,概念分析的起点不是概念,而是在文本中可以找到的、由专家撰写的术语[47]。

从社会认知的角度来看,术语代表着类别,这些类别与普通语言中的词汇所代表的类别一样,既模糊又动态[43]。这种说法背后的思想,显然超越了泰默尔曼定义的、由传统术语学提倡的"客观主义结构主义原则"(objectivist structuralist principle),因为词语不能在客观上具有含义,而只能在语言交流过程中被人们理解[43]。

泰默尔曼开发的社会认知方法支持用于类别分析的模型,其中包括对概念含义进行共时性和历时性的思考;它研究隐喻,研究术语变体;创建多语种术语资源,开发术语软件,以及为本体结构提供术语信息。通过研究活动,泰默尔曼小组开发了

"术语本体编纂学"（termontography）的方法。这种方法将多语言术语分析的理论及其方法与本体工程学的技术及其指南相结合。termontography［术语本体编纂（学）］这个术语是"术语、本体和编纂学"的组合，其目的是利用（多语言）术语信息来描述本体，并用本体来构建术语资源。

虽然泰默尔曼的术语学方法不可避免地仍然有其局限性，但是，她的工作其实在启示人们：开展术语学研究可以采取多条道路。术语学社会认知方法目前也适用于其他领域，如社会科学等。

3.4　文化术语学方法

文化术语学方法（cultural approach to terminology）的代表人物是来自中非共和国的语言学家基迪利（Marcel Diki-Kidiri），他在法国生活和工作。基迪利（2001 年）提到，非洲语言及其社会的特殊情况启发了他对术语学的文化方法进行研究。他认为[48]，人们看待世界的方式决定了人们对所有感知或者构想的事物进行分类、排序和命名的方式，事实上，这也是人们对自己（文化）身份的一种认可。依照基迪利的观点，文化制约了人们对世界进行认知的方式，而且，文化术语学方法考虑到了只有人能够通过受精神和文化限制的表征接近这个真实的世界。促使这一术语学方法产生的诱因则是在全球化的背景下，非洲语言自身发展科技术语的需求。特别是在撒哈拉以南非洲地区需要重点发展自己的语言，迫切需要进行语言管理。这一发展需要一种新的、以文化为基础的术语学工作方法，这种方法重新评估了经典术语学理论（the classic theory of terminology）［即维也纳术语学派（Vienna School of Terminology）］的某些方面[49][50]。文化术语学不接受经典术语学理论主要是因为经典术语学理论的产生，是为了满足技术标准化的需求，这是维斯特时代所面临的主要挑战。而处于现时代的文化术语学方法，则着眼于对术语进行理解的群体或者社区的生活方式。

正如基迪利所主张的[51]，这种方法把文化视为由生活在相同的空间和时间内、共享相同文化的人类群体所生成的生活经验和知识。因此，新的事物，也就是不包括记忆中所记录的经验和知识基础的所有事物，都反映了空间和时间上的文化多样性。人只有通过受文化条件制约的心理表征，才能进入现实世界。与基迪利相似，学者安蒂亚（Basey Antia）的研究兴趣也在文化术语学领域。安蒂亚等人集中精力对非洲的术语和语言规划问题进行了研究[52][53]。尽管安蒂亚的研究植根于文化术语学的方法，但是他并没有批评维斯特的方法。他这种方法的前提是把非洲作为发展中国家而旨在促进其民族语言的发展,因此,这种方法考虑到了术语学的文化和交流维度,目的是为那里的人们提供获取专业知识的渠道。安蒂亚和基迪利都是从 21 世纪初开始采用文化方法进行术语学研究的。

对于文化术语学而言,新词工作和研究占有重要地位。在此只需补充一下,对于维斯特[14][15]而言,术语学(terminology)被定义为对概念指称的系统化研究。而文化术语学在术语和专业语言方面所采用的工作方法,其理论基础主要是以描述性的语言学框架为基础的。

基迪利认为[54],在其理论基础和工作方法中,文化术语学方法考虑到了社会文化、历史、现象学和心理的维度,以及语言和技术维度。这种方法中的一些基本概念可以追溯到语言符号和术语的关系上。与"能指/意符"(signifier)和"所指/意指"(the signified)有关的语言符号可以是任意的,尽管它也可以被激发而成为术语,也就是说,当新的技术名称描述的是先前已经分析过的概念时,这个术语就被认为是一种语言符号。文化术语学方法把语言符号重新定义为一个包含三个部分的单元:"能指/意符"、"所指/意指"和概念[54]。"所指/意指"与概念之间的区别则可以使文化术语学方法对同一个对象采用多种特殊的方式进行感知。对对象的这些感知是出于文化的动机,因此,当人们共享相同的符号参照物(symbolic references)时,一切事情都会更易于解释和被人理解[54]。

指称/名称(designation)是文化术语学方法中的另一个重要概念。因为它涉及对动机、隐喻/比喻和构词(word formation)的研究和分析。这种方法还对普通语言(通用语言)(general language)和专业语言(specialized language)都有所兼顾。换句话说,文化术语学探讨的不是专业语言,而是为专业话语提供建议。

无论对象是什么,由于多种文化的存在,人们都可以在对对象的感知中观察到它的多样性;意识到这种多样性的存在,则是制定术语管理方法程序的第一步[55]。

文化术语学方法虽然历史短暂,但是理论成果卓著丰富。自 1999 年以来,基迪利发表了探讨术语学及其与社会文化关系的一系列文章。他最早的两篇文章,《观察现实的多样性》("La diversité dans l'observation de la réalité")和《为了发展的术语学》("Terminologie pour le développement"),都在 1999 年发表于由卡布雷主编的《术语学和文化模式》(Terminología y modelos culturales)一书中。在基迪利于 2008 年主编的《非洲语言中的科学词汇:为文化术语学方法而作》(Le vocabulaire scientifique dans les langues africaines:Pour une approche culturelle de la terminologie)一书中,收录了涉及文化术语学的重要研究成果[48]。

3.5　文本术语学方法

随着语料库语言学和计算语言学的最新发展,在今天,术语编纂学实践一般是通过基于语料库的方法进行的。语料库不仅为人们提供了对专业领域更好进行识别的方法,而且还为人们提供了与现实世界中术语的联系,并更易于向人们阐释说明,处在不同上下文语境中的术语是如何变化的。实践表明,使用语料库的最大优点之一,便是人们可以在不同水平上进行语言分析,也就是对词汇、句法和话语进行分析。从这种意义上讲,人们对专业语言的描述,尤其是对其术语的描述,则是从研究包含专业文本的语料库开始的。于是,人们在术语(学)研究中对术语的词法、句法和语用方面的研究,则促成了文本术语学方法的兴起。正如学者洛姆明确指出的那样[56],普通术语学理论之所以受到批评,是因为新出现的术语学提议中包括这样的观点:将词汇语义学(lexical semantics)纳入到术语学中去,术语工作方法要与基于语料库的方法和计算语言学方法相结合。而实际上,虽然语料库语言学和自然语言自动处理(automatic Natural Language Processing, NLP)在某种程度上相关,但它们使用的是不同的方法,然而,对语料库语言学和文本语言学感兴趣的学者们却在自己的研究中也使用 NLP 来管理大量电子形式的文本数据。

文本术语学方法(textual approach to terminology)可被定义为一种描述性的术语学工作方法,用于探索和描述在预定的一组文本里如何以电子化的形式对文本数据进行收集。它作为一种方法论,已经被越来越多的术语工作者用于对上下文语境中的术语进行描述性分析。早在 1994 年,学者奥格(Auger)和洛姆就注意到[57],术语描述和术语分析工作越来越依靠计算工具来进行文本分析,而且,人们对专业语言词汇(lexicon of specialized language)的研究也开始注重术语的词法及词法内外的关系方面了。就这样,术语描述开始从"术语计量分析"(terminometric analysis)[词汇单元频率(lexical unit frequency)]所带来的优势中获益。从这个意义上说,这种侧重对术语进行描述性研究的文本术语学方法,它的发展历史跟自然语言处理技术的发展密切相关。

在欧洲(特别是在法国),语言学家主要把精力放在对自然语言处理的研究上,一般从语料库入手进行术语构建。文本术语学主要源于法国"术语学和人工智能小组"(Terminologie et Intelligence Artificielle, TIA)的工作。TIA 小组由语言学、人工智能和自然语言处理等领域的研究人员组成,每两年举行一次会议。代表人物有:吉勒(Nathalie Aussenac-Gilles)、布里戈(Didier Bourigault)、孔达米纳(Anne Condamines)、斯洛德齐安(Monique Slodzian)和苏尔曼(Sylvie Szulman)。

依照 TIA 小组的见解,文本术语学提倡把术语学框定在应用语言学的范围内。这就暗示着,在文本术语学方法中,其开发的主要研究领域应该是术语学的语言学分析(方法)[58]:"语言学知识可能与提出有关概念系统的假设有关,或者更确切地说,语言学知识可以用于对术语、术语与概念之间的联系,以及概念之间的关系进行识别和确认。"实际上,"文本术语学着重于对话语(discourse)进行处理,它必须考虑到所有类型的语言符号,也就是,举例而言,不仅要考虑到像大多数术语数据库中所存在的名词形式,而且还要考虑到形容词和动词,以及那些概念似乎非常抽象的形式"。文本术语学方法的倡导者所持的这种观点,无疑凸显了他们与普通术语学理论相异的立场。

在过去几年中,随着术语提取方法的不断进步,人们对维也纳学派所倡导的"概念化的术语学方法"(conceptual approach to terminology)(其中大部分思想体现在维斯特的著作中)进行了实质性的修改。文本术语学的拥护者们认为,这种概念方法与语言规划中所盛行的"规定性"潮流直接相关,而语言规划工作通常都忽略术语在文本中的实际使用情况。此外,许多专业语料库研究表明,术语存在着多样性。因此,采用文本方法进行术语学研究的学者们声称"可变性使得人们对术语学的普遍性原则产生了疑问"(la variabilité remet en cause le principe de l'universalité des termi-nologies)[59]。

文本术语学方法使传统术语学方法受到了质疑。根据 TIA 小组的说法,维斯特在 20 世纪 30 年代开创的传统术语学(理论和实践方法)使术语标准化成为术语学研究及其实践应用的主要目标。TIA 小组也对术语学的名称学方法(the onomasiolo-gical approach)(概念是任何一种术语学研究的中心)不以为然。他们不同意下述的观点:术语学家(术语师)的工作应该是在每一个专业领域中重构某种形式的概念系统,以便把术语放置在这个系统中并建立起相应的术语(体系)。与此相反,文本术语学的支持者们认为,与其考虑专业领域中具有绝对性的术语,不如考虑与各种类型的应用相对应的各种术语产品,这样做则更为适当。从这种立场出发,TIA 小组提出了一种术语分析的方法,旨在对文本中被识别/确认的词汇结构进行描述。在这里可以看出,语料库语言学(corpus linguistic)是术语工作的核心。学者布里戈(Bourigault)和斯洛德齐安(Slodzian)指出[59],文本术语学方法的主要优点是:通过摆脱传统术语学的那种限制性很强的命名/指称方法,可以容纳其他的词类(动词、形容词、副词、介词、连词)和更为开放的语言单元(名词、动词、形容词短语等)[en attribuant au terme la fonction de dénommer les concepts, la terminologie classique privilégie les noms. En s'éloignant de cette approche référentielle très limitative, on est en mesure d'accueillir les autres catégories du discours (verbes, adjectifs, adverbes, prépositions, conjonctions), ainsi que des unités linguistiques plus ouvertes (syntagmes nominaux, verbaux, adjectivaux…)〕.

因此,文本术语学与文本语言学的观点相靠拢,认为文本是术语分析的出发点。这里涉及在上下文语境中从分析真实的术语入手,开始构建词汇网络的问题。这就是布里戈和斯洛德齐安提出"必须在文本语言学的背景下奠定术语学的理论基础……文本是要建立的词汇描述的起点。我们从文本到术语"(c'est dans le cadre d'une linguistique textuelle que doivent être posées les bases théoriques de la terminologie. … Le texte est le point de départ de la description lexicale à construire. On va du texte vers le terme)[59]的原因。在这里,词网(词汇网络)(lexical network)不被看成是一个单一的术语(体系)(a single terminology)。实际上,这个网络主要与一组专业领域的说话者(speakers)有联系,但也与特定的应用有关系。从文本语言学的角度来看,词(word)和术语(term)之间的差异并不像传统术语学所强调的那样明显。斯洛德齐安认为[60],这样做的目的是给文本以应有的地位,因为它们代表了专家群体真实的文本实践活动。

TIA 小组提出了文本术语学所运用的方法论(一套方法)[59]。这套方法预先假设人们可以在大量与相关研究领域有关的文本语料库中找到进行术语构建的基本信息(术语及术语之间的关系)。这种方法要求:术语描述要从专业文本或者语料库开始。(口头或者书面的)专业文本是术语工作的源泉,构成了对术语进行观察和描述的来源。文本术语学在上下文语境中对术语进行考察,例如,考察多义词、同义词变体、新词(neology)、句法和语义信息等方面。文本术语学还允许采用图形、语音、形态句法学(morphosyntaxic)、形态语义学(morphosemantic)方法,以及词汇、语义、话语和语用等形式对术语进行描述。

法国多语种工程研究中心(Centre de Recherche en Ingénierie Multilingue, CRIM) [1986 年成立,属于法国国家东方语言文化学院(Institut National des Langues et Civilisations Orientales, INALCO)]将这套方法作为其术语工作的基础。概括而言,这套方法论着重于以下任务:

——建立语料库;

——研究用于术语获取的语料库;

——对语料库进行研究,以查找术语单元之间的关系;

——与专业领域专家们一起,对候选术语及其之间的关系进行验证;

——对语料库进行研究,以检测目标语言中的多语种等效物,并由专家对这些建议进行验证确认。

目前,语料库语言学及机器可读的文本,对于基于语料库的术语提取工作而言,变得越来越重要。在欧洲和美洲,人们已经采用的工作方法以对传统术语学所建议的方法持反对或者批评的态度为特征。在对传统术语学的批评过程中,人们可以认识到术语在专业文本中所发挥的作用,以及术语与文本之间存在的关系。例如,学者奥格和洛姆就曾经批评传统术语学把术语看成是概念单元(conceptual unit)而不是语言单元(linguistic unit)[57]。

据学者洛姆解释[61],在加拿大有两个研究小组把术语学研究置于"基于语料库的范式"(corpus-based paradigm)之内。渥太华大学(the University of Ottawa)采用的是基于概念语料库的方法(the conceptual corpus-based approach),而蒙特利尔大学(the Université de Montréal)语言文本观测研究所(the Observatoire de linguistique Sens-Texte, OLST)确立的则是基于词汇-语义语料库的方法(the lexico-semantic corpus-based approach)。这两个小组都将计算机应用和术语工作结合了起来,并把语料库和计算机工具应用到术语学研究中去。即使文本术语学同样也遵循"基于语料库的范式",但文本术语学的研究主要集中在对术语语言属性的考察上。基于词汇-语义语料库的方法"故意选择放弃概念分析,并以词汇-语义和语义学方法[非常接近于在词典编纂学(lexicography)中所使用的方法]来代替它"[61]。就这一方面,学者洛姆强调说:"普通术语学理论(GTT)构成了加拿大大多数术语学方法[词汇-语义学方法(the lexico-semantic approach)除外]的基础;而其他的模型则是对GTT进行的补充,以便满足特定的需求。"[61]

计算语言学(computational linguistics)及其在语言研究中应用方面的最新发展为术语学实践带来了变化。这些变化有利于这两门学科的相互充实,同时也导致了对传统术语学提出质疑。文本术语学对传统术语学的明显批评就在于后者没有对文本进行考虑。随着语料库的日益系统化,人们最终认识到:可以把文本视为真正的交流活动并从中看到它的价值,透过文本可以解释术语的语言维度,也可以发现术语用户的需求。在今天,职业术语学家(术语师)可以使用基于语料库的工具来加速术语分析的过程。例如,语汇索引(concordancers)可以帮助术语师从文本中收集有关术语含义的信息,以及找到在专业上下文语境中术语是如何使用的信息。从这个意义上讲,语言学可以为术语学提供帮助,因为这两者都可以利用与普通词汇相同的机制,而把术语描述为词汇单元。在文本术语学中,"描述"(description)这一术语则包括了专业领域的专家们对自己专业的语言用法的观察。从这个意义上讲,术语学家与专业领域的专家们在携手构建术语(体系)(terminologies)。

4 安杰拉·坎波的结论:对现代术语学的发展进行"拉卡托斯式"的解读

著名哲学家伊姆雷·拉卡托斯(Lakatos)(1922 年 11 月 9 日—1974 年 2 月 2 日)是一位匈牙利的科学哲学家。他在科学理论研究方法论方面引入了"科学研究纲领方法论"(the methodology of scientific research programmes)的概念。他的这一科学发展理论,与卡尔·波普尔(Karl Popper)(1962 年)和托马斯·库恩(Thomas Kuhn)(1962 年)的理论相似,解释了"批评"在这一科学理论发展中所起的重要作用。为了描述一门学科的发展,最好将这门学科里的不同理论作为这个纲领性结构的组成部分。根据拉卡托斯的"科学研究纲领"的理念,学术领域(包括术语学领域)需要有足够广泛的理论来保持该领域内部的某种连贯性。从这个意义上说,当一种理论似乎比其他理论更为成功时,知识不一定会增长。采用"科学研究纲领"的观点,则能更好地理解科学理论的发展[2][62]。

加拿大学者安杰拉·坎波把拉卡托斯提出的"科学研究纲领方法论"作为一种解释模型,说明了可以把术语学视为一种"科学研究纲领",这样就有力印证了术语学正在成长为一个更加强大的独立学科。术语学作为一门独立学科,可以被分析为一系列的理论和方法,按照拉卡托斯的说法,这则是"一系列的理论而不是孤立的理论"[2]。根据"科学研究纲领"的假设,可以将其设想为由"硬核"、"保护带"和"启发式"三维结构辩证组成。"硬核"包括了这个"科学研究纲领"最基本的必要假设;它包括对其生存至关重要的一切要素[2]。

维斯特提出的普通术语学理论构成了现代术语学学科的坚固核心(硬核),因为它提供了这门学科的基本框架,包含了这一学科在历史发展中发挥合理作用的一般性理论陈述。因此,这个"硬核"(hard core)可以转变为一套指导方针或者启发式原则,用以发展这个科学研究纲领(scientific research program)。按照拉卡托斯的说法,这个"硬核"有一个名为"负启发式"(the negative heuristics)的"保护带"(the protective belt),它包含了默认的隐含假设,即这个纲领的"硬核"不能修改。科学研究纲领的最外层称为"积极启发式"(the positive heuristics),它由用于解释众所周知的现象或者预测新现象的一般指示性假设所代表[2]。把术语学视为"科学研究纲领"的独特之处就在于它的"硬核"。它由使"术语学科学研究纲领"得以发展的基础性一般理论假设构成。采用拉卡托斯"科学研究纲领"的理念来理解当今貌似"错综复杂"的现代术语学理论,则为术语学的新实践带来了秩序。这样做有利于随着时代发展和科技进步,现代术语学这一独立的学科从不断涌现的术语工作的各种方法和理论导向中获益。这些新出现的术语学方法和理论导向,不仅以不同的方式汇聚和彼此启发、支持,而且也为术语学的发展提供了历史连续性,更是术语学这门学科的有机组成部分[1](见表1)。

表1　作为"科学研究纲领"的术语学

硬核	研究专业语言中使用的概念和术语的学科,包括一系列的理论和方法。例如:《机器工具:跨语言的基本概念词典》等。
负启发式	向科学界提出的建议,指导要保持"硬核"的内容要素。术语学新方法提出了关于术语学的新观点,但作为"科学研究纲领"的术语学,它的核心内容是稳定的。
保护带	术语学新方法。例如社会术语学方法、社会认知术语学方法、交流术语学方法、文本术语学方法和文化术语学方法等。是为了更好地解决术语学理论和实践问题而提出的一系列建议。
积极启发式	认知科学启发术语学要理解专业语言的本质和发展;交流术语学方法和文本术语学方法则从方法论的视角考察专业文本、研究语料库,以便提取数据,更好地对概念、术语和定义进行描述;文化术语学则从语言规划的角度出发,旨在促进新知识和新技术的获取;等等。

4.1　术语学作为"科学研究纲领"

把术语学描绘成一个"科学研究纲领",现在已经是时候了。依照拉卡托斯的理念,人们不能脱离术语学实践的具体背景去理解术语学的这些新主张,而应该把它们作为"科学研究纲领"的组成部分。这些在一定程度上具有不同指导性假设的术语学方法之所以重要,就在于它们形成了"科学研究纲领"的"保护带"。

对术语学中知识增长的哲学评估表明,学科的发展要开始于一般性的假设。维斯特十分注意发展形成术语学研究的方法论。他建议,运用系统化的手段则能够在这方面取得进展。在这一点上，很明显，维斯特的主要重点放在了明确无歧义的国际性交流上。维斯特的思想中最容易受到批评的方面可能就是他对于术语标准化的重视。总的来说，批评家似乎很难绕过这个问题去客观看待维斯特对术语学其他方面所做的贡献。从批评者的角度出发，（传统术语学的）这种很有局限的方法则促使他们为术语学提出了新的理论方法。

20 世纪 90 年代以来，有关术语学的大辩论其实是以积极性的建议和解释性的研究为基础的。这种态势则为对传统术语学的批评和术语学新方法的出现提供了合理性。而实际上，这些新的术语学方法正在促进着术语学的发展，而且，它们是"术语学科学研究纲领"的一部分。安杰拉·坎波对"术语学科学研究纲领"的合理性解释是以"批评"为基础的；它通常以对假设或者理论进行检验的形式出现。一旦人们提出了某种假设、某种理论或者某种方法，它就会成为一种面对竞争的理论。具体就术语学而言，人们可能一下子难以确定哪一种理论或者方法更好一些。然而，从积极意义上看，术语学发展的进程表明："批评"在人们努力发展更为复杂的研究中发挥了重要作用。例如，现今就不只存在着一种术语工作的方法，而是同时存在着其他各种相互竞争的方法。其中一些新方法暗示着术语学实践的巨大变化，至少对于日常性的术语学实践来说是这样的。如果我们从经验主义的角度来看待这种情况，那么，到目前为止，我们还没有令人信服的、以经验为依据的发现来证明有哪一种方法可以更好地解释"整个术语学需要的是什么"，而且这也不是我们的目标。人们还需要进行更多的研究，以便在"术语学科学研究纲领"中对这些形成竞争态势的术语学方法的新主张进行调和及阐述。

与普通术语学理论不同的是：把处于当前状态的术语学作为一门学科加以考虑，似乎还缺乏具有普遍性的统一要素。即使在维斯特倡导的跨学科的术语学理论中，也存在着许多术语工作的不同方法。"科学研究纲领"的优势就在于它突出了术语学现存的多学科特征。在这一方面，重要的是，我们需要强调：（各种）术语学方法可能是互补的而不是彼此对立的。

依照安杰拉·坎波及其同事们的观点，作为一种"科学研究纲领"的术语学可以追溯到 20 世纪 30 年代。在那个时候，这个"术语学科学研究纲领"是由维斯特首次倡导的术语学研究所组成的；当时的这种研究是以基于名称学方法的国际术语标准化工作为主导的。在今天的形势下，这个"术语学科学研究纲领""爆炸式"地扩张，这种"扩张"开始于人们对维斯特术语学思想的讨论和批评，以及随后出现的术语学新理论方法。

　　20 世纪 70 年代,为了克服国际科学技术交流中所面临的难题,维斯特提出了一种跨学科的术语学研究领域。他把这个领域的理论方法建立在逻辑学、本体论、信息学、语言学和其他具体科学的基础之上。维斯特的这一具有普遍性的建议,则为"术语学科学研究纲领""硬核"的形成及未来研究的发展奠定了基础。

　　"科学研究纲领还具有'启发式'的功能,即强大的问题解决机制,它借助于复杂的数学技术可以消化异常,甚至将其转变为积极的证据。"[2] 就术语学来说,"负启发式"指的是向科学界提出的建议,这些建议注重于维护"硬核"的要素。它声称,对理论的"篡改"(falsifying a theory)不应当影响到上述"硬核"的要素。针对事实与理论之间可能产生的任何不一致,都可能会产生一个新的假设,但是其中的"硬核"要素却要保持不变。到目前为止,这正是术语学新方法已经做了的事情。人们提出了有关术语学的新观点,但"术语学科学研究纲领"的主要因素是稳定的。

　　"保护带"是指围绕"硬核"的成分,可以在本质上不影响"科学研究纲领"主要特征的情况下进行更改。术语学的"保护带"是一系列具有灵活性的辅助假设,即一系列与"科学研究纲领"共享相同"硬核"的理论或者方法,能在"积极启发式"的指导下进行重新安排和调整。当前的术语学可能不具有一种普遍万能的理论,而是具有一系列与术语学方法论有关的、含有各种基本性假设的方法。很显然,这些不同的假设不能构成一个具有连贯性的"研究纲领"的基础,而是构成了围绕这个"科学研究纲领""硬核"的"保护带"。只有当"保护带"的辅助假设适应了新理论和方法论的需求,新的理论方法才可能被接纳进来。因此,这就是为什么根据实际的需要,当每一次需要采用新的方法时,"保护带"都会进行扩展、改制和更新。"保护带"起着"缓冲器"的作用,在其中进行着所需要的调整[2]。

　　鉴于在这个处于发展中的且保持"硬核"完好无损的"科学研究纲领"中,有两种"启发式"对术语学研究者提供着指导,因此,我们需要明白,"积极启发式由一系列部分清楚表达的、关于如何对研究纲领'可辩驳的变量'(refutable variants)进行更改、发展,以及如何对'可辩驳的'保护带进行修改和完善的建议或者提示组成"[2]。正如学者查默斯(Chalmers)赞同的[63]那样,我们需要强调"科学研究纲领"中"积极启发式"的重要性,因为它决定了"研究纲领"在何种程度上可以为未来的调查研究提供指导。因此,新的理论及其方法的出现可以为在即将开展的研究中取得某种成功提供保障。

　　由于现代术语学由促进"术语学科学研究纲领"发展的众多方法组成,因此,我们可能会问:新出现的术语学方法怎样才能为这个"科学研究纲领"做出贡献呢? 它们的贡献到底是什么呢？泛泛而言，所有的方法都在努力开创术语学研究的新途径。例如：交流术语学的"启发式"方法为人们提供了一种包括社会和认知观点在内的语言学视角[1]；社会术语学则提出了一种考虑术语变化的社会性和描述性的观点，它的方法论被运用于普通语言（通用语言）的研究；而社会认知术语学方法则从认知科学的角度提出了一种观点，这种观点着重于对专业语言的性质和发展进行理解；文本术语学方法则推荐了另一种方法论观点，它包括检查由专家撰写的文本组成的语料库，以提取重要数据来对定义、术语和概念进行描述；最后，文化术语学方法则推荐了一种语言规划的立场，目的是在促进人们维护文化遗产的同时能够获得新的知识和技术。

　　在这里，如果采用拉卡托斯的原话，则能更好地进行阐释："积极启发式阐述了一个纲领，其中列出了一系列模拟现实的、更为复杂的模型：科学家的注意力则集中在遵循其纲领积极部分中的指示来构建自己的模型上。"[2]在这里，人们必须注意，"硬核"和"积极启发式"代表着"纲领"，它们构成了对"纲领"进行识别的标准。从这个意义上讲，"术语学科学研究纲领"的发展可以为一系列连续的变化所代表，而每一种变化都源于维斯特的先驱性思想，并且，它们都在"保护带"上进行了一些理论上的修改。

　　那么，新理论方法的出现对于术语学来说意味着什么呢？简而言之，在术语学的发展中，这些不同的术语学方法应当得到人们的认可。在2001年，布丁教授从科学哲学的高度对最新出现的术语学理论提出了批评性的评价。布丁提议的构建术语学"理论簇"（cluster of theories）的构想[64]对于安杰拉·坎波的"术语学科学研究纲领"设想的提出具有重要意义。布丁教授的观点与坎波的见解很接近，因为人们可以把这个"理论簇"视为一个"科学研究纲领"。此外，人们应该把"批评"看成是促进术语学知识发展的合法手段：正是通过"批评"，术语学领域的知识才得以大幅度增长。最后，还应该承认，术语学的每一种方法都是以术语学理论和实践为基础的。"术语学科学研究纲领"的设想是当今术语学界解释新出现的理论方法的一种途径。与学者托夫特（Toft）和皮希特在2001年发表的《术语学处于交叉路口吗？》[65]一文中所表达的观点相比，安杰拉·坎波对术语学所持的观点则更为积极。

4.2　术语学：一个不断前进的"研究纲领"？

　　现在有待证明的是：术语学是一个不断前进的"研究纲领"。根据拉卡托斯的观点[2]，"研究纲领"可能是进步的，也可能是退化的。如前所述，当"纲领"在理论上和经验上(以经验为依据)都是进步的时候,它自身就是进步的。如果"纲领"不是逐步发展的,则称它为"正在退化"。用拉卡托斯本人的话说,"只要它在理论上的进步预示着它在经验上的增长,也就是只要它继续能对新颖的事实进行预测并取得一定的成功,我们就可以说,这种研究纲领正在取得进步"[2]。

安杰拉·坎波十分关注拉卡托斯评估科学进步的标准。进步的条件要求纲领内部的更改至少在理论上应该是渐进的,而且在经验上也必须进行渐进式修改。从这个意义上讲,在术语学研究者试图建立起连贯的知识体系时,他们面临着要对一个特殊问题进行探索:"知识如何增长"是一个核心问题,它构成了作为"研究纲领"的术语学发展的基础,在其中,系统化的批评起着至关重要的作用。为了对依照拉卡托斯的观点构建起来的"把术语学作为一种科学研究纲领"的思想进行评估,安杰拉·坎波首先把现代术语学置于其产生的历史背景之下,分析对术语学及其相关因素产生影响的社会、经济和学术条件。

欧根·维斯特为第一个正式的术语学知识体系提供了基础性版本,从而为巩固现代术语学理论做出了贡献。从维斯特的那个时代开始,术语学就是随着某些问题的产生而发展起来的,它在对维斯特术语学思想的批评声中形成。改变是一个持续的过程,用拉卡托斯的话诠释,理解起来并不复杂。明确地说,把现代术语学作为"研究纲领"去评估,我们必须了解三个基本问题:

第一,组成"硬核"的要素与"保护带"这一假设之间存在着联系。在现代术语学中,每一种方法都试图加入到这个"纲领"的"硬核"要素中去。社会术语学在其社会语境中对术语进行探索,以便对其用法进行分析,这在理论上则意味着,它将术语置于社会语言学的层面上;而社会认知的观点则侧重分析和描述在话语群体中使用概念的方法;术语学的交流方法聚焦于术语的变异、协调,术语在文本中的用法,以及术语应用的设计;术语学的文本方法着重分析科学和技术文本(口头或者书面)语料库中的术语,以便提取出概念化和术语化的描述;术语学的文化方法对术语进行研究,目的是促进非洲法语世界的文化发展。

第二,术语学新方法可以对一些经验性的发现做出解释。通过术语学研究,人们可以从许多学科中获得有用的信息。"例子可以包括认知心理学、认知语言学、有关语言演化的理论、知识秩序(例如本体论)、分类和表示,以及越来越多的、用于术语学研究和术语管理的电子化工具。"[66]

第三,通过新方法可以预测某些经验事实。由于"研究纲领"获得成功的主要指标是对新事实进行成功预测,因此,有必要继续介绍一下术语学中出现的重要新事实。事实表明,随着新学科的引入,术语学有助于人们对专业语言进行更为明确清晰的理解。在术语学诞生之初,人们认为它是为了满足国际术语标准化的需要;而如今,人们则发现了术语学的其他实践性应用,例如在促进人机交互过程、翻译记忆系统、人工智能、本体和知识表示、多语言术语自动处理等方面的运用,这些都只是涉及技术领域的几个例子。术语学中新产生的事实还包括:它促进了民族语言的发展,例如,法属非洲的语言规划活动和其他一些地区的语言政策的制定。

每一种术语学方法也都与"硬核"的要素相关联。经验性发现表明,在各种新的术语工作环境中,都存在着进行创新研究的可能性。按照拉卡托斯的思路,术语学已经做出了新颖的预言,并表明了它迎接跨学科挑战的明显趋势。在这一方面,关键性问题在于:术语学的发展是这个"科学研究纲领"内部连续生长的结果。换句话说,带有"积极启发式"的"保护带"为术语学提供了在理论上和经验上得以不断前进的方法。

随着我们对术语学研究的深入,也随着科学技术的发展,各种术语学方法会更好地进行自我完善,从而成为构想出更为成熟的"研究纲领"的理论基础。从这个意义上说,术语学"在理论上是进步的",因为在"积极启发式"的指导下,术语学的理论或者方法产生出了新的理论内容,并且预示了新的事实。除此之外,我们"可以把国际术语信息中心在 1975、1981、1991 和 1998 年组织的研讨会视为这门学科领域发展的里程碑"[67]。术语学"在经验上也是进步的",因为术语学新方法所产生的实用性和描述性的内容都得到了"观察到的事实"的支持,也就是说,具体的术语数据是在实际的交流情境中得到分析的。

总而言之,术语学是一个不断前进的"研究纲领"。当然,它需要不断修订、扩充和完善。术语学完全有能力在理论和经验上对术语学研究者提供指导,同时,它必须以开放的胸襟对新的方法进行容纳。然而,正如学者皮希特所言:"还必须说,术语学未来的发展依然受到许多问题的困扰,对此,人们目前尚未提出合适的解决方案。"[68]人们需要解决的一个基本问题就是需要构想一种"包装框架"(a wrapping framework),它能够与近 30 年来已为人们所知的术语学新方法相适应,并将其纳入到一个完整的理论结构中去。在这个意义上,安杰拉·坎波同意学者劳丹(Laudan)的观点[69],即:当一门学科中有一系列的理论表明,解决问题的方法技术越来越多的时候,这门学科就取得了进步。

维斯特开创了术语学理论和方法研究的先河。现代对传统术语学持批评观点的评论家们应该客观地看待维斯特对术语学发展的历史性贡献,而不应该仅仅着眼于一点:似乎维斯特只强调了术语的标准化。维斯特提出了一个跨学科的术语学研究领域,它采用基于逻辑学、本体论、信息学、语言学和其他具体科学的理论方法。而自 20 世纪 90 年代以来,基于对传统术语学进行批评和解释性的大辩论,则为术语学新方法的出现提供了合理性。

将术语学看成一个"科学研究纲领",它的硬核代表了术语学的主要特征和核心内容;它以基本性的理论假设的形式,构成了这个"科学研究纲领"进一步向前发展的基础,更为未来的深入研究奠定了基石。"科学研究纲领"所具有的"启发式"则是一个强大的解决问题的机制,它借助复杂的科学分析能够消化不合理的假设,甚至将它们变成正面的证据[2]。在术语学中,"负启发式"指的是向科学界提出的建议,其重点是要保持核心要素不被改变。它指出,理论的"篡改"不应该影响核心要素。对于事实与理论之间的任何分歧,可能会有一个新假设出现,但"科学研究纲领""硬核"中的要素要保持不变。"保护带"作为一套灵活的辅助假设,依据"积极启发式"进行重新安排和调整。它作为一个缓冲区,可以在不显著影响"科学研究纲领"主要特性的情况下,在这里进行必需的适应和修改。在这个"保护带"里,包括了术语学的新方法和理论导向(如:社会术语学方法、社会认知术语学方法、交流术语学方法、文本术语学方法和文化术语学方法等),它们是一系列与"纲领"共享相同核心内容的理论或方法。根据时代发展和实践的需要,这个"保护带"都会扩展、改变和更新。这个"纲领"强调了"积极启发式"的重要性,因为它决定了"纲领"进行组织和指导未来研究的程度,它是即将开展的研究取得成功的保证。总而言之,现代术语学是一个渐进式的"科学研究纲领",理应对新方法持开放态度,需要不断修改、扩展和改进。

5　结论和一些补充信息

在现代术语学史上,全世界有一个共识:有三位历史性人物在现代术语学发展中占据着重要地位。他们是:西欧的欧根·维斯特,东欧(苏联)的德列津(Ernest Drezen)和洛特(Dmitrij Semënovič Lotte)。现代术语学的理论基础在奥地利和俄罗斯几乎同时开始,按照北欧著名术语学家皮希特教授的说法,这三位工程师被认为是"现代术语学之父"[70]。

除了上述提到的这些现代术语学的新理论导向(或者方法)之外,据编译者所知,西班牙格拉纳达大学(University of Granada)著名的美籍西班牙裔语言学家 P. 费伯(Pamela Faber Benítez)教授也闻名于西方世界,她在术语学理论方面的贡献当属她的基于认知理论的"框架术语学"(Frame-Based Terminology，FBT)，这一理论的知识背景是功能词汇模型和认知语言学。费伯教授参与的重大术语项目为"西班牙环境科学术语知识库"(EcoLexicon)项目[71]。

此外，在法国萨瓦大学的 C. 罗什(Christophe Roche)教授["国际术语和本体：理论和应用"会议(TOTh 会议)科学委员会主席，法国标准化协会术语委员会主席(AFNOR，X03A)，国际标准化组织"术语与语言内容资源"分委员会(ISO/TC 37)术语标准项目负责人]也因其"本体术语学"(ontoterminology)而闻名遐迩[72]。

上述这些现代术语学的新理论导向和方法，也理当属于术语学"科学研究纲领"的"保护带"。它们和其他给人们带来启发的新的术语学方法能够起到"积极启发式"的作用。毫无疑问，它们将为我们富有无限生机的现代术语学带来更多有用的营养。

在本文最后，编译者认为有必要提一下加拿大学者德利勒(J. Delisle)在 2008 年写的《加拿大的术语学：专业史》(*La terminologie au Canada*：*Histoire d'une profession*)一书。该书描述了加拿大术语学专业的起源，并介绍了加拿大主要以翻译和语言规划为导向的术语学方法的发展，以及所谓的"魁北克术语学派"(the Quebec School of terminology)[73]。在这部书里，作者再一次将维斯特的影响放在加拿大术语学发展的起始点上。我们期待着术语学越来越辉煌的发展前景，不仅作为一门独立的学科，更作为一种有益的实践。

参考文献

[1] The Role of the Communicative Approach in the Development of Terminology[EB/OL]. (2012 – 12 – 19)［2018 – 04 – 15］. https：//www. erudit. org/fr/revues/meta/2005 -v50 -n4 -meta1024/019913ar. pdf, https：//papyrus. bib. umontreal. ca/xmlui/bitstream/handle/1866/9198/Campo_Angela_2012_these. pdf.

[2] LAKATOS I. The methodology of scientific research programmes[M]. Cambridge：Cambridge University Press，1978.

[3] FELBER H. Eugen Wüster — A pioneer in terminology (M. Benz-Bisco Trans.)［J］. Babel，1973，19(4)：182 – 185.

[4] STADLER F. What is the Vienna Circle? Some methodological and historiographical answers[G]// STADLER F. The Vienna circle and logical empiricism：Re-evaluation and future perspectives. Dordrecht Kluwer Academic Publishers，2003.

[5] BUDIN G. Terminology studies in the German-speaking communities[G]// PICHT H. Modern ap-

proaches to terminological theories and applications (Vol. 36, pp. 91 – 106). Bern: Peter Lang. 2006.

[6] GALINSKI C. Ten years of Infoterm-activities and achievements[J]. Journal of Information Science, 1982(5): 103 – 114.

[7] PICHT H, SCHMITZ K-D. Terminologie und Wissensordnung. Ausgewählte Schriften aus dem Gesamtwerk von Eugen Wüster[M]. Vienna: TermNet, 2001.

[8] FELBER H. Developing international co-operation in terminology and terminological lexicography International co-operation in terminology[G]// Proceedings of the first Infoterm Symposium (Vol. 3 Infoterm Series, pp. 281 – 296). München: Verlag Dokumentation, 1976.

[9] CABRÉ M T. La terminología: Representación y comunicación. Elementos para una teoría de base comunicativa y otros artículos[M]. Barcelona: Institut Universitari de Lingüística Aplicada, 1999a.

[10] FELBER H. The Vienna school of terminology fundamentals and its theory[G]// KROMMER - BENZ M. Theoretical and Methodological Problems of Terminology. Proceedings of the International al Symposium (Vol. 6 Infoterm Series, pp. 69 – 86). München, New York, London, Paris: K-G Saur, 1981.

[11] FELBER H, GALINSKI C, HOFSTÄDLER H, et al. Preparation of the terminological data contained in E. Wüster's dictionary "The Machine Tool" for input into EURODICAUTOM[J]. Terminologie et Traduction, 1986(3): 29 – 43.

[12] HOLMSTROM J E. Interlingual scientific and technical dictionaries[R]. UNESCO/NS/SL/1, 65 p. Paris: UNESCO, 1949.

[13] KOCOUREK R. Review of the book The Road to Infoterm by Eugen Wüster[J]. International Classification, 1974, 1(2): 104 – 107.

[14] WÜSTER E. La théorie générale de la terminologie (I). (G. Lurquin, Trans.) [J]. Le Langage et l'Homme, 1979, 14(2): 59 – 71(Original work published 1974).

[15] WÜSTER E. La théorie générale de la terminologie (II). (G. Lurquin, Trans.) [J]. Le Langage et l'Homme, 1979, 14(3): 59 – 72 (Original work published 1974).

[16] WÜSTER E. L'étude scientifique générale de la terminologie, zone frontalière entre la linguistique, la logique, l'ontologie, l'informatique et les sciences des choses (Bureau des traductions du Secrétariat d'État du Canada Trans.) [G]// SIFOROV V I, RONDEAU G, FELBER H. Textes choisis de terminologie (Vol. 1 Fondements théoriques de la terminologie, pp. 55 – 114). Québec: Girsterm – Université Laval, 1981(Original work published 1974).

[17] PICHT H. The multidisciplinary nature of terminology: Remembering Eugen Wüster[J]. ALFA: Actes de Langue Française et de Linguistique/ Symposium on French Language and Linguistics, 1994/1995(7/8): 137 – 161.

［18］FELBER H. Terminology manual［M］. Paris：UNESCO and Infoterm, 1984.

［19］NUOPPONEN A. Terminology［M］// FRAWLEY W J. International encyclopedia of linguistics (Vol. 4, pp. 225 – 227). Oxford and New York：Oxford University Press, 2003.

［20］FELBER H. In memory of Eugen Wüster, founder of the general theory of terminology［J］. International Journal of the Sociology of Language, 1980(23)：7 – 14.

［21］LAURÉN C, PICHT H. Approaches to terminological theories：A comparative study of the state-of-the-art［G］// PICHT H. Modern approaches to terminological theories and applications (Vol. 36, pp. 163 – 184). Bern：Peter Lang, 2006.

［22］邱碧华. 浅析加拿大术语学方向［J］. 中国科技术语, 2014,16(3)：10 – 12.

［23］GAUDIN F. Socioterminologie：Une approche sociolinguistique de la terminologie［M］. Bruxelles：De Boeck & Larcier, 2003.

［24］GAUDIN F. Socioterminologie：Des problèmes sémantiques aux pratiques institutionnelles［M］. Rouen：Publications de l'Université de Rouen, 1993.

［25］PAVEL S. Neology and phraseology as terminology-in-the-making［G］// SONNEVELD H B, LOENING K L. Terminology. Applications in interdisciplinary communication. (pp. 21 – 34). Amsterdam/Philadelphia：John Benjamins, 1993.

［26］GAUDIN F. Socioterminologie：Du signe au sens, construction d'un champ［J］. Meta, 1993, 38(2)：293 – 301.

［27］GUESPIN L. La circulation terminologique et les rapports entre science, technique et production［J］. Meta, 1995, 40(2)：206 – 215.

［28］GAMBIER Y. Problèmes terminologiques des "Pluies acides"：Pour une socioterminologie［J］. Meta, 1987, 32(3)：314 – 320.

［29］GAMBIER Y. Vers une histoire sociale de la terminologie［M］// SNELL - HORNBY M, PÖCHHACKER F, KAINDL K. Translation studies：An interdiscipline (pp. 255 – 266). Amsterdam/Philadelphia：John Benjamins, 1994.

［30］FAULSTICH E. Spécificités linguistiques de la lexicologie et de la terminologie. Nature épistémologique［J］. Meta, 1996, 41(2)：237 – 246.

［31］L'HOMME M-C. Sur la notion de "terme"［J］. Meta, 2005, 50(4)：1112 – 1132.

［32］GAMBIER Y. Travail et vocabulaire spécialisés：Prolégomènes à une socioterminologie［J］. Meta, 1991, 36(1)：8 – 15.

［33］CABRÉ M T. La terminologie：Théorie, méthode et applications. (Translated and adapted by M. C. Cormier & J. Humbley)［M］. Ottawa/Paris：Les Presses de l'Université d'Ottawa/Armand Colin, 1998.

［34］CABRÉ M T. L'influence de l'Office de la langue française et du Québec sur la terminologie catalane[J]. Terminogramme, 2001: 131 – 148.

[35] SAGER J C. A practical course in terminology processing[M]. Amsterdam/Philadelphia: John Benjamins, 1990.

[36] CABRÉ M T. Theories of terminology: Their description, prescription and explanation[J]. Terminology, 2003, 9(2): 163 – 199.

[37] 邱碧华. 现代西欧对术语学传统思想的质疑和新的思想突破[J]. 中国科技术语, 2015, 17 (1): 10 – 14.

[38] CABRÉ M T. La terminología: Representación y comunicación. Elementos para una teoría de base comunicativa y otros artículos[M]. Barcelona: Institut Universitari de Lingüística Aplicada, 1999.

[39] CABRÉ M T. Elements for a theory of terminology: Towards an alternative paradigm. Terminology, 2000, 6(1): 35 – 57.

[40] CABRÉ M T. Consecuencias metodológicas de la propuesta teórica (I)[M]// CABRÉ M T, FELIU J. La terminología científico – técnica: Reconocimiento, análisis y extracción de información formal y semántica (pp. 27 – 36). Barcelona: Institut Universitari de Lingüística Aplicada-Universitat Pompeu Fabra, 2001.

[41] CABRÉ M T. Terminologie et linguistique: La théorie des portes[J]. Terminologies Nouvelles, 2000(21): 10 – 15.

[42] CABRÉ M T. Terminología y lingüística: La teoría de las puertas abiertas (Rosanna Folguerà Trans.). Estudios de Lingüística Española (ELiEs), 2002, 16. [EB/OL]. http://elies. rediris. es/elies16/Cabre. html.

[43] TEMMERMAN R. Towards new ways of terminology description. The sociocognitive approach[M]. Amsterdam/Philadelphia: John Benjamins, 2000.

[44] TEMMERMAN R. Une théorie réaliste de la terminologie: Le sociocognitivisme [J]. Terminologies Nouvelles, 2000(21): 58 – 64.

[45] TEMMERMAN R. Why traditional terminology impedes a realistic description of categories and terms in the life sciences[J]. Terminology, 1998/1999, 5(1): 77 – 92.

[46] TEMMERMAN R. Sociocognitive terminology theory[M]// CABRÉ M T, FELIU J. Terminología y cognición: II Simposio Internacional de Verano de Terminología (pp. 75 – 92). Barcelona: Universitat Pompeu Fabra, 2001.

[47] TEMMERMAN R. The process of (neo) -lexicalization: The case of the life sciences [M]// SCHAETZEN de C. Terminologie et interdisciplinarité. Actes du colloque organisé en avril 1996 par le Centre de terminologie de Bruxelles (Institut libre Marie Haps) et l'Association européenne des professeurs de langues vivantes (AEPLV) (pp. 47 – 62). Louvain-la-neuve: Peeters, 1997.

[48] DIKI – KIDIRI M. Le vocabulaire scientifique dans les langues africaines: Pour une approche cul-

turelle de la terminologie[M]. Paris: Karthala, 2008.

[49] DIKI-KIDIRI M. La terminologie culturelle: Points de repère[M]// TOURNEUX H. Langues, cultures et développement en Afrique (pp. 117 – 134). Paris: Karthala, 2008.

[50] DIKI-KIDIRI M. Un terminologie pour le développement[M]// DIKI-KIDIRI M. Le vocabulaire scientifique dans les langues africaines: Pour une approche culturelle de la terminologie (pp. 15 – 19). Paris: Karthala, 2008.

[51] DIKI-KIDIRI M. La terminología cultural fundamento de una verdadera localización (Beatriz E. Hoyos M. ; Jenny Wolff P. ; María Cecilia Plested A. Trans.). La terminología, entre la globalización y la localización. Actas del VIII Simposio Iberoamericano de Terminología[EB/OL]. http://www. riterm. net/actes/8simposio/marcelDikikidiri. htm#a, 2002.

[52] ANTIA B. Terminology and language planning. An alternative framework of practice and discourse [M]. Amsterdam/Philadelphia: John Benjamins, 2000.

[53] ANTIA B, KAMAI R. African issues in terminology: An educational perspective[M]// PICHT H. Modern approaches to terminological theories and applications[M]. Bern: Peter Lang, 2006.

[54] DIKI-KIDIRI M. Une approche culturelle de la terminologie[J]. Terminologies Nouvelles, 2000 (21): 27 – 30.

[55] DIKI-KIDIRI M. La diversité dans l'observation de la réalité[M]// CABRÉ M T. Terminología y modelos culturales. Barcelona: Institut Universitari de Lingüística Aplicada, Universitat Pompeu Fabra, 1999.

[56] L'HOMME M-C. The processing of terms in dictionaries: New models and techniques. A state of the art[J]. Terminology, 2006, 12(2): 181 – 188.

[57] AUGER P, L'HOMME M-C. La terminologie selon une approache textuelle: Une représentation plus adéquate du lexique dans les langues de spécialité. ALFA: Actes de Langue Française et de Linguistique / Symposium on French Language and Linguistics[G]. 1994/1995(7/8): 17 – 21.

[58] CONDAMINES A. Terminology: New needs, new perspectives[J]. Terminology, 1995, 2(2): 219 – 238.

[59] BOURIGAULT D, SlODZIAN M. Pour une terminologie textuelle[J]. Terminologies Nouvelles, 1998/1999(19): 29 – 32.

[60] SLODZIAN M. L'émergence d'une terminologie textuelle et le retour du sens[G]// BÉJOINT H, Thoiron P. Le sens en terminologie (pp. 61 – 85). Lyon: Presses universitaires de Lyon, 2000.

[61] L'HOMME M-C. A look at some Canadian contributions to terminology[G]// PICHT H. Modern approaches to terminological theories and applications (Vol. 36, pp. 5575). Bern: Peter Lang, 2006.

[62] 邱碧华. 试论术语学的建构是一种"科学研究纲领"的思想——兼评"交流(交际)术语学"在

术语学发展中的作用[J].中国科技术语,2015(6):18-22.

[63] CHALMERS A F. What is this thing called science? [M] Maidenhead: Open University Press,.

[64] BUDIN G. A critical evaluation of the state-of-the-art of terminology theory[J]. Terminology Science & Research, 1999, 12(1-2):7-23.

[65] TOFT B, PICHT H. Terminology science at the crossroads? [J]. Terminology Science & Research, 2001, 12(1-2):3-4.

[66] ANTIA B, BUDIN G, PICHT H, et al. Shaping translation: A view from terminology research[J/OL]. Meta, 2005, 50(4). Retrieved from http://id. erudit. org/iderudit/019907ar.

[67] INFOTERM. 30 years of Infoterm [EB/OL]. [2004-08-25]. http://www. infoterm. info/activities/news/2004/2004_08_25. php.

[68] PICHT H. The multidisciplinary nature of terminology: Remembering Eugen Wüster. ALFA: Actes de Langue Française et de Linguistique / Symposium on French Language and Linguistics [G]. 1994/1995(7/8):137-161.

[69] LAUDAN L. Progress and its problems: Toward a theory of scientific growth[M]. Berkeley: University of California Press, 1977.

[70] PICHT H. Terminology yesterday, today and tomorrow[EB/OL]. Terminology Science & Research, 18. (2007-01-08)[2009-10-20]. http://lipas. uwasa. fi/hut/svenska/iitf/tsr2005/vol18/vol18_pic. php.

[71] 邱碧华.当前欧洲术语学的认知理论方向[J].中国科技术语,2015,17(2):21-26.

[72] 邱碧华.本体术语学:把术语和知识本体统一起来的范式[J].中国科技术语,2016,18(3):20-25.

[73] DELISLE J. La terminologie au Canada: Histoire d'une profession [M]. Montréal: Linguatech, 2008.

现代西欧对术语学传统思想的
质疑和新的思想突破^①

邱碧华

摘要：维斯特创立的普通术语学思想在 20 世纪 70 年代基本形成后，在 30 年中稳步前进。自 21 世纪以来，欧洲对术语学的讨论忽然变得热烈，产生了一些"颠覆性"的质疑。文章介绍了欧洲术语学传统思想的承继者们如何应对这些质疑，以及"现代术语学革新派"突破性的理论思想贡献，并浅析未来的术语学理论发展的趋势和远景。

关键词：理论，学说，术语单元，多面体，多门术语学理论模型，新范式

引言

2003 年，在欧洲的一些历史名城召开了有关现代术语学的一系列研讨会，如在捷克布拉格召开的国际语言学家大会、在英国萨里召开的欧洲专门语言研讨会、在法国巴黎召开的有关术语学作为一门科学学科的系列学术报告会、在葡萄牙里斯本召开的葡萄牙语语言协会有关术语学理论的圆桌会议和欧洲术语学协会同在里斯本召开的术语学和辞书学研讨会。这一系列会议，把对欧洲术语学传统思想的批评运动高调化，而形成了一种批评热潮，大有一种用可替代的理论取代旧有的维斯特开创的传统普通术语学理论之势。

这股猛烈的批评潮流有一批代表人物，笔者称其为"现代术语学革新派"，主要有戈丹（Gaudin）、卡布雷（Cabré）、费利乌（Feliu）、贝乔因特（Béjoint）、托洪（Thoiron）和泰默尔曼（Temmerman）。自 20 世纪 90 年代起，这些学者就自发地开始了对传统术语学思想的批评反思活动，发表了一大批论文。在 2003 年之前，有两个重要的术

---

① 本文曾发表于《中国科技术语》2015 年第 1 期。

语学研讨会,堪称是形成针对如何对待术语学传统思想而相互对擂的两大阵营的标志。虽然到目前为止,因为术语学新的理论思维范式的形成,这两大阵营有协同合作的趋势,但他们在如何发展当代术语学理论上发生了激烈的思想碰撞。以维斯特的再传弟子布丁教授和术语学传统思想的忠实追随者和发展者迈京(Myking)教授,以及国际术语信息中心(Infoterm)加林斯基先生等为代表的"阵营",笔者称为"术语学传统思想的继承发展派",另一个"阵营"自然就是"现代术语学革新派"。

标志"现代术语学革新派"形成的会议是 1999 年 1 月在西班牙巴塞罗那召开的术语学研讨会。此次会议云集了一大批语言学家、心理学家、科学史学家和哲学家,他们通过自己的论文和出版物对以维斯特的著作为代表的所谓术语学传统理论进行了激烈批评,这次会议堪称是"现代术语学革新派"的重要宣言,会议得出的结论是:要发展一种有关"术语单元"的理论,而不是发展有关术语学的理论,从而能够阐释多变的交流(交际)环境中"术语"所呈现出的复杂性,这批学者把"术语"比喻成一个多面体。

标志"术语学传统思想的继承发展派"形成的会议是 2001 年在芬兰瓦沙召开的术语学研讨会,此次会议题为"术语科学处于十字路口吗?",云集了一大批术语学传统思想的继承者和发展者,此次会议的宗旨在于客观分析目前各种批评意见存在的意义和重要性。

1　术语学传统思想遭受质疑的原因

"现代术语学革新派"的代表人物、西班牙女学者卡布雷对术语学传统思想遭受质疑的原因有较为系统的分析,笔者结合其他学者的观点,归纳如下:

第一,术语学是一门"年轻"的学科。新的学科产生之后,人们往往要集中力量去巩固它,以形成学术思想上的统一和学科合法化,国际术语信息中心的产生就是这种思维的必然结果,旨在对术语学界进行较为集中的管理,以避免太多杂乱的异端思想构成对这门新兴学科独立地位的威胁[1]。

第二,为了维护维斯特倡导的应用于多语言国际环境的标准化工作方法,保持方法论上的同质性和一致性,让任何在本质上会改变已确立的方法论的思想"靠边站",除非为实践所迫,需要去发展一种新的工作方法[2]。

第三,在普通术语学传统思想基本形成后的 20 多年时间里,外界并没有对这些术语学基本问题进行严肃细致的大讨论,也没有出现对术语学传统思想的理论假设提出"质疑"的强有力的理论性文章,缺乏真正的学术思想对抗,从而能对这门新学科起到极大的丰富作用。

第四,过去20多年,其他领域的专家,尤其是本该参与术语学建设的一批学者,如来自语言学、心理学、哲学和科学史的学者,没有积极参与术语学的建设。以至于多年来,术语学把自己定位于只满足于特殊实践需要的一种简单的实践活动,或者把自己看成是与语言符号毫不相干的知识领域。科学哲学对术语学的研究也相当不够。

第五,缺乏像维斯特那样的强有力的术语学理论家[1,3]。20多年当中,参与术语学问题讨论的,大都是某些领域的实践工作者,其目的只是解决自己遇到的特殊的实际问题。极少有人从一门知识领域的高度进行探讨。

第六,人们已经形成的一种思维定式是一旦有批评意见出现,就会条件反射似的认为这种批评是要对已确定的术语学理论思想进行"颠覆",所以批评意见常遭忽略,而没有对此进行关注和讨论。

以上是术语学传统思想在其基本形成20多年后,没有受到很大质疑的主要原因。但是,在实际的术语运作实践中,特别是在术语可以进行标准化操作的实践领域之外,例如社会术语学领域,尤其是在此背景下的少数民族社会术语学领域中,却严重存在着现存术语学理论思想与术语学实践不协调的情况。这种情况已经存在了几十年,而未引起理论重视。

因此,"现代术语学革新派"的学者认为,术语学并没有像其他成熟学科那样,经历一个自然的和有规律的发展过程。因为,科学的进步需要对抗和互动,需要有与以实验和观察为依据的对象客体相对比的理论假设,也需要提出模型和可供选择的理论思想,需要最终评价这些"似乎合理"的理论[1]。在20世纪的70—80年代,甚至到90年代和21世纪伊始,术语学理论建设没有遵循这个规律。

但是,为什么自20世纪90年代中后期以来,术语学的传统理论思想遭到这么强有力的"质疑"呢? 西班牙女学者卡布雷的思考,依然有其极为合理的一面:依据理论发展的自然法则,一种思想在经历了一段时间的集中、停滞之后,必然会进入一个扩张和大发展的阶段。术语学发展的历史也跳不出这一理论发展规律,经过最初30年的停滞,术语学理论思想的发展必然迎来其春暖花开和百花齐放的历史阶段。

对术语学传统思想的批评主要来自四个方面:①认知科学(cognitive science);②语言科学(language science);③传播科学(communication science);④世界各地,主要是欧、非、拉美和亚洲在过去30年中建立的各种术语组织、协会,以及跨民族、跨地区和国家的各种术语网,由于国际研讨会、培训班和学术交流的频繁,因此对传统术语学理论思想和实践原则产生不理解,或者各群体自行其道而造成的思想误解。

不可否认,批评性意见良莠不齐,但大部分批评性的思想理论贡献,必将对术语学作为一门独立的知识领域起到巩固和推动作用。

2 欧洲术语学传统思想的承继者们对质疑的应对

笔者认为,欧洲术语学传统思想的承继者们对质疑的应对可以分为两个阶段:

(1)未能正确理解术语学传统思想,自觉地对术语学理论思想进行补充完善。

20世纪90年代中期到21世纪初,面对越来越多的批评意见,欧洲术语学主流学者们的第一反应是加以抵制,认为产生这种批评意见的主要原因是基于语言和文化造成的障碍,批评者未能真正精读和掌握维斯特的德文原版著作,尤其是忽略了维斯特思想的后继者对其基本思想与时俱进的补充和完善。但在经历最初的震惊与困惑之后,术语学主流思想的理论家也做了一些调和性的理论思想构想,如迈京、劳伦(Laurén)、皮希特(Picht)等温和派学者[4],主张在不"抛弃"已形成的术语学理论和方法基本原则(尤其是与概念理论密切相关的名称学思想)的基础上向语言学靠近,甚至与语言学一体化,主张削弱术语学与术语学传统思想最初形成时的尖锐对立,对语言学持一种更为宽泛和自由的理解,主张术语学向语言学中的语义学开放,但要远离其结构主义和生成语法学的成分。而贝莎·托夫特(Bertha Toft)等主流思想中的激进派,主张需要重新研究维斯特的思想,并对其补充完善,以求与现代语言学在认知和功能方面所取得的成果相适应[5]。

但是,无论是哪一种理论反思,都主张人们首先要正确理解维斯特的基本思想和理论,不能忽略后人对其理论思想的完善和发展[4]:第一,强调维斯特是从工程技术领域起步对术语学进行研究的,当时对术语进行国际标准化的动因是扫除技术语言中所存在的严重歧义的现象,以求在国际科技交流中实现有效的交流。第二,指出维斯特本人生前并没有使用Theorie(理论)这个词作为他自己理论思想的总结,而是一直使用Lehre(实践指南)这个德文词语来谈论自己的思想。第三,维斯特普通术语学思想形成的时代背景,是语言学理论中结构主义思潮占上风的时期,这种学术思想强调语言的形式方面和特殊符号的语义学特性。这也是为什么维斯特在他的术语学说中强调术语学作为一个独立的边缘学科而与语言学有很大区别,强调"普通术语学是一门跨语言科学、逻辑学、本体论、信息科学和其他具体科学的边缘学科"[6]。第四,维斯特的很多思想在他生前并未发表,是他去世后由其弟子和合作伙伴H.费尔伯在《普通术语学与词典编纂学导论》的基础上陆续整理发表的。"普通术语学理论"这一说法是随着讲稿在用英文、法文和西班牙文做注释时,随着英文名"the general theory of terminology"而被误以为维斯特本人把自己的思想当成是一种理论。而大多数的批评者把这部讲稿当成是维斯特思想的主要代表而加以评论,这是不全面的。很多批评者指责普通术语学思想不能称为成熟的理论,而是一种实践指南,大多数批评者认为,维斯特建立的以"概念"为核心、以标准化为方法的术语学思想,是一种"术语学应该是什么"的思想,而不是"在充满复杂变量和多元化的现实情况下,术语学真正是什么"的理论[1]。第五,面对这些批评,术语学传统思想的继承者们再次强调了维斯特的术语学思想是被后继者们发展和完善的综合成果[2]。

(2)包容批评性的意见,科学分析"术语学革新派"的思想,接纳有益于术语学作为一门独立学科发展的学术思想,充分认识到术语学理论的复杂性、广泛性和整体性,向集体性理论研究阶段迈进。

迈京认为应该对术语学的发展重新进行换位思索[2]。布丁教授也说道:"为了从一个更加全盘和整体化的角度对术语学理论进行深化,还需要更加富有建设性和协作性的方法,以期能对各种理论思想和个别人的假说,进行更加富有成效的比较评估工作。"[7]

为了厘清那些批评性观点是否具有科学性(有一些批评性观点认为可以取代现有的术语学传统思想),布丁教授在 2001 年对这些批评性观点做了比较性分析,他主要对三种势头最猛的思想进行了评估。①社会术语学领域:对泰默尔曼的认知社会术语学(cognitive socioterminology),布朗热(Boulanger)、卡布雷和安蒂亚(Antia)等人的术语学思想,以及斯堪的纳维亚半岛以社会术语学为导向的术语学思想进行了评估。②计算机术语学领域:涉及文本语料库和术语工程的应用研究、数据资料的建模、处理术语信息的元数据等,评估了相关的持形式语言学立场的学者的术语学思想,如学者海德(Heid)、艾哈迈德(Ahmad)等。③学者里格斯(Riggs)限于社会科学的独立范式。

通过以上评估,布丁得出如下结论:依照科学哲学的判断标准,包括术语学传统思想在内的所有这些"理论",其理论含量很低,即使这些"理论"引进了公理性的假设和对术语事实的部分描述。布丁教授更偏好于一种真正的术语学理论的集体性发展。

3　"现代术语学革新派"突破性的理论思想贡献

1989 年,"现代术语学革新派"的重要代表人物、西班牙女学者卡布雷注意到术语学传统思想下的原则方法与实际术语资料(尤其在社会术语学领域和翻译工作中)的不一致之处。此后,她发表了一系列有关术语学的文章,出版了一些重要的理论专著,呼吁建立一种新的术语学理论。

卡布雷认为,理论从来不能被"规定",因为理论是一个由公理或者基本要素连贯一体化了的单元,它允许对一个对象客体的特性、所处的各种关系和在某一特殊框架中的运作进行描述。任何一种理论的最终目标都是要描述现实的材料,理论必须内在连贯和有预言的潜力。任何一种理论都有应用的一面,以求解决实际问题,术语学理论也不例外。

卡布雷考察维斯特的传统术语学思想,认为它的产生置身于工程科技的土壤,考察资料有限,方法论单一等,虽然其存在着很强的内在一致性和连贯性,但它满足不了在复杂的现实中,对真实的术语材料进行描述的可行性,因此,它还不能称为是一种成熟的科学理论。

卡布雷认为要承认术语本体的多元性[1],主张术语学理论也应该像其他学科一样,要有一个自然的、规律性的发展过程,术语学传统理论思想还没有经历一个形成假设、证实或者驳倒假设、对现实资料进行以观察或实验为依据的分析、寻找更具普及性的建议,并依据简约性、可描述性和心理适应性等标准对这些建议进行评估、讨论的正常科学步骤。

卡布雷认为,术语是最能有效解析某一学科知识的单元;术语的应用要解决特殊的需要;术语学是有关某种对象客体的知识领域。术语学的中心对象客体是"术语单元"(terminological units)。"术语单元"是从其特殊的知识领域、概念结构、含义、词汇和句法结构以及句法配价和专业话语的交流(交际)语境中派生出的"一系列的条件"[1]。术语单元是多面的,它在同一时间,既是知识单元,又是语言单元,还是交流(交际)单元。因此,对术语单元的描述,要涵盖它的三种成分:认知成分、语言成分和社会交流(交际)成分。术语单元的多面性,也决定了术语学理论应该具有的多面性。

卡布雷为术语学理论提出了一个"多门理论模型",以期形象表示出术语学理论多元性和多维度的特点:她把术语学理论比喻成一幢房子,这幢房子有很多扇可以进入到房子里面去的门。但是选择哪一扇门,制约了进入这幢房子的方法或者通路,人们也不一定要在同一时间进入这幢房子。

因此,无论是选择从概念(concept)出发,还是选择从术语(term,形式与内容同一的词)出发,或者从(交流或者交际的)情景(situations)出发,作为术语学研究者,我们都可以通过自己选择的入口(门)和通路,而直接到达术语学研究的中心对象客体——术语单元。处于术语学知识领域核心的术语单元是一个多面体,我们可以从认知、语言和交流(交际)的三个立场,而把它看成是概念、术语和交际情景。术语单元是最复杂的要素,它体现了术语学作为独立学科同样存在的多维度的复杂性。

因此,术语学传统思想从"概念及其相互关系"这扇门出发,可以顺畅地对术语单元进行解释和描述,而并没有排斥术语单元的多维度特性;同理,顺着语言学这扇门和通路,我们同样可以对术语单元进行研究,术语单元也并没有因此失去其认知和社会的本性。在对术语单元进行解释和描述时,人们需要尊重的限制性条件只有两个:①为更好地对术语资料进行描述,必须选择最适合这扇门或者这条通路的理论;②必须确保所选择的这种理论并没有否定术语学对象客体的多维度特性。

4　结语

在现代术语学界,全新的范式正在逐渐形成。"现代术语学革新派"代表人物卡布雷的术语学"多门理论模型",代表术语学思想的新突破。无论是术语学传统思想的承继者,还是"现代术语学革新派",双方都充分认识到了术语学理论的复杂性、广泛性、整体性和多元性,深刻认识到术语学的理论建设是一个全球化的集体性的运作,是新老几代人和各民族、各大洲术语学工作者共同的智慧结晶。近些年,这场争论还在深化和继续[3],西欧学界对术语学集体性研究也不断有新的理论贡献[8]。笔者期待在不久的将来,出现一个更加完善的术语学理论模型。

参考文献

[1] CABRÉ M T. Terminology, Theory, Methods and Applications[M]. Amsterdam/Philadelphia: John Benjamins, 1999.

[2] MYKING J. Against Prescriptivism? The "Sociacritial" Challenge to Terminology[J]. IITF Journal, 2001, 12(1−2): 49.

[3] DAGMAR S. Terminology today: a science, an art or a practice? Some aspects on Terminology and its development[J]. Brno Studies in English, 2010, 36(1): 124−127.

[4] LAURÉN C, MYKING J, PICHT H. Terminologie unter der Lupe[M]. Vienna: TermNet, 1998.

[5] TOFT B. Review of "Towards New Ways of Terminology Description: the sociocognitive approach" by Rita Temmerman[J]. Terminology, 2000, 7(1): 125−128.

[6] PICHT H, SCHMITZ K-D, et al. Terminologie und Wissensordnung[M]. Wien: TermNet Publisher, 2001.

［7］BUDIN G. A critical evaluation of the state-of-the-art of terminology theory［J］. IITF Journal, 2001,
　　12(1 - 2): 7 - 23.

［8］FABER P. A Cognitive Linguistic View of Terminology and Specialized Language［M］. Berlin, Bos-
　　ton: De Gruyter Mouton, 2012.

术语学理论：对术语的描述、规定和解释[①]

M. T. 卡布雷 著　邱碧华 译

摘要：在过去10年中，术语学理论一直是学术界争论的话题。本文考察了在最近几年这一话题受到广泛关注的一些原因。首先讨论一下维斯特提出的理论，并分析隐藏在其模型背后的动机。进而对此做一些解释：为什么很长一段时间以来，人们都没有对维斯特的理论提出质疑或者挑战。这种状况为什么会造成在最近几年里，无论是从传统术语学内部还是从其外部的观点出发，我们都会听到如此之多的批评声音。还将对术语学界对这些新思想的接受情况进行审视。最后，通过对这样的理论应该考虑到的重要问题进行考察，思考个人能为这场大辩论提出什么样的看法，继而提出自己对术语学理论的定义。

关键词：术语学理论，术语学历史，普通术语学，交际/交流术语学

引言

令人惊讶的是，在术语学理论多年不活跃之后，近些年来突然涌现出对术语学已经确定的原则及其建议的批评思潮，这些建议提出了替代传统术语学理论的新方法。在2003年，在欧洲举办的几次术语学研讨会都证明了这一点，这些研讨会专门致力于重新建立术语学理论的基础，或者与语言学或者与词典学形成对照，尤其是在布拉格召开"国际语言学家大会"(the International Congress of Linguists)期间举办的"术语学理论工作坊"(the Workshop on Theory of Terminology)、在英国萨里(Sur-

---

①　这篇文章的英文名为"Theories of terminology: Their description, prescription and explanation"，原文收录在《术语学》杂志2003年第9卷第2期(见 *Terminology*, Volume 9, Number 2, 2003, pp. 163–199)中，由本杰明出版公司(John Benjamins Publishing Company)出版。本文经西班牙著名术语学家M. T. 卡布雷(M. Teresa Cabré Castellví)教授授权翻译。

rey)举行的第十四届欧洲专用语言(LSP)研讨会、在法国巴黎召开的有关术语学作为一门科学学科的系列学术报告会、在葡萄牙里斯本召开的葡萄牙语语言协会有关术语学理论的圆桌会议,以及欧洲术语学协会同在里斯本召开的术语学和词典学研讨会。

与此之前的 30 年相比,在过去的 15 年中,就术语学这一专题,学术界出现了许多关注此话题的出版物。在这类关注中,就最有代表性的人物和事件,我们可以举出法国学者戈丹(Gaudin)(1993 年),在他的倡导下,《社会语言杂志》(*Cahiers de Linguistique Sociale*)第 18 卷(1991 年)发表了一系列以"术语(学)和人工智能"(Terminologie et Intelligence Artificielle, TIA)为主题召开的学术座谈会的议事录(1995、1997、1999、2001);此外还有卡布雷(Cabré)(1999b)及其主编的一系列会议录(1999c),卡布雷与费利乌(Feliu)(2001a)合写的文章;而在西班牙巴塞罗那庞培法布拉大学(the University of Pompeu Fabra)举办的国际夏季研讨会上产生的学术成果,则以《术语和文化多样性》("Terminologie et diversité culturelle")为标题发表在了《术语新闻》(*Terminologies Nouvelles*)第 21 期上——这是由贝乔因特(Béjoint)、托洪(Thoiron)(2000 年)、(尤其要提到)泰默尔曼(Temmerman)(2000 年)主编的论文集。

与上述出版物的出版活动相平行,甚至在上述提到的 2003 年召开的这一系列会议之前,另外还有两个研讨会也值得我们回顾。这两个研讨会对于讨论术语学理论问题具有特别重要的意义:1999 年 1 月在西班牙巴塞罗那举行的、只限定在讨论术语学理论的研讨会,该研讨会的论文发表在《术语学》(*Terminology*)(1998/1999)上;另外就是在 2001 年于芬兰瓦萨(Vasa)召开的术语学研讨会,这次会议的题目为"术语科学处于十字路口吗?",这次研讨会是"欧洲专用语言学术讨论会"(the European LSP Symposium)的一部分,会议论文发表在《术语科学和术语学研究》(*Terminology Science & Terminology Research*)第 13 卷(2002 年)上。

在巴塞罗那的研讨会上,云集了来自语言学、心理学、科学史和哲学领域的专家们,他们通过自己的著作表达了对所谓的"传统术语学理论"的批判性观点,尤其针对以维斯特(E. Wüster)为代表的传统术语学理论。

而在芬兰瓦萨召开的术语学研讨会上,则聚集了传统术语学理论的支持者们;这个研讨会的目的则是分析现有的批评性意见中所蕴含的意义和价值。那些对维斯特的著作持批评态度的术语学专家们,建议对维斯特理论的缺陷进行补充完善。

在上述这两次研讨会上,学者们都得出了一些结论。在上述第一个研讨会上,学者们强调需要发展一种关于"术语单元"（terminological units）而不是"术语（总体）"（terminology）的理论，这种理论可以解释在真实而又多样化的交流环境中，"术语"（terms）所具有的复杂性——在此，人们使用了"多面体"（polyhedron）这一比喻。而在第二个研讨会上，学者们则对"局外人"提出的批评性意见进行了一番轻描淡写，因为据说，（批评性意见的产生）是由于这些"局外人"并不了解维斯特的著作，或者他们忽视了维斯特的追随者在后来出版的出版物。也有学者认为，文化和语言传统的不同给双方带来了一定障碍，故而造成这两个阵营之间难以实现相互理解。

　　眼前的这篇文章打算尝试着简要回答以下的问题：

　　——维斯特为什么要发展他的特殊理论？

　　——为什么在那么多的时间流逝了之后，人们才想起要为术语学研究奉献出具有创新性的理论贡献？

　　——为什么在传统术语学学术圈的内部和外部，突然之间产生了如此之多的批评声音？

　　——人们应该如何对待这些新的想法？

　　——对术语（terminology）进行解释需要什么样的理论？

　　——我个人可以为这场辩论做些什么？

1　维斯特为什么要发展他的特殊理论？

　　E. 维斯特（1898—1977）是一位对信息科学抱有浓厚兴趣的工程师，也曾经一度是一位积极活跃的世界语学家，并且是一位支持"无歧义的"（unambiguous）专业交流的坚定捍卫者。他根据自己在编纂《机器工具：跨语言的基本概念词典》（*The Machine Tool: An Interlingual Dictionary of Basic Concepts*）（Wüster, 1968）时所积累起来的术语编纂经验，发展出了一种术语学理论。《机器工具》是一部按系统编排的、有关标准化术语的法语和英语词典（带有德语附录补充），这部词典旨在为将来编纂技术词典提供样板。这个项目是由联合国经济合作与发展组织（Organisation for Economic Cooperation and Development, OECD）赞助的，这部词典于 1968 年出版。

　　公平地说，维斯特把自己的一生都献给了术语工作。他通过自己的工作，实现了以下的目标：

　　（1）通过术语标准化消除技术语言中的歧义性，以期使标准化的术语成为有效的交流工具。

　　（2）说服所有使用技术语言的用户都相信标准化术语的益处。

（3）把术语学确立为一门服务于所有实际目的的学科，并赋予其科学地位。

为了实现上述这些目标，他为自己设定了三个主要任务：

（1）制定用于描述和记录术语的国际标准化原则。

（2）制定术语学说（Terminologielehre）的一般性原则。他最初将其视为应用语言学的一个分支，但后来又把它看成是一个独立自主的研究领域［这里需要指出的是，维斯特本人从未谈到 Theorie（理论）这个德语单词（这个德语单词是存在的，而且使用得很广泛），而始终使用 Lehre（学说）这个词。这个德语单词则意味着具有实用性的指导方针（指南），而不是针对某个领域的纯粹理论的方法］。

（3）在联合国教科文组织（UNESCO）的赞助下，为术语信息的收集、传播和协调建立了一个国际中心，这个中心便是"国际术语信息中心"（the International Information Centre for Terminology, Infoterm）。

但是，在维斯特时代所流行的语言学理论的结构性方法太具有局限性了，而且它只针对语言的形式方面，因此，它无法解释专业符号（specialised signs）在语义方面的特殊性。这也就解释了为什么维斯特最终把他的 Terminologielehre（术语学说）当作一门独立自主的跨学科的研究领域，正如他在《普通术语学——一门跨语言学、逻辑学、本体论、信息学和各门具体科学的边缘科学》（1974）一文中所叙述的那样。

虽然维斯特生前在许多文章里都表达了自己的观点（尽管有时他也有些犹豫），但是，直至他去世之后，H. 费尔伯教授才在维斯特讲稿（1972—1974 年）的基础上，对其术语学原则进行了最终的详述和整理，并于 1979 年以《普通术语学和术语词典编纂学导论》为书名付梓成书。而这部书的英文标题 *The General Theory of Terminology*（《普通术语学理论》）仅出现在后来学者们以法语、英语和西班牙语引用或者参考这本著作的地方。

不幸的是，大多数对传统术语学理论持批评态度的学者都认为这本著作是维斯特术语学思想的最重要代表，因此，他们都对这部书提出最大的异议并持保留态度。这部书在几个方面都强调了术语学和语言学之间的区别。

a. 关于语言：

概念的优先；

概念的精确性（单义性）（monosemy）；

术语的单义性（univocity）（没有同义词）；

名称的符号学概念；

仅对专门词汇（lexicon）感兴趣，而不考虑语言层面的所有其他方面；

对术语的共时性处理；

书写形式优先。

b. 关于术语演变的假设：

对术语的发展演变有意识地进行控制（计划、统一、标准化）；

优先考虑名称／指称的国际化形式；

仅仅关注书面语言。

c. 关于工作方法：

只采用名称学方法（onomasiological approach）[与词典编纂学的语义学方法（semasiological approach）相反]，故而偏爱系统化排序的方法。

如果以这部维斯特身后出版的著作为参考点，我们就会发现：这部书显而易见代表着一种努力，它试图强化术语学和语言学之间的区别，以实现（术语学）成为一门独立自治的学科的目的；而且，这门学科的对象也不再是术语作为自然语言的单元，而是把概念视为借助不同的语言系统和非语言系统等效符号表示的、具有国际统一特征的群集。

这种立场的关键，看起来在于这样的假设：一个概念是具有普遍性的，它独立于文化差异之外，因此，唯一可能的变量则是语言多样性赋予的。在维斯特看来，使用特定语言的科学家和技术人员（或者更确切地说，应该）对某个专业领域的特征进行描述，并且采用相同的方式，以便让由此可能产生的唯一差异只是因为他们使用了不同的语言或者为同一对象使用了可替代的名称／指称（designations）。但是，这两种"不同"都可能扰乱专业交流，因此，维斯特坚定地主张使用单一语言（a single language）进行科学技术交流。当他放弃了可以将"世界语"（Esperanto）用于这一目的的想法之后，他看到，解决跨语言和语言内部同义词名称（名称同义现象）问题的唯一方案，就是实现标准化。

维斯特首先以自己作为工程师的知识背景和参与国际与国家层面的术语标准化工作的经验，发展了自己的术语学理念；作为工程师则需要在各个工程领域中有效地引入对物理对象、过程／程序和测量方法的标准化。此外，他从标准化的技术术语多语词典的编纂工作中也获得了更多的经验。但是，他的理论推论是以对技术语言的某一有限部分[标准化的技术术语，以及依据先前统一的概念而形成的、一致同意的（语言）等效物]的观察为基础而得出来的。从有限的术语领域获取经验，似乎可以为维斯特对术语的处理方法及其理论立场的实质做出解释。出于这个原因，笔者曾经著文指出，维斯特发展了一种"术语应该是什么，旨在确保无歧义的多语言交流"的理论,而不是关于"自身具有多样性和丰富性的术语实际上是什么"的理论。

面对这种批评,维斯特理论模型的追随者们却坚持认为,由于他们在后来所做的贡献,the General Theory of Terminology(普通术语学理论)(按照他们现在所选择的称呼)已经有了实质性的发展。他们认为,如此这般之后,就可以消除人们对维斯特术语学模型的批评。从以下几点可以看出,后继者们的这些贡献的确对维斯特的想法进行了调整和补充:

——建议把术语学的发展作为语言规划的一部分,从而拓宽了国际标准化的目标;

——允许使用受到一定控制的同义词,维斯特身后发表的著作中早已承认了这一点;

——尽管建议在旨在进行标准化的术语中避免使用同义词,但是,一定程度的同义词还是可以接受的;

——在对术语单元的研究中添加了对用语/措辞(phraseology)的研究;

——口头形式的含义在语言规划的背景下得到认可;

——引入对新术语形成过程的描述,使模型变得动态化;

——引入了"非–层级–顺序"(non-hierarchically-ordered)概念结构的表示。

在另一方面,没有进行修改的内容是:

——概念优先于名称,由此保证了术语学的独立性;

——即使允许考虑诸如分类参数之类的维度,依然要求概念具有精确性(单义性);

——名称的符号学概念。

从上述关于维斯特术语学理论演变的这些假设中,我们注意到,人们已经认识到应用术语学不一定必须是规定性的(prescriptive),但是,大家依旧维护的是:

——在旨在标准化和语言规划的应用中需要规定性方法;

——即使承认(术语的演变)是自发的活动,还是故意控制其发展(规划、统一、标准化);

——名称/指称的国际形式优先;

——对书面形式进行控制,即使是用于语言规划的术语亦是如此。

通过保持概念的优先性,术语工作方法继续局限在名称学方法上。[注1]

2 为什么在那么多的时间流逝了之后，人们才想起要为术语学研究奉献出具有创新性的理论贡献?

笔者认为，到目前为止，术语学还没有从其他大多数学科的自然发展中获益。科学正是通过"对抗"和"互动"，通过将假设与以经验为依据的对象进行对比，通过提出模型和可供替代的理论，最后通过评估这些理论的合理性才获得自身发展的。从这个意义上说，术语学还没有经历规律性的发展。依笔者个人之见，这可以通过几个原因加以解释，尤其值得注意以下几点：

第一个原因是术语学是一门年轻的学科。将术语学确立为一门学科是维斯特及其所属时代其他一些思想家的历史功绩。除了 20 世纪 30 年代维斯特发表的博士论文所产生的最初影响之外，我们还必须把术语学发展的渐进过程放到 20 世纪 50 年代的历史背景之下。任何一门学科的创立，通常都要以对形成其基本思想体系的要素进行详细讨论为标志，以求巩固这些思想进而形成一门学科。

第二个也是更为重要的原因，到目前为止，人们尚未对这些基本思想进行严肃认真的讨论。在过去的五十年中，我们还没有看到有足够数量而且具有实质性的讨论论文出现，更不用说它们能广泛传播，而只有这样的论文才可能从可替代的立场上扎扎实实地丰富术语学理论发展应该具有的前提。

解释术语学这种"异常"演变的第三个原因，则基于这样的事实，也就是：在二十年前，人们关于理论的讨论被简化为简单的猜想，人们没有接受这样的观点——理论仅在允许描述其对象的范围内才具有有效性，因此，我们需要对这个对象用来表明其自身的数据进行描述。

第四个原因则是各种意见之间并没有形成任何真正的对抗。多年以来，进行术语学理论讨论的唯一论坛都是由一个中心管理的，因此，这也就意味着，针对任何一种异议都存在着隐性或者显性的控制。此外，这个中心把已经确定的原则说成是（从事术语工作）不可侵犯的、具有先验性（由因及果）的出发点。

第五个原因也许可以解释为什么在科学的其他分支里，例如语言学、心理学、哲学和科学史，甚至在对交流和话语的研究当中，都具有持续的同质性。多年以来，术语学把自身看成是一种满足特定需求的简单实践，或者把自己看成是一个其符号与语言符号毫无关系的知识领域。除了斯洛兹安（Slodzian）（1993、1995 年）的著作以外，科学哲学也与这场论战保持着距离。

由上述第五个原因产生出的第六个原因也同样重要，那就是：在术语学领域中缺乏"强有力的"理论家。虽然人们在很多场合下都讨论过术语学问题,但是,对术语学感兴趣的绝大多数人则都是其他领域的专门人才,他们关心术语问题是为了解决自己活动领域中所遇到的具体问题:翻译、涉及专业话语的问题、从事教学活动或者进行信息检索。这里只提到了一部分。在对术语(学)感兴趣的人中,很少有人能够把它作为一门知识领域进行研究分析。更糟糕的是,在许多情况下,人们对(术语学)理论问题的反思则被谴责为对所追求的实际应用目标毫无用处。

究其第七个原因,这则是:人们对传统术语学立场的任何一种批评,都被认为是有目的地一心想对已经建立的术语学理论进行蓄意破坏。结果就是,直到最近几年,(持传统术语学观点的主流社会)对来自主流群体之外的任何异议思想都进行绝对封锁——不管是有意识的还是无意识的(我对这个问题不发表意见),无论是对待人物还是对待观点,只要与"官方的"(official)术语学不相符合,就把他/它们忽略掉。[注2]

显而易见,在标准化背景之外的术语学实践,显露出了真实数据与这种术语学理论某些原则之间的不协调。即使是在少数民族语言的背景之下,以社会语言(学)证据为基础的术语学实践,也与这种术语学理论所倡导的原则有所偏离。但是,尽管如此,要么简单归结于人们对理论与实践之间的矛盾认识不足,要么是由于人们对(术语学)理论前提漠不关心,(今天的)术语学依旧继续沿着一条似乎同质而且"行之有效"的道路发展着[注3]。

我们可以试着采用三种方式来激活这种"守势"的态度:

a.人们也许感到有必要将全部精力集中在捍卫由维斯特创立并由他一手创建的组织所承继的新学科上,力争实现它的统一和合法化[注4];

b.人们也许感到有必要继续保持对术语学理论的集中控制,以免引起更多的异议,因为这可能会危及人们对术语学作为一门学科的认可[注5];

c.为了维护由维斯特创立并应用于多语言国际标准化工作实践的方法论的同质性,人们可能感到有必要将任何要求对已确立的方法论进行实质性改变的意图置之不理。这种立场本身则表明了人们对开发新的工作方法兴趣不足,除非是出于实践的需求[注6]。

3 为什么在传统术语学学术圈的内部和外部,突然之间产生了如此之多的批评声音?

这是一种自然规律——在某个封闭和集中的时期过后,紧接着就是一个扩充和发展时期的到来。术语学历史的近期发展似乎就是这种情况:20世纪60年代、70年代及80年代术语学的封闭式发展,已经让位于20世纪90年代和21世纪初头几年出现的术语学新思想所带来的多元化。

在一定程度上,这些新思想有助于巩固术语学作为一门科学学科的地位,笔者相信,所有这些新的理论贡献都是完全合理的。某些批评性的声明无疑会因其科学性弱点而被否决掉,而另一些批评性之声则可能会因其毫不切题而被抛弃掉;但是,大多数的批评性意见,则肯定会为术语学作为一个知识领域的发展和巩固做出自己的贡献。现在的问题是,对于一门科学学科的健康发展来说,批评是必要的,如果我们相信布丁教授的话,那么,对术语学的批评似乎是正确的选择:

"与所有学科(包括人文科学和社会科学)实践的科学道德标准相反,有些人[注7]简单化地忽略了最新发表的一些文章或专著。这些文章或者专著可以获取到英语和其他语言的版本,它们确实有助于对术语学进行更为科学和现代化的阐述。"(Budin 2001)

对传统术语学的批评主要来自三个方面:认知科学(the cognitive science)、语言科学(the language sciences)和交流/传播科学(the communication sciences)。

认知心理学和哲学都强调,在普通知识和专业知识之间进行清晰区分存在着一定的困难;而且这些学科告诉我们,普通知识对专业知识的获取具有促进作用。它们还告诉我们,在构建知识及对现实感知的过程中,对话者(interlocutors)通过话语和无处不在的文化(甚至科学文化)一直发挥着重要作用。

语言科学,尤其是语言学(linguistics)和社会语言学(sociolinguistics),对在普通语言和专业语言之间进行僵化划分的观点也提出了质疑,而且还彻底研究了专业语言的社会基础,提出了普遍性的假设,从而可能导致构建出对普通语言和专业语言实现一体化的模型。在这类语言科学中,语义学(semantics)和语用学(pragmatics)起着重要的作用。除了语言的形式方面,适用于术语学的语言模型还必须考虑到认知和功能方面的因素。篇章语言学(text linguistics)和语料库语言学(corpus linguistics)为人们提供了一个"语法框架",这个框架超出了结构语言学(structural linguistics)和标准生成模型(the standard generative models)句子的限制。

交流/传播科学发展了多种多样的交流情境,并以"框架"的形式提出了一些模型;在其中,人们把专业交流作为一组选项整合到单个的模式(a single schema)当中,而不是将其视为另一种类型的交流活动。话语分析(研究)(discourse analysis)也越来越多地对专业话语及其社会表示和分布产生了兴趣。

最后还应该指出,在过去的二十年里,在欧洲、拉丁美洲、非洲和亚洲都出现了很多协会,以及在国家、地区及跨国、跨地区层面上的术语工作网络,与此相呼应,涉及术语学理论与实践的会议、培训机会和出版物的数量也与日倍增[注8]。但是,不少这类团体的领导层却经常忽略彼此的存在,因此都遵循各自自封为国际组织的惯常行为模式。

4　人们应该如何对待这些新的想法?

那些在传统意义上对传播术语学思想起主导作用的术语中心,对新思想的反应是迅速的。学者迈京(Myking)曾经用以下的语句表示了对主流术语学思想的新担忧:

"很显然,我们必须避免的一种潜在危险是:不同的认识论和范式立场,阻碍了人们彼此之间开展实际性的合作。这种状况,不仅导致了彼此分离的网络(的建立),而且也造成了不同术语学话语群体之间缺乏联系。为了防止这类问题(日趋严重化),不得已,我们至少应该读一下彼此的思想观点。"(Myking 2001)[注9]

在最开始的时期,人们都认为对传统术语学思想的批评不具有恰当的论据,故而企图加以拒绝,并且,从批评者本国的情形出发,为这些团体异议之声的产生寻找出可以解释的理由,例如,认为批评者所在国家的术语政策不合适。[注10]

在此颇令人感到奇怪的是,我们注意到:维也纳术语学圈在面对这些来自外部的评论时,缺乏自我批评的精神。他们的第一个反应,是把这种意见上的分歧看成是人们对原始信条的无知(对维斯特著作[至少是采用原始的语言(德语)]的研究不够充分)而引起的攻击性行为。

实际上,笔者个人认为,人们还没有认识到:(长期以来)单个团体对理论发展的集中管理和对理论前提传播的控制(此外,还有术语实践组织过程中的"同系繁殖/近亲交配"),至少这些是产生上述反应的一部分原因。在最初的困惑之后,"传统术语学阵营"的防御行动又分为以下三种态势:

a.最初发展为毫无根据的拒绝并且无视对手存在的最为强烈的负面行动,现在已经成了"残留之物"。

b.依笔者个人之见,持建设性立场的态势有两种版本:i)一种是积极致力于对术语学理论本身进行修正,并对异议观点进行评估;ii)另一种则是试图完善对维斯特原创著作的解释,以期让批评者安静下来。

c.最具可能性的做法,则体现在对原始著作的修订及对某些异己假设的调和之中,其目的是唤起人们的合作意识,以期构建出更为广泛且更具综合性的术语学理论,唯有这样,才可能对整个术语学的复杂性做出合理性的解释。

最后一种态势,似乎可以以布丁(G. Budin)教授为代表,布丁教授说道:

"尽管大家对维斯特理论的许多批评都是正确的,但是,为了从一个更为全面和更具综合性的角度进一步发展术语学理论,在对各种理论及个体化的假设和假说进行评估与比较时,我们则需要采用一种更具建设性和协作性的方法,只有这样做才会更有成效……幸运的是,近些年来,已经出现了一些博士论文,撰写者对既有的原则持批评态度,与此同时,他们提出了自己的理论模型,而且这些理论模型的确为发展更高层次的术语学理论做出了贡献。"(Budin 2001)[注11]

在一篇睿智的文章里,迈京(Myking 2001)似乎也采取了相同的态度。他讨论了"社会术语学"(socioterminology)对维斯特原始理念的见解,并且确定出三种"批评性"的立场:

a. 温和与"忠诚":例如劳伦(C. Laurén)、皮希特(H. Picht)和迈京(1998年)。

b. 激进与具有"颠覆性":社会术语学、社会认知术语学(socio-cognitive terminology)。

c. 激进与"忠诚":贝莎·托夫特(Bertha Toft)(1998,2001)。

根据迈京的说法,第一种立场主张在不"抛弃"已经形成的术语学理论和方法基本原则(尤其是与概念理论密切相关的名称学思想)的基础上向语言学靠近,甚至与语言学实现一体化,主张削弱在术语学传统思想最初形成时在术语学与语言学之间形成的尖锐对立,对语言学持一种更为宽泛和自由的理解,主张术语学向语言学中的语义学开放,因此远离结构主义和生成语法学的成分。

迈京认为,持第二种立场的学者们则完全拒绝接受传统术语学理论。他们持这种立场的结果之一,就是将传统术语学和语言学之间的分离尖锐化了。

而第三种立场,则主张需要重新研究维斯特的思想,并对其补充完善,以求与现代认知和功能语言学所取得的成果相适应。在此重要的是,我们需要注意到,对于迈京而言,在第一种和第三种立场之间的唯一区别,在于后者明确说明自己的理论出发点是认知主义(cognitivism)的,而前者则声明自己只是在折中主义地做工作。

在迈京看来,对维斯特或多或少持批评意见的追随者和维斯特的贬低者之间产生的分歧,可以追溯到他们所处的单一语言(monolingual)工作环境或者多语言工作环境的不同上。

布丁补充说,学者们的这些立场,在本质上极受他们实践取向的制约,也很受各自文化和语言环境的牵制。

"除了在专业、活动领域和科学研究领域之间进行划分而造成的分裂之外,在不同文化和不同语言群体之间存在的障碍也造成了另一种分裂。

"尽管实践性的术语工作是一项全球性的事业,是在全世界范围内进行的,是在许多不同国家及使用多种不同语言的环境里展开的,但正因为如此,这些语言社区中的术语学家们,并不了解其他语言领域和其他国家中的人们做了哪些工作。

"迄今为止,为术语学领域建立理论所做的一切尝试,都具有这样的特点——以面向解决实际问题和建立具有科学依据的方法为导向,目的是使这些解决问题的努力更加富有成效。"(Budin 2001)

出于这个原因,布丁认为,人们应该找到一种基本方法,利用它可以解决与地理环境和语言差异无关的、涉及专业交流的所有术语问题。[注12]

迈京为他在上述三种批评性立场中发现的差异性,找到了不同的原因:

"在某种程度上,这些分歧与各自在实践动机上的差异相对应。在(b)的情况下是(单一)语言规划;与此形成对比,在(a)和(c)的情形中,人们对翻译方面甚至是对标准化问题的兴趣增强了。这些特色值得进一步研究,因为它们为大家对传统术语学的明显敌视提供了部分解释。语言学向认知主义范式的转变与这一讨论直接相关。"(Myking 2001)

我认为,迈京的解释缺乏足够的事实来进行支持和证实,他做出这样的解释,可能是源于这样的事实:在传统上,人们对于术语学中的不同立场,倾向于采用"二分法"(dichotomies)进行展示。但这样做,实际上则使问题过于简单化了。

a. 术语学的定向:"语言规划"对"专业交流"。

b. 术语编纂学(terminography)的类型:"专业特定/守时(punctual)"对"系统化"。

c. 方法论导向:"语义学"对"名称学"。

但这同样是正确的,而且听到异议者的声音也是很重要的,因为除了需要对实践进行关注之外,还存在着不同的理念、不同的出发点及不同理论方法的不同基础。

在1993年,学者劳伦和皮希特第一次尝试着对各种理论进行比较。他们采用合作性的方法,根据各个群体对概念、术语及其关系之间所持观点的相似性或者差异性,依据他们在术语规划和标准化方面的立场、在科学体系中分配给术语学的位置等参数进行比较。按照布丁的说法,他们得出的结论是:

"进行比较的各种理论和流派(以维斯特和费尔伯为主要代表的所谓的维也纳

学派,所谓的苏联学派,所谓的布拉格学派,以及加拿大、德国、斯堪的纳维亚等其他的一些研究传统,此外还涉及术语学和知识工程的最新进展)要比人们通常认为的多得多;这些'术语学学派'从来都不是完全分离和孤立存在的研究传统,相反,它们是紧密联系和相互影响的,并且共享着大量的理论假设;其不同之处只是在于各个群体具有不同的'当务之急'和研究兴趣。结论就是,我们宁愿谈论一种单一的术语学理论(a single terminology theory),所有的研究者都能以不同的方式(并以不同的语言)进行共享并为其贡献出自己的力量。"[注13](Budin 2001)[注14]

在维斯特逝世之后,其"忠实"的追随者所倡导的理论具有许多特征,故而我们可以将其说成是新的或者扩充了的版本。为了避免与维斯特的理论相混淆,笔者把维斯特追随者进一步发展的传统术语学理论称为"扩展型普通(术语学)理论"(the Extended general theory)。

迈京通过以下的说明文字对这种"扩展型普通(术语学)理论"的主要特征进行了概括:

——以折中主义(ECLECTICISM)为特征的理论平台。

——一套认识论的基本信条:独立的概念(INDEPENDENT CONCEPTS)。

——一种操作性的方法:名称学(ONOMASIOLOGY)。

——一组有定义的问题:标准化(STANDARDISATION)(Myking 2001:61)。

我们可以把迈京所做的上述总结看成是"扩展型普通(术语学)理论"的"骨干"。由此,我们可以提出以下问题:

——这些组装起来的前提,是否可以构建起足够宽阔的空间,以容纳不同的方法?

——这些前提是否足够广泛,足以容纳面向各种术语需求的不同应用实践?

笔者相信,迈京对"扩展型普通(术语学)理论"的描述,恰好证明了人们朝着建设术语学理论的方向迈出了一步,这种术语学理论可以为在各种情况下产生的经验数据做出解释,同时也为不同观点提供了合适的落脚点,能为满足不同的需求确定出轻重缓急。因此,笔者认为这不是什么捍卫立场的问题,而是要去分析,到目前为止,人们已经提出的思想是否已足够广泛,并且代表了术语数据及其整体功能,以至于已经允许我们去谈"统一的术语学理论"了。显而易见,在这样的大讨论中,"扩展型普通(术语学)理论"由于其内部的一致性将会发挥非常重要的作用,但是它不适合用于形成"初始核"(initial nucleus),在这个核心的基础上,来自其他理念和需求的要素使得这个理论变得更加充实和丰富。在笔者看来,建立起一种广泛的基础,而不是从一种有限的理论入手并对其进行扩充,这是一个常识问题。在一个广泛的理论体系内,只要不存在内部的矛盾,而且只要可以对数据进行描述和进行可能性的解释,这个理论体系就可以容纳不同的理念。

在这一点上,笔者同意布丁的意见:

"我们可以认为,在第一代术语学研究者先驱性成就的基础上,目前,一种单一的却是集体性的,而且具有多面性和多维度的术语学理论正在出现;现在,新一代年轻的研究者为这场讨论注入了许多新的特色。"(Budin 2001)

5　对术语进行解释需要什么样的理论?

首先,让笔者再次提一下迈京提出的问题,这是他在分析不同术语学理论方法时清楚表明的,只是他是从扩展型传统术语学的理论立场上回答了这些问题的:

——把传统术语学等同于"规定主义"(prescriptivism),这样做合理吗?(Myking 2000)

迈京认为,"忠诚主义者"并不持这种观点,尽管可能会有一些理由证明上面的说法有理。

——规定性的目标是否构成了形成健全的术语学(理论)的障碍?(Myking 2000)

迈京的回答仍然是否定的,尽管他承认在某些(语言)规划环境里(他指的是法语圈子),统一的趋势得到了强化,在那里,术语的社会语言维度(sociolinguistic dimension)被低估了。

——传统术语学是否与社会隔绝?(Myking 2000:63)

从"忠诚主义者"的立场出发,他对这个问题的答案是"不",尽管他承认这种关系并不总是能被充分解释,但也很难令人满意地把它整合到术语学理论中去。结果就是,这助长了人们在心目中把术语学简单地看成是"技术工具"。

5.1　正在经受考察的数据

迈京的研究对笔者产生了一些启发,使笔者能够对自己关于理论构建的观点进行一些解释,具体来说,就是在术语学发展过程中与"规定性"有关的观点。

笔者认为,理论永远不可能是规定性的,因为理论是由连贯一体化的公理或者本质要素所组成的单元(unit),它允许我们在一个特定框架内对对象及其属性、关系和相关的运作进行描述。维斯特提出的理论不是规定性的,而是描述性的(descriptive），即使他所描述的数据并不能代表全部的术语，而且，也正因为如此，他由这些数据所推导出的理论也是带有偏见的。

我们已经确定了针对上述第一组问题的立场，现在，我们面临着同样由迈京提出的第二组问题。对于这组问题的回答，将有助于我们正视术语学理论的构建问题。

——"修正主义者"（correctionist）想要解决的问题，是否与传统术语学也想解决的问题相同？

——"对术语进行描述"（describing terminology）本身所追求的，是否是一个合理的目标？而且，"描述"（describing）真的与"改进"（improving）不相容吗？

——在针对如法语圈、加泰罗尼亚语和冰岛语地区的单种语言（统一使用一种语言）（unilingual）环境及以语言规划为导向的问题上，是否需要传统术语学提供出一种（或多或少）不同的理论？

——那么，然后，针对超出国家层面的多语言术语环境，例如欧盟，情况又应该如何呢？

——我们又应该如何把认知主义者（cognitivist）对动机/诱因（motivation）的看法，与多语言（plurilingual）环境下解决问题的方法相结合？是依靠标准化还是依靠编纂专业词典？（Myking 2001）

笔者认为，通过上面陈述的内容，这些问题中的大多数已经得到了回答：任何一种理论，它的最终目标都必须是对真实数据进行描述；它必须在内部保持连贯一致，并且具有预测的潜力。每一种理论都具有应用性的一面，而且从中可以产生出应用能力以解决实际问题。术语学理论也不例外。

如果有人对传统术语学理论提出了批评，那只是因为（不同的学者）对术语对象进行了不同的界定，而且他们是从不同的立场和观点出发，对术语问题进行研究的（但这并不意味着大家的实践目标不同）。的确，如果所观察和描述的数据是一部词典的内容，尤其是人们已经对这部词典进行了标准化，那么，我们可以得出的结论是：术语（在总体上）是清晰明确并具有系统性的；不同语言之间的术语是完全等同的；概念在语义上始终是精确的（或者换句话说，在一门学科内部，概念是彼此完全区分开的）；它们在特定学科中是具有普遍性的；并且名称/指称在形式上趋于相似，由此，就导致人们趋向于强调国际术语的重要性。

但是，如果在话语发生的自然情景中对术语数据进行观察，我们就会发现，它们会根据专业交流的不同功能语域（functional registers）进行变化，因此，这些（术语）数据要比其他数据更缺乏系统性、明确性（无歧义性）和普遍性。造成这种情况的原因显而易见:在专业性的书面语篇和口语话语中,术语是人们进行表达和交流的一种手段,而且,依据这两个变量(表达和交流),语篇/话语将具有冗长、概念性变化和含有同义词变体的特点,此外,我们还可以观察到,并非总是存在着不同语言之间的完美对等。以数据观察为重点所发现的这种差异性,也是造成术语学思想产生分歧的最重要原因之一。

在这个意义上,笔者完全赞同安蒂亚(Antia)的观点,迈京也颇为赞同地进行过重复(Myking 2001):

"术语客体(对象)理论(terminological object theory)的认识论立场,必须超越新实证主义(neo-positivism)所固有的天真现实主义和以激进建构主义(radical con-structivism)为代表的唯我论(solipsism)……我相信,许多处于中间立场的观点更适合于术语学……在此突出这些中间立场,或者采取更为广泛的认识论观点,是为了对本体多元论(ontological pluralism)表示赞同,而不是主张本体统一论(ontological unity)。"(Antia 2000)

第二个分歧涉及术语学的目标,尽管表面看起来(这些目标)可能有所不同,但从本质上讲,分歧是由相同的原因引起的:人们观察到的数据范围有限,故而造成了(不同的)后果。

如果对于维斯特来说,术语学的主要目标是避免在国际专业交流内部产生歧义的话,那么,很显然,术语学的范围就仅仅限定在对概念(相应地,也就产生了这样的观念——概念是独立的,它优先于它的名称/指称)及其在各种语言中的名称进行标准化上。但是,人们对术语的使用也可能发生在其他的(知识)表示和交流环境中,因此,人们需要更广泛的术语学视野。在此,我只举一个例子:翻译。专业翻译人员必须处理的文本(虽然它们在形式上都共享专业交流所要求的相同水平)并不全属于同一种交流语域(register of communication),而且,它们的功能变化也不要求具有同一种专业化水平;此外,在许多学科当中,针对同一个领域也没有形成统一的概念化。[注15]

文本的这种"垂直性"(vertical)变化体现在它们所包含术语的数量和类型上。其中,专业化程度不高和教学功能不强的文本在概念表达方面相对冗长一些,因此,与旨在向具有同等专业水平的同事传达科学创新信息、具有高度专业性的文本相比,前者要包含更多的名称/指称变体。

理论上说,相对于原文,翻译(技术翻译也不例外)(文本)在内容上必须确切平实(照字面原义),在表达上要适当,在用语上要充分,而且针对受众群体的修辞也要求准确,以便使这样的一篇翻译文本,完全可以与全部采用目标语言编写的文本相媲美。很显然,为了实现这个目标,翻译人员必须使用适当的术语(目标群体的专家们所使用的)、选择相同的表达变体范围(除非文本预定用于不同的受众),此外,还要选择与文本类型最适合的名称/指称结构(designative structures)。

5.2 关于"理论"(theory)这一概念/理念(notion)

为了构建术语学理论,我们必须问自己几个关键性的问题:什么是理论? 以及构建术语学理论意味着什么?

在实证主义考察知识的方法中,有一种理论[注16]是从少量原则中推导出来的命题系统,它的目标是以尽可能简单、完整和精确的形式表示一组实验性的规律。这种具有简单性、完整性和精确性的条件,则为逻辑形式分析方法(logic-formal analysis)打开了大门;逻辑实证主义的终极目标,在 20 世纪的科学界极为盛行。从这个角度来看,理论被理解为一组假设,这种理论一旦建立,就必须能够让人们证实其有效或者将其驳倒。

就规范性理论(canonical theories)而言,在其形式方面,它们具有自己的字母系统或者符号集(set of signs);同时通过相应的形式规则,这类理论定义了一种表示一组公理的形式语言。在此基础上,并借助这种形成规则,也就产生了构成理论的定理。这种形式网络通过与之对应的规则(这种规则允许将一种水平投射到另一种水平之上)而与经验水平建立了联系。在分析哲学(analytical philosophy)中,则没有出现实证主义所特有的这种在数据与理论之间进行的尖锐划分。

就某种理论而言,它可能具有几种程度不同的充分性。如果这种理论允许对观察到的数据进行描述,那么,从观察角度上说,这种理论就是充分的。如果除了允许描述观察到的数据之外,它还允许对可能出现但尚未观察到的数据进行描述的话,那么,这种理论的说明性(描述性)也是足够的。这样,这种理论就具有了预见性。如果除了在观察和描述上具有充分性之外,这种理论还解释了如何及为什么产生这些数据,以及如何获得这些数据的话,那么,这种理论在解释上也是足够的。然而,一种理论的构建并不是一件轻而易举的事情。首先,理论极少是个人思想的产物,相反,它(通过合作或者争议)具有广泛性和多样化,是集体性努力的结果,而且,在通常情况下,它需要较长的时间才能发展起来。

在理论发展的这一段时间里,则又会发生许多不同的活动和过程。有的时候,一种理论可以从直觉和推测性的过程开始,然后人们得出假设,继而,人们又必须借助经验分析来对这些假设进行驳斥或者证实。在其他一些时候,一种理论的发展,则建立在对另一种在描述上不令人满意的理论进行驳斥的基础上。有的时候,科学的演变是进化式的,也就是说,某种理论的基本原则并没有受到质疑,而只是对其先前未经描述的方面和关系进行了补充;而在其他一些时候,特定的理论可以接替并取代先前的理论。在这种情况下,我们说的就是一种理论的变化,如果它的变化如此显著,以至于新的理论代表着对同一种现象的不同观念,即使这可能是相同的单个现象或者一组现象,那么,我们现在涉及的就是托马斯·库恩(Thomas S. Kuhn)(1962 年)称为"新范式"(a new paradigm)的事物。

为了厘清持批评性立场的观点对传统术语学理论发展的重要性(在持这种立场的学者中,甚至有人考虑到借此替代传统术语学理论),布丁教授在 2001 年对这些思想进行了分析比较。他主要对三组思想进行了评估:

a. 社会术语学。在这一组里,布丁教授还把下面的一些代表性立场也包括了进去:"鲁昂小组"(the Rouen group)及斯堪的纳维亚半岛以社会为导向的术语学观点,泰默尔曼(Temmerman)(2000 年)的所谓"认知社会术语学"(cognitive socioterminology),以及一些个体性的贡献,例如布朗热(Boulanger)(1995 年)、卡布雷(Cabré)(1999b)和安蒂亚(Antia)(2000 年)。

b. 计算术语学(computational terminology)。使用文本语料库的计算术语学,并结合了在术语工程、数据和元数据建模中的应用性研究,主要涉及对术语信息的处理和术语分析,以及从形式语言学的角度探讨它们之间的各种关系。代表人物有:艾哈迈德(Ahmad)(1998 年)、海德(Heid)(1999 年)、布里戈(Bourigault)、雅克曼(Jacquemin)、洛姆(L'Homme)(1998 年)和皮尔逊(Pearson)(1998 年)等。

c. 学者里格斯(Riggs)(1984 年)的独立范式,仅限于社会科学。

经过评估,布丁教授得出的结论是:依照科学哲学的标准,上述所有这些理论(包括传统术语学理论)的理论含量都非常低。布丁教授说,上述的许多立场都是折中主义地从不同领域中选择理论要素开始的,这些理论要素的整合水平很低,而且最初的要素很少,尽管这些立场引入了强有力的公理假设并对术语事实进行了部分描述。布丁教授总结道,尽管这些立场自称为"理论",但它们至多不过是"待解释的事物"(explananda)罢了。它们提供了进行描述的方法,但是"几乎从来没有对某些现象进行过真正的解释"(Budin 2001)。

对于这项研究的结果,布丁教授表示,他自己赞成集体性地发展一种真正的术语学理论,尽管他没有说明他所考虑的是什么类型的理论;而且他也没有提供有关这种"联合行动"(a joint venture)的更多实质性细节。

"从另一方面来讲,当我们遵循更为严格的科学哲学论点,并听从一些术语学研究者(例如卡布雷)的意见时,我们则不得不得出这样的结论,即我们从现在才开始集体性地构建真正的术语学理论。在这种情形下,我们离我们的目标还很遥远,因为我们还必须对最基础的深层假设和公理进行更详细、更广泛的讨论。"(Budin 2001)

6 为形成一种整体性理论所提的建议

如果在术语学发展成为一门学科的过程中出了什么差错的话,这个事实就是:这个理论是没有经过常规的科学程序发展起来的。(常规的科学程序)也就是:要拟定假设、对它们进行证实或者驳斥、进行经验分析等,要根据诸如简明性、描述能力或者心理适应等标准,寻找出最具概括性的提议或者建议,然后进行讨论并对建议进行评估。

笔者相信,只有我们这些对术语学感兴趣的人,在硬性数据的基础上对我们的观点进行解释和讨论,术语学才可能作为一个科学的研究领域发展起来。如果不能做到这一点,我们就会继续提出与可观察数据不相符的原则,并试图强加给人们一种又一种的观点,而不是从所有的观点中选择出最适合解释和描述术语数据的要素和模型,以构成我们学科的核心:对术语数据的特征及特性进行研究,并研究它们在专业话语中的运作,此外还要研究人们是如何获得它们的。为了有效地促进术语学理论的构建和发展,自1996年以来,笔者一直在对足够广泛的理论构想(conception)进行研究,其中包含关于术语的不同观点。为此,笔者最初使用了一种可能可以为人们接受的"理论"构想;也就是说,理论作为一个由内部连贯一致的陈述、原则或条件构成的有组织的集合,允许对一组现象及其关系进行描述(或者描述和解释),并且围绕构成其核心的知识对象进行组织。笔者认为,针对一种新型理论的任何建议,首先都必须对它的出发点进行解释,然后再对分析数据所使用的观点进行解释。

6.1 假设

我们从两个主要假设开始。第一个假设是术语学具有同时性:一组需求、一组解决这些需求的实践和一个统一的知识领域。[注17]第二个假设是术语学的要素是术语单元(terminological units)。下面就让我们对这些假设进行一下讨论。

第一,术语学需要以开展所有与专业知识表示和传递有关的活动需求为先决条件,例如,技术翻译、针对特定目的的语言教学、技术写作、特殊专业的教学、文档管理、专业语言工程、语言规划、技术标准化等。我们注意到,所有与特殊专业知识打交道的行业都需要术语(学)。这一点显而易见:从广义上讲,术语(terms)是操作特定专业知识最有效的单元。

第二,就其允许开发专门用于满足需求的产品而言,术语学是一组应用。这类产品最重要的特征就是它们的适用性。术语学的实践应用必须以解决特定需求为导向,因此,它必须考虑接收者(受众)以及他们计划通过这种具体应用而开展的活动。

由此,我们想到,尽管人们常说起标准化的术语表(standardised terminological glossaries),然而,决定术语学实践应用所采用的类型[采用一种或者几种语言编制的术语表、词典、百科全书(lexicon)、软件、文本、海报、标准等]的,则是每一种情境所处的具体情况,这也决定了它们必须包含什么样的信息(术语、措辞/短语、定义、变体、上下文、语音表示、外语等效物、插图等)、采用什么表示形式甚至是传播手段。

第三,术语学是一门学科,因此,它本身是一组关于知识对象的、有组织的基本要素。术语学理论必须对这个对象进行描述,并且能够提供足够广泛的方法论框架,其中包括旨在满足各种需求的实践应用。如果我们接受这样的假设,即术语学是一个关于对象的知识领域,那么,接下来的一个问题就是:术语学的中心对象是什么?

在前面提到的第二个假设里,我们说术语学的中心对象是术语单元。那么,我们就必须问一下:术语单元是什么? 在哪里能够找得到? 以及如何识别它们?

具有多个侧面的术语单元,同时也是知识单元(units of knowledge)、语言单元(units of language)和交流单元(units of communication)。以这种方法为基础,对术语单元的描述就必须涵盖这三个组成部分:认知(cognitive)部分、语言(linguistic)部分和社会交流(sociocommunicative)部分。

但是,术语单元的这种"三重组合"(triple composition)并没有表明它们与其他的语言单元[例如,一般使用的单词或者词汇单元(lexical units)]有所不同。因此,为了使术语单元"合法化"为术语学的特有对象,我们必须证明它们是特有的(specific),而且还应该对这种特定性做出解释。由此,我们有必要确立一些辨别它们的限制性条件,一方面,将它们与具有相同结构水平的语言单元(即单词)区分开来,而另一方面,也要将它们与表达专业知识的其他单元(即专门的形态、措辞或者句子单元)区分开来。

与具有相同结构水平(单词)和具有相同意义模式的其他单元相比,术语单元的特殊性在于:在其认知、语法和语用组成部分中,它们均满足受限制的条件。

依照这种思路,我们将术语单元视为"条件集合"(sets of conditions),为的是把它们与其他类似但并不相同的单元区分开来。这些条件来源于三个方面:

从术语单元的认知成分角度来看,它们尤其满足以下条件:

a. 它们依赖于主题的上下文背景;

b. 它们在概念结构中占有准确的位置;

c. 它们的具体含义由它们在这个结构中的位置决定;

d. 这种含义已经明确固定;

e. 这种含义被认为是单元的特性;

f. 在专家群体的帮助下,术语单元得以固定、认可和传播。

从术语单元的语言成分角度来看,除了别的以外,它们满足以下条件:

a. 无论是从其词源(lexical)还是通过词汇化过程来看,它们都是词汇单元;

b. 它们可以具有词汇和句法结构;

c. 作为词汇结构,它们充分利用了所有的构词方法和获取新单元的过程;

d. 从形式上讲,它们可能与属于一般话语的单元相重合;

e. 就所属的词类而言,它们以名词、动词、形容词或副词,或者以名词结构、动词结构、形容词结构或状语结构出现;

f. 它们可以属于广泛的语义类别(之一):实体、事件、属性或者关系;这些类别及其各自的子类别之间不一定是彼此排斥的,因此,应该将它们视为语义值(semantic values);

g. 在专业领域中,对它们的含义需要慎重考虑;

h. 它们的含义是从词汇单元的信息集里提取出来的;

i. 它们句法的可组合性,受到某种语言所有词汇项组合原则的限制。

从术语单元的交流成分角度来看,它们满足以下条件:

a. 它们发生在专业话语中;

b. 在形式上,它们根据其主题和功能特征来适应这种类型的话语;

c. 它们与其他标志或者符号系统的单元共享专业话语;

d. 它们是通过学习过程获得的,因此由各自领域的专家来驾驭;

e. 它们基本上是引申的/外延性的(denotative)[但不排除内涵意义(connotations)]。

6.2　问题

在对基本假设做出了解释并确定了我们知识领域的研究对象之后,现在,笔者再就这个对象提出一些问题。从本文的角度,在这里选择了以下的内容:

——作为一个研究领域或者某些学者想把它作为一门学科看待的术语学知识,它的中心对象是什么?

——这个对象的性质是什么?

——这个对象在哪里出现?我们又应该如何去观察它?

——我们观察这个对象的哪些方面?

——我们使用什么样的方法进行观察?

——我们观察的目的是什么?

笔者将在下面的第 7 节中详细回答这些问题。尽管如此,现在还是要谈谈与术语单元有关的两个方面:关于它们的概念多样性,以及如何去处理它们。

6.3　接近对象并对其进行访问

由于术语单元是多维度的,因此对它们进行描述的理论也必须具有多个维度。以下对 R. 科曹雷克(R. Kocourek)(译者注:传统意义上布拉格学派的代表人物之一)一段话的摘录,就是对这种想法的总结:

"术语是一种复杂的现象,我们可以从各种角度并采用不同的方法(逻辑学、哲学、社会学、心理学、统计学等)去接近它,更不用说,我们可以确立专门处理各个学科领域术语的方法了。但是,由于术语是语言的组成部分,因此,语言学在这些方法中占有或者可能占据重要地位。结果就是,术语研究已经被应用语言学领域包括了。"(Kocourek 1981)

但是,我们现在还可以问这样一个问题:怎样才能利用术语学知识领域统一的条件把对象的多维性和专业领域相协调?

为了回答这个问题,我们将其分解为两个独立的问题:

(1)人们对术语学知识的对象(the object of knowledge of terminology)是否有不同的构想?

(2)如果情况应该是这样,在尊重不同构想的同时,我们又如何把术语学的对象作为一个单元去对待?

6.3.1　术语作为对象的不同构想

针对上面的第一个问题,回答必须是肯定的。我们只要重新考察一下传统术语学理论的目标,以便指出它的核心对象不是我们所坚持的术语单元,而是概念和它们之间的关系,然后才是表示它们的名称和其他符号。为了对这种观点上的差异进行解释,人们则谈到术语学的不同方法,更具体地则谈到两种方法:符号学(semiotic)和语言学(linguistic)方法。在符号学方法中,概念是独立存在的,并且优先于它的名称/指称;而且,名称/指称不一定要通过语言手段来实现。

我们可以通过两种方式来证明这种立场的合理性:首先,因为我们观察到的是一个先前构建好了的对象,也就是,它是为了随后的观察而建造的。在这种情况下,关于"概念"的统一版本,是基于对对象、对现实生活中的实体进行的观察,或者依据图像或语言表示形式(定义或者解释)所达成的预先共识而"构建"的。其次,因为我们参考的是认知活动和前语言(prelinguistic)活动。在我们这种情况下,更具可能性的解释是第一种活动。

相反,就语言学观点(linguistic conception)而言,知识的对象则是术语单元,它们被设想成是由形式和内容不可分割地组合而成的。因此,内容与形式有着密切联系,故而,这些单元不仅可以进行指称(designate),而且还意味着其含义的所有认知结果。这些单元,被定义为语言条件的组合,也就是结构、类别、语义和句法条件的组合,则出现在专业话语(专业语篇)之中。

6.3.2 关于对待术语单元的方法

上述的这两种针对术语对象(terminological object)的构想是否可以调和? 或者,换句话说,我们怎样才能形成一种将术语学的不同思想结合在一起的理论?

笔者个人对这个问题的贡献,在于建立了一个模型,笔者称之为"多门理论"(the theory of doors)[注18]。这个模型试图表示出,人们对(术语)对象的访问是多元化的(plural),但又不一定是同时的;而且,以这样一种方式,无论是从概念、术语还是情境(situations)出发,我们都可以直接到达处于中心的对象,即术语单元。

因此,在术语(学)知识领域的核心位置上,我们发现的是术语单元,而且它还被视为"多面体"(polyhedron),并具有三种视角:认知(概念)、语言(术语)和交际/交流(communicative)视角(情境)。这种构想的出发点是这个模型的基础,也就是:把术语(学)领域中最复杂的要素——术语单元放置在问题的核心处。为什么认为它(术语单元)是最复杂的要素呢? 因为它与术语学这门学科本身一样,都表现出多维度性(multidimensionality):每一个术语单元都是在特定条件下使用的概念和形式的集合(a conceptual and formal set)。因此,如果我们接受术语单元的多维度性质,那么,我们就在谈三个维度,它们必须作为出发点而永久地保留在我们的眼前。虽然在术语单元中,这三个维度都是不可分割的,但是,人们通过它们当中的每一个都可以直接访问到对象。

(术语)单元的概念视角(概念及其关系)可以是描述和解释术语单元的一扇"门",同时,这不会因此而摒弃术语单元的多维度性质。与此同理,术语单元的语言视角是描述它的另一扇"门"。从逻辑上讲,我们不要忘记,即使我们把术语单元作为语言单元进行分析,它们也不会失去自己的认知和社会性质。最后,如果我们通过"交流"这扇"门"来探讨术语的话,那么,我们将面临不同的交流情形,在这些情境中,语言单元则与其他交流系统共享表达的空间。

在选择这扇或者另一扇进入的"门"来对术语单元进行描述和解释时,我们必须遵守哪些条件呢?从本质上说,它们是两个条件:就描述数据而言,我们必须采用一种与进入的"门"相适合的理论;我们必须确保这个理论不拒绝承认对象的多维性质。[注19]

对于这样的发现,尽管传统术语学理论具有内部的一致性,但是它仍然无法令人满意地对真实数据进行描述,故而无法揭示它们的复杂性。因此,在过去的几年中,笔者一直在思考如何让一种具有多维度的术语学理论变得足够宽泛,以涵盖现在所有不同的(术语学)理论立场。所以,笔者从自己的语言学背景出发,决心对这个宽泛的理论框架进行一番描绘,并在其中以描述和解释术语单元的自然语言理论为基础,尝试开发出一种描述术语的方法。

7　命题的表述

鉴于我们在上面介绍过与术语单元有关的假设和条件,现在,笔者回答一下第6.2节末尾提出的问题,以便对基于语言学的术语学理论基础进行一下解释。这种理论可以在笔者已经概述过的广阔理论背景之下,对术语单元进行描述和解释。

预备性问题:这种理论方法的切入点是什么?

正如在前面已经说明的,我们是从一个广泛的、综合性的理论基础开始的,因此,只要我们尊重这些单元的多维度性质,我们就可以从不同的立场和理念出发来研究这些术语单元。具体而言,我们通过"语言之门"来接近这些单元,因此,我们打算从自然语言理论的角度,对它们进行解释。

第一个问题:我们必须在哪一种框架内对术语单元(术语学理论的对象)进行研究?

我们必须在专业交流的框架内对术语单元进行研究,这种研究的特点是:要通过诸如发送者、接收者和交流媒介等外部条件,以及信息处理的条件(例如,由语言之外的概念结构所确定的精确分类、固定,通过专家群体进行的验证,通过将某个话题置于上下文语境中进行理解并做出有针对性的处理),此外还有对这种交流的功能和目标进行限制的条件来实现。

在这些条件的制约下,专业话语(specialised discourse)除了"偏爱"某类文本类型和受严格控制的知识结构之外,还以系统化的信息表示和两类语言特征为特色。首先是词汇方面的,即使用这个主题所特有的单元,或者使用这类单元——尽管它们出现的范围较为广泛,但在这种上下文语境中其含义受到了限制。其次,由于文本的知识结构受到其概念含义的严格控制,因此,这类文本所包含的内容要比普通文本的内容更为精确和简洁,表达方式也更为系统化。专业文本的这些特色可以通过选择适当的语法装置来实现(其文字功能)。[注20]

这个广泛的"交流框架"包含许多交流场景,它们具有的唯一的条件是:它们可以转移/传播专业知识。例如,它们涵盖了专家之间、专家与"准专家"或者技术人员之间的专业交流、专家与学习者之间的交流,此外还涵盖了对科学技术的普及工作。[注21]

第二个问题:我们在哪里对术语单元进行观察?

如果我们把术语放在专业交流的环境之中,并且知道这种交流是通过不同方式来实现的,那么,我们对单元的观察就只能发生在由这些情景所产生的话语之中。专家们通过口头或书面方式直接,或者通过某种形式的中介,对特定接收者群体(受众)所进行的知识传递,就构成了我们可以对术语单元进行观察的素材。在专业话语(专业语篇)的所有形式当中,具有多样化的语料库就是一个具有代表性的样本。

第三个问题:我们如何对术语单元进行识别?

让我们从这样的假设开始,即:专业话语代表了有组织的知识结构。这种结构可以表示为由知识的节点所形成的概念图(conceptual map),它可以采用不同类型的表达单元以及这些节点之间的关系来表示。

表达专业知识的单元可以在形态和句法结构、词类和语义方面属于不同的类型。在这种结构中,代表某个结构的知识节点具有特殊的含义。[注22]在所有这些单元当中,我们识别出术语单元[注23],因为它们与在专业领域概念结构中占据了一个节点的词汇单元相对应,而且,从语义角度上说,这些词汇单元是这个结构的最小自治单元。除了词汇单元之外,还存在着其他类型的专业知识单元,即专业化的形态、措辞和句子单元。

　　总而言之,我们从它们在专业领域中的含义、它们的内部结构和它们的词汇含义中识别术语单元。

　　第四个问题:我们如何在语言学理论中理解这些单元?

　　在自然语言的理论中,人们不是把术语单元理解为与构成说话者词汇空间的词汇相分离的;相反,在这里,术语单元被看成是在说话者支配下具有特殊含义的词汇单元。实际上,如果我们对术语单元的语音、形态和句法特征进行一下分析,我们就会发现,在这里不可能存在着将它们与其他词汇单元相区分的属性。但是,我们清楚,就其语义和语用维度而言,这二者是不同的。因此,我们假设:一个词汇单元本身既不是术语化的,也不是通用的,但是在默认情况下它是通用的,而且,当它被话语/语篇(discourse)的语用特性激活的时候,它就具有了特殊的或者术语化的含义。这种含义不是什么预先定义的且已经做好了的"信息包"(bundle of information),而是根据每一种言语行为(speech act)的条件对语义特征进行的特定选择。这种选择将证明我们这样做的合理性:在语言理论内部,我们把术语单元称为"特殊含义单元"(units of special meaning)。因此,任何一个词汇单元都有可能成为术语单元。

　　综上所述,我们可以说,在具体的交流情境中使用词汇单元之前,并不存在"术语单元"适用于词汇单元的条件。这种观点可以使我们能够根据词汇单元的用法,对同一词汇单元不同通用意义(acceptations)之间的语义相交进行解释。这种观点还可以解释词汇单元是如何在一般话语和专业话语之间进行传播循环的,以及术语单元是如何在不同领域之间进行循环的。

　　第五个问题:为了尊重第二个先决条件,即对象的多维度性质,我们需要什么样的语言理论?

　　这种语言理论的语言概念(conception of language)必须同时考虑到能力和表现,此外,我们需要记住所有语言的多维度特性,并将其与它们的政治或者社会身份分离开来。这种多维度特性存在的前提,则需要我们接受这样的观点,即我们不能把语言简化为语法,也就是,不能把语言简化为处于每一种语言学表现基础上的结构化系统。语言除了具有语法意义之外,还包括身份系统、社会组织和政治经济形势的标志。

　　因此,只有一种认知和功能语言学理论,也就是除了语法之外,还包括语义学和语用学的理论,才能够对术语单元的特殊性进行描述;与此同时,它又能描述它们与一般/通用词汇单元共有的要素。此外,对于解释激活词汇单元的术语意义而言,语用学则是必不可少的。

第六个问题:我们进行观察的目的是什么?

让我们从这样的假设入手,也就是:理论是试图对现象进行描述和解释的一种尝试。所以,它并不(直接)针对任何一种实际性应用。由此,我们不同意布丁教授(Budin 2001:15)所表达的观点,即:对传统术语学理论的替代理论仅由它们不同的实践导向来解释。然而,每一门学科或者研究领域,任何一种以某个对象为中心的知识领域——它们都致力于努力描述和解释这个对象。这就意味着,这种研究的理论方面纯粹关心知识的发展。从另一方面来说,这门学科的应用方面,则是根据一种基于理论原则的方法论发展起来的,这种方法论允许将这些原则投射到旨在解决问题和开发资源的实际活动中去,以满足人们对这些专门知识进行表示和进行交流的需求。

第七个问题:如何获得这些单元?

学习者在自然状态下对学科领域术语单元的习得,总是发生在对这门学科的知识进行传播的情境之中。因此,话语是术语单元的自然环境,而且正是通过话语,人们才获得了专业知识及其表达单元(units of expression)。

如果我们接受了这个前提,那么,我们则还必须接受这一事实:专业知识的获取不同于一般语言知识的获取,就后者而言,在语言学理论上则假定它是与生俱来的(固有的属性)。但是,这种差异是显而易见的。通过假设术语单元是语言单元,因为它们被解释为词汇单元的含义,我们只主张这些特殊含义是通过在专业环境中系统化学习而获得的。只有这种学习者[不是作为普通语言(通用语言)用户,而是作为特定环境中的学习者]所获得的知识,才似乎处于获得普通语言的条件之外。

这种假设,即术语单元只是具有特殊含义的词汇单元,并不意味着,在某些情况下某个单元的表达和内容没有被完全习得;但是,它为以更为普遍的方式对术语单元的获取进行解释打开了大门,因为它的出发点是:词汇单元所涉及的一般知识和专门知识都已经获得了。因此,它还预先假定,术语单元的获得始终依赖于管理普通/通用词汇(general lexicon)的原则、条件和限制的知识,只有在某些情况下,才依赖于词汇中已经存在的、词汇单元所具有的先前的知识。因此,术语单元的获取将始终是对学习者所掌握的词汇中已经存在的信息进行的动态"重复使用",而且,在某些情况下,为了积极主动和动态化地构建组成术语单元含义的内容,人们还需要对现有的信息进行部分选择,甚至对这种信息进行扩展或者重组。[注24]

那么,怎样才能使先天语言能力理论(a theory of innate language ability)与习得理论(a theory of acquisition)相协调呢? 我们可以通过下列假设实现这一点:术语单元是词汇单元,并且词汇单元的获得遵循人类神经系统中固有的原则,且这些原则构成了所有说话者所拥有知识的共同基础,而与他们所讲的语言没有关系。我们还必须进一步假设,根据上下文语境所产生的刺激,信息在每一种语言里的语法实现方式都不同。

与词汇单元特别相关的信息,在说话者的头脑里以对所有词汇单元都有效的原则形式逐步累积起来。当专业学习情境需要时,说话者就重新使用已经获取的信息来习得新的信息。然后,他带着这整个"包袱"(baggage)"构建"起新单元的含义,或者重新"构建"在他自己的词汇中已经存在的单元的含义,因为它们在特定专业的上下文语境中又获得了新的含义。

笔者认为,上述的假设具有足够的概括性,我们利用它可以解释学习者对与现有形式相关联的新内容的习得过程,以及可以解释对全新单元的合并。不要忘记,它也共享着词汇的一般属性。这个假设也与话语分析中关于意义建构的假设相吻合。

最后,一种可以描述和解释术语单元的语言学理论,还应该能够阐明新专业知识是如何产生的,以及这种新知识是如何在术语单元中合成的。但这是一个"话语分析"讨论的领域,在这里,专业话语被定义为一组相互协调的交互作用(negotiated interactions),可以通过由词汇或者形态单元、图形要素和/或信息的放置组成的标识来识别。这些交互作用则导致在充分意识到每一个名称的语言、主题和情境上下文语境的情况下对含义进行的固定。正如上文所述,特殊含义的这种固定是专门知识的条件之一。它通过编制术语表而加以巩固。这些术语表通过定义、解释或描述而对某个单元的含义进行了固定,或者通过"元语言话语"(metalinguistic discourse)、重构/再阐述(reformulations)等形式的话语方法来对单元的含义进行固定。

结论

要构建起足以充分描述和解释术语的理论,我们首先需要假设术语(学)在一般意义上是多维度的,因此,术语单元也具有多维度的性质。为了对术语(学)进行说明,我们就必须尊重这种多维性。然而,由于我们不可能对多维度单元的多个方面同时进行处理,因此,笔者的方法始终只是对术语单元进行单独研究的方法之一。

对一个进入点的选择,所需要的前提是:要有一种特定于这扇"门"或者入口的理论,这种理论应该足够广泛,以求尊重对象的多维度性质。在这种方法中,术语成为具有多方面访问角度(研究角度)的多维度空间的中心。

加入这种方法的唯一条件,就是要毫不隐讳并连贯一致地声明我们的进入点是什么,并要详细记录下为了到达这个空间的中心,所要寻求的描述性或者解释性的过程。而且,似乎这一点也不证自明——除了对一个对象进行描述之外,如果我们还想对它进行解释,我们则还需要一种关于术语单元的理论。

2002年,在贝莱蒂(Adriana Belletti)和离西(Luigi Rizzi)针对乔姆斯基(Noam Chomsky)所提倡的"极简主义理论"(theory of minimalism)而对他进行的采访中,乔姆斯基被问到以下的问题:

"让我们以'比萨讲座'(the Pisa lectures)作为'极简主义理论'的出发点。您经常把20年前您在比萨研讨会上介绍的方法,说成是我们这个领域所发生的历史性的重大方向转变。在今天您如何形容这场转变?"

他回答道:

"好吧,我认为这不是一件一下子能弄清楚的事情。但现在回想起来,在此之前大约有20年的时间,这期间,人们曾试图解决一种自相矛盾的情形。这种矛盾,从人们第一次努力尝试着以非常认真的态度对语言结构进行研究就开始了,那时采取了或多或少比较严格的规则……在19世纪50年代,当时就很明显存在着一个问题,而且,人们也付出了很多努力,试图把它解决掉……在比萨发生的事情,在某种程度上,则是通过这些研讨会,人们第一次以某种方式把所有这些工作结合在一起,而且,出现了一种完全可以解开这个'死结'的方法,那就是消除规则而且连'结构'也一起消除掉。"(Chomsky 2000)

过了一会儿,在谈到这一时期取得的成就时,他又补充说:

"请注意,它实际上不是一种理论,而是一种方法,是一种框架。它可以加速对应当消除的'冗余'的搜索。实际上它提供了一种新的平台,而且我们从中可以获得更大的成功。"(Chomsky 2000)

乔姆斯基的一席话强调的是,一种全球性理论的发展是需要一定时间的合作性努力,在这段时间内,在最初达成共识的争论底线的基础上,人们开展讨论和发生科学性的"碰撞"。为了产生出令人满意的理论(直到一个新的、更令人满意的理论出现之前,它始终是临时性的),在这段时期里,在提出假设甚至在假设与数据发生对抗的基础上,必然会伴随进步或失败、构想被积极接收或遭到摒弃。在理论发展的这种框架内,人们可以为某种特定的过程或者现象提供用于表示的不完全模型。但是,在整个这场"运动"中,至关重要的是:人们必须就这个理论"中心内核"的界定达成一致。人们描述这个对象的道路可能有所不同,而且针对每一种描述之路,人们可以提出各种不完全的理论,只要它们的目标都是为了改进对同一个对象的描述和解释。

笔者意识到,就术语学而言,我们仍旧处于理论构建的集体性阶段。在专业交流的一般性框架内,这种理论必须将基本性的合理解释、原则和条件进行整合,以充分描述术语单元及其特征和性质、术语单元内在组成部分之间的关系及其功能,以及与其他专业知识单元之间建立的联系和遵循的过程。毋庸置疑,通过我们对这种合作性努力的积极贡献,必将出现一个更加合适的(术语学)理论模型。

作者注

注1:学者迈京(Myking)2001年发表的文章就与这方面有关。

注2:为了证明这一点,人们只需要查看一下定期受国际术语信息中心邀请参加其组织的活动并作为主要演讲者或讲座者的人员名单,或者注意一下,在这个主流群体的出版物中,缺少来自"官方"圈子之外的专家名字。

注3:笔者于1992年写的著作(1993年译成西班牙语,并于2000年译成英语出版)反映的就是这种在社会实践与缺乏社会性的(术语学)原则之间产生的矛盾。

注4:对于维斯特来说,一门学科的巩固似乎已经通过发行有关这个领域的特定出版物,以及围绕这个学科组织起相关的活动、开发项目和设置课程实现了;维斯特的这种策略在其后继者团体的出版物中体现得仍然很明显。

注5:这种控制是从维也纳通过"国际性的"组织实施的,这些组织目前已经形成了全球化的集团(the Global Group),如国际术语信息中心(Infoterm)、国际术语学研究所(Internationales Institut für Terminologieforschung, IITF)、国际术语网(TermNet)和"术语和知识工程"会议组委会(TKE)。它们举办的活动有,例如,由国际术语学研究所和国际术语信息中心组织的暑期学校、"术语和知识工程"会议组委会和TAMA组织的学术大会;此外还发行《术语科学与研究》(Terminology Science & Research)和国际术语信息中心系列出版物(the series of Infoterm)等。

注6:这种立场造成的结果就是,很多年来,涉及术语学的创新活动似乎只能出现在应用领域和相关技术方面。魁北克术语活动的蓬勃开展也为国际舞台带来了影响,它导致了适用于语言规划领域的术语工作方法的诞生。顺便说一句,魁北克在术语学理论方面的探索从未被维也纳方面视为"学派"。然而,在斯堪的纳维亚国家和最近以来受到关注的波罗的海国家里出现的以语言规划为导向的对术语工作方法的需求,最终却得到了承认。特别值得注意的是国际术语学研究所在1992年出版的那一卷系列丛书,这卷汇编汇集了由学者库里－德拉考(Kewley-Draskau)和皮希特(Picht)主编的在"术语科学和术语规划国际会议"(the International Conference on Terminology Science and Terminology Planning)(Riga 1992)上宣读过的论文。

注7:布丁教授没有提及名字。

注8:目前,罗曼语族语言(拉丁语)的国家似乎在这方面特别活跃。

注9:有趣的是,2001 年是传统术语学中心分析"圈外人"观点的第一年。传统术语学圈子对其他声音的关注,只开始于那一时刻:当外来的力量和多元化势头威胁到他们的传统主导地位的时候。

注10:在这里,笔者指的是鲁昂小组(the Rouen group)的"社会术语学"思想。迈京认为,他们对"维也纳术语学圈"的批评归因于对法国所实施的严格语言政策心怀不满。

注11:令人遗憾的是,布丁没有说明维斯特的追随者,甚至是持批评态度的追随者对术语学理论原始范式所做出的具体贡献。

注12:我们注意到,问题已经转向对专业人士共同需求的认同和解释。

注13:如果分析的立场是传统意义上的引用,我们可能会同意劳伦(Laurén)和皮希特(Picht)(1993)的结论。我认为,如果采用最近几年出现的批评性观点进行分析的话,就不会得出相同的结论。

注14:遗憾的是,笔者看不懂这篇用德语写的文章原版。因此,笔者以布丁教授在 2001 年写的概要为蓝本。由于这篇文章对术语理论的发展很重要,因此,如果这篇文章能有个英语翻译版本则会很有用。

注15:如果翻译涉及的话题在各种文化中所体现的观念不同,那么,翻译工作就必须事先明确自己的目的。这里涉及的问题是:要么把原著的真实性带给新读者,要么就是把原著的真实性移植到某种新文化里去。在上述这两种情况下,表示术语等效物的内容有所不同。

注16:theoría 这个术语来自希腊语 theoreo,意思是"去看"(to look),由其派生的 theoreos 一词,则是对某一类由城市派遣的使节的称呼,这类使节在不参加某个活动的情况下观察这个活动。因此,theory(理论)是使节的观察活动,其含义取自于在身心上的苦思冥想。

注17:笔者不认为 knowledge(知识)和 discipline(学科)这两个领域的表达是同义词,即使在这里它们被用作是等效的。知识领域在这个意义上是一门学科,它通过取得大学学位资格或者作为研究分支或者在研究中心进行的某种活动而在制度上和社会上得到了认可。知识领域是一个在语义上更为广泛的术语:它是与学习或者研究对象有关的智力活动。

注18:可以采用"房子"这一形象来适当表示这种理论。让我们假想一个带有多个入口(门)的房子。我们可以通过不同的"门"进入这所房子的任何一个房间里去,但是,人们对"门"的选择决定了通往房子内部的方式。房间内部的陈设并没有改变,真正变化的是人们选择到达那里的方式。

注19:在过去的 15 年中,笔者一直在研究这个问题。在 1989 年,笔者注意到,当时唯一存在的术语学理论原则与经验数据的实际情形之间存在着矛盾;笔者在许多文章里都对这些观察结果进行了阐述,一再呼吁我们需要一种新的理论。1996 年,笔者第一次为这种新理论拟定了一些原则,并在两篇文章里对其进行了概述。其中一篇笔者谈的是基本性质,这篇文章的第一版已经在布宜诺斯艾利斯(Buenos Aires)发表;第二篇文章是关于方法论意义的,笔者在第 7 届伊比利亚 -

美洲术语学研讨会(the 7th Ibero-American Symposium of Terminology)上做了介绍,这篇文章除了发表在这次研讨会的会议论文集里之外,还发表在《阿根廷语言学杂志》(*Revista Argentina de Lingüística*)上。这些不同的文章代表了向着新的理论方向迈出的几步(Cabré 1999b)。

注20:有关专业文本精确性、简洁性和系统性特征的更多信息,请参见卡布雷的相关论述(Cabré 1998,2002a)。

注21:科学或者技术信息的传播需要人们事先具有较为详细的知识,因为信息发送者控制着术语的确切含义。

注22:更多与此相关的信息,请参见卡布雷的相关论述(Cabré 2002b)。

注23:在理论背景下对单元的认识,不应该与在传统或者计算机化的术语学应用实践中对它们的理解相混淆。

注24:关于对"获取"(acquisition)的分析和假设在这里无法讨论。

参考文献

[1] AHMAD K, 1998. Special Texts and their Quirks[M]// TAMA Proceedings. 141 – 157. Vienna: TermNet.

[2] ANTIA B E, 2000. Terminology and Language Planning. An Alternative framework of practice and Discourse[M]. Amsterdam / Philadelphia: John Benjamins.

[3] ANTIA B E, 2001. Metadiscourse in Terminology: thesis, antithesis, synthesis[J]. IITF Journal, 12(1 – 2): 65 – 84.

[4] BÉJOINT H, THOIRON Ph, 2000. Le sens en terminologie[M]. Travaux du CRTT, Lyon: Presses universitaires de Lyon.

[5] BOULANGER J – C, 1995. Présentation: Images et parcours de la socioterminologie[J]. Meta, 40 (2): 194 – 205.

[6] BOURIGAULT D, JACQUEMIN C and L'HOMMe M-C, 1998. Computerm 98. First Workshop on Computational Terminology. Proceedings[M]. Montréal: Université de Montréal.

[7] BUDIN G, 2001. A critical Evaluation of the State-of-the-Art of Terminology Theory[J]. ITTF Journal, 12 (1 – 2): 7 – 23.

[8] CABRÉ M T, 1992. La terminologia. La teoria, els mètodes, les aplicacions[M]. Barcelona: Ed. Empúries.

[9] CABRÉ M T, 1998. El discurs especialitzat o la variació funcional determinada per la temática[J] Caplletra. Revista Internacional de Filologia, 25: 173 – 194.

[10] CABRÉ M T, 1999a. Terminology. Theory, Methods and Applications(edited by Juan C. Sager and translated by Anne DeCesaris)[M]. Amsterdam/Philadelphia: John Benjamins.

[11] CABRÉ M T, 1999b. La terminologia: representación y comunicación. Elementos para une teoría

de base comunicativa y otros artículos[M]. Barcelona: Institut Universitari de Lingüística Aplicada.

[12] CABRÉ M T, 1999c. Terminología y modelos culturales[M]. Barcelona: Institut Universitari de Lingüística Aplicada.

[13] CABRÉ M T, 2002a. Textos especializados y unidades de conocimiento[M]// García Palacios, J. and M. T. Fuentes (eds). Texto, terminología y traducción, 15 - 36. Salamanca: Ediciones Almar.

[14] CABRÉ M T, 2002b. Analisis textual y terminología, factores de activación de la competencia cognitiva en la traducción[M]// Alcina Caudet, A. and S. Gamero Pérez (eds.). La traducción científico-técnica y la terminología en la sociedad de la información, 87 - 107, Castelló de la Plana: Universitat Jaume I.

[15] CABRÉ M T, FELIU J, 2001a. Terminología y cognición: II Simposio Internacional de Verano de Terminología (13 - 16 de julio 1999)[M]. Barcelona: Institut Universitari de Lingüística Aplicada.

[16] CABRÉ M T, FELIU J, 2001b. La terminología científico-técnica: reconocimiento, análisis y extracción de información formal y semántica[M]. Barcelona: Institut Universitari de Lingüística Aplicada.

[17] Cahiers de Linguistique Sociale 18, 1991. Rouen: Les Presses de l'Université de Rouen.

[18] CHOMSKY N, 2000. An Interview on Minimalism (Noam Chomsky interviewed by A. Belletti and L. Rizzi, Nov. 8 -9, 1999). Siena: University of Siena.

[19] GAUDIN F, 1993. Pour une socioterminologie: Des problèmes pratiques aux pratiques institutionnelles[M]. Rouen : Publications de l'Université de Rouen.

[20] FELBER H, 1979. Theory of terminology and terminological lexicography[M]. Vienna/New York: Springer.

[21] HEID U, 1999. Extracting terminologically relevant collocations from German technical texts[M]// Terminology and Knowledge Engineering Proceedings. 242 -255. Innsbruck, Austria.

[22] KAGEURA K, 1995. Toward the theoretical study of terms — A sketch from the linguistic viewpoint[J]. Terminology, 2(2): 239 -258.

[23] KAGEURA K, 1998/1999. Theories 'of' terminology: A quest for a framework for the study of term formation[J]. Terminology, 5(1): 21 -40.

[24] KAGEURA K, 2002. The Dynamics of Terminology: A Descriptive Theory of Term Formation and Terminological Growth[M]. Amsterdam/Philadelphia: John Benjamins.

[25] KEWLEY-DRASKAU J, PICHT H, 1992. International Conference on Terminology Science and Terminology Planning, Riga.

[26] KOCOUREK R, 1981. Prerequisites for an applicable linguistic theory of terminology[C]// Actes du 5e Congrès de l'Association internationale de linguistique appliquée. 216 – 228. Québec: Presses de l'Université Laval.

[27] KUHN Th S, 1962. The Structure of Scientific Revolutions[M]. Chicago: University of Chicago Press.

[28] LARA F, 1998/1999. "Concepts" and term hierarchy[J]. Terminology, 5(1): 59 – 76.

[29] LARA F, 1999. Término y cultura: hacia una teoría del término[C]// CABRÉ T. Terminología y modelos culturales. 39 – 60. Barcelona: Institut Universitari de Lingüística Aplicada.

[30] LAURÉN C, MYKING J and PICHT H, 1998. Terminologie unter der Lupe[M]. Vienna: TermNet.

[31] LAURÉN C, PICHT H, 1993. Vergleich der terminologischenSchulen[M]// LAURÉN C, PICHT H. Ausgewählte Texte zur Terminologie. 493 – 539. Vienna: TermNet.

[32] MYKING J, 2001. Against Precriptivism? The "Sociocritical" Challenge to Terminology[J]. IITF Journal, 12(1 – 2): 49 – 64.

[33] PEARSON J, 1998. Terms in Context[M]. Amsterdam/Philadelphia: John Benjamins.

[34] POPPER K R, 1973. La miséria del historicismo[M]. Madrid: Alianza.

[35] REY A, 1979. La terminologie: noms et notions[M]. Paris: Presses universitaires de France.

[36] REY A, 1995. Essays in Terminology (translated by Juan C. Sager)[M]. Amsterdam/Philadelphia: John Benjamins.

[37] REY A, 1998/1999. Terminology between the experience of reality and the command of signs[J]. Terminology, 5(1): 121 – 134.

[38] RIGGS F, 1984. The CONTA conference proceedings of the Conference on Conceptual and Terminological Analysis in the Social Sciences[M]. Frankfurt: Indeks Verlag.

[39] SAGER J C, 1990. A Practical Course in Terminology Processing. Amsterdam / Philadelphia: John Benjamins.

[40] SAGER J C, DUNGWORTH D and MCDONALD P F, 1980. English Special Languages. Principles and Practice in Science and Technology[M]. Wiesbaden: Oscar Brandstetter.

[41] SLODZIAN M, 1993. La V. G. T. T. et la conception scientifique du monde[J]. Le Langage et l'Homme XXVIII(4): 223 – 232.

[42] SLODZIAN M, 1995. Comment revisiter la doctrine terminologique aujourd'hui? [J]. La banque des mots 7: 11 – 18.

[43] TEMMERMAN R, 1998/1999. Why traditional terminology impedes a realistic description of categories and terms in the life sciences[J]. Terminology, 5(1): 77 – 92.

[44] TEMMERMAN R, 2000. Towards New Ways of Terminological Description. The Sociocognitive

Approach[M]. Amsterdam/Philadelphia: John Benjamins.

[45] Terminologie et Intelligence Artificielle (TIA) Actes (1995). Villetaneuse, France.

[46] Terminologie et Intelligence Artificielle (TIA) Actes (1997). Toulouse, France.

[47] Terminologie et Intelligence Artificielle (TIA) Actes (1999). Nantes, France.

[48] Terminologie et Intelligence Artificielle (TIA) Actes (2001). Nancy, France.

[49] Terminologies nouvelles (2000) "Terminologie et diversité culturelle" 21.

[50] Terminology, 1998/1999. International Journal of Theoretical and Applied Issues in Specialized Communication, 5(1).

[51] Terminology Science and Research, 2001. 12 – 13(1 – 2).

[52] TOFT B, 1998. Terminologi og leksikografi: nye synsvinkler på fagene [J]. LexicoNordica, 5: 91 – 105.

[53] TOFT B, 2001. Review of "Towards New Ways of Terminology Description: the sociocognitive approach" by Rita Temmerman 2000[J]. Terminology, 7(1): 125 – 128.

[54] TOULMIN S E, 1953. The Philosophy of Science[M]. London: Hutchinson.

[55] WÜSTER E, 1968. The Machine Tool. An interlingual Dictionary of Basic Concepts[M]. London: Technical Press.

[56] WÜSTER E, 1974. Die allgemeine Terminologielehre — Ein Grenzgebiet zwischen Sprachwissenschaft, Logik, Ontologie, Informatik und den Sachwissenschaften [J]. Linguistics (119): 61 – 106.

[57] WÜSTER E, 1979. Einführung in die allgemeine Terminologielehre und terminologische Lexikographie[M]. Vienna/New York: Springer.

[58] ZAWADA B E, SWANEPOEL P, 1994. On the Empirical Inadequacy of Terminological Concept Theories: A Case for Prototype Theory[J]. Terminology, 1(2): 253 – 275.

话"术语哲学"①

邱碧华 编译

摘要：2003 年，国际术语学研究所举办了东西欧术语学基础理论比较研讨会，在此会议上，来自东、西欧的术语学研究者畅所欲言，对自 20 世纪 30 年代以来，在奥地利(代表欧洲中西部地区)和苏联等东欧国家逐渐发展起来的术语学理论进行了深入研讨。俄罗斯女学者阿莱克谢耶娃做了"术语学和哲学之间的相互影响"的主题发言，国际术语学研究所副所长布丁教授也以"对术语哲学的展望"为题做了演讲，它探究了术语学哲学源头，分析了术语学理论与"知识工程"和"知识本体"的内在联系，以此作为对东欧学者的呼应。本文旨在介绍布丁教授这篇演讲里的重要观点，以期为广大读者充分了解术语学的理论基石提供途径。

关键词：术语哲学，知识工程，知识本体，认识论，现实主义本体论

2003 年 8 月，国际术语学研究所(the International Institute for Terminology Research, IITF)借第 14 届欧洲专用语言"交流、文化、知识"专题研讨会召开之际，举办了东西欧术语学基础理论比较研讨会。在此会议上，来自东欧和西欧的术语学研究者畅所欲言，会议论文集发表在国际术语学研究所的相关刊物《术语科学和研究》(*the IITF Journal Terminology Science and Research*, TSR)上。在此研讨会上，俄罗斯女学者 L. 阿莱克谢耶娃(Larissa Alexeeva)奉献了《术语学和哲学之间的相互影响》("Interaction between Terminology and Philosophy")一文，追溯和探讨了术语学理论在俄罗斯的发展。作为对东欧学者的呼应，国际术语学研究所副所长布丁(Gerhard Budin)教授也撰写了《对术语哲学的展望》("Prospects of a Philosophy of Terminology")一文，较为全面系统地梳理了术语学和西方哲学的关系，探究了术语学的哲学

---

① 本文曾发表于《中国科技术语》2018 年第 6 期。主要编译自"Prospects of a Philosophy of Terminology"一文(见 The Theoretical Foundations of Terminology Comparison between Eastern Europe and Western Countries. Würzburg: Ergon Verlag, 2006)。作者为国际术语学研究所副所长、奥地利维也纳大学语言翻译中心主任 G. 布丁教授，并经他本人授权笔者编译为中文。

理论源头。与此同时,布丁教授科学地回答了下述问题:自 20 世纪 90 年代在欧洲日益"红火"的"知识工程"和"知识本体"研究与理论发展,是否抹杀了术语学作为一门独立学科的学科性质,术语学与"知识工程"和"知识本体"之间,究竟存在着什么样的关系。

布丁教授是联合国教科文组织(UNESCO)数字化时代多语言和跨文化交流主席团主席,也是国际标准化组织(ISO)负责术语和语言资源管理(ISO/TC 37)预规范和文化多样性管理研究的技术分委员会(ISO/TC 37/SC 2)主席。他是奥地利科学院院士,也是奥地利科学院语料库语言学和文本技术研究所(the Institute for Corpus Linguistics and Text Technology, ICLTT)所长。

通过学习,译者认为,布丁教授的上述文章对中国的术语学理论研究者极具启发意义,故而在此做一系统介绍,以期与广大术语学研究爱好者共勉。

布丁教授在文章中,首先对俄罗斯女学者 L. 阿莱克谢耶娃的重要观点进行了总结。譬如:术语哲学的目的应当是研究语言、认知和现实之间的关系;哲学恐怕是人类第一门产生了科学术语的学科,哲学家们首先着手研究的就是语言和思想的关系;在本质上,术语学是作为带有很强的"形式逻辑"(formal logic)导向的哲学学科而发展起来的;术语活动有两个轴线——术语对客体进行描述的指称功能(referential function)和术语系统具有规律性的形式化方面的内容。布丁教授对概念和术语形成的结构主义特性进行了探讨,指出术语不仅是专门知识的名称,更是对知识模型的理想化,为我们觉察到的现实世界整理出一些秩序;他还对元语言(meta-language)和元术语学(meta-terminology)进行了讨论,指出术语学理论是一种元术语学;等等[1]。

然后,布丁教授提出自己的观点。主要分为下述两大方面。

1　哲学和认识论以及它们和术语学理论的关系

自哲学诞生以来,她就表现出"百花齐放""百家争鸣"的学科特色:多样化的观点、方法论、范式、学派、传统,以及认识论假设和导向。虽然如此这般不同,但它们却彼此"成就"了对方:不仅相互补充,而且相得益彰。即使在哲学发展的历史性演变中,各派各家此消彼长,有时还"相互厮杀""你死我活",但最起码从共时性的角度上看,在人类文明史的某一个时期,它们相安无事,和平共存。多年来,西方学者们都被下面这样的"温情"假象迷惑住了:术语学理论可以给几个世纪以来人们"争论不休"的基本认识论问题寻找到直接或者"最终"的答案。而实际上,术语学理论正如其他的科学学科一样,她在哲学大讨论中掉入了泥潭,遇到了无法脱身的困境,遇到了认识论上的难题。归根结底,正是术语学理论,她要求为人类最基本的问题找到答案。几千年来,不仅是历代哲学家们对这些问题苦苦求索,而且,对这些问题的探索还导致了许多科学学科的诞生。时至今日,下述问题已经被提上了人类研究的日程:譬如,知识是什么? 我们该如何在交流中去表示它? 在认识论的演变和科学知识的发展中,语言究竟起着什么样的作用? 科学理论的结构是什么? 科学知识和科学语言的结构又是什么? 术语学研究已经开发了全套的模型、猜想、假设和理论,并竭力从专题研究中提取以观察或实验为依据的证据,力图对上述问题进行回答。在过去的几十年里,术语学研究是作为应用科学哲学的一个分支进行研究的[2],而且维也纳的术语学研究者们一直有着清醒的认识:他们还只站在勘查术语学——她那复杂而又多方面的认识论和哲学基础蕴涵——的起点上。布丁教授认为,阿莱克谢耶娃在其文章里提到的,术语系统的系统化功能与其指称功能之间的区别,恰好跟认识论当中的"贯融主义者"(coherentist)和"对应主义者"(correspondist)这两种不同导向关于"真实"(truth)的模型相对应:"贯融主义者"关于"真实"的理论,关心的是为描述某一事实而设计的形式系统在逻辑上是否正确。至于这个形式系统是否真的跟现实相对应,这一点则不太重要;而它涉及本体论方面的问题,更是故意不做回答。"对应主义者"关于"真实"的理论,则更关心本体论方面的问题,而一种理论在逻辑上是否成立则显得是次要的。众所周知,依据传统术语学理念,只有当人们能确认某一个术语与某个客观对象相对应(也就是当这个术语的含义、它指派的概念都足以清晰描述这个客体对象的特性)的时候,人们才认为这个事实是"真实"的。自然,上述两种模型都依旧存在着无法解答的难题,它们都存在着很大的局限性。但值得人们注意的是:术语的知识组织功能不仅跟上述的"贯融主义者"和"对应主义者"的方法相互兼容,而且还能将这两种导向调和到术语学认识论的一体化模型里去。也就是:术语学的符号学导向,它正是将"对应主义者"本体论模型跟"贯融主义者"的逻辑模型进行调和了的"实用"产物。

印证上述观点的最好例子,就是科学化的"某一学科的术语/专门名称"(nomenclature)的组成:它们恰好反映了上述两种理论导向的调和——逻辑上正确,又与现实相对应。也就是:在上述两种理论导向里,它们都是"真实的"。科学史表明:这些"某一学科的术语/专门名称"可能会在科学发展的某一时间点上是不够正确的。因为"某一学科的术语/专门名称"在整体上会随着时间的变化而演变,尤其是当新的科学佐证与旧有的版本相矛盾,而证明那旧有的版本为假的时候。科学理论的专题研究令人信服地表明,19 世纪乃至之前的科学家们(多为自然哲学家),对自己领域当中的术语及其含义(以定义的形式)是不断修正的。尤其当新的科学事实已经通过新的原理、理论或者以整套科学方法的形式为大众所接受的时候——新的术语就会发明出来,而过时的术语也就遭到摒弃。在认识论演变的进程中,一方面,是"某一学科的术语/专门名称"跟其他类型的术语知识系统之间的动态交互影响。另一方面,则是科学理论及其结构之间的交互影响:新概念的出现导致了新理论的诞生,而新的理论又反过来要求产生新的概念。在这个动态发展的进程中,术语的含义是在不断变化着的。学者赫普(Hempel)指出:理论的形成和概念的形成是携手并进的,任何一方都不可能在与对方隔离的状态下实现自身[3]。

学者雷伊(Alain Rey)曾对 nomenclature 这个术语的历史演化有过新的诠释:他认为,在林奈(Linneaus)创立动植物双名命名法(binomial nomenclature)之前,在 17 和 18 世纪的法国和英国,诸如图尔纳福尔(Tournefort)和洛克(Locke)等学者,就指出掌握好植物的科学名称对理解植物的结构和特性至关重要[4]。但实际上,直到 1837 年,威廉·休厄尔(William Whewell)才以他的《归纳科学史》(*History of the Inductive Sciences*)一书为背景,对 terminology 这个术语进行了定义,将其定义为"对自然史中的对象进行描述时所使用的术语系统"[5]。的确如此,科学史就是一部科学分类系统和术语学的发展史,学者萨伽德(Thagard)对科学史中概念变革的专题研究,也印证了这一观点[6]。

俄罗斯女学者阿莱克谢耶娃在其文章里提到:在哲学史上,有几位哲学家对术语学的理论发展产生了深远影响,尤其是那些分析哲学(analytical philosophy)、逻辑学(作为哲学的一个分支)和新实证主义(neo-positivist)的代表人物,譬如维也纳学派的主要代表人物和其他持相似认识论立场的学者。布丁教授在此表示赞同。他认为,在科学哲学和一般哲学里的一些哲学和认识论方法的确构成了术语学理论的哲学基础。譬如像唯心论哲学(idealistic philosophy)这样的非解析的方法(non-analytical approaches),对帮助人们理解术语学理论中概念的形成和抽象化过程就起到了关键性作用(尤其是 18、19 世纪的德意志哲学)。

在此,布丁教授做了一个假设性的结论:所有的哲学和认识论,都在无意当中(常常也是不可避免地)对术语学理论做出了贡献——它们都为术语学的基本问题提供了理论渊源,部分或者暂时性地对这些基本问题做出了回答。实际上,当人们追溯一下西方哲学的源头,就目前所知,可以追溯到古希腊哲学,人们就能很快发现,亚里士多德(还有亲苏格拉底的那些哲学家,包括柏拉图)的确提出过许多在今天依旧还在探讨的哲学和认识论问题,而这些问题跟我们今日的术语学研究依然息息相关。亚里士多德的逻辑学,时至今日仍然对现代逻辑有着深刻影响;而且,当欧根·维斯特(Eugen Wüster)在 20 世纪 20 年代开始他的术语学理论探索时,亚里士多德的逻辑学成为术语学理论的关键源头之一。举例而言,表示概念层级关系的"波菲利之树"(Porphyry's tree),在中世纪哲学中就得到运用,而在现代化的今天,在"知识工程"和"本体构建"的过程中,它依旧是坚不可摧的哲学依据。实质上,术语学理论是 20 世纪末发展起来的"本体工程"(ontology engineering)的主要理论基石,也为"语义网"(the Semantic Web)设计知识组织系统提供了坚实的基础。

　　符号学的内容、含义、指称等问题,构成了认识论和哲学的关键性因素。19 世纪晚期,德国哲学家和数学家弗雷格(Frege)对现代逻辑的研究成果[7],对今天指称理论(theory of reference)和含义理论(theory of meaning)的形成都起到了主要作用。而弗雷格的理论研究实际上是对罗素(Russell)和奎因(Quine)等人的逻辑学和哲学的光大和推陈出新。

　　英国 17 世纪哲学家洛克在其名著《人类理解论》(*An Essay Concerning Human Understanding*)[8]里,对语言、知识和思想等永恒性的认识论问题进行过深入研讨;德国同时代科学家和哲学家莱布尼茨(Leibniz)在回应和批评洛克的学术观点时,也对这个人类的永恒问题有过自己的思考,尤其是他在 1740 年的论著。大哲学家康德(Kant)的哲学思想更是对认识论的发展做出了卓越贡献,它也成就了术语学,使她成了一门缜密严谨的学科。在康德的哲学里,包含了一个依据逻辑分类建立的、有关概念构成的结构主义模型。在此之后,以波普尔(Popper)为代表[又经坎贝尔(Campbell)和洛伦茨(Lorenz)等持传统观念的学者做了带有生物学特色的修正]的进化认识论,则进一步详细阐述和加深了这种结构主义的模型。而后的新康德主义哲学方法,又进一步发展了系统化概念理论的这种认识论导向。在这样的背景下,人们对术语哲学(the philosophy of terminology)中认知维度的谈论也有所涉及。布丁教授在此强调,自 20 世纪 90 年代以来,对传统术语学理论的批判思潮愈加迅猛,其中不少学者声称,在传统术语学理论里缺乏认知维度上的研究。布丁教授认为,这些学者在这一点上有失偏颇。他旗帜鲜明地指出,术语学理论一直包含着认知维度,这一点反映在术语学理论从诞生之日起就吸收了心理学当时最高水平的研究成果。遥想维斯特当年,当他开始酝酿一种前后连贯而又条理分明的术语学理论的时候,比勒(Bühler)、萨尔茨(Selz)、维果茨基(Vygostsky)及其他心理学家的思想正是当时最先进的心理学理论。

除此之外,美国哲学家皮尔斯(Peirce)和德国哲学家胡塞尔(Husserl)所开创的19 世纪的"现象学",更是为客体理论(object theory)、定义理论(definition theory)和术语学理论的其他组成部分增添了原料。皮尔斯将人类的经验分为三个层次:第一性(firstness)——那些以潜能、客体的特性、单子等状态存在的品质;第二性(second-ness)——事实、限制、关系;第三性(thirdness)——法律/法规、连续性、秩序、立法等等。这就为对科学和技术进行现象学描述提供了强有力的框架。皮尔斯的这种分类法对计算机化的术语学建模做出了贡献:一元潜能用于数据的分类(第一性);将这些数据相互连接,组合成具体有形的数据库(第二性);再抽象归纳成元模型(meta-model)(第三性)。皮尔斯的符号学理论,只有在其现象学(其实他自己称之为 phaneroscopy)、其科学哲学和其心理学认识论(psychological epistemology)极为复杂的背景下,才可能为人们理解。

在人类历史上,对完美语言的追求是人们进行语言改革和设计术语体系的永恒驱动力之一。规范化的语言哲学谋求创造一种完美的语言体系,它能为人们带来完美的交流环境。然而,人们企图设计这类语言的千千万万的努力都付之流水、前功尽弃。但是,有一种思想,却百折不挠地印刻在人们的脑海里,那就是:所有倡导进行"语言干涉"的学者们都坚信,人类要对语言进行规定(prescription),这是万分必要的。每一位术语工作者心里都清楚,上述这种追求完美语言的理想,无非是传统术语原则当中所提倡的——准确性、简明性、语言和逻辑上的正确性,以及单义性等术语学原则,而术语工作的实践证明,这种理想是无法实现的。因此,词汇所固有的多义性特点是不容人们忽视的,人们在进行术语学建模时需要对其加以考虑。在此,布丁教授指出,俄罗斯学者弗洛连斯基(Florenski)对术语的多义性特性和术语的复杂性有非常深入的研究,他的学术观点对于术语哲学的构建具有关键性的作用。术语的动态特性及它们在含义上的永恒变化,都要求人类进行持续不断的"干预",这一点主要以"术语控制"(terminological control)的形式表现。而反过来,人们也需要在数据库里以文献的形式记载术语的变化,以便人们能对术语的复杂性和细微差异进行全面的研究。

2　奥地利哲学及其对术语学理论发展的影响

英裔美国学者 B. 史密斯(Barry Smith)在其对奥地利哲学的论述里,将其称为"弗朗兹·布伦塔诺的遗产"(Legacy of Franz Brentano)。这揭示出哲学意义上的本体论作为交叉学科发展的学术背景:她汲取了现象学、认知心理学、逻辑学、语言学、认识论和其他学科的知识。在认识论上,这种哲学方法由经验主义者和现实主义者导航,同时折射出益格鲁 - 撒克逊人的哲学影响[如:罗素(Russell)、维特根斯坦(Wittgenstein)、卡纳普(Carnap)等人的哲学贡献]。此外,她还反映了波兰哲学、德国哲学(如胡塞尔)和心理学的学术成果。1931 年,当维斯特以其探讨国际语言标准化的博士论文开创作为独立学科的术语学先河的时候,准确说来,上述的这些学术基础以及比勒(Bühler)的"思想心理学"(thought psychology)和语言理论,还有丹麦语言学家叶斯柏森(Jespersen)和其他学者的语言学思想,都是维斯特创立术语学理论的出发点。

　　一言以蔽之,作为一种卓越的哲学传统,奥地利哲学兴起于波希米亚(捷克)哲学家波尔察诺(Bernhard Bolzano)在 1837 年写的《科学论》(英语 Theory of Science,德语 Wissenschaftslehre)一书及其他论著,而后又经马赫(Ernst Mach)和玻尔兹曼(Ludwig Boltzmann)等人的传承,但主要是受到德国哲学家和心理学家布伦塔诺的巨大影响——尤其是他在 1862 年以后的论述,特别是他在 1874 年对心理学和分类理论[《分类学》(Kategorienlehre),1933 年经后人出版]的探究。布伦塔诺的心理现象学(psychological phenomenology)和本体论,不仅是迈农(Alexius Meinong)一系列有关"客体"的理论(英语 Theory of Objects,德语 Über Gegenstandstheorie)的出发点,而且也对马蒂(Anton Marty)的语言哲学和诸如胡塞尔这样的德国哲学家,以及对特瓦杜斯基(Twardowski)这样的波兰哲学家产生了深刻影响。

　　上述这类"现实主义本体论"(realist ontology)的认识论基础,为"形式化的计算本体工程"(formal-computational ontology engineering)奠定了坚固的基石。总而言之,术语学理论就是追随着这些先辈的足迹建立的。维斯特当年的助手和承继者费尔伯(H. Felber)教授在其 2001 年撰写的《普通术语学、知识论和知识技术》(Allgemeine Terminologielehre, Wissenslehre und Wissenstechnik. Theoretische Grundlagen und philosophische Betrachtungen)一书中,更是对术语学理论及其哲学渊源做了进一步的整理和反思。

结束语

　　在东西欧术语学基础理论比较研讨会上,布丁教授表达了自己对加深跨文化比较研究的强烈愿望,尤其是希望通过比较不同国家、不同文化圈子和不同语言共同体多姿多彩的传统,能进一步加深对术语哲学的研究。科学所具有的全球化的特色,一定会为跨文化和全球化的术语哲学的诞生起极大的促进作用:它有助于将多种多样的理论因素、认识论立场和文化传统进行整合与一体化。布丁教授重申,术语哲学的产生不仅是可能的,而且它的存在也是不可或缺的,因为它为术语学理论的进一步发展打下了坚实的地基。从方法论的角度上看,术语哲学同样也为术语知识工程、知识的组织和数据建模等开辟了广阔的方法论的天地。

参考文献

[1] ALEXEEVA L M. Interaction between Terminology and Philosophy[M]. The Theoretical Foundations of Terminology Comparison between Eastern Europe and Western Countries. Würzburg: Ergon Verlag, 2006.

[2] BUDIN G. Terminologie und Wissenstechnik als Angewandte Wissenschaftstheorie-Entwicklungsstand und Perspektiven. Festschrift für Erhard Oeser zum 60. Geburtstag[M]. Wien: Peter Lang Verlag, 2000: 29 – 41.

[3] HEMPEL C. Aspects of Scientific Explanation[M]. New York: Free Press, 1965.

[4] REY A. Essays on Terminology[M]. Amsterdam/Philadphia: John Benjamins, 1995.

[5] WHEWELL W. History of the Inductive Sciences[M]. London: Cambridge University Press, 2010 (First published in 1837).

[6] THAGARD P. Conceptual Revolutions[M]. Princeton: Princeton University Press, 1992.

[7] FREGE G. Über Sinn und Bedeutung[J]. Zeitschrift für Philosophie und Philosophische Kritik, 1892, 100: 25 – 50.

[8] LOCKE J. An Essay Concerning Human Understanding[C]// Edited by Alexander Campbell Fraser. 2 vols. Oxford: Clarendon Press, 1894.

[9] OESER E, BUDIN G. Controlled Conceptual Dynamics: From "Ordinary Language" to Scientific Terminology and Back[J]. Terminology Science and Research, 1995, 6(2): 3 – 17.

浅论术语学是知识技术的前提①

邱碧华

摘要: 二十世纪七八十年代,随着信息技术的发展,人们越来越认识到术语学在知识产生、知识获取、知识代表和知识传递过程中所起的基础性作用。欧洲的术语学家从人们对信息流的研究和对知识秩序的重视上得到启发,设计了普通术语学的概念动力学模型,揭示出术语学和知识技术的相互依赖、彼此依存的内在联系,并由此得出术语学和知识技术一体化的模型。文章着重对这一理论发展过程进行论述,以期为中国术语学理论提供一个新的研究视角。

关键词: 信息流,概念动力学,概念模型的动力学转型,术语学和知识技术一体化的模型

1 引言

在科学技术领域中,知识及作为知识单位的概念日益增加。信息技术的广泛使用不仅为人们更好地进行知识描述和进行有效的知识传递提供了更多的启发,而且也更快捷地加速了信息流的进程,在空间上使信息得以扩展。就信息而言,根本问题并不是信息"太多了",而是我们对信息流秩序(顺序)的研究"太少了"[1]。

为我们的知识整理秩序,是我们在所有领域中开展交互合作的根本目标。它并不直接涉及我们知识的内容,而是与知识的储存和管理密切相关。它奠定了在所有领域进行规范化知识传递的基础。

在文献学、图书馆学、语言学、信息科学等学科中,术语学和知识技术处于中心地位,这两门学科的结合构成了所谓的"知识和技术的智力基础设施"[2]。当部分领

① 本文曾发表于《中国科技术语》2013 年第 2 期。文章主要介绍 E. 厄泽尔(E. OESER)教授的名篇"Ter-minologie als Voraussetzung der Wissenstechnik", Ausgewählt Texte zur Terminologie/C. Lauren; H. Picht (Hg.) TermNet,1993。

域一体化到整体系统中时,它并不是一成不变地进入的。尽管术语学最初是一门与计算机科学和信息技术相脱离的独立发展的领域,知识技术也是从人们对人工智能的研究中诞生的(知识工程),但这两门学科经过相互补偿、吸收、适应和一体化,使人们的认识达到了一个新的高度。术语学的发展,已从旧的、更多以语言学或者符号学为导向的静态的理念发展到了偏好以认识理论和科学理论为导向的认识阶段,更多强调结构 - 动力学和功能 - 重实效的方面。术语学和知识技术这两个领域都有一个共同的目标:在日益加速的获取知识的过程中完成整理秩序(顺序)的工作。通过这种工作,发展进程中的这种秩序不是被阻碍了,而是得到了促进,并且自身变得"流动了"[2]。

2　受控制的概念动力学产生的必然性

每一个知识领域都是由概念组成的,这些概念都是依照确定的或多或少严格的规则相互联系成一个系统的。主观上,概念是"思想要素"[3],因此也是"精神结构"(mentale Konstrukte)[4],它们是主体间为了交流而借助于语言符号或者非语言的符号得以描述的。概念的每一种描述都意味着某种概念的确定或者标准化。由此,某种确定的符号或者符号复合体就对应到一个与某些确定的对象客体、过程或者事实情况(事态)有关的精神结构上了。在自然的通用语言中,一个词的含义是受语境或者上下文的制约而得以标准化的,欧根·维斯特把这样的一种通过约定俗成的语言习惯确定的对应关系称为"是 - 对应关系"(Ist-Zuordnung)[3]。一个系统化的可确定界限的知识领域,无论是科学专业领域,还是实践领域,或者是技术领域,都需要标准化的术语学的存在。所谓的"标准化",就是一直要在"状态"和"准则"之间进行区分,也就是要在"是 - 对应关系"和"应该 - 对应关系"(Soll-Zuordnung)之间进行区分。术语标准化工作并不是限制人们只能确定"什么是"(Was ist),而是必须致力于将概念和概念系统在国家和国际水平上进行协调统一。这个过程要通过在一个命名系统中对名称进行确定来完成。这个命名系统表示一个确定专业学科的独立的概念系统。

在术语学发展史上,存在过两种术语学研究方向:

(1)基于专业学科(如:化学、医学、物理、技术等)的术语学研究(概念处于这种研究方法的核心地位);

(2)基于语言学的术语学研究(名称处于这种研究方法的核心地位)。

欧根·维斯特的术语学是立足于专业学科发展起来的。但这两种研究方向都有其时代局限性。术语学实践表明,二者需要相互结合。

普通术语学从一开始就注重国际化的理念[5],因而,基于这种理念,与具体专业领域相关且配有多种语言的术语数据库就可能建立起来。每一种语言都可以是起始语言,也可以作为目标语言。这一点对于自然语言和人工语言都有效。欧洲认知科学等跨学科合作的成果表明,维斯特把概念作为"思想单元"的理念是正确的;他的四部分词语模型也应该与时俱进,需要发展成一个动态的动力学概念模型,也就是维斯特强调的"共时性"的研究视角应该拓展成"历时性"的研究方法。过去处于静态的、暂时的术语学研究要转变成一种"受控制的概念动力学"的动态、长久的研究方法[6]。

3　维斯特概念模型的动力学转型

在基于语言学的术语学研究中,人们偏爱使用三部分词语模型,维斯特适应术语学理论发展的需要,将其发展成了四部分词语模型[3]。

20 世纪 70 年代在欧洲出现的 C. A. 彼得里(C. A. Petri)的普通网络学理论[7],主张对"现实世界中的系统和过程进行描述、分析和综合"。主张在信息系统中,首先要对在时空中存在的系统内的信息流进行描述、计划和组织,而先不考虑这些信息流与人类或者机器是否相关。这种理论与维斯特的普通术语学很适合,因为从实践中得来的科学概念体系,运用 C. A. 彼得里的普通网络学理论中最基本的观点,是可以描述其过程动力学特点的。

维斯特的"名称"和"含义"这两个标识可以作为运用彼得里的普通网络学理论的载体要素。在共时性的普通术语学研究中,人们只是在一个静态的时间点上确定概念的名称,而就历时性的普通术语学研究方法而言,需要人们把对概念名称进行标准化的确定过程,与随着科学研究的发展而有可能发生变化的含义进行动态对应。在图示上,需要在维斯特的四部分词语模型中加上作为表示流动关系的线性箭头。这就得到了维斯特概念模型的动力学转型,其中,过去所有静止的关系都分解成了动态的过程。这是从彼得里的普通网络学理论的基本系统模型(条件/事件系统)中得到的启发。

把维斯特的四部分词语模型的各个部分标上数字,不违背维斯特的初衷,得到下面的过程顺序(见图1)。

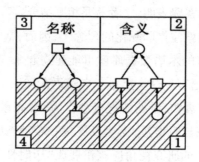

图1　维斯特概念模型的动力学转型

（□代表符号，○代表概念）

区域1：某确定知识领域的可能对象客体世界。它自身只是重复描述由所有可能的对象客体本身所组成的无限宇宙的一个片段。但是在表面上，这些对象客体仅仅作为"精神结构"在可觉察的事件里出现。

区域2：概念的世界。在其中，特征给抽象浓缩成具有普遍性的思想单位。

区域3：理想符号世界。作为概念的思想单位与之对应。

区域4：理想符号的现实世界。它可以分解成若干种可能性，或者在技术系统中，或者作为人类使用者的会话符号和书写符号，为其现实性描述存在的条件。

这个必然要经常性地经历这四个部分的过程是可重复的，在现实当中，这个过程也是经常重复的。这就得到了一个受控的概念动力学过程，它允许知识的增长和概念的变化遵循一定的规律。人们可以在概念自由发展的基础上，为术语的标准化找到一个合适的时间点[6]。受控的概念动力学不是限制了术语学工作的开展，而是挖掘了术语学的现有潜力，因为从永恒有效性的意义上讲，不存在"永久性的对应关系"。

4　术语学和知识技术的一体化

正如本文前面所述，术语学和知识技术是独立发展起来的两个领域，但是，它们一直呈现出相互靠近和汇聚的趋势。普通术语学是受着具体专业制约的，术语学和知识技术一体化成一个统一和实用的体系具有必然性。

计算机支持的知识库是以概念为基础的，通过术语协调而得到的概念的清晰性，是所有知识技术发展和存在的不可或缺的前提。即使从组织变化所具有的内在逻辑性上看，术语学也是规范化的知识产生、知识获取、知识代表和知识传递过程启动的前提。知识技术的每一个领域也是和系统化的术语工作的某个领域相对应的

（见图2）：

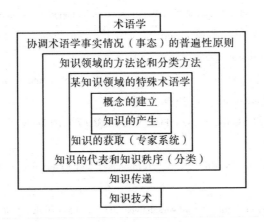

图2　术语学和知识技术的一体化模型

　　——概念的建立是获取知识的前提；

　　——术语规范的知识领域的存在是借助专家系统获取知识的前提；

　　——以概念关系系统为主的知识领域的分类方法和方法论是理清知识代表和知识秩序的前提；

　　——为协调术语工作而制定的国家或者国际通用的普遍性基本原则，是知识传递的前提。

　　术语学和知识技术一体化的模型不具有静态的层级关系，它创立的是一种相互作用的依赖关系。学者坎斯（Kants）有一句名言：没有直观形象或者观念的概念是空的，没有概念的直观形象或者观念是盲目的。我们也可以说：没有知识技术的术语学是空的，而没有术语的知识技术是盲目的。

5　结　语

　　术语学的发展是科学技术进步的必然前提。包含在术语学工作中的标准化任务，如果不在广泛的意义上为实际的知识技术服务，就会成为人类知识毫无意义的紧身衣，进而束缚人类知识的发展。它只有借助于现代的信息技术手段，才可能不断为改善人类的知识交流提供科学便捷的帮助。

参考文献

[1] OESER E. Das Abenteuer der Kollektiven Vernunft [C] // Evolution und Involution der Wissen-

schaft. Hamburg：Parey, 1988.

[2] GALINSKI C. Die Einbindung von Terminologie, Terminologiedokumentation und Dokumentation in den fachbezogenen Fremdsprachenunterricht unter Berücksichtigung der Entstehung neür Berufe im Bereich des Informationsmanagements[M]. Wien：Infoterm, 1987.

[3] WÜSTER E. Einführung in die Allgemeine Terminologielehre und terminologische Lexikographie [M]. Wien/NewYork：Springer, 1979.

[4] INTERNATIONAL ORGANIZATION FOR STANDARDIZATION(ISO). Naming principles[R]. Genève：ISO 1968.

[5] OZEKI S. Was ist der Begriff? [C]// Terminology and Knowledge Engineering. Frankfurt：IN-DEKS, 1987.

[6] FELBER H. Entwurf eines Grundvorschalges für die projektbegleitende Terminologiearbeit des CEDEFOP[M]. Wien：Infoterm, 1984.

[7] PETRI C A. Grundsätzkiches zur Beschreibung diskreter Prozesse[J]. Colloquium über Automaten-theorie, 1967(3).

当前欧洲术语学的认知理论方向①

邱碧华

摘要:自20世纪90年代起,欧洲术语学界出现了对20多年处于"权威"地位的传统术语学的反思思潮。近十几年,在欧洲专业语言学界经历了某种认知方向的转换,这种潮流也对术语学界的理论反思产生了影响,而且相应产生了一些新的术语学认知理论范式。文章旨在对这些新理论思路的产生和发展做一简述,以期与广大读者共勉,并对中国的术语学理论建设提供一些借鉴。

关键词:社会认知术语学,框架型术语学,理想化认知模型,原型结构

引言

20世纪70年代,普通术语学以一门跨语言学、逻辑学、本体论、信息科学和各门具体学科的独立学科身份屹立于世界科学之林[1]。此后,它以其"规定性"(prescriptive)的本质指导着全球(特别是西欧、北欧和亚非拉美洲)的术语工作。长期以来,研究者在术语工作中追求"标准化"和完全"单义性"的无歧义交流(特别在科技领域中),追求"术语"与"概念"之间的严格一一对应关系,这也是受普通术语学理论指导的术语工作的首要目标[2]。但是20多年的术语学实践表明,这一理想化的目标难以实现。20世纪90年代起,在认知科学、语言科学和交流科学(传播科学)等领域,对旧有普通术语学思想的反思和质疑之声泛起,这种对理论发展起良好推动作用的思潮,以"描述性"(descriptive)为特征,更加强调术语学理论中的社会、交流和认知的因素,从而把术语学带入了更为现实的社会背景中。

20世纪90年代早期,以学者布朗热(Boulanger)、盖潘(Guespin)和戈丹(Gaudin)为代表的社会术语学(socioterminology),以及20世纪90年代中后期,以卡布雷(Cabré)为代表的交流术语学(communicative theory of terminology)是对传统术语学

---

① 本文曾发表于《中国科技术语》2015年第2期。文章由译者将多篇文章编译而成。

思想的"统治"地位最先"发难"的两股力量[3],这两种理论都是在实际交流背景下对术语的真实使用状况进行的描述性研究。

社会术语学主要是把社会语言学的原则注入术语学理论中,在术语的不同使用背景下对术语变量进行分析,并对术语的这种变化进行解释[3],它考虑在专业语言交流中,社会、文化群体(种族)这些因素对术语使用所起的作用。社会术语学视"标准化"为"不可能实现的幻想",因为语言是不断变化的,在术语和专业文本中,出现多义和同义现象不可避免,概念体系和定义也不是静止的,这是一种现实。社会术语学虽无发展成为一种独立的理论范式的雄心,但它的出现却为术语学其他描述性理论开了先河,这些描述性理论也考虑术语的社会和交流因素,并将其理论原则建立在"术语是在专业话语中使用的"这样的现实基础上[4]。

以交流术语学为开端,现代语言学与术语学开始紧密靠拢[2]。交流术语学要比社会术语学更加踌躇满志,它着力于从社会学、语言学和认知科学等多侧面,研究专业语言单元的复杂性[5]。

卡布雷认为,术语学理论应该为研究"术语单元"提供方法论的框架,强调专业知识单元是多维度的,它们有认知、语言和社会交流三种成分,在这一点上,它们与普通的语言词汇没有区别。"术语单元"是从其特殊的知识领域、概念结构、含义、词汇和句法结构,以及句法配价和专业话语的交流语境中派生出的"一系列的条件"[5]。卡布雷的杰出贡献在于她提出了"术语学的多门理论模型",并把"术语单元"比喻成一个多面体,一个有着无数其他侧面的三维体,主要有认知维度、语言维度和交流维度三个维度。术语学研究者无论选择哪个维度进行研究,都可以顺畅地对术语单元进行解释和描述,而不会排斥术语单元其他维度,也不会破坏其多维度的特性。术语单元的多面性也决定了术语学理论的多面性。"术语学的多门理论模型"使得人们对"术语单元"乃至对术语学多侧面的有价值的研究成为可能。

卡布雷的交流术语学则是从语言维度对术语单元进行研究,但是没有排斥其他维度的存在。

1　社会认知术语学

21世纪初的十几年,语言学理论经历了某种认知方向的转换,语言学更加注重对构成语言基础的概念网的研究。"语言形式不能与其含义相脱离进行分析"这一事实,致使语言学家们开始对语言的句法学和语义学的交界面进行探索,这种势头也渗透到术语学研究领域中来[6]。

以认知为基础的术语学理论,在一定程度上与交流术语学有相似之处,但也有不同。认知术语学理论虽然也关注专业文本和专业话语环境中的术语,但它们力图把认知语言学和心理学中谈论"分类结构"(category structure)和"概念描述"(conceptual description)的假设一体化到术语学理论中来。译者将介绍两种最为重要的认知术语学理论:(1)社会认知术语学(sociocognitive terminology);(2)框架型术语学(frame-based terminology)。

比利时女学者 R. 泰默尔曼(Rita Temmerman)是社会认知术语学的代表人物。随着社会认知术语学的出现,认知语义学的很多见解(如原型结构和比喻)开始对术语学理论产生影响[7]。社会认知术语学侧重在更为广泛的交流环境中,对学科领域专业语言中术语的认知潜能、对与话语中的言语情景和认知语境相关的术语变量进行研究[8]。这个理论与戈丹的社会术语学和卡布雷的交流术语学有异曲同工之处:采用的方法都是描述性的而不是规定性的,都把"术语"看成是进行术语分析的起点。但它与其他描述性的术语学方法一样,同样忽略了"术语的句法行为"。它的特色是:强调按概念进行组织;从认知语言学方法的角度,强调分类结构。传统术语学的概念系统是以"属种(is a)"或者"部分 - 整体(has-part)"的概念关系进行组织的,而社会认知术语学的"社会认知分类"谈的是要有"原型结构",概念代表物最初采取的是"认知模型"的形式。社会认知术语学恐怕是第一个真正从历史或者"历时性"的维度对术语进行考察的术语学方法[3]。泰默尔曼对生命科学中的术语进行考察,发现不少术语的形成其实不自觉地采用了社会认知的术语学方法,即:术语的定义是从使用术语的文本语料环境里派生出的。依据不同的参数,如采取不同的分类方法、文本发送者和接受者知识水平不同,以及受术语库使用者知识状况所限等,人们描述概念的方法都不一样。

社会认知术语学认为:概念与类别的界限并不是截然清晰的[7]。分类结构是原型化的,在这个框架里的概念间关系,其代表物是以认知语言学"理想化的认知模型"的形式存在的。这个分类模型是以美国心理学家 E. 罗施(Eleanor Rosch)的"原型理论"为基础的。依据原型理论,概念图采取的是一系列同心圆的形式,概念依直觉处于离这个"原型中心"或近或远的位置上。但是"原型"和"理想化的认知模型"未能研究"资料组合起来的情况",也未能解释该怎样去确定原型中心,该如何解释一个"概念"里心理学意义上真实图式的含义。而且,这种代表物有着很明显的缺陷:(1)完全不受约束;(2)基于一个敞开式的概念关系库;(3)产生什么样的认知模型或者原型类别,似乎在很大程度上取决于建模者的直觉。社会认知术语学最积极的贡献是从历时性的角度对概念与类别的发展和术语的形成进行了研究。譬如,泰默尔曼对生命科学中"剪接"(splicing)这个词语进行追踪,研究其含义随时间的历史演变、它被不同文化群体使用的状况和它在专业语言与普通语言中的表现。泰默尔曼对生命科学中术语的研究,有力地证实了在科技术语的产生过程中,学者们有意识或者无意识地使用了"比喻模型"(专家们运用形象化的语言对其创造性的思想进行描述,比如运用比喻和借代手法,这有助于人们对某学科领域特有现象的深入理解)这种创造性机制。并指出,同义和多义现象是专业语言使用中经常遇到的现象,在进行现实化的术语分析时,必须把它们纳入其中。

近些年来,社会认知术语学开始注重把"知识本体"(ontology)作为体现概念代表物的更为可行的手段。这个"知识本体"和术语学的混合称为"术语本体编纂学"(termontography),它是一个将术语学、本体论和术语编纂学联合起来的混合式术语。其目标是将"知识本体"与多语言的术语信息相连接,将"知识本体"纳入术语资源当中。社会认知术语学认为,可以借助"术语本体编纂学"这一多学科方法,将多语术语分析的理论方法与本体分析的理论方法相结合。这种思想的产生要归功于术语学家 I. 迈耶(I. Meyer)的贡献[9]:如果将术语库改造成"术语知识库",除了按传统术语学的"属种关系"和"部分－整体关系"将概念和名称衔接起来之外,还可以考虑借助其他的关系类型,如因果关系、对象－函数关系等丰富知识结构,这就能为"概念"多维度代表物的产生打开思路。

学者 K. 克雷曼斯(Kerremans)设想[9],在构建"某种领域明确的概念模型"或者"知识本体"之前,有必要首先把握好这个领域中独立于任何文化和语言的"类别"(categories)及其内在关系。这种"类别"称为"理解单元"(unit of understanding)。但是,在概念化过程的不同水平上,概念的代表物都会受到文化和语言因素的渗透,因此,人们怀疑纯粹的"理解单元"是否能够存在,以及能采取什么形式存在。

不少西方学者认为[4],虽然"术语本体编纂学"源于社会认知术语学的土壤,但是,近些年它的发展似乎已经脱离本源。就泰默尔曼和克雷曼斯等学者目前对"术语本体编纂学"的描述,它似乎完全与社会认知术语学最初的假设没有多少相似性了[10]。譬如,提出的概念代表物是以"计算机可执行的知识本体"形式出现的,而不再提"原型"和"理想化认知模型"或者"辐射状的类别"这类社会认知术语学的基本术语。

这种发展结果也揭示出,认知语言学的术语学设想在计算机应用中不太容易得到体现,在知识工程和社会认知术语学所倡导的概念代表物之间很难找到切合点。

由此可见,虽然"原型"是社会认知术语学中的关键概念,但是把它们用作组建分类的模型则行不通。因为,这样形成的模型,归根结底还是依靠术语学家的主观评估,人们很难定义出原型化类别中心的准确性质,也很难解释怎样去客观测定原型化的程度。

2　框架型术语学

框架型术语学是由西班牙女学者 P. 费伯(Pamela Faber)教授及其同事提出的较新的认知术语学理论范式[10],基于她及其同事构建的"功能化的词汇模型"(the functional lexematic model)和认知语言学的相关理论,应用于术语知识库的建构。她还参与了西班牙基于"环境科学"的术语知识库的建构项目(EcoLexicon),此项目的理论基础就是"框架型术语学"。

在理论上,框架型术语学与交流术语学和社会认知术语学共享一些假设,如:在"术语"和"词汇"之间做截然区分在现实当中不可行也没有成效;研究专业知识单元的最好途径是研究它们在专业文本中的"行为"(behavior)。

因为专业文本有其独到的特点:术语丰富,富含专业语言单元;专业文本中所使用的句法结构也显示了其独有的特色。专业文本适合用作术语分析的模板,因为它对术语、词组、句子甚至整个段落的重复率很高;其专业语言单元大部分由复合名词形式表示,它们在某一科技领域中使用,有着在这个领域里的独特含义,并具有句法配价和可组合的价值。这类名词词组的结构,自然会随着语言的不同而变化。

2.1　概念化的分类和类别设计

框架型术语学采用了美国语言学家 C. J. 菲尔莫尔(C. J. Fillmore)"框架语义学"的一些理念[11],对专业领域进行建构,并且创建一个超语言(non-language-specific)的代表物。其构造利用的是构成专业文本基础的"概念含义"(conceptual meaning)。

在传统术语学中,专业概念类别的结构一直是一个很受重视的关键问题,因为传统术语学采用的是名称学的工作方法;但传统术语学未能从心理学的角度对概念代表物产生的类型进行足够的分析解释[11]。

对于交流术语学和社会认知术语学而言,虽然"域"(domain)的概念至关重要,但是,这两种理论范式也未能系统反思应该如何详尽阐述、设计和组织这样的结构。在当今最好的术语手册里,也未能告诉人们如何开发这样的结构,这类结构似乎理所当然被认为是术语学家直觉的产物[4]。

在传统术语学中,就"域"这一概念存在着两种彼此相容的观点:

①"域"有时指知识领域本身;

②有时仅指专业领域中的概念类别(categories of concepts)。

显而易见,如何对"域"进行定义,会影响到其内在结构的组成[12]。框架型术语学所说的"域",宏观方面指某一具体的知识领域,微观方面仅指专业领域中的概念类别。

2.2 框架型术语学的方法论基础

"框架"(frame)是基于经验的一种认知结构设计。它们为语言中词汇的存在和这些词汇在话语中的使用方式提供知识背景和诱因。在创建术语库时,框架型术语学借鉴了创建多语词汇数据库的方法:开发一种类似"框架"的体系结构,其可以覆盖和处理诸如多义词、句法配价信息、词汇化模式和各种语言的对等物等问题。使用"框架"有助于实现专业语言单元潜在的语义行为和句法行为的明晰化,有助于对概念关系的描述和对术语可组合潜力的挖掘。"框架语义学"强调[12]:要理解语言中词汇的真实含义,人们必须掌握构成词汇用法基础的语义框架或者概念结构的知识。费伯教授等学者认为这一点对于理解专业语言单元也是适用的[4]。

框架型术语学关注的要点是:①概念的组织;②术语单元的多维度性质;③利用多语语料库提取语义信息和句法信息。在框架型术语学中,概念网(conceptual networks)是从隐藏于其后的"域事件"(domain event)中衍生出来的。这个"域事件"为发生于某专业领域的专业化过程、行动和参与其中的实体提供了模板[11],它提供了各种概念关系产生的具体专业背景或者语境。

框架型术语学在方法论上是借助一体化的"自顶向下"(top-down)的演绎法和"自底向上"(bottom-up)的归纳法,从专业领域中提取概念系统。"自底向上"的方法是指从不同语言的文本语料中,提取与本知识领域特别相关的信息;而"自顶向下"的方法是指在有关专家的帮助下,从专业性词典和其他参考资料中寻找信息。

同时,术语学家又要对构成域事件基础的概念构架进行规范[11]。一个域最基础的属类别是设置在一个作为原型的"域事件"或者"行动－环境"界面上的,它为其他类别的信息建构提供了基础模板。术语记录中的信息是内外连贯的。因此,通过这种方式得到的结构,有利于人们更快捷地获取知识。

上述方法有一个基本前提:对专业域的描述所基于的"事件"是在这个专业领域普遍发生的事件,因而具有代表性。每一个知识领域都有自己的事件模板。

在"域事件"或者"行动－环境"界面上,表示属的类别放置在那里,这为本知识领域内对更多相关专业的概念进行组织提供了框架[10]。各概念类别通过"域事件"捆在了一起。每一个类别中的专业概念,由依水平关系(非层级关系)或者垂直关系(层级关系)相连的"网"组织起来。"域事件"中每一个子域的特征,则由带有一系列原型化概念关系的模板(template)描绘。框架型术语学中,术语的定义被看成是微型知识的代表物。定义的形成是以从语料分析中提取信息为基础的,语料源中富含构成术语的词形变化和各种组合关系的信息。

费伯教授曾举了"海岸工程域事件"中"侵蚀"(erosion)这一术语是如何得以描述的例子。"侵蚀"在"海岸工程域事件"中是与"过程模板"(process template)相符合的过程。"侵蚀"过程可以在一段时间内发生,也可以给分成更短的阶段;它可以在一年当中的某一特殊季节发生,也可能朝着某一方向发展;它可能由某一诱因(譬如自然力)诱导,也可能对某一特殊环境实体发生影响,从而产生某种结果而成为受影响实体的变更因素。

"海岸工程域事件"的语料库取自相关专业语言文本,它富含有关"侵蚀"过程的属性信息,也涵盖了"侵蚀"这一概念与同一知识领域其他实体之间各种关系的信息。借助这些属性信息,可以形成"侵蚀"这一术语的定义,也可以凭此找到"侵蚀"与其他概念间的关系,甚至可以挖掘出在不同语言中,将这一术语进行进一步组合的潜在信息。

在同一知识域内创建与"侵蚀"相关的更为专业化的术语时,有关"侵蚀"的基本信息可以被激活,构成"侵蚀"的下位概念或者下位词,而这些更为专业的术语实际上在语料源中是存在的。这些复合的名词形式实际上是"精简了的命题"(compressed propositions),它们有着自己的句法规则。依照所使用的语言及其构成术语的特有规则,这些命题表征还可以以不同方式再被激活。譬如:"X 导致 Y(X causes Y)"这样的结构可视为语言的基本单元。

依照美国语言学家 A. 戈德堡(Goldberg)的观点[13],包含基本"论元结构"(argument structure)的构造是与动态场景有关联的,如某人凭意志把某物转让某人、某人引起某物移动或者改变状态、某人经历了某种事情、某物的移动等。这些构造可视为语言的基本单元。她同时提出:西方语言的基本从句形式,构成了相互关联的带有特定语义结构的网。这些都对规范定义模板乃至分析专业语言文本中的句法规则极为有用。

P. 费伯教授认为:在术语知识库建构时,除了传统的"属种"和"部分－整体"关系之外,若再合理地纳入更为广泛的概念关系[如非层级关系——影响(affects)、引起(causes)、导致(results)、由什么组成(made of)、在那里发生(takes-place-in)等,其中有些可能只是"域特定关系"(domain-specific relations,某种知识领域特有概念之间的关系)],尽力挖掘概念及其关系间的组合潜能,术语知识库则会更加连贯和动态化,也更加有意义和接近现实;并且这些关系是可逆的[14]。定义中信息的组织,也可依据其感性的特点,或者依据它与同一类别其他相关概念定义中信息结构的关系进行构建[4]。因此,在"海岸工程领域"中,利用广泛的概念关系或者语义关系,还可以得到与"侵蚀"有关的其他术语及其定义。

另外,框架型术语学强调在"域事件"中,各种水平概念间的关系都是一种"动态"的结构,因为所有的概念都是过程或者事件的组成部分[15]。

简而言之,使用"框架"作为定义术语的模型,有利于对术语的描述更加连续、动态、灵活和完整。

2.3　运用图像手段

框架型术语学的另一重要方面是,它在对专业概念进行表示时,利用了图像的优势。它向人们展示出,专业实体的语言和图像描述方式是可以相互结合的,图像可以集中突显概念的多维度特质,也可以显示专业领域中概念间的各种关系[16]。框架型术语学倡导概念描述的多模型化,倡导术语定义编纂中的建构信息要与图像中的可视化信息紧密配合,以求达到对概念系统的复杂和动态特色的更好理解。

框架型术语学主张:图像的分类要依据其主要功能,或者依据它们与其代表的现实实体之间的关系进行。要依据象似性(iconicity)、抽象性和动力机制的标准,也要依据表现专业概念特殊属性时所采用的方法[16]。具体表述为:图解中形象化的图像,要与概念属性抽象代表的现实世界中的真实客体相像;图解的抽象程度,要让人们能在认知上识别出概念的代表物;动力机制指的是对"活动"的体现(譬如动画、视频,以及图像所显示的上位概念所处过程的不同阶段)。框架型术语学对图像的使用,与术语的语言信息相得益彰,而为术语的描述提供了更为全面的信息。

参考文献

[1] PICHT H, SCHMITZ K-D. Terminologie und Wissens[M]. TermNet Publisher, 2001.

[2] CABRÉ M T. Elements for a theory of terminology: Towards an alternative paradigm[J]. Terminology, 2000, 6(1): 35 – 57.

[3] PAMELA F A. Cognitive Linguistic View of Terminology and Specialized Language[M]. Berlin,

Boston: De Gruyter Mouton, 2012.

[4] L'HOMME. Capturing the lexical structure in special subject fields with verbs and verbal derivatives: a model for specialized lexicography[J]. International Journal of Lexicography, 2003(16): 403 –422.

[5] CABRÉ M T. Terminology, Theory, Methods and Applications[M]. Amsterdam/Philadelphia: John Benjamins, 1999.

[6] EVANS V, GREEN M. Cognitive Linguistics: An Introduction[M]. Edinburgh: Edinburgh university Press, 2006.

[7] TEMMERMAN R. Towards New Ways of Terminology Description: The Sociocognitive Approach [M]. Amsterdam/Philadelphia: John Benjamins, 2000.

[8] KERREMANS K, TEMMERMAN R, ZHAO G. Terminology and Knowledge Engineering in Fraud Detection[EB/OL]. [2014 – 11 – 25]. http://citeseerx. ist. psu. edu/viewdoc/summary? doi = 10. 1. 1. 87. 7378.

[9] TEMMERMAN R, KERREMMANS K, DE BAER P, etc. Sociocognitive terminology and Termontography[J]. Proceedings of the Journées d'Etudes sur le Traitement Automatique de la Langue Arabe, Rabat, Morocco, 2006(6): 138 – 151.

[10] FABER P, etc. Process-oriented terminology management in the domain of Coastal Engineering [J]. Terminology, 2006, 12(2): 189 –213.

[11] FABER P, etc. Framing Terminology: A Process-Oriented Approach[J]. Translator's Journal, 2005, 50(4): 35 –60.

[12] FILLMORE C J. Framenet in action: the case of attaching[J]. International Journal of Lexicography, 2003, 16(3): 298 –332.

[13] GOLDBERG A. A Construction Grammar approach to argument structure[M]. Chicago: University of Chicago Press.

[14] FABER P, etc. Dynamicity and Terminological Knowledge Bases [EB/OL]. [2014 – 11 – 20]. http://academicpress. us/journals/511x/download/v1n1 – 1. pdf.

[15] FABER P, etc. The dynamics of specialized knowledge representation: Simulational reconstruction or the perception-action interface[J]. Terminology, 2011, 17(1): 9 –29.

[16] FABER P, etc. Linking Images and Words: The description of specialized concepts[J]. International Journal of Lexicography, 2007, 20(1): 39 –65.

术语本体编纂学:本体建造和术语描述的社会认知方法①

邱碧华 译

摘要:在这篇文章中,我们先简单讨论一下,在过去十年里影响术语学这门学科发展的三个转变:向计算机化术语管理的转变、术语学理论的语言学转变,以及最近的本体化转变。然后,我们对术语本体编纂学方法进行一下简要介绍,这是布鲁塞尔CVC 研究小组的术语学家们与本体工程师在欧洲项目 FFPOIROT(IST 2001 - 38248)的框架内进行合作的成果之一。术语学这门学科正在把自己的理论和实践范围扩展到知识表示和知识管理的领域中去。一方面,我们需要对术语学如何面对(多语言)语义网等新的挑战进行思考;而另一方面,我们还需要思考一下如何让术语管理从 IT 和 NL 处理的最新发展中获益。说得更具体一些,我们应该如何在术语管理中对本体进行运用。

关键词:术语编纂学,社会认知方法,本体建造,术语描述,术语本体编纂学

引言

在简要概述对术语学这门学科产生影响的三个视角转变之后(1);我们将讨论一下新开发的本体编纂学(termontography)方法,以便为多语言的本体工程提供支持(2);在本篇论述的最后,我们构想出对未来术语学学科的一些思考(3)。

---

① 这篇文章的英文名为"Termontography: Ontology Building and the Sociocognitive Approach to Terminology Description",原文请见 https://www. academia. edu/10019426/Termontography_Ontology_Building_and_the_Sociocognitive_Approach_to_Terminology_Description。本文经比利时著名术语学家 R. 泰默尔曼(Rita Temmerman)教授授权翻译。由此编译的文章可见《中国科技术语》2019 年第 4 期。

1　术语学学科内部的变化

在过去的十年里,术语学理论和术语编纂学(terminography)实践都发生了许多变化。首先,这表现在电子革命极大影响了术语管理和术语编纂师(terminographers)的工作方法(Bouringault, Jacquemin, L'Homme 2001)。其次,现在被人们称为"传统术语学"(traditional terminology)的原则(Sager 1990;Cabré 1999, 2000;Temmerman 2000)受到了严肃的质疑。(现代)术语学已经从认知语言学和计算语言学的发展中获益匪浅。这种现实也就导致了许多新的原则和方法的诞生;人们可以根据用户对每一个特定术语项目的需求,实现具体工作方法的灵活性和多样化。最后,也就是第三个转变,则与本体工程师和术语学家(术语师)的共同利益及其工作方法的并行发展有关。

1.1　转变之一:计算机化的术语管理

电子语料库的出现极大影响了术语学家/术语师(1.1.1)的工作方法,而术语管理软件(1.1.2)的出台,则使得术语记录的结构及其内容更加严格和统一。

1.1.1　电子语料库

近些年来,人们开展了许多研究,致力于从文本语料库和语义网中以自动化和半自动化的方式对信息进行检索(Pearson 1998;Bouringault, Jacquemin, L'Homme 2001)。由此人们已经开发出了用于提取信息检索所需术语的软件,以及从双语(多语言)语料库中提取术语以进行翻译和其他应用、用于丰富术语提取(建立分类层级结构或者网络、查找语义和分类信息)的软件;此外,还有用于研究文本和词汇上下文语境以及提取关系和定义的软件。

1.1.2　术语数据管理软件

在过去,文档卡片和术语列表都是通过手动方式或者借助于打字机创建的,而在今天,用于术语数据管理的各种软件工具层出不穷(Schmitz 2001)。

1.2　转变之二:语言学转变

术语学作为一门学科,现在已经从所谓的"传统术语学"(以标准化为导向,并以概念为中心)为导向的方法转变到以交流为导向(communication -oriented)和以话语为中心(discourse -centred)的方法上了(Cabré 1999, 2000;Temmerman 2000),如泰默尔曼所倡导的"社会认知术语学"(sociocognitive terminology)(Temmerman 2000)。

对许多学科领域而言,运用传统术语学的方法既不可行也不令人满意,例如生命科学(Temmerman 2000)中的情形,又如在增值税立法(VAT legislation)(Temmerman 等)领域中的情况。

认知语义学(cognitive semantics)[例如,含义的原型结构理论(prototype structure theory of meaning)与"隐喻/比喻思维"(metaphorical thinking)在分类(categorisation)和理解(understanding)中所起的作用]和计算语义学(computational semantics)的见解,都对术语学理论和专业语言研究产生了影响。

不是(像传统术语学那样)以清晰界定的概念作为(术语工作的)起点,而是以文本中的术语[语言层面上的表达(linguistic expressions)]作为术语分析的起点(Temmerman 2000:4-8)。这种从"概念"到"理解单元"和"类别"(可能具有原型结构)的转变[注1],需要我们重新客观地看待人们早先相信的、必须研究与语言无关的概念化的观点。在传统术语学方法中,人们强调的是概念在具有逻辑(关系)或者部分(部分-整体)(关系)的概念结构中所具有的类别间的关系(intercategorial relationships);而在社会认知的术语学方法中,"类别"(categories)是以类别内部和类别之间的方式(in an intra- and intercategorial way)进行构建的,而且它们与"认知模型"(cognitive model)或者"类别框架"(categorial framework)有关。

从借助文本语料库对定义进行的研究中,术语学家(术语师)们发现,定义的内容和形式可能会根据许多参数,如被定义的类别类型(实体、活动、特征等)、消息的发送者与接收者的专业化水平和术语数据库用户的个人资料而变化,因此,"传统术语学"以内涵("属"加"种差")和外延的方式对概念进行定义的观点,已经不是那么具有权威性。在语义网的应用中,"用户"都可能是人类的代理者(非人类)。

同样,"传统术语学"的单义性原则(一个术语只应分派给一个概念,反之亦然)已经受到了质疑,因而变得具有相对性了。科学研究表明,人类的理解过程是永无止境的,而且在这个发展过程中,同义词和多义词都在发挥着积极的作用。

人们已经注意到,认知模型[例如隐喻模型(metaphorical models)]在人类新思想的发展中发挥着极大作用。因此,对概念和术语进行历时性研究,实乃明智之举。事实证明,概念和术语之间的关系不是主观随意的,在这一方面的实例举不胜举。它们常常受着目的性的驱使,或者受着某种动机的诱发。类别本身也是不断演化的。为了便于理解它们,有时也需要考察一下它们演变的历史。

1.3　转变之三:本体化转变

近些年来,我们已经看到,与术语相关的工作正在从建造术语数据库向着建造术语知识库(terminological knowledge base，TKB)转变["术语知识库"这个术语，由迈耶(Meyer)等人于1992年首先提出]。要想建造术语知识库，首先就要研究术语在文本中的运用，并要考察它们之间存在的语义关系(Barrière 2001)。近几年来，当人们谈到建造术语知识库时，更多的是指"本体"的建造。

在本节中，我们首先解释"本体"的含义(1.3.1)。在这里，我们将提到人们对"本体"的研究兴趣(1.3.2)，同时也讨论一下"本体工程(学)"(ontology engineering)和术语学这两门学科之间正在发生的交互影响(1.3.3)。

1.3.1 什么是本体？

我们将"本体"定义为"知识的仓库"(knowledge repository)。其中，术语在类别中得到定义，而且类别(术语)和类别(术语)之间也建立有联系。对于人类来说不言自明的知识，也需要变成让计算机可以明确表达的信息。"IEEE 标准高级本体工作组"(the IEEE Standard Upper Ontology Working Group)则把"本体"定义为"一种与词典或者词汇表相类似的东西，但结构更为严谨，内容更为详尽，以便于计算机对其内容进行加工处理。一个本体包含了一系列的概念、公理和各种关系，用以表述这个特定的域"。"本体"可以由一门或者多门自然语言[语言本体(linguistic ontologies)]来表达，也可以通过形式语言进行表述(Jarrar，Meersman 2002)。

1.3.2 本体与知识挑战

第六框架下的欧洲 IST 研究项目(the European IST Research Projects under the 6th Framework)呼吁"科技要为知识的共享与诠释、知识的可视化、知识表示、检索、追踪、建模和获取提供有效的支持……上述的功能，需要与新的、以语义为基础并有上下文语境意识的系统实现一体化，其中包括认知和基于代理(基于 agent/基于主体)(agent-based tools)的工具。这些工作要能接触到更为广泛的知识资源，要能满足本体建造的需求，从而能为各种服务和相互合作提供便利，也更能够有利于下一代语义网的运用"。在现代社会，日益膨胀的、以电子化形式存在的信息体，需要人们对其进行建模，以便帮助计算机对复杂和异质的信息进行处理；在根本上，这则是为了实现知识的共享。而"本体"的使用，更是为了帮助人们在对庞大的信息体进行查询的过程中，找到自己所需要的特定信息。

1.3.3 本体建造和术语学的相互渗透

重要的是，本体工程师们需要认识到进行术语分析的重要性；而实际上，从事新术语库和知识库编纂工作的术语编纂师们，也可以从使用已经建造好的现存本体那里收益颇丰。当然，靠本体巩固的术语编纂和词典编纂技术并不完全是一件新生事物(Temmerman 2003),例如,J. 当赛特(J. Dancette)等学者 2000 年编纂的《零售业分析词典》(*Dictionaire Analytique de la Distribution*)(Dancette, Rhétoré 2000)就是一部基于本体构建编纂而成的双语专业语言词典。这部词典是为从事零售业英 – 法翻译的翻译人员准备的。词典编纂者们相信,以法语为母语的翻译者可以从丰富的本体信息中获益:那些与需要翻译的术语和措辞相关的信息,是与同一词汇域里的其他术语存在着联系的,或者是与这些相关术语的语义网息息相关的。所有这些信息也在目标语言(法语)中给出,这样做则激发了把法语作为目标语言的翻译者的"话语建构自主性"(discursive autonomy)(Dancette 2000;Temmerman 2003)。在词典中,明确的语义关系(relations internotionelles)的结构让位于内涵和外延定义,此外,编纂者还补充了额外的信息(譬如,语义信息、跨类别的信息、语言信息和含义所在的上下文信息)。这部词典通过参阅和描述的方式,把"跨类别"的各种关系(intercategorial relationships)交代得一目了然。

　　当赛特等学者在这个项目中积累的术语学方法和相关技术经验,可以供本体构建者来预处理 NL(文本)中的信息。布鲁塞尔 CVC 小组在参与欧盟"欧洲增值税立法术语库"项目(FFPOIROT-project)的框架内,开发出了"术语本体编纂学"方法(见第 2 节)[注2]。

　　不仅术语学可以支持本体工程(学),反过来,本体可以帮助术语编纂学家(术语编纂师)和词典编纂学家(词典编纂师)巩固其在不同阶段中的工作,例如,在编制语料库期间的网络搜索工作,以及语料库分析和数据挖掘(data mining)工作。为术语编纂师和词典编纂师提供服务的工具,更需要以本体为基础。

2　术语本体编纂学[注3]

　　术语本体编纂学是一种多学科的方法,它将社会认知方法的多语言术语分析的理论和方法(Temmerman 2000)与本体分析的原则和方法进行了融合(Gómez-Pérez 等 1996;Fernandez 等 1997;Sure, Studer 2003)。我们将这两个研究领域进行结合的动机,则源于我们持这样的观点,即:术语编纂中的现有方法(Sager 1990;Temmerman 等 1990;Cabré 1999)和本体研究与应用的发展有着很多共性。举例而言,在建造一个本体或者编纂一个术语数据库时,本体工程师和术语编纂师都要先了解清楚建造目的,要对建造的域的范围进行确定,还要考虑用户的特别需求,以及要获取这个领域的知识,以满足对类别与术语提取和进行理解的需要。

　　术语本体编纂学是一种为需要经验的专业领域实现知识管理和进行知识代表

的方法,它也需要专业领域的专家用自然语言提供的专业信息。解决多语言带来的问题构成了分析工作的一部分。这种工作方法是从"从中间开始"(middle-out)。它结合了近些年在术语编纂和管理工作中流行的"自顶向下"(top-down)和"自底向上"(bottom-up)这两种方法,以期能够理想化地从文本(语篇)中捕捉到所需的信息,以求更好地对知识进行表示。首先,这种方法要求和学科领域的专家建立密切合作关系,以便进行有效的本体分析,这就是通过"自顶向下"的方式,搭成初期的反映类别和类别内外关系的框架。在工作初期,这个框架充当从一个语料库中提取知识(用手工和半自动化的方式)的模板。随着工作的深入,这个框架就要逐步向富含精细的语义关系的网络过渡,它要反映出具有文化特色的分类状态;然后,这些从文本(语篇)材料里提取出的知识信息要在这个分类框架里进行组织,术语编纂师们需要对这些信息进行"自底向上"的术语分析。上述分析的结果会在术语资料库里反映出来,可以作为进行形式化的知识工程的一笔资源(Temmerman 等)。我们将首先描述术语本体编纂学工作流程(2.1)中的各阶段,然后显示一个分类框架的示例(2.2)。

2.1　术语本体编纂(学)的工作流程

在一开始的准备阶段,我们要进行信息的搜集和分析;然后才着手进行实际数据库的编辑工作,这包括对信息的搜寻、提炼、核实和认证(确认)等阶段;最后,从一个单语或者多语的术语本体资料库里将知识进行输出,将其建造成一个本体或者术语词典。我们将简要描述每一个阶段。为欧盟不同成员国的"增值税立法条例"[value added tax(VAT) regulations]建立一个术语本体数据库,就是我们这一术语本体编纂方法的具体实践体现。

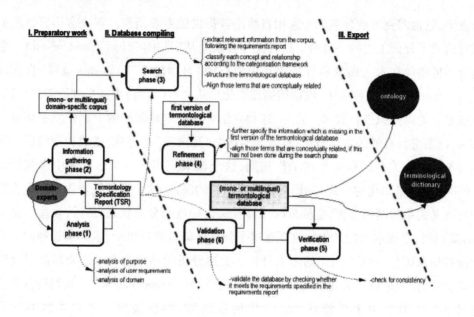

图 1　术语本体编纂(学)工作流程(The termontography workflow)

2.1.1　分析阶段

在这一阶段上,术语本体编纂者需要设法了解清楚这个项目的具体目的,工作所涉及的领域范围和用户的需求。这个阶段分析的结果还要形成一份"术语本体专项报告"(Termontology Specification Report, TSR),为术语本体编纂者以后在设计术语本体数据库的形式和编纂其内容时提供参照。在"增值税立法条例"这一具体情况下,建造数据库的目的大致是捕获和呈现从"欧洲成员国增值税法规"(VAT legislations of European member states)中获取的有关类别的多语言信息。库中"域"(domain)的范围取决于数据库的用途,而且限制在分类框架中出现的类别。一组潜在的用户是 ORM 的建模人员(Halpin 2001),他们遵循 DOGMA 的建模方法(Jarrar, Meersman 2002)。

2.1.2　信息收集阶段

在第一阶段搭成的分类框架和形成的"术语本体专项报告",就为这一阶段内术语本体编纂者的工作提供了便利,便于他们对那些来自某特定领域语料库里的相关文本资料进行搜寻、编辑和管理。在这一阶段上,领域专家所起的作用千万不容忽视,例如:他们可以依据与特定领域相关的文本材料的不同,对术语本体编纂者进行分组;给术语本体编纂者提供可供文本检索用的特定网站。

2.1.3 信息搜寻阶段

从与此项目相关的特定领域的语料库里,术语本体编纂者进行术语提取并对其进行分类(在多语言项目的情况下,这一过程要针对每一种语言分别进行),在分类框架内,把术语和类别"分门别类"地安排到各自的目的地位置上。这里标示着跨类别关系的词语模式也要绘制在这个框架里。具体根据项目需要的详细程度,可以对这个框架进行精雕细琢。这个有着术语和词语模式的框架就构成了术语本体数据库的初期版本。

2.1.4 精炼阶段

这一阶段的目的是进一步完善上面的术语本体数据库。譬如,对那些有对等物的术语进行排列,进一步阐述某些需要完善说明的信息,如某个术语无法从特定领域的语料库里提取出来,或者同一术语是从不同的文本(语篇)(在不同的文本里存在着相同的术语)中提取出来的。对于这样的术语及其存在的不同文本源,在这个阶段的术语本体数据库里,人们都要注明清楚。

2.1.5 核实阶段

在这一阶段中,术语本体编纂者则需要检查现存术语本体数据库里数据的连贯性和正确性如何。例如,是否所有的术语都已经分派有正确的分类标签(categorial label)。

2.1.6 确认阶段

虽然,在一定程度上,这个阶段显得有些多余,因为在上述各阶段上,术语本体编纂者一直在以"术语本体专项报告"为工作参考,而且几乎所有步骤中涉及的方法都要不断升级(见图1),但在此阶段中,术语本体编纂者依然需要检查这个术语本体数据库的内容,看它们是否真正满足了"术语本体专项报告"里提出的各项要求。

2.2 分类框架

现在,我们将焦点放在术语本体编纂学方法中的一个环节上,这个步骤确保了某个具体域的本体中多语言或者具有文化特殊性的信息的输入,也就是,开发出由类别和类别间关系组成的具体域框架。

我们将以"不需要征收增值税的业务"(transaction for which no VAT is required)为例,来研究术语本体编纂学分类框架的特殊功能,以展示如何克服因多语言问题而在形成不同类别时所出现的困难。尽管在每个国家的"增值税立法条例"里,针对这个含义的术语都有其所谓的"概念"依据,但这个主要以文本词汇化信息为基础的欧盟"增值税立法条例"术语本体数据库,在多种语言之间却很难进行追踪或者配对(Hovy 等 1999)。因此,通常有必要求教于这个领域的专家,请他们提供一个独立于语言之外的专业分类框架。然后依此框架再在各国的增值税立法领域的文本语料库中进行搜寻,以便找到与这个领域的专家提供的专业框架相匹配的词汇信息。结果发现这个匹配工作开展起来很困难。通过这个类别进行讨论,用英语应该解释为"transaction for which no VAT is required",但是,针对用英语表示的"transaction for which no VAT is required"这个含义,在把现存的欧盟各国增值税立法条例里的相关知识,分派到这个欧盟"增值税立法条例"术语本体资料库里去,想对相应的知识代表物(或者术语)进行排列时,却发现很难进行操作。究其困难产生的原因,主要是各国在这个领域立法条例方面存在着较大的语言、文化和概念化方面的差异。

"不需要征收增值税的业务"这个概念属于一个不具文化特殊性的类别,正如它在欧盟各国的立法中体现的那样。因此,在建造这个欧盟"增值税立法条例"术语本体数据库时,我们就先采用上述的"自顶向下"的工作方法(也就是:完全依靠这个专业领域的专家独立建立一个上述的专业分类框架,而不参考任何的现存文本资料)。由此,在这个"不需要征收增值税的业务"的类别下,产生了四个独立于文化和语言特殊性之外的子类别。

根据领域专家们的说法,这些子类别的英文解释如下:

子类别一:transactions in which the supplier does not have the right to deduct VAT (那些供应商无权扣除增值税的业务)。

子类别二: transactions in which the supplier has the right to deduct VAT(那些供应商有权扣除增值税的业务)。

子类别三:transactions that occur outside the territory of the VAT legislation at stake (在增值税立法范围之外发生的业务)。

子类别四:transactions that are outside the scope of VAT (e. g. a claim for compensation)[在产生增值税范围之外的业务(例如,索赔要求)]。

在此之后,我们又采用"自底向上"的工作方法,通过手工或者自动化的方式从现存的欧盟各国的"增值税立法条例"文献里进行术语提取工作。然后尝试着如何把这些术语安排和归纳到上面领域专家建立的那个分类框架里。结果发现,各国之间在语言(2.2.1)、文化(2.2.2)和分类(2.2.3)方面的差异限制了这项工作的深入进行。

2.2.1　语言方面的障碍

在不少国家的增值税法规里,人们采用不同的语言措辞,也就是存在着"一词多义"的现象。多语种、语言具有多样性,是协调不同成员国增值税法规的最基本绊脚石之一。想通过依据源语言(譬如英语)的词汇化的概念去寻找其他语言里的翻译对等物,从而解决上述的难题,在现实操作里行不通,因为立法中的某些单词是多义的。譬如,在比利时增值税立法里,荷兰语 vrijstelling 就具有领域专家制定的那个分类里的前三个子类别的含义(见表1)。要是把它们对等翻译成英国英语,并对应于各自的子类别,相应地需要给译为 exemption、zero-rated、outside the scope of VAT。而在英国的增值税立法里,这些术语都有其官方的含义。

表1　"不需要征收增值税的业务"子类别针对特定语言
和文化的词汇化[注4]

	Dutch （Belgium）	French （Belgium）	English （UK）	English （Ireland）
subcategory 1	-vrijstelling -tarief van nihil	-exemption	-exemption	（to be specified）
subcategory 2	-vrijstelling -tarief van nihil	-exemption	-zero-rated	（to be specified）
subcategory 3	-vrijstelling -niet onderworpen aan BTW	（to be specified）	-outside the scope of VAT	-exemption -zero-rated
subcategory 4	-niet onderworpen aan BTW	（to be specified）	（to be specified）	（to be specified）

由于在不同的增值税法规中,这些术语是官方指称(denotation),因此,举例而言,我们不能对多义词的每一种含义,都用从普通语言/通用语言中选择一个可以消除歧义的"近-同义词"(near-synonym)的方法来代替。

2.2.2　文化方面的障碍

我们遇到的另一个复杂的问题,就是那些说相同语言的国家,他们各自的文化却又存在着差异性。譬如,在爱尔兰增值税立法里,exemption 和 zero-rated 都用作指代上述的第三个子类别。而在英国的相应立法里,exemption 是第一个子类别的词语代表物,zero-rated 则只指代上述第二个子类别。因此,我们得出结论:我们还需要对语言和文化的问题进行专项研究。

2.2.3　分类方面的障碍

这是我们所遇到的第三个复杂的情况。文化方面的差异可能会造成各国对貌似等同的类别理解各异。譬如,荷兰语术语 vrijstelling 和英国英语术语 zero-rated 都指代上述第二个子类别,但这两个术语所涉及的"业务"外延,却不是完全吻合的。

　　另一个在分类方面有着明显差异的例子,就是 taxable event 这个概念。这个概念在(欧盟)"第六号指令 4"(the Sixth Directive 4)的第 10 条中有明确的定义,但是,在不同成员国的立法中,各国具体实施的情况有所不同(例如,意大利增值税法第 6 条、法国增值税法第 269 条或者英国增值税法第 6 条第 2 款)。

　　然而,如果我们(事先)对术语的分类方式有所了解,就可以克服上述难题。我们建议采用"从中间开始"的工作方法。具体讲就是:最先依靠领域专家事先拟定一个类别及其关系的框架,然后依此再对各国的术语及其言语结构进行追踪和配对。这种旨在进行多语言知识表示的"从中间开始"的方法,与学者 M. 昂内戎(M. Agnesund)提出的以客观对象为导向的工作方法(Agnesund 1997)有异曲同工之处,它不同于 MULECO 项目(MULECO-project)中尝试创建"多语言高层本体"(multilingual upper-level ontologies)(Bryan 2002)的情况,也不同于在不同语言的"词网"(wordnets)之间建立对应关系的尝试,如 EuroWordNet(Vossen 1998)和 MultiWordNet(Pianta 等 2002),更不同于针对域本体中的相同概念去对多种语言中的"关键词"(keywords)进行追踪(Lauser 等 2002)。

　　布鲁塞尔 CVC 研究小组提出的"从中间开始"的方法,不仅可以让人们对采用不同语言进行表达的概念进行检查,而且还揭示出不同语言之间存在的词汇的个体差异性。此外,它揭示了个别语言中的词汇空缺,或者,有时某种概念仅仅是某种语言所特有的。

3　术语学这门学科所面临的挑战

　　在本文第一节中,我们指出了信息技术、认知语言学、计算语言学和本体工程(学)等其他学科的最新发展给术语工作带来的挑战及其影响。在第二节中,我们介绍了术语本体编纂学及其面向多语言和多元文化分类的工作方法。

　　我们相信,在不远的将来,术语学能在关于迎接知识表示和知识管理挑战的多学科大讨论中,以及在所谓的"语义网"(semantic web)[释义:"目前网络的一种扩展,其中的信息给出完好的定义。能够为实现计算机和人类之间的合作提供便利"(Berners-Lee 等 2001)]的发展中发挥重要作用。

　　术语学理论家可能需要肩负双重任务——我们不仅需要反思术语学如何在应对诸如"语义网"之类的新挑战中做出自己的贡献。

　　反过来,术语编纂学家(术语编纂师)也会越来越从语义丰富的信息技术(IT)成果及其对(多语言)人类语言处理的影响中获益。随着术语工作的不断发展,为术语管理项目服务的技术工具和更复杂的工作台也会更加完备与成熟。

作者注

注1：我们将"类别"（category）和"概念"（concept）区分为两种"理解单元"（units of understanding）（Temmerman 2001）。只有极少数的"理解单元"似乎没有原型结构，因此，可以称之为概念。而具有原型结构的那些"理解单元"我们称之为"类别"。

注2：FFPOIROT 项目（the FFPOIROT project）（IST 2001 – 38248）得到了欧盟委员会（the European Commission）第五个框架计划的支持。其主要目的是建立一个本体，以检测和防止在增值税流程、证券交易，以及投资、银行和保险服务中的欺诈行为。

注3：由布鲁塞尔 CVC 研究助理克雷曼斯（Koen Kerremans）创造的一个术语。

注4：我们要感谢威尔（Patrick Wille）和德迈耶（Isabelle Desmeytere）为我们提供了 VAT 管理领域的范例（http://www.vatat.com/www/en/vatapp.htm）。

参考文献

［1］AGNESUND M, 1997. Representing culture-specific knowledge in a multilingual ontology — an objectoriented approach［C］// Proceedings of the workshop on ontologies and multilingual NLP, Nagayo, Japan.

［2］BARRIÈRE C, 2001. Investigating the causal relation in informative texts［J］. Terminology, 7(2)：135 – 154.

［3］BERNERS-LEE T, HENDLER J, LASSILA O, 2001. The Semantic Web［J］. Scientific American, (5)：34 – 43.

［4］BOURINGAULT D, JACQUEMIN C, L'HOMME M-C, 2001. Recent Advances in Computational Terminology［M］. Amsterdam/Philadelphia：John Benjamins.

［5］BRYAN M, 2002. MULECO-Multilingual Upper Level Electronic Commerce Ontology. CWA Version 4.0.

［6］CABRÉ M T, 1999. Terminology. Theory, methods and application［M］. Amsterdam：John Benjamins.

［7］CABRÉ M T, 2000. Elements for a theory of terminology：Towards an alternative paradigm［J］. Terminology, 6(1)：35 – 57.

［8］DANCETTE J, RHÉTORÉ C, 2000. Dictionnaire analytique de la distribution. Analytical dictionary of retailing［M］. Montreal：Les Presses de l'Université de Montréal.

［9］FERNANDEZ M, GÒMÉZ-PÉREZ A, JURISTO N, 1997. METHONTOLOGY：From Ontologica Art Towards Ontological Engineering Workshop on Ontological Engineering. Spring Symposium Series. AAAI97 Stanford, USA.

[10] GÒMEZ-PÉREZ A, FERNANDEZ M, DE VICENTE A, 1996. Towards a Method to Conceptualize Domain Ontologies[C]// Workshop on Ontological Engineering. ECAI'96, 41 – 51.

[11] JARRAR M, MEERSMAN R, 2002. Formal Ontology Engineering in the DOGMA Approach[C]// 1st International Conference on Ontologies, Databases and Application of Semantics (ODBASE' 02),Lecture Notes in Computer Science, Vol. 2519, Springer-Verlag, Berlin, 1238 – 1254.

[12] HALPIN T, 2001. Information Modelling and Relational Databases. From Conceptual Analysis to Logical Design[M]. San Francisco: Morgan Kauffman.

[13] HOVY E, IDE N, FREDERKING R, et al, 1999. Multilingual Information Management: Current Levels and Future Abilities. A report commissioned by the US National Science Foundation and also delivered to the European Commission's Language Engineering Office and the US Defence Advanced Research Projects Agency.

[14] LAUSER B, WILDEMANN T, POULOS A,et al, 2002. A Comprehensive Framework for Building Multilingual Domain Ontologies: Creating a Prototype Biosecurity Ontology[C]// Proceedings of the International Conference on Dublin Core and Metadata for e-Communities. Firenze: University Press, 113 – 123.

[15] MEYER I, SKUCE D, BOWKER L, et al, 1992. Towards a New Generation of Terminological Resources: An Experiment in Building a Terminological Knowledge Base[C]// Proceedings of the 14th International Conference on Computational Linguistics (CO-LING'92) Nantes, France, 956 –960.

[16] PEARSON J, 1998. Terms in Context[M]. Amsterdam/Philadelphia: John Benjamins.

[17] PIANTA E, BENTIVOGLI L, GIRARDI C, 2002. MultiWordNet: Developing an aligned multilingual database[C]// Proceedings of the First International Conference on Global WordNet, Mysore, India.

[18] SAGER J C, 1990. A practical course in terminology processing[M]. Amsterdam: John Benjamins.

[19] SCHMITZ K-D, 2001. Criteria for Evaluating Terminology Database Management Programs[C]// WRIGHT S-E, Budin G. Handbook for Terminology Management(Vol 2). Amsterdam/Philadelphia: John Benjamins.

[20] SURE Y, STUDER R, 2003. A methodology for Ontology-based Knowledge Management[C]// DAVIS J, FENSEL D, VAN HARMELEN F. Towards the Semantic Web. Ontology — Driven Knowledge Management. New York: John Wiley & Sons, 33 –46.

[21] TEMMERMAN R, SIMONIS F, LUYTEN L, 1990. Terminologie: een methode[M]. Leuven: Acco.

[22] TEMMERMAN R, 2000. Towards New Ways of Terminology Description. The sociocognitive ap-

proach[M]. Amsterdam/Philadelphia: John Benjamins.

[23] TEMMERMAN R, 2001. Sociocognitive Terminology Theory[C]// CABRÉ M T, FELUI J. Terminologia y cognición. Barcelona: Pompeu Fabra.

[24] TEMMERMAN R, 2003. Innovative Methods in Specialised Lexicography. Terminology,(19): 117 – 135.

[25] TEMMERMAN R, KERREMANS K, TUMMERS J. Termontography: a unit-of-understanding approach.

[26] VILLEGAS M, BEL N, LENCI A, et al, 2000. Multilingual linguistic resources: from monolingual lexicons to bilingual interrelated lexicons[C]// LREC 2000 2nd International Conference on Language Resources & Evaluation.

[27] VOSSEN P, 1998. EuroWordNet: A Multilingual Database with Lexical Semantic Networks[M]. Dordrecht: Kluwer Academic Publishers.

[28] VOUROS G, EUMERIDOU E, 2002. Simple and EuroWordNet. Towards the Prometheus ontological framework[J]. Terminology, 8(2): 245 – 281.

本体定义①

C.罗什 著　邱碧华 译

摘要：当今时代，人们在数据处理环境中对术语的操作，再一次把概念推到了最受人关注的位置上，人们自然会提出这样的问题：我们应该如何对概念进行定义并采用计算化的方式对其进行表示？在这个话题范围内，从知识工程的意义上（即专业领域概念化的形式规范），"本体"（ontologies）的建造则为概念系统的建模铺平了道路。然而，出于同样原因，将"本体"置于术语工作的核心，并使其成为术语工作的起点，这也就意味着，我们需要对术语原则和方法进行重新思考；同时，这也提醒我们必须考虑到这样的事实：那就是"专业领域知识"所起的重要作用。术语学不仅仅是专业词典编纂学，也就是说，我们不能把某个概念简化成是通过其外在语言特性而表达出来的术语。通过承认术语（terminology）"概念维度"和"语言维度"这双重维度——术语学既是有关（客体）对象（objects）的科学，又是有关词（words）的科学——采用"本体"建造的方式，我们则在用自然语言（即术语的语言学解释）表达的术语定义与使用形式语言表示的概念定义（概念的形式化规范，它的本体定义）之间做出了区分。这是既可以对领域知识进行标准化同时又能维护其语言多样性的唯一方式。

关键词：术语，术语操作，本体，词定义，事物定义，本体定义，概念，形式语言

　　"因为词语是我们思想的符号，所以，自然语言中所固有的系统必须建立在我们知识所固有的系统之上。"

——Etienne Bonnot de Condillac, Grammaire, Chapter Ⅱ.

---

　　① 这篇文章的英文名为"Ontological definition"，作者为国际标准化组织 ISO/TC 37 术语标准制定负责人之一、法国标准化协会术语委员会主席、萨瓦大学（Université de Savoie）教授罗什（Christophe Roche）先生。原文收录在由本杰明出版公司（John Benjamins Publishing Company）2015 年出版的《术语学手册》（*Handbook of Terminology*）一书中，此部术语学论著由科卡尔特（Hendrik J. Kockaert）和斯图尔斯（Frieda Steurs）两位教授主编（"Ontological definition"，*Handbook of Terminology*. edited by Hendrik J. Kockaert and Frieda Steurs）。

1　信息社会：为什么必须对术语进行操作？

今天的数字化社会已经深刻改变了我们的工作方式。这也为围绕术语所展开的数据处理实践活动铺平了道路。翻译工具、语义和多语言的搜索引擎、知识管理、数字图书馆、专业百科全书等，所有这些手段的运作都依赖于术语操作，也就是：要对它们的概念进行计算化的表示。实际上，我们不应该把自己局限于在词汇维度上对术语进行处理（无论多么复杂）而不考虑术语的含义（meaning）。因此，当查找数据时，人们越来越多地不仅仅是查找关键词或者其他类似的与语言和统计相关的信息。这些海量的信息必须通过与一种外部的结构相关联而进行组织，而这种外部结构本身则与专业领域的知识直接相关[注1]。这一理念既适用于"语义网"（semantic web）（Berners-Lee，Hendler，Lassila 2001），也适用于"语义搜索引擎"（semantic search engine）（Kiryakov 等 2005）。

将概念系统实现与计算机化表示（computational representation）相关联的形式化，这种方法为术语学的发展开辟了新的视角：翻译工具（例如，用于检索语言等效物）、查找信息的新方法[充分利用概念系统的逻辑属性（更具体地说，就是演绎推论）]和新数据处理范例的出现，例如，数据内部储存的交互式导航（Tricot 等 2006）。在这一方面，从知识工程的意义上看，"本体"则构成了实现术语可操作化的最有希望的途径之一。

依据特定的目标进行定义，知识工程的"本体"是专业领域概念化[注2]，它描述了所涉及的实践群体的现实。"本体"本身不是术语（集）（terminology）[注3]（它没有整合术语的语言维度）。它是概念化术语系统（notional terminology system）的一种可能的建模形式。近些年来出现的例如"术语本体编纂学"（termontography）（Temmerman 2000）和"本体术语学"（ontoterminology）（Roche 等 2009）这样的新词[注4]，所体现的不仅仅是人们对本体方法的兴趣。正如我们将要看到的，就像"本体术语学"所做的那样，将"本体"作为术语活动的核心和基础，这会对术语学理论和方法本身的发展产生影响。通过保证语言的多样性（语言无法标准化），"本体"把概念第一性放在首要地位，并引入"概念的本论定义"（ontological definition of concept）这一理念。它包括形式化（formal）和结构化（constructive）这两个方面[注5]，而与用自然语言书写的术语定义（也就是语言学上的解释）[注6]相对。

2　术语："语言"和"概念"双重维度

前面我们已经同意 terminology 具有"语言"和"概念"这双重维度的观点[没有概

念就没有术语（term）[注7]]，也同意概念的额外语言性质（extra linguistic nature）（概念不需要术语而存在）。然而，对于这两个维度之间可能存在的联系，人们却未能达成一致性意见。因为并不是所有的人都承认语言特性是概念之外的东西[注8]。自 20世纪 90 年代后期以来，由于描述性术语学方法所获得的无可争议的成功，术语学经历了一场语言学的转变[注9]。虽然这可能对强化"概念依赖语言"的想法不起什么作用，但是，它肯定提高了借助科学和技术话语（语篇）（discourses）对概念进行定义的能力，这些话语/语篇所传达的是专业领域的知识。似乎突然之间，指称对象的语言表达（linguistic utterance）变得比了解这些对象可能是什么更为有趣："存在"（being）代表的是"被说（表达）出来的"（being uttered）而不是"被思考的"（being thought），这样做则是把术语学简化成了专业词典编纂学。

近些年来，比较流行的术语学描述性方法都很有吸引力，在方法论意义上也不乏科学性。词汇是客观性的数据，人们可以应用科学性的方法（无论是统计学方法[注10]还是语言学方法[注11]）来提取词汇网络。然后，通过假设术语表示（denote）概念［实词与物质性对应（substantives vs. substances）］，通过语言关系把概念关系转化成了语言［用"上下义关系"（hyperonymy）表示"包含关系"（subsumption）；用"整体－部分关系"（meronymy）表示"分体关系"（merology）］，概念网络可以从词汇网络里推导出来，偶尔也建立一种"本体"，以便从文本中提取信息（Aussenac-Gilles，Soergel 2005；Buitelaar，Cimiano，Magnini 2005；Daille 等 2004）。

然而，从文本中提取的概念系统与由形式语言领域的专家们直接定义的概念网络并不匹配（见图 1）[注12]："语言的词汇并不反映世界的科学性方法。"（Rastier 2004）"说"（uttering）和"构想"（conceiving）是两种不同的活动，它们动用的是不同的知识、不同的符号（sign）系统，也由不同的规则管理着："说话不是建模。"（Roche 2007）

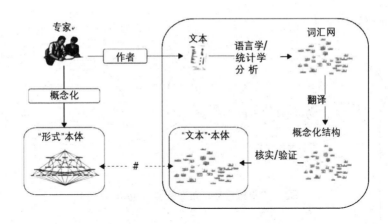

图1　"形式本体"对"文本本体"

(Formal ontology vs. Textual ontology，Roche 2007)

　　实际上,术语可以像话语中的任何其他词汇一样供人们使用,并且可以导致构建一个"所指"(signified)[语言符号的含义(signifié)][注13]。然而,术语的特性之一则在于它具有作为符号的能力[注14],它完全可以在话语之外让人们对专业领域进行深入了解。换句话说,索绪尔的"符号模型"(the Saussurian sign model)(Saussure 1966)无法把握术语(terminology)所能调动的所有理念/概念(notions)。与人们通常所说的"语言学转向"相反,术语学不仅仅是专业词典学。术语学本身就是一门科学学科,术语学的主要目标仍然是了解世界和对现实进行组织,然后找到"正确"的词语对此进行谈论。

　　与"能指"(signifier)[语言符号的发音 (signifiant)]和"所指"之间的关系是语言学中固有的关系一样,概念与(客体)对象之间的关系也是术语学和认识论本身所固有的。换句话说,"所指"不一定等同于概念。同样,术语[专业词汇单元(specialized lexical unit)]也不应该与概念的名称(name)[形式化系统的标识符(identifier)][注15]画等号。概念化可以采用自然语言表达,也可以采用形式语言进行表达。"双重符号三角形模型"(a double semiotic triangle)有助于我们阐明不同理念/概念之间的关系,在其中,有一些理念/概念可以追溯到术语学的概念维度(本体论),而其他的(理念/概念)则可以追溯到术语学的语言维度[专用语言(language for specific purpose,LSP)]。在实践运用这一理念下,则捆绑了所有有助于建构一个"所指"的东西,例如说话者(包括了写作者和读者)的意图(见图2)[注16]。

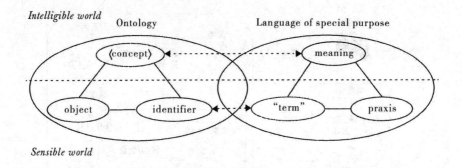

图2 "双重符号三角形模型" (Roche 2012)

如果不存在没有"能指"[语言符号的发音(在这里指"术语")]的"所指"(语言符号的含义),那么,概念也不需要术语"存在"。(实际上)存在着一些有效的概念,它们并不具有指称(designating)自身的术语[注17](语言的经济性原则)。对于定义概念系统而言,这样的概念是必不可少的;但对于这个概念化过程可能形成的不同话语来说,它们却不是不可或缺的。反过来,这又在纯粹语义(学)的角度上,产生了对这些概念进行识别的问题。鉴于这种语言(学)上的空白,概念化的结果很可能是不完整和具有偶然性的,更不要说错误的概念化了。

一方面,通过对术语(涉及自然语言)和"所指"进行分离,而另一方面,将概念的名称和它的形式化定义(涉及形式化系统)[注18]进行分离,这样的"双重符号三角形模型"就消除了"一对一"对应关系[双重 – 单义性(bi-univocity)]("一个术语/一个概念"和"一个概念/一个术语")的束缚。只要概念化不是语言学的问题,而是科学的问题[因为它试图在语言之外(extra linguistically)对现实"建立模型(建模)"][注19],它就是(可以)标准化的。自然语言本身无法实现标准化,术语可能是多义的。与所有科学学科一样,人们必须对某些因素达成共识,在这里,就是概念的形式定义及其标识符(identifiers)。只有这样,语言的多样性才可能得以保留,而且,只要我们共享相同的世界观(概念化)(conceptualization),大家就可以更为轻松地去创建多语言的术语和语言对等物。

3 定义:名字/名称、词和事物

在语言学之外的领域中,术语学在术语(terms)、专用语言单元(units of language for specific purposes)与概念、理解单元之间建立了关系(见图3)。

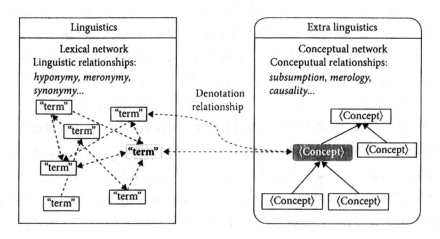

图3　"语言网络"对"概念网络"

在术语学中,"定义理论"(the definition theory)侧重于三个理念/概念:术语(term)、概念,以及术语和概念之间的关系[注20]。于是,就产生出了下面的区别:

(1) 作为一个词,一个"术语定义"(term definition)[词定义(word definition)]是在话语中给出了词的含义:"根据普通语言实践对词的含义进行解释"(Arnauld,Nicole 1996)[注21],"用法归因于其含义的表明"(indication du sens que l'usage lui attribue)(*Dictionnaire de l' Académie française* 2009,lexicology)。在描述性术语学中,人们可以考虑借助用法获得的"词"的内涵/含义信息(connotative information)进行"术语定义",也就是"思维与事物的基本思想相联系的偶然性思想"(the incidental ideas the mind connects to the principal ideas of things)(Arnauld,Nicole 1996),但是,这一点却被规定性术语学在其标准化方法中忽略掉了。

(2) "名称定义"(name definition)将术语与概念任意连接在一起。这并不是因为"名称定义"可以被视为一项原则、一种假设(尤其是在规定性的术语学中),以至于所指称的概念的定义(definition of the denoted concept)(事物定义)(thing definition)也可以作为一种假设提出。即使如此,鉴于符号的任意性质,"名称定义"的前提则是,概念系统在语言系统之上具有一定的独立性,但是我们必须重视通过习惯用法而附加在术语上的现有含义:"在没有任何缘由需要进行重述的情况下,我们不应该对已经接受的定义进行更改。"(Arnauld,Nicole 1996:64)名称定义所具有的优点是:它使我们可以选择一个术语作为符号,从而获取到专业领域的知识。它有助于我们将在习惯用法中用于 designate(指称)的"术语"与话语之外进行 denote(表示)的术语区分开来[注22]。后者直接与概念相关联,有的时候,我们也会采用"概念的名称"(names of the concepts)[似乎很像标签(label)]对它们进行标识。如果仅仅因为我们同意接受某个名字本身(语言符号具有任意性,或者从习俗上看这个名字是正确的),这并不说明这个名字是适当的;它在本质上也必须是适当的[注23][名称在本质上的正确性(事物是什么)],也就是我们还要尊重现存的语言用法。

(3)"事物定义"与术语所表示的对象有关。它的目的是帮助人们理解在给定的知识理论中,对象是什么(对象的性质):"定义表明了事物是什么"("la définition fait connaître ce qu'est la chose")(Aristote, *Les Seconds Analytiques*, II, 3, 91a)。因此,在《法兰西学院词典》(*Dictionnaire de l'Académie française*)(2009)中,从逻辑学意义上,人们将其定义为"精神/智力的运作,我们以此来确定构成本质、事物本性的一系列特征;这种运作的结果;在命题当中对这些特征进行表述"("opération de l'esprit par laquelle on détermine l'ensemble des caractères constituant l'essence, la nature d'une chose; le résultat de cette opération; énonciation de ces caractères dans une proposition")。

即便"'词语定义'(word definitions)受到了约束,并被限定在表示用法(usage)的真实性而不是事物的真实性"(Arnauld, Nicole 1996:66),"术语定义"和"事物定义"仍然存在着紧密的联系。约翰·斯图亚特·米尔(John Stuart Mill)(1988年)在他的《逻辑系统》(*System of Logic*)中[注24],不仅将"定义"(definition)视为"仅仅是引入语言用法",而且还把"下定义"(defining)看成是"在对象的所有特征中,选择我们认为名称应该涉及和用作对其进行解释的特征"。"术语定义"和"事物定义"之间的区别在于:前者是一种语言解释,(陈述的)是话语中的词义;而后者,从本质上来说,则是"本体定义"(ontological definition),因为它是以它所指对象的存在为前提的。在这里,"内容"(content)传递的是"对象是什么"(对象的性质),而不是显示指称该对象的术语的用法。进行"本体定义"的科学方法,其目的是要构建"概念的模型"(model of the concept):一种与我们对于这个概念所拥有的思想相对应的表示形式。

"本体术语"(ontoterm)这一理念/概念则将术语和概念连接了起来,也使得我们对三种类型的定义进行分组具有了可能性(见图4)。

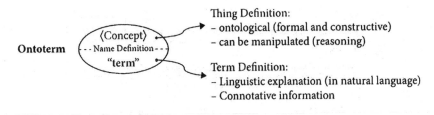

图4　本体术语

在这篇文章的框架内,我们只关注作为"本体定义"的"事物定义"。

4　本体定义:认识论和形式化

正如我们已经看到的,术语学既是(客体)对象的科学,又是术语的科学。它无法理性地绕开专业领域的事先概念化(the prior conceptualization):"生产术语需要了解专业领域中支撑人类知识的概念化。"(ISO 704 2009)对专业领域进行概念化是一项科学活动,也就是将现实置于秩序之中,它依赖于某种概念系统,利用这个系统人们可以理解出现在现实中的事物多样性。在这个方面,本体(在知识工程的意义上)则构成了构建和表示概念系统的最有希望的途径之一。术语在其概念上引出了两个问题:①其背后的概念理论(concept theory);②定义概念的表达语言。这两个问题是相互依赖的,因为没有语言就无法表达任何知识;而且,所使用的语言,必须能够表达构成概念理论基础的认识论原则。正如我们将要看到的,并非所有的形式语言都具有同等的价值。

为了说明我们的观点,让我们以维斯特(Wüster)著名的《机器工具词典》(*Machine Tool Dictionary*)(1968 年)为例(见图5)。在这部词典中,专业领域的知识显然与示意图相对应。在这里,采用技术(或者工业)"图纸"对需要识别的领域概念进行了表示。这些示意图是借助一种形象化的语言来定义的,这种语言是一种受标准化协议/惯例约束的形式语言。采用自然语言(英语和法语)书写的定义仅仅是语言(学上的)解释,它们是对形式(化)定义(图纸)的释义,它们仍然是关于概念的话语(discourses)。与形式(化)定义相反,它们既不定义概念也不表示概念。

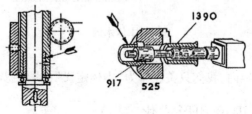

236   UDC 621.822.5,1 f1

guide bush(ing); guiding bush: A bushing (234) serving as guide (547, 528)
for a cylindrical rotary element (209) which is subjected to very small radial
stresses.

douille de guidage; manchon pilote; bague de guidage: Coussinet en une
pièce (234) servant de guide (547, 528) à un élément (209) cylindrique en
rotation et soumis à des efforts radiaux très faibles.

Vide spec. fig. 915

图5   机器工具:跨语言的基本概念词典（Wüster 1968）

4.1   概念理论–认识论原则

如果没有作为其基础的概念理论,或者说得更广义一些,没有作为其基础的知识理论(knowledge theory),术语就不可能存在。为了构建术语的概念系统,人们就必须首先对专业领域进行了解,对"居住"在"现实"中的对象进行建构和组织,然后再提出一种表示形式(见图6)。

理解"世界"   表示"世界"

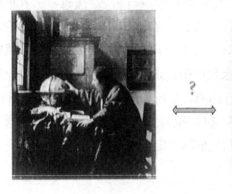   ?

⇒认识论原则   ⇒表示语言

图6   对世界的理解和代表:术语(学实践)的两种关键性活动

理解专业领域并对其进行概念化[采用标志理论(logo theory)进行表示][注25]依赖于思想的分类(categories of thought)(某个群体、某种文化共享的认识论原则)。

因此,我们将"单数知识"(singular knowledge)[注26]与"复数知识"(knowledge of a plurality of things)区分开来。单数知识,即在另一种(知识)内部永远不可能相同的知识,通过典型特征(属性)(attributes)对个体(对象)进行描述[注27]。这些属性被赋予了一个值(至少被赋予了一个值),例如,对象的颜色、水轮机的功率。一个对象属性所具有的不同的值,并不会使这个对象变成其他对象(在本质上),而只是在这个对象上附加了另一种特性(特征)(quality),从而描述了同一个对象的不同可能性状态。我们在这里说的是 description(描述),而不是 definition(定义):对象是被描述的,而概念是被定义的。

另一方面,"复数知识"[通常称为"概念"(concepts)],则是为了对存在于现实中的"对象"进行建构和组织。一个概念对应于一个"抽象和一般性的思想/观念"(idée abstraite et générale)(*Dictionnaire de l' Académie française* 2009)、一个"对某个对象进行的抽象和一般性的心理表示"(représentation mentale générale et abstraite d'un objet)(Le Petit Robert 1994)、"在思想中形成的某种东西;思想;一般性的观念"(*The Collins Dictionary* 1987)。在国际标准化组织的术语标准 ISO 704(2009)中规定,概念是"知识单元"(units of knowledge),而且"应该把它视为在专业环境或者专业领域中对象的心理/思想表征"。一个概念不仅仅是一个"思想单元"(unit of thought),我们认为,它也是一个"理解单元"(unit of understanding),也就是说,一个可以理解现实中的多样性[照字面上讲就是"被放在一起的事物"(what is taken together)]的单元(Depecker, Roche 2007)。

简而言之,概念通过对相似的对象依据它们的共同点进行分组,来帮助人们对现实进行组织[注28]。结果就是"智力表示允许根据抽象和一般性的确定,而不是根据具体的奇异性来对准真实"("représentation intellectuelle permettant de viser le réel suivant des déterminations abstraites et générales et non dans sa singularité concrète")(Baraquin 等 1995)。概念是遵循相同规律的"复数知识"。

依据这种规律的性质,我们可以使用各种不同的方法来理解某个概念,从而可以更好地对专业领域进行理解。

换句话说,我们可以对在描述上相类似(具有相似的结构)的对象发生兴趣,并以一组共有的属性(描述性特征)为基础来使用概念:"解释稳定的共同特征集合的思维结构"("construction de l'esprit explicitant un ensemble stable de caractères communs désigné par un signe verbal")（ *Dictionnaire de l'Académie française* 2009 ）、"通过唯一的特征联合体创建的知识单元"（ISO 1087 – 1 2000 ）[注29]。概念通过将属性分解为潜在的、多个层级的关系（a potentially multiple hierarchical relation ）[注31]，而将自己组织到系统中去[注30]，从而使一个概念成为具有相同结构的"复数知识"（描述 ）。

　　并非是由于一个概念是通过唯一的特征联合体来定义的，因此必然才会有相反的情况——并非所有的特征联合体都定义了一个带有意义的概念。所以，概念远不是将特征进行分解了的结果；它还必须诠释（translate ）它所包括的对象的性质。因此，就需要我们在"所描述的"［即描述对象的各种可能性状态（颜色、速度等）的属性］和"所定义的"［即诠释对象性质的本质特性（例如对于＜人类＞而言的"不能永生的"（mortal ）］之间进行区分[注32]。这些本质特征将概念（通过定义和划分）组织成简单的层级结构[注33]，这些层级结构定义出了一个骨架，而描述对象的属性将其自身事后附加了上去。这样做的"原型"则是依据亚里士多德式的"种差加属"的定义和"具体的种差"。这样，就把一个概念变成了具有相同性质的"复数知识"。

　　但是，这些并不是对世界对象进行组织的唯一方式。我们还可能决定对那些在性质和结构上可能不同的对象进行分组，以验证相同的（逻辑）属性（例如，一组颜色是红色的对象，其中依据颜色属性的红色值，可以将"我叔叔的法拉利跑车"和"我午饭吃的是苹果"分在一组 ）。在这种情况下，概念是根据其逻辑属性的定义进行建构的［属性的"合取"（conjunction ）对应于"多个"层级结构，而属性的"析取"（disjunction ）对应于概念的重新组合］或者根据概念的外延（extensions ）[注34]进行操作［例如，相交/交集（intersection ），这与"合取"对应］，从而使一个概念成为验证同一属性的"复数知识"。

　　同样，我们可能希望根据对象之间的相互关系［例如，联想关系（associative relations ）］[注35]来对对象进行组织，从而把重点更多地放在外部关系上而不是放在内部关系上。组成关系（composition relations ）、功能关系或者因果关系都是这样的例子，由此使一个概念成为"连接对象的多种知识"（就像在前面的情况下，把属性扩展到关系方面 ）。

　　正如我们所看到的，"复数知识"有着不同的类型。遗憾的是，人们常使用"概念"这同一个词来指代这些不同的情况。这样做则会引起许多误解——有些人甚至认为概念的边界是模糊的，而且把"集合"（set ）和"概念"混为一谈[注36]，甚至把"分级"（classification ）和"概念化"（conceptualization ）这两个极不相同的操作加以混淆。这非常令人遗憾，因为我们的词汇量足以把各种理念/概念表达出来："类别"（category）、"家族"（family）、"概念"、"等级"（class）、"集合"和"组"（group）等。

要对专业领域进行更好的理解,则依赖于不同类别的思想,即:①单数知识(事物、对象和个体)和复数知识(集合、概念、种类等);②本质特征(特殊差异)和描述性特征(特性、偶然性);③内部关系(组成)和外部关系(功能、因果关系、关联/联想等)。因此,我们可以区分出不同的定义类型,这具体取决于我们的关注点是什么:

（1）对象的性质,这是定义固有的——"更精确的定义是通过事物的本质属性来解释事物的本质"（Arnauld，Nicole 1996:126）。

（2）对对象的描述,在这种情况下,我们说的是"描述",而不再是"定义"。"不那么精确的定义,我们称之为描述;根据适合某种事物的偶然性而提供给我们的、关于这种事物的一些知识,足以让我们对其进行确定并将其与其他事物区别开来。"（Arnauld，Nicole 1996:126）

（3）对象的组成——"有时,我们也根据构成整体所必需的组成部分来进行定义,例如,当我们说一个人是由头脑和身体组成的事物的时候"（Arnauld，Nicole 1996:126）。

（4）对象之间的关系——"在原因、事情、形式、目的等方面也存在定义或者描述"（Arnauld，Nicole 1996:126）。

（5）更一般地说,涉及对象的属性,包括其定义、描述、组成及其与其他对象的关系。

4.2　表示语言（表示形式）

在本质上,概念是存在于语言之外的。为了对它们进行定义,我们则需要一种特定的语言[注37];术语学中使用到的有关概念系统的图形表示法（graphic notation）就是一个例子（Kockaert 等 2010）[注38]。概念定义（concept definition）语言必须满足三个标准:

（1）支持所选知识理论的认识论原则;

（2）要对概念进行一致性的定义[注39],其解释也必须是客观的[注40];

（3）产生一个概念和概念系统的表示,这些表示与我们所拥有的想法相对应,而且具有可操纵性(重写系统、计算化模型)。

形式语言(即句法和语义经过明确规范的语言)的使用是强制性的。

在这里,定义是客观的,因为它们的形式、解释和操作都受到理论的支配[注41],而不依赖于个人的解释。它们在本质上是一致的(尤其是对于依赖逻辑的语言而言)。

除此以外,还有假设－推论(hypothetic-deductive)的方法,其中,接受假设和规则即意味着接受它们的结构[注42]和对它们进行的解释——"科学是一门精良的语言"(Condillac 1780)。形式化定义是构造性的,因为它们能产生可以操纵的"概念表示"(concept representations),尤其对于可以由计算机理解的语言(计算建模)而言。

但是,并非所有用于概念定义的形式语言都具有同等的价值。它们不一定都具有相同的功能,也不一定能提供同样的保证,这主要体现在以下方面:①表现力(构成认识论原则的基础);②达成共识的能力;③验证逻辑属性(如一致性);④创造可使用计算机进行计算表示的可能性;等等。简而言之,这些因素决定了实际的可操作性,因而也就制约了各种术语的使用。

4.2.1　逻辑

以逻辑为基础的语言具有特殊地位。借助清晰、精确的句法和语义规则,它们可以保证定义具有某些人所期待的理想化特性,例如客观性和连贯性。这类逻辑语言普遍具有的"形式主义",使它们成为理想化的"交换形式"。最为重要的是,正是"概念"和"关系"的理念,才使得逻辑成为一种重要的语言。以公式(wff)表达的概念,是具有真值的一元函数,即一元谓词,如 Man(x)。说到关系,它们则是围绕几个参数的真值函数,如 Child(x,y),其中 y 是 x 的 Child(孩子),又如 Color(x,y),其中 y 是 x 的 Color(颜色)(Frege 1971:99)。由于逻辑的表达能力强,因此,它们更容易定义。其结果就是,人们可以以合取和析取为基础对概念进行定义,甚至通过否定先前定义的公式来定义概念。根据"包容关系"(relation of subsumption),我们可以构建概念;在包含(概念)外延的基础上,我们可以定义概念[注43]。通过结合现有概念来定义概念,则会产生图 8 的网络,这个网络把概念 From (x)定义为概念 Independent(x)和 Abstract(x)的"合取":

$$From(x) \equiv Independent(x) \wedge Abstract(x)。$$

逻辑还可以使用推理机制和计算化的模型。基于逻辑的语言可以对术语进行操作,并为其配备验证工具和开发过程。

以个体化的思想、概念(一系列的个体)和角色(个体之间的二元关系)为基础的"描述逻辑"(description logic)[注44](Baader 等 2003),就是这种语言的一个例子。在这里,概念是在构造函数的帮助下获得定义的,例如概念合取、概念否定和作用限制(role restriction)(主要是把个体放入关系和数字中)。"描述逻辑"提供两个基本操作:"分级"(classification)有助于确定概念在层级结构内的位置(在构建和更新概念的层级结构时,特别用到这种操作),而"实例化"(instantiation)则可以确定在(代表)

这些概念的个体当中,哪一个个体可以用作一个实例。

　　一方面,把一个概念视为一个真值函数——一个概念是"复数知识",这些事物验证了相同的逻辑特性;而另一方面,以关系的形式对对象的特征进行建模,逻辑则展现了相当强大的表达能力[注45]。这实际上已变得不可或缺。

4.2.2　源自人工智能的语言

　　现代逻辑(数学)所获得的巨大成功,主要归因于:人们对认识论和语言学的关注,已经转向到对一种抽象符号形式化的操纵系统(没有含义)的关注。取得这种成功的原因,并不在于其公式的易理解性(顺便说一句,它并不过分复杂),而是在于它的现实性方法。对象不再由其性质来定义,而是由它们与其他对象之间的关系来定义。它们不再处于底层(substrata)、作为特征的支持而存在,而是分裂为多种关系,而不用从非本质的关系中区分出本质的关系[注46]。

　　源自人工智能的知识表示语言,它们以更为易读的格式,从认识论和计算机化的角度来看,都具有令人感兴趣的特征。在这种情况下,概念或者等级(class)[注47]是具有相同结构(描述)的"复数知识"。一个对象,在例证(exemplification)的意义上也称为实例(instance),它是基于某个"等级"而创建的,这个"等级"根据属性(例如,搅拌机的搅拌能力和发动机功率)和构成(搅拌机由发动机和搅拌轴组成)来描述这个对象的结构(见图7)[注48]。换句话说,同一等级的所有对象都具有相同的结构,但是它们的属性值(其状态)不同。

　　　　(种类〈机械 – 搅拌机〉

　　　　　　(是 – 一种〈高架 – 搅拌机〉)

　　　　　　(是 –〈发动机〉〈搅拌机〉〈轴心〉)

　　　　　　(插槽((搅拌 – 数量 – 最大极限:值)

　　　　　　　　(发动机 – 等级 – 输入:值)

　　　　　　　　……)))

图7　采用功能语言对 <机械 – 搅拌机> 这一概念所下的定义

　　通过一般化/专业化关系(generalization/specialization)将"等级"构造成层级网络(hierarchical networks)[注49],其中最具体的等级(the most specific classes)则继承了更具有普遍性的(属)等级(the more generic classes)的属性。

　　最后,实例是计算机化的实体(computational entities)(可以由计算机程序操纵)。源自人工智能的表示语言有着悠久的历史(Brachman, Levesque 1985;Karp 1993)。自1974年(Minsky 1974)出现了实施"框架概念"(或者模式)的第一台计算机起,从

"框架表示语言"（Frame Representation Language，FRL）（Roberts，Goldstein 1977）到万维网联盟（the World Wide Web Consortium，W3C）产生的语言家族，例如，"资源描述框架（RDF）架构"［Resource Description Framework（RDF）Schema］（2004）。还值得一提的表示语言，就是"模式表示语言"（Schema Representation Language，SRL）对关系研究的贡献（Wright，Fox，Adam 1984），以及"知识交换格式"（Knowledge Interchange Format，KIF）所具有的表达能力（Genesereth，Fikes 1992）等，以及 LOOM（ISX 1991）的分类机制。上述提到的一些语言（KIF 和 LOOM）也是以形式化逻辑为基础的。

4.2.3　对表示语言的选择

为对概念进行定义而选择一种形式化的语言绝非易事。运用认识论的原则有助于调整我们对世界的看法。关于论述语言所扮演的现实分割者（divider）角色的"萨丕尔－沃尔夫假说"（the Sapir-Whorf's hypothesis）（Sapir 1968）也同样适用于人工语言，因为定义的连贯性和客观性可以得到保证[注50]。但是，使用同一种语言（而且这种语言具有明确定义了的句法和语义）却绝对不会在人们中间达成共识，人们也绝对不会共享和重复使用这些相同的定义。虽然形式语言是逻辑或者计算机化表示的第一个也是最重要的形式主义，但是，它所奉行的认识论原则却未能让我们兼顾到对某个专业领域实现概念化所必需的不同的知识类型（请参见作者注 46）。

4.3　**本体**

4.3.1　计算建模（computational modeling）

在计算机可理解的形式语言的基础上进行概念系统构建，也就产生了知识工程意义上的"本体"的概念/理念："本体是对概念化的一种规范"，更具体地说，"在知识共享的背景下……本体是对代理者或者代理者群体可能存在的概念和关系的描述（就像程序的形式化规范一样）"（Gruber 1992）。在 20 世纪 90 年代初，本体作为协作工程项目的一部分首次出现（Cutkosky 等 1993；McGuire 等 1993），自那以后，"本体"这一理念变得越来越流行（Staab，Studer 2004）。出现这种景象，部分可以解释为：人们都渴望寻找到可以形成共识且连贯一致、可以实现共享和可以重复使用的概念化（Gruber 1992；Guarino，Carrara，Giaretta 1994）。如今，本体已经成为建模概念系统和实现术语操作的最有希望的途径之一（Roche 2005）。

就本体自身而言，它追求特定的目标并描述实践群体可共享的现实，它也依赖于所使用的方法和表示语言。

图 8 中则显示了"KR 本体"(KR Ontology)(Sowa 2000:498)的顶层概念(类别)(categories),这些概念主要基于查尔斯·桑德斯·皮尔斯的符号学(Charles Sanders Peirce's semiotics)和艾尔弗雷德·诺思·怀特海的"存在类别"(Alfred North Whitehead's categories of existence)。通过结合/合取现有的概念[例如,From(x) ≡ Independent(x) ∧ Abstract(x)],我们可以在逻辑中定义概念(虽然定义更专业化的概念可能需要更加复杂的逻辑表达式)。

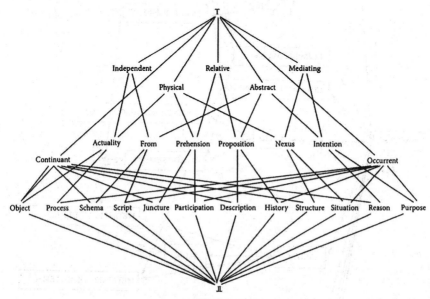

图 8　索娃的"KR 本体"(Sowa 2000:498)

图 9 则从另一方面展示了一种通过"框架语言"(frame language)定义的本体("框架"由一组描述该概念所容纳的对象所具有的属性进行了定义),这是一种半形式化的知识表示语言(a semi-formal knowledge representation language)。Mikrokosmos 是一种在层级图(hierarchical graph)中通过"is - a"关系对概念进行结构化的顶层本体(top level ontology)。

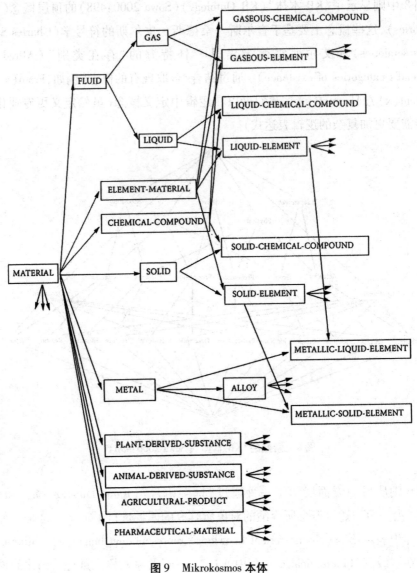

图 9   Mikrokosmos **本体**

"本体网络语言"(Ontology Web Language，OWL)(Dean，Schreiber 2004)就是一种本体定义语言。"本体网络语言"本身是万维网联盟的产物，以描述逻辑和一种可扩展标记语言(eXtensible Markup Language，XML)类型的句法为基础。"本体网络语言"本身已经成为一种标准，主要是作为一种交换格式(exchange format)。它是在"Protégé 本体开发环境"(Protégé environment)中实现的，该环境提供了许多可视化工具(见图 10)。

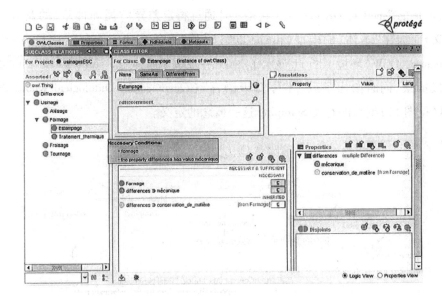

图 10　Protégé **本体开发环境**

4.3.2　方法论手段(methodological approach)

虽然在知识工程的意义上,本体的目标是实现概念化的连贯一致、具有共识性和可以共享,但是,这个目标并不总是能够实现的。"KR 本体"和"Mikrokosmos 本体"之间存在着什么样的关系?这二者真的都可以看成是"顶层本体"(top ontologies)吗?我们如何接受在"Mikrokosmos 本体"中所创建的概念(例如,〈金属－液体－要素〉(Metallic－Liquid－Element)(包含〈金属〉和〈液体〉概念),显然,难道这不会引起人们对事物的本性(nature)(定义)和事物的状态(描述)之间的混淆吗[注51]?

从 ontology 这个词的最初意义上讲,它是一种关于"存在的科学"(the science of being),独立于一个人特定的规定性之外;换句话说,它追求的是以特定的表现形式(状态)对现实进行稳定的描述:"描述"(to describe)不是"定义"(to define)。无论观察者是谁,我们都不再去寻找对象的内在特征(the intrinsic characteristics of objects)(这一点,在今天已经没有什么意义了),而是寻求在特定时间内、对于给定群体而言是本质性的对象的特征上,人们所达成的一致性:"本体"是对"主体间性/交互主体性"(intersubjectivity)的"建模"。

从 ontology 这个词的最初意义上讲,它提供的是一种方法论上的指导。我们现在要做的就是:如果不是使用专门的形式语言来实现"本体"的话,那么,我们至少要在用于概念系统构建的软件环境中实现它。例如,基于"本体知识"模型("Ontological Knowledge"model，OK model)［它是一种通过特定差异("属和种差"的亚里士多德定义)而构建"本体"的模型(Roche 2001)］的"本体构建工作台"(Ontology Craft Workbench，OCW)环境。图 11 显示了一个"专业领域本体"(a subject field ontology)的一段摘录，同时给出了以"本体知识语言"(Language for Ontological Knowledge，LOK)(见图 11)编写的有关 Stamping 这一概念的定义。

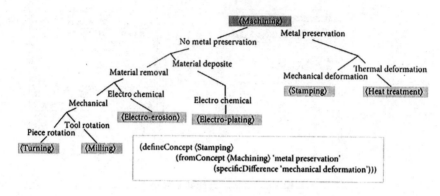

图 11　采用带有 OCW 环境的 LOK 定义的机器加工本体

5　结论：寻求一种术语学新方法

通过术语在语言层面和概念层面上的双重维度，在"术语定义"和"概念定义"这二者之间产生了区别。用自然语言表达的"术语定义"，是一种语言学上的解释；它是一种含义的"标示"(indication of the meaning)，通过"用法"或者"话语"而分派给它所指称的概念。但是，为了对概念语言之外的性质(the extralinguistic nature of the concept)进行定义，我们则需要一种特定的语言，从某种给定的知识理论的角度上看，采用这种语言则可以产生连贯且客观的定义。"概念定义"是一种形式化和构造性的规范，它可以产生可计算的表示形式。

就这一范围而言，知识工程意义上的"本体"，被定义为"概念化的形式规范"，它是对概念化的术语系统及其操作进行"建模"的最有希望的途径之一。然而，如果把"本体"放在术语工作的核心地位上，这势必会对术语学自身的方法和原则产生影响，因此，也就引出了"本体术语学"(ontoterminology)这一概念。

它的第一阶段，则是在专业领域专家的帮助下，以形式语言构建概念系统。但是，在这一阶段上，人们不应该与自然语言相脱离。要进行概念化就必须(先)用言语进行表达或者用文字进行描述。在这一阶段上，对文本进行参照也极有裨益，但请记住,文本本身并不包含概念,它们只包含指称概念的术语的语言用法(也请不要忘记,概念的名称不一定与术语相对应)。

对概念进行定义(这里指它们的"本体定义")依赖于概念理论,这种理论的认识论原则指导着概念系统的构建。从 ontology 这个词的原始意义上讲,正是本体论的方法论贡献,才使得它成为一门"存在的科学"(the science of being)。因此,这就要求人们使用合适的语言,因为并非所有的形式语言都具有相同的功能,也不一定可以提供同样的保证(就表达能力、逻辑属性、可计算的表示形式而言)。

借助"本体",我们可以对"主体间性/交互主体性"(群体在给定时间内共享的概念性知识)进行建模,这种"主体间性"已经经过形式化而提升到了(可以作为)标准的级别。它支持"语言的多样性"(linguistic diversity)[注52](因为,人们长期流传着这样一句口号——"语言无法标准化"),我们仅需要对形式化的"概念定义"达成共识,并对其进行标准化就可以了。最后,作为对现实的实现,本体还可以作为一种指南,为识别那些最终作为术语而保留下来的"专业语言单元"(specialized linguistic units)提供指导[注53]。

总之,如果"概念化"可以采用自然语言去表达,那么,我们就应该采用以认识论原则为指导的形式语言对其进行定义。

作者注

注1:这个想法并不新鲜。为了进行检索和研究,人们借助术语网络通过叙词表索引(thesauri index)["叙词/描述符"(descriptors)——实际上这不是术语,也不是概念]对文献库的内容进行检索。请不要忘记,"ISO 25964 – 1 叙词表标准"(ISO 25964 – 1 thesaurus norm)的最新版本是 2011 年版,这项标准坚持要在概念和指称它们的术语之间进行区分(AFNOR 2013)。

注2:即采用计算机可以理解的形式化或者半形式化(semi-formal)语言所描述的概念及其关系的定义。例如,逻辑或者人工智能中基于模式(schema-based)语言的形式规范(formal specification)。

注3:正如我们有时读到的(Gruber 1992),"词汇集里的术语不是形式化定义的"。"本体"的主要目标确实是了解世界、规划现实,而且,在知识工程的意义上,则是为其提出形式化和计算机化的模型。

注4:例如"社会术语学"(socioterminology)、"术语本体编纂学"(termontography)、"本体术语学"(ontoterminology)等这些新词的出现,说明人们都认识到了术语所具有的语言和概念这双重维度,并依据在这些维度中优先选择哪一个维度,而对自己的观念进行了诠释。就术语(terminology)而言,除了因其在群体交流中具有典型用法,故而它(们)具有社会学意义之外,它(们)是否还具有理解世界的本体论意义? 但是,做这种选择的后果很重要,正如我们将在第 2 节中看到的那样。

注5:与自然语言中术语(term)的定义[它仍然是对概念进行陈述的话语(discourse)]相反,概念的本体定义则是一种构造性定义,因为它构建了可以由形式化系统和/或者计算系统操纵的实体(概念)。

注6:"该术语(term)指称的对象是什么"(事物定义)或者"术语的语言用法"(词的定义)。

注7:根据 ISO 1087 - 1(2000),术语(term)是"概念的语言指称(verbal designation)",也就是"采用某种语言为实践群体实现了概念化的实体所赋予的名称"(Lerat 2009)。术语的功能是"指称/指派给定专业领域内明确识别的概念"(Sager 2000)。

注8:"概念是标准化的'所指'(语言符号的含义)"(Rastier 1995)。

注9:此处提到的"语言学转向"产生了有时称为"文本术语学"的术语学方法。

注10:例如,哈里斯(Harris)(1968 年)的分布分析。

注11:词元化(lemmatization),根据词汇/句法模式提取候选术语:[名称],[名称] + [形容词]等。

注12:毫不奇怪,不是吗? 如果我们的确可以从文本里提取出有用的信息的话——因为我们毕竟是在运用语言谈论世界——那么,理解文本所需要的知识,靠的则是语言之外的定义。因此,只有通过这种与知识的关系人们才能理解诸如省略号、"转喻"和"代名词"之类的言语标记。是啊,如果没有与之相对的语言之外的知识,我们怎么去断定那特定话语背后的概念化,它是与稳定的或者视情况而定的现实划分相对应的呢? 正是靠着这种稳定划分现实的标准,我们才有可能在术语层面上建立起专业词汇单元(specialized lexical units)。换句话说,我们决不能将"(传递)知识的话语"(the discourse on knowledge)与"知识本身"(knowledge itself)相混淆。在所有的术语活动中,我们都离不开专家的参与,这是必不可少的。

注13:在索绪尔的意义上,话语中的价值(一个"词"需要"话语"来获取意义/含义)(Saussure 1966)。

注14:在奥克汉姆的意义上,作为符号,它是对另一个现实的参照:"符号'无所不能',一旦人们理解了它,它就能让人们了解到其他的东西。"(Ockham 1993:6 - 7)

注15:也不要像在某些术语环境中发生的那样,将术语简化为任意的符号(例如,数字),即使从理论上讲这确实可行。在形式化系统中命名概念,需要术语学家和(具体领域)专家的紧密合作。理想的构建方式是,人们只要看到这个术语,便可明白(它所指称的)这个概念在概念系统内部的位置。

注16:"符号的含义(一般而言)需要根据符号使用者的理解(或者应该进行的理解)来进行解释。"(Grice 1957)

注17:我们不应该把 designate 与 denote 相混淆。因为在话语中,人们使用 designate 这一术语[由 ISO 标准定义为"某个普遍概念的言语指称(verbal designation)"](ISO 1087 - 1 2000),而在话语之外,则使用 denote。

注18:我们也不应该将以形式语言表达的"概念的定义"(the definition of a concept)与以自然

语言表达的"术语的定义"(the definition of a term)相混淆,后者仍然是对"概念是什么"的语言解释。

注19:即通过自然语言之外的形式语言所表达的"建模"(modeling)(没有语言就无法表达知识)。

注20:为了区分这两种符号系统(概念系统和语言系统),我们把"概念"写在角形括号之间并以大写字母开头,如⟨Voltage threshold relay⟩(⟨电压阈值继电器⟩);而采用双引号并以小写字母开头表示"术语",例如,"voltage relay"("电压继电器")是首选术语"voltage threshold relay"("电压阈值继电器")——指称⟨Voltage threshold relay⟩(⟨电压阈值继电器⟩)这一概念——的省略表达。

注21:在这里需要提一下 Port-Royal Logic[《逻辑或者思维的艺术》(*Logic or the Art of thinking*)(Arnauld, Nicole 1996)],则是源于它研究定义[尤其是事物的定义(真实定义,real definition)]的两种方式,以及这种逻辑在术语学中所占据(应该占据)的地位。在莱布尼兹(Leibniz)采用"真正的方法"(real method)(lingua characterica)之前,崇尚 Port-Royal Logic 的绅士们坚持认为:"在普通语言中避免词语混淆的最佳方法,就是创造一种新的语言和新的词汇,而且它们只与我们想表示的想法相联系。"(Arnauld, Nicole 1996:60)

注22:在术语的验证/标准化(validation/ standardization)阶段,当专家们建议在利用自动提取工具提取出来的候选术语中,再生成出优先使用的术语(首选术语)(preferred terms)时,人们也可以发现这种区别。

注23:"实际上,每一个对象都是通过名称或者借助可能定义它的公式表现出来的,换句话说,它们可以捕捉到它的本质。"(Porphyre, Comfortaire aux Catégories d'Aristote, 2008, p. 107)

注24:还有人批评了这种对定义的分类,说它是"在寻求真理的一些最重要的过程中,萦绕在人的大脑中的、大部分难懂费解之事的源泉"(Mill 1988)。

注25:与某种理论相关的语言。

注26:"知识:大脑以不同程度的准确性掌握事物的行为。人脑的表征和理解功能。"("Knowledge (connaissance): acte par lequel l'esprit saisit quelque chose, selon des degrés divers d'exactitude. Fonction de représentation et d'intellection de l'esprit humain.")(Baraquin et al. 1995)

注27:在 ISO 1087 - 1(2000)中,"对象"(object)(事物或者个体)这一概念/理念被错误地称为"个体概念"(individual concept)。这一概念在术语学中至关重要。

注28:不过,即便不可能有这样的实例,也可以这样定义一个概念(例如,独角兽、在火星上行走的人)。

注29:"对某个对象或者一组对象的属性的抽象。"(ISO 1087 - 1 2000)

注30:"只有在概念域是结构化的情况下,人们才可能在精神上理解某个专业领域(或者这个专业领域的子领域)"(Felber 1984),"概念并不是作为孤立的知识单元而存在的,而是始终彼此联系着的"(ISO 704 2009)。

注31:具体概念(specific concept)继承了其更为一般的属概念(generic concepts)的属性。

注32：当从对象上把这个特征（characteristic）"切下来"时，这个对象便不再是这个对象了，那么，这个特征就称为"本质的"（特征）。说"本质特征"（essential characteristics）是"本质的"，这与在给定时刻达成共识的知识有关（主体间性/交互主体性）（intersubjectivity）。它与属性相反，人们无法对其进行评估。

注33："矛盾不会在同一事物中同时存在"（Porphyry, Isagoge 1975）。这样进行定义的"种差"的"属"是什么？事实是：我们可以从不同的角度对同一个对象进行分析，因此也就可以进行不同的概念化；但这一事实绝对不能与"多层级"（multiple hierarchy）相混淆，后者可能会把永远不应该混淆的东西混为一谈。

注34：概念所包括的一组对象（归在某个概念下的一组对象）。

注35："两个概念之间的关系具有凭借经验的非－层级的主题联系（thematic connection）。"（ISO 1087－1 2000）

注36：一个概念可能具有一个语义集合（它的外延），但这并不一定意味着所有的集合都对应于一个带有专业领域含义的概念。同一个个体可以属于不同的集合。与"属加种差"定义中的概念外延不同，集合不一定是不相交的（disjoint）。

注37：请记住：自然语言不能起这种作用。自然语言的定义是这个概念的语言表示。它们仍然是关于"可望而不可即"的概念的话语。

注38：为此目的，我们正在制定一个国际标准：ISO/DIS 24156－1"术语工作中概念建模的图形标记及其与 UML 的关系－第一部分：术语工作中使用 UML 和思维导图标记的准则"（"ISO/DIS 24156－1. Graphic notations for concept modeling in terminology work and its relationship with UML － Part 1：Guidelines for using UML and mind-mapping notation in terminology work"）。

注39：从逻辑学上讲，即"概念的定义"定义了一个连贯一致的系统。

注40："独立于思想主体而独立存在"（TLFi 2009）；它的解释由理论进行定义。

注41：即使对理论的选择不一定是客观的，但只要所涉及的群体接受了某种理论，这种理论就是客观的。这种选择可以符合各种标准，包括意识形态的标准：实用主义、现象学、逻辑实证主义、形而上学等。

注42：这也意味着，这种对知识领域表达的接受，正好印证了关于理论的一种公式："我的语言所具有的局限性，意味着我的世界的局限性"（"The limits of my language mean the limits of my world"）（Wittgenstein 1922）。

注43：如果概念 C1 的对象集合（其外延）包含了概念 C2 的对象集合（其外延），那么，概念 C1 就包括概念 C2。

注44：各种描述逻辑可以提出用于编写公式的不同构造函数。

注45：红色对象集合的示例，可以做如下的形式化处理：

$Red(x) ::= Colour(x, red)$；$RedObjectSet(x) ::= Object(x) \check{U} Red(x)$

注46：一阶逻辑仅提出一种用于知识表示的范式（谓词），因此无法区分不同种类的知识。例

如,即使这三个一元谓词表示不同性质的知识,人们也无法从逻辑的角度在 HumanBeing(x),Mortal(x)和 Sick(x)之间做出区分。无论可能的世界是什么,这两个第一谓词始终都是正确的(尽管它们并不代表相同类型的知识,第一个是实质性内容(substance),第二个是本质特征,而最后的 Sick(x)则是偶然性的。同理,由否定公式定义的概念,它所包含的对象的性质是什么? 考虑到谓词的不同类型,则需要更高阶的逻辑。

注47:在此,不要与逻辑中的 class(类)的概念相混淆。在逻辑中,class 指称的是集合的外延,其内涵定义称为"概念"(concept)。

注48:(部分)(partitive)组成关系在知识建模中起着重要作用。但是,从"包容/包含关系"(subsumption)的意义上讲,它并不是严格的层级关系,因为在"部分和整体"之间并不存在像"种(species)与属(genus)"之间所存在的隶属关系。

注49:属性的分解(factorization of attributes)对应于对象描述的"一般化/专业化(generalization/specialization)关系",而不是对应于其性质的包含关系。

注50:从它们的解释是由理论进行定义的意义上说。

注51:汞不是液态金属,而是在一定温度和压力条件下呈液态的金属。

注52:并且,就不同群体共享概念化方面而言,我们更容易考虑到"多语语言环境/多语言主义"(multilingualism)的情况。

注53:并不是因为"专业语言单元"标明了专业领域的知识,所以它就是一个术语。它所涉及的,也必须是一个稳定的现实部分(division)。

参考文献

[1] ARISTOTE, 1991. La Métaphysique. Tome I[M]. Paris:Librairie Philosophique J. Vrin.

[2] ARISTOTE, 2000. Les Seconds Analytiques[M]. Paris:Librairie Philosophique J. Vrin.

[3] ARNAULD A, PIERRE N, 1993. La logique ou l'art de penser[M]. Paris:Librairie Philosophique J. Vrin.

[4] ARNAULD A, PIERRE N, 1996. Logic of the Art of Thinking[M]. Cambridge:Cambridge University Press.

[5] AUSSENAC-GILLES N, SOERGEL D, 2005. Text analysis for ontology and terminology engineering [J]. Applied Ontology,(1):35 – 46.

[6] BAADER FRANZ, DIEGO CALVANESE, DEBORAH L MCGUINNESS, et al, 2003. The Description Logic Handbook[M]. Cambridge:Cambridge University Press.

[7] BARAQUIN NOËLLA, ANNE BAUDART, JEAN DUGUÉ, et al, 1995. Dictionnaire de Philosophie[M]. Paris:Armand Colin.

[8] BERNERS-LEE TIM, JAMES HENDLER, ORA LASSILA, 2001. The Semantic Web. A new form of Web content that is meaningful to computers will unleash a revolution of new possibilities[J/OL].

Scientific American Magazine. http://www. scientificamerican. com/.

[9] BRACHMAN RONALD J, HECTOR J LEVESQUE, 1985. Readings in Knowledge Representation [M]. Los Altos, CA: Morgan Kaufmann Publishers, Inc.

[10] BUITELAAR PAUL, PHILIPP CIMIANO, BERNARDO MAGNINI, 2005. Ontology Learning from Text: Methods, Evaluation and Applications[M]// Ontology Learning from Text: Methods, Evaluation and Applications. Frontiers in Artificial Intelligence and Applications, book 123, 3 – 12. Amsterdam: Ios Press Publication.

[11] CONDILLAC ETIENNE B, 1780. La Logique ou les premiers développements de l'art de penser [M]. Paris.

[12] CUTKOSKY MARC R, ROBERT S E, RICHARD E F, et al, 1993. PACT: An Experiment in Integrating Concurrent Engineering Systems[J]. IEEE Computer 26(1):28 – 37.

[13] DAILLE BÉATRICE, KYO KAGEURA, HIROSHI NAKAGAWA, et al, 2004. Recent Trends in Computational Terminology[J]. Special issue of Terminology, 10(1).

[14] DEAN MIKE, GUUS SCHREIBER, 2004. OWL Web Ontology Language Reference[EB/OL]. W3C Recommendation. http://www. w3. org/TR/owl-ref/.

[15] DEPECKER LOÏC, CHRISTOPHE ROCHE, 2007. Entre idée et concept: vers l'ontologie[J]. Revue Langages,168:106 – 114.

[16] Dictionnaire de l'Académie française. 2009. (9th edition). http://atilf. atilf. fr/academie9. htm.

[17] FELBER HELMUT, 1984. Manuel de terminologie[M]. Paris: Unesco.

[18] FREGE GOTTLOB, 1971. Écrits logiques et philosophiques[M]. Paris: Éditions du Seuil.

[19] GENESERETH MICHAEL R, RICHARD E FIKES, 1992. Knowledge Interchange Format Version 3.0, Reference Manual[J]. Report Logic 92 – 1, Computer Science Department, Stanford University,6.

[20] GRICE HERBERT PAUL, 1957. Meaning[J]. Philosophical Review (66): 377 – 388.

[21] GRUBER THOMAS R, 1992. A Translation Approach to Portable Ontology Specifications[J]. Knowledge Acquisition, 5(2): 199 – 220.

[22] GUARINO NICOLA, MASSIMILIANO CARRARA, PIERDANIELE GIARETTA, 1994. An Ontology of Meta-Level Categories of Knowledge Representation and Reasoning[C]// Proceedings of the Fourth International Conference on Principles of Knowledge Representation and Reasoning (KR94). Morgan Kaufmann.

[23] HARRIS ZELLIG S, 1968. Mathematical Structures of Language[M]. R. E. Krieger Publishing Company, Inc.

[24] ISO 704, 2009. Terminology work — Principles and methods[R]. Geneva: International Standards Organization.

[25] ISO 1087 – 1, 2000. Terminology work - Vocabulary - Part 1: Theory and application[R]. Geneva: International Standards Organization.

[26] ISO 25964 – 1, 2011. Information and documentation - Thesauri and interoperability with other vocabularies - Part 1[R]. Geneva: International Standards Organization.

[27] ISX Corporation, 1991. LOOM Users Guide version 1.4. August 1991.

[28] KARP PETER D, 1993. The design space of frame knowledge representation systems[J]. Technical Note, 520, May 1993. SRI AI Center.

本体术语学:把术语和知识本体统一起来的范式①

邱碧华 编译

摘要:术语在现代知识社会中肩负着基础性的作用,现代社会信息技术的应用对术语学理论研究提出新的挑战。信息技术要求术语具有其计算机化的代表物,而旧有的普通术语学理论满足不了现代术语实践的状况;西方的术语学理论家在术语学与信息技术、术语学与知识工程相互碰撞的实践中,构想了"本体术语学"这一术语学理论的新范式,这一构想在具体的术语学实践中产生了积极的成果。文章旨在介绍和分析"本体术语学"的理论渊源和学术成果。

关键词:普通术语学,知识本体,术语,概念,双重符号学三角形,本体术语学

法国萨瓦大学(Université de Savoie)计算机科学系的克里斯托夫·罗什(Christophe Roche)教授,是国际标准化组织(the International Organization for Standardization, ISO)术语国际标准 ISO 704 和 ISO 1087 制定项目的负责人[1],多年担任国际"术语与知识本体:理论和应用会议"科学委员会的主席,他在术语学与信息技术、术语学与知识工程相碰撞的实践中,于 2007 年提出了"本体术语学"(ontoterminology)这一术语学理论的新范式[2]。近些年,他与他的同事 M. 卡尔贝格-沙洛(M. Calberg-Challot)、L. 达马斯(L. Damas)、P. 鲁阿尔(P. Rouard)又将这一理论不断充实完善[3],并对国际标准化组织的术语标准 ISO 704、ISO 1087-1 进行了重新考察,提出了很多具有科学性的合理修改建议[4]。本文旨在对"本体术语学"思想产生的理论基础和形成过程做简单梳理,以期我们对欧洲术语学理论的多元化发展有更深入的

① 本文曾发表于《中国科技术语》2016 年第 3 期。文章编译自" Ontoterminology:How to unify terminology and ontology into a single paradigm" by Christophe Roche,见 http://www. lrec-conf. org/proceedings/lrec2012/pdf/567_Paper. pdf。

了解。

引言

在日益全球化的信息社会中,术语所肩负的基础性作用毋庸置疑。现代社会信息技术的应用,如计算机辅助翻译、多语信息检索、专业性百科全书、语义网等等,都自然而然要求术语要有其计算机化的代表物。这也对术语学理论的发展提出了新的挑战。在过去十几年里,很多学者对"知识本体"(ontology)寄予厚望,认为它作为"学科概念体系可共享和形式化的规范"[4]可以作为术语计算机化的代表物。但是,概念系统在本质上是"超语言的"(extra-linguistic)[1,5],一个"知识本体"并不是一个"术语总体"(terminology),因为"术语总体"中的术语是词汇化的概念,是一种自然语言形式;反过来,"术语总体"也不是"知识本体",因为"知识本体"所说的"概念",虽然也指术语的"含义"(meaning),但却是以形式语言形式表达的。在信息技术时代,术语(尤其是科技术语)的存在要依赖于两种不同的符号系统:(1)语言学的符号系统,在专业语言中体现为科技文献的书写形式;(2)概念符号系统,描述科技领域的专业知识,体现为形式化的语言。这两种系统既是彼此分离的,又是相互联系的。

罗什教授提出的"本体术语学"的新范式[1],说的是:一种"术语总体",它的概念系统是形式化的"知识本体",这个"术语总体"有语言学和概念化两个维度,是这两个维度的统一体,但这种新范式强调的是这两个维度的不同之处。"本体术语学"旨在对现代术语学的语言维度和概念维度进行调和,同时又保持它们各自根本性的不同。为了更好地说明这个新范式,罗什教授提出了"双重符号学三角形"(a double semiotic triangle)。它将语言学观点与知识本体的观点联系了起来:一方面,术语(terms)作为"能指"(signifiers)与其概念的名称(concept names)联系了起来;另一方面,术语的"含义"(meanings)作为"所指"(signified)与概念(concept)建立了联系。这种术语学的新方法由此引入了两种定义:(1)用自然语言书写的"术语"的定义,它被视为一种语言学上的解释,而不一定要求标准化;(2)用形式语言书写的"概念"的定义,它是一种形式化的和计算机化的规范,以便于"术语"在信息技术中的可操作性。这个双重符号学三角形强调构成每个术语总体的两个不同的层面——语言符号系统和概念符号系统,表明相遇在现代术语学中的"术语的含义"(the meaning of a term)和领域本体中的"概念"之间存在着不同。

罗什教授认为[3],在信息技术中实现"术语"的可操作化,这实际上验证了维斯特所创立的普通术语学的科学性本质;但是,旧有术语学不可避免的历史局限性,使得今日的术语学有被专业化的辞典编纂学和知识工程吞并的危险，也就是说，术语学要么被简化成一种纯粹语言现象的研究，要么被简化成计算机化知识的代表物。因此，很有必要对旧有的术语学进行进一步的发展和深化。

下文从两个方面对"本体术语学"这个新范式的理论渊源进行追述，然后力求较详细地介绍"本体术语学"这个新范式。

1　从概念出发的传统术语学

20 多年来，虽然有不少西方学者质疑术语学作为一门独立学科的地位，也有学者试图把它降低为应用语言学的一部分[6]，但是，人们都由衷承认维斯特在 20 世纪创立了现代术语学，并使它以独立学科的姿态屹立于世界[7]。西方学者们都承认，"普通术语学"（the general theory of terminology，GTT）尽管依旧面临很多争议，但无论这种思想是否称得上是理论，也无论这种理论是否成熟，都是前人想对术语做更深入理论探究的一种努力[7]。

依据国际标准化组织的术语标准 ISO 1087 - 1，"术语"被定义为："属于一种特殊语言的一套名称。"[8]此套标准旨在通过标准化手段剔除科技语言中的"歧义"现象，这也是传统术语学的目标。为了实现这个目标，维斯特的普通术语学提出了"概念优先于名称（术语）"的先决条件，并且认为"概念"具有独立于语言多样性的普遍性。在 ISO 术语手册中，H. 费尔伯（H. Felber）对 terminology 所下的三种定义都体现了"概念优先于术语"的理念[8]："处理概念及其代表物（术语、符号等）的学科内部和跨学科的知识领域"；"出版物中某学科的概念系统被术语所代表"；"代表某学科领域被定义概念的常规符号"。在普通术语学里，术语是"专业化的语言单元"，是"由唯一的特征联合体所产生的知识单元"，为学科领域中的概念定名；而"概念"是"术语的含义"，不是依其自身存在的，须依赖于用自然语言书写的术语的定义，或者借助于"半形式化的语言"（semi-formal language）所表达的定义（譬如公式）才能存在。

虽然在术语学传统思想中，"概念"是普通术语学的核心，但它与现代人工智能中用形式语言表示的"概念"有所不同：在旧有的术语学思想中，概念是通过词汇化的术语定义表达的，并且传统术语学对"概念"进行阐述，也不是为了能对它们进行操作（用计算机处理）。因此，术语工作中对"概念"计算机化代表物的需求，是信息技术发展造成的结果。随着信息技术的发展，在欧洲乃至全球出现了多语的内容管理系统、多语的信息检索技术、专业化的百科全书或者语义网，所有这些现实应用都对术语学理论提出了新的需求。

虽然,体现在国际标准中的普通术语学原则,假设了一些基于相互联系的概念系统的范式,但是,这些范式未能跟上时代的要求,这就给实现术语的计算机可操作化带来了难度。在术语的计算机的实践中,人们感到有必要对普通术语学的旧有原则进行重新审视,需要从逻辑上对一些原则进行重新规范,否则,在信息技术时代,运用人工智能原理和方法的"知识工程"(knowledge engineering)大有可能取代旧有的术语学理论。在此背景下,西方学者认为应该向术语学理论中引入一些人工智能的新特色,要将"知识本体"(ontology)融于现代术语学理论。

2　知识工程中的"知识本体"

知识工程中的本体论思想与信息技术时代的术语学,都期望在人类之间或者人与软件之间实现信息交流和知识的共享。二者也依赖着一个相似的原则:拥有的共享要基于标准化,要开发共同的概念系统。罗什教授等学者在实践中发现:在科技交流中,专家们在交流出现歧义或者不通畅时,是概念间的逻辑形式规范或者半形式化的语言(譬如公式、图表、图示)使大家达成共识,而不是依靠自然语言形式。由此,罗什教授等认为:"知识本体"为信息技术时代的术语,以及实现其可操作性和共享,提供了最理想和最有用的代表物和手段[1]。

依据美国学者 T. 格鲁伯(T. Gruber)的观点[9],"知识本体"是"某领域概念体系的明确规范",它首先是"对可能存在的概念及其关系的一种描述(就像某种程序的形式规范一样)",以实现从逻辑或者计算机操作的角度对概念及其关系进行处理。也有学者更进一步表明:"知识本体是可以共享的概念体系的形式规范"[10];"知识本体是对概念体系明确的、形式化的、可共享的规范"[11]。

虽然也有学者认为,"一个明确的知识本体可能采取不同的形式,但是它必须包括术语词汇表和一些有关它们含义的规范(即定义)"[10],但是,"知识本体"归根结底并不是"术语"[1],因为"知识本体"并没有考虑"术语"的语言学维度,"概念"是一种"超语言的"知识[12]。虽然"术语"不能简约成随意性的词汇,也不能被简单地看成是给"概念"贴上标签,但是,"术语"所应该具有的重要特色,如术语的用法、术语词汇化的形式(包括术语的变化和缩减、修辞特点)、术语隐含的信息和语言关系等,"知识本体"都不可能具备。

在知识工程中,对"知识本体"和"概念"进行的定义,直接取决于所使用的形式语言。例如,"描述逻辑"(description logic)是适合于对"知识表示"(knowledge representation)进行描述的逻辑形式;而"框架表示语言"(frame representation language)则提供了半形式化和更具人类可读性的语言。"网络本体语言"(the Web Ontology language, OWL)综合了这两种方法的优点。

罗什教授认为,对"知识本体"的定义,实际上应该运用形式(或者半形式化的)语言并遵循这种人工语言的认识论原则[13]。

3 本体术语学

科技文本的写作和知识建模,是两种各自涉及不同语言的不同活动;前者涉及自然语言,而后者涉及形式语言。这两种语言,对我们这个"世界"的定义采用的是不同的观点。近些年,人们常谈论的"领域本体"(domain ontology),指的是对学科概念的一种描述,包括描述学科中的概念、概念的属性、概念间的关系以及属性和关系的约束。由于知识具有显著的领域特性,所以领域本体能够更为合理而有效地进行知识的表示[13]。罗什教授认为,虽然作为科学知识表示的"领域本体"的有用信息是从语料库里提取的,但我们对它进行定义时所采用的方法,完全可以与"说"它的各种语言学方法相脱离。

在信息技术背景下的知识概念体系(conceptualisation)远远不仅是简单地对"概念"进行形式化或者计算机化的表示,它需要以认识论原则为指导;术语学不仅仅是关于术语(专业性的词汇单元)的科学,它也是有关对象客体(它们占据着这个世界)的科学,后者决定了术语学也需要认识论的指导。

旧有的术语学原则在信息技术社会条件下,需要引入一种新的理论范式——"本体术语学":它的概念体系是以认识论为指导的形式化的知识本体。与普通术语学一样,"本体术语学"也是以"名称学"方法为基础的:"专家知识中的'概念'成为术语学分析的起点。"[1]"本体术语学"依赖两种相关但又分离的系统:(1)语言系统,直接与专业话语和科技语篇相连;(2)概念系统,关心的是领域建模。它首先要对"领域本体"和概念在形式语言层面上进行定义,然后才确定最适合的术语(自然语言形式,优先考虑最新标准化的术语)对概念进行定名。

罗什教授提到,虽然近十几年,在术语工作中存在着其他以知识本体为导向的方法,如"术语本体编纂学"(termontography)等,但是这些方法是以"语义学"方法为基础的:"文本中的术语(语言学上的表达)成为术语学分析的起点。"[3]"本体术语学"侧重于概念体系的建构,而"术语本体编纂学"侧重的是专业化的词汇。从语料库中抽取出来的词汇化的结构,肯定与由信息专家运用形式语言直接定义的概念结构不一样。正所谓"说话不是建模"（saying is not modeling）[12]。

"本体术语学"中的"概念"和"术语"是以各自独立的方式存在着的。"术语"遵循语言学的法则，而"概念"遵循形式化的逻辑规范。因此术语的定义（用自然语言书写）也是与概念的定义（用形式语言表达）相分离的。这就使得我们可以对"术语总体"在概念维度和语言维度这两个维度上进行管理。这也导致在"本体术语学"中出现了两种定义：（1）在形式上定义"概念"；（2）从语言学角度对"术语"及其用法进行解释[3]。

罗什教授为"本体术语学"构建了一个"双重符号学三角形"模型[3]（见图1），它是以古典语言学的语义学三角形模型（见图2）[1923年由奥格登（Ogden）和理查兹（Richards）创建，维斯特普通术语学的四部分词语模型也基于此]为基础的。"双重符号学三角形"旨在表述清楚本体术语学中"术语"的语言学含义和"知识本体"层面的"概念"含义并不是完全对等的。这个模型强调了两种不同的符号系统：语言学符号系统和概念符号系统，它标识出在术语构建过程中所牵涉的不同要素及其关系。

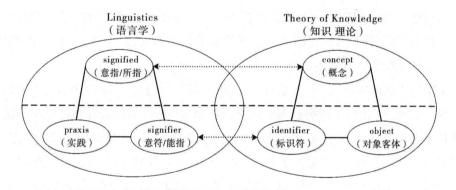

图1　双重符号学三角形

图2　古典语言学的语义学三角形

与传统术语学一样,"本体术语学"也能实现语言的标准化。而且,它更加体现了维斯特关于"'概念'具有独立于语言多样性的普遍性"的思想:"本体术语学"保留了不同实践群体间语言的多样性,而不妨碍它们共享共同的学科领域和标准化的概念体系。实际上,不同语言或者文化背景下的不同术语可以表达同一个概念,借助于这个概念的标识符,我们可以清楚地知道这个概念在"知识本体"中的确切位置。术语的标准化可以借助概念的标识符实现,即使这个标准化术语并没有在现实中使用。罗什教授举了"电压阈值继电器"这个例子。此概念在英语中俗称 voltage replay,标准化写法应该是 voltage threshold replay(但并未使用)[13];而在法语中通常书写成 relais de tension,标准化术语则是 relais à seuil de tension。这两种语言虽然表达形式不同,但所指概念并未改变,都指的是"电压阈值继电器"。

欧洲的术语学实践,证实了"本体术语学"理论的有效性,它在多语的信息检索系统和使知识资本化(注:即将知识变为资本,知识的资本化是知识经济、网络经济时代的特有现象)的专业性百科全书中得到应用。譬如:欧洲加热和冷却应用技术的可持续性项目(ASTECH),此项目旨在为欧洲再生能源技术领域的供应商和用户之间提供共享信息的平台,它的多语言搜索引擎利用的就是"本体术语学"的原则,这个项目的文献和信息可用9种语言进行发布和搜索[14]。

ASTECH 项目的第一步,就是建立一个共同的且独立于各种语言的"知识本体",其中,"概念"由特殊微分法给出定义;第二步,参加项目的合作伙伴给出本民族语言的术语定义,也就是将不同的术语(包括术语变量)与共享的同一个"概念"相连;如果再有新的民族语言需要加入这个项目,只需针对共享的"概念"提出自己特有术语的语言学定义即可。每一种文档,都依据"概念"进行分类,每种"概念"就像一个文件夹,把相关的文档收在一起,而不用去管它的书写语言是什么。人们依照自己的母语进行信息查询即可。利用"术语"之间的语言关系和"概念"之间的形式关系,这个项目可以不断得到改进。

4　结语

20 世纪 90 年代以来,信息技术给全球化的术语实践工作带来了极大的便利,也给术语学理论建设带来了极大的挑战。"知识工程"等新生事物的出现,使得旧有的普通术语学理论不能解释现代术语学实践所遇到的新问题,以罗什教授为代表的信息技术领域的学者,从自己对专业技术领域术语问题的长期观察和思考中,为术语学理论引入了"本体术语学"这种新的范式,它将"知识本体"引入了术语学理论。这种新范式,既将"术语总体"的语言维度和其概念维度相分离,同时又在这两种非同构的维度间建立起科学的联系[2]:(1)"术语总体"的语言成分包括"术语"(规范化的和不规范的专业词汇),它们依照语言关系(譬如上下位关系和同义关系等)相互联系着;用自然语言书写的"术语"的定义,可看成是一种语言学上的解释。(2)"术语总体"的概念成分是一种形式化的"知识本体",它的"概念"是用概念关系相联系的,譬如"……是一(种)"[is-a(kind of)]和"……的部分"(part of)等;用形式语言表达的"概念"的定义,可看成是一种逻辑的规范。

"本体术语学"强调认识论原则对学科概念体系所起的重要支配作用,强调术语学建设需要科学的方法,其中学科专家所起的关键性作用不容忽视。"本体术语学"理论有助于我们在日益全球化的术语系统中,实现"术语"的"语言维度"和"概念维度"这两种非同构维度的连接。

目前,"本体术语学"理论还在完善发展中,它在信息技术实践中已得到很多应用,例如知识绘图和浏览技术、叙词表编辑技术(OTe-for-Thesaurus)等,在此,"知识本体"被看成是一张概念图,专家可以顺着 is-a(kind of)和 part of 关系进行定位,以便得到与"概念"相连的信息。

罗什教授及其同事近些年又运用"本体术语学"的理念,对国际标准化组织依据原普通术语学理论原则制定的术语标准进行了重新审视,旨在弥补其不足之处,达到保留、完善普通术语学科学性本质的目的。

综上所述,如果依照西班牙女学者卡布雷(Cabré)为术语学设计的"多门理论模型"[15],"本体术语学"无疑是通过"术语"的"概念体系"(知识本体)这扇门,进入到"术语学"这个复杂"多面体"的一种通路。我们期待着它在日益全球化的术语学实践中发挥更好的作用。

参考文献

[1] Interview with Christophe Roche. (2014 - 12 - 23) [2014 - 1 - 22]. http://termcoord. eu/termania/why - is - termonology - your - passion/interview - christophe - roche/.

[2] ROCHE C. Le terme et le concept: fondements d'une ontoterminologie [J]. Terminologie & Ontologie: Theories et applications, 2007(1).

[3] ROCHE C, CALBERG-CHALLOT M, DAMAS L, et al. Ontoterminology: A new paradigm for terminology [EB/OL]. (2011 - 09 - 17) [2014 - 12 - 15]. https://hal - univ - diderot. archives - ouvertes. fr/hal - 00622132/.

[4] Proceedings of the 10th Terminology and Knowledge Engineering Conference(TKE 2012) [EB/OL].

（2011 – 11 – 18）［2014 – 11 – 16］. http：//oeg – lia3. dia. fi. upm. es/c/document_library.

［5］ PAVEL S, NOLET D. Handbook of Terminology ［J］. Minister of Public Works and Government Services Canada, Catalogue, 2001(53)：1 – 108.

［6］ SAGEDER D. Terminology today：a science, an art or a practice? some aspects on Terminology and its development ［J］. Brno Studies in English, 2010, 36(1).

［7］ CAMPO A. The Reception of Eugen Wüster's Work and the Development of Terminology［EB/OL］. ［2014 – 12 – 27］. https：//papyrus. bib. umontreal. ca/xmlui/bitstream/handle/1866/9198/Campo _Angela_2012_these. pdf? sequence = 2.

［8］ FELBER H. Terminology Manual［M］. Vienna：Infoterm Publishing, 1984.

［9］ GRUBER T. A Translation Approach to Portable Ontology Specifications［J］. Knowledge Systems Laboratory, 1992 (September). – Technical Report KSL 92 Revised 1993(April).

［10］ 领域本体［EB/OL］. （2014 – 12 – 15）［2015 – 1 – 22］. http：//baike. baidu. com/view/ 4695937. htm.

［11］ 知识本体［EB/OL］. （2013 – 12 – 10）［2014 – 12 – 27］. http：//baike. baidu. com/view/ 554471. htm.

［12］ ROCHE C. Saying is not modeling ［J］. Natural Language Processing and Cognitive Science. Funchal, Portugal, 2007 (June)：23 – 56.

［13］ ROCHE C. Multilingual Thesaurus：The Ontoterminology Approach［EB/OL］. ［2015 – 01 – 21］. http：//www. cidoc2014. de/images/sampledata/cidoc/papers/F – 2 _ Roche _ Damas _ Roche _ paper. pdf.

［14］ USHOLD M, GRUNINGER M. Ontologies：Principles, Methods and Applications［J］. Knowledge Engineering Review, 1996(11)：20 – 89.

［15］ CABRÉ M T. Theories in Terminology ［J］. Terminology, 2003 (9)：10 – 198.

近20年法国学者对现代术语学的贡献

——基于术语学研究与构建知识本体交叉的视角①

邱碧华 编译

摘要：近20年，"欧盟"历经几次东扩。欧洲大陆在经济、教育和意识形态方面日趋一体化，这也促使欧洲学者对"知识工程"、现代语言学与术语学的关系、"知识本体"与现代术语学理论和实践关系的研究日趋深入。法国学者在此期间对现代术语学的贡献正是这个历史时期的缩影。在此期间，法国文本术语学理论也有极大发展，但本文只侧重从术语学研究与知识本体构建相结合的角度，介绍并分析法国学者对现代术语学所做的贡献，以期追踪国际术语学发展的前沿，为中国术语学建设提供一些借鉴。

关键词：现代知识社会，知识工程，知识本体，维斯特传统概念理论，语义绘图，本体术语学

引言

现代知识社会，尤其在现代术语学理论和实践发展相对成熟的欧洲社会，"知识本体"作为支撑术语实践工作的得力杠杆，在知识管理、知识翻译加工和"语义网"的具体构建过程中愈发起到关键性作用。事实上，"知识本体"在人类现代化的进程中，在实现人类现实的概念化表示和优化人类理解能力的过程中，已经成为不可或缺的工具。因为它有助于人们对领域知识的提取、理解和处理，它"经严格形式化后，借助于计算机可以把人类的知识整理组织成一个有序的知识网络"[1]。在20世纪与21世纪之交"欧盟"几次东扩之后，欧洲大陆在经济、教育和意识形态方面日趋

---

① 本文曾发表于《中国科技术语》2016年第5期。文章由译者将几篇英文论文整理而成。

一体化,这也促使欧洲学者对"知识工程"、现代语言学与术语学的关系、"知识本体"与现代术语学理论和实践关系的研究日趋深入。

运用"知识本体"进行有效的知识表示(knowledge representation)是 20 世纪 90 年代以来,欧洲人工智能科学家在"知识工程"领域研究最多的课题。意大利学者 S. 奥利托(S. Aulitto)将欧洲近 20 年"术语学与知识表示"方面的研究总结为三种导向[2]:(1)术语资源的知识本体建造;(2)语言语义学和知识本体的关系;(3)知识的演变和术语动力学。她指出:随着当代社会全球化发展的趋势,知识工程中的知识本体理念愈加渗透到现代术语学的理论构建当中,现代术语学与现代语言学和知识本体的关系愈加密切。而法国学者近 20 年对现代术语学的贡献正是这个历史时期的缩影。

近些年,以法国国家术语委员会主席[Association Française de Normalisation (AFNOR)/X03A,the AFNOR Committee of Terminology]C. 罗什(Christophe Roche)教授为代表的学者,提出了"本体术语学"的术语学理论新范式。罗什教授同时也是国际标准化组织术语国际标准(特别是 ISO 704 和 ISO 1087 - 1)制定项目的负责人,负责过法国和"欧盟"层面多个大型多语术语数据库的设计建造工作[3]。他的"本体术语学"理念是其成功完成这些术语实践项目的理论基础。

在本文中,译者主要介绍自 1995 年到 2015 年法国学者在以下几方面对术语学与知识本体之间关系的历史贡献:(1)在论述术语学与语言学的关系中;(2)在对维斯特传统概念理论的继承中;(3)对作为"知识工程"支撑的知识本体的研究;(4)"本体术语学"理论范式的形成。以求反映当代国际术语学理论研究前沿,并期望能对中国的术语学建设有所启示。

1　在论述术语学与语言学关系中探讨术语学与知识本体

F. 拉斯捷(F. Rastier)教授是法国著名认知语言学家,他探讨术语学问题的重要文章是《术语:知识本体和语言学之间》("Le terme:entre ontologie et linguistique"),在此文的第一部分他就冠以"术语学与知识本体"(Terminologie et Ontologie)的标题[4],将人们对术语研究的视线引到公元 13 世纪—14 世纪盛行的"唯名论者的逻辑"(terminist logic)。"唯名论者的逻辑"是由英国哲学家奥卡姆的威廉(William of Ockham/Guglielmo of Ockham)创立的,它研究术语的属性和术语与现实的联系。这种哲学分析方法对后世的逻辑实证主义产生了深远影响,而逻辑实证主义正是欧根·维斯特创立其现代术语学的灵感源泉。

拉斯捷研究过维斯特的后继者 H. 费尔伯(H. Felber)写的《术语手册》(*Terminology Manual*)。虽然拉斯捷并不完全认同术语学是一门充分独立的学科,但他承认术语学是从语言学、词典编纂学、文献学、索引学和翻译学派生出来的[2]。从这种思想出发,他在 2004 年写的《知识本体》[*Ontologie(s)*]一文中主张:对知识本体的研究要结合语义语言学的研究成果,要研究语义网到图像、图表的转换。他的这一思想也来源于美国认知心理学家 G. 米勒(G. Miller)的认知语言学学术传统,米勒构想出英语"词网"(WordNet),欧洲的"词网"也源于此。

拉斯捷对知识本体的研究置身于语义语言学的土壤,他认为术语学依赖于语言科学,认为术语是对"专业语言"(language for specific purpose, LSP)的有力支撑。

2　在对维斯特传统概念理论的继承中论及术语学与知识本体的关系

L. 德佩克(L. Depecker)教授是法国当代著名术语学家,他在 2002 年到 2007 年发表的 1 部著作和 2 篇论文在西方学术界引起广泛关注:《符号与概念之间:普通术语学的要素》(*Entre signe et concept:éléments de terminologie générales*)、《术语学对语言学的贡献》("Contribution de la terminologie à la linguistique")、《观念与概念之间:走近知识本体》("Entre idée et concept:vers l'ontologie")(与 C. 罗什教授合著)。

在《符号与概念之间:普通术语学的要素》这部著作中,在讲述术语学与知识本体的关系时,德佩克教授提出了与拉斯捷教授不一样的观点,他拓展出一种新的学术思路。作者在书的开篇指出:术语学已经为语言学做出了极大贡献,它为语言学开创了一种新的研究方法,两者之间存在着互益互惠的互动关系[2]。作者在书中盛赞了法国拉斯捷等语言学家对研究符号和概念的关系所做的贡献。作者在"概念和概念系统"这一章,对本体关系进行了分析。

作者考察了由维斯特倡导并由 H. 费尔伯体现在国际标准化组织《术语手册》中的概念关系的分类系统,其考察主要是为了设计出一种新的概念关系和概念系统的分类框架,以合乎现时代的要求。当前欧洲术语分析工作所使用的基本概念机制,就源于德佩克设计的这个分类框架[2]。在此,作者承认以下几种概念关系:(1)逻辑关系;(2)传统意义上的本体关系(包括:整体 – 部分关系、顺序关系、材料 – 产品关系);(3)因果关系[包括偶然性(casualité)、手段、(世系)演变关系(filiation),其中(世系)演变关系进一步包括系谱关系、本体关系、某种物质的演变阶段]。

法国学术界近 20 年达成共识的观点是:概念系统是诸多领域的研究对象,诸如是哲学、一般科学理论、心理学、人工智能、词典学、语义学、教育学、信息科学、分类理论和数据库开发等的研究对象,所有这些领域的研究都反映了概念系统的不同侧面。维斯特强调概念系统对专业语言的主导意义,这也构成了传统术语学的理论基础;欧洲继承维斯特术语学思想的学者,同样强调概念系统对术语分析和术语标准化工作的重要性,概念系统是现今开展术语学研究和实践工作的主要基础。

德佩克教授在赞同维斯特分类系统的基础上,首先把概念关系和概念系统分为"逻辑关系"和"传统意义上的本体关系"两个类别(如上所述),然后再进一步划分它们的子类别。他认为,逻辑概念关系(或称属种概念关系)与本体概念关系的本质不同在于:前者是概念间的直接关系,而后者引发的概念关系则是间接的[2]。实际上维斯特把本体概念关系进一步细分为概念的邻近关系和影响关系,在概念邻近关系中包含了整体–部分关系(partitive relation/meronymy)(如:房间–公寓)、附属关系、属性概念关系(如:羊毛制品–温暖)、物质概念关系(如:啤酒–酒精)和时间概念关系(如:预洗–洗涤)等等。另外还有一种不属于上述这类层级关系的"联想关系"。

在欧洲术语学工作实践中,概念的"整体–部分关系"普遍运用于进行知识组织和知识表示的概念绘图工具中。而概念间的"联想关系"主要运用于商业管理领域,特别是在制作员工组织图表中使用最多;或者用于标明产品实现的不同工作阶段。

2005年,德佩克教授在其《术语学对语言学的贡献》一文中,强调了术语学为语言学带来的贡献。他认为,存在着一门关于概念的科学,并称其为"概念学"(conceptologie),概念在这里的任务与它在语言学中的任务不同,因为这两门学问对概念的研究采用的是不同的方法。

2007年,德佩克教授在其与罗什教授合著的《观念与概念之间:走近知识本体》一文中,表明概念是对术语进行组织的核心要素。从这种观点出发,术语实践工作和信息科学构建知识本体的工作紧密携手[5],术语与知识本体成为互补性的资源。德佩克教授与罗什教授合力推出一门新的概念科学,精心构建与词汇和概念对应的知识本体,并在具体实践中获得成功。这与拉斯捷教授认为术语学只依赖于语言学的观点形成了对立。

从上述这种将概念系统与语言学符号系统在现代术语学中找到结合点的学术思想出发,诞生了"本体术语学"这个现代术语学理论新范式。罗什教授认为这种新的术语学方法更有利于"捕捉住和表示好从专家那里获得的知识"[6],并且由此"来自专家知识(并经形式化定义)的概念成为术语分析的起点"。知识本体不仅为术语工作者(术语师)定义概念系统和管理术语的实践提供了新方法和更有效的工具,而且现代术语学又为构建知识本体提供了如何区分"文本"和"概念化的形式语言"的方法和理论原则。

德佩克教授表示,他始终对语言学和术语学之间的关系研究有着浓厚兴趣,并承认二者之间存在着互利互益的交互关系,但他反对将术语学凌驾于语言学之上或者认为它依附于语言学。

3　对作为"知识工程"支撑的知识本体的研究

"知识工程"是一门以知识为研究对象的新兴学科,主要是指人工智能在知识信息处理方面的发展,研究如何由计算机表示知识。这项工程是科学家们试图通过构建知识本体来重建整个知识体系和现实世界,以求实现人工智能,并为此开展了大量构建本体的工作。它标志着人工智能研究的重大进展,是人工智能、数据库技术、数理逻辑、认知科学、心理学等学科交叉发展的结果[7]。

ontology 一词,在哲学中中文普遍翻译为"本体论",而在人工智能应用领域都译为"知识本体"。不同学者对"知识本体"的定义不同,譬如:德国学者施图德(Studer)认为"知识本体是对概念体系明确的、形式化的、可共享的规范"[8]。法国罗什教授作为人工智能科学家,将"知识本体"定义为:"某专业领域以形式语言(计算机可读)表达的概念及其关系的可共享的描述。"[9]近 20 年,罗什教授主要将精力放在探讨术语学与知识本体的内在关系上。他与 F. 德卢勒(F. Deloule)教授一起,1995年在加拿大共同发表了题为《知识本体和知识表示》("Ontologies & Knowledge Repreesntation")的演说[2];1998 年起,罗什教授又致力构建"本体化的知识模型"[Modèle OK(ontological knowledge)],并就这一主题发表了一系列文章,其中有几篇在探讨术语学与知识本体的关系上很具创新性和影响力:《术语学与知识本体》("Terminologie et Ontologie")(2005 年),《说话不是设计》("Dire n'est pas concevior")(2007 年),《说话不是建模》("Saying is not modeling")(2007 年),《术语与概念:本体术语学的基础》("Le terme et le concept: fondements d'une ontoterminologie")(2007 年),《本体术语学:术语学的新范式》("Ontoterminology: a new paradigm for terminology")(2009 年)。

在《术语学与知识本体》一文中,罗什教授分析了术语学与知识本体在人们理解现实世界中共享着哪些相似的目标,认为"知识工程"中所运用的"知识本体",为术语学中实现概念系统的表达提供了最有效的途径。罗什教授吸收了人工智能领域

"知识本体"的运用所带来的积极成果,并于 2007 年提出"本体术语学"这一理论新范式。在一定程度上,罗什教授更注意研究现代术语学应用层面的问题,他从术语学在现代社会的具体需求出发设计有效的"知识本体",因为实践已经证明:"知识本体"为实现术语(包括术语集、某一领域的术语总体)概念体系的有效表示和建造,提供了关键性和最具前途的工具。

在《说话不是设计》中,罗什教授从分析取材于工业领域的文本实例入手,进行构建现实"知识本体"的专门性研究。这项研究旨在从所选的文献语料库和这些文献存在的各种语言关系中找出术语。这项研究从识别词汇结构入手,然后形成概念和实现知识本体的表达,最后再由专家小组确认,以保证所建立的概念体系可以服务于现实应用。罗什教授认为,这种运作是对术语学"名称学"(onomasiology)传统和"语义学"(semasiology)方法的结合,而不是将两者对立起来;在现时代,术语工作者(术语师)的术语分析工作需要具体学科专家的参与,一个概念化过程的完成需要尊重上述两种术语学工作方法。

4 凯迪拉克研究团队

"凯迪拉克研究团队 – 术语和本体"(Équipe Codillac -Terminologie et Ontologie)的带头人是罗什教授。这个团队由巴黎狄德罗大学语言研究中心和葡萄牙里斯本的诺瓦大学以及瑞士日内瓦高等管理学院的一批学者组成。这个团队的研究主要是围绕"术语学和知识本体的有关概念"这一主题进行探讨,并在知识管理领域测试和评估实现二者合理应用的可能性。这个研究团队每年举办"术语与本体:理论和应用"会议(Terminologie et Ontologie:thoérie et application),探讨术语学与知识本体的理论基础,以及探索实现概念化表示的不同方法,同时为语言学家、翻译工作者、术语学家、文献学家和计算机工程师等提供一些实践性活动。

这个团队自 2007 年起已经探讨过的主题有:本体术语学、知识本体的构建、知识本体构建所需的文本类型学(分类法)的评估、语义学建模、知识的术语提取、语料库的使用及有效性、基于知识本体的专业词典的构架、精确专业领域的分析等。

近 10 年来,这个团队一直致力研究如何将术语学理论实践与"知识本体"的构建相联系,并将二者的结合不断运用于不同的现实领域(譬如:辞典编纂、信息技术、文献学、实现有效的专业知识交流等)。他们的成果主要体现于"知识绘图"和"本体术语学"的具体运用上。

"欧盟"东扩之后,欧洲各国为加速发展本国经济和科技,加强了彼此之间的交流合作,科技经济翻译工作成为欧洲现代社会的热门。各类语言资料中涵盖大量术语信息,实现语言资料的系统化和可视化,术语问题成为关键,而计算机科学为解决这一难题提供了必不可少的条件。运用术语信息实现计算机绘图,可以把某确定空间内貌似杂乱无章的语言信息进行梳理和提取,提高人们对复杂语言信息的理解和解释能力。

法国学者 C. 特里科(C. Tricot)把"语义绘图"详细解释为:"一种描述性的形式主义[称为'描述形式主义语义网'(Semantic Network Despcription Formalism, SNDF)],描述领域知识、表达实体的属性及其之间的关系;为某领域本体建立结构标准、为新范式制定规范,以利于更好挖掘信息空间等,以满足现实的需要。"[3]

"凯迪拉克研究团队"在"知识绘图"方面的成果主要体现在"语义绘图"上。其主要成果有:(1) Os 绘图(Os Map):一种"语义绘图"服务;(2)语义网工艺工作台(SNCW):利于实现某领域的绘图表达;(3)"眼睛树"(Eye Tree):一种"鱼眼"(fisheye)绘图浏览器,它能通过使用在均匀空间内变形的层级结构产生"绘图";(4) Os 辐射树(Os Radial Tree):一种"辐射状"绘图浏览器,它可以定位层级结构并可与文献结构的关键要素建立联系;(5) Os 元搜索(Os Meta Search):一种网络研究的元搜索,它允许整理和组织利用传统搜索引擎搜索到的结果;等等。

这些项目都是由此团队领导下的"技术研究小组"完成的,以满足现实商业社会的需求。

5 再谈"本体术语学"

笔者曾写过介绍"本体术语学"的专门文章[10],本文仅做进一步补充。可以认为,随着"知识工程"对欧洲术语学实践工作影响的日益加深,现代术语学在理论层面上与"只研究话语的科学"(the speech sciences)愈加独立开来。罗什教授将其提出的"本体术语学"理论新范式描述为:"其概念体系是以认识论为指导并以形式语言表示的'知识本体',用自然语言书写的'术语'定义,视为一种语言学上的解释;'术语'有语言学和概念化两个维度,'概念'和'术语'的语言学表达以各自独立的方式存在;'术语'遵循语言学法则,而'概念'遵循形式化的逻辑规范。人们可以实现对'术语'在概念维度和语言维度这两个维度上进行管理。"[11]依罗什教授的观点:现代术语学不是科技词典编纂学,术语学也不仅仅是分析语篇和研究话语(译者注:近20年也有不少西方学者从认知术语学和文本术语学等多种角度研究术语学问题),欧洲术语学实践已经证明,术语工作要考虑专业领域客观对象的科学性表示,要研究概念化过程,这一点要比研究文本中的术语更占主导。罗什教授强调,在"本体术语学"中"概念"是独立存在的。换言之,"术语"与"概念"属于不同的符号系统:前者属于语言学符号系统,而后者属于概念符号系统。因此,用自然语言书写的"术语"的定义,是与用形式语言书写的"概念"的定义相分离的。这就使在语言维度和概念维度上对术语总体实行不同的管理成为可能:用形式语言定义"概念",遵循形式化和计算机化的规范,而用自然语言从语言学角度对"术语"及其用法进行解释[11]。

罗什教授把术语学视为一门独立的学科,认为它需要认识论、逻辑学和语言学的参与,其中逻辑学在实现概念表示的过程中起着举足轻重的作用[11]。因为认识论探讨人类认识的本质、结构、认识与客观实在的关系,探讨认识发生、发展的过程及其规律等,所以,"本体术语学"强调认识论原则在现代术语学具体实践中对"知识本体"构建的重要指导意义,同时强调在"知识工程"支持下运用创新性科学方法的必要性。

"本体术语学"理论在欧洲很多术语项目中得到有效运用,如:法国国家电力公司(EDF)的术语数据库、欧洲加热和冷却应用技术的可持续性项目(ASTECH)、欧盟多语的信息检索系统等。2015 年,罗什教授又写有《多语术语学:知识本体的方法》("Multilingual Terminology:the Ontological Approach")和《本体式的定义》("Ontological Definition")等文,继续参与欧盟的术语项目,并与中国在中文术语和新词构成方面开启了"徐光启项目"。所有这些工作都是对其理论范式发展的检验。

6 结语

综上所述,近20 年法国的术语学理论与实践领域,一方面继承了维斯特的传统术语学理念,强调概念与术语的对应关系,以及概念在术语学理论与实践工作中的主导地位,另一方面,从语言学、认识论、认知科学、人工智能和"知识工程"的角度探索现代术语学理论的新发展。实践证明,在欧洲倡导"知识工程"的大背景下,在术语学实践领域,"知识本体"的构建已成为极为得力的工具。实际上,法国文本术语学在这个时期也有长足的发展,这也是法国术语学研究的一大亮点,限于主题,本文未加介绍。法国现代术语学的发展反映了国际术语学发展的最前沿和新的主导方向,这对于中国的术语学发展也有极大借鉴意义。

参考文献

[1] 冯志伟. 现代术语学导论(增订本)[M]. 北京:商务印书馆,2011:160.

[2] Knowledge engineering and Terminology: French studies apercu on ontology[EB/OL]. (2014 – 04 – 14)[2015 – 10 – 23]. http://www. ictic. sk/archive/? vid = 1&aid = 2&kid = 50301 – 33.

[3] Advanced sustainable energy technologies for cooling and heating applications, funded under FP6 - SUSTDEV[EB/OL]. (2015 – 01 – 11)[2015 – 10 – 21]. http://cordis. europa. eu/project/rcn/85628_en. html.

[4] DEPECKER L. Contribution de la terminologie à la linguistique[J]. Language, 2005(157): 6 – 12.

[5] DEPECKER L, ROCHE C. Entre idée et concept: vers l'ontologie[J]. Language, 2007 (168): 106 – 114.

[6] ROCHE C. Le term et le Concept: Fondementents d'une Ontoterminologie[EB/OL]. (2007 – 08 – 12)[2015 – 11 – 04]. http://ARXIV. ORG/FIP/ARVIX/PAPER/0801. 1275. pdf.

[7] 知识工程[EB/OL]. (2013 – 10 – 27)[2016 – 01 – 28]. http://baike. baidu. com/link? url = JtJEI49Jun – UrKB91c09dMzaLP2Dm – r1WZT – – – Axwk – 5xGIDawJUHIQWR501zZyP – M2GrQTPSItGbPtdA6Wuya.

[8] 知识本体[EB/OL]. (2014 – 12 – 11)[2015 – 10 – 28]. http://baike. baidu. com/link? url = Cte1l56nbXeqNXp – – NLcJ6qnLx7dQPLtHfLiJ ＿ 7OVcpbclDEtNoD – 8STny0bCZqk32q3BHCcNss5hstU4xoCZa.

[9] ROCHE C. Synonymy in Terminology: The Contribution of Ontoterminology[EB/OL]. (2010 – 11 – 17)[2015 – 11 – 25]. http://www. linguistics. fi/synonymy/Synonymy Ontoterminology Helsinki 2010. pdf.

[10] 邱碧华. 本体术语学:把术语和知识本体统一起来的范式[J]. 中国科技术语,2016,18 (3):20 – 25.

[11] ROCHE C. Ontoterminology:How to unify Terminology and Ontology into a Single paradigm. [EB/OL]. (2013 – 05 – 17)[2015 – 12 – 21]. http://www. lrec – conf. org/proceedings/lrec2012/pdf/567_Paper. pdf.

谈欧洲学者对国际术语
标准化原则的重新审视[①]

邱碧华 编译

摘要: 20世纪90年代以来,普通术语学作为一种传统理论愈来愈受到多方面的挑战,术语学作为一门独立的学科,有被理论蓬勃发展的专业词典编纂学或者知识工程吸收掉的危险。而"本体术语学"这一理论范式的出现,既验证了维斯特普通术语学理论的科学性本质,也巩固了术语学作为一门独立学科存在的学科地位。罗什教授和他的研究小组对 ISO 704、ISO 1087 和国际术语手册进行了科学性审视,为重新修订和完善国际术语标准并使其符合时代要求做出了贡献。本文旨在介绍其审视过程,为深入理解国际术语原则提供途径。

关键词: 国际术语标准,逻辑,知识论,知识本体,本体术语学

引言

法国国家标准化协会术语委员会[the National Committee of Terminology in the AFNOR (Association Française de Normalisation)]主席克里斯托夫·罗什(Christophe Roche)教授,近些年负责国际标准化组织(the International Organization for Standardization, ISO)国际术语标准 ISO 704 和 ISO 1087 原则的修订[1],罗什教授和他的研究小组从"本体术语学"的理论原则出发,对国际术语标准化原则和国际术语手册进行了科学性审视,为重新修订和完善国际术语标准,使其符合现时代的要求做出了杰出贡献。在本文中,译者将详细介绍罗什教授小组对旧有国际术语标准化原则的审视思路,为我们更加深入理解国际术语标准提供途径。

---

① 本文曾发表于《中国科技术语》2017年第2期。此文编译自 "Should Terminology Principles be re-examined?" by Christophe Roche, Terminology and Knowledge Engineering Conference (TKE), p. 17–32, 2012。

1 国际术语标准 ISO 704 和 ISO 1087 原则修订的理论背景

20 世纪 90 年代以来,普通术语学作为一种传统理论愈来愈受到多方面的挑战[2],术语学作为一门独立的学科,有被理论蓬勃发展的专业词典编纂学或知识工程吸收掉的危险:专业词典编纂学理论认为术语学只研究语言现象,而在知识工程中人们则容易把术语学仅看成是计算机化的知识表示问题。罗什教授及其团队则认为:坚持把术语学看成是一门独立的学科,这一理念至关重要。但如果术语学要继续作为一门独立的科学学科存在下去,现存的国际术语标准则需要重新审视。因为术语学的存在虽然是为了便于人与人之间的沟通,在过去也并没有为其提供计算机化的模型,但术语学的最终目标则是帮助人们理解世界,要描述这个世界的客体对象,并要找到合适的话语来谈论他们[3]。因此,无论是从逻辑的角度(为术语提供连续一致的定义),还是从计算机化的角度(为概念系统提供代表物),甚至从认识论基本原则的角度上看,国际术语标准 ISO 704(2009 版)和 ISO 1087 - 1(2000 版)则是不完全令人满意的[4]。罗什教授认为,在以往的 ISO 704 和国际术语手册中,虽然人们一再强调术语学是跨学科的,术语学要从逻辑学、认识论、科学哲学、语言学中汲取营养,但实际上这大多还只停留在口头上,因此,国际术语标准 ISO 704 和 ISO 1087 - 1 新版本需要吸收术语学当今理论和实践的研究成果,尤其要考虑"本体术语学"理念。以罗什教授为首的研究组主要从逻辑学、认识论(它是理解世界的关键)和当今科技交流对术语学实践要求(要求实现术语的可操作化——计算机建模)的角度,对旧版国际术语标准进行了审视,理论依据是"本体术语学"(ontoterminology)理念:在严格的形式逻辑系统(带有清晰定义的句法和语义学规则)内构建概念体系——术语定义采用自然语言,概念定义运用形式语言。研究组主要考察了"客体对象"(object)、"概念"(concept)、"特征"(characteristic)、"关系"(relation)和"定义"(definition)等术语学基本概念,并尽量将这些词与知识工程中的对应物相协调。

2 罗什教授国际术语标准修订研究组主要考察的要素

2.1 对国际术语标准中有关"现实"和"客体对象"的阐述进行考察

国际术语标准 ISO 704(2009 版)中提到:"要形成术语(集),首先人们要理解清楚什么是概念化。"[4]这一方面意味着要理解什么是"现实"(reality),另一方面,则要对占据着"现实"的"客体对象"进行组织。罗什教授认为,这是人们最容易混淆的两种不同的思维操作[4]。在此，我们需要掌握认识论的一些原则，即：人们接近"客体对象"是需要借助某种代表物的，上述两种思维运用的是两种不同的知识。在 ISO 704（2009 版）中，"客体对象"被定义为："任何可被感知或者构想的事物。"[5]它其实定义了第一类（第一层次）的知识——称为"个体（或单数）知识"（individual or singular knowledge），简称"客体对象"或者"个体"（individual）。但在这里，"个体"不能与"单数概念"（singular concept）相混淆，后者"说的仅是一个单数事物"。而第二类知识是"概念化的知识"（conceptual knowledge），简称"概念"，也就是"验证相同规律的有关诸多事物的知识"，"它对很多事物进行预测"[4]。罗什教授在此强调的另一个基本认识论原则，主要涉及"特征"的本质是什么，即什么是本质性的特征，什么是描述性的特征。在此，人们头脑中应该清楚的是：在给术语下定义时，依靠的是"概念"的本质特征，而对它做描述时，依靠的是描述性的特征。

2.2 对有关"概念"的阐述进行考察

国际术语标准 ISO 704（2009 版）中说道："客体对象划分为'类（别）'（classes），并对应于称为'概念'的知识单元。"[5]因为"概念是所有术语工作的基础"[6]，所以，术语工作的第一项任务，应该是去定义所指的概念。ISO 704 （2009 版）区分了两种概念："个体概念"（the individual concept）和"一般概念"（the general concept），前者"仅对应于一个客体对象"，而后者"对应于两个或者多个客体对象，这些客体对象因具有共同属性而组成一组"。罗什教授认为，做这种区分用处不大，应该避免。因为事实上"概念"是"知识单元"（unit of knowledge），包括诸多的事物，而不论它所描述的客体对象是多少（可能是一个、两个或者更多，甚至是零）。因此，概念的定义并不依赖于其外延的基数。此外，在术语工作中把任何唯一的客体对象看成是一个"个体概念"不仅不必要，而且容易造成问题。例如：如果把"加拿大"看成是一个个体概念，则找不出把它从它的上位一般概念"国家"划分出来的区别特征。客体对象是"谓词"（predicate）的"主语"（subject），而不是一个谓词[4]。这是概念的一种具体化［在知识工程中称为"实例"（instance）］。一个个体在本质上仍然保持了其自身，尽管在数量上它会有很大变化。

2.3 对有关"特征"的阐述进行考察

国际术语标准 ISO 1087－1（2000 版）中写道：一个概念是"由唯一的特征联合体产生的知识单元"[7]。而"特征"就是"对一个或者一组客体对象'特性'（property）

的抽象"[7]，这其实是个体的一种"一元谓词"（unary predicate），例如"有颜色"。"有颜色"这种特征其实意味着还存在着许多不同的特征，就如同存在着许多特定的颜色："蓝""红"等。当人们对这些特征进行语义学联系时，所有这些特征是独立的。在术语学中，"特征"起着本质性作用，ISO 704（2009 版）中写道[5]："要运用特征进行概念分析、概念系统建模和制定定义。""概念间的相似性借助共享的共同特征表示出；概念间的差异则由限定特征（delimiting characteristics）示意出"，"一个概念的同一种特征可能把此概念与一个相关概念区别开来，同时却又可能与另一个相关概念共享"。显然，所有的特征是不等价的。罗什教授指出，在 ISO 704（2009 版）中删去了 ISO 704（2000 版）中有关"本质特征"（the essential characteristic）的叙述，而"本质特征"恰恰是"理解概念不可或缺的特征"[4]。因此，罗什教授呼吁在新版 ISO 704 术语标准中需要重新补进对"本质特征"的定义。

国际术语标准一直承认有两种"特征"。（1）"本质特征"：它用于将一种概念与其他相关概念相区别，是理解概念不可或缺的特征。本质是不会改变的，如果移除这种特征，事物便不是这个事物；给概念下定义主要依赖这种特征，依赖这种特征也可以将概念组织成概念系统。（2）"描述性特征"：这类特征并不改变对象的本质，而仅仅改变对它的描述，而这种描述可多可少。罗什教授认为：与本质特征不同，描述性特征不能（也不应该）表示成"一元谓词"，它要求"二元关系"，要求"二元谓词"。另有"属性"（attribute）一词与"值"（value）相关联。在"知识工程"领域，人们更加强调描述"客体对象"而不是对它们进行理解。连接着"属性"的"值"形成了许多对描述这个客体对象起决定作用的规范。对"特征"做这种区分具有根本性意义。因为它们能表达不同性质的知识。"本质特征"用于定义和构建概念；而"描述性特征"以与之相关的"值"为基础，用于描述客体对象，也可用于描述客体对象存在的种种状态。罗什教授建议对"描述性特征"冠以"属性"这一名字，以便与"知识工程"中的用词相一致。此外，他认为旧版国际术语标准中还有不少问题需要运用现代术语学范式的逻辑规范去处理[4]。

2.4　对有关"关系"的阐述进行考察

ISO 704（2009 版）中写道："概念不是作为思想单元而孤立存在着的，而是始终存在于相互的关系之中。"[5]国际术语标准一直区分两类概念关系：层级关系（hierarchical relations）[涵括"属种关系"（generic relations）和"部分－整体关系"（partitive relations）]与联想关系（associative relations）。科学就是对现实进行排序，因此，前一类关系在整理概念系统的过程中起着核心作用,有助于我们了解和掌握概念系统的复杂性。后者则表达了一种连接,因为非层级的概念间关系是"凭经验"(by the virtue of experience)[6]的,所以这类关系涵盖了诸如因果关系、生产者与产品的关系等。

罗什教授对如下概念关系进行了重点考察:

(1)属种关系

国际术语标准规定,在属种关系中,第二个概念[称为"下位概念"(subordinate concept),更准确则为"种概念"(specific concept)]的内涵包含了第一个概念[称为"上位概念"(superordinate concept),更准确则为"属概念"(generic concept)]的内涵,而且,第二个概念包括了至少一个附加的限定特征:"两个概念的关系是:一个概念的内涵包含了另一个概念的内涵以及至少有一个附加的限定特征。"[7]罗什教授认为,这种关系是非自反(irreflexive)、非对称(asymmetric)和可递的。它其实是在概念之间定义了一个严格的顺序——一种层级结构,而实际上概念间的状况并不完全如此,因为一些概念可能并不一定具有可比性。

罗什教授在此注意到:由于概念是由借助唯一的特征联合体定义的,这一系列特征的某一段的每一个要素,都具有定义一个种概念的潜在可能性,因此,国际术语标准中的属种关系是多层级的(poly-hierarchical)。因此,在内涵定义中,直接使用什么样的上位概念,就成了一个需要研究的课题[4]。

(2)整体-部分关系

在现实中,如果我们能够知道一种事物的组件,能够觉察到它们,我们则更容易去描述这种事物。因此整体-部分关系对我们描述事物起着重要作用。它表达了在一个整体[综合概念(comprehensive concept)]和其组件[部分概念(partitive concept)]之间存在的内在关系,而无须涉及任何有关其组件性质的特别限定。罗什教授认为:国际术语标准过去一直把整体-部分关系作为层级关系处理,目的是传递这样一种思想——详细程度和包含程度越高,事物越容易被人们理解。然而整体-部分关系并不能定义秩序。因为组件与整体之间不存在从属关系(而种概念与属概念之间是存在着从属关系的)。因此,"属概念所做的规定也同样适用于它的种概念"这一点对于整体-部分关系就不适用。如果把整体-部分关系作为一种定义关系去理解,而不把它看成是一种描述关系,就会造成很多问题。这势必有可能在"综合概念"和"部分概念"的特征之间造成混淆。

(3)联想关系

联想关系是概念间的外部关系(在这里"外部"的含义是指这种关系对理解所连

接着的概念并不是必需的），是"凭经验"[7]的非层级关系。在原则上，它们不牵涉任何与所连接的概念性质有关的限定因素。联想关系是"二元关系"（binary relation），它需要将更大的元数翻译成一组二元关系。

ISO 1087 - 1（2000 版）给出了一些联想关系的例子：顺序关系（sequential relations）、时间关系（temporal relations）和因果关系（causal relations）。罗什教授感到遗憾的是，在定义这些关系时缺少限定特征，这就容易造成模棱两可的情形。譬如，因果关系是否也是有顺序的？诸如："行动"（action）和"反应"（reaction）、"核爆炸"（nuclear explosion）和"辐射尘"（fall-out）之间的关系。

（4）本体关系

在以往的国际术语标准 ISO 704 和 ISO 1087 - 1 中，并没有出现 ontology 这一术语。H. 费尔伯（H. Felber）在《术语手册》[6]中提到过"本体关系"（ontological relations），但它表明的是概念间的一些间接关系，尤其是指整体 - 部分关系。

罗什教授指出：在"知识工程"中，ontology 所具有的含义与《术语手册》中表明的并不一样，在"知识工程"中，其定义为"概念及其关系的形式化规范"[4]（译者注：中文多译为"知识本体"。本体关系因而成为包含关系（subsumption）（属种关系）中最重要的关系，它其实对应于《术语手册》中的"逻辑关系"（logical relation）[逻辑从属关系（logical subordination）]。鉴于 ontology 本身在现代社会已经成为进行概念系统建模和计算化表示的最理想的方法，罗什教授建议，在新版国际术语标准中应该纳入带有知识工程意味的 ontology 这个词。

2.5　对有关"定义"的阐述进行考察

依照国际术语原则，"定义"是指"对概念的陈述"[7]，"应反映概念体系"[5]。

罗什教授考察了国际术语原则中提到的两种定义类型：内涵定义和外延定义。

（1）内涵定义

"内涵定义"（intensional definition）类似于依据"属"（genus）加"种差"（difference）进行的定义。定义中包含一个上位概念（属概念）并直接跟着一个或者几个限定特征。罗什教授在这里提出一个问题：如果同一个概念直接从属于几个上位概念，那么下定义时则应该如何对上位概念做选择呢？国际术语标准化原则还要求规范那些把某个概念从其同级概念中区别出来的特征。罗什教授认为，在国际术语标准中特意提这种要求，其优点并不显著，因为凭借与其共享的上位概念相区别的限定特征，同级概念之间就能自动区分彼此。此外他认为，从形式化角度看，利用整

体 – 部分关系和联想关系进行定义不令人满意,因为在这种情况下,无法清晰确定产生概念的"唯一特征联合体"是怎么发展的。在整体 – 部分关系情况下,"限定特征"指的是什么?一个整体的"特征联合体"与其组成部分(组件)之间是否可比?组成部分的特征联合体之间是否可比?综合概念的特征联合体之间是否可比?这些涉及形式化的问题都需要找到答案。

(2)外延定义

无论是对属种关系中的属概念还是对整体 – 部分关系中的综合概念进行的"外延定义"(extensional definition),都需要列举出这些概念的下位概念(前者要列举出属概念的所有种概念;后者则要列举出综合概念的所有部分概念)。罗什教授指出,在此需要提醒人们,万不可将术语学中这种针对"概念"的"外延定义"与数学中针对"集合"(set)的"外延定义"相混淆,后者枚举的是组成这个数学集合的客体对象。为此,在数学中,人们最好使用"枚举定义"(enumerational definition)这一术语,以避免不必要的混淆。

虽然外延定义的优点是显而易见的,但从形式化角度,它又会引出这样的问题:怎样依据下位概念的"特征联合体"产生确定上位概念的"唯一特征联合体"?

2.6 对"定义"和"描述"进行界定

通过考察国际术语标准中主要提到的各种关系,罗什教授重申:利用整体 – 部分关系和联想关系更适合于描述事物,而不是定义概念。他引用学者 A. 阿尔诺(A. Arnauld)和 P. 妮科尔(P. Nicole)所著《思考的艺术或逻辑》(*Logic or the Art of Thinking*)中的话,对"定义"和"描述"(description)进行了界定:"有两种定义:更精确的一种,它保有'定义'这个名字;另一种不够精确,而称为'描述'。前者借助事物的本质属性(essential attributes)以解释事物的本性,其具有普遍性的属性称为'属'(genus),而特有的属性称为'种差';后者(称为'描述')提供的则是基于偶然性但又是这个事物所特有的、可以确定这个事物的一些知识,这些知识足以给我们一种思想,而将这个事物与其他事物区别开来。"[4]

2.7 强调逻辑关系

罗什教授提到,费尔伯的《术语手册》中说到的"概念析取"(concept disjunction)就是基于对属概念的外延定义。国际术语标准讲到新概念的建立要基于已存在的属概念、种概念或者综合概念,但在 ISO 术语国际标准中,却没有提到"概念合取"

（concept conjunction）。罗什教授认为这点令人费解。但教授进一步分析，如果要对由此导出的种概念的内涵（作为内涵联合体）进行定义，则又会产生某种矛盾：我们如何对由两个同级概念（都源出同一个属概念）合取产生的概念进行解释或者定义（因为这两个概念应该是由限定特征做区分的）？所有这些问题都需要深入思考与探究。

罗什教授认为，尽管存在上述不足，新版术语国际标准中还是要引入逻辑关系[4]。概念、特征、属性都是逻辑谓词（前二者是一元谓词，而最后者为二元谓词）。这类谓词允许将客体对象分类（classify）成不同的集合，这些集合可以相互区分、重叠或者包含。然后就有可能对"类"进行定义，这些"类"收集了要验证其逻辑属性的个体对象，而不考虑它们的性质（nature）或者结构是什么。"类"与"概念"一样，也是一个涉及诸多事物的"知识单元"，但"类"中包含的对象可能有不同的性质（概念）或者不同的结构（属性），但这些对象遵循共同的法则。

3　结束语

以罗什教授为首的研究小组在重新审视现有国际术语标准的过程中，进一步看到了建立概念系统所面临的挑战。他们认为，在过去几版的国际术语标准中虽然推荐了几个以相互关联的概念系统为基础的数学结构主义范式，然而，这些范式的定义不尽准确，从而给术语工作的可操作化带来了困难，这也导致知识工程的理论在术语学理论领域占据了领导地位。罗什教授认为，利用形式语言明确定义的句法和语义学知识从事术语工作，这不仅不可避免，而且有利于消除歧义，因为概念化过程是一种科学活动。逻辑和人工智能语言的运用不是为了理解这个世界，而是为了去描述它。逻辑提供一种形式，而人工智能语言提供一种计算。但运用它们构建概念系统要以认识论原则为指导。

罗什教授建议[4]，要把握组成现实世界的客体对象的多样性，首先应该具有把概念看成一个"理解单元"（a unit of understanding）的理念。这个理念的功能是双重的：（1）了解事物是什么；（2）描述它。前者借助事物的本质特征定义事物，后者把事物作为"唯一的知识单元"进行描述。

经过多年的思考研究，罗什教授为现代术语学理论注入了"本体术语学"这个新范式：一个术语总体的概念体系是以认识论为指导并以形式语言表示的"知识本体"，将用自然语言书写的"术语"定义（一种语言学上的解释）与"概念"形式化的定义（遵循逻辑规范）进行了区分，这种范式将术语用法或者标准化术语与概念模型相联系,同时强调领域专家对术语工作的参与。"本体术语学"是罗什教授研究小组对旧版国际术语标准进行考察修订的理论基础,它的提出验证了维斯特普通术语学的科学本质。

参考文献

[1] Why is terminology your passion? – interview with Christophe Roche [EB/OL]. (2014 – 1 – 22) [2015 – 12 – 24]. http://termcoord. eu/termania/why – is – termonology – your – passion/interview – christophe – roche/.

[2] SAGEDER D. Terminology today: a science, an art or a practice? Some aspects on Terminology and its development[J]. Brno Studies in English, 2010, 46(1): 10 – 56.

[3] 邱碧华. 维斯特的"世界话语"研究及对普通术语学的影响[J]. 中国科技术语, 2011(2): 8 – 15.

[4] ROCHE C. Faut-il revisiter les Principes terminologiques? [J]. Proceedings of TOTh(Terminology & Ontology: Theories and Applications conference), 2008(6): 54 – 72.

[5] ISO 704:2009. Terminology work — Principles and methods[R/OL]. (2012 – 12 – 15) [2016 – 01 – 17]. http://www. iso. org/iso/catalogue_detail. htm? csnumber = 48109.

[6] FELBER H. Terminology Manual[EB/OL]. (2012 – 10 – 05) [2016 – 02 – 07]. https://unesdoc. unesco. org/images/0006/000620/062044EB. pdf.

[7] ISO 1087 – 1:2000. Terminology work-Vocabulary-Part 1: Theory and application[R/OL]. (2012 – 10 – 05)[2016 – 02 – 10]. https://www. iso. org/obp/ui/#iso:std:iso:1087: – 1:ed – 1:en.

术语学理论方法的多元化[①]

R. 科斯塔 著　邱碧华 译

　　针对母语为罗曼语族（拉丁语族）语言的不同国家，如果人们想对其目前最前沿的术语学理论方法进行一下描述，这绝非易事。若究其原因，则是因为：现今，在这些国家里，人们正在开发着多元化的理论性框架，这其中自然要考虑到每一个国家自身所具有的社会、文化和经济特征。各个国家都表现出各自相当独特的现实特色，因此，各个国家都有着自己不同的术语需求。

　　但是，如果不是很冒昧的话，笔者认为，在罗曼语族语言为母语的国家或者地区里，就术语学理论和实践而言，语言学方法是人们普遍接受的一种方法。这也是我们当今所观察到的现实：在这些国家或者地区，术语学被认为是一门独立的学科，而且它包含了多元化的理论和方法。这些国家采用语言学方法建设术语学理论，无疑是受到了词汇学（lexicology）和词典学（lexicography）的影响。

　　20 世纪 70 年代初，学者 L. 吉尔伯特（Louis Guilbert）、B. 奎马达（Bernard Quemada）和 A. 雷伊（Alain Rey）等人对具有术语价值的词汇单元（lexical units）进行了更为系统的研究。这是语言学家对术语单元（terminological unit）产生兴趣的开始。直到那个时候，人们还是把"术语单元"当成"含义/意义单元"（unit of meaning）进行研究的，也就是："术语单元"与普通语言（general language）的"词汇单元"没有什么不同，只是前者的含义需要具有一定的专业度罢了。从理论角度上看，这种观点无疑是建立在语义分析（semantic analysis）的坚实基础上的。与此同时，从方法论角度上看，它又是建立在语义学分析（semasiological analysis）的坚实基础上的。

　　这个初期阶段的特点是：这种对"普通语言"和"专业语言"（specialized lan-

---

　　①　这篇文章的英文名为"Plurality of Theoretical Approaches to Terminology"，原文收录在由皮希特（Heribert Picht）教授主编的《术语学理论和应用的现代方法》（*Modern Approaches to Terminological Theories and Applications*. Heribert Picht [ed.] Serie：Linguistic Insights. Studies in Language and Communication. Vol. 36. Bern：Peter Lang Verlag, 2006）一书中。本文经原欧洲术语委员会主席、葡萄牙新里斯本大学教授、葡萄牙著名术语学家科斯塔（Rute Costa）教授本人授权翻译。

guage）之间进行区分的"二分法"（dichotomy），引发了人们第一次对"术语"在"专业语言单元"研究领域中所处的地位进行争论。上述的这些学者（以及其他学者）的研究，则致使人们确立起把"术语"（terminologies）看成是"某一学科的专门名称"（nomenclatures）的观念；这具有决定性的一步，也就催生了一种关于"词汇单元"（lexical units）专业化含义的新型研究。然而，这门学科——专业词典编纂学（specialized lexicography）的研究目标显然与术语学不同。

这种"二分法"的观念至今仍然存在。在这些国家里，有许多语言学家认为：通过对专业文本中出现的"术语单元"进行分析和描述，他们就是在从事术语工作。当然，这种对术语工作的模糊认识是可以理解的，因为对于大多数的语言学家来说，无论他们采纳的是哪一种语言学理论框架，"术语单元"一直是他们研究的主要对象。然而，尽管这种"模糊认识"可以令人理解，但是，在当前情况下，我们则不应该再让它继续下去了。

人们普遍接受这种观点：从交流角度来看，术语是一种语言单元（linguistic unit），在语言和话语/语篇（discourse）当中，它在语法、形态和词汇水平上，都像任何词汇单元一样在起着作用。科曹雷克（Kocourek）（译者注：传统意义上布拉格学派的代表人物之一）曾经提出以下想法：

"在语言的整体词汇中，基础性术语和非术语都具有这种语言属性，它们依赖于这种语言的语音、词法和词汇系统，并在上下文中服从于句法规则和语义学倾向；最后，它们在时间、空间和社会现实中的有效性是不平等的。"（Les termes et les non-termes du fond lexical entier d'une langue ont en commun l'appartenance à cette langue, d'où résulte leur dépendance du système phonologique, morphologique et lexical de cette langue, leur subordination, dans le contexte, aux lois syntaxiques et aux tendances sémantiques et, enfin, leur validité inégale dans le temps, dans l'espace et la réalité sociale）（Kocourek 2001：296）

这种将"术语单元"视为语言符号的观点，则是基于卡西雷尔（Cassirer）提出的"语言符号"（linguistic sign）的概念：

"符号（sign）并不是纯粹偶然地充当属于思想的外壳，它是思想必不可少的固有器官。人们使用它的目的，不仅仅是传达一旦形成便要传递出来的思想内容：它是一种工具，而且通过这种工具，这个内容本身得以外化形成，并且只有通过这种工具，这个内容才能获取其完整的含义。这个内容的概念确定，则与特征符号（characteristic sign）的固定紧密相关。"（le signe n'est pas l'enveloppe qu'un pur hasard attribuerait à la pensée, mais son organe nécessaire et essentiel. Il ne sert pas seulement aux fins de la communication d'un contenu de pensée qui serait donné une fois achevées: il est un instrument au moyen duquel ce contenu lui-même prend forme en s'extériorisant et au moyen duquel seulement il acquiert la plénitude de son sens. La détermination conceptuelle d'un contenu va de pair avec la fixation dans un signe caractéristique) (Cassirer 1972: 27)

　　我们语言学中心[新里斯本大学语言中心(Centro de Linguística da Universidade Nova de Lisboa)]所进行的研究,采用的是基于语言学的术语学方法。我们的研究已经进行了十多个年头,因此,我们可以做出下面一些具有可能性的阐述:术语是专业词汇单元,因为它们所表示的知识是(1)特定于某个给定的知识领域的;而且(2)是主体间的(inter-subjective),也就是,它们得到了专业团体成员们的认可并由他们所共享。

　　这种知识是掌握了知识体系后带来的结果;而这种对知识体系的掌握,则又转化为对组成词汇结构(lexical structure)的术语之间所存在关系的认识。这些术语对存在于概念系统的要素之间并在文本或者话语上下文语境中体现的关系进行命名。因此,学者雷伊(Rey)根据英语单词 name 在逻辑哲学中的意义使用了 nom 这个法语单词:

　　"作为术语(学)的真正对象:的确,在一个前后连贯、可以枚举和/或者结构化的系统中(存在)的可定义的名字/名称(nom),它是一个术语;其定义的内容与一种观念(notion)[概念(concept)]相对应,并且可以(对其)进行分析理解。"(comme l'objet même de la terminologie: en effet, un nom définissable à l'intérieur d'un système cohérent, énumératif et/ou structuré, est un terme; le contenu de sa définition correspond à une notion (concept), analysable en comprehension) (Rey 1979: 22)

　　的确,对于语言学家和术语学家(译者注:这里指的是以语言学为导向的术语学家)来说,名称(denomination)都是非常重要的;但是,对于这两类语言学家而言,名称所具有的重要性却不在同一个分析层面上。词典编纂家(lexicographer)侧重于名称的命名(nominative)方面,而术语学家则侧重于:(1)主要对"被命名者"(the nominated)(即概念)进行确定、分级和分类;以及(2)随后对同一个概念系统中的每一个概念与其他的概念相联系的关系上进行关注。无论什么时候,术语学家的出发点都是文本或者话语,因为他/她经常需要通过名称来获取/接近概念,正是这些名称才使得人们能够通过言语行为来对世界的可能性表示(the possible representations of the world）进行解释。

最近,在《术语学》（*Terminology*）杂志上发表了卡布雷（Cabré）教授的一篇重要文章。在文章中,她提出了一种称为"多门理论"（the theory of doors）的模型,有关论述如下:

"这个模型试图表示对'对象'（object）多元的但不是同时进行的'访问'（access）。而且,通过这样一种方式,无论是从概念、术语还是情境（situation）出发,人们都能直接到达中心对象,即'术语单元',并对它进行处理。"（Cabré 2003）

依据卡布雷的观点,"术语单元"始终是术语学研究的主要对象,无论人们采用什么样的特殊理论或者方法。

但是,笔者个人认为情况并非总是如此。因为,如果术语学家的确必须始终考虑到术语单元的话［因为它们是有名称的（denominative）］,术语单元却不一定总是（术语学家工作的）最终目标。例如,术语学家的最终目标可以是:在同一个概念系统内的两个或者若干个概念之间建立起关系和/或者连接。学者雷伊（Rey）在 20 世纪 70 年代后期的论述,就确凿证实了这一点:

"术语学研究符号。这些符号借助自然语言（词汇等）的形式而显现出来,我们必须对它们与这些形式的关系进行具体说明。"（la terminologie étudie des signes. Ces signes se manifestent au moyen des formes des langues naturelles（mots, etc.）, leur rapport avec ces formes doit être précisé）（Rey 1979）

现在,我们可以说,当前在术语学界所进行的辩论,其很大一部分涉及"关系"（relation）这一理念/概念,因为术语工作的核心就集中在"被命名者"（the denominated）及其名称之间的关系上。应该强调的是,这种关系也是所有以"本体构建"（construction of ontologies）为基础的研究的核心。

因此,我们必须对"被命名者"之间的关系（也就是"概念"之间的关系）和"名称"之间的关系（也就是"术语"之间的关系）这二者之间的关键性区别进行研究,这无疑也增加了在"什么是属于语言层面的"和"什么是属于知识层面的"这二者之间进行界定的难度。实际上,如果有人想借助系统化的方式去"访问"某个专业领域的概念的话,那么,他/她则需要确定这个概念的特殊性特征（specific characteristics）,以便（1）把它区分出来,并将它与其他的概念区别开来;以及（2）将其放置在概念系统中。这个过程是每一个以知识管理为目的的计算机化系统的基石。

在术语学家群体（也就是在工作上与术语打交道的人们）中所存在的大量争议,究其部分原因,恐怕是大家缺乏对以下三种观点之一进行定位:（1）语言内部（the intralinguistic）——在语言系统内部对词汇网络及其结构进行研究；（2）语言之间（the interlinguistic）——对两个或者若干个语言系统的词汇网络及其结构之间的关系进行研究；最后，（3）语言之外（the extralinguistic）——对在语言内部和/或者语言之间明显相互作用的概念关系进行研究。

为了构建知识表示系统，我们就必须在事物状态（事态）（the state of things）、概念网络和语义结构的层面上同时进行运作。从分析角度来看，这三者是三个不同层次的知识表示，能够使我们通过将思想、语言和自然法则进行匹配的"形式化模型"来激活计算机化系统（Rastier 1995）。

概念及其之间的关系主要是智能化的（intellectualized），它们在言语行为（speech acts）（parole）中又是采用言语进行表达的。这一事实，可能就意味着，并非所有与分析相关的层面都要被考虑到或者明确地表达出来：

"实际上，为术语工作服务的人工智能并没有在两个目标之间做出选择：是表示本体中实体的层级结构，还是表示文本中所指实体之间的相互作用。"（En fait, l'IA comme la terminologie n'a pas choisi entre deux objectifs：représenter la hiérarchie des substances au sein d'une ontologie ou l'interaction des signifiés dans les textes）（Rastier 1995：44）

从这段陈述中随之产生的疑问，便是人们能否通过另一种替代的途径（也就是绕开语言及其在话语中的现实化这条道路）去获得概念和概念系统，或者对其进行访问。如今，对上述问题的积极回答已经为人们广泛接受，这一事实显然是将术语纳入到语言科学更为广泛的背景中去的重要前提。

系统工程师们关注的主要是对系统进行建构和实现层级化（hierarchicalisation）。当他们对概念化的关系进行描述时，在通常情况下，他们要么就是把概念关系与语义关系（semantic relations）混淆在了一起，要么就是简单化地对语义关系置之不理，因为他们对这套不同类型的关系背后所蕴含的语言学理论不熟悉。鉴于书面文本是工作的起点，我们有必要对语义分类（semantic categorizations）加以重视，因为它们能够让我们通过文本获取到/访问到"所指意义"（referential meaning）的结构。

而在另一方面，语言学家们则谈论语义关系，尤其是层级关系（hierarchical relations）［上义词（hyperonymy）、下义词（hyponymy）］、包含关系（inclusion relations）［完整性（holonomy）、部分－整体关系（meronymy）］、等效关系（equivalence relations）（同义关系）和对立关系（opposition relations）［反义关系（antonymy）］。这些发生在词汇单元之间、具有语义性质（semantic nature）的关系，无论是否具有专业性，都可以建立起某种意义(sense);因此,说话者由此可以将他/她对世界的表示(representation of the world)表达出来。通过这些关系则会有大量的名称显露出来,这种现实使得我们对语义关系和概念关系之间的对应性提出了质疑,因为它们之间的对应可能是不平衡的。关于这个问题,学者拉斯捷(Rastier)说道:

"如果我们以这些术语为参考点,那么,我们就必须同意在文本之间建立起较为丰富的关系,并对其进行修改和质疑,而不是保留知识的表示形式。文本不是由单词组成的,它们也不是一个可以简化为个体集合的领域。"(si l'on prend les termes pour point de référence, on doit convenir que les textes instaurent entre eux, modifient et problématisent des relations plus riches que n'en retiennent les formats de représentation des connaissances. Les textes ne sont pas faits de mots, pas plus qu'un domaine ne se réduit à une collection d'individus.) (Rastier 1995:44 – 45)

正是通过专业文本,专家才能够为知识的发展做出决定性的贡献。专家们使用专业文本,不仅仅是为了通过它们来传播知识,而更是要通过它们来获取知识。然而,文本也是人们发起辩论的地方,因此,也正是在文本里,我们发现:由于专业群体成员之间缺乏共识,故而多义现象、歧义现象、同义现象,以及人们自觉和不自觉造成的"不精确性"也在这里"滋生"。正是在这里——在文本中,它也能产生某些变异,而且我们也能觉察到这一点。

所有这些争执(辩论)都是语言和话语所固有的,而且,显而易见,它们也是语言学家科学知识的一部分;毫无疑问,在语义学、词汇学和词典学的角度上,他们也能稳妥地对这些概念进行支配。很显然,所有这些与词汇创造力和科学文本结构中的美学构造相关联的、构建"意义"的方式,都无法确保"单指称性"(monoreferenciality)的实现。而"单指称性"却是在计算机系统环境下,实现人们所期望的"知识表示"的形式化和标准化所必需的。

"本体"(ontologies)是通过研究概念之间的现有关系而进行知识建模的系统。而且,如果在语言之外的层面上进行知识组织是术语学研究的最初目标之一,那么,确实是通过"言语行为"(the act of parole)[即"话语行为"(act of discourse)],我们才可以实现对知识组织表示(representation of knowledge organization)进行获取。"言语"(parole)是人们实现"世界表示"(world representation)优先采用的方式,也是人们实现"意义构建"(sense building)的场所,但它不是世界本身。学者们在形成理论时遇到的困难,恰好在于下面的事实:"世界"及其"话语表示"(discursive representation)这两个现实,形成了一种持久而又互利互惠的联系。这使我们不由地想起奥邦克(Aubeneque)的话,他说:"因为事物具有本质,所以言语才有意义。"(C'est parce que les choses ont une essence que les mots ont un sens)(Aubeneque 1962:128)。

如果在一方面,上述这两个现实之间存在着共生关系(symbiosis)的话,那么,在另一方面,它们在理论上的区别,对于理解语言学观点(主要是语义学观点)和概念化观点(主要是名称学观点)之间的差异来说,就至关重要。这两个现实,这一个并不排除另一个;它们是互补的,都属于术语学家的研究范围。过去的那种在本质上几乎是"二分法"的对立,在今天看来,似乎过于简单化了。实际上,今天大型语料库的使用,以及随之而来的语料库语言学(corpus linguistics)的发展,都需要我们对在术语提取、信息处理和"本体构建"中使用的方法进行重新考虑。

当今大型语料库的存在,数据处理能力的扩展,以及全球化的现实,都迫使术语学家将注意力集中在研究多语言数据的管理上,并且需要关注"元数据"(metadata)的开发,以便让专业化交流变得更加通畅和有效。在这种时代背景下,我们面临着众多的技术和社会需求以及功能需求,因此,这就使我们必然要考虑到规范化(normalization),尤其是在计算机化系统的构建方面。所有这些工作都以"本体"和其他的术语资源为基础,它们都具有文化的维度,但是它们服务于具体的专业目的。

然而,如果我们在"可以使用专业语料库进行工作"这一点上达成一致的话,那么,我们又将发现自己面临着新的挑战。因为并非每一个语料库都服务于相同的目的,所以,我们需要对语料库的编制标准进行反思,而且,由此也需要为文本和/或者语篇类别与体裁种类建立选择性标准。而实际上,只有通过建立这些标准,我们才能针对既定的目标去保证文本的适用性。所有这些工作都是成功完成每一个研究项目的重要保证。因此,这样一来,今天的术语学家就必须在现有能力的基础上再增加一种能力:在仔细研究专业文本的同时,又不要忘记对参与者(专业作者和口头表达者)的状况以及文本生产和接受的上下文语境进行考虑。

学者莱奇克(Leitchik)(2004)在最近一篇文章里发表的观点,则正好切中我们所关心的问题。他称赞"术语文本理论"(terminological text theory)的出现,这种理论的目标是对使用了术语的文本进行研究,而且声明:"术语理论的主要任务是要对这些文本的类型学(typology)问题进行详细阐述。"

尽管存在着上述提到的一些困难,近些年来,从全世界的角度上看,术语学还是为文本所存在的潜力所折服(译者注:也就是术语学界也开始关心对文本进行研究),人们在此形成共识,同意把文本视为一种稳定的语言资源。不可否认,这对于语言资源自身的发展也颇有裨益。这种变化在国际标准化组织第 37 技术委员会

（ISO/TC 37）（它是最能代表术语学家群体意见的机构之一）那里无疑是显而易见的。在 21 世纪初，人们给这个技术委员会赋予了新的名称"术语和其他语言资源"（Terminology and other linguistic Resources），在 2005 年又将其更名为"术语资源和语言内容"（Terminology resources and linguistic content）。国际标准化组织第 37 技术委员会还专门成立了第 4 分委员会（ISO/TC 37/SC 4），其目的是"通过具体制定用于创建、编码、处理和管理语言资源［例如，书面语料库（written corpora）、词汇语料库（lexical corpora）、语音语料库（speech corpora）、词典编纂和分类体系］的原则和方法来准备各种标准。这些标准还将涵盖在这些不同领域中自然语言处理产生的信息。ISO/TC 37/SC 4 制定的标准，尤其是为了满足工业、国际贸易和全球经济在多语言信息检索、跨文化技术交流和信息管理方面的需求"（ISO/TC 37 Language and terminology，https：//www. iso. org/committee/48104. html）。

术语学界对文本和语料库的关注和重视，无疑与在互联网上自由传阅的文本数量呈指数性增长直接相关。此外，电子商务和电子贸易对国民经济的影响越来越重要。因此，从发展商业的角度上看，向目标市场销售语言产品和服务则是明智之举。这一事实也意味着：人们对"多语主义/多语现象"（multi-lingualism）越来越感兴趣，或者说得更随意一些，人们对"多元文化主义"（multiculturalism）的兴趣越来越浓。由此，语言多样性和文化多元化的捍卫者们则可以从电子经济中获益，并为他们的文化和社会事业赢得政治实力。

如果说，对术语单元进行形态学、句法学和词汇学分析是语言学的事情，那么，对知识进行组织则是"概念学"（conceptology）的问题。依笔者个人之见，如果术语学家能够意识到上述这"双重"方面，他们则将获得最大的收益，因为他们可以在开发术语项目的不同时刻上将它们激活。正是基于这个原因，在笔者的研究小组里，我们并不"忠诚于"单独一种方法论或者单一的理论，而是依据我们的具体目标和受众选用合适的方法和理论。

术语学对基于语料库方法的接受，也促使我们对"文本术语"（textual terminology）的概念/理念进行反思，它是以文本及其背后支撑它的方法论为基础的：

"最常见的术语应用是文本应用（翻译、检索、协助写作）；术语必须从文本中'产生'出来，以便更好地'回归'。我们谈论'文本术语'正是因为它（们）从未脱离过文本。正是在由一个专家群体制作或者使用的文本中，他们表达了自己的观点，我们也因此获得了该专家群体共享知识的很大一部分，这就是为什么我们必须（从文本）开始分析。"［Les applications de la terminologie sont le plus souvent des applications textuelles（traduction, indexation, aide à la rédaction）; la terminologie doit 'venir' des textes pour mieux y 'retourner'. C'est parce qu'elle n'est jamais déliée du texte qu'on parle de 'terminologie textuelle'. C'est dans les textes produits ou utilisés par une communauté d'experts, qui se sont exprimées, et donc accessibles, une bonne partie des connaissances partagées de cette communauté, c'est donc par là qu'il faut commencer l'analyse］（Bourigault, Slodzian 1999: 33）

当我们与文本打交道，以通过自动提取甚至构建本体的方式来获取信息的时候，我们的确是为了始终能够回到文本中去。我们从文本开始，以便通过它来对知识进行处理、组织和表示；也就是说，我们与文本保持距离，为的是在后面的工作流程中回到文本中去。在我们整个工作过程中，这些来来回回进出于文本却又必不可少的操作，也自然产生了需要对所有类型的文本注释进行规范化的需求。人们需要对数据进行重复使用。这是不可否认而且也是毋庸置疑的现实，因为我们知道，我们很可能迟早不得不使用他人编纂的语料库，或者需要让他人访问我们自己的语料库。依照学者富科（Foucault）的观点，文本是构成整部档案库的一部分文档，我们可以根据两种截然不同的现实对文本进行分析：文本生产中所固有的现实和阅读文本时所固有的现实，即依据读者的知识以及历史和社会话语现实对文本进行更新的那些时刻。

当我们把对话语或者文本的分析作为依赖于"语言之外的参数"而进行言语活动的结果的时候［"语言之外的参数"则是索绪尔式（Saussurean）"话语"活动的固有组成部分］，我们就正在处理着"体裁"（genre）的问题，"也就是说，只有在满足某些社会历史条件时，交流装置才可能出现"（c'est-à-dire des dispositifs de communication qui ne peuvent apparaître que si certaines conditions socio-historiques sont réunies）（Maingueneau 1998: 47）。

对话语体裁的有意选择则意味着，人们需要意识到话语获得社会成功所必需的条件：

"作为一种复杂程度较高的语言行为，言语体裁也要受到一系列成功条件的制约。"（Acte de langage d'un niveau de complexité supérieure, un genre de discours est soumis lui aussi à un ensemble de conditions de réussite）（Maingueneau 1998: 51）

这些条件符合不同的社会和语言标准。依据学者曼盖诺（Maingueneau）（1998）的观点，在社会学领域中，人们需要考虑到"话语"的四个条件：话语的目的、话语参与者的合法性、话语对其发生的空间和时刻的适合性，以及尤其根据话语意图确定或者使用适当的支持(support)。后一种条件则属于语言领域,并与文本/语篇的组织本身有关。

这就是为什么我们必须对"文本"和"话语"的研究进行重新考虑,目的就是使它们能够根据自身所代表的类型和体裁来进行组织,从而能让我们通过采用语言、统计或者其他手段,使得通过自动提取获得的结果更加一致和可靠。正如莱奇克在1993 年指出的那样,这是任何术语工作都需要具备的必要条件,因为:

"问题的关键是术语确实在文本中发挥作用。在这里,我们应该指出的是,迄今为止,在术语活动已经发展起来的六个主要方向(词典汇编、规则、标准化、术语翻译、术语库、术语编辑)上,有五个方向(除去上述的最后一个方向)都试图把术语固定下来。与此同时,这些术语的固定范围现在被证明是次要的。因此,毫无疑问,对文本中所使用的真实术语进行研究,无疑将有助于我们在术语的创建和使用中找到新的基本规律。"(Leitchik 1993)

只有这样,关心其原材料质量的每一种术语学方法(这里指的是文本和/或者话语的生产)才可能更有把握地取得更有效的成果。而这些成果对于保证每一种语言资源所必需的语言质量和保证对每一种交流行为都必不可少的语言质量来说,将非常有用。

我们上面所说的一切,都与术语规划密切相关,这也是法语单词中以 phone 结尾的三种人或者地区[lusophone(讲葡萄牙语的)、histanophone(讲西班牙语的)和 francophone(讲法语的)]共同关心的问题。从地理位置角度来看,我们几乎与所有的大洲都有往来互动,因此,在文化多元化和语言多样性上也显得多姿多彩,在这里,几乎也需要不加限制地生产不同的"语域产品"。

因此,"社会语言学的术语学方法"(sociolinguistic terminological approach)则具有基础性的意义,因为一个人对术语的选择与这个人声明的这个术语集的社会用途直接有关。与规范化、语言规划或者翻译相关的各个社会群体,都必须面对社会给他们带来的挑战。为了满足这些社会需求,他们就应该选择最适当的而且在理论上得到巩固的方法,以实现预期的目标。正如戈丹(Gaudin)所说:

"在理论和实践上,当今我们所面临的挑战是:寻找在语言和信息上相关的模型来表达概念和话语的生产。"(l'enjeu aujourd'hui, tant théorique que pratique[…] est de trouver des modèles, linguistiquement et informatiquement pertinents, permettant d'articuler concepts et productions discursives)(Gaudin 2005:88)

但是,"社会术语学"(socioterminology)并没有放弃标准化(standardization),因为

描述性(descriptive)和规定性(prescriptive)的工作方式是相辅相成的。在联合国教科文组织(UNESCO)出版的题为《术语政策指南》(*Guidelines for Terminology Policies*)的文件中,我们可以读到下面的论述:

"在术语管理的最初阶段上,通常包括要对发生在各种文化、语言、学科领域、专业/职业和企业范围内外的多样性进行记载;在其第二阶段上,为了满足某些特定的目的,则通常需要通过对术语进行标准化,或者在相同的社会语域(social register)级别上对术语的词汇片段进行协调以降低复杂性。"(UNESCO 2005)

根据我们的工作兴趣,我们可以停留在初始阶段上;也就是说,我们可以先停留在描述阶段上,当感到有必要的时候,我们再转到规定性阶段上去。第一种思考方法,即描述性方法,本身就可以成为术语工作的目标,因为它是"自给自足的"。而在另一方面,在规定性的方法中,人们越来越多地使用描述性的方法,以便能够全面开展工作,并为术语工作的受众所接受。

正是从刚才的观点出发,笔者使用了"多元化"(plurality)这个词。因为在术语工作流程不同阶段上所出现的术语工作方法的"变换",最终需要人们去承认——在术语学的理论方法之间存在着互补性。

参考文献

[1] AUBENEQUE, 1962. Le problème de l'Être chez Aristote[M]. Paris: PUF.

[2] BAKHTINE M, 1984. Esthétique de la création verbale[M]. Paris: Gallimard.

[3] BOURIGAULT D, SLODZAIN M, 1999. Pour une terminologie textuelle. Terminologies Nouvelles 19[M]. Bruxelles: Agence de la Francophonie et Communauté française de Belgique, 29 – 32.

[4] CABRÉ M T, 2003. Theories in Terminology. Their Description, Prescription and Explanation[J]. Terminology, 9(2): 163 – 199.

[5] CASSIRIER E, 1972. La philosophie des formes symboliques. Tome 1[M]. Paris: Edition de Minuit.

[6] COSTA R, 2001. Pressupostos teóricos e metodológicos para a extracção automática de termos multilexémicos, PhD Thesis[D]. Lisboa: Universidade Nova de Lisboa.

[7] COSTA R, 2005. Corpus de spécialité: une question de types ou de genres de textes ou de discours [C]// BÉJOINT H, MANIEZ F. Actes du Colloque en Hommage à Philippe Thoiron. Lyon: PUL, 313 – 323.

[8] COSTA R, SILVA R, 2005. An Approach towards the Linguistic Dimension of Terminology[C]// COSTA R, SILVA R, LINO T. Proceedings of CIT 2003 – The State of Theories. Lisboa: Colibri.

[9] FOUCAULT M, 1971. L'ordre du discours[M]. Paris: Gallimard.

［10］GAUDIN F, 2005. La Socioterminologie［J］. Langages, (157)：80 – 92.

［11］GREIMAS A J, COURTÉS J, 1979. Sémiotique. Dictionnaire raisonné de la théorie du langage. Tome 1 et 2［M］. Paris：Hachette.

［12］ISO Standards. International Organization for Standardization［R］. Geneva.

［13］KLEIBER G, 1991. Prototype et prototypes：encore une affaire de famille［C］// DANIÈLE D. Sémantique et cognition. Catégories, prototypes, typicalité, sous la direction de Danièle Dubois. Paris：CNRS édition.

［14］KOCOUREK R, 2001. Le terme et sa définition［M］// KOCOUREK R. Essais de Linguistique Française et Anglaise. Mots et termes, sens et textes. Louvain-Paris：Éditions Peeters, 271 – 297.

［15］LEITCHIK V M, 1993. Pecularities of Term Function in Texts［M］// KEWLEY D J. Selected Readings in Russian Terminology Research. Vienna：TermNet, 91 – 101.

［16］LEITCHIK V M, 2004. Elements of Terminological Text Theory［M］// SHELOV S D, LEITCHIK V M. Russian Terminology Science (1992 – 2002). Vienna：TermNet, 368 – 386.

［17］MAINGUENEAU D, 1998. Analyser les textes de communication［M］. Paris：Dunod.

［18］RASTIER F, 1995. Le terme：entre ontologie et linguistique［J］. Banque des Mots Numéro Spécial, (7)：35 – 65.

［19］RASTIER F, 1991. Sémantiques et recherches cognitives［M］. Paris：PUF.

［20］RASTIER F, 1989. Sens et textualité［M］. Paris：Hachette.

［21］REY A, 1976. Théories du signe et du sense. Lectures Ⅱ［M］. Paris：Editions Klincksieck.

［22］REY A, 1979. La Terminologie. Noms et Notions［M］. Paris：PUF.

［23］RICOEUR P, 1986. Du texte à l'action. Essais d'herméneutique, Ⅱ［M］. Paris：Seuil.

［24］SCHAEFFER J-M, 1986. Du texte au genre［C/OL］// GÉRARD G, HANS R J, SCHAEFFE J-M, et al, 2001. Building, sharing, and Merging Ontologies. http：//users. bestweb. net/ ~ sowa/ ontology/ontoshar. htm.

［25］THOIRON P, BÉJOINT H, 2005. Is terminology a question of terms? ［C］// COSTA R, SILVA R, LINO T. Proceedings of CIT 2003 – The state of theorie. Lisboa：Colibri.

［26］UNESCO 2005. Guidelines for Terminology Policies. Formulating and Implementing Terminology Policy in Language Communities［R］. Paris：UNESCO.

术语学和专业词典编纂学：
两个相得益彰的领域^①

邱碧华 编译

摘要：长期以来，理论界对术语学和专业词典编纂学之间究竟存在着何种关系一直争论不休。究其原因，乃是从事术语工作和专业词典编纂工作的团体众多，他们从各自不同的认识论出发，考察术语在其具体工作中的身份和作用。葡萄牙女术语学家 R. 科斯塔(R. Costa)教授研究术语学理论二十余年，从事术语工作的具体实践经验也颇为丰富。文章旨在介绍她从术语学的双重维度（语言维度和概念维度）出发，把术语学和专业词典编纂学之间的关系看成是相得益彰、互相补充的连续统一体的理念。

关键词：术语学，专业词典编纂学，术语学的双重维度，互补关系，共生关系，连续统一体

葡萄牙新里斯本大学(Universidade Nova de Lisboa)人文社会科学系语言部的 R. 科斯塔(R. Costa)教授曾经担任欧洲术语协会(the European Association for Terminology, EAFT)主席(2000—2006 年)，目前，她与 G. 布丁(G. Budin)教授和 R. 罗什(R. Roche)教授共同负责国际标准化组织(the International Organization for Standardization, ISO)术语国际标准 ISO 704 和 ISO 1087 的制定项目。多年来她担任多个欧洲术语项目和科学社团的负责人，并与 R. 罗什教授共同主持"术语与知识本体：理论和应用"国际会议和术语工作国际培训，她一直担任术语学博士生导师，并与法国萨瓦大学(Université de Savoie)和加拿大蒙特利尔大学(the University of Montreal)有着

---

① 本文曾发表于《中国科技术语》2017 年第 4 期。编译自"Terminology and Specialised Lexicography：two complementary domains" by Rute Costa，见 *Lexicographica*，2013，29（1）：29 – 42。经 R. 科斯塔(Rute Costa)教授本人授权编译。

长期合作[1]。她本人有着二十多年词典编纂学、专业信息管理、术语学理论和实践工作的积累,在参与欧盟有关统计的"元数据通用词汇本体"(Metadata Common Vocabulary Ontology)项目和葡萄牙议会"术语和文本数据库"(BDTT-AR)项目的基础上,于2013年写有"Terminology and Specialised Lexicography:two complementary domains"一文,此文在欧洲术语学界,特别在法语、葡萄牙语世界反响较大。译者参加国际术语学会议期间,科斯塔教授亲自将此文相送。科斯塔教授把术语学和专业词典编纂学之间的关系看成是相得益彰的连续统一体。译者在研读学习之余,将此文编译如下,以期与关心术语学理论发展的广大读者共享。

引言

术语学(terminology)与专业词典编纂学(specialised lexicography)之间关系究竟如何,其各自有无独立的地位? 这个问题,长期以来在不同的团体之间一直争论不休;在理论和方法论的层面上,术语界的精英们从未停止过对"术语"(term)的身份及其在术语和词典编纂工作中所扮演角色的思索。由于置身于术语学领域或者与术语学相关的团体数量众多、各种各样,其各自倡导的认识论假设即使在其学科内部都存在着争议,因此,对上述两个领域关系的探讨也百花齐放。

在专业语境下,术语学毫无疑问处于知识建构和组织以及交流活动的核心地位。它是科学和专业团体开展工作时为其构建和设计语言、提供术语和语义资源不可或缺的手段。这一事实揭示出术语学的真正价值,而无论人们把它看成是一门科学还是"某一学科的术语集"(nomenclature)。术语工作的丰富和多样,不可避免会导致某种程度的分散,这也使术语学作为独立学科的发展历程受到了干扰,其理论和方法论的假设日趋与运用术语学的学科和领域相融合。

术语学和专业词典编纂学共享相同的对象——术语,这两个领域的分析产物都是为人类提供参考材料。从传统意义上说,它们的主要目的都是方便专业交流。现代社会利用术语学知识为计算机领域分类对象客体、进行知识组织的工作,只是术语学多方面应用之一。要印证术语学是许多领域和团体的神经中枢,我们则需要界定它与其他相关学科的界限。

当今社会,涉及术语学问题的团体可以总结为以下几种:

(1)在术语学理论或者应用研究领域工作的团体;

(2)在不同的知识领域运用术语学(知识)的团体;

(3)设计和构建术语工具和资源的团体;

（4）从事翻译和本体化工作的团体；

（5）进行知识组织、构建和分类的团体；

（6）进行术语协调和标准化的团体；

（7）在语言规划部门工作的团体。

以上各团体之间团队合作、交叉渗透日益加强。但他们各自开展的基础性培训呈现出多元化趋势，由此直接导致了多种术语学观念的产生，不同的客体概念化方式也孕育而生。

依照科斯塔和罗什两位教授的观点，要在术语学领域工作，我们应该承认术语工作语言维度和概念维度这双重维度的存在。从这种基本点出发，他们对丹麦学者贝延霍尔茨（Bergenholz）等人的观点提出质疑[2]——这些学者主张术语学和专业词典编纂学话题相同，因而二者不是独立自主的。同时他们也质疑爱尔兰学者皮尔逊（Pearson）和日本学者影浦峡（Kageura）从术语在交流情景中的"行为"（behaviour）角度出发考察术语地位[3]的观点。对后一种观点，两位教授虽不完全反对，但认为这是一种"简化论者"（reductionist）的论调。科斯塔教授认为：在术语学中，术语扮演着不同角色——它既是话语（discourse）单元，又是表示（representation）单元。这种双重性是我们将术语学与专业词典编纂学区分开来的关键，也是将二者联系起来的根本所在。

科斯塔教授不主张从术语学和专业词典编纂学相对立的"二分法"的视角探讨二者间的关系，她提倡从"连续统一体"（continuum）的理念出发去研究二者的联系，即使这种联系会出现程度上的不同。

1　术语学：双重维度的学科

在当今的术语学理论界存在着诸多理论视角，甚至有些观点旗帜鲜明地相互对峙，它们代表着不同的认识论和语言学假设。其中颇具代表性的有交流术语学、社会认知术语学和认知术语学等。科斯塔教授指出，这些理论观点都未能重点研究术语学作为一门"自主"（autonomous）学科的独到之处，都未能成功揭示术语学与其他相关学科区别开来的自身特色。术语学与语言学、信息科学、知识工程和计算机工程存在着相互依存的联系，它们共享着一些基础性的概念（如"术语""概念""定义""特征"等）。在这些学科中，同一概念可能使用着不同的术语，或者不同术语指派着相同的概念；这些处于众多学科交叉部的概念的存在，决定了这些学科之间存在着共生关系。

在这些共生关系的背景下,科斯塔教授接下来只集中从术语学的两个层面——语言学层面和概念层面对术语学进行考察,而暂不去探讨共生关系的其他方面。她认为,只有从术语学的这种双重维度入手,把这两个维度之间的关系搞清楚,术语学作为一门独立学科的自主性才可能确立起来。

科斯塔教授认为,维斯特提出术语学的三个特点:(1)概念是所有术语工作的出发点;(2)所有术语工作关心的是词汇;(3)进行共时性的语言研究[4]。其中前两点导致了术语工作中一些问题的出现:"概念是所有术语工作的出发点"导致非语言学出身的术语工作者忽略了术语的名称问题,他们没有意识到"术语名称"是概念的入口,而错误地认为术语是概念的"标签",或者描述符(descriptor)就是术语。"所有术语工作关心的是词汇"则误导语言学家和语言工作者声明术语学是语言学的事,术语是语言问题,结果概念隐退成了背景。对语言工作者来说只有通过术语名称才可能接近概念,因此,术语名称(designation)就成了他们从事术语工作的起点。

科斯塔教授认为,在术语学诸多理论视角中,对"概念"这一概念(the concept of concept)价值的确定,可以区分出非语言学方法和语言学方法。将概念置于概念系统的核心、通过系统化方法接近属于某概念系统的某个概念,这种做法是术语学工作方法的独到之处。

对维斯特而言,概念维度是根本。尽管如此,词语化的名称(the verbal designation)作为基础要素,它所起的作用也是不容轻视的。这不仅因为术语名称对于命名概念不可或缺,而且也因为它们是实现"无歧义的"(non-amibiguous)专业交流的必要因素。要实现无歧义的专业交流,就要倡导使用规定性语言(prescriptive language),而这就势必引起语言学家的负面反应。因为语言学家深知语言无歧义只是一种"乌托邦式的"(utopian)理想,在许多现实语境下,无法成功实现语言的规定性。工业标准化则是一种特例。

语言具有调节功能,但并不一定具有标准化的功能。标准化与知识的关联更多,而与语言(language)和话语(discourse)的关联较少;在语言/话语这对组合中,标准化与语言的关系更亲。这是因为我们"谈论"(speak about)概念的方式是经常变化的,这些方式依赖于适合专家或者其他交谈者进行交流的不同语境。这种交流环境影响到术语作为话语单元(discourse unit)的选择,但它并不影响交谈者正在谈论着的"概念"的稳定性。作为工程师,维斯特感到有必要在概念、概念系统和术语、语言之间实行标准化,但是在日趋民主化的社会里,将标准化在话语环境中强制运用则是强人所难,让人们难以接受。

如果术语工作的出发点是概念,按维斯特的观点把概念理解为"思维单元"(Denkelement/thought element),在话语中,术语名称是通向概念的入口,这种认识则是正确的。我们进一步思考,在术语工作中究竟采用哪种理论视角更为重要:语义学视角(semasiological)还是名称学视角(onomasiological)?在理论上,这两种方法的不同显而易见,但在实践中它们的差别却并不那么明显。

科斯塔教授进一步阐明,在当今信息技术广泛应用的大背景下,自动语言处理、知识的组织和本体的建立等,不同术语工作方法的选择正产生着不可通约的(incommensurable)结果。承认术语学的双重维度便于我们对术语工作的方法论问题进行深入探究。

2 对术语学与专业词典编纂学的平行探讨

术语学与专业词典编纂学,无论就其理论和方法,还是从其来源来看,它们之间的区别都不容混淆,它们也各自对应于颇为不同的社会需求。

虽然,二者都把术语作为分析对象,但是专业词典编纂者所感兴趣的依然是把词典中的术语看成词元(lemma),将其理解成一个自主的实体,组成专业词汇的一部分。其视线放在与专业词汇有关的事物上,着重词语(word)的词汇学功能和词素词法功能。现代词典模型中一般包括宏观结构(macrostructure)、微观结构(microstructure)、元语言(metalanguage)(语言分析用的语言)、语言描述等,这些都是词典编纂者所关注的要素。而以概念为导向的术语师一般则对这些细节置之不理。

专业词典编纂学研究专业词汇的事实(facts),专业词典编纂一般是在专业词典范围内的描述性工作。而术语学则处理术语——概念词语化的名称(verbal designation),而且这些概念还与同属同一概念系统的其他概念间存在着联系。这些概念系统或者相当简单,或者极为复杂。在术语学中,术语定名概念,概念在其所属概念系统中占有确定的位置,概念要经过明确识别、描述或者定义才行。"术语工作中,(术语师)对概念间关系的分析,以及将概念合理地安排到它们所属的概念系统中去,是成功撰写定义的前提。"[5]

科斯塔教授给出欧盟有关统计的"元数据通用词汇本体"项目中的两个例子[6]。在这个项目中,概念的定义部分同时采用了半形式化的语言(semiformal language),以确保自然语言定义的质量和尽量精确界定出概念间的边界。这个项目主要是依照术语学规则完成的。第一个例子旨在为专业翻译提供便利,旨在解决单语和双语环境下的专业交流问题,解决的是话语背景下术语如何表示(representation)的问题。

这个例子其实提供的是专业词汇的描述性方法及其存在的话语环境。因此,在此例子中,相关术语下面给出了对其含义进行描述的文字,并提供了术语用户在具体语境下所需要的信息,使术语用户从语言系统(the system of language)到话语环境(discourse)的过渡变得轻松自如。这种对术语的处理方式,方便人们在具体专业背景下依旧能够确认词语的搭配情况和最常用的措辞与表达,便于术语用户构建他们自己所需要的话语环境。第二个例子,则是从不折不扣的术语工作中提取的,可把它视为术语资源(terminological resource)。术语工作的这种处理旨在突出概念组织的系统化特色,展现出与概念相对应的术语及其自然语言层面的定义。这个例子强调在概念系统中对概念进行的识别。

科斯塔教授把术语视为知识表示的手段(means),她认为从理论上对"术语"进行探讨困难重重的原因在于两种现实的存在:(客观)世界及其话语表示的世界,这两种现实之间存在着一种既持久又互惠的关系。

3　术语学的两个维度都能为翻译工作提供便利

科斯塔教授在上面举的两个例子,其实体现了两种不同的"术语"表示方式:第一个例子侧重对术语进行描述,侧重术语在话语环境中的使用;而第二个例子则侧重对概念进行定义。它们都反映出其背后隐含的理论和方法论的假设。科斯塔教授指出,这两个例子实际上促使我们有理由认为:无论我们处理"术语"的目的是什么,我们都应该考虑到术语学的两种维度——语言维度和概念维度,要兼顾术语工作的两种方法。这种考虑背后蕴含着这样一种假设:专业话语的质量是与支撑它的知识的组织成正比例的。从这种由术语学的名称学方法过渡到词典编纂学的语义学方法,或者由词典编纂学的语义学方法过渡到术语学的名称学方法的范式转化中,我们可以发现"连续统一体"这一理念。这一"连续统一体"的理论框架,容许我们依据社会需求(需要术语资源还是需要术语词典)来选择我们术语工作的起点。翻译工作者面对的是话语或者文本世界,他们实现着从一种语言到另一种语言的话语转化,自然精确地传递着话语所承载的知识。专业话语的构建仰仗于将术语一体化的词汇体系,更离不开概念组织的存在,术语工作者的工作就是要在这两个异质的系统之间建立起联系。

一般情况下,翻译人员很难有机会与语言学专家或者领域专家一起工作,他们常常只能信赖所使用的参考资源[7]。通常当翻译者发现了似乎对理解上下文足够用的语言对应物时,他们却很难确保其所对应的概念也是对应着的。要保证这种对应关系的正确性,翻译者只能借助于使用专用语言(LSP)产品。多语的翻译成果既需要具体话语环境下翻译质量的保证,更需要术语资料在语言和概念两个层面上的质量保证。在此,科斯塔教授赞同学者贝延霍尔茨等人的观点:"专业词典编纂学和术语学/术语编纂学(terminography)有许多共同之处。专业词典编纂工作者和术语工作者应该彼此启发、相互学习。……严肃细致的术语工作是产生高质量专业词典的绝对必要性前提。就这一点而论,专业词典编纂学能从术语学中获益颇丰。在此意义上说,我们把术语工作(起码是术语工作的领域)看成是广义专业词典编纂工作的有机组成部分。同样地,在生产用户喜爱的高质量的术语产品方面,术语编纂学也可以从词典编纂的悠久传统中汲取营养。"[2]

专业词典编纂学应该与术语学结合得更紧密一些,以便能更深入地解决好专业词典编纂中所涉及的概念问题;术语学对概念的系统化处理,能为词典提供有关概念的可信赖信息。这种术语学的工作方式,也免除了翻译工作者从不可靠的资源中搜索无用信息之苦,方便其从无序的资料中建立起自己需要的知识结构。科斯塔教授认为,专业词典编纂工作者和翻译工作者都不需要对每一个概念进行系统化处理,但是依照一定标准建立起概念的微系统(micro-sysytem)结构,却能为翻译工作者提供高质量的专业信息。这种概念的微系统结构,也能为翻译工作者在分析产生疑问的名称时,梳理出合理的分析层次,然后再进一步根据需要,去选择是从概念维度还是从词汇维度进行具体分析。

同时,科斯塔教授又认为,专业话语质量和准确性的保证,直接依赖于词汇组织和概念组织之间的关系。她举了发生在葡萄牙议会术语和文本数据库项目中的一个真实例子,在这个项目中,涉及的术语都是经过领域专家确认的,但在术语师依照概念进行词汇组织时,他们依然发现了不少命名存在的问题。譬如,一个术语指派着两个不同的概念,而这种情况又不是什么多义词或者同音异义词之类的问题。在此较为凌乱的情况下,此项目的术语工作就立足于分析该领域概念间的相互关系,构建概念体系的微观结构和宏观结构,然后分析建立起反映概念体系的相应术语及其关系的词汇结构。建立概念微系统的目的是凭借一系列结构化的概念并兼顾其相互关系,最终表示出一个领域的整体知识;并且通过概念的组织,还可以使概念在知识系统中脱离语言表现形式而独立存在。项目伊始,领域专家就参与其中,他们所起的作用是帮助消除因划分概念间的界限而产生的困惑。在术语工作中,要识别概念的各种特征、建立起概念间的关系,就必须依靠领域专家的具体阐述;在解决具体疑问时,术语工作者(术语师)团队则提供方法论的指导(例如为领域专家们设计调查问卷、列出要解决的问题清单等)。在形成概念微系统的过程中,把握好每个概念的区别特征至关重要,这一点对撰写定义也同样重要。识别概念的区别特征,可以将一个概念与同属同一概念微系统的其他概念区分开来,这也保证了语言层面定义撰写的质量、准确性和连贯性。定义的质量保证势必会提高术语库的实用性,因为实践表明,术语用户对定义更为关注。术语定义可以帮助用户界定清楚术语所指派的概念范围,帮助理解概念和引出概念的术语之间的关系。定义质量也是翻译工作者理解概念、选择最恰当的语言对应物去指派概念,并在翻译语境中运用自如的绝对关键性保障。

4　结语

无论是单语的还是双语的专业交流,都不仅仅是语言问题,也涉及知识问题。科斯塔教授将知识理解成人们对于一个领域的知晓,也是人们对语言如何传递知识的方式的知晓。词网(lexical network)与由语言表达的知识建构相契合,这并没有和与其异质的概念系统相抵触。

科斯塔教授的"Terminology and Specialised Lexicography:two complementary domains"一文旨在探讨术语学和专业词典编纂学之间相互补充而不是彼此相斥的方面。术语学包含着概念维度和与此相联系的语言维度;专业词典编纂学则主要基于语言学的方法,因而削弱了概念维度的系统化处理。对概念维度的系统化处理是术语学的独特之处;因此术语学和专业词典编纂学之间存在着明显不同。但在具体的术语工作实践中,二者却存在着相互补充、相得益彰的互利互惠的关系。

参考文献

[1] RUTE COSTA BIOGRAPHY [EB/OL]. (2015 - 12 - 02) [2016 - 06 - 22]. http://tkb. fcsh. unl. pt/rute. costa.

[2] BERGENHOLZ H, TARP S. Manual of Specialised Lexicography [M]. Amsterdam/Philadelphia: John Benjamins Publishing Company, 1995.

[3] MYKING J. No fixed boundaries[C]//BASSEY E A. Indeterminacy in Terminology and LSP. Amsterdam/Philadelphia: John Benjamins Publishing Company, 2007.

[4] 维斯特. 普通术语学和术语词典编纂学导论[M]. 邱碧华,译. 北京:商务印书馆,2011:5-6.

[5] SUONUUTI H. Guide to Terminology[M]. Helsinki:Tekniikan Sanastokeskus, 2001.

[6] COSTA R. Terminology and Specialised Lexicography:two complementary domains[J]. Lexicographica. 2013, 29 (1):29-42.

[7] SAGEDER D. Terminology today: a science, an art or a practice? some aspects on Terminology and its development[EB/OL]. (2011 – 02 – 15) [2015 – 01 – 22]. http://www. phil. muni. cz/plone-data/wkaa/BSE/BSE% 202010 – 36 – 1/BSE% 202010 – 36 – 1% 20 (123 – 134) % 20Sageder. pdf .

[8] FELBER H. Terminology Manual [M]. Vienna: Infoterm, 1984: 1 – 100.

[9] CABRÉ M T. Theories in Terminology [J]. Terminology, 2003(9): 40 – 180.

多语言本体规范:一种合作的模式①

M.席尔瓦 A.L.苏亚雷斯 R.科斯塔 著　邱碧华 编译

摘要:2012年,葡萄牙的术语学工作者在葡萄牙政府科学技术基金会的资助下,完成了一个欧洲术语本体项目——"先进基础设施,旨在为建筑修复行业提供以知识为基础的基础性服务"(H-Know:Advanced Infrastructure for Knowledge Based Services for Restoring Buildings)项目。在完成项目的过程中,葡萄牙术语学理论家们提出了一种在多语言协作环境下的概念化阶段上,支持多语言协作的"本体"开发方法。这种方法是为满足"协作网"中术语工作者和专家们的共同需求而开发的。葡萄牙的术语学理论家们结合在此项目实施过程中取得的主要成果,分析了这种方法存在的问题和局限性。并从语言影响的角度,分析了运用多种自然语言的"本体表示"在概念化共享过程中引发的困难,同时认真思索了在建立"知识本体"时,应当如何对特定学科领域的知识进行解释和表示的问题,以及应该如何解决在获取和处理多语种信息或者重新使用以前结构化过的语义资源时所遇到的难题。最后,术语学理论家们考虑并分析了在术语项目协作环境下,术语师和学科专家进行密切合作时各自所扮演的角色和今后面临的挑战。本篇编译的文章旨在对上述方法进行介绍。

关键词:多语言本体规范,本地化,术语,协作网,概念化与本地化空间,本地化支持工具

1 导言

多元化的科学和技术的发展,常常起源于知识的动态演变,更是追求共同目标

---

① 本文主要译自"Multilingual ontology specification:A collaborative approach",可见 https://www.researchgate.net/publication/290715393_Multilingual_ontology_specification_A_collaborative_approach,得到相关作者们的翻译授权。

的个体之间不断进行相互作用的结果。知识离不开其产生的语境、人类的经验、文化和语言的发展。这种人类追求知识的互动（尤其在多边环境和多元文化组织里发生的），越来越采用网络化的形式。

在上述环境中，语言作为人类交流的手段，更作为专门知识的核心要素，在各种对话者之间和人与机器之间的交流中，愈发起着重要的中介作用，并成为知识产生和对其进行有效概念化、实现知识表示、传播和重新使用的关键环节。

随着欧洲术语工作的不断现代化，为了满足组织内部和组织之间的复杂需求，各种组织内部和组织之间的信息互动与资源共享过程的质量都有了大幅度提高。这主要是由于：一方面，通过实施富有创新性的协作，例如建立"协作网"（collaborative network）。学者卡马里哈（Camarinha-Matos）将这种网络定义为："它是由各种实体（组织和人员）组成的网络——这些实体和组织在很大程度上是自主的，在地理上分散。并且，就它们经营的环境、文化、社会资本和目标而言，它们是异质的。实体的参与者通过计算机网络实现共同或者相容的目标。"[1]另一方面，这个网络开发出了更为强大的信息和知识管理系统，例如基于"本体"的知识管理系统。

因此，建立良好的知识组织和协作系统，是网络协作取得成功的重要手段。在这种背景下，知识的获取和表达则意味着，要克服因需要使用不同的自然语言而产生的困难，譬如在"本体"本地化过程中产生的困难。

2　本体本地化

虽然"本地化"是一种成熟的实践，其方法和工具已经被翻译行业成功地应用于多语种内容的开发当中，但是，就把它作为支持在多个语言规范中进行"知识表示"的一种手段而言，人们对它的探索还远不够充分。正如欧盟"蒙内特项目"（Monnet Project）[2]里明确指出的，目前的跨语言信息获取方法，只提供了以有限的方式部分解决上述问题的办法。目前缺少一种涵盖多种语言信息的"形式本体"。究其根源，则归结于下述的因素：譬如，在构建"语言本体"的环境中，难以选择出支持知识概念化和表示过程的方法，因此，难以实现不同语言本体的本地化。学者埃斯皮诺萨（M. Espinoza）[3]归纳出"本体"本地化过程中人们需要考虑的几个问题。（1）翻译问题：它涉及精确的对等词是否存在，上下文相关的等效词是否存在，语言维度和概念维度是否匹配。（2）管理问题：它涉及需要在整个"本体"生命周期内，对翻译过的本体"标签"进行维护和更新。以及（3）如何实现对多种语言进行知识表示的问题。事实上，任何本地化系统所存在的困难，部分在于需要解决好一些可以认为是由翻译过程产生的传统性问题,譬如,在目标语言中很难找到对等词,在源语言和目标语言里存在着多义词和准同义词,或者存在着术语变体问题,等等。

其他需要考虑的问题则主要来自于语言方面,譬如,来自于不同语言的术语的含义跟以本体表示的概念之间的关联如何——词汇的含义和其指称的概念是否重叠。因为"词的含义"是跟语言及其文化的特定性密切相关的,而"本体"所表示的概念则指的是现实世界的客体对象,是依据由专家商定而达成一致的标准进行组织和界定的。正如学者罗格斯(Rogers)所承认的:人们普遍认识到,在一个学科领域内实现"术语 – 概念"和"概念 – 术语"之间关系"一对一"的对应(Eineindutigkeit)是不可能的[4]。经罗格斯回忆,维斯特(Wüster)本人实际上也对这一目标是否能够完全实现持怀疑态度,并将其称为"虔诚的愿望"(in Frommer Wunsch)[5]。罗什(Roche)教授则认为:除非人们就共同使用的术语及其含义达成一致性意见,否则,人们是无法实现信息的交流和分享的[6]。席尔瓦等学者则认为,"术语的含义"依赖于"领域模型"的共享和达成一致的"知识表示",正是这种"知识表示"才是"本体"的起源。

除了上述这些困难之外,本体本地化(一般将其理解成:在给定的文本中,为特定目的构建的用于表示某一领域知识的特定语义人工产物)也引发了其他的问题,譬如跟以下方面有关的问题:(1)对拟概念化的"域"或者"子域"的定义和划界;(2)对现有语义资源的选择、改编和整合;(3)时间限制,它通常对概念化和本地化过程有影响;(4)整合和(重新)使用现有语言资源和工具的方法。

3　对多语言本体进行规范的方法

依据布丁(Gehard Budin)教授的观点,本体本地化最为普遍的目标是:在大型信息环境中允许人们进行跨语言的语义互动操作,其中通常包含许多异质的和分散的知识资源[7]。制定本地化的规范,有助于增强特定学科领域异质资源之间的跨语言的语义互操作性。这也需要我们在本体概念化阶段就对本体构建和知识共享的上下文语境进行兼顾,并对此采取相应的举措,同时这还要求我们对潜在用户群体可能期望的目标进行分析。要做到这一点,我们就需要花些精力对学科领域的复杂性、丰富性和语义多样性进行理解,同时,也需要找到一种方法来帮助人们表达这种知识表示的多语性,这种思考应该发生在概念化的过程中。

本体开发过程的概念化阶段是成功构建"本体"的关键性一环,这个阶段至关重要。因为正是在这个阶段上,"社会 – 语义协议"(a socio-semantic agreement)得以形成。索萨(Cristovão Sousa)和科斯塔(Rute Costa)等学者认为:对于个人而言,概念化过程是一个有序认知活动的集合。通过这些活动输入的知识信息,个人是可以经由"内化"或者借助外部方式进行访问的,而这个过程输出的则是个体"内化"或者外在形式的概念化表示。这个"协作的概念化过程"是一个涉及多个个人所产生并达成一致的概念表示的概念化过程。这个过程包含了社会化的活动,其中包括对协作过程的意义和实践管理活动进行谈判。在佩雷拉(C. Pereira)等学者看来,"本体工程"(ontology engineering)需要实现"社会认知的转变"(socio-cognitive turn),以便产生出真正有效的工具,从而能够应对复杂、非结构化和高度情境化的环境,这些情境带有大量的信息和知识共享的特征。其实,佩雷拉在此重申了学者卡耶(Cahier J. -P.)的观点:我们需要超越那些可以提供高水平的"含义自动化"(automation of the meaning)的方法;我们需要面对的情形是,由于人类个体之间存在着认知差异以及人们需要相互合作,人类在整个知识应用的生命周期内都需要保持互动。

　　席尔瓦(Manuel Silva)等学者主张,在进行知识的任何一种"形式化表示"之前(也就是在"本体"的非正式规范化阶段),人们就应该开始概念化过程,并将其结果描述成一个"共享"的"概念模型"。其目的是为有组织的社会行为者共同构建"语义人工产物"提供有力支持,帮助他们实现互动,以实现共同的目标。席尔瓦等学者认为,这种"共同构建"(co-construction)和由此产生的概念表示,是建立在对不同资源进行分析的基础上的,这些资源包括文本语篇、术语资源和其他的资源;在这种共同构建的过程中,术语工作者与"领域专家"建立起直接的合作关系,并且不断进行谈判磋商。席尔瓦等学者认为,最好在概念化的最早阶段就对"本体"的建造进行多语言维度的思考。

　　基于这一观点,在"协作网"环境下对"领域本体"所共享的概念化过程进行分析的基础上,席尔瓦等学者提出了一种支持"本体"多语种规范化过程的方法。为了让人们日后能对这种方法做进一步的发展,这些学者假设"本体"的概念化和本地化过程是连续的,这样就能够使人们在概念化的早期阶段上,尽早地对使用到的不同工作语言及其涉及文化的所有可用性信息进行把握。这里推荐的逐次迭代的过程,在一定程度上反映了"概念化"和"本地化"这两个过程所具有的周期性特色,这也有助于人们更直接地掌握有关领域不同方面的知识。

　　鉴于"协作网"的上述特点及其存在的背景,席尔瓦等学者得出结论——"本体"的概念化是连续发展的,在对"本体"进行正式规范之前的一个阶段上开展本地化工作的好处是:(1)支持领域知识概念化的构建,并为专家参与多语言的"协作网"提供可能性,通过运用专家采用其工作语言进行表示的知识来开发概念化的表示,继而丰富了"本体"的共享结构;(2)以采用"概念图"(concept map)方式开发出的半形式化的知识表示为基础,为人们了解领域的概念化提供有效的反馈,并最终通过人们之间的协商和达成一致性协议,而重新开始概念化的过程;(3)通过促进专家更多地参与到过程的不同阶段上来,加强专家对"本体"构建和本地化过程的贡献。

在席尔瓦等学者建议的上述方法中,"本地化"是在最初的概念化阶段之后发生的,他们以使用英语进行的知识表示为开发这个项目的起点,并让"本地化"发生在一个"概念化"的空间里。在这个空间里,采用不同自然语言进行的知识表示,是通过使用"概念图"的方式开发出来并提供给"领域专家"的。如图1所示。这些学者认为,针对每一种自然语言所进行的概念化和本地化的主要任务是:(1)验证概念结构;(2)对指称概念的术语进行翻译;(3)对概念关系进行翻译并对其逻辑的有效性进行分析;(4)必要时,则重新进行概念化。在这个过程中,专家还必须牢记,需要将所表示的知识与本体构建的研究目的和进行信息管理过程的目标相匹配。

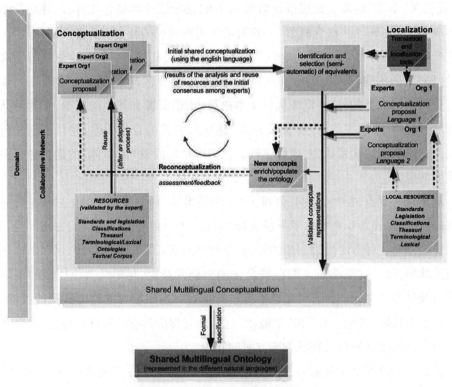

Process of shared multilingual conceptualization
Context: Multilingual and multicultural collaborative network

图1　演示多语言本体规范方法的高级体系结构
(共享的多语言概念化－语境:多语言和多文化的合作网)

　　席尔瓦等学者不赞同使用"形式本体"作为"本地化"的基础,而是主张从"概念图"形式的"半形式化"的知识组织入手。他们之所以主张采用这样的方法,是因为他们认为,人们通常使用的方法并不完全符合"协作网"的先决条件:这种类型的网络,其特点是生命周期短,因而,需要"本地化"的内容是在早期阶段上出现的。在概念化过程中,这些学者采用了不同于欧洲其他学者实现"本体"本地化的方法(不少欧洲学者更倾向于直接关注带有语言因素的"形式化本体"的丰富过程),他们也没有使用 LabelTranslator 或者 Ontoling 等这样特定的"本体"本地化工具,而是在概念化过程中,着重促进和支持采用不同自然语言进行的知识表示,他们选择了"多语言本体"规范的方法。这样,人们不仅可以考虑到构成概念体系的各种要素——概念及其相互关系和它们在不同语言中的对应关系,而且,更为重要的是,人们还能够把"半形式化"的知识表示作为一个整体来看待,并在学科领域专家的直接参与下,评估它是否代表着每位专家所处团体所认可的并为他们所接受的知识。席尔瓦等学者开发的这一方法,是建立在"语际分析"(interlinguistic analysis)方法基础上的,它为学科领域的概念化提供了支持。这种方法是以术语学理论为基础的,虽然它整合了来自本地化、翻译和本体工程领域现有的方法论要素。它所遵循的理论框架承认这样的观点:概念化过程是开发使用多种自然语言进行知识表示的基础。

4　应用案例:对 H-Know 本体项目的开发

　　席尔瓦等学者开发的方法,是在欧盟"H-Know:先进基础设施,旨在为建筑修复行业提供以知识为基础的基础性服务"(H-Know:Advanced Infrastructure for Knowledge Based Services for Restoring Buildings)项目背景下开发和测试的。一共有来自欧洲五个国家的合作伙伴参与了这个项目。这个项目是在"多学科"和"多语言"环境下进行开发的,术语学专家、领域专家和知识工程师们都参与了进来。项目开发的最终目的,是建立一个基于"本体"的知识管理平台,用以支持商业协作网络的建立,以促进"协作网络"的伙伴(大中小型企业和研究机构)之间实现"知识共享":共享文化遗产领域里有关建筑行业的知识,以及如何对古老建筑进行维护修复方面的知识。上述"知识领域"的特点是:具有周期性,也具有一定的流动性,而且涉及大量的设计和生产过程。这个领域呈现出多形态的特点,而且参与到这个构建过程各个阶段上的参加者众多,涉及很多机构和各种不同的规定,因而,这一领域所涉及的知识是零散、呈多样化的。

　　在过去,对这种知识的管理是建立在"建筑修复领域"多语种"领域本体"的基础上的。欧盟的这个 H-Know 本体项目,其目的是要为这个领域的人们提供一个基础设施,以便能够进行高效的知识组织、知识分类和信息检索,并为这个领域的用户在参与虚拟的"协作网"活动时,提供一个对这个领域的术语和概念进行更好理解的共享知识平台。

要开发出一种合适的方法以满足这个特定构建过程的需要,参与项目的专家们必须在特定的背景下充分考虑到用户的多样性和他们不同的需求、在项目开发时有着什么样的现有资源,以及存在着什么样的限制条件等。为了测试有哪些方法可以采用,席尔瓦等学者做了下列假设:

(1)为将要建立起来的多语种"协作网络",确定了建立的目标、任务和完成的最后期限;

(2)合作伙伴都应该参与谈判过程,以便就领域知识的表示问题达成共识;

(3)依据参与"领域本体"的概念化和本地化过程中所扮演的角色、实现的目标和项目进度安排,每一个合作伙伴都应该被看成积极参与这些活动的专家。

为了更好地完成这个多语种"本体"的概念化和知识表示项目,席尔瓦等学者对整个进程分为几个阶段和需要参考哪些标准等问题都进行了认真的考虑,并对其进行了简要描述和分析。

语料编纂专业领域是进行概念化和本地化过程的核心要素。概念化过程应该如何进行,首先取决于项目开发的目的和任务,同时还必须对需要分析和进行知识表示的领域进行精确定义。这种领域划界通常是人为有意的,并且要受到特定需求和预先确定的目标的制约。这种对"领域"的分析和划界,对进行多语种文本语料库的编纂工作有着指导作用。这种分析和界定工作也包括了对过去已经进行过结构化处理的不同类型的语义资源(如知识分类体系、词表、术语及其相关领域的"本体")进行识别和收集的工作。

对过去已经结构化了的资源进行重新利用,这需要经历一个分析和改造的过程。因为这些信息资源有的不是为了描述知识,而只是对这些资源的使用情况进行描述。它们是建立在不同的理论和文化原则基础上的,过去对这些资源进行结构化的目的,是与为 H-Know 本体构建项目所拟定的目标不同的。在这个阶段上,术语师(terminologists)所起的协调作用和他们所具备的术语学知识都起着根本性作用,尤其在对不同来源的信息(如来自国际分类标准、术语集、其他本体或者辞典,以及它们以"概念图"形式呈现的"知识结构"或者"知识表示")进行改编和转换的过程中。

在席尔瓦等学者的具体项目中,他们对上述这些资源的利用大大减少了对文本语料库的需求。因为经专家们鉴定,上述资源所包含的丰富信息足够满足构建最初的高层次概念化过程的需要。因此,在这个项目中,对语篇语料库的使用,主要是为了验证和消除歧义,并用于对语篇中术语的使用进行分析。

5　概念化与本地化空间和本地化过程中的支持工具

本体本地化过程自身存在的问题在前面已经描述过了。当这个过程的起点是绘制"概念图"的时候,则会存在另外的困难。因为专家们不仅要对每个"概念图"里特定的知识表示进行处理,而且还要对图中指称"概念"的术语(以实现语言层面的知识表示)进行本地化处理。

为了使这项任务顺利完成,席尔瓦等学者开发了一个虚拟的概念化和本地化的空间,如图2所示,以更好地为特定的交流情景提供支持。学者们开发出一种简单的工具和方法,以便于更好地获取知识:在多语种环境中通过使用在共享环境里构建的"概念图"(其中概念及其关系被显示得很清晰,术语在各种语言里的对应词也做了展示,自然语言形式的定义及其相关信息也得到了分享)。领域专家们在"概念图"的制作中发挥了关键性作用。

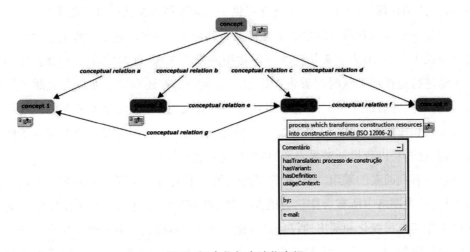

图2　概念化与本地化空间

这个工作环境旨在完善多语种环境中对"概念表示"进行本地化的协作化方法。这个空间里的要素之一便是自然语言定义。这些定义被添加到"概念图"里的每一个概念上。所采用的这些定义与其概念所在的专业领域密不可分,它们全都来自相关专业的文献或者直接来自国际标准化组织(ISO)的标准,并经专家事先验证过。

这些定义全部采用英语表述。专家在分析概念图时也可以将这些可视化的定义作为参照,对概念图里的术语进行分析并将其进行定位(见图2)。

这些来源可靠的自然语言形式的定义,的确有助于学科专家们进行概念化的分析,也确保了整个磋商谈判过程的顺利进行。因为人们在获取知识时,常常把"定义"看成是一种普遍和横向的参考,在这个项目中,定义则是专家们选择和验证正确术语对应物的重要依据。这些来源可靠的定义,还有助于专家们更有效地对概念进行辨别和区分,有助于他们更具体地了解概念的含义,从而减少了因术语表达上的歧义性和模糊性而给人们在理解上带来的困难。这个工作环境还允许人们加入其他定义,以避免只依靠专家的工作而造成的局限性,同时,这也能为公众提供一些补充性设想带来方便。

通过"注释"的形式,这个环境还允许人们在不同的工作语言里为术语添加对等术语(对应词)。为此,席尔瓦等学者使用了 CmapTools 这种工具的"注释"功能,并以国际标准化组织的"词汇标记框架"(ISO Lexical Markup Framework)为依据,开发出了其他一系列的注释功能。在此,专家们用其工作语言为相应术语添加上相应的术语变体、定义和有关的"上下文语境",用以解释或者支持他们的选择。同时,这个空间也为"协作网"中的所有合作伙伴提供了可促进彼此交流的可视化服务。

专家一直可以获取到的自然语言定义及其确定的来源,为专家的概念化和谈判过程提供了支持,因为定义是获取知识常用的横向参考,而且它在专家对合适的等效术语进行选择和确认时起着重要作用。专家的工作还有助于在概念之间进行更有效的区分,并有助于更具体地访问到它们的含义,这样也就减少了人们在理解上的歧义性和模糊性。这个工作环境允许包含其他的定义,同时又不对专家的工作造成限制,继而可以获得针对要表示的知识的补充性看法。

这一系列因素的采用,旨在对管理概念图上下文语境中可使用的多语言信息提供支持,并为网络中所有合作伙伴的同质性访问提供可能性,以便于他们可以对彼此的工作实现可视化和提出建议。这样做,一方面考虑到了限制概念化和本地化过程的时间限制,而另一方面,则提供了一个简单而实用的工作环境,以促进专家的参与,因为对他们来说,时间很宝贵。

这个环境功能强大,而且使用方便,并且允许没有丰富经验、没有准备好处理形式语义限制的用户专注于概念化和本地化的任务。专家们对项目的积极参与,在一定程度上,则减少了一些妨碍快速和有效地实现专业知识"本地化"的困难。因为专家们通晓自己领域里的概念,这有助于减少术语的歧义性,从而提高了其语义的准确性;又因为专家们熟悉自己的专业语言,所以,他们能够从专业文献资源里识别出大部分需要"本地化"的术语,这就减少了查找资料所需要的时间;而且,专家们熟知他们的同行能够接受哪些合适的术语对等物,也更容易预测自己的同行能够理解和接受术语的哪些用法。

然而,学者们认识到,这种基于概念图的知识表示形式具有很大程度上的复杂性,当他们使用概念图开发多语言表示时,这种复杂性往往会增强,这就有可能阻碍工作流程和需要开发的不同任务的顺利进行。因此,在整个过程的整个生命周期中,在对不同步骤进行明确定义和解释时,专家的参与至关重要。在此产生的另一种限制表现在,这个过程可能包括了大量协作性网络中的专家,这可能就意味着,在形成参与链和协商链的过程中,人们对概念的原始含义的感知会有所损失。这种可能性就加强了对术语师存在的需求,因为他们在知识的组织和迁移过程中可以为专家们提供帮助,而且,他们可以对专家们所倡导的不同观点进行"调解",从而发挥出术语师在术语项目中所起的协调和组织作用。

6　支持本地化过程的工具

在协作空间中共同工作,也就意味着需要创造出一个环境,以促进概念表示的本地化,这种环境需要考虑到社区的社会与组织结构和现存的技术技能的类型。尽管本地化是一项基于知识的活动,但是,对本体化术语本地化的技术、方法和工具的选择,则取决于每种特定语言和需要表示的专业领域的可用性资源。这就给人们带来了许多额外的困难,因为现有的翻译和本地化服务几乎完全专注于文档翻译,而没有考虑到在多语言网络中运作的社区的需求,而实际上,应该考虑到在同一个虚拟协作空间中,人们对多种自然语言进行处理的需求是存在的。

为了支持项目的整个工作流程并推动领域专家们更有效地参与到这个"本地化"过程中来,席尔瓦等学者在对现有的网络翻译工具进行充分分析的基础上,选择了一套易于访问的 WEB 2.0 翻译工具、词汇和术语数据库及其他与这个领域相关的数据资源(譬如,专业多语种词典等)。对这些工具的选择,都考虑到了要方便专家进行使用和访问,同时兼顾到了相关专业领域的特殊性。

然而,这些工具的使用显然会受到以下因素的影响:因为是由专家添加到过程中去的,所以,会受到先前存在的领域知识的影响,或者是受到重新利用其他先前已验证的领域知识资源的影响。事实上,虽然学者们可以使用机器翻译工具或者词库,但是,鉴于专业领域的需要,他们找到并选择合适的手段来支持专业翻译,比如多语言词汇表和词典,这一点非常重要。鉴于为专家提供的资源和工具在类型和数量上因每种语言而异,因为它们在所有语言中的发展程度和稳定性并不相同,席尔瓦等学者在这个项目中向专家提供的资源和工具,都根据语言的不同而选择了合适的类型,他们还向专家展示了不同类型的工具,解释它们的使用和可能性结果,充分考虑到了各种资源和工具在不同语言中的开发程度,以更有效的方式促进它们的使用。

7　结束语

通过 H-Know 项目的实施过程,席尔瓦等学者充分意识到:概念表示的分析和实现最终的重新概念化,可以同时通过发展所表示概念的本地化的需要,通过提高专家的主动意识,通过向他们提出一些挑战以暴露出存在的问题,并对这些疑虑问题和不确定性进行解释而得到加强。鉴于需要考虑到在经过验证的来源(例如:分类、标准)中所展示的知识的组织,并且需要面对各种个人观点、专业背景的当地特点和人们所使用的正在本地化的工作语言,在这些过程中,专家们的术语工作意识也得到了提高。

在这些过程中重要的是,在概念化和本地化过程中要为专家提供为每个(术语)等效物引入变体及其他信息的可能性,以便他/她可以向参与这个过程的其他人展示所有可能发生的情况,或者他/她确定或认可与每个术语的选择相关的信息。术语项目要在语言层面和概念层面上实现理想化的整合绝非易事。但学者们相信,对遇到的具体困难进行分析并加以解决,会为概念分析带来相当大的益处。

席尔瓦等学者还观察到,在澄清疑虑的过程中,还可能发生在专家之间、在高度特定的个体化知识和高级知识表示之间不同观点的融合。这种达成一致性意见的趋势的出现,主要是因为专家认识到自己是协作网络的一部分,而这种网络正在构建特定知识领域的语义表示,这种表示已经超出了对同一种知识进行个人表示的范围。因此,对各种意见和可用性知识进行评估,发挥术语学家的中介角色都具有重要意义。席尔瓦等学者认为,他们开发的这种方法适合于多语言协作网的环境,有利于多个合作伙伴针对专业知识采用一种以上的语言进行表示,并有利于合作伙伴之间的信息互动、知识共享和建立共识,从而在一定程度上避免了对已有"本体"的重新概念化,继而促进了对多语言专业知识"本体"的开发和维护。

参考文献

［1］ CAMARINHA-MATOS L. Collaborative networks in industry — Trends and foundations［G］//Proc. of DET 2006 -3rd International CIRP Conference in Digital Enterprise Technology. Heidelberg: Springer, 2006: 45 – 56.

［2］ Monnet Project — Multilingual Ontologies for Networked Knowledge ［EB/OL］. (2010 – 10 – 19) ［2018 – 02 – 15］. http://www. monnet – project. eu/.

［3］ ESPINOZA M, MONTIEL-PONSODA E and GÓMEZ-PÉREZ A. Ontology localization ［G］//Proceedings of the 5th International Conference on Knowledge Capture (K-CAP). Redondo: 2009.

［4］ ROGERS M. Lexical chains in technical translation: A case study in indeterminacy ［G］//B. Antia. Indeterminacy in Terminology and LSP: Studies in Honour of Heribert Picht. Amsterdam/Philadelphia: John Benjamins, 2007: 15 – 35.

［5］ WÜSTER E. Die Allgemeine Terminologielehre — ein Grenzgebiet zwischen Sprachwissenschaft, Logik, Ontologie, Informatik und den Sachwissenschaften ［J］. Linguistics, 1985(119): 61 – 106.

［6］ ROCHE C. Terminologie et ontologie［J］. Langages, 2005(157): 48 – 62.

［7］ BUDIN G. Ontology — driven translation management ［M］//Helle V. Dam, Jan Engberg, Heidrun Gerzymisch - Arbogast. Knowledge Systems and Translation. Berlin/New York: Mouton de Gruyter, 2005.

［8］ SOUSA C, SOARES A L, PEREIRA C, COSTA R. Supporting the identification of conceptual relations in semiformal ontology development ［G］//Proceedings of ColabTKR 2012 — Terminology and Knowledge Representation Workshop. LREC, 2012.

［9］ PEREIRA C, SOUSA C, SOARES A. A socio-semantic approach to collaborative domain conceptualization［G］//On the Move to Meaningful Internet Systems: OTM 2009 Workshops, Lecture Notes. Berlin/Heidelberg: Springer, 2009: 524 – 533.

领域特殊性
——语义学和名称学的知识表示①

C.桑托斯 R.科斯塔 著 邱碧华 译

摘要:本文描述并提出了术语知识表示的混合式方法。本文将重点放在对术语学语义学和名称学方法的特点及其应用的探讨上。本文在概念化特色与在术语学实践中文本和专家所起的作用上,也多花了一些笔墨。

关键词:术语学,语义学和名称学,文本,知识表示

1 引言

分享和再利用知识的行动(act),代表了信息社会中的一个研究领域,它主要与术语建立了直接或者双重的联系。鉴于术语(terminology)所固有的本质,它必然会出现在每一个科学领域之中。虽然我们有可能区分出对知识进行分类、组织和表示的几个过程,但是,这些过程相互交织的自然本性,却阻碍了我们为知识的应用划定一个确切的使用环境。也许我们最明智的做法是要考虑知识应用的目的性,因为这些过程可以应用于若干个概念化过程并满足相应规范的需求。然而,无论选择哪一种工具,术语任务所具有的多学科性质都是显而易见的。

协调作为认知要素的知识概念,并把知识概念作为一组代表物存储在计算化的工具里,让人类和机器都能够理解——这是至关重要的。我们生存的世界、我们对世界的诠释和对世界进行的表示——它们是不同的。精确地说,在建模阶段上,术

---

① 这篇文章的作者是 C. 桑托斯(Claudia Santos)(葡萄牙)和 R. 科斯塔(Rute Costa)(葡萄牙),文章的英文名为"Domain specificity — Semasiological and onomasiological knowledge representation",原文收录在由本杰明出版公司(John Benjamins Publishing Company)2015 年出版的《术语学手册》(*Handbook of Terminology*)中,此部术语学论著由科卡尔特(Hendrik J. Kockaert)和施托尔茨(Frieda Steurs)两位教授主编。本文经原欧洲术语委员会主席、葡萄牙新里斯本大学教授、葡萄牙著名术语学家科斯塔女士本人授权翻译。

语则在最后二者(译者注:指对世界的诠释和对世界的表示)之间架起了桥梁,其中概念化的规范仍然是非形式化的,在这里则结合了领域专家、术语学家(术语师)和知识工程师的工作。

本文试图说明语义学(semasiological)和名称学(onomasiological)方法是两种相互补充的术语学方法,它们应该在构建知识表示的过程中发挥自己应有的作用。

人们普遍认为,我们对世界的解释主要是通过语言表达进行传递或者传播的。术语学理论和实践已经表明,我们可以从概念出发到术语,或者从术语到概念,也就是采用名称学或者语义学的语言学观点。

采用维斯特(Wüster)及其后继者(Wüster 1985)所捍卫的维斯特式的术语学方法(Wüsterian approaches to terminology),则可能出现一种明显的矛盾运动。大多数的知识工程师并没有直接使用无穷无尽的电子文本,以充分利用自然语言自动处理工具带来的便利(他们似乎对这种资源充满了顾虑),他们更依赖于其他的符号系统,而且,这些系统包含着直接来自专家群体的非语言表示物(non-verbal representation)和非话语(out-of-discourse)的概念化构思(conceptualization)。自然语言容易引起歧义,这种情况极难与自动推理论证过程相结合。采用不是从文本入手的术语工作方法,则能以某种方式确保计算化操作的效率。从术语学方法论为"知识表示"(knowledge representation)提供了基础性的理论前提出发,并基于我们的信念,即知识是无法提取的,文本中包含"指称"(名称)(designations)但不包含概念,我们为专业领域(的术语工作)开发了一种混合式方法,以证明名称学和语义学是可以互补的。

术语师们通常接受过语言学和翻译学方面的培训,因此,他们知道应该如何处理知识表示的语言维度;但是,他们不是具体专业领域的专家。知识工程师们可能会比术语师做得更出色一些,但他们也不是专业领域的专家。实际上,正是某一具体专业领域的特殊性和具体术语工作任务的目的性,决定了在术语工作实践中采用语义学和名称学的具体时刻及其所能发挥出的作用。只要方法运用正确,语料库专家和具体专业领域专家的作用看起来就是并行的因素,他们对术语工作的参与不一定只发生在知识表示实践的起点或者终点上。

2　术语学:双重科学(a twofold science)

在总的术语学框架中,存在着几种理论观点,有一些观点甚至明显地与其他的理论观点相对立,但是它们彼此包容、和谐共存,并代表了各自独特的认识论倾向和语言学假设（Antia 2007；Budin 2001；Cabré Castellví 1993，2003；Felber 1984；Laurén, Myking 和 Picht 1998；L'Homme 2004；Sager 1990；Temmerman 2000；Wüster 1985）。在这些理论观点中，有的是交流术语学、社会认知术语学和以认知观点为导向的，但在我们看来，这些见解中的大多数都没有把重点放在论证术语学作为一门独立学科及其区别于其他相关学科所具有的特征上。

术语学与语言学、信息科学、知识工程和计算机工程都保持着相互依赖的关系。鉴于这些相互依存的关系，我们在此主要侧重于术语的两个维度之一，即语言维度或者概念维度，而对术语的其他侧面暂且不谈。一方面，有的学者倾向于把"术语"（term）即"指称"（名称）作为核心研究对象；另一方面，也有一些学者赋予概念以优先权。正是从这种对术语考察的双重维度和对相互之间关系的研究中，术语学获得了作为独立科学学科的地位。如果只为术语学附加上其中一个维度，那么，它将失去自己的特殊性、独立性，从而也就失去了术语学自身的研究对象。

维斯特在有关普通术语学等论述中所做的那些区别，现在成为术语学界争论的话题，并且也是在术语学圈子里产生不协调的一部分原因。在维斯特的论述中（1985 年），他曾经从三个不同的角度提出了针对术语的问题，其中有两个方面引起了我们的注意：（1）概念是所有术语工作的起点（Ausgehen von den Begriffen）；以及（2）所有的术语工作都限制到对词汇的处理上（Beschränkung auf dem Wortschatz）。

这样产生的结果就是："概念是术语工作的起点"导致了非语言学出身的术语学家不太考虑"指称"（名称），因为它是对概念的记录，同时使得概念可以被陈述出来，换句话说，术语是"标签"，或者描述符（descriptor）就是术语。

维斯特所述的第二个观点，则为语言学家和（更广泛地说）语言实践家提供了假设，也就是：术语涉及的是语言学和语言问题。于是，"概念"在此必然会"降级"为背景，因为对语言学家和语言实践家来说，很明显——除非借助"指称"（名称），否则"概念"是无法访问的（无法理解的）。因此，在这里，"指称"（名称）成为术语工作的起点。下面我们就介绍一些在几部术语学著作里提到的观点，其中包括（Cabré Castellví 2009）：

"普通术语学理论，以前以标准化为导向，它让位于一种更为开放的方法，一种更加强调把自己置于语言学核心的方法，它更能解释科学和技术交流情景的多样性。术语学的交流理论是一种认为术语同时是语言、认知和社会功能单元的方法。"

在术语学中，概念所具有的价值能够让我们把术语学方法与语言学方法区分开来。以系统化的方法对概念进行处理，并将概念置于它所归属的概念系统的核心位置上,是术语学方法的特殊性所在。

在维斯特看来(1985 年),概念维度是具有基础性的。尽管如此,在此基础上,采用言语表达的"指称"(名称)(verbal designation)也起着一定程度的作用。这不仅是因为"指称"(名称)对于指称/定名概念而言是必不可少的,而且也是因为它们是进行无歧义交流所必不可少的因素。

这种与"规定性(prescriptive)语言"这一理念紧密相关的"非歧义的交流"(non-ambiguous communication),就是导致大多数语言学家产生负面反应的一个重要原因。因为语言学家们知道,追求"非歧义"的交流是一种"乌托邦式"的任务,而且,追求"规定性"(prescriptiveness),除了工业标准化之外,在许多环境中也都没有产生什么成效。

语言必须具有调节手段,但不一定是标准化手段。标准化更多地与知识有关,而不是与语言或者话语(discourse)有关,而在"语言"(language)和"话语"这一对中,它又更多地与语言有关。我们谈论一个概念的方式会各不相同,因为这取决于专家发表自己观点时所处的交流情景。这种交流情景影响了我们对作为一个"话语单元"(discourse unit)的术语的选择,但这并不影响我们所谈论的概念的稳定性。

维斯特作为一名工程师,觉得有必要通过标准化将概念和概念系统转换成术语和语言,这是可以理解的。然而,在社会中,强制人们将这些标准化的产物运用于话语环境中去,则是令人难以接受的。

让我们再回到"概念"这一理念上。如果(术语工作的)起点是概念,依照维斯特的观点(1985 年版),他将"概念"理解为"思维要素"(Denkelement),在国际术语标准 ISO 1087 - 1(2000)中,人们把"概念"理解为"由唯一的特征组合所创造的知识单元"(unit of knowledge created by a unique combination of characteristics),或者甚至是理解成"独立于语言之外的、稳定构建现实的逻辑规范"(spécification logique that structure la réalité de manière stable, indépendamment de la langue)(Roche 2008:1 - 2),在话语中,"指称"(名称)确实是获取概念的一条途径。

对我们来说,概念是一个核心要素,这不是什么问题。我们的问题是——我们想知道,是否真的如同维斯特所倡导的,概念始终是术语工作的起点,或者,根据具体情况,概念也可以是术语工作的终点?! 这个问题促使我们去考虑,我们有必要讨论一下应该采用哪种观点:语义学或者名称学。这一点很重要。从理论上讲,这两种方法之间的差异是很明显的,但实际上,就其具体实践和方法论而言,两者之间的区别则并不那么显著。

在术语学理论界,除了关于术语学的语言学、认识论或者逻辑学思考方法的理论性争论之外,术语的双重维度也引发了对必须遵循的方法论的大讨论。在众多信息技术(IT)应用程序在术语工作中得到运用的背景下,无论是在自动语言处理还是知识组织和本体建造方面,选择什么样的方法会对我们目前正在进行的工作产生不可估量的影响。

3 语义学和名称学

术语工作是从术语入手还是从概念出发?如何对这个问题做出决定,在术语学界引起了广泛争议,尤其是因为维斯特(1985 年)曾经声明,每一项术语工作都要从概念开始。由此,我们可以推断出,指称(名称)是术语学感兴趣的对象,因为它指称着概念。正是出于这个原因,术语工作也对指称(名称)感兴趣。

事实上,由于互联网的广泛使用,近些年来,它所提供的文本产品已经大量涌现出来,就术语学的方法论而言,这种现实也就导致了语义学和名称学方法在特定的时刻需要实现互换逆转,而且,为了方便起见,在术语工作实践当中,人们更喜欢与名称打交道而不是与概念打交道。在大多数情况下,这也事出有因。接触文本要比访问专家更为简单一些,也花费较少,因为各种自动语言加工工具已经变得更加民主化和大众化。但是,光靠自动语言处理这种方式并不能充分解决术语问题。

而且,在术语工作中,区分出什么东西是属于语言层面的,又有什么东西是属于概念层面的,在这个问题上遇到困难并不是什么新的话题。我们的问题是:我们如何确定从那些数据中获得什么?大多数的术语学家(术语师)都会承认,概念对于他们的工作具有至关重要的作用。

我们想用学者曹纳(Adolf Zauner)的话来证实我们的论述,因为在那个时候,曹纳是第一位使用"名称学"(onomasiology)这个术语替代了"比较词汇学"(comparative lexicology)(vergleichenden Lexikologie)这个术语的学者。曹纳(1902 年)指出:

"我们有两个相互补充的语言学分支。一个从外部,从词(Worte)入手,并询问:哪个概念与它有关?这个词有什么含义?因此,(这个分支)是'语义学'(Semasiologie)[= 含义(Bedeutung)]。而另一个,则将概念作为出发点并确定名称,命名这个术语采用什么语言 – 名称(Benennung),也就是说,(这个分支)是'名称学'(Onomasiologie)。所以,我认为,人们在命名方面确实存在着平行关系。

"显而易见,旨在使用名字/名称(Name)的'名称学',不应该只停留在对表示概念的词语的简单收集和解释上。相反,更确切地说,如果它是科学的,它的任务则是要探究——为什么在语言上使用这个或者那个词语来命名这个或者那个概念。"

　　曹纳这段相当长的德文陈述,主要是为了区分针对不同分析对象进行操作的方法:对名称(denomination)的识别和对词汇系统的阐述,并不对应于对概念的识别和对概念系统的阐述,也不与它们相重叠。这两种不同的产品,都服务于不同的社会用途,也为不同的社会群体所需求。

4　文本的角色

　　什么是文本? 我们可以把专业文本同时理解为"受控交流群体"(community of controlled communication) 的生产活动和产品。在文本中,我们可以找到语言与社会互动所产生的所有语言要素,这种互动容许把对文本的分析作为一个过程,同时也将其作为一种结果。我们将更多关注专业文本所具有的特征以及它是怎样被描述的。因此,鉴于文本是使用文本的人所观察和分析的对象,人们使用文本以便识别术语(话语的结构化要素,并指向语言外部的概念),并从文本中提取出专业信息。

　　但是,我们在专业文本中究竟寻找什么? 我们又期望找到什么呢? 有人说,他们可以找到术语;也有人说,他们可以找到概念甚至是知识本身;而有些人则说,他们找到的是"知识的表示"(representations of knowledge)。

　　在语言学、逻辑学、认知学、工程学或者人工智能领域中,人们已经对"术语"和"概念"之间的差异与关系进行了广泛的讨论。无论从理论角度,还是从方法论的意义上,人们都这么做了。然而,这两种现实不能代替知识的概念。术语指称概念,它们在行业或者专业领域内构成了系统或者概念网络,这些构成了个人必须掌握的知识的一部分,以便在特定的知识领域中理解和生成专业文本。

　　文本是专家与其专业群体成员之间进行专业沟通最有效的手段。文本也是人们进行讨论和进行思想组织的场所;它也是"建构"(construction)和"解构"(deconstruction)的地方,是发现不确定性和开展争论的地方;它更是建议与反建议、"挑衅"、答复、声辩和劝止的地方;因为它也是勤于探索、甘冒风险和做出判断的地方。换句话说,专家通过"求助于"词汇、术语和语法,而将自己的观点和世界观与构成其文化群体的个人之间实现共享。作为这类文本目标群体的读者,则具有与作者的知识水平非常接近的知识水平;因为,从理论上讲,只有这样,他们才能够把握所传达的知识内容和意图。这种知识的对等性也影响了作者对文本的写作方式。因此,在专业文本作者和读者之间产生了一种"默契",在专业文本里的确存在着"不言自明"的东西,而且,这种"默契"经常在文本中发挥着关键性作用。在我们看来,这种"默契性”就是专业文本最具特色的标志之一。在显性（明确清晰表达的内容）和隐性（不言自明的内容）之间、在“表达出来的”和“未表达出来的”内容之间建立起某种关系，这是需要专家与读者共同完成的任务之一。

在“对象是什么”、对象的概念化及其指称（名称）之间，存在着必然产生的交叉点。为了传递反映他们的信仰、他们的科学思想及其世界观的“三方面关系”（triangular relationship），专业文本的写作者们都努力构建自己的语篇（话语），在特定的语境中，这些文本只具有适用于写作者自身的“单一参考”（monoreferential）价值。更有甚者，在专业交流的框架内，写作者们认为有必要尽可能地“遏制”含义建构（meaning construction）的多样性，以便更接近实现“单义性话语”（monosemic discourse）的理想。然而，“单义性话语”是永远无法实现的，因为它的存在不可能得到证明。专业文本无疑是知识的载体，依照术语学的观点，术语在文本中起着至关重要的作用，因为它构成了我们在文本中可以识别出的语义节点（semantic nodes）的核心要素。这些语义节点经常对应于构成词汇网络和语义网络基础的核心点，它们反映出文本或者一组文本中存在的知识。

尽管如此，以下的问题依旧是存在的：语义网络（semantic network）是否与概念系统相对应？语言实体（linguistic entity）由谁来表示？哪些因素具有价值？又有哪些因素的价值可以低估？这些问题促使我们对“术语”（term）的地位进行重新思考，目前，这个问题没有受到专门关注。术语学家（术语师）越来越关注建立“关系”、建立“连接”，甚至在单个概念系统核心处的两个或者多个概念之间建立起关系。然而，只有在“所指称的”（what is designated）和“指称/名称”之间的关系当中，我们才可能找到术语工作的本质，而且，肯定是在我们当前正在进行的工作核心处找到它们。在这一点上，我们认为，在语言和语言之外的（事物）之间存在着关系，这是显然的。

在术语工作范围内，作为间接知识来源的文本具有特别重要的意义，因为术语学家（术语师）可以通过处理这些知识而获得关于概念的信息。术语科学及其应用研究领域，尤其受到20世纪80年代后期以来计算机领域重大发展的影响，这也导致了出于多种目的处理大量文本的方法和技术的出现，例如，术语提取技术。这种趋势一直持续到现在，它改变了术语学家（术语师）看待文本的方式，也就是：文本不仅仅可以看成人类智能的产物，也可以看成以半自动方式进行处理的对象。

专业文本具有异质的（heterogeneous）性质，人们可以根据不同的维度对其进行分类。学者卡布雷（M. Teresa Cabré Castellví）（2007年）根据决定本质的条件，即语言、认知和话语，探讨了“专业文本”这一概念（notion）。按照卡布雷的想法，文本具有异质性,因此,这样做则是合理的:假设语料库的编辑和文本的分类工作,是依据术语学家(术语师)有选择进行关注的文本的特征或者一组特征而有所不同的。学者科斯塔(Rute Costa)(2001 年)在研究她的"遥感"(remote sensing)语料库时,也注意到了这一点,而且她还注意到了其他的特征。

给文本附加上各种条件的另一个例子,还可以在学者孔达米纳(Condamines)(2003 年)的论述中找到,他强调把"诠释/解释"(interpretation)这一理念作为文本分类的标准:"因此,在我看来,对文本或者语料库的任何语义解释都是双重定位:根据文本或者语料库文本的生产情况,以及对它们的解释情况(进行定位)。"(toute interprétation sémantique d'un texte ou d'un corpus me semble donc être doublement située:par la situation de production du texte ou des textes du corpus et par la situation d'interprétation)

从孔达米纳的角度来看,文本分类不仅依照文本自身的特征和社会话语特征进行,而且,最为重要的是,要依照附加给它们的解释进行。孔达米纳(2003 年)还推荐了应用语言学(语言学的子领域)中"解释类型"(interpretative genres)的初始分类系统(taxonomy)。"解释类型"这一概念不仅适用于专业领域,而且也适用于在专业领域内所设想的各种应用。因此,在应用语言学中,"类型"(genres)要么与关系数据库的创建有关,要么与信息提取有关。在关系数据库的情况下,作者们把索引、叙词表(thesauri)和本体(ontologies)识别为"解释类型"。

孔达米纳(2003 年)认为,"解释类型"这一概念,允许我们对"文本类型"的定义进行规范:"我提出的'解释类型'的建议,可以通过把解释的情境纳入表明特征的标准里,从而对文本类型进行定义。"(la proposition que je fais de prendre en compte des genres interprétatifs pourrait permettre d'affiner la définition de genres textuels en faisant intervenir la situation d'interprétation dans les critères de caractérisation)

文本是社会交往和话语活动的语言产物。当我们从这个角度进行考虑时,文本就不仅是语言学的"人工制品",也是社会、文化和意识形态因素作用后的产物。

在从科学技术领域中收集文本之后,在通常情况下,下一个过程则是要形成一个分类结构,术语学家(术语师)可以利用这个分类结构对他们的语料库进行组织。

话语(语篇)似乎提供了一种颇具逻辑性的文本分类方法,因为话语(语篇)在文本当中无处不在。我们可以在学术界找到证实这种想法的例子,在这里,作为研究人员、教授与学生专业和社会活动的产物,所谓的"科学话语"(scientific discourse)占据着突出位置:(1)博士论文;(2)硕士学位论文;以及(3)期刊和会议论文。所有这些都形成了科学生产的主体。这种分类所面临的主要挑战是：同一篇文本经常受到几种类型话语的影响，以至于人们发现，在同一篇文本中有若干种话语相互交织，例如，一篇法律文本就可能涉及法律话语和技术话语。

5 术语学和知识表示

术语学已经吸引了来自不同领域的众多研究人员的兴趣，人们出于不同的动机开发出了大量的术语工具，以求满足社会的各种需求。近些年来，由人类表示、共享和再利用知识的行为与信息系统，共同构成了技术社会的一个主要研究领域，也深刻影响了术语学的理论和实践。计算机的发展使得人们可以采用电子格式对大量文本进行分析，与此同时，它又与术语学研究所使用的传统文本资源保持着一定的独立性。随着这种以越来越多的自动化推理过程为基础的术语工作方法呈多样式渐进发展，术语学本身也面临着一些重要课题。

在过去几十年里，为术语工作铺平道路的以语言学为导向的"工序"，集中于文本和术语提取，而后者又是在特定的交流环境中得以描述和定义的。随着基于逻辑和数学命题的"表示语言"（representation languages）的发展，术语学实践开始面临新的挑战。如果到这时候为止，术语工作的成果似乎已经足以用于翻译或者技术交流，那么，从"表示知识"这一点上看，术语学理论和实践则产生了新的探索，而且，这不仅触发了人们对语义学和名称学方法的思考，而且还引发了人们对文本本身作用的再思考。

今天开发的许多计算机化的工具，其目的在于表示知识。在这个领域中谈论知识，则意味着人们对知识进行理解并将其转化为形式化的数据。由于知识也可以通过使用言语性的语篇（话语）进行传递，而且，在不同的领域中指派专业概念的词汇单元是术语，因此，人工智能就必然要对自然语言的特异性进行处理。为了在形式上对概念化进行定义，我们就需要一种特殊的语言，以容许以共享和重新使用的方式来表示知识。我们不应该把形式化和非形式化的推理视为是不相容的。

那么，在这些知识表示的实践中，术语（工作）处在什么样的位置上呢？术语工作应该存在于每一个阶段上，但主要是在开始阶段上。因为在这个时候，概念系统正在形成，具体专业领域的专家、语料库分析师、术语学家（术语师）和知识工程师都在并肩工作；而且，在这个时候，形式化的语言尚未完全得到采用：一句话，这是在概念化的非形式规范阶段（informal specification of conceptualizations stage）上。

在人工智能中，感知知识的方式是与语言学家通常熟悉的概念不同的。"知识"

这一术语,指的是满足某种需求所需要的信息(Cornejo 2003)。这里所存在的事物是可以采用形式语言进行表达的东西。当它可以让系统以系统化和合理化的方式去做某些事情时,它就被认为是知识(Newell 1982)。起"代理者"作用的"中介"以真实为基础而对行动进行选择,也就是:关于世界在逻辑上总是真实的命题及其相关的知识,仅需要以智能的方式生成与任务相关的内容即可。在这里,主要评价的标准不是"真理"(truth),而是功能效用。

在 20 世纪 90 年代,作为人工产物出现的"计算本体"(computational ontologies)可以真正为我们在知识表示、知识共享和再利用方面提供帮助。一系列可以通过所谓形式主义(declarative formalism)的方式得以表示的对象或者实体,被指称为"话语的世界"(the universe of discourse),而且,这一系列的对象或者实体以及它们之间建立起来的关系,又反映在基于知识的软件在表示知识时所使用的代表性词汇中。概念化是我们想要表达的抽象和简化的世界观,每一种知识库、每一种以知识为基础的系统或者知识的代理者(knowledge agent)都明确或者隐含地涉及某种概念化(Gruber 1993)。

随着时间的推移,人们在理论上逐渐出现了一种差距:知识表示会变成一种与其赖以生存的世界完全分离的东西吗? 第一眼看上去,这种假设似乎是成立的:知识是一种可以重复的商品,它可以从一边运输到另一边;它是一种物质,可以由作为人类的专家获得,并可以在计算(机)系统之间进行转移(Musen 1992)。然而,知识永远是一种抽象化的产物。我们试图表示的是概念化。另外,"表示"(representation)的固有本性也是非常不完美的。实践与理论二者做到"完全忠诚"几乎是不可能的。实际上,要找到一种良好的"表示"(方式),需要采取某些策略,这些策略主要包括找到将错误减到最少、(或者,更为理想一些)将错误消除掉的策略。选择一种"表示"(方式)也意味着选择一组"本体"承诺。这不是一个"知道这世界上有什么"的问题,而是一个"我们应该如何理解它"的问题。在实现"知识表示"计算化的工具中,更为重要的是它们的基本信息,这不是"表示语言",而是作为一种思考世界方式的一系列概念。

那么,我们应当如何把功能性的、逻辑性的乃至计算机化的知识与世界知识(world knowledge)和人类的概念化过程结合起来呢?

首先,我们要"心中有数"的是:人工智能工具不是从专家思想中提取出来的知识库,而是建模活动的结果。我们可以对知识进行表示,但是,"表示"本身并不是知识,它们更像是描述疆土的那些地图(Clancey 2007)。知识工程通过描述因果关系、时间关系和空间关系的网络来为"过程"建立模型,它涉及"领域模型"(domain model)和"推理论证模型"(inference reasoning model)。人类专家充当关于系统如何运作和如何设计或者控制以产生特定行为的通知者。从这个意义上讲,我们不应该把"知识表示"与"神经(系统)表示"(neural representation)相混淆。

其次,我们应该记住,我们不可能以客观和详尽的方式对世界进行描述,我们不可能把社会或者文化环境"简化"为一系列的事实和进程。正是得益于这种非规范性(non-specification),人类的行为才具有强健且适应性强的特点。也正因为如此,我们才看到:用于知识表示的计算机化工具的目的性,在最近发生了一些变化。

在过去的二十年里,知识工程师专注于非常具体、严格、具有公理性和自愿性产品的生产,这些产品需要符合要求极高的期限而且必须完成预先确定的任务。虽然对知识工程师所设立的这些目标在今天仍然完全有效,但是,人们过去所具有的制造基于严格公理和逻辑命题工具的意识,需要发生向"认知"方向的转化:一方面,我们需要增强群体共享的意识,而另一方面,我们需要再一次让"知识表示"的任务变得不那么"静态"和"僵化"(Soares 2008)。目前,人们争论的焦点在于:对于"人类代理者"(human agents)来说,真正重要的并不是自动推理过程的结果(可靠——尽管到目前为止也不能完全做到这一点),而是选择作为思考世界方式的一系列概念,尤其是概念建模和连接的方式。

6 具有领域特殊性的知识表示

为了分析术语在知识表示中所起的作用,我们有必要对数据提取的方法进行评估:数据直接从语料库提取出来的方法和数据直接来源于领域专家的方法。我们的研究对象是概念化,这一出发点至关重要。在知识的组织和表示方面,"文本"和"(具体专业领域的)专家"发挥了什么作用?

先谈谈专家所发挥的作用,这似乎是恰当的。因为他们是拥有领域知识的实体(entity)。在第一阶段上,(专家们会)决定在不使用文本分析的情况下,构建某个专业领域的"概念图"(domain concept map)。在第二阶段上,我们则为这个专业领域选择一个语料库,在"概念图"的基础上并使用自然语言处理工具,用以构建词汇网络,它由术语和从文本中提取的术语之间的关系构成。然后,以这个词汇网络为基础,我们将使用相同的软件工具构建"绘图"(map)。因此,通过文本分析从语料库中提取出的"知识的语言证据"(linguistic evidence of knowledge),则在一张与专家建立的"概念图"相类似的"图形绘图"中得到了表示。这样做的目的之一就是观察"表示格式"(representation format)在专家那里是否会起到决定性的作用,或者,恰恰相反,不是"表示(本身)"而是"所表示的数据"(the represented data)是具有关键性的。

由于我们从基于语言学的方法出发,因此,我们的目标是为下面的问题找到结论,尽管不是绝对的:

(1)我们是否应该在非形式化的知识表示中,选择使用单一的术语学方法(语义学或者名称学)?

(2)术语是表示概念的词汇单元吗?

(3)术语是处在概念层面还是话语层面上?

(4)建立在语料库分析基础上的词汇网络是否表示概念系统?

(5)我们可以单靠文本来进行术语化的知识表示(terminological knowledge representation)吗?

6.1　超语言的方法(extra-linguistic approach)

概念化方法的指导原则基于这样的假设:概念系统只有在人们达成共识并尽可能消除歧义的情况下才可能被共享和重(新使)用。这些特征基本上是在语言之外的数据中找到的。它们将确保我们所需要的一致性和连贯性。

在第一阶段上,构建概念系统最常用的方法,则是使用图形支持的软件或者类似地图的"绘图"。从理论上讲,我们处理的是概念,而不是术语。

构建某个知识领域的"概念图"则需要做出以下的假设:

(1)证实/确定并限制我们希望进行分析的知识领域;

(2)寻找可能有助于这个过程的信息来源;

(3)选择一个或者若干个领域专家;

(4)选择一种或者若干种软件工具。

我们选定的知识领域是"废水生物学处理"。这项研究是在与阿威罗大学(Aveiro University)环境与规划系的专家团队建立了密切合作的情况下开展的,同时我们与国际标准化组织第207委员会(ISO 207 committee)熟悉这些问题的成员们建立了联系,他们熟悉专家群体所使用的术语。除此之外,我们还得到了米尼奥大学(Minho University)、科英布拉大学(Coimbra University)和莱里亚大学(Leiria University)的支持。里约热内卢联邦大学(Rio de Janeiro Federal University)则在涉及细菌的部分给予了特殊配合。足足花费了一年半的时间,专家们才把"概念图"最终绘制了出来。

绘图的图形表示由 CmapTools 软件支持。CmapTools 软件是由"人类和机器认知研究所"（the Institute for Human and Machine Cognition）开发的协作软件工具。

在这里，专家们不打算把"概念图"制作成形式化表示的人工产物。因为在这些概念图中所建立的概念之间的关系，需要超出本项目范围的有关形式化语言的知识。因此，在初始化概念图中不包含概念之间关系的规范，虽然人们可以凭视觉检测到它们之间所存在的层级关系（hierarchical relation）和联想关系（associative relation）。

最常用的概念关系是 is_a 和 part_of，它们对应于"属种层级关系"（generic hierarchical relation）和"部分层级关系"（partitive hierarchical relations）。部分层级关系也称为"部分－整体关系"（part-whole relation），而且被归类到"基于公理的分体论关系"（mereology relation based on axioms）中。

参与该项目的专家们认为，他们有必要把这两种关系与其他的关系进行互补，以求更为准确地表达出这个领域概念的丰富性。考虑到这里的绘图不遵守形式化的规则，我们决定选择在"联合医学语言系统"（Unified Medical Language System, UMLS）中使用并由 G. 布丁（G. Budin）教授（2004 年）提出的、为环境领域研究建立的关系。因此，在这里，人们在绘图中可以凭视觉检测到的那一系列概念及其关系，则是领域知识的一种非形式化的表示，其特殊性在于：它是在不使用文本分析的情况下构建起来的。

最初的步骤是：确定与这个知识领域相关的大量概念。我们对概念的识别经历了手动过滤的过程，然后，把这些概念组织成较大的组。为了把信息传达给概念图，我们则需要进行以下的域概念化。由于水生物处理是发生在水处理站里的，因此，我们决定把涉及"水生物处理"的概念放置在一个名为 ETAR（葡萄牙语"污水处理站"的首字母缩写词）的单元里。我们还按照逻辑顺序把贯穿于整段时间和发生在某个确定地方的废水处理过程与使用的技术作为概念化的基础，将"概念图"划分为三个主要区域：（1）ETAR 的入口处；（2）ETAR 内部；以及（3）ETAR 的出口处。

然后，我们又把"ETAR 内部"部分细分为"设备类型"和"处理过程"。

"中心树"（the central tree）位于（概念图的）顶部，代表着最普遍的概念。虽然在概念上，废水的生物处理与物理处理和化学处理有关，但是我们并没有给后者以任何特权，因为我们这里的目的是要详细分析生物处理部分。

在"ETAR 的入口处"部分中，我们对废水（处理）的特性做了具体说明：物理性的、化学性的和生物性的。"ETAR 的出口处"部分与入口部分的差异比较微小，因为一般来说,对水质进行分析的参数是相似的。

　　"ETAR 内部"部分则按以下方式划分:"设备类型"和"处理过程"。"处理过程"又分为"化学性的""物理性的""生物性的"。在"生物性的"部分,我们又区分出"微生物"。在"设备类型"部分,我们放置了一些与物理组件相关的概念,在生物系统起作用之前,这些组件在先前处理的基本阶段上发挥功效。"处理过程"旨在分别依据复杂性及其顺序来对概念及其关系进行表示。就这个子领域,在专家之间引起了一场有趣的辩论,因为它是一个相当复杂并且涉及内容广泛的知识领域,它所涉及的概念需要不断更新。事实上,科学技术的发展消除了过去在概念化过程中所存在的"僵化和死板"理念。今天,我们可以依据水处理的具体目的,而把几种处理过程与不同的顺序结合起来。出于这个原因,我们把"初级处理""二级处理""三级处理"等专家普遍都熟知的概念从"概念图"中删除掉了。

　　绘制这张"概念图"的目的是表示废水生物处理所涉及的技术和过程。当然,概念所处的位置可以不断得到改善。但是,在"概念图"的构建过程中,我们在头脑中始终想着一个问题:如果把它作为污水处理站技术人员在未来可以使用的一种工具的话,这样做能具有多大的可行性。(在概念图中)具有最高级别的概念是"废水"。在必要时,这里还可以包括与物理性和化学性相关的概念。

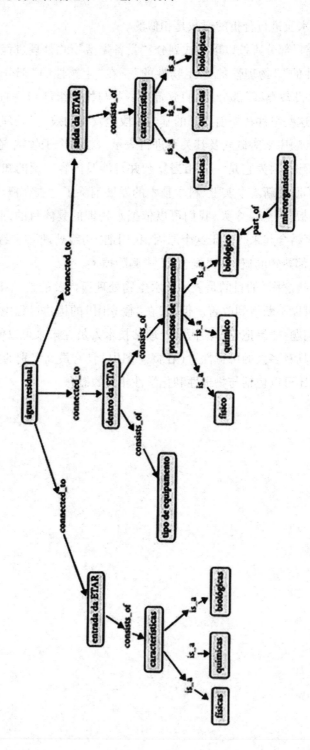

图1 概念图中的上层概念树（Santos，C. 2010，154）

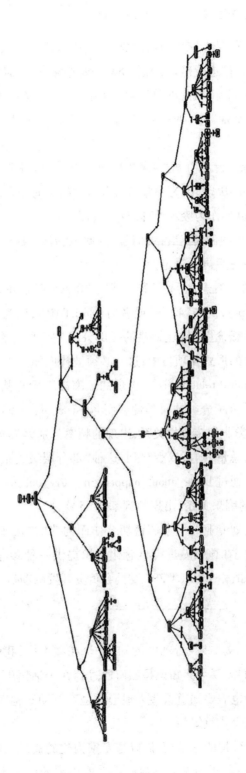

图2　处理过程的例子（Santos，C. 2010，157）

箭头的方向听从的是专家们做出的决定,而不是出于形式化表示的考虑。为了对概念分类、组织和定位进行确认,大家经常需要查阅参考书籍。

这个领域的专家们就"概念图"的构建做出了不少有益的决定,例如:

(1)〈技术〉和〈设备〉与〈处理系统〉和〈处理过程〉这些"概念对"被认为是同义词。

(2)这张"概念图"旨在分析"水线"(water line),因此不包括"固体线"(solids line)。这是一个重要的决定,因为一些与后者密切相关的概念,就不用在这张概念图中进行详细表示了,例如作为废水处理产物的〈泥土〉。

(3)有许多概念表明的是隐含的知识。因此,在省略某些重复性的概念时,人们则需要在经过认真考虑后再做决定。

总而言之,这里的"概念图"由 226 个概念组成。我们不得不把一些例子视为"非概念"(non-concept),例如"特征"或者"内部 ETAR",因为它们不是这个领域概念化的一部分,而是"概念图"构建策略的一部分,(它们的存在)只是为了把几个部分连接起来。在未来的形式化项目中,这些必须被替换掉。

"属种关系"(generic relation)is_a 出现的频率高于所有其他的关系,达 234 次,这也证实了自然科学传统分类的科学性。而 consists_of、contains、part_of、connected_to 和 ingredient_of 这类非常接近的关系,出现的频率分别为 73 次、20 次、8 次和 6 次。如果我们考虑它们的总量,则可以观察到,这种"部分层级关系"出现了 110 次,其使用率处于第二位。而通过 bring_about、happen_in、carry_out、result_of、affects、process_of、uses、exhibit 表示的因果关系,出现的频率达 65 次。

这项和环境与规划专业的专家们密切合作而构建的"废水生物学处理"领域的"概念图",可以为人们在该领域进行概念化组织提供一种参考,可以成为未来开发其他项目的起点,例如,由 ISO/CT 207 委员会负责开发的项目,就可以以此为参照。

6.2　语言学方法

依据语言学观点,文本是"行动中的知识"。在文本中,我们可以找到需要分析的名称。一方面,我们需要考察知识是如何通过存在于话语中的语言要素表现出来的,而另一方面,我们也需要知道这些表现形式是否有助于构建一个词汇网络,以反映可能进行的领域概念化组织。

通过对第一部分数据的考察,我们以与专家构建的概念图形式相似的方式构建了一张"绘图",在这里使用的是从语料库中选取出来的由文本集里提取的要素,它们直接与先前关于"废水处理"的概念图中所展示的概念化相关。

我们的出发点具有分析优势：虽然我们不是这个专业领域的专家，但我们已经从以前的工作中掌握了这个领域的一些知识，而且，我们对语料库的选择和正确使用更为熟悉，对通过语言分析可能产生的词汇组织也更为敏感。

在这个专业领域的专家没有参与合作的情况下（尽管后来我们把结果提交给他们进行验证），我们制定出了词汇网络。

正如我们在前面说过的，自然语言存在着歧义性。但是，它却是知识传递最有效的交流手段。在文本中我们看不到概念，我们看到的只是术语以及术语之间的关系。于是，我们就在语言数据上下功夫。

学者克鲁斯（Cruse）（1986 年）指出，词汇要素的语义特性反映在它们在现有或者潜在的语境里所建立的关系中，这里包括了语言之外的位置语境［extra -linguistic location(al) contexts］：

"第一，词汇项与语言之外环境（extra -linguistic contexts）之间的关系，通常主要由纯粹的语境（linguistic contexts）（……）进行调解；第二，在原则上，语言之外环境的任何方面都可以通过语言来反映；第三，语言环境更容易进行控制和操纵。"

一个孤立的术语不能是"真的"或者"假的"。它必须与其他词汇单元共存，才能形成一个简单或者复杂的命题。因此，对于术语的分析，需要把它们放在所处的具体话语背景中进行。

依据学者孔塞桑（Conceição）（2005 年）的观点，正是通过语言陈述，我们才见证到了对于构建领域概念系统来说非常重要的重构过程。在话语中，概念作为表示知识的认知单元，通过由指称和联系它们的语言单元连接成语义网络，从而得以创建或者重建。通过激发推理和演绎这样的认知过程，重建过程得以完成。例如，对在文本中隐含的、未加说明的内容进行的解释说明，就在话语建构和知识传递过程中发挥了重要的作用。

在今天，随着科技现代化的发展，对候选术语及其之间词汇－语义关系的自动提取已经易于实现。这项采取语义学方法进行的前期工作，可以为构建本体的工作积累重要的数据。因此，我们将语料库分析工作的重点放在对语义关系和/或语言标记（linguistic markers）的研究上，因为它们有助于我们构建一张在图形上与专家构建的概念图相类似的"概念图"。我们的理论假设是：这张由文本分析所产生的"概念图"，将包含与先前构建的概念图中所反映的概念化相接近的知识的语言表现形式（linguistic manifestations of knowledge）。

我们的策略立足于发现语义关系、语言标记和重构的形式(reformulations)。我们依据国际标准化组织关于"术语工作原则和方法"的标准(ISO 704 Standard, 2009),建立了以下的关系,以用于模拟概念系统:(1)层级关系["属种关系"和"部分关系"(partitive relations)];(2)联想关系(关联关系)。

通过识别"语言标记"(例如动词、副词或者差异性表达等),我们引入了"重构的形式"。"词汇标记"(lexical markers)作为标明语义关系的"指示物"(indicators)。"重构标记"(reformulation marker)的状态取决于它在每一种情况下的具体用途,而它的类型(typology)则考虑到其(组成)要素的句法性质。我们也把标点符号看成是一个重要的语言标记。我们的这种方法认为,术语分析不仅依赖于术语,而且依赖于构建话语的其他词汇单元。兼顾到以前的理论出发点,我们继续对使用关系类型和语言标记从领域语料库中提取出来的序列(sequence)进行分析。

我们的目的是对"废水生物处理"这同一个领域进行分析,以便从文本中提取出数据,用以构建由术语和术语之间关系组成的"词汇网络"。专家们先前构建的"概念图"为我们对信息源进行研究提供了方便。在此之前,我们对相关大学在线知识库所提供的、有关这个领域的电子语料库进行了搜索,因而已经拥有了足够的数据。在我们搜索到的几篇论文中,我们选择了四篇关于"葡萄酒酿造废水处理"的电子论文。

我们的目的是对文本序列(text sequences)进行词汇和语义分析,针对所选择的序列,我们使用了下面的软件工具:WordSmith(http://www. lexically. net/word-smith/)、Concapp、ExtracTerm(由科斯塔教授在2001年为葡萄牙语建造的术语提取工具)。在此,我们使用到了借助上下文关键词索引(concordances)、单词列表和基于形态句法(morphosyntactic)规则而提取出来的候选术语(按字母顺序排列)。这些提取出来的数据包括手工构建的、从文本中提取的候选术语列表、单词术语和多词术语。

我们使用WordSmith工具对提取"上下文关键词索引"进行了几项测试。我们不仅使用了候选术语,而且还使用了语义关系(属种关系、部分关系和联想/关联关系)以及其他可以标明重构语境的语言标记。我们选择了一组候选术语,这些候选物与先前构建的"概念图"所遵循的主要准则具有直接关系。例如,我们选择了processo(process)这个候选术语,然后从所选的文档中提取了"上下文语境"。在此之后,为了不与先前的"概念图"偏离太远,我们还选择了一些与"好氧生物处理"(aerobic biological treatment)直接相关的文本序列。

为了尊重引用论文的作者及其作品,也为了尊重他们关于语义关系和语言标记的提议,我们采用手动的办法对文本序列进行了注释。小标题 LM 对应于语言标记(Linguistic Marker)(红色),而小标题 TR 对应于关系类型(Type of Relation)(蓝色):

序列 1 的例子:

Nos processos de tratamento aeróbios, a matéria orgânica, que [LM corresponde à] [TR 种属关系] carga poluente, [LM é] [TR 因果关系] oxidada [LM levando à] [TR 因果关系] formação de dióxido de carbono [LM e à] [TR 因果关系] libertação de hidrogénio. Este, por sua vez, [LM reage com] [TR 与……发生反应] o oxigénio [LM levando à] [TR 因果关系] produção de moléculas de água. Todo este processo [LM é caracterizado por] [TR 生产] produzir uma elevada quantidade de energia bioquímica, armazenada [LM na forma] [TR 种属关系] molecular, que [LM é utilizada pela] [TR 是一种……的物质] biomassa [LM para] [TR 因果关系] se reproduzir ([LM com a consequente] [TR 因果关系] produção de lamas) [LM e] [TR 因果关系] pelo próprio metabolismo do processo (produção de CO_2).

为了与"概念图"中先前使用的方法保持一致,我们还在"词汇网络"的图形构建中使用了软件工具 CmapTools。在语言标记和重构形式所传递的信息基础上,我们构建了几张"绘图",这些图由对应于序列或者序列部分的词汇网络组成。

"词汇网络"是语言数据和概念数据之间实现认知转移过程所产生的结果,如图 3 所示。为了给这种认知过程提供一个例子,我们将对应用于序列 1 的推理过程进行描述。

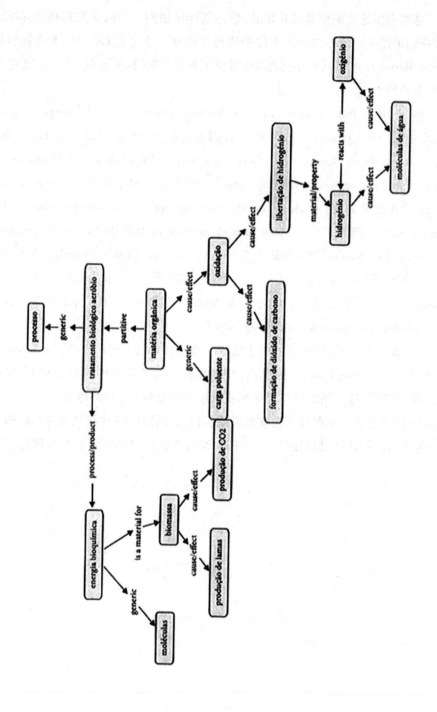

图3 过程中的例子（Santos，C. 2010，181）

选定的核心术语是"好氧生物处理"（aerobic biological treatment），正如我们将在其他序列中进行的分析一样，它被看成是一个"过程"（process）。这一术语被认为是与总文本序列相关的上义词（superordinate）。在此应该注意的是，在这个序列中，术语"好氧生物处理"不是处于文本水平上的。然而，由于我们拥有以前的语言信息，因此，我们能够将其确定为"生物处理"。这种方法同样适用于"过程"这个术语，它是一个从总选定的文本序列中推断出来的术语。由于"风格"（style）和"语域"（linguistic register）具有选择性，因此，这被认为是在具有特殊用途的文本中发生的正常情况。

通过对文本序列的分析，我们可以在"过程"和"好氧生物处理"的基础上，将这个"文本序列"分成两个子序列：

（a）子序列 1：（…）a matéria orgânica, que corresponde à carga poluente, é oxidada levando à formação de dióxido de carbono e à libertação de hidrogénio. Este, por sua vez, reage com o oxigénio levando à produção de moléculas de água[（……）与污染负荷相对应的有机物被氧化，导致二氧化碳的形成和氢的释放。反过来，（氢）会与氧气反应，导致生成水分子]。

（b）子序列 2：Todo este processo é caracterizado por produzir uma elevada quantidade de energia bioquímica, armazenada na forma molecular, que é utilizada pela biomassa para se reproduzir（com a consequente produção de lamas）e pelo próprio metabolismo do processo（produção de CO_2）[整个过程的特点是产生大量以分子形式存储的生化能，生物量利用该生化能进行繁殖（随之产生污泥），过程本身也发生代谢（产生二氧化碳）]。

在子序列 1 中，通过在一个关系句中插入语言标记[LM corresponce]，则在matéria orgânica 和 carga poluentee 之间建立起了属种关系。与此相类似，从术语matéria orgânica 开始，通过语言标记[LM é（oxida）]、[LM levando â（formação de）]和[LM e levando à（libertação de）]，这段序列则存在着因果关系。为了更好地进行语法分类和对相关术语进行协调，我们使用名词 oxidação 代替了它的动词时态 é oxida。遵循相同的准则，我们把术语 hidrogénio 作为一个独立的词汇要素，与 libertação de hidrogénio 这个术语建立起"物质/特性关系"（material/property relation），并使用类似的语法形式，与 oxigénio 这一术语也建立了更令人满意的关系。代词 este 指明的是前一句中的最后一个指称，有助于标明术语之间的关系。动词语言标记[LM levando à（produção de）]则以某种方式受到了抑制，尽管通过"因果关系"（cause/

effect relation)与 moléculas de água 相关联时,它可以为专家提供机会以明确推断出生产的过程。

"词汇网络"建成之后,我们可以根据频率来计算所使用的关系类型和语言标记。正如在"概念图"中观察到的,"属种关系"是"词汇网络"中最明显的关系(26次)。因果联想/联想关系则排在第二位(15 次)。这是正确的,因为这些文本语境描述的是"废水处理"。与"概念图"相一致,"部分关系"(11 次)的使用频率同样很高。于是,通过这种方式,"词汇网络"也就反映了先前构建的概念系统。

我们所选择的序列有几种情况,在其中的一些序列中,有的必须添加和删除掉一些术语以及术语之间的关系,这样做不仅可以使这些"图"更为清晰明确,而且还能改进和丰富其中的一些序列。与此相似,如前所述,文本的一些语法形式由此被改变了。发生这种现象的原因是我们正在处理的是两个独立的"实体"。一方面,我们拥有序列中存在的文本,而另一方面,我们的语言经常需要加上抑制话语的标记。在更为先进的数据应用中,如果要使用这种"词汇网络",人们则还需要对上述问题进行更为深入的分析。也有可能需要对语言之外的、隐含的知识进行检测评估,这不仅仅是因为在词汇网络的构建过程中,我们把文本中所涉及的参考文献省略掉了,而且,也是因为专家们对词汇网络的构建提出了很多建议。

在此,可以再次以序列 1 为例:

(1)我们在候选术语 matéria orgânica(有机物)和 tratamento biológico aeróbio 之间加入了"部分关系",虽然文本序列没有明确地将 matéria orgénica 作为"好氧生物处理"的一个部分,但是,我们已经对这里涉及的专业知识有了足够的了解;

(2)我们补充进这种关系,是对候选术语 hidrogénio(氢)和 oxigénio(氧)之间能够发生相互作用做出的反应。虽然在文本中并未明确提及,但我们知道这些物质是可以相互反应的。

正如在每一个科学领域中具有特殊用途的每一份文本中所发生的那样,我们可以观察到,在一些文本中会出现"不准确性"。也就是,标点符号使用的错误,或者,在某些上下文语境中包含了一些不恰当的语句。准确性或者精确性的缺乏,无论是有意识还是无意识造成的,都构成了科学和技术文本所具有的较为自然甚至有些频繁发生的特点;造成这种情况的原因,通常是写作者追求在风格上令人愉快的写作方式,或者,他们迫于交稿期限的压力。虽然人们可以通过更为深入的话语分析发现这些情况,但它们很少成为影响文本质量和有效性的障碍。

我们通过构建借助"层级关系"(hierarchical relations)("属种关系"和"部分关

系")和"非层级关系"(non-hierarchical relations)[如:联想/关联关系(associative relation)]连接成的若干个"词汇网络",来对所选的序列进行语言分析。我们把对应于每一个序列的"绘图"和"总图"都提交给专家进行评论和验证。最终形成的"绘图"则与专家先前构建的"概念图"在图形方面具有相似之处。我们完全可以把所有的文本序列组合成一个单独的词汇网络。

与"词汇网络"构建相关的决定,都离不开术语师(术语学家)的积极参与,而他们先前获得的、关于这个领域的概念知识,则为他们提供了极大的帮助。在此,术语师不仅需要对已经发现的不准确的术语进行核实,而且还需要对它们进行纠正。也就是:他们要对纳入或者排除某些术语以及术语之间的关系、对术语语法形式的变化、对名称(指称)甚至语义关系的变化等提出建议。在这个过程中,请专家做进一步的验证则至关重要。

7 结论

为了对文本序列中存在的上下文语言关系进行分析和描述,我们则需要构建若干个表格,其中展示了:从"词汇网络"中提取的术语与由专家为构建"概念图"而选择的概念之间可能存在的交叉关系。

这两种产品("词汇网络"和专家构建的"概念图")概念化的领域也明显相交。在"词汇网络"中所包含的术语以及术语之间的关系,与"概念图"中的所有概念化区域是共有的:(1)水参数;(2)水成分;(3)设备;(4)处理过程;(5)产品和子产品;(6)物质和微生物;以及(7)处理地点。在有些情况下(例如,使用反应堆的处理过程),"词汇网络"几乎与"概念图"重合。

为了使术语师的工作前后保持一致和具有连贯性,他们与专家之间建立密切合作是必不可少的。也就是,在"概念图"的构建过程中,术语师就需要对专家所使用的话语和术语进行熟悉。只有掌握了一定的专业领域知识,术语师才可能在概念化过程中对术语进行区分,他/她才可能感知到,这个专业领域有效的概念组织通过术语而对语言环境产生了或高或低的影响力。术语师的这种能力至关重要,因为这有助于他们在术语工作中把那些可能是由于语义学方法产生的、好的和坏的"概念表示"分离开来。

我们可以采用名称学方法和语义学方法对术语数据进行考察、选择和提取,在实质上,这可以为概念系统的建立提供帮助。也就是,这是发生在概念化"非形式化规范"第一阶段上的工作。

　　虽然,直接来自专家的方法并不是为了运用语料库进行文本分析,但是,在概念化的"非形式化规范"阶段,进行自然语言调解则是一种基本需要。我们把产生了好的实践效果的教科书和具有可靠性的文献作为定期查阅的参考文献。它们都反映了这个专业领域获得公认的概念组织及其分类方式。因此,即使我们把自己的注意力集中在概念数据上,我们也不可避免地使用到了教学语境或者其他语境中的言语性的语篇/话语。

　　对语料库和文本序列进行仔细分析,可以为我们提供有助于说明和加强概念化分类及其组织的数据。同样,显而易见的是,术语的重构过程不仅对于揭示文本结构非常重要,而且对于验证具有领域特殊性的"语域"中知识的构建过程也具有重要意义。在这个意义上,在理解语言之外的数据时,"重构"构成了一种基本的符号学要素,因为它们启动了非形式化的推理过程。

　　我们从以文本序列为基础的"词汇网络"中获得的结果,清晰地揭示了它与先前构建的"概念图"之间的接近性。这表明,具有特殊用途的文本可能可以部分反映概念化的组织。如果减少所选文本序列的数量,我们则可以注意到,从比例上说,我们可以访问到与"概念图"中的概念相对应的大量术语。因此,这就表明,自然语言处理同时激活了术语的语言维度和概念维度。

　　在这个项目中,我们对关系类型没有做任何的限制——这一事实也就造成了复杂的"词汇网络"和"概念网络"的出现。依据学者赛杰(Sager)(1990 年)的观点,出于实际需要的原因,直接依赖于"域分析"(domain analysis),建立起适应特定需求的任何类型的关系,并把概念系统的维度和关系的复杂性转化为具有实用性的问题,这不仅是可能的,而且也是可取的。然而,人们对进行"知识表示"所采用的形式化语言所施加的限制,则严重阻碍了这种可能性的存在。但是,在我们这种情况下,我们却拥有相当多的选项,因此可以轻松地为每一个"术语连接"选择一种有效的关系。

　　虽然,我们认为,我们先前对这个专业领域知识的了解,对"词汇网络"的构建起到了决定性的作用,但是,在我们所分析的文本序列中明显包含了具有概念化相互交织的知识。因此,这一点也许是形成计算机化知识表示程序的重要条件。基于词汇分析进行概念化表示,具有一定的可行性。

　　此外,我们还参加了这个专业领域的专业课程的学习,并尽量对专家的"语域"(linguistic register)进行熟悉,这样做的结果,则是给我们带来了采用语义学方法推进这个项目的成功。在文本序列中还有可能推断出大量隐含的概念化内容。因此,不管这些术语数据的最终用途如何,都应该让专家们从项目流程一开始就参与工作。事实上,在这个项目中,无论是构建"概念图"还是验证"词汇网络",术语师和专家之间的合作都非常富有成效。

事实表明,我们将这些方法应用于一个具体的领域,也就是:我们使用混合方法,在必要时把术语学的名称学和语义学方法作为术语工作的出发点。这不仅是可能的,而且也是可取的。然而,方法顺序却不是任意的。在我们这个项目中,与术语师建立起了密切合作的专家们认为,尽管他们同意术语师们就方法问题所做出的一般性结论,但在经过对产品采用"语言之外"的方法和语言学方法进行深入分析之后,就针对"知识表示"的目的而言,运用语言之外概念化的名称学步骤则更好一些。因为,(如果只是采用语义学的方法)即使加入了批评性的分析,一篇文本仍然可能包含影响领域概念化的"不准确性"。

尽管如此,我们一直采用借助自然语言调解的方式来构建"概念图"。当然,仅仅制定方案是不够的,我们在使用文本时,还必须采用严格的选择标准。因此,出于进行"知识表示"的目的,从名称学方法出发,然后采用语义学方法对"概念化的表示"进行确认,这样做则会更方便一些。而为专业文本写作者提供访问专业领域"概念图"的机会,最终将有助于他们在话语环境中把文字表达得更为精确。

由从专业文本中提取的文本序列而构建成的"词汇网络",反映了一个概念化的组织;在我们的项目中,"词汇网络"与"概念图"所具有的近似性,就证明了这一点。在我们的项目中,词汇网络的图形表示、术语及其关系为专家所接受,因此这也表明,语言表示是有效的。

据我们观察,从文本中可以获得一系列表示复杂性的"关系",这样做又有利于对最初的"概念图"进行丰富。在多数情况下,使用语言标记可以使概念化变得更为清晰。这一事实则证实了下面这一点:文本可以在"知识表示"中起关键性作用。但是,正如前面所述,鉴于专业文本可能不包含"原型结构"(prototypical structure),因此,一组词汇数据尚未做好自动转移到计算机化的知识库中去的准备。我们对"绘图"的分析结果表明,不仅是"数据的表示"(representation of data)具有重要意义,而且,数据本身也同样重要。因此,文本可能成为有助于"概念化表示"的极为有用的运作因素。但是,它也可能是一种给人带来极度烦恼的工具!

针对语料库的使用,人们有时会产生负面性的批评性意见,也许,这可能是因为(术语工作者)运用了不恰当的方法。然而,实践证明:我们可以采用"混合式"的方法、利用语料库进行"知识表示",通过专家们的协助而获取到语言和语言之外的知识。请记住,专家的概念组织和认知组织通常都是严谨的。因此,"关于词汇单元的数据"(data about lexical units)不应该代替"关于概念的数据"(data about concepts),只有通过后者,我们才可以实现概念化的组织。

参考文献

[1] ANTIA B E, 2007. Indeterminacy in Terminology and LSP[M]. Amsterdam: John Benjamins Publishing Company.

[2] BUDIN G, 2001. A critical evaluation of the state-of-the-art of Terminology Theory[J]. ITTF Journal, (12): 7 – 23.

[3] CABRÉ M T, 1993. La terminología: Teoría metodología, aplicaciones[M]. Barcelona: Editorial Antártida/Empúries.

[4] CABRÉ M T, 2003. Theories of Terminology: their description, prescription and explanation[J]. Terminology, 9(2): 163 – 199.

[5] CABRÉ M T, 2007. Constituir un corpus de textos de especiali dad: condiciones y posibilidades [C]// BALLARD M, PINEIRA-TRESMONTANT C. Les corpus en linguistique et en traductologie, 89 – 106. Arras: Artois Presses Université.

[6] CABRÉ M T, 2009. La Teoría communicativa de la Terminología, una aproximación lingüística a los términos[J]. Terminologie: orientations actuelles, XIV(2): 9 – 15.

[7] CLANCEY W J, 2007. The knowledge level reinterpreted: Modelling socio-technical systems[J]. International Journal of Intelligent Systems, 8(1): 33 – 49.

[8] CONCEIÇÃO M C. 2005. Concepts, termes et reformulations[M]. Lyon: Presses Universitaires de Lyon.

[9] CONDAMINES A, 2003. Vers la définition de genres interprétatifs[C]// Actes de TIA 2003: 69 – 79.

[10] CORNEJO M, 2003. Utility, Value and Knowledge Communities[EB/OL]. Macuarium Network, Spain. http://www.providersedge.com/docs/km_articles/Utility_Value_and_K-Communities.pdf.

[11] COSTA R, 2001. Pressupostos teóricos e metodológicos para a extracção automática de unidades terminológicas multilexémicas[D]. Universidade Nova de Lisboa.

[12] CRUSE D A, 1986. Lexical Semantics[M]. Cambridge: Cambridge University Press.

[13] FELBER H, 1987. Manuel de Terminologie[R]. Paris: Unesco.

[14] GRUBER T R, 1993. A translation approach to portable ontology specifications[J]. Knowledge Acquisition, 5(2): 199 – 220.

[15] ISO 704, 2009. Terminology work — Principles and methods[R]. Geneva: International Standards Organization.

[16]ISO 1087 - 1, 2000. Terminology work - Vocabulary - Part 1: theory and application[R]. Geneva: International Standards Organization.

[17]LAURÉN C, MYKING J, PICHT H, 1998. Terminologie unter der Lupe: vom Grenzgebiet bis zum Wissenschaftszweig, vol. 9[M]. Vienna: TermNet.

[18]L'HOMME M C, 2004. La terminologie: principes et technique[M]. Québec: Les Presses Universitaires de Montréal.

[19]MUSEN M A, 1992. Dimensions of knowledge sharing and re-use[J]. Computers and Biomedical Research, (25): 435 - 467.

[20]NEWELL A, 1982. The Knowledge Level[J]. Artificial Intelligence, (18): 87 - 127.

[21]ROCHE C, 2008. Faut-il revisiter les Principes terminologiques? [C]// Toth 2008. Terminology & Ontology: Theories and Applications, 53 - 72. Annecy: Institut Porphyre.

[22]SAGER J C, 1990. A Practical Course in Terminology Processing[M]. Amsterdam: John Benjamins.

[23]SOARES A L, CARLA S P, 2008. Ontology development in collaborative networks as a process of social construction of meaning[C]// Lecture Notes in Computer Science -Proceedings of the OTM Confederated International Workshops and Posters on On the Move to Meaningful Internet Systems.

[24]TEMMERMAN R, 2000. Towards New Ways of Terminological Description. The Socio-cognitive approach[M]. Amsterdam/Philadelphia: John Benjamins.

[25]WÜSTER E, 1985. Einführung in die Allegemeine Terminologielehre und Terminologische Lexicographie[M]. Copenhagen: Infoterm.

[26]ZAUNER A, 1902. Die romanischen Namen der Körperteile. Eine onomasiologische Studie[M]. Erlangen: K. b. Hof-und Universitäts-Buchdrückerei von Fr. Junge (Junge and Sohn).

古代希腊服饰的多语术语本体[①]

M. 帕帕佐普洛 著　邱碧华 译

摘要:我们的核心研究问题是如何利用文本、视觉与材料来源来扩大和加深我们对古希腊服饰领域的理解。在回答这个问题的时候,我们采用了高度跨学科的方法,将本体工程学和语言学相结合,并将其应用于古典服饰的历史、物质文化和文化遗产研究。本文描述了古希腊服饰领域第一个多语种本体术语的构建,即概念模型为形式本体。为了模拟古希腊服饰的域知识,我们使用了 Tedi(本体术语编辑器)——一个新的软件环境,符合语义网的标准,尤其能满足术语学家与文化遗产专家从事研究和使用各自所需术语的需要。接下来,我们所做的基础性工作是,采用形式语言(即不采用自然语言)借助特殊的分析轴对领域概念进行定义。我们的目标是对知识进行有条理的建构,最终可以支持两种类型的查询:(1)借助语言,(2)但也借助思想(概念)。我们工作的结果是形成一套古希腊服饰领域多语种且连贯一致[注1]的带定义的术语。我们的方法证明了,在这个领域中概念所具有的丰富性和复杂性,同时也证明了,在进行复杂的领域知识和术语的表示时,由专家使用专门软件具有重要性。

关键词:古希腊服饰,本体,术语,本体术语,知识表现和建模,链接的文化遗产,ISO 术语标准,Tedi(本体术语编辑器)软件,语义网

引言

在接下来的介绍里,我们描述了我们是如何构建古希腊服饰的本体术语的。"本体术语学"(ontoterminology)是一种新的理论范式,它将某个特定领域的术语与其(概念化的)"本体"结合了起来(Roche 2012)。根据这一术语学理论范式,自然语

---

①　本文译自"Ontoterminology of Ancient Greek Garments",TOTh 2017,可见 http://toth. condillac. org/terminologica),经 M. 帕帕佐普洛(Maria Papadopoulou)(希腊)教授本人授权。

言中术语的定义和采用形式化语言编写的概念的定义相辅相成。这里所谈的"本体"(ontology)的理念,是在知识工程的意义上讲的,即:把它看成是一种形式化或者半形式化的概念化规范(Gruber 1992)。这里探讨和建造的"古希腊服饰术语本体",是一种借助文本、图像和其他非结构化数据,并以一种连贯、明确的方式进行组织,将"古希腊服饰"这一领域概念化的隐性知识较好传达出来的显式模型。在建造过程中,在处理"古希腊服饰"这个领域在语言层面上与概念对应的名称时,项目组严格遵循国际标准化组织的相关术语标准[注2]。譬如,"服饰"这个类别就包括了"服装"[vêtement(法语)]——作为一种(极慢消费的对象)(objet de consommation très lente)(Maus 1926:53)——以及其他形式的身体装饰和装饰物,如珠宝、文身、化妆品、发型等[注3]。在"古代希腊服饰领域"的这个"本体术语"里,项目组尽量将这个领域的"概念化模型"和这一领域概念的"语言名称"相统一。虽然,过去存在着大量与希腊古代服饰的名称有关的书籍[注4],但建造出一种能够准确表示领域知识的机器可操作的概念化模型,则是以前没有人做过的事情。

为了构建"古希腊服饰"这个领域的"概念化模型"(进行领域知识的"建模"),项目组使用了 Tedi 这个术语编辑器软件[注5]。它是一种新的软件环境,专门满足术语学家和领域专家的需求,以便给相应的概念分派恰当的术语。这个"古希腊服饰术语本体"包含两个彼此不同但又相互关联的层面(一个是这个领域的"概念层面",另一个则是这个领域的术语"语言层面"),用户可以单独进行搜索,这里的数据都是人机可读的,并由 W3C 交换格式支持。目前,这个"古希腊服饰术语本体"共包括250多个采用英语定义的术语。为了进一步丰富这个"术语本体",日前(2017年)正在进行给它填充进更多的概念、术语、对象、上下文和注释的工作。项目组的工作目标是,准备将所有的古希腊服饰术语都囊括进去,至少采用三种语言:英语、法语和希腊语。

本文的组织内容如下:在第一部分,我们讨论了古希腊服饰领域术语研究所面临的问题;在第二部分,我们介绍了在文化遗产领域,即在其词汇、叙词表和本体领域中,对域知识进行表示的不同方法和本体术语学这种范式;在第三部分,我们详细描述了使用 Tedi (本体术语编辑器)软件所构建的希腊服饰本体术语;在最后一部分,我们介绍了得出的主要结论和我们未来工作的方向。

1　希腊服饰术语存在的问题

我们为什么要对希腊语(和拉丁语)的服饰术语进行整理和研究呢? 从文化学的

角度上看,服饰是一种强大的文化符号,是任何文化中社会物质文化的组成部分。物质化的东西,尤其是服饰一类的物品,更是嵌入了深刻的文化含义。从"跨文化"和"跨历史"研究的角度上看,服饰连同食物和人类的住所,都是对人类从出生到死亡最基本需要的一种反映。学术界对古希腊服饰的研究一向有其自己的方式(譬如,研究它的生产技术、所用的材料、装饰方式、价格变化和实用价值等等),或者在更广泛的背景下,把它作为一种手段来研究它在日常生活中的产生和消费,考察它在宗教、艺术乃至神话里是如何描绘的,研究它在社会发展中所起的积极作用。从支离破碎的却并不重叠的证据中提炼出积极的意义,是文化学家一如既往的核心任务。即使像铭文、陶片、纸莎草纸这类原始文本,在文化学家们的眼睛里都是关于古代希腊物质文化的宝贵资料,是古希腊文化独特的物质和视觉证据。给这些考古记录里的物品对应上语言名称,或者被人类依靠视觉发现的物体赋予命名,可以极大增进我们对这种文化的认识和理解。

从文化学、人类语言学(anthropological linguistics)和文化人类学(cultural anthropology)以及考古学分类的角度,需要研究者对"主位"(emic)和"客位"(etic)进行识别并在这两者之间找到平衡[注6]。"主位模型"(emic model)是由某种文化群体内部的人士定义的,主要解释一种文化群体成员的意识形态或行为。而"客位模型"(etic model)则由某种特定文化外部的标准为基础。"古希腊服饰术语本体"在文化学上采用的方法,在"主位"方面,项目组则是对这个领域的概念化情况进行调查,从由语言、物质和可视化的踪迹所能提供的与这种文化相关的因素中获得。而在"客位"方面,则是通过对这一特定"服饰文化"进行系统分析和比较研究,通过识别进行概念分析的"轴线",对所有这些数据的序列进行重新描述。(图1展示了古希腊男子的服饰名称)

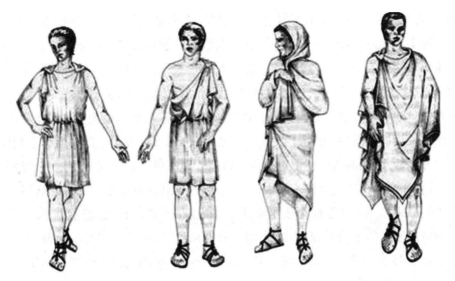

图1　古希腊男子的服饰名称(从左到右):短衫、单袖衫、宽松长衫和(短)斗篷

　　在自然状态下,文化古迹里出现的证据常常是偶然的,而不是系统性的。在现存的各种文献里,常常缺乏有关希腊的物质文化方面的知识,尤其是服饰方面的知识。在现存的文献里,有些时期提供出来的代表性证据过多,而有些时期的证据却代表性不足。譬如,在古希腊文字和视觉资源(如花瓶、雕像、宝石、硬币等)里所体现出来的有关纺织品和服饰的文化中,有关纺织品的文化保存下来很少。因为这些纺织品是由高度可生物降解的材料制成的,它们通常处于这样的状态,以至于人们很难识别出它们曾经所属的服装的形状。此外,也存在着其他困难,一方面,在探索古希腊知识领域的过程中,有不少非母语的人士参与,而另一方面,大量可以利用的文本和视觉表示高度特色化,以至于不能总为我们提供关于概念及其表示的无懈可击的证明。所有这些因素都给"古代希腊服饰的多语术语本体"的概念化过程和术语的指派过程造成了一定的障碍。

　　幸运的是,项目组所需要寻找的古代希腊服饰术语,大部分还是可以在古希腊文献里找到的。一般来说,在希腊物质文化中,将客体对象与它们的名称相匹配并不是一件容易的事情,因为以客体对象为依据的证据和由此需要的文献常常并不同时存在[或者在时空上无法"(共)同延(伸)"(coextensive)]。譬如,有些来自视觉资源的服饰,其古老的希腊名称却不为人所知;而在古希腊文献里存在的一些术语,其外延又是未知的。另外,不少服饰也存在着多个名称[注7]。此外,一些貌似在古希腊时代就根深蒂固的希腊服饰术语,经考察表明,却是在现代(后文艺复兴)时期创造出来的,之所以给人造成是古希腊术语的假象,主要是因为它们在词语形态上很相似。实际上,从心理学的角度考察,现代人在没有参照原始文献的情况下,喜欢给古代的事物冠之以貌似古代的名称,这是造成这一术语混乱现象的根源[注8]。尽管这些"假"古希腊术语有其局限性,但它们在命名上存在着一定的一致性,这一点,仍然是实现"知识共享"的必要条件,同时,这也构成了可进行比较的类型学分类的基础。保持术语使用的连贯性,有利于领域专家之间进行交流,因为它提高了学术交流的清晰度和准确性,同时也简化了对文献进行核查追踪的工作。在使用这个领域的术语时,人们需要保持使用上的一致性,这一点已经得到领域专家们的广泛认可。"尽管学者们用来描述古代服饰的标准希腊语和拉丁语术语,可能已经不再是古代人用来表示特定服饰的术语了,但是,它们是一种有用的服饰词汇。"(Stears 2006:226)

学者德莱泡特(Delaporte 1981:12)曾经评论说,术语的流动性是服饰研究中的一个持续性课题:"le flou terminologique … règne dans les études consacrés au costume, et … est peut-être une des causes des difficultés de communication entre chercheurs: flou dans les descriptions des pièces, avec abus des termes passe-partout, comme poncho ou sari, mais également imprécision en ce qui concerne les termes les plus généraux, costume, vêtement, habillement, que chaque auteur connote différemment"。另一些学者提出,针对不同的服饰分类,可以采用非自动化系统(Balfet et al. 1984;Eicher et al. 1992:18 table 1.1)。巴尔菲特(Balfet et al. 1984)以"阻碍研究人员交流的术语的滥用",试图通过提出具有目标的分类来解决他们所说到的问题,以"满足对服饰跨文化命名系统的需求"。在此应当指出,迄今为止,还不存在将服饰作为旧有文化文物的(半)自动分类系统。

服饰并不是唯一的一种缺乏共识而且缺乏一致性术语系统的物质文化。正如学者 M. 多尔(Martin Doerr 2009:476)一针见血指出:"尽管自动分类是考古学的一门历史悠久的学科,但(在考古学领域里却)没有被广泛接受的术语系统。"

2　文化遗产概念的领域知识表示

2.1　文化遗产的词汇－叙词表－本体

在这一部分中,我们简要概述文化遗产领域中可供使用的最重要的信息组织和检索方法。为了对大量的文化遗产信息进行组织和管理,世界各国的文化遗产管理机构,都已经着手对涉及文化遗产的术语集和其他的形式化知识表示模型(本体)进行开发[注9]。下面列出了文化遗产领域的一些术语集的例子：

——联合国教科文组织采用"语义网"技术并已经出版的多语种术语集（thesauri）。它是一个开放性资源，是一份可控和结构化的词汇表，用于教育、文化、自然科学、社会人文科学、通信和信息等领域[注10]。

——"格蒂词汇表"[注11]。它包含了艺术、建筑等结构化的术语，以及相关的档案和书籍资料，为研究人员提供权威性信息，供研究人员免费使用。

——视觉资源联想本体或者 RDF 中的 VRA 核心允许与其他关联数据资源进行共享，例如 Getty 词汇表。

——Iconclass 词汇表包含 28 000 个用于描述艺术和图解的术语[注12]。

——加拿大博物馆信息分类系统重点关注民族学、历史和历史考古博物馆收藏中的物质文化对象[注13]。

——耶鲁大学 eHRAF 世界文化网站和 eHRAF 考古学网站。它们是专门为跨文化研究而设计的，包含了关于文化和/或考古学传统等方面的信息[注14]。其中一个索引的主题是有关服饰的。

——国际服装博物馆和收藏委员会（ICOM-Costume）的服饰收藏品术语。以四种语言（英语、法语、德语、西班牙语）对服饰收藏品进行了分类，适用于"欧洲文化中的流行和不流行的服饰"。

Men's Garments

- *Main Garments*
- *Outerwear*
- *Protective Wear (against dirt or danger, not weather)*
- *Underwear*
- *Supporting and/or Shaping Structures*
- *Night and Dressingwear*
- *Accessories Worn*
    - *Head*
    - *Hairdressing*
    - *Face coverings and additions*
    - *Above waist*
    - *At waist and below*
    - *Arms and hands*
    - *Legs and feet*
- *Accessories Carried*
  See Women's Garments
- *Accessories Added to Body or Clothing for Ornament*
  See Women's Garments
- *Accessories Used in the Care of the Person*
  See Women's Garments
- *Accessories Used in the Care of Clothing*
  See Women's Garments
- *Accessories Used in the Making and Adjusting of Clothes*
  See Women's Garments

Infants' Garments

- *Main Garments*
- *Outerwear*
- *Protective Garments*
- *Underwear*
- *Supporting and/or Shaping Structures*
- *Nightwear*
- **Accessories Worn**
    - *Head*
    - *Hairdressing*
    - *Face*
    - *Above waist*
    - *At waist or below*
    - *Arms and hands*
    - *Legs and feet*
- *Accessories Carried*
- **Accessories Added to Body or Clothing for Ornament**
  See Women's Garments
- **Accessories Used in the Care of the Person**
  See Women's Garments
- **Accessories Used in the Care of Clothing**
  See Women's Garments
- **Accessories Used in the Making and Adjusting of Clothes**
  See Women's Garments

Women's Garments

- *Main Garments*
- *Outerwear*
- *Protective Wear (against dirt or danger, not weather)*
- *Underwear*
- *Supporting and/or Shaping Structures*
- *Night and Dressingwear*
- **Accessories Worn**
    - *Head*
    - *Hairdressing*
    - *Face coverings and additions*
    - *Above waist*
    - *At waist and below*
    - *Arms and hands*
    - *Legs and feet*
- *Accessories Carried*
- *Accessories Added to Body or Clothing for Ornament*
- *Accessories Used in the Care of the Person*
- *Accessories Used in the Care of Clothing*
- *Accessories Used in the Making and Adjusting of Clothes*

图 2   ICOM 服饰编目基本术语词汇表，可从以下网址下载：

http://terminology. collectionstrust. org. uk/ICOM – costume/vbt00e. htm

© ICOM 国际服装博物馆和收藏委员会

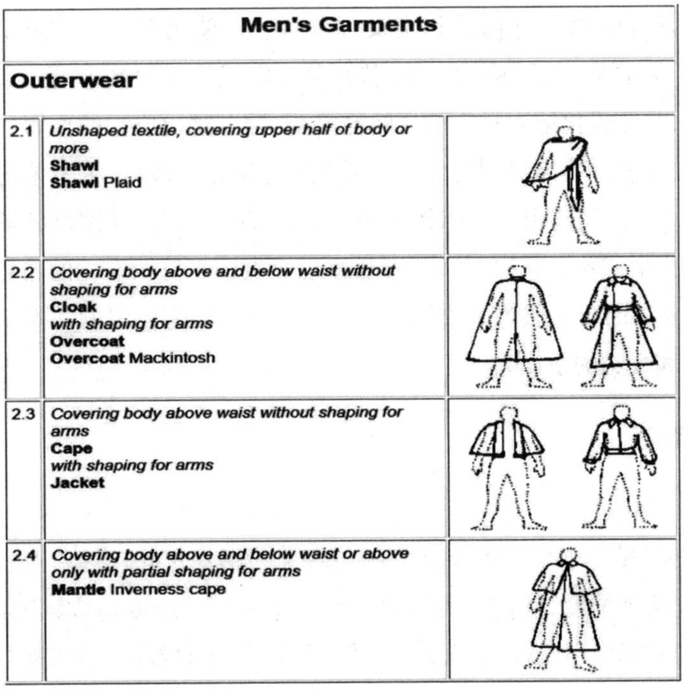

图 3 男装—外套,ICOM 服饰编目基本术语词汇表,可从以下网址下载:
http://terminology. collectionstrust. org. uk/ICOM - costume/vbtm02e. htm
© ICOM 国际服装博物馆和收藏委员会

当今时代,尽管对依照关键词进行分类和搜索仍然是信息管理的一种强大的手段,但是,引入"概念化"作为信息管理的一种方式,则会开辟出一番新天地。"概念"应该是独立于"语言"的。国际标准化组织最新涉及术语集的标准"ISO 25964 - 1"就介绍了一种新方法,它使得术语信息管理中的概念关系得到了利用,从而提高了信息"搜索引擎"的相关性程度。另一个例子是 CIDOC 概念参考模型(Conceptual Reference Model,CRM),这是一种用于表示文化遗产信息的概念图式,也是自 2005 年以来的官方 ISO 标准(ISO 21127)。CIDOC(国际文献工作委员会)是目前最完善的文化遗产信息整合本体[注15]。

在信息技术(IT)中进行概念化操作,直接导致了(在知识工程意义上)构建"本体"的实践。基于计算机(或者应用)的"本体构建",可以描绘出某个给定领域里事物的类型和与这些类型相关的各种关系。"本体"是由表示概念外延定义的"实例"

(instances)［或者"个体"(individuals)］等填充的。它们是"形式化"的模型,人机都可读,而且可以对概念进行构建和定义,因而,它们使为某一领域知识进行"概念(化)建模"成为可能。为了构建本体,就必须对知识领域的概念模式进行建模和表示、定义概念,并形式化地表示它们之间的关系,旨在对构成它的要素的形式化表示进行共享。在这里,"古希腊服饰术语本体"的构建方法,则是将本体与术语相结合(Roche 2005),从而构建出一个术语本体(Roche 2012),重点探讨领域中的概念化问题。在运用"形式化语言"的同时,项目组也提供了一份标准化的希腊服饰术语词汇表,把来源各异的希腊服饰术语信息表达成了一个较为稳定的古希腊服饰知识体系(采用文本和视觉的手段)。

2.2　术语本体

2.2.1　术语本体模型

"术语本体"是一个术语集合,它的概念系统是形式化的"本体"。它明确区分出语言和概念这两个维度,任何一种术语集合都由这两个维度构成。因此,它是本体术语学理论的实际应用,从而让人们在"术语"和"概念的名称"之间进行区分成为可能,而不会把这两者加以混淆,因为这两者属于不同的符号系统,即"术语"属于"语言系统",而"概念"属于"概念系统",其中概念的名称起着"概念标识符"的作用。

为了加强这一区别,项目组的专家们把术语用引号加以标明,譬如"扶手椅",而将概念的名称(标识符)采用角括号加以标识,譬如〈有靠背和扶手的单人座椅〉。"扶手椅"这个术语,指称〈有靠背和扶手的单人座椅〉这个概念。让我们设想一下,尽管术语是由文本提供的, 但是, 当人们读到这个概念的名称时,在人们脑海里出现的就应该是〈有靠背和扶手的单人座椅〉这个概念在概念系统里所处的位置。

同样地,"术语本体"也把采用自然语言书写的"术语"的"定义"与用形式语言所表示的"概念"的"定义"区别了开来;前者是对"概念"的语言学解释[注16],而后者则是采用"形式化语言"表达的概念的构造性"定义"(Roche 2015)。以"座椅"(seats)这一经典例子为例[注17],在自然语言系统里,"扶手椅"(armchair)这个术语的定义是"带有靠背的座椅,通常带有扶手,适合一个人使用,而且坐着它时人们会感觉很舒适"(Seat with backrest, usually with arms, for one person, in which one sits comfortably)(TLFi 02/06/2017),它指称〈有靠背和扶手的单人座椅〉这个概念。在概念系统中,〈有靠背和扶手的单人座椅〉这个概念名称被定义为"〈座位〉＋/一个人/＋/有靠背/＋/脚/＋/有扶手/"(〈seat〉＋/one person/＋/with backrest/＋/feet/＋/with arms/)[注18]。在 Tedi 这个术语编辑器软件的环境中为这两类系统添加上颜色代码，增强了人们对这两个系统（"语言维度"采用蓝色，"概念维度"采用绿色）之间区别的理解。

我们可以注意到，通过把"概念维度"与"语言维度"相分离，本体术语学理论为人们带来了一种术语索引和信息检索的新方法。在这里，术语被用来描述在其对应的概念下做了分类（建立索引）的内容。在本体术语学里，概念是语言之外的知识，即独立于语言而存在，因此，通过概念管理可以实现多语言的术语管理。如果用户在某种给定的语言里进行搜索，根据请求返回的信息则可以是按照所对应的概念进行分类的所有内容，无论为这些内容编制索引的语言是什么。此外，由于（术语本体）考虑到了概念之间关系的逻辑属性，因此它也提高了搜索的精确度。

2.2.2　Tedi

Tedi，即术语本体编辑器（ontoTerminology EDItor），是一种专门用于构建"术语本体"的软件环境。Tedi 提供了几个特定的编辑器，针对概念、术语、客体对象和专有名称都提供了相应的专门编辑器软件。

在认识论原则的引导下，依照"本体模型"的逻辑属性，概念编辑器可以将概念的本质特征进行组织，从而"定义"成进行概念分析的轴线（同时还包括了"区别性特征"之间的依存关系规范）、描述性特征（属性）、带有识别标志的概念关系[注19]［譬如，按照"包容关系"(is a)而将概念的"区别性特征"组织起来的概念关系］，而对象编辑器则可以将通用资源标识符（URI）和图像与对象建立起关联。

Tedi 可以实现有效的多语言术语的管理。这种术语编辑器允许使用不同的语言对不同的术语（集合）进行定义，而无需考虑语言的多少。针对每一个术语，用户都可以提供一个定义，标明一种状态[注20]（默认状态是"无""推荐""替代""容许""非推荐""过时"），用户还可以为每一条术语添加"注释"并标明它所在的上下文出处。最重要的是，每一个术语都与其在"本体"里指称的概念建立有链接。Tedi 还可以自动计算术语同义词，以及每一个术语在不同语言里对应词（语言等效物）的多少[注21]。

最后，使用 Tedi 构建的"术语本体"可以导出为不同的格式（如 RDF/OWL、HT-ML、CSV、JSON）。

3　古希腊服饰的"术语本体"

构建一个"术语本体"的过程，可以分成五个步骤，但并不一定是一个"线性"的

过程。就"古希腊服饰的术语本体"的构建而言,这些步骤具体如下:

第一步,项目组从以前构建的一个语料库[注22]里挑选出将由 Tedi 术语编辑器进行定义的术语。譬如,我们选择"(古希腊奴隶和工匠等穿的)单袖衣服"这条术语,它存在着下列的一些语言表述:exomis(英语),exomide(法语),ἐξωμίς(古希腊语),εξωμίδα(现代希腊语)。

第二步,在"古希腊服饰"这个领域里的专家们的帮助下,依据这些术语所指称的知识,项目组对术语背后所蕴含的概念本质特征进行确定[注23],使用 Tedi 软件采用一系列的"分析轴"[注24],将这些本质特征进行结构化。在此举一个"分析轴"的例子:分析"身体部分"的"轴",是由一组独有的本质特征"/围绕身体/、/绕着头/、/绕着腰/"来定义的[注25]。

第三步,项目组使用 Tedi 术语编辑器又回到"语言维度"。对于每一个先前定义过的术语,项目组选择了这个术语所指称的概念的一系列基本特征。如果没有与这一系列基本特征相对应的概念的话,Tedi 就会建议创建一个新的概念,它的名称是由这些基本特征构建起来的,而其"形式化"的定义就是这一系列的特征。举例而言,exomis(单袖衣服)这个术语就指称下面的一系列基本特征:

/围绕身体/ +/男性/ +/不止一片/ +/经过缝纫/ +/无袖/ +/附加上的/ +/有附加物/ +/长至膝盖/ +/一般穿在衣服里面/ +/无皱褶/。

这组基本特征构成了"单袖衣服"这个术语的形式定义,而 Tedi 建议的名称是:〈围绕男性身体的衣服,多于一个部分,而且没有袖子,在衣服上有一个附加物,及膝盖的长度,没有褶皱〉(〈Garment around body male more than one part with sewing without sleeves attached one attachment knee-length under garment unpleated〉)。

在这个概念形式化定义的基础上,项目组为这个概念建议的法语(exomide)定义为"Vêtement de corps pour homme, court, non-plissé et sans manches. Composé de deux pièces cousues le long des côtés, attaché sur l'épaule gauche laissant l'épaule droite et une partie de la poitrine nues, il est généralement porté directement sur la peau."。

英语(exomis)定义为"Short and non-pleated garment for man, usually worn around the body directly on the skin, this sleeveless garment consists of two pieces of cloth sewn together along the sides, attached on the left shoulder leaving the right shoulder and part of the chest naked."。

现代希腊语(εξωμίδα)定义为"Κοντό, χωρὶς πτυχώσεις καὶ χωρὶς μανίκια ανδρικό ένδυμα, το οποίο συνήθως φοριόταν ως κυρίως ένδυμα. Αποτελούνταν από δύο κομμάτια υφάσματος ραμμένα στα πλάγια και στερεωμένα στον αριστερό ώμο που άφηναν τον δεξί ώμο καθώς και μέρος του στήθους ακάλυπτα."。

至于其他百科全书式的信息,譬如那些涉及的穿戴者、服饰功能、纤维类型、服饰颜色等,则不构成这些定义的组成部分。但考虑到这些百科全书式的信息对于研究古代希腊服饰和传播古希腊文化至关重要,因此,Tedi 术语编辑器采用"注释"或者"上下文语境"的形式将这些信息记录了下来(见图4)。

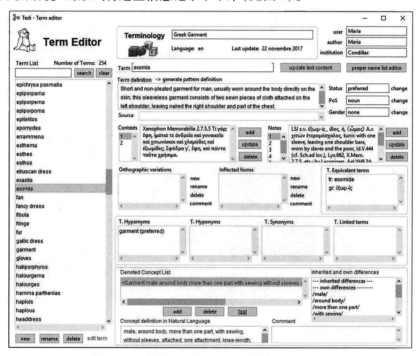

图4　Tedi 术语编辑器关于术语"单袖衣服"的界面

最后一步是组织概念的层级结构。在 Tedi 自动计算的基础上,Tedi 概念编辑器可以推断出概念的层级结构。例如,术语 exomis 表示的是一种〈身体周围的衣服〉(〈Garment around body〉)的概念。

而 Tedi 的对象编辑器,则允许对对象(例如图像)及其相关信息进行管理(见图5)。

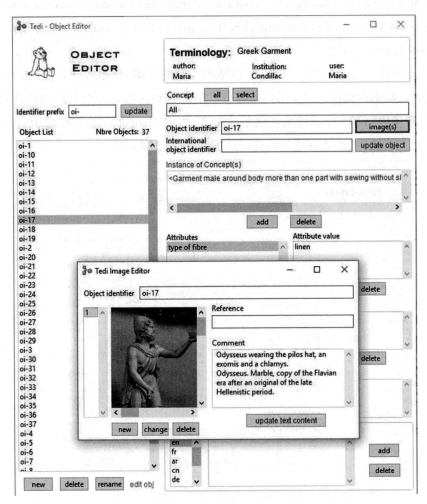

图 5　Tedi 图像编辑器（展示"单袖衣服"这个术语）

　　然后，这个"术语本体"还可以通过不同的交换格式进行导出，包括 OWL 和 HTML（图 6）。

exomis

Definition: Short and non-pleated garment for man, usually worn around the body directly on the skin, this sleeveless garment consists of two sewn pieces of cloth attached on the left shoulder, leaving naked the right shoulder and part of the chest.

Status: preferred

Context(s):

1) Xenophon Memorabilia 2.7.5.5 Τί γάρ, ἔφη, ἱμάτιά τε ἀνδρεῖα καὶ γυναικεῖα καὶ χιτωνίσκοι καὶ χλαμύδες καὶ ἐξωμίδες; Σφόδρα γ', ἔφη, καὶ πάντα ταῦτα χρήσιμα.

2) Pausanias 5.16.2-3 διὰ πέμπτου δὲ ὑφαίνουσιν ἔτους τῇ Ἥρᾳ πέπλον αἱ ἓξ καὶ δέκα γυναῖκες· αἱ δ' αὐταὶ τιθέασι καὶ ἀγῶνα Ἡραῖα. ὁ δὲ ἀγὼν ἔστιν ἅμιλλα δρόμου παρθένων· οὗτι πω πᾶσαι ἡλικίας τῆς αὐτῆς, ἀλλὰ πρῶται μὲν αἱ νεώταται, μετὰ ταύτας δὲ αἱ τῇ ἡλικίᾳ δεύτεραι, τελευταῖαι δὲ θέουσιν ὅσαι πρεσβύταται τῶν παρθένων εἰσί. θέουσι δὲ οὕτω· καθεῖταί σφισιν ἡ κόμη, χιτὼν ὑπὲρ γόνατος καθήκει, τὸν ὦμον ἄχρι τοῦ στήθους φαίνουσι τὸν δεξιόν. ἀποδεδειγμένον μὲν δὴ ἐς τὸν ἀγῶνά ἐστι καὶ ταύταις τὸ Ὀλυμπικὸν στάδιον, ἀφαιροῦσι δὲ αὐταῖς ἐς τὸν δρόμον τοῦ σταδίου τὸ ἕκτον μάλιστα. νικώσας ἐλαίας τε δίδοσι στεφάνους καὶ βοὸς μοῖραν τεθυμένης τῇ Ἥρᾳ, καὶ δὴ ἀναθεῖναί σφισιν ἔστι γραψαμέναις εἰκόνας. εἰσὶ δὲ καὶ αἱ διακονούμεναι ταῖς ἑκκαίδεκα κατὰ ταὐτὰ ταῖς ἀγωνοθετούσαις γυναῖκες. Pausaniae Graeciae Descriptio, 3 vols. Leipzig, Teubner. 1903. Available online: http://www.perseus.tufts.edu/hopper /text?doc=Perseus%3Atext%3A1999.01.0159%3Abook%3D5%3Achapter%3D16%3Asection%3D2

Note(s):

1) LSJ s.v. ἐξωμ-ίς, ίδος, ἡ, (ὦμος) A.= χιτὼν ἑτερομάσχαλος, tunic with one sleeve, leaving one shoulder bare, worn by slaves and the poor, Id.V.444 (cf. Sch.ad loc.), Lys.662, X.Mem. 2.7.5, etc.; by Laconizers, Ael.VH9.34; by Cynics, S.E.P.1.153; by the rich when not on ceremony, Suid. s.v.; by women, Ar.Fr.8; at Rome, sleeveless tunic, Plu.Cat.Ma.3, Gell.6(7).12.3. Henry George Liddell. Robert Scott. A Greek-English Lexicon. Revised and augmented throughout by Sir Henry Stuart Jones. With the assistance of. Roderick McKenzie. Oxford: 1940. Available online: http://www.perseus.tufts.edu/hopper/text?doc=Perseus%3Atext%3A1999.04.0057%3Aentry%3De)cwmi%2Fs

2) LSJ, The Online Liddell-Scott-Jones Greek-English Lexicon. ἐξωμ-ίς, ίδος, ἡ, (ὦμος) = χιτὼν ἑτερομάσχαλος, tunic with one sleeve, leaving one shoulder bare, worn by slaves and the poor, Id.V.444 (cf. Sch.ad loc.), Lys.662, X.Mem. 2.7.5, etc.; by Laconizers, Ael.VH9.34; by Cynics, S.E.P.1.153; by the rich when not on ceremony, Ar.Fr.8; at Rome, sleeveless tunic, Plu.Cat.Ma.3, Gell.6(7).12.3. Available online: http://stephanus.tlg.uci.edu/lris/indiv/lexica.jsp#qid=111017&ql=E)CWMI%2FS%2C+I%2FDOS%2C+H(&q=%E1%BC%90%CE%BE%CF %89%CE%BC%CE%AF%CF%82%2C+%E2%80%91%CE%AF%CE%B4%CE%BF%CF%82%2C+%E1%BC%A1&usr_input=greek

3) Smith, William A Dictionary of Greek and Roman Antiquities (London: 1890). EXO'MIS (ἐξωμίς), originally a tunic fastened over the left shoulder only (χιτὼν ἑτερομάσχαλος. Schol. Aristoph. Wasps 444; Phot. and Hesych. sub voce ἕτερον.; Heliod. Aethiop. 3.1; Paus. 5.16.2; cf. Plaut. Mil. 4.4, 44), leaving the right shoulder and part of the breast free, and thus distinguished from the ἀμφιμάσχαλος, which was fastened over both. It was especially characteristic of workmen and slaves (Phot. s.v. Schol. Aristoph. Kn. 879, Laconizers and Cynics (Ael. VH 9.3, 4; Sext. Emp. 1.153; Suid.); while the ἀμφιμάσχαλος was used by the better classes. It was also the dress of old men in comic plays. (Pollux, 4.118), and as such worn by the chorus in the Lysistrata (662). Hephaistos as a god of labour (v. bronze in Brit. Museum, fig. p. 380, Baumeister's Denkmäler; Müller, Archäol. d. Kunst, § 366, 6) was commonly represented clothed in the exomis, as was also Odysseus. After Exomis. (Bronze in British Museum). Aristophanes' time, short sleeves (χειρίδες) were introduced in the wide holes of the χιτών, like a blouse, and the terms ἀχιμ- and ἑτερομάσχαλος (one sleeve, Xen. Mem. 2.7, 5; v. Rich, p. 659). On the other hand, the long-sleeved tunic, χιτὼν χειριδωτός, was originally peculiar to barbarians, and accordingly appears in representations of Orpheus, the Indian Bacchus, Persians, Scythians, and the paedagogus. Later grammarians starting from the sleeved χ. wrongly interpreted ἐξωμίς "sleeveless" (Aulus Gellius, 7.12: 'citra umerum desinentes'). The exomis, however, was not only a χιτών [TUNICA], but also a ἱμάτιον or περίβλημα [PALLIUM]. According to Hesychius (s. v. Ἐξωμίς) and Aelius Dionysius (ap. Eustath. ad Il. 18.595), it served at the same time both the purposes of a chiton (διὰ τὸ ζώννυσθαι) and a himation (ὅτι τὸ ἕτερον μέρος ἐβάλλετο); but Pollux (7.48) speaks of two different kinds of exomis, one of which was a περίβλημα and the other a χιτὼν ἑτερομάσχαλος. And his account is confirmed by existing works of art. In the Museo Pio-Clementino (vol. iv., pl. 11) is a Hephaistos wearing an exomis, which is a himation thrown round the body in the way in which this garment was always worn, and which clothes the body like an exomis when it is girded round the waist. (Cf. Becker-Göll, Charikles, iii. p. 112, &c.; Guhl and Koner, ed. 5, p. 206; Hermann-Blümner, Privatalterth. p. 176; and the figure in Weiss, Kostümkunde. Available online: http://www.perseus.tufts.edu/hopper /text?doc=Perseus%3Atext%3A1999.04.0063%3Aalphabetic+letter%3DE%3Aentry+group%3D4%3Aentry%3Dexomis-cn

4) Le Dictionnaire des Antiquités Grecques et Romaines de Daremberg et Saglio (DAGR) EXOMIS sv TUNICA. Available onlinne: http://dagr.univ-tise2.fr/consulter/1452/EXOMIS

5) Wordnik, s.v. exomis In Greek antiquity, originally, a form of the short Dorian tunic or chiton, which was fastened over the left shoulder only, leaving the right arm entirely free. https://www.wordnik.com/words/exomis

6) Wikipedia, s.v. exomis The exomis (Ancient Greek: ἐξωμίς from exo "outside", and omos "shoulder") was a Greek tunic used by workers and light infantry. The tunic largely replaced the older chitoniskos (or short chiton) as the main tunic of the hoplites during the later 5th century BC. It was made of two rectangles of linen (other materials were also used), which were stitched together from the sides to form a cylinder, leaving enough space at the top for the arms. An opening at the top was also left for the head. The cylinder was gathered up at the waist with a cloth belt using a reef knot, which made the cloth fall down over the belt, hiding it from view. To allow freedom of movement to the right arm, the seam at the right shoulder was taken apart, and the right hand was passed through the head opening. The color of the tunic varied, but red (especially crimson) was increasingly the standard color preferred by hoplites during and after the Peloponnesian War. The exomis could be worn in conjunction with the chlamys (also known as ephaptis) cape. References: Greek costume (in French) Sekunda, Nicholas (2000). Greek Hoplite 480–323 BC. Oxford: Osprey Publishing. ISBN 1-85532-867-4. Available online: https://en.wikipedia.org/wiki/Exomis

7) Losfeld, G. 1991 Essai sur le costume grec, pp. 90-93. L'exomide est le vêtement masculin le plus simple, constitué par un rectangle d'étoffe assez exigu que l'on plie en deux dans le sens de la longueur.

8) For exomis as garment for women: see Glossary. Costume n. 2. Cf. Bronze statuette of female athlete, probably attached to a vessel or utensil, Date: 520-500 BC. Possibly made in Laconia, Greece and found in Prizren, Kosovo. British Museum (object number 1876,0510.1) Images availabe online: http://www.britishmuseum.org/research/collection_online/collection_object_details/collection_image_gallery.aspx?partid=1& assetid=256756001&objectid=462926

Equivalent(s):

- fr: exomide
- gr: ἐξωμ-ίς

Concept <Garment male around body more than one part with sewing without sleeves attached one attachment knee-length unpleated under >

Essential characteristic(s): /male/, /around body/, /more than one part/, /with sewing/, /without sleeves/, /attached/, /one attachment/, /knee-length/, /unpleated/, /under/,

图 6　以 HTML 格式导出术语 exomis 的定义

　　值得注意的是,在古典派学者经常使用的标准化双语词典(希腊语 – 英语)中,"单袖衣服"(exomis)的定义为"带有一个袖子的束腰外衣"(tunic with one sleeve)[注26]。由此可见,采用本质特征进行定义的方法,有助于提出更精确的定义。

　　出于项目实际需要的考虑,项目组在这个"术语本体"里只列举了非常有限的上下文语境信息和注释。譬如,在这个术语本体数据库(OTB)里,关于"单袖衣服"这个希腊服饰的术语条目,只包含了由 Tedi 术语编辑器和 Tedi 对象编辑器提供的文本资源和图像信息。

最后还应该指出，Tedi 允许不同的研究者在共享同一个"本体"的同时，还能管理自己的术语集合。因此，Tedi 的软件环境可以让人们针对同一个"概念模型"对术语的不同定义进行比较。

结束语

总而言之，"古代希腊服饰的多语术语本体"提高了古希腊服饰"整体术语"的准确性。这个项目的关键性指导思想是：为用户提供与"古代希腊服饰"相关的内容查询，并提供具有高水准的语义支持。与现存的希腊物质文化遗产这个特定知识领域的其他术语资源相比，除增强了粒度性（即与现有分类法、同义词词典、词汇表相比，具有更高的详细程度）之外，眼前的这个"古代希腊服饰的多语术语本体"所具有的优点是：

——通过概念接近术语；

——根据本质特征区分不同的概念；

——在指称相同概念的不同术语之间进行选择，并为每一个术语提供目前的使用状态。

响应人们对基于实体的搜索、导航以及实现概念、术语和人工制品之间关系的可视化所需要的更好工具的需求是关键。Tedi 这个术语编辑器的软件环境，大大缩短了"本体构建"和"术语管理"之间的现有差距，同时提供了在"术语"和"概念"层面上实现"知识表示"和进行领域知识操作的可能性。它同时支持 W3C 数据共享和重用的标准。除了为世界古希腊服饰研究提供了方便之外，上述的"术语本体"也提供了一种对"概念"和"术语"进行识别的一致性方法，更有利于希腊服饰领域里的专家之间实现有效的学术沟通。这个"古代希腊服饰的多语术语本体"模型是可以扩展的，这个模型可以移植到希腊（或者其他国家）的物质文化领域里去。

作者注

注1：即根据领域知识。

注2：在 ISO 1087－1 的术语词汇标准中，将"术语"定义为"特定专业领域中一般概念的言语指定"，"概念"定义为"由特征的独特组合创建的知识单元"，以及"特性"定义为"对一个对象或者一组对象的属性的抽象"（ISO 1087－1）。

注3：学者 Leroi（Leroi-Gourhan 1973）对文献中出现的替代性术语 costume（在英语和法语中使用）进行了简洁的定义："服装是指通过固定的组合，构成人类群体用来遮掩自己的正常方式的

衣服"(on entend par costume les pièces de vêtement qui constituent par leur groupement fixe, la manière normale de se couvrir d'un groupe humain)。有关替代性英语术语的简要讨论,如 appearance(外观),adornment(装饰),ornament(装饰),clothing(服装),apparel(服装),costume(服装)和 fashion(时尚),请参见(Lee 2015,21)。在本文中,我们使用"服饰"一词的意思是"适合身体的衣服或服装"。

注 4:只提下列几个:(Losfeld 1991),(Llewellyn-Jones 2002),(Cleland et al. 2007),(Gherchanoc and Huet 2012),(Lee 2015)。

注 5:http://ontoterminology.com/tedi。

注 6:这些术语分别源自"音位的"和"语音的",由学者 Pike 创造(Pike 1971)。学者 Harris 批评过对"主位"的强调(Harris 1979:56)。这两个术语都广泛运用于人类语言学和文化人类学(如研究林奈分类学和跨文化谱系网),以及考古学(如关于人工制品的分类)。

注 7:例如,学者帕帕佐普洛对 mitra 一词进行过表述(Papadopoulou 2017:65):"无论对 mitra 进行描述性还是功能性的定义,都会令人困惑,因为贴有 mitra 标签的服装具有多种形状和尺寸,而且,人们可以采用不同的方式将其穿在身体的不同部位上。它们分为两大类:头饰和身体服饰。"

注 8:我们对古希腊服饰的研究,主要针对被误认为是出自古代的术语错误,例如学者 Lee 关于 kolpos 和 apoptygma 的研究(Lee 2004)。我们发现,从视觉来源中得知的一些服装也缺乏古希腊术语,例如学者 Rocco 关于 backmantle 的研究(Roccos 2000:238)就缺乏古希腊术语。

注 9:参见罗什教授等学者对信息科学中的叙词表和本体问题的讨论(Roche et al. 2014)。

注 10:http://skos.um.es/unescothes/CS000/html。

注 11:http://www.getty.edu/research/tools/vocabularies/。其中包括:"艺术与建筑辞典"(AAT)包含 125 000 个文化领域的术语;"艺术家姓名联盟列表"(ULAN)包含 220 000 个艺术家姓名条目;以及"Getty 地理名称辞典"(GTN)包含超过 1 000 000 个条目和新发布的"文化对象权威名称"(CONA)与"权威图解"(IA)。所有的 Getty 词汇表都通过所属社区用户们的努力而不断得到补充完善。

注 12:http://www.iconclass.nl/home。

注 13:http://www.musees.qc.ca/bundles/professionnel/guidesel/doccoll/en/classifcationethno/index.htm。

注 14:http://ehrafworldcultures.yale.edu/ehrafe/;http://ehrafarchaeology.yale.edu/ehrafa。

注 15:CIDOC(Comité Internationale pour la Documentation)属于 ICOM(国际博物馆委员会)。

注 16:在术语学中,术语的定义主要是事物的定义,即:概念的定义由术语指代,不排除任何内涵性的信息。

注 17:波蒂尔 1964(Pottier 1964)。

注 18:请注意,"扶手椅"一词在自然语言中的定义是不完整的,因为我们不知道座位有"脚"

还是没有"脚"。

注19：即可以通过关系进行连接的对象类型。

注20：默认状态为"无""首选""替代""容忍""不推荐""过时"。

注21：如果两个术语表示相同的概念，那么它们就是同一种语言中的术语同义词或者不同语言中的术语等效物。

注22：描述如何构建我们的语料库的过程超出了本文的范围。

注23：本质特征是这样的一种特征，如果把它从对象中移除，对象将不再是它自己的样子。

注24：构成分析轴的基本特征是相互排斥的。

注25：标记基本特征(差异)采用斜线，即"/"。

注26：关于希腊人对"袖子"(cheiris)的理解以及带袖子的某种衬衣(cheiridotos)与连接两个腋窝(chiton amphimaschalos)或者贴在单腋下的某种衬衣(chiton heteromaschalos)之间的区别，请参见学者洛斯菲尔德的相关参考书目(Losfeld 1991：98－100,112－118)。

参考文献

[1] BALFET H, YVONNE B, YVES D, 1984. Un essai de système descriptif du vêtement[J]. Vêtement et sociétés 2, L'Ethnographie 92－94：363－373.

[2] CLELAND L, GLENYS D, LLOYD L-J, 2007. Greek and Roman Dress from A to Z[M]. Milton Park, Abington, Oxon UK, New York, USA and Canada：Routledge.

[3] DAGR ＝ Dictionnaire des Antiquités Grecque et Romaines, edited by Charles-Victor Darmberg and Edmond Saglio, 1877－1919, 5 tomes in 10 vols. Searchable online：http://dagr. univ-tlse2. fr/.

[4] DELAPORTE Y, 1981. Pour une anthropologie du vêtement[EB/OL]// Vêtement et sociétés/1, Actes des Journées de rencontre des 2 et 3 mars 1979, edited by Monique de Fontanès and Yves Delaporte, Musée national d'histoire naturelle, 3－13. Available online：https://halshs. archives-ouvertes. fr/hal-shs-00004566.

[5] DOERR M, 2009. Ontologies for Cultural Heritage[M]// Handbook on Ontologies, 2nd ed. , edited by Steffen Staab and Rudi Studer. Dordrecht：Springer, 463－481. Available online ：https://archive. org/details/springer_10. 1007－978－3－540－92673－3.

[6] EICHER J B, ROACH-HIGGINS M E, 1992. Defnition and classifcation of dress：Implications for analysis of gender roles[M]// Dress and gender ：Making and meaning, edited by Ruth Barnes and Joanne B. Eicher. New York：Berg Publishers, 8－28. Available for download：https://conservancy. umn. edu/handle/11299/170746.

[7] HARRIS M, 1976. History and Signifcance of the Emic/Etic Distinction[J]. Annual Review of Anthropology, (5)：329 － 350.

[8] HARRIS M, 1979. Cultural materialism. The struggle for a science of culture[M]. New York：

Random House.

［9］GHERCHANOC F, VALERIE H, 2012. Vêtements antiques: S'habiller, se déshabiller dans les mondes anciens［M］. Arles: Errance.

［10］GRUBER T R, 1992. A Translation Approach to Portable Ontology Specifcations［J］. Knowledge Acquisition, 5(2): 199 – 220.

［11］ISO 1087 – 1, 2000. Terminology work – Vocabulary – Part 1: Theory and application［R］. Geneva: International Standards Organisation.

［12］ISO 21127, 2006. Information and documentation — A reference ontology for the interchange of cultural heritage information［R］. Geneva: International Standards Organisation.

［13］ISO 25964 – 1, 2011. Information and documentation — Thesauri and interoperability with other vocabularies-Part 1: Thesauri for information Retrieval［R］. Geneva: International Standards Organisation.

［14］LEE M M, 2004. Problems in Greek Dress Terminology: Kolpos and apoptygma. Zeitschrift für Papyrologie und Epigraphik, Bd. 150: 221 – 224.

［15］LEE M M, 2015. Body, Dress and Identity inAncient Greece［M］. Cambridge: Cambridge University Press.

［16］LEROI-GOURHAN A, 1973(1945). Évolution et Techniques II. Milieu et techniques. Paris: Albin Michel. Available online: https://monoskop. org/images/0/00/Leroi-Gourhan_Andre_Milieu_et_techniques. pdf.

［17］LLEWELLYN-JONES L, 2002. Women's Dress in the Ancient Greek World［M］. Swansea: Classical Press of Wales.

［18］LOSFELD G, 1991. Essai sur le costume grec. Avec 8 planches de l'auteur. Préface de François Chamoux［M］. Paris: Éditions de Boccard.

［19］LSJ = Henry George Liddell, Robert Scott, Henry Stuart Jones A Greek-English Lexicon. With the assistance of Roderick McKenzie. Oxford. Clarendon Press. 1940. 9th edition. Searchable online through the Perseus 4. 0 Digital Library (Perseus Hopper): http://www. perseus. tufts. edu/hop-per/resolveform? redirect = true.

［20］LSJ online = The Online Liddell-Scott-Jones Greek-English Lexicon. Searchable online through TLG (Thesaurus Linguae Graecae). http://stephanus. tlg. uci. edu/lsj/#eid = 1&context = lsj.

［21］MAUSS M, 1926. Manuel d'ethnographie［M］. Paris: Payot.

［22］PAPADOPOULOU M, 2017. Headdress for success. Cultic uses of the Hellenistic mitra［M］. Textiles and Cult in the Ancient Mediterranean, edited by Cecilie Broens and Marie Louise Nosch. Oxford: Oxbow, 65 – 74.

［23］PAUSANIAS, 1903. Pausaniae Graeciae Descriptio. 3 vols. Leipzig: Teubner. Available online through Perseus 4. 0.

[24] PIKE K, 1971. Language in relation to a unifed theory of the structure of human behavior[M]. The Hague & Paris: Mouton.

[25] POTTIER B, 1964. Vers une sémantique moderne[J]. Travaux de linguistique et de littérature de Strasbourg, (2): 107 – 137.

[26] ROCCOS L J, 2000. Back-Mantle and Peplos: The Special Costume of Greek Maidens in Fourth-Century Funerary and Votive Reliefs[J]. Hesperia, (69): 235 – 265.

[27] ROCHE C, 2005. Terminologie et ontologie[J]. Revue Langages, 39e année, (157): 48 – 62.

[28] ROCHE C, 2012. Ontoterminology: "How to unify terminology and ontology into a single paradigm". LREC 2012, Eighth international conference on Language Resources and Evaluation, Istanbul (Turkey), 21 – 27. May 2012, 2626 – 2630.

[29] ROCHE C, DAMAS L, ROCHE J, 2014. Multilingual Thesaurus: The Ontoterminology Approach [C]// CIDOC 2014 (International Committee for Documentation) - Access and Understanding - Networking in the Digital Era, Sep 2014, Dresden, Germany. CIDOC 2014.

[30] ROCHE C, 2015. Ontological defnition[M]// Handbook of Terminology, edited by Kockaert, Hendrik J. and Steurs, Frieda. Volume 1, John Benjamins Publishing, 128 – 152.

[31] SMITH W, WILLIAM W, MARINDIN G E, 1890. A Dictionary of Greek and Roman Antiquities [M]. London: John Murray. Searchable online through Perseus 4. 0: http://www. perseus. tufts. edu/hopper/text? doc = Perseus: text: 1999. 04. 0063.

[32] STEARS K E, 2006. Dress and Textiles[M]// The Edinburgh Companion to Ancient Greece and Rome, edited by Edward Bispham, Thomas Harrison, Brian A. Sparkes. Edinburgh: Edinburgh University Press, 226 – 230.

[33] TLFi = Trésor de la Langue Française informatisé. Searchable online: http://www. atilf. fr/tlf, ATILF-CNRS & Université de Lorraine.

社会科学和人文科学中的术语标准
——克罗地亚人类学术语工作实例[①]

邱碧华 编译

摘要: 21 世纪第二个十年,为适应现代社会的需要,克罗地亚政府启动了"克罗地亚科学术语项目",旨在将多学科的克罗地亚语术语系统化,并创建了克罗地亚语国家术语库,其基本构建原理依照基于传统术语学理论的国际术语工作原则(ISO/TC 37)制定。克罗地亚人类学研究院的几位学者参与了术语库人类学部分的建造。在人类学术语规范化工作的具体实践中,学者们发现,以传统术语学为基础的术语工作原则,与人文社会科学学科特色有不相容的一面,于是他们将国际术语基本工作原则与法国学者 M. 福柯有关话语的论断相结合,创造性地完成了克罗地亚人类学术语的规范化工作。

关键词: 人类学术语,隐喻,特异性,复杂层叠和动态特征

引言

在 21 世纪第二个十年,为适应现代社会的需要,由克罗地亚科学基金资助,克罗地亚政府启动了"克罗地亚科学术语项目"(Croatian Scientific Terminology,又称 STRUNA),旨在将多学科的克罗地亚语术语系统化。克罗地亚人类学研究院的 A. I. 马丁尼斯(A. I. Martinis)和 J. 拉赫(J. Lah)等学者参与了这个项目中"人类学基础术语"的建造工作。从开展克罗地亚语(小语种)术语系统化工作的必要性出发,在批判吸收传统术语学的原则方法、尊重人文社会科学自身学科特点的基础上,这几

---

① 本文曾发表于《中国科技术语》2017 年第 5 期。此文编译自"Terminological Standardization in the Social Sciences and Humanities — The Case of Croatian Anthropological Terminology" by Martinis, A. I. & Lah, J. etc。可见 https://www.ceeol.com/search/article – detailid = 304103。

位学者结合参与这个项目的具体实践,撰写了一篇对世界各国开展人文社会科学术语工作极富启发性的学术论文。因为原文篇幅较长,笔者在此只做一系统化编译。当今在中国,是否应该对人文社会科学领域的术语开展术语规范化工作,仍然是富有争议性的问题。笔者认为,克罗地亚人类学术语工作者对人文社科领域术语规范化工作所持的科学态度,值得中国术语工作者借鉴。

克罗地亚语术语如同其他西方小语种的术语一样,在科学学术领域里日益淹没于以英语为主的新术语的汪洋大海之中。"克罗地亚科学术语项目"的启动,旨在对克罗地亚语术语进行保护和系统化。"克罗地亚科学术语项目"以建立相应的术语库为项目实施目标,其建造的理论依据主要是维也纳传统术语学学派所倡导的"名称学"术语工作方法及其原则(ISO 国际术语标准)。但是,基于人类学是一门具有很强的人文社会科学特点的学科,术语工作者在处理人类学术语时发现,传统术语学所倡导的较为严格的术语工作原则并不完全适用。因此,在这个项目的具体实施过程中,学者们则采取了更符合人类学自身学科特点的其他术语工作策略与传统术语原则进行调和的方法,以便更系统、更科学地反映人类学这门人文科学动态复杂的真实面貌。

笔者遵循马丁尼斯等学者的论述思路,对其人类学术语工作做一介绍[1]。

1 作为"非主流语言"的克罗地亚语构建其自身术语的必要性

在全球化的学术交流中,英语日趋被大多数学者作为通用语(lingua franca)使用。这也意味着,母语不是英语的绝大多数学者,其日常学术交流一般都使用两种语言。即使在使用母语进行交流的学术活动中,学者们也大量使用着英语术语。究其原因,乃是因为英语是一种为经济和文化最具影响力的国家所使用的主流语言,对全球性的学术活动起着支配作用;与此同时,各国对英语术语的翻译工作却远远滞后于英语术语对各国学术话语世界的渗透。虽然,从全球化的角度来讲,各国学者掌握几门外语不是坏事,但各国学者日益增长的、倾向于使用英语而不是母语进行学术交流的趋势势必会对母语学术界学术话语的多样性和表达能力的丰富性产生有害的影响。随着全球化社会的形成,英语作为主流语言对世界的影响力会日趋加强,然而,世界各国对自身母语术语进行系统化构建,却是刺激各国学者使用母语进行学术交流的关键性措施。联合国教科文组织(UNESCO)在其《术语政策指南》(*Guidelines for Terminology Policies*)(2005 年版)中指出:"经验证明,在日趋广阔的文化、科学、商业全景中,个体对其母语的使用率与其相应语言群体的社会经济富足程度之间存在着某种关系。其母语术语和专业语言发展不够充分的群体……会处于劣势。"克罗地亚语作为一种"非主流语言",在全球化、多语言的学术交流中不可避免地存在着被"边缘化"的危险。因此,建造系统化的克罗地亚语术语,是克罗地亚维护自身尊严的重要措施。这不仅是在学术圈内便利学术交流的需要,也是在日常生活的所有领域里运用自身民族语言的需要。马丁尼斯等学者认为,如果在母语学术圈内——特别是在"非主流语言"的学术圈里——外文术语盛行,其恶果则是:不仅其理论研究发展不独立,而且这个学术圈里的学者们也会日益产生依赖感。此外,单纯翻译过来的外来术语,会加重人们对外来概念的理解难度,同时也会加重各国人文社会科学本身就已经动态多样的学科复杂性。因此,对克罗地亚语人文社会科学术语进行系统化建造有其必要性。此外,为克罗地亚语建造自己的人文社会科学术语,也有利于这些学科的研究成果向学术圈外的社会领域扩展,以便这些成果也能为学术圈之外更广泛的人群所理解。

2　传统术语原则及其应用

在"克罗地亚科学术语项目"(STRUNA)的网页(http://struna.ihjj.hr/page/o - struni)上有一条声明:"STRUNA 是一个旨在系统收集、创建和解释克罗地亚科学术语的数据库,其建立的宗旨是标准化。目前,它是在克罗地亚实现术语规划的唯一活动形式。"这个术语库主要采用改编了的传统术语编纂学的描述性方法,主要以国际标准化组织术语委员会(ISO/TC 37)详尽制定的术语工作原则为基础。近二三十年来,这套原则方法的旧版受到来自认知科学和语言学实践家的猛烈抨击。比利时女学者 R. 泰默尔曼所著的《走向术语描述的新道路:社会认知方法》一书[2] 就是这种批评思潮的重要代表,其抨击焦点在于传统术语学倡导标准化这一主旨上。基于这一主旨,传统术语学依据严格的规则创立理想化的术语体系。可事实上,专业语言交流的实践却远远偏离了这种理想化的"设计",而这种偏离有其存在的合理性。泰默尔曼在书中罗列了传统术语学工作的五大原则:(1)名称学(onomasiology)的视角;(2)强调概念而不是术语;(3)按概念对术语进行定义;(4)强调"单义性"(每个概念只对应一个术语,一个术语也只对应一个概念,排除同义现象和多义现象);(5)倡导"共时性"(传统术语学不太关心术语的发展演变和词的形成过程,对新术语的形成过程不够关心)。马丁尼斯等学者则认为,名称学的视角忽略了语言在概念化现实中所起的作用。虽然 2009 年版的国际术语工作原则(ISO 704 - 2009)与时俱进地进行了一些修改,但它依旧从客观主义者的角度去倡导客观对象(对象客体)、概念和语言三者之间的关系,主张客观对象至少在原则上先于它们的概念化而存在;认为只有在客观对象和概念之间的关系建立了,才能去考虑"能指"(signifier)的问题。很显然,这种方法假定概念世界是独立于语言世界之外的,这就把语言的重要性降到了第二位。这种从"客观对象"到"概念"再到"能指"的顺序,恰好与20世纪60年代形成的后结构主义(post structuralism)理论对"意思、含义"(meaning)是如何产生的理解方式相反,尤其与被誉为"后结构主义者"的M. 福柯(M. Foucault)的主张相反。而在人文科学领域,福柯的主张早已成为老生常谈的东西:概念和概念体系的形成是在语言世界里(或者在更专业化的程度上是在话语世界中)发生的,而不能将其孤立起来。客观化的现实,或曰"客观对象的世界"从来不可能自己跑到人类的思想世界里来,它只可能是"含义制造"(meaning making)不同过程的一种产品。话语能够产生现实,这就是为什么在某种适当的场合,话语可以产生巨大的力量。但是,福柯[3]也指出,即使是"话语"(discourse),也呈现出追求"客观化"(objectivity)的趋势,如在自然史等学科中。在话语世界中,人们也开始执着于追求建立概念和详细阐述概念了。虽然如此,就传统术语学而言,其缺陷在于掩盖了术语的话语起源。对术语进行标准化,就是对话语定形,由此对某一领域有关现实的"思想"(thought)的诸多可能性进行定形。从这种意义上讲,传统术语学强加给颇具丰富性的专业话语以严格的规则和限制,是不具有合理性的。

3 运用传统术语学原则建立人类学子术语库时所遇到的问题

在人文社会科学领域开展术语系统化工作也只是近二十多年的事情[4]。在具体实践中,人们已经逐渐意识到术语工作要想向新的领域扩展,就需要对传统术语学框架进行修订。人类学是第一个纳入"克罗地亚科学术语项目"的人文社会科学项目,因此它首先遇到了人文科学术语标准化工作所面临的具体问题。实践表明,在对这些人文社会科学领域进行知识系统化的过程中,运用传统术语学的原则方法不太合适。

3.1 单义性原则

传统术语学原则要求一个术语只指派一个概念,这就排除了多义现象。"克罗地亚科学术语项目"术语库也尽量避免同一术语带有多种定义的多重词条(条目)出现。但是,由于(人文社会科学)学术或者专业话语并非是对客观现实的某种反映,这就不可避免出现这样的情形:不同思想学派的学者会对"同一现象"产生可能是根本分歧的解释。因此,同一术语具有多重的、常常是相互排斥的定义是完全合理的,诸如人类学中"文化"(culture)、"社会"(society)、"人类学"(anthropology)等术语。为每一个术语的每一条不同的定义去生成新的、彼此分离的术语是行不通的,因为这样做会带来更为严重的混淆。在词汇丰富、措辞灵活的英语中,人们就能为 culture 这个概括性术语找到 160 个可以替代它的术语。为了实现标准化的目标,唯一可以接受的方法就是采取"成分分析"(componential analysis)的方法,以便提取出某一术语所指派的不同概念的共同要素,从而形成所谓最具普遍性的定义。但显而易见,这样产生的术语无法蕴含学术理论的丰富性,而丰富性却是学术研究的根本所在。对某一术语不同含义进行区分的最好方式,就是将这个术语与使其存活的不同理论上下文(理论背景)有意义地连接起来,但这种方法在传统术语体系中则是实现不了的。

在人类学术语中还有一种情况,那就是同一术语指派着通过"转喻"(metony-mic)关系联系着的完全不同的现象,譬如"人种学"(ethnography)这一术语。"人种学"术语就是一种多义词镶嵌着同义词的复杂情形,它可能是某种"研究领域""工作方法",也可能是个"学科""活动""活动的成果"……并且在一些理论中,"人种学"还与"领域工作""参加者的观察"之间存在着上下位的关系……如此情形却得到公认,在人类学者之间和学者与普通大众的交流中并没有引起大的混乱。然而,在依照传统术语学的单义性原则对"人种学"进行定义时,学者们却遇到很大麻烦。人类学实践证明,多义现象(多义词)本身并不是进行有意义学术交流的真正障碍,传统术语学所倡导的精确性、单义性原则在具体情况下有时则成了一种不必要的吹毛求疵。人类学中对"人种学"的不同理解具有其合理的独立性,对各种理解进行严格区分常常是不必要的。因此,在"克罗地亚科学术语项目"术语库的人类学部分,针对不同理论对"人种学"的不同理解,在"人种学"这个术语条目下就罗列了不同的定义,共有九种之多,并标注了它们的理论出处。

另外,传统术语学原则提倡一个概念只能由一个术语指派,这就排除了同义现象(同义词)。在"克罗地亚科学术语项目"官方网页上明确声明:"(在此)术语描述的主要目的在于实现术语的标准化。这也意味着选择术语并将其录入术语库的目的是对某特定概念推荐一种最可接受的术语用法。针对这个概念的其他术语,也依据某种规范化的身份(允许使用、不被推荐、已废弃、俚语)在术语库中加以罗列。"但是,在人类学中,针对同一"现象"进行研究的不同理论视角或者方法的存在,造成了针对同一"现象"的不同术语的产生;由此也就造成了一些"同义现象"。而且人文社会科学术语只有在其理论的上下文中才可能获得其特定的含义,如果将这些领域中的术语脱离其理论背景而单独加以定义,即使附加上简单而肤浅的参照(或者根本没有),也很难将这些同义词原本在概念上各自强调的细微差别区分开来。而实际上,在人类话语中,通过“强调”的方式体现出术语的细微差别是相当重要的。遗憾的是,传统术语学原则未能考虑到这一点。出于“具体情况具体分析”的目的,在“克罗地亚科学术语项目”术语库的人类学部分,对有些具有一定同义关系的术语,学者们就运用不止一个词条的空间导入其相关理论的上下文,以求对这些术语的含义在其各自具体的理论背景中进行理解。

3.2 概念体系的建造和内涵定义

人文社会科学术语标准化工作所面临的另一个大问题,就是无法按照传统术语学原则,建立起一个连贯、有条理的概念体系。按照要求,在“克罗地亚科学术语项目”术语库中的所有概念都要尽量依照清晰的层级关系无歧义地进行排列。属于同一术语集的概念要形成一个共时性的概念系统,暂不考虑概念、术语及其相互关系随时间的变化情况。然而,这些术语工作原则在人文社会科学领域里几乎行不通,在很多情况下甚至是毫无意义。

术语之间这种直接的上下位关系,其实意味着逻辑关系和本体关系。可是在社会文化人类学(socialcultural anthropology)中,术语的这种清晰的层级关系只在极少量的孤立事例中存在,譬如将“人类学”划分为“社会文化人类学”、“体质人类学”(physical anthropology)、“语言人类学”(linguistic anthropology)和“考古人类学”(archaeology anthropology)这四种传统类别。而绝大多数的人类学术语却无法简单地归入任何一种上下位的关系里,而且这种上下位关系也很难确定。其原因在于:人文社会科学所研究的客观对象大多数不具有物质的本质,因而很难也不太可能按照一种详尽的分类学方式进行组织。传统术语学的定义理想化地要求人们遵循这样的公式:种概念 = 种差 + 属。然而事实证明,确定将什么样的信息包含到某个特定概念的定义中去,在人文社会科学中则是一种很费力的苛求。在人文社会科学的概念中,存在着比上下位关系、同级关系更复杂、更个别和更模棱两可的关系类型,譬如一些概念超越其原始的理论背景而被不同思想学派的学者所使用,或者有些概念从来就与什么重要专家、重要学派毫无关系等,许多概念关系的本质高度复杂、十分具体,因此很难对其进行归纳。即使在“克罗地亚科学术语项目”术语库中,人们允许在标有“注释”(note)的位置上添加为理解概念所必需的额外信息,但当定义与注释里的信息对解释这个概念都具同等重要性时,啼笑皆非的情况就会出现——人们如何将定义与注释区分开来呢?

考虑到人类学学科理论和概念的复杂性,传统术语学原则所提倡的有限和精确的定义模式无法涵盖解释人类学概念所需要的所有信息,而且按此原则形成的"无歧义"的定义其实对于专家、公众和翻译工作者都不是很具有价值,因为专家们知道得更多,而对于大众,这种定义方式则隐藏了这个术语的不同用法所蕴含的理论复杂性。

3.3　共时性的视角

在开展人类学术语规范化工作时,传统术语学原则所倡导的共时性的工作方法(笔者注:在某一特殊时间点上去考察各种关系,而不是研究它们在历史中如何发展)也成了问题。因为人文社会科学中的概念处于永恒的重新评估、重新组合的动态过程中,它们永远无法被固定住。这一特点在处理涉及意识形态问题的概念时表现得尤为明显,譬如"种族"(race)等概念。人类学中有很多理论很难像科技领域的理论那样,以观察或实验为依据对其进行证伪;某些概念是否过时,也无法像科技概念那样得到验证。在人类学中,常常是当一种合适的理论范式转换发生时,某种被"遗忘"的观点又被重新发现并赋予新的意义。

3.4　理论背景和社会文化背景问题

像其他的话语一样,人文社会科学语篇的形成要依靠概念的建立,概念是构建理论框架的关键要素,是构建对社会、文化和政治等现实进行解析的不同代表物的工具。概念及指称它们的术语,构成人文社会科学理论框架密不可分的部分,并且会随着这些理论的独立发展而发生变革。人文社会科学中的概念,是无法按照传统术语原则的要求,在与其理论背景相脱离的情况下对其进行定义的,与其相关的术语也无法形成一个单一连贯、条理分明的体系。由于人文社会科学的许多理论无法像科技理论那样,以观察或者实验为依据对其进行证伪,因此,针对同一现实所产生的概念框架彻底不一样的情况在人文社会科学领域中存在是必然的;有些概念框架可能彼此相交,而更多的则可能是相互排斥或者不兼容,有些概念还可能是各派学者们激烈争议的对象。

此外,人文社会科学的概念与其广阔的社会文化背景有着千丝万缕的联系。人类社会和文化在时空上差异很大,存在着内在的异质性。因此显而易见,人文社会科学概念不可能毫无问题地传播到另一种不同的社会文化背景里,而不冒引起任何误解的风险。一种能描述、分析和解释世界上所有文化、普遍万能的概念是不可能存在的。

在为"非主流语言"(从全世界的角度上看)的克罗地亚语构建本民族术语的过程中,人们的大量工作时间不可避免地要花在翻译对世界经济、科技和学术交流起着巨大影响的英语术语及其定义上。在创建克罗地亚语人类学术语时,学者们感到,他们不能将一种外来的概念框架,漫不经心地介绍到自己的文化和语言中来,不能不假思索地进行接纳,因为外来的概念框架具有其最初的社会文化背景,漫不经心、不加消化地进行吸收,只会篡改其原本的含义。譬如,由英语术语 tribe 表示的这个人类学概念,其含义在美国、加拿大、克罗地亚本土及其南部斯拉夫语地区、巴尔干半岛的部分地区,则存在着较大差异。因此,在"克罗地亚科学术语项目"术语库中,对于这个概念所对应术语的处理,学者们就没有按照传统术语学原则进行,而是占用了更多的空间以尽量达到不造成误解的效果。

3.5 翻译问题

文化翻译问题是与语言翻译问题密切相关的。术语翻译得不当,就会影响对其含义进行"顾名思义"式的理解,而这种不当却又常常是将外来术语变成克罗地亚术语时不可避免的事。人类学中一些英语术语采用了"隐喻"(metaphor)的形式,但在变成上述术语库中的克罗地亚术语时,人们则按照传统术语学理论,采用了顾名思义和直截了当的术语原则,没有使用比喻。依照传统术语学"名称学"的观点,即使是源术语也不应该使用比喻的方式,以确保无歧义的交流。但是,马丁尼斯等学者认为:这样的"名称学"处理掩盖了克罗地亚术语与源英语术语之间的联系。因为,依泰默尔曼的观点[5],"隐喻"的使用其实有助于而不是阻碍学术交流。"隐喻"可以使术语含义的传播更经济,可以使术语更具有力量。术语的"隐喻化"会在这些情况下产生问题:譬如,源术语在源语言中的"隐喻"表达无法充分翻译成目标术语中的"隐喻"(表达),因为"隐喻"在一定程度上存在着"语言特异性"(language-specific)。克罗地亚人类学术语系统化工作表明:即使在"生物人类学"(biological anthropology)这个最适合使用传统术语学原则的人类学领域,在涉及术语翻译问题时,语言与文化特异性的重要性也不容忽略。

4 结束语

马丁尼斯等克罗地亚人类学研究院的学者在论文最后总结道:为克罗地亚语这

种"非主流语言"创建系统化术语的必要性无须赘述,但事实证明,传统术语学原则对于指导人文社会科学领域术语的系统规范工作则不太适用,因为它无法反映人文社会科学复杂、动态、模棱两可的概念和术语体系。因为这些领域中的概念不是抽象思维归纳性发现的产物,不是以客观现实可观察到的"特征"(characteristics)为基础的,而是一种对客观现实(客观对象)具有特异性的建造。而这些各具特异性的建造物,则构成了人文社会科学理论框架中密不可分的部分。人文社会科学理论和概念的这些特色体现在术语系统化工作中,则与传统术语学所强调的标准化原则相冲突。在这些领域中,历史阶段的不同、与不同理论派别相联系着的概念体系的多元化,致使企望在人类学中构建一种连贯性的、条理分明的、普遍万能的术语体系的想法成为"乌托邦式"的梦想。因此,要想真实表现出人文社会科学领域复杂的概念世界,采用不同的术语工作模式和策略则是必然的选择。正如福柯所言:话语是创造现实的,它通过对概念及其关系的创造和详尽阐述来实现这一目标。从这种论断出发,产生概念是学术研究的基础活动,其高度复杂、层叠和动态的特性远远超出了传统术语学原则可驾驭的范围。"克罗地亚科学术语项目"术语库中的人类学部分,实际上是一种折中调和的产物,其工作框架实际上是传统术语学原则与更为灵活、更具包容性的百科全书形式的结合。此外,现代社会数字化媒体的运用,为知识系统化工作提供了灵活、自由的工作平台,也为知识的生产提供了更具创造性的方法,更为未来的术语系统化工作提供了更为广阔的前景。

参考文献

[1] MARTINIS A I, LAH J, SUJOLDŽIĆ A. Terminological Standardization in the Social Sciences and Humanities — the case of Croatian Anthropological Terminology[EB/OL]. (2014 - 1 - 25)[2016 - 09 - 21]. https://www.ceeol.com/search/article - detail? id = 304103.

[2] 邱碧华. 简评 R. 泰默尔曼的《走向术语描述的新道路:社会认知方法》[J]. 中国科技术语, 2016, 18(1):22 - 25.

[3] FOUCAULT M. The Archaeology of Knowledge and the discourse on Language[M/OL]. New York: Pantheon Books, 1972. https://monoskop.org/images/9/90/Foucault_Michel_Archaeology_of_Knowledge.pdf.

[4] CABRÉ M T. Terminology:Theory, Methods and Applications[M]. Amsterdam/Philadelphia: John Benjamins, 1999.

[5] TEMMERMAN R. Towards New Ways of Terminology Description:The Sociocognitive Approach [M]. Amsterdam/Philadelphia:John Benjamins, 2000:2 - 10.

加林斯基先生谈"术语基础设施"①

C.加林斯基 著　邱碧华 编译

摘要:国际术语信息中心主任加林斯基先生早在20世纪90年代就开始关注"术语市场"和"术语基础设施"及其相互影响的问题。1995年,他在匈牙利举行的"第一届跨欧洲语言资源基础设施欧洲研讨会"上,首次探讨了"术语市场"的理念,1997年,他又深入探讨了与"术语市场"息息相关的"术语基础设施"。本文是加林斯基先生1997年《术语基础设施和欧洲术语市场》一文中涉及"术语基础设施"问题的中文版摘编。这部分内容探讨了20世纪末欧洲"术语基础设施"和"术语市场"所存在的特点及其演变。提醒人们要注意"术语基础设施"在水平和垂直这两个方向上的存在和发展。"术语市场"和"术语基础设施"的发展是相辅相成、相互支持的。欧洲术语文献中心网的建立,则为欧洲未来术语基础设施的发展打下了坚固基石。它还将通过提供有关现有术语资源、术语活动、工作经验、术语服务及其可用条件等信息,进一步支持术语市场的健康发展。

关键词:信息需求,信息服务,术语工作专家网,术语市场,术语基础设施

　　早在20世纪80年代,国际术语信息中心主任加林斯基先生就对在欧洲这块以多语言和多民族为特色的大陆上,如何进行"术语市场"的开发和建立"术语基础设施"进行了关注[1]。20世纪90年代之后,他更是对上述问题以及"术语市场"和"术语基础设施"二者之间如何产生相互影响进行了专题性探讨[2]。1995年,他在匈牙利举行的"第一届跨欧洲语言资源基础设施欧洲研讨会"[the First Trans -European Language Resources Infrastructure (TELRI) European Seminar – Language Resources for

　　① 本文是加林斯基(Christian Galinski)(奥地利)先生1997年《术语基础设施和欧洲术语市场》一文中涉及"术语基础设施"问题的中文版摘编。加林斯基先生授予译者以翻译权。此文编译自" The terminology infrastructures in Europe" in "Terminology Infrastructures and the Terminology Market in Europe"by GALINSKI, C (可见http://www. inst. at/trans/0Nr/galinski. htm) 。

Language Technology)上,首次探讨了"术语市场"的理念。1997 年,他又深入研究了与"术语市场"息息相关的"术语基础设施"专题。

加林斯基先生对上述问题叙述最成熟的版本,请见由韩国术语研究中心(KOR-TERM)[3]于 2001 年出版的《术语对信息和知识革命的影响》(*Terminological impacts on the revolution of information and knowledge*)一书中收录的加林斯基对"术语基础设施"思考更为成熟的文章——《支持欧洲术语市场的术语基础设施》("Terminology infrastructures in support of the terminology market in Europe")[4],有兴趣的读者可以进行扩展阅读。

1　术语的基本作用

世界上任何一个需要对专业性信息和专业性知识进行准备、实现知识表示、进行加工处理、实现知识转换或者转让的地方,在任何时候,都赋予了术语以至关重要的使命。故而,在企业或者其他专业性组织的任何领域中,人们都无处不在地使用着术语。

从一方面来看,在专业活动中术语肩负着根本性的重要作用,因为它代表了概念层面的专业性知识(它是学科领域相关思维/认知、知识和交流的基本单元)。因此,术语数据是对专业性信息和知识进行记录、整理、存储、管理、表示、检索、传播、传输或者实现交流的主要"内容载体"。而从另一方面来看,即便是在各自学科领域里作为本专业术语主要创造者和使用者的专家群体中,对术语的这种重要性的认识也相当肤浅。

造成这种现实的部分原因在于:一般说来,在众多学科领域中,术语是由不同水平的专家以"演化"(evolutionary)而非协调(coordinated)的方式创建的。这样一来,大多数的术语工作和术语应用实践就呈现出高度分散和部门化的状态。然而,以术语产品和术语服务为特色的术语市场的出现,无疑会改善这种情况[5]。但是,术语市场的开发又需要建立起术语基础设施,以便支持术语的创建和分发、再利用和使用。尤其是在以多语言和多文化为特色的欧洲社会背景下,"术语市场"和"术语基础设施"相辅相成的辩证关系更为突显。

2　欧洲的术语基础设施

鉴于跨科学、技术和其他学科领域的术语需要多种语言的储备,因此,如果没有成千上万的各学科专家的帮助——如果这些专家们已经认识到,在其专业领域中,如果希望开展有效的工作和实现高效的专业沟通,就离不开他们对术语工作的积极参与的话——这项意义深远、丰碑式的收集术语的任务,则是无法完成的。在今天的大多数情况下,这种术语收集工作,是以分散在全球各地和各学科领域里的数千个小小的努力而且彼此之间几乎没有什么相互联系的形式进行的。在通常情况下,这样的努力又是在非商业(非营利)的运作框架中进行的[2]。

在某些情况下,术语活动是在"水平"(horizontally)方向上展开的。也就是说,术语工作是在语言层面上、在众多或者所有学科领域中进行的。但在实际工作中,在大多数情况下,术语活动却是在"垂直"(vertically)方向上开展的,也就是在给定的学科领域(子学科)中进行的。在较小的语言群体(甚至在由于某些原因而自身感觉"受到威胁"的更大的语言群体)里,"水平"方向上开展的术语活动(/付出的努力)所占的比例,可能要比具备多种发达专业语言的大型语言群体,在"水平"方向上开展的术语活动所占的比例更大。在每一个语言群体中,人们都需要建立起公共或者半公共,或者至少是部分公共的术语基础设施,以求:

——兼顾到多种用户的需求,由学科专家对术语活动进行推进、组织和协调;

——向人们提供可以获取的有关术语活动、机构、出版物和服务的信息;

——促进(术语工作各方的)合作和协调活动,以找到解决共同问题的方法。

未来的术语基础设施,在水平方向上,可以由五个主要结构要素或曰方面组成:

——术语(规划)政策;

——(系统化的)术语创建工作;

——术语领域里的信息和文献(管理);

——术语协会(尤其针对个体)的成立;

——私营企业或者私营企业与公共机构之间,以目标为导向的合作性小组工作(为了创建和/或者共享术语数据)。

通常情况下,上述方面的两个或者更多的要素可以或者应该进行组合,并且,在大多数情况下,它们应该加以制度化,以求更加行之有效。

2.1 术语政策

大型语言群体的术语规划工作,应该集中在对术语用法的统一和协调方面上;而与此同时,在较小型语言群体里所开展的术语规划工作,更为主要的,却应该侧重于对专业语言发展意识的有目的培养上。当然,还必须兼顾到不同学科领域的专业语言发展水平的差异。现有的术语统一和协调工作的经验与成果(这里不仅指在国际水平上,而且还指像冰岛这样的较小型语言社区的经验),以及国际术语信息中心（the International Information Centre for Terminology, Infoterm）、国际术语网（TermNet）、术语和知识传播协会（the Association for Terminology and Knowledge Transfer, GTW）、国际术语学研究所（the International Institute for Terminology Research, IITF）所付出的心血,还有国际标准化组织第 37 技术委员会["术语（原则和协调）", ISO/TC 37]的工作成果——更不用提其他已经存在了多年的术语机构和组织的工作经验——无论是在欧洲地区还是在全世界范围内,这些经验都对较小型语言社区专业语言的发展及其术语工作的开展特别具有价值。

为了对术语政策进行规划和实施,在一些国家或者语言社区里,可能有必要建立起相应的政治性或行政性的机构或者咨询委员会。鉴于欧洲的具体语言情况,每一个语言社区都应该出台一项术语政策,以满足其根据专业交流的需要发展其专业语言的需求。因此,作者想代表欧盟呼吁制定出一项公告性的欧洲术语政策,与此同时,出台一系列在国家或者语言社区层面上的补充性政策,以便兼顾到每一个语言社区的具体语言情况。然而,如果这些术语政策想取得预期的成功,人们则必须得到语言社区内部的支持。鉴于各语言社区中的术语问题的复杂程度不同,在设计和实施上述这些术语政策和术语战略方面,人们则应该尽可能地促进和积极鼓励语言社区之间的合作。

2.2　术语创建活动

在较小型语言社区里,人们应该采用系统化的方法对术语创建活动进行组织,否则,这些语言群体自身语言的专业术语就无法避免遭到外文借用术语淹没的厄运。目标明确且以公告形式宣布的术语政策,无疑会在较小型语言社区的术语创建活动中产生"雪中送炭"的援助效果。在同一语系内部开展术语合作[譬如,在罗曼语系（Romance languages）或者北欧语言（Nordic languages）内部],则能确保术语发展的某种并行性（类似性）（parallelism）,并有助于保持多种语言间术语的高度同质性,更是方便了各语系内部的专业交流。实践证明,依据某种语言的具体情形,开展学科领域专家和术语学家[或者是专业语言（LSP）专家,或者是受过术语工作培训的应用语言学家出身的术语师]之间的合作,不仅是有用的,而且甚至是必不可少的。

实际上,在欧洲各语言社区（譬如,加泰罗尼亚语、巴斯克语、冰岛语、挪威语、瑞典语和芬兰语）里,各类术语创建中心是存在着的,在其他一些语言社区中,类似的术语创建机构肯定也是需要的。

2.3   术语信息和文献中心

除了像国际术语信息中心这样的"术语信息和文献中心"（Terminology informa-tion and documentation centers，TDCs）（下面简称 TDC）在国际、欧洲和国家（奥地利）层面的术语工作领域里，充当信息交换和中介中心（也是"最古老的"）、发挥其独特的功能之外，在上述提及的语言社区里，以及在法国和西班牙，也存在着几个术语信息和文献中心在活动。这些 TDC 所发挥的作用，是与术语创建中心的功能相结合的。在欧洲的其他几个语言社区里，TDC 正在筹建之中；而其他还没有兴建 TDC 的语言社区，则将进一步从现存的 TDC 的工作当中获益。

在较小型的语言社区里，一个 TDC 更有可能成为覆盖整个语言社区的中心机构。而在较大型的语言社区里，其相应的 TDC 则很可能成为具有相似或者不同工作中心的小型 TDC 网络的焦点。

正在酝酿着建立"欧洲术语文献中心网络"（European Network of Terminology Documentation Centers，TDCnet）的项目计划，其目标就是将现有的和新兴的术语信息与文献中心连接成一个物理性的网络［以互联网内的"外联网"（extranet）的形式］，以求：

——通过网络化提高各个 TDC 的运行效率；

——改善对现有信息和馆藏的访问状况；

——在有需求的地方，协助建立更多的 TDC。

2.4   术语协会

迄今为止，在国家或者国际层面上建立起了术语协会，以求满足当前的术语工作需求，尤其是为了满足个体用户的需求。在国际层面上，术语和知识传播协会成立于 1986 年，旨在组织有志于改进术语软件质量的人们之间的合作。该协会承接的第一个主要任务，便是在 1987 年组织了第一届"术语和知识工程"（Terminology and Knowledge Engineering）国际大会。这一举措标志着为此后成功召开的一系列"术语和知识工程"大会拉开了序幕。该协会在两次"术语和知识工程"大会召开之间开展的活动，则侧重于各工作组的预规范性研究和发展性研究。国际术语学研究所（Internationales Institut für Terminologieforschung，IITF）则成立于 1989 年，该研究所的宗旨是为术语学领域的教师和研究人员们提供进行术语学学术交流的论坛。在特别需要术语工作培训以及术语学教师和培训者培训的国家里，该研究所组织了一些术语工作培训课程——更不用提那每年都举办的举世闻名的国际术语暑期学校。在北欧国家组织起来的北欧术语协会（Nordterm）[6]，也为术语学领域开展教学活动、提供培训机会、组织理论讨论和工作经验交流提供了类似的框架。

在地区性层面上，国际术语和新词网（Réseau International de Néologie et de terminologie，Rint）、伊比利亚美洲术语网（Red Iberoamericano de Terminología，RITerm）以及1996年成立的欧洲术语协会（European Association for Terminology，EAFT），都正在相关的语言社区里组织着用途多样的术语工作合作。一般来说，在地区性的术语工作队伍中，还包含民族性或者语言社区层面的专业协会。

例如：在德国有德国术语协会（German Terminology Association，DTT）；在意大利有意大利术语协会（Associazione Italiana per la Terminologia，ASSITERM）；在希腊有希腊术语协会（Hellenic Society for Terminology，ELETO）[7]；在荷兰及其他语言社区里，类似的术语协会正在兴建之中。

2.5　以目标或项目为导向的企业合作小组

在一些国家（如瑞士、法国、丹麦和德国）里，在私营企业里或者在私营企业和公共机构之间，存在着以目标或项目为导向的企业合作团体。鉴于在这些领域中存在的术语问题较多，因此，在处理术语问题方面，这种以目标为导向的合作小组，其工作方法非常务实，而且组织结构灵活。因此，它们仍然是解决术语领域问题的一种非常行之有效的合作形式，应该在适当的时候进一步加以鼓励。

2.6　"垂直"方向上的术语基础设施

迄今为止，大多数的术语工作是在一个或多或少具有权威性的"组织"或者"机构"的庇护下，组织学科专家们所开展的集体性工作。比如，法律（或者准法律）术语是由国际、欧洲或者国家层面的立法或者司法机关所决定的。有时，国家层面的技术规则/条例里所包含的术语，也视为"准标准化"（quasi-standardized）的术语。统一协调过的标准化术语，由官方公共机构或者官方授权的协调/标准化机构发布。在通常情况下，包含此类术语的文件在法律中得到引用，因此，这类术语也就合法化了。准标准化的术语则由相应专业领域里获得认可的专业权威机构，或者为此目的经过授权但不属于官方标准化框架的机构/组织进行准备。其他类型的"权威性"术语，则至少应该由某专业领域（正式或者非正式认可）的权威机构赞助发布或者出版。

数据的权威性(即权威程度)则取决于数据创建者的身份:

——法定或者准法定(公共或者半公共)的权威机构;

——协调/标准化(或者准标准化)机构;

——各自专业领域的"非正式"权威。

以及取决于是否:

——在权威机构为此目的而设立的工作组或者委员会的框架内进行准备;

——由一名(或者多名)代表该专业领域权威的专家进行准备;

——由外部创建者创建,但由该专业领域权威采用。

还取决于是否:

a. 根据适当的术语工作方法(如遵循相应的国际标准化组织的标准)准备;

b. 由个别数据组成,并备有详细记录(包括资料来源参考、创建的机构/专家、责任代码等);

c. 由(个别或者一组)专业领域专家准备,但可能得到了术语学专家的专业化协助;

d. 由另一类专家(例如专业词典编纂者、翻译工作者等)准备。

一般说来,并不存在涵盖所有应用方面的绝对"权威性"。在大多数情况下,"权威性"仅限于(含蓄或者明确)规定的范围,但这种"权威性"通常也可以扩展到类似/相邻的应用领域里去。

有的时候,由一个(或者多个)个体专家代表发布机构/组织(例如出版商)所准备的非权威性术语,也可能获得"权威性"的声誉。

2.7　术语标准化

术语标准化涵盖了属于"水平"和"垂直"这两个不同术语基础设施的两个不同的方面。其中,术语原则和方法的标准化,当然属于"水平"方向上术语基础设施的范畴;而在各种技术委员会里所实施的术语标准化工作,则肯定是"垂直"方向上术语基础设施的一个要素。

3　结论和展望[4]

加林斯基先生在1997年谈到,欧洲"术语基础设施"和"术语市场"所呈现出的特征,仍然是众多彼此松散且相互关联的要素同时共存。但随着时间的推移,这些松散的要素彼此镶嵌且越来越趋于一体化,正在逐渐形成由相互影响的结构及其活动组成的密集网络。时值 1997 年,在国际层面上着手的术语合作性工作,在欧洲的一些语系框架内已经实现了跨国家层面的合作。

术语市场和术语基础设施的发展相辅相成,彼此支持。一些为了公共利益而开展的任务/活动,诸如信息的收集和"管理"(housekeeping),则必须继续由各社区提供资金支持。而其他的术语工作任务/活动,则愈来愈多地为来自私营部门的用户所需求,而且(也应该)由这些用户提供资助。

自 20 世纪 90 年代起,私营部门对术语的需求开始增加。在术语工作领域中,各种"参与者"之间的合作,仍然需要得到全社会的支持。术语信息自身的质量和术语服务的质量都有待提高,以求满足各类用户的需要。

20 世纪 90 年代末计划筹建的欧洲术语文献中心网络,则成为欧洲未来术语基础设施进一步发展的坚固基石。它还将通过提供有关现有术语资源、术语活动、工作经验、术语服务及其可用条件等的信息,进一步支持术语市场的健康发展。

参考文献

[1] INFOTERM. Guidelines for a national terminology planning policy[R]. Wien: INFOTERM,1989.

[2] GALINSKI C. Terminology Infrastructures and the Terminology Market in Europe[J/OL]. TRANS: Internet Journal for Cultural Sciences / Internet – Zeitschrift für Kulturwissenschaften, 1997, 14p. http://www. inst. at/trans/0Nr/galinski. htm.

[3] KORTERM[EB/OL]. (2018 – 07 – 04)[2019 – 01 – 22]. http://semanticweb. kaist. ac. kr/home/index. php/KORTERM.

[4] GALINSKI C. Terminology infrastructures in support of the terminology market in Europe[C]// K. Lee and C. -K. Shi ed. Terminological impacts on the revolution of information and knowledge. Daejon: KORTERM, 1999 / 2001. pp. 194 – 225 (KORTERM Series 3).

[5] GALINSKI C. The terminology market[R]. Wien: Infoterm, 1995.

[6] Nordterm[EB/OL]. (2017 – 04 – 20)[2019 – 01 – 23]. http://www. nordterm. net/wiki/en/index. php/Main_Page.

[7] Hellenic Society for Terminology[EB/OL]. (2007 – 01 – 01)[2019 – 01 – 27]. 见 http://eleto. gr/en/history. htm.

加林斯基先生谈"术语数据的版权"①

C.加林斯基 著　邱碧华 编译

摘要:国际术语信息中心主任加林斯基先生早在 1985 年就开始关注"术语数据的版权"问题。1996 年,他发表《术语以及类似数据的版权》一文,介绍了当今时代所涉及的一般性版权问题,并对其他与术语以及类似数据相关的知识产权和相邻权利问题做了一定的介绍。他尤其强调了上述专题所涉及的法律、技术和道德方面的问题。加林斯基先生就此专题最为成熟的文章,请见他于 2014 年发表的德文版文章《术语和其他类型结构化内容的版权——信息和通信技术影响下的基本原理、新方面、问题和可能的解决方案》。眼下呈现给读者的这篇文章,是加林斯基先生《术语以及类似数据的版权》一文的中文版编译。

关键词:一般性版权问题,信息和知识表示,"单元"的版权,版权情况分析,术语数据版权的运作和战略性思索

早在 1985 年,国际术语信息中心主任加林斯基先生就开始关注与术语数据有关的版权问题。经过与法律界专家多次举办"工作坊"进行专题性讨论之后,他开始发表一系列文章[1][2][3][4][5][6][7],针对这一问题进行阐述。加林斯基先生就此专题最为成熟的文章,请见 2014 年由德雷韦(P. Drewer)、迈尔(F. Mayer)和施米茨(K. -D. Schmitz)等教授主编的题为《权利、盈利、资源——探讨术语管理的经济方面问题》的研讨会(2014 年 3 月 27—29 日在德国曼海姆举办)论文集[Rechte, Rendite, Ressourcen. WirtschaftlicheAspekte des TerminologiemanagmentsAkten des Symposons Mannheim, 27 – 29 März 2014(Rights, profitability, resources. Economic aspects of terminolo-

---

① 本文编译自"Copyright on terminology and similar data"contributed by Christian Galinski,见 http://www. cedar. at/terminology/env – term/copyright_txt. html,经加林斯基先生授权翻译和发表。

gy management. Proceedings of the Symposium in Mannheim, 27 – 29 March 2014）］，其中收录有加林斯基先生一篇题为《术语和其他类型结构化内容的版权——信息和通信技术影响下的基本原理、新方面、问题和可能的解决方案》［Urheberrechte an Terminologie und anderen Arten von strukturiertem Content. Grundlagen, neue Aspekte, Probleme und Lösungsmöglichkeiten unter dem Einfluss der Informations- und Kommunikationstechnologien（Copyright for terminologies and other kinds of structured content. Fundamentals, new aspects, problems and possible solutions under the impact of the information and communication technologies）］[8]的专题性德文文章。此外,还可以参看加林斯基先生与其他学者合著的德文文章《术语数据的版权》［Urheberrecht an Terminologie（Copyright for terminological data）］[9]。眼前呈现给读者的这篇文章,是加林斯基先生于 1996 年撰写的《术语以及类似数据的版权》（"Copyright on terminology and similar data"）[10]一文的中文版编译,经加林斯基先生授权翻译和发表。

1　当今一般性的版权问题

当今时代,任何一种"信息和知识表示"（representation of information and knowledge, IKR）,无论它们是简单的还是高度复杂的,都要借助数字化处理:

——被简化为一种协调统一的形式,即一系列的 0 和 1;

——由此,可以将其存储在各种数据载体上,以供人们使用和重复使用。

因此,所有的数据在输入期间和输入之后,都不可避免地经历——实际上必须经历——用于各种用途的转换和处理。为了以通俗易懂的形式进行显示,这些数据必须再次经历许多转换过程。

在当今社会,传统方式的"模拟式复制"（analogous copying）则成了一种例外,而且不再具有普遍性意义。今天大部分（信息）的复制过程,都需要从一开始就将其转换为数字化表示的过程。"复制"这一概念已经发生了实质性的变化。因此,用于转换和处理数据本身的手段（或者构成这些手段的元素,即计算机硬件和软件）,也就受到各种知识产权（intellectual property rights, IPR）的制约。随着现代社会信息和通信技术（information and communication technologies, ICT）的逐步融合,迄今为止的这场数字化革命,已经将大部分静态和线性的"信息和知识表示"革新为新型的动态化（例如借助超媒体和多媒体的应用）并与空间有关的（多维度）表示形式。

随着现代科技的发展,人们在操纵"信息和知识表示"（即对其进行修改、改造或者转换）时所受到的限制越来越少。这种现实势必造成人们在"原始"作品（即满足构成版权"原创性"法律要求的"作品")及其产物之间很难进行清楚区分。此外,通过广域信息网络(wide-Area information networks,WAN)进行信息传输——在未来甚至通过信息超高速公路传输信息——则将信息生产者、信息再利用的用户(即信息修改者、转换者、改造者等)和普通用户紧密联系在了一起,由此创造出全球化的社会经济形势。在此,信息最终成为一种"原材料",可以供人们进一步进行加工(原则上可以进行自由加工)。一方面它成为一种完全可供销售/商业化的商品,另一方面它则成为增值产品和服务(此外还包括迄今为止未知的开发类型)。

国际社会对文学和艺术财产实施保护,即广为人知的"版权"问题,其对象涵盖以文字、音乐、图片、三维物体或者以上述对象的组合形式表示的作品。实际上,所有国家的版权法都规定了要对以下对象实施保护:

——文学作品(也适用于翻译作品);

——音乐作品;

——艺术作品;

——地图和技术图纸;

——摄影作品;

——视听作品。

有些国家甚至对应用艺术作品、舞蹈作品等也实施保护,而有些国家则将录音、广播节目和计算机程序也视为作品。术语数据,至少在原则上,可以包括上述任何类型的知识和信息表示形式及作品。随着信息和通信技术的蓬勃发展,在不同国家现有的法律规章和司法权上存在着差异之外,在大多数国家的立法中,又出现了新的差异和不一致。

知识产权与"作品"的"创作人"或者"创造者"(在涉及版权的情况下则为"作者")密切相关,他们在作品创作完成或者注册之后,即"拥有"相应的知识产权。在通常情况下,知识产权可以转让给"利用者"(exploiter)进行商业或者非商业化的开发利用。

使用作品的用户也拥有某些权利(如引用权)和义务(如支付费用)。

2 信息和知识表示"单元"的版权

专业化的知识和信息(包括术语)可以采用各种语言符号和非语言符号来表示。除此之外,"信息和知识表示"(下面简称 IKR)还存在着不同的水平。例如,处于基本水平的概念化知识(由"术语"等表示)和更高水平的命题性知识(由文本、公式等表示的命题集、理论等）。IKR 形成各个 IKR 单元,因此,那些处于更高水平的 IKR 通常也都涉及版权问题。任何一种这样的 IKR 单元（例如,当它们包含在数据库里时）,都可以被分解成更小和更不复杂的单元或者元素。在这方面,构成知识产权知识单元的"最小单元",也就存在着应该如何进行定义和识别的问题,这也不可避免地涉及法律问题。

术语数据库（terminology database, TDB）是为基于概念的事实数据而建造的特殊数据库[由语言符号（譬如术语、定义等）和非语言符号（譬如图形符号、图像、公式等）表示]。

依据数据模型的不同,术语数据库（以及从版权角度上看其他具有类似特征的数据库）由条目或者记录组成,这些条目或者记录又由字段组成。在术语数据库字段中,无论是从形式的角度还是从内容的角度上看,它们的值（数据元素）都可以采用多种方式进行链接（其中包括超链接）。但条目或者记录也可以采用正式或其他非正式的方式跨越不同的文件进行链接。在大多数情况下,这些链接必须在记录过程中建立,否则概念知识的复杂性就不能充分保留。因此,这些链接在某种程度上也具有知识产权。

另外,单个条目或者记录的字段可以有不同的来源（因此它们属于不同的版权所有者）。

最后（但并非最不重要）,通过"自动"重新利用源自大量现有记录的个别数据,以期找到创建新数据库的方法。围绕这个思路所展开的研究工作,可能是根据"智能"程序对不同的数据库进行选择和转换,故而又需要创造"新的知识"。这就势必使得版权问题又进一步复杂化了。

2.1　复杂术语数据库中的数据类型

在不远的未来,在高级术语数据库中作为知识产权单元的数据类型可能是：
——语言知识表示,譬如：
　　——术语（包括缩写形式、同义词、专有名称等）；
　　——同义词描述符、分类体系的分类名称等；
　　——定义和其他类型的文本概念描述；
　　——陈述（表示命题）；
　　——上下文/平行文本（cotexts）。

　　——非语言知识表示,譬如:

　　　　——公式(例如在数学和化学等领域);

　　　　——字母数字代码(或者等效代码,如条形码)。

　　　　——图形符号;

　　　　——复杂的图形、图表等(例如流程图等);

　　　　——图像。

　　在新的多媒体百科全书中,还可以找到动画或者移动图像、声音和其他类型的知识表示,这些类型的知识表示,迟早也会进入术语数据库里去。

　　术语数据库通常由几个不同的文件组成。例如:

　　——术语文件(条目/记录,其数据主要是术语和概念描述,并构成表示相关概念的最重要的因素);

　　——参考文献数据文件(包含涉及"文献"数据的记录,例如作者、标题、出版商、摘要等,这里仅举几例);

　　——文献语言文件(包含用于索引和检索目的的分类名称和/或者描述符等记录)。

　　在通常情况下,运用不同的文档语言是为了检索术语和文献目录。文档语言条目(the documentation language entries)适用于术语数据和文献目录数据的检索与提取。此外,可能还存在措辞文件(包含措辞单元和上下文信息等)、事实数据文件(包含数字、图形或者文本信息)等。所有的文件和条目/记录也包括用于管理和其他正式目的但较少受到版权保护的数据,这些数据对数据管理、数据识别、数据安全和其他与内容无关的用途却是必不可少的。在通常情况下,包含语言表示(linguistic representations)的任何字段,可以针对各自字段的内容包含不同的语言等效物或者翻译(可以来自不同的资料源,或者由不同的创建人创建)。如果书写体系不同,上述这类外国语元素也可以以音译或者转写的形式出现。

2.2　资料源和资料载体的类型

　　以硬拷贝形式出版的参考文献资料数据的版权问题,与任何专著或者期刊的版权问题相同。个别条目可以供人们引用,也可以用于其他方式的个人使用或者重复使用。在高级文献目录(有关键字、描述符或者摘要的综合条目)的情况下,个别条目可能要受到版权保护。如果是对某一条目进行"长篇大论"的提取,这样的条目则无论如何都要受到版权的保护。这同样也适用于以电子形式可供人们访问的文献目录数据。

术语数据可以在以下资源中找到：

——技术词典（类型多样，含多种语言和单种语言）；

——术语标准（或者各学科专业标准的术语章节）；

——专业性词典；

——灰色文献（grey literature）（如作为出版物"附属"部分的文献）；

——术语数据和电子词典。

文献语言集（documentation language collections）的情况也与此类似。

根据现有的版权规定和司法实践，在某些国家或者地区，只有整个数据集（the data collection）才受到版权保护。如果个别条目/记录里包含完整陈述的句子，则在原则上它们可以受到版权的保护。但在欧洲自成一格的立法层面上，随着为保护数据库而制定的新法律的出台，上述情况可能会发生根本性变化。

2.3　数据的选择和导入

从严格意义上说，从给定出版物或者数据库中选择出数据并将其导入/输入（其他）数据库的过程，通常都建立在不同的数据模型之上，因此，这就不可避免地需要进行数据的转换过程。换句话说，就是"操纵"数据。因此，原始版权很容易被新的"原创"作品的版权所取代，尽管这新的"原创"作品也主要源自原始作品。

对硬拷贝上的数据进行扫描在某种程度上仍然接近复制。它只有在严格运用精心设计与明确规定的数据表示和进行合理布局的情况下，才可能不出什么大问题。实践已经证明，对硬拷贝上参考文献资料数据（具有相对简单的结构）的扫描，也是一项较为困难的工作。到目前为止，对术语和词典数据进行扫描几乎是不可能的，因为它们除了"可见"的数据之外，还隐藏了许多信息，尤其是字段之间的链接等，这些信息或多或少只有通过人脑控制的人眼才"可检索"。因此，鉴于经济原因（扫描后期的编辑工作会产生昂贵的成本），对硬拷贝上的术语数据进行扫描，在相当长的一段时间内是不可行的。

2.4　新条目/记录的准备

假设一种情况，在这里，新的术语条目/记录是由某个委员会的工作组以系统化方式准备好的（即依据"ISO 10241"采用了适当的术语工作形式）：

———些数据将从包含了多个数据源的预备数据集里选取出来；

　　——根据相关概念系统，部分或大部分的数据将得到调整或者在根本上进行重组；

　　——某些被确定为不恰当甚至是误导性的术语，则将重新被创造出。参与合作的专家们将为这一共同的目标努力奉献自己的专业知识。这项集体性的术语工作，通常由经权威机构授权的秘书处进行组织和协调。

　　在许多学科领域普遍需要术语工作的情况下，人们就需要设计出高度一致且内容详尽的术语工作方法（至少术语工作小组的协调员和数据库的管理者需要操心这件事），以求允许最大限度地存储附加性数据（如数据源、创建者、日期等等），直到进入给定项目的最后阶段。然后，可以根据定义的规则，删除大部分不需要的数据。此后，这些条目/记录和相互关联的条目/记录形成的相应集合，又产生出新的版权问题。

　　一般说来，专家的集体性工作具有联合版权，这个联合版权的"所有者"则是秘书处所在的机构或者具有授权权力的权威机构。一些数据（尤其是标准化术语及其定义）的权威性来源，则应该采用明确的源代码（如果有必要，则要为用户指明更为详细的资料源，如文献资料记录等）进行标示。

2.5　版权情况分析

2.5.1　法律分析

　　如果不是整个数据集而至少是数据集里的大部分数据被导入某个用户自己的数据库里的话，那么这里涉及的术语、文献语言和文献资料记录都只享有水平很低的版权保护。但伴随着欧盟层面上为数据库制定的特殊新规定的出台，上述情况可能会发生变化。

　　详尽程度高的文献资料记录（包括术语索引和摘要），在某些情况下或者在某些国家里受到版权保护。确保和实施这种版权保护其实并不困难。

　　如果在涉及术语和词典编纂的文本信息里，包含明确或者隐含的陈述性内容，这些文本信息则受到版权保护。迄今为止，在通常情况下，定义不受版权保护。

　　通常情况下，如果将外部数据输入到数据库里，那么数据库布局发生了变化、数据结构（包括记录内部和记录之间的链接）彼此不同、需要添加进额外的信息等等，则会导致新的版权问题的产生。

　　如果将不同来源的数据进行合并，则需要进行更多的更改、添加额外的数据和采取其他的人为干预措施。这也进一步降低了对原始数据的版权保护程度。

如果数据(如标准化术语)所具有的权威性较高,版权情况则根本不清晰。在一些国家里,各项标准(包括术语标准)并不被视为常规出版物,它们无法通过正常的图书市场渠道提供给公众。说得正式一些,它们通常可以视为"灰色文献"。

2.5.2 科学与道德分析

对数据进行操作以逃避版权问题、封锁信息来源的行为是不道德的,应当坚决加以劝阻。这主要是因为:

——资料源的正确引用(至少在资料源具有权威性的情况下)是保证数据高质量的指标;

——对资料源进行鉴定,不仅方便用户使用数据和对数据进行管理,而且其本身也是相当必要的(例如,也有利于对数据进行检查和重新检查);

——记录中的定义或者其他描述部分有任何变更时,也都应该明确标记出来,以免误导用户。

尤其是在遇到"敏感"数据的情况下,在产品责任法规出台之前对这些数据进行操纵和弃用,无论如何是不道德的。

如果采取极端性措施,将来在术语管理系统中则可能需要附加以下功能:

——对资料源进行标示(以尽可能短的代码形式);

——在各自的数据环境中明确表示字段内容或者字段组合(如果它们一起构成了一个有意义的整体的话);

——如果某字段的个别部分发生了改变,则可能需要将此字段进一步细分为子字段,这些子字段还必须补充上必要的附加信息,以保证整个字段成为一个与过去一样的整体;

——在对记录的字段进行合并、下载等操作的过程中,当需要将某些信息(记录标识符、记录或者字段来源、准备/修订的日期等)附加到这些记录字段里的时候,则例行"继承"(inheritance)惯例,等等。

针对上述情况,需要起草出最基本的规则(即使是需要在原则相互冲突的情况下做出决定)。

2.6 版权的运作和战略性思索

以下方面都可以表明数据源是否具有权威性:

——公关和营销领域对数据创建者的支持程度;

——数据创建人自身数据的质量指标。

在创建大型术语数据库的利益相关方和创作高质量术语数据的创作者之间,应该存在着共同的利益关系,在彼此不过多损害相互(经济和非经济)利益的条件下开展有效性合作,则是完全行得通的。

在重新使用权威性较低的术语数据时,对于所有这些可以利用的记录,人们可以记载下它们所发生的各种重要变更(修改、修订等),通过这种方式及时向数据创建者提供反馈。

虽然这些针对各项数据的工作会产生出新的版权问题,但是,如果对新记录附加上某些确认性的信息,则会为人们减少很多麻烦。

3　几点建议

3.1　以集体性合作的方式进行数据准备

从术语工作一开始,版权所有权就应该保留给术语工作协调员(起协调作用的机构/组织)或者实行授权的权威机构。在涉及某个术语项目的出版物和相应建立的数据文件或者子文件中,应当提及参加这个项目的专家姓名,并且对他们的辛勤工作进行积极肯定。

3.2　选择和导入数据

如果数据是以书籍、文件或者数据库的形式获得的,对数据进行选择和导入/输入(譬如在某个术语项目开始启动时)是出于内部使用的目的,在这种情况下,数据则不受版权保护。但出于伦理道德的原因,人们应该考虑事先达成一定的协议。

3.3　词典数据的选择和导入/输入

只有在下述情况下——从仅包含术语[描述符(descriptor)]和术语等效物的词典中,选择出整个术语数据(叙词表或者诸如此类)集合,并将其导入/输入到与原始数据相类似的结构和数据模型里去——这种情况是否侵犯了版权,还有待商榷。一旦术语数据在转换和修订的过程中发生了实质性的变化,就毋庸置疑地构成了新的版权问题。

3.4　复杂术语条目/记录的选择和导入/输入

即使在导入/输入所必需的转换过程中数据发生实质性更改的情况下,版权是否受到了侵犯也有待商榷。但原始内容一旦得到修订,原始版权就很可能要被新版权所取代。出于道德原因和策略上的考虑,建议在选择和导入/输入高质量数据的情况下,尤其需要对数据源进行确认。

3.5　重复使用"权威性"的术语数据

无论从哪个角度上说,权威数据的重复使用都是获得认可的。虽然有时不一定涉及版权问题,但还是建议人们为使用该数据达成一致的协议。这可以在相应项目终止不久后,通知各自有关当局时进行。

就文本数据的重复使用而言,例如重复使用整套陈述(在某些情况下也可能是公式和其他非语言的知识表示),则必须获得相关许可。相关定义(尤其是源自权威性的内容)则至少要用源代码进行标示。

3.6　对使用和重复使用的数据进行管理记录

即便只是在一个封闭的工作圈子(例如项目团队或者工作组)里分发数据,也应当对使用和重复使用的任何外部数据进行认真记录。每一个获取数据的人都应该签署一份表格,表明他/她不会将这些数据用于项目之外的目的。而且,在没有获得协调员明确许可的情况下,也不会将这些数据传递给项目之外的任何人。为此而起草的一整套工作规则,人们都应当严格遵守。

3.7　"术语协议指南"的应用

在任何可能引起版权纠纷的情形中,人们都可以向拥有数据的数据创建者[或者经过授权的版权"利用者"(exploiter)]提出请求,要求共同起草一份以"术语协议指南"(Guide to Terminology Agreements)为依据的简单协议。

3.8　对标准化术语重新使用的认可

标准化术语和其他具有较高权威性术语的创建者,最有可能从这些术语数据的重复使用(这些术语数据已经获得明确表示的使用认可)中获得最大利益。建议在重复使用这些数据时,人们应当协商一下,可否采用免费方式。即便在项目实施过程中术语条目/记录发生了重大变化,出于道德原因和策略上的考虑,也应当提及一下,重新使用这些术语数据是获得了认可的。

上述提出的建议,也可以(也应该)在实际工作中,根据具体需求重新制定为更加详细的工作规则,以利于人们从过去相同或者类似的先例中汲取经验,采用更为连续一致的工作方法,有效节省时间,从而取得最佳的术语工作效果。

参考文献

[1] GALINSKI C. Terminology and Copyright[J]. TermNet News, 1996(52/53): 7 – 14.

[2] GALINSKI C. Intellectual property rights on specialized information and knowledge[C]//International Federation for Information and Documentation. 47th FID Conference and Congress. Finding new values and uses of information. Omiya: FID, 1994.

[3] GALINSKI C. Terminologie und Copyright[C]//R. ARNTZ, F. MAYER, U. REISEN. Deutscher Terminologie – Tag e. V. Akten des Symposiums. Terminologie für ein vielsprachiges Europa. Köln, 12 – 13. April 1996. Bolzano/Köln: Deutscher Terminologie – Tag e. V., 1996: 101 – 119.

[4] GALINSKI C, GOEBEL J W. Guide to Terminology Agreements[R]. Vienna: International Information Centre for Terminology(Infoterm). 1996.

[5] GALINSKI C, GOEBEL J W. Leitfaden für Terminologievereinbarungen[R]. Internationales Terminologienetz (TermNet). Wien:1996.

[6] GALINSKI C, WRIGHT S E. Copyright and terminology[C]//S. E. WRIGHT and G. BUDIN. Handbook of terminology management. Vol. 1: Basic aspects of terminology management. Amsterdam/Philadelphia: John Benjamins, 1997: 281 – 302.

[7] GALINSKI C. Copyright on terminological data[R]. K. Brunnstein and P. P. Sint eds. Information property, intellectual property and new technology, KnowRight 2000. Combined with InfoEthics 2000. Proceedings of the International Conference KnowRight 2000. Vienna, 25 – 29 September, Austrian Computer Societey, Vienna: 2000: 79 – 87 .

[8] GALINSKI C, RAUPACH I. Urheberrechte an Terminologie und anderen Arten von strukturiertem Content. Grundlagen, neueAspekte, Probleme und Lösungsmöglichkeiten unter dem Einfluss der Informations – und Kommunikationstechnologien (Copyright for terminologies and other kinds ofstuctured content. Fundamentals, new aspects, problems and possible solutions under the impact of the information and communication technologies)[C]//DREWER P, MAYER F, SCHMITZ K-D. Rechte, Rendite, Ressourcen. Wirtschaftliche Aspekte des Terminologiemanagments Akten des Symposons Mannheim, 27 – 29 März 2014. (Rights, profitability, resources. Economic aspects of terminology management. Proceedings of the Symposium in Mannheim, 27 – 29 March 2014). Köln, Deutscher Terminologie – Tag e. V. : 2014: 11 – 24.

[9] CRUSE A, FÜRLINGER M, GALINSKI C, et. al. Urheberrecht an Terminologie [Copyright for terminological data][C]//Drewer, P.; Pulitano, D.; Schmitz, K. – D. Terminologiearbeit. Best Practices 2.0 [Terminology work. Best practices 2.0]. DeutscherTerminologie – Tag e. V., Köln:

2014. Modul 7, 16 p.

[10] GALINSKI C. Copyright on terminology and similar data[EB/OL]. (1996 – 07 – 01)[2019 – 01 –
22]. http://www. cedar. at/terminology/env – term/copyright_txt. html.

术语科学和术语活动的出现[①]

C. 加林斯基 著　　邱碧华 译

摘要:今日的术语科学具有很多渊源,而且展示出了众多的工作方法。在现代科技的发展过程中,从18世纪末到20世纪初,许多国家的科学家们都积极参与了各自领域的系统命名法的设计工作。国际合作和国际交流需要术语得到统一和协调。人们对多语言术语的需求是在早期的标准化工作过程中出现的,最后促使了官方标准化组织的成立。在1900年左右及其之后的时间里,有不少工程师投身于大规模的术语活动之中。他们与(有时是数千名)领域专家们合作,选择了一种实际、务实的以概念为导向的方法,以便开发出多语言术语。然而,这些基于实践的综合性理论,直到第二次世界大战后才发展起来。随着术语活动的多样化,相应地,也出现了新的方法。本文概述了在术语学领域中广泛存在的实践活动及其理论方法的发展。

1　引言

针对 terminology(术语)存在着许多种理论和实践方法。这些理论和实践方法是从许多术语活动中发展起来的,而且,这些活动具有不同的目标和目的性,并随着时间的推移而演变。当有必要进行专业知识和技能交流时,就会出现“术语”。

在自然科学和技术领域的术语工作中,“规范性方法”使用得尤其普遍。“规范性方法”指的是对概念进行定义并为其分派名称。它还可以指在这个过程中所涉及的活动、用于创建术语条目的信息类型[即元数据(metadata)]、如何在某些应用程序和其他环境中使用这类条目。

“描述性方法”在社会科学和人文科学领域的术语工作中尤其盛行,在这些社科和人文科学中,术语的使用主要是采用调查的方式,如在专业交流或者科技文本环境中对术语现象进行考察。例如,社会术语学(socioterminology)关注的就是术语演

---

① 本文译自“The emergence of terminology science and terminological activities”,TOTh 2019,可见 http://toth. condillac. org/terminologica,经 C. 加林斯基(Christian Galinski)教授本人授权。

变及其使用等社会方面的问题。

鉴于当今的信息与通信技术(Information and Communication Technology，ICT)对人类所有的社会、经济、科学和技术活动都具有影响，德语术语委员会(Council of German Language Terminology，又称 RaDT)(RaDT 2017)将"术语"定位如下，这种定位方式也显示了术语普遍存在的性质：

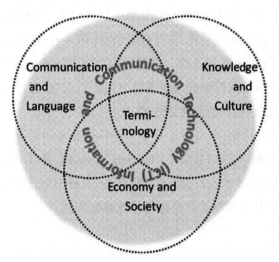

图1　相对于其他领域和学科术语学所处的位置

德语术语委员会将术语科学描述为专注于专业交流中的概念及其名称的学科，目的在于描述专业沟通和知识传播过程中术语所具有的特殊性(结构和过程)，并为涉及的相关问题提供解决方案。

国际术语标准 ISO 704[注1]在其条款 3.3 中，将"专业概念"(specialized concept)定义为"反映给定学科领域内专业或技术知识的概念"。说得更一般一些，ISO 1087[注2]将"概念"定义为"由独有的特征组合创造的知识单元"。在条款的注释 1 中，人们解释到——"概念不一定与特定的语言绑定在一起。然而，它们受到社会或者文化背景的影响，这往往会导致出现不同的(概念)分类"。鉴于分析和分类的思维过程必须发生在产生"特征的独特组合"之前，概念也可以作为思想/思维的单元。鉴于知识也需要得到表示以实现人际交流的目的，概念也可以被视为交流单元。

在国际术语标准 ISO 10241 – 1[注3]中，"名称"(designation)被定义为"通过指代概念的符号来表示概念"，后跟两个注释：

(1)在术语工作中，人们区分了三种类型的名称：术语(terms)、符号(symbols)和称谓(appellations)。

（2）名称可以是言语化的或者非言语化的，也可以是它们的组合。

在科技现实中，非言语化表示有时甚至可能取代言语定义或者其他类型的概念描述。此外，任何语言模式［伴随或不伴随副语言特征（paralinguistic features），或者其他非言语交流模式］都可以代表科学技术概念。上述内容与学者 Kalverkämper（2013:57）对于"分类学〈文化与交流〉"（"Taxonomics〈culturemes and communication〉"）的设想相吻合。根据他的设想，交流可以以口头、书面或者技术媒介的形式进行，也可以采用非言语交流形式，以发声副语言（vocal-paralinguistic）或者非发声的肢体语言和非发声的图像形式进行。信息通信技术越来越能掌握上述所有这些模式及其多样性（就内容输入和不同的模式输出而言），而且，鉴于新需求的不断涌现，各类用户群体（及其成员）的数量也正在增加。

下面，从历史背景开始，本文侧重介绍术语科学和术语活动在 1850 年之后的发展。依据的主要是国际术语信息中心（Infoterm）的经验，并以 Infoterm 与 ISO/TC 37（国际标准化组织第 37 技术委员会"语言和术语"）（ISO/TC 37 "Language and terminology"）的合作关系及其参与的广泛活动作为基础。

2　初生的术语

从专门语言和专业交流研究的角度来看，自史前时代以来（最近的当属自新石器时代以来），术语就已经出现并一直存在至今（Knobloch 1998）。术语是在农业、军事、建筑、造船等专业实践的基础上产生并发展起来的。毋庸置疑，在早期的制造业发展中就已经产生了术语。而且，伴随着技术术语和专业语言的发展，这些术语和语言不可避免地通过文化接触、和平贸易或战争征服而传播开来。

2.1　术语科学的原始起源

早在大约 2500 年前古代文化的发展过程中，人类思想家们就已经将兴趣转向了"术语"。从哲学意义上讲，这里说的是（科学技术）概念所表征的含义。这些源远流长的关于概念和术语的早期哲学思考继续向前发展，历经了许多世纪并以多种语言的形式缓慢相传，影响了一代又一代的人并跨越了文化的界限。例如，亚里士多德（公元前 384—公元前 322 年）就热衷于澄清他所涉猎的所有领域的概念问题（Wenskus 1998），古罗马教育家昆体良（Quintilian）（约 35—95 年）也是如此（Laurén 1998）。罗马人将这些思想保留了下来并加以模仿，同时把这些思想传播到欧洲，以至于他们能够与希腊文化相抗衡。拉丁语开始普及，古典世界也开始通用两种语言:希腊语和拉丁语。

希腊罗马文化的底蕴对现代世界的语言、政治、法律、教育系统、哲学、科学、战争、诗歌、史学、伦理学、修辞学、艺术和建筑都产生了巨大的影响。例如,语法学的术语是由希腊语塑造的,并由罗马人传授,直到今天仍然主要存在于现代语言之中(Funke 1999:2256)。在这方面,值得提醒人们注意的是,人们已经认识到,从9世纪至13世纪,阿拉伯哲学家、科学家和翻译家在向基督教西方传播希腊、印度和其他前伊斯兰知识方面起到过划时代的作用。

中世纪之后人们迎来了"启蒙时代",在此期间,哲学、自然科学和技术等领域都取得了巨大进步:这些进步大多伴随着对术语问题的澄清。印刷技术(发明于1450年左右的)开始对国家和国际层面的思想交流提供极大支持,在几个国家里都诞生了大型国家专业百科全书。在此,人们经常提到的一个人就是丹尼斯·狄德罗(Denis Diderot)(1713—1784),他是《法国百科全书》最重要的组织者和作者之一,在很多方面都付出了巨大的劳动。这里还应该提到的先驱科学家有:列奥纳多·达·芬奇(Leonardo da Vinci)(1452—1519)、尼古拉斯·哥白尼(Nicolaus Copernicus)(1473—1543)、伽利略·伽利莱(Galileo Galilei)(1564—1642)、勒内·笛卡尔(René Descartes)(1596—1650)、布莱瑟·帕斯卡(Blaise Pascal)(1623—1662)、戈特弗里德·威廉·莱布尼茨(Gottfried Wilhelm Leibniz)(1646—1716)。我们尤其不要忘记艾萨克·牛顿(Isaac Newton)(1643—1727)和丹尼斯·狄德罗。牛顿的著作《自然哲学的数学原理》(1687)被公认为第一部主要的启蒙著作。这个时期的一些思想家,也是伟大的科学发现者或者技术发明家。在这一时期,人们还见证了科学命名法和分类学的诞生,例如瑞典植物学家卡尔·林奈(Carl Linnaeus)(1707—1778)的主要著作《自然系统》(*Systema Naturae*)(1735)和《植物种志》(*Species Plantarum*)(1753)。

几个世纪以来,人类的努力进取为第一次工业革命奠定了基础,在这个时候,人们迫切需要广泛统一和得到协调的(通常是多语言的)系统命名法。

2.2　第一次和第二次工业革命

詹姆斯·哈格里夫斯(James Hargreaves)于1765年在英国发明的珍妮纺纱机是开启第一次工业革命的创新产品之一,至少在英格兰,这场革命持续了很长时间,一直延续到大约1870年。这场工业革命带来的最大变化表现在:机械化工业开始取代农业,成为社会经济的支柱。蒸汽机这一重要发明为人们提供了新型能源动力,促进了铁路的建造和发展,从而加速了经济的发展(Pouspourika 2019[注4])。

大约在 1870 年,新能源(电力、天然气和石油)的出现引发了持续近百年的第二次工业革命。这场革命使得技术通信(即电报和电话)和内燃机的早期发展成为可能,与此同时,人们对钢铁和化工产品以及货物和人员运输工具的需求也呈指数增长。科学研究变得更加集中,资本也集中在基于新的"大型工厂"的经济和工业模式上,而且采用了弗雷德里克·W.泰勒(Frederick W. Taylor)(1856—1915)和亨利·福特(Henry Ford)(1863—1947)所设想的生产组织模式[注5]。

2.3   建立正式的标准化机构

《米制公约》(*Metre Convention*)签署后,国际度量衡局(International Bureau of Weights and Measures, BIPM)于 1875 年在巴黎成立,它成为一个政府间组织。鉴于统一数量和单位对工业发展具有高度重要性,BIPM 在今天的任务是为整个世界提供单一、连贯的基础测量系统,这可以追溯到国际单位制(International System of U-nits, SI)。就无机化学领域而言,各国化学学会于 1892 年在日内瓦召开了一次国际会议,这次会议通过了首次广泛接受的标准化提案。1919 年,新成立的国际纯粹与应用化学联合会(International Union of Pure and Applied Chemistry, IUPAC)接管了这些任务,并继续在广泛的基础上开展活动,直至今日。由于电力作为新能源对人类具有重要意义,各国协调各自的术语变得迫切。第一届国际电气大会于 1881 年在巴黎举行。在 1900 年的巴黎国际电气大会上进行讨论之后,国际电工委员会(Interna-tional Electrotechnical Commission, IEC)于 1906 年 6 月 26 日举行了成立大会。IEC 是第二个国际标准化机构。第一个是国际电报联盟(International Telegraph Union)[现为国际电信联盟(International Telecommunication Union, ITU)],它于 1865 年制定国际标准,以连接各国电报网络。

到 19 世纪末,各公司在标准上存在的差异使贸易活动变得越来越困难和趋于紧张化,严重时导致公司之间相互投诉,例如英国钢铁经销商就曾经提到:"建筑师和工程师自己通常会指定不必要的不同类型的型材或者工作,这种不统一就使得经济活动和连续的制造活动无法顺利开展。在这个国家里,没有哪两个专业人员能在为特定工作所使用的就一根主梁的尺寸和重量的问题上达成一致性意见。"(英国)工程标准委员会(Engineering Standards Committee)于 1901 年在伦敦成立,是世界上第一个国家标准化机构。在此之后,这个标准委员会对自己的标准化工作进行了扩展,并于 1918 年成为英国工程标准协会(British Engineering Standards Association),

1931 年采用了英国标准协会(British Standards Institution, BSI)的名称。国家标准在全国普遍得到采用,从而推动了市场能够更合理、更有效地进行运转,合作水平也得到了提高。第一次世界大战以后,其他的国家也建立了类似的国家机构,例如 1917 年在德国[即今天的德国标准化研究院(Deutsches Institut für Normung, DIN)],紧随其后,1918 年在美国[今天的美国国家标准协会(American National Standards Institute, ANSI]和法国[今天的法国标准协会(Association française de normalisation, Afnor)]也都相应成立了标准化组织。

BIPM 对数量与单位的定义和规范、IEC 对电工术语(即"国际电工词汇"(International Electrotechnical Vocabulary, IEV)的系统阐述和维护,以及人们根据 IUPAC 规则[如《金皮书》(Gold Book)和《蓝皮书》(Blue Book)]对约 200m 可识别的化学物质进行了识别和描述——这些成就都是人们在标准化工作方面所付出的巨大努力,并对其他科学体系产生了重大影响,例如包括"国际专利分类"(International Patent Classification, IPC)系统在内的国际专利体系。在这些及其他命名系统和分类系统中所包含的术语数量,很可能接近令人惊叹的 5 亿个条目(数字已经修订,见 Galinski 和 Reineke 于 2011 年发表的相关文章)。当时大多数的命名组织都是从建立基本的理论词汇着手工作的,然后制定规则以对实体的表示及其命名进行协调。此后,1900 年左右又诞生了标准化机构的制度。

20 世纪 20 年代成立的第三个国际标准组织是国家标准化协会国际联合会(National Standardizing Associations, ISA)。它于 1942 年第二次世界大战期间暂停,并于 1946 年 10 月作为国际标准化组织(International Organization for Standardization, ISO)重新成立。

3　术语科学的根源

谈到先驱性的术语活动,我们应该提到 12 世纪托莱多翻译学院(Toledo School of Translators)所开展过的术语工作、耶稣会士(1582 年后)所起到的作用和其他发生在中国的术语活动、日本的口译和笔译工作者在长崎开展的活动(1600—1868)、意大利克鲁斯卡学院(Italian Accademia della Crusca)(成立于 1582 年)、法兰西文学院(Académie Française)(成立于 1635 年),然后是西班牙皇家学院(Royal Spanish Academy)(成立于 1713 年)及其后来在拉丁美洲的后人所做过的工作不应被低估。这个评语同样适用于上面已经提到的那些先驱性活动。但是,如果依照今天的标准来看,直到大约 1850 年,人们对术语的思考和开展的活动,遵循的都是推测性的想法而不是科学的理念：都是"业余爱好者"（dilettante）所为，使用 dilettante 这个词，从积极意义上讲，决不排除个人的伟大发明和所做过的开拓性贡献。

这一部分探讨的是关于术语的哲学（或者科学哲学）方法、语言学方法，也介绍了直到第二次世界大战，科学技术界为使术语工作变得"专业化"而付出的努力。

3.1　科学哲学

如前所述，哲学家（尤其是科学理论哲学家）作为其各自领域的专家，一直在努力澄清自己领域中的术语。这种工作无疑可以为所有科学打好基础，因为它是认识论和逻辑学的一个主要方面。"简单回顾一下科学史，我们就会发现：在物理学、植物学、动物学等科学学科中，在形成专门术语的地方，它们都是以经典概念逻辑为基础的……规定性或者规范性的术语工作因此成为一种应用逻辑。"（Oeser 1992）

根据维斯特（E. Wüster）（1974a）的理论，针对个别领域或者学科的术语开展的基础理论研究，产生出了"术语的专门性理论"（specialized theories of terminology），而对个别领域或者学科的术语模型和结构进行比较性研究，则生成了"术语的一般性理论"（general theory of terminology, GTT）或者"术语的一般性原则"（general principles of terminology）。学者哈朱汀（A. D. Hajutin）称这种最抽象的术语工作为"元术语学"（metaterminology），认为它涵盖了逻辑哲学和一般性语言学基础的研究，以构建专业术语和术语系统模型（见 Oeser 1992）。

"由于术语关注的是科学概念，而不是采用普通语言表达的概念，因此，（术语科学）与由维也纳学术圈创立的科学哲学之间有着密切的联系。……尤其是卡纳普（Carnap）在 1928 年出版的《世界的逻辑结构》（*Logical structure of the world*）一书中，就已经包含了与术语理论的联系，这种理论基于这样一种理念，即'逻辑框架'是用语言'勘查'（map）世界所不可或缺的（见 Nedobity 1984：45[注6]）。维特根斯坦（Wittgenstein）在他的《逻辑哲学论》（*Tractatus logico -philosophicus*）中也提出了这一观点，它对维也纳圈子的哲学产生了根本性的影响。"（Oeser 1992）

"虽然维也纳学术圈的科学哲学和维斯特的术语理论具有相同的基本思想，但它们具有一个重要的区别。……维斯特从概念性逻辑出发。对于维也纳圈而言，科学是一个命题系统，而对维斯特来说，科学是一个概念系统。……物理学是模型学科，在这里，马赫（Mach）、玻耳兹曼（Boltzmann）和赫兹（Hertz）已经为其元理论基础奠定了基石。……这导致了科学语言的逻辑句法分析方案的诞生……尽管哥德尔（Gödel）借助关于数的基本理论的例子已经表明，即使在数学中，也不可能证明绝对

的一致性。"（Oeser 1992）

科学语言的发展始于 18 世纪和 19 世纪,那时没有既定的规则和原则。"结果是,在现时代初期,几乎在所有科学学科的概念系统中都出现了混乱。在物理学中,测量系统存在混乱;在生物学中,不仅在命名专门概念方面存在着混乱,而且在用于分类植物和动物的独特特征方面也存在混乱。……在所有的学科领域中,概念的自然系统开始通过无序的大量术语进行扩展,这些术语只能在以后进行简化。"（Oeser 1992）

"卡纳普形式主义的科学哲学通过对科学语言进行逻辑重建,转换以对象为导向的事实命题,以寻求从事实内容（factual content）中获得解放,我不是为了检查不一致性而采取形式主义的。"（Oeser 1992）维斯特和维特根斯坦对维也纳学术圈基本立场的反应,在一定程度上,都像是应用型的"语言批评"。维特根斯坦专注于对普通语言进行批评,而维斯特则专注于对专业语言进行批评。"持概念逻辑先于命题逻辑的立场,维斯特拒绝了一种宽泛的观点,这种观点也是得到维也纳学术圈支持的,即现代形式化逻辑已经完全取代了古典逻辑。……作为说明古典概念逻辑的基本作用是不可替代的一种参考,（维斯特提到了）逻辑学家冯·弗雷塔格 - 洛林霍夫（von Freytag-Löringhoff）的观点（1955）,这位逻辑学家要比古典逻辑的其他捍卫者更为有力地证明了,作为一种特例,概念逻辑包含了形式化的命题逻辑。"（Oeser 1992）。

不知何故,既作为概念系统（Wüster）又作为命题系统（Carnap）的科学,这两个系统对其概念化的作用是相辅相成的。在 1900 年之前和之后的几十年中,虽然"语言转向"（linguistic turn）对科学哲学产生了影响,但是,从早期的以语言为中心的研究方法向以概念逻辑为导向的术语研究的过渡,也可以称为术语科学的科学哲学转向（见 Oeser 1992）。

3.2　语言学和术语理论

如前所述,哲学家（尤其是从事科学理论研究的哲学家）从最早的时候就开始对"语言"进行反思,并从这一角度出发处理术语问题。据说,科学哲学中的"语言转向"始于戈特洛布·弗雷格（Gottlob Frege）的著作《算术基础》（*The Foundations of A-rithmetic*）（1884 年）,特别是第 62 段,在此,他探索了数字命题的同一性。弗雷格对命题逻辑及其与"事实"的关系的关注,后来被著名的分析哲学家伯特兰·罗素（Bertrand Russell）在《论指称》（*On Denoting*）中所接受。他的同道者路德维希·维特根斯坦(Ludwig Wittgenstein)也是语言学转向的先驱之一。

对当代科学哲学的第二个重大影响来自瑞士的费迪南德·索绪尔(Ferdinand de Saussure)(1857—1913),他的思想为20世纪语言学和符号学(semiology)的许多重大成就奠定了基础。他被广泛公认为是20世纪语言学创始人之一,并与美国人查尔斯·皮尔斯(Charles S. Peirce)(1839—1914)一起,被誉为符号学(semiotics/semiology)的两大奠基人之一。后者接受过化学专业教育,后来成为著名的哲学家、逻辑学家和数学家,有时也被誉为"实用主义之父"。两人都对应用语言学产生了很大的影响,尤其是对翻译研究产生了影响,特别是对术语起着关键作用的特殊专业翻译。

20世纪的前25年对术语研究发展产生的第三个影响是:由于科学、工业和贸易的日益国际化,人们迫切需要引入专业语言教育和培训,特别是在德国(及其邻国)和北欧国家的专业性大学和学院里。由此也掀起了研究专业语言(德语:Fachsprachen)和开展专业交流(德语:Fachkommunikation)的热潮。

这个方向的主要代表是"布拉格术语学派"(Prague School of Terminology),或称"布拉格经济学专业语言学派"(Prague School of the specialized language of economics),简称"布拉格语言学派"(Prague School of Linguistics)。该学派认为,专业语言是基于科学概念系统的功能性语言系统,其中术语和非术语语言手段的总和构成了这个功能性系统,包括术语单元、专门的句法措辞(德语:Fachwendungen)、非术语成分和非专业语言措辞(德语:nicht-fachsprachliche Wendungen)(Felber, Budin 1989)。布拉格学派强烈影响了专业语言和教育领域,特别是1945年后对北欧国家和东欧国家产生了深远影响。

不太明显的第四种影响,则是来自计划语言领域的专家和理论家们,特别是对世界语的研究。

维斯特对本文提到过的所有科学哲学方法和语言学方法几乎都进行过研究(包括普通和专业词典编纂领域),而且,他是一位实践家。这可以从他与许多国家的专家进行广泛交流的通信中,从他在私人图书馆收藏的书籍和其他材料以及他发表的许多文章里得到证实(Felber 1998)。他在术语协会和委员会中积极开展活动,这正是维斯特努力在上述提到的方法之间建立起理论 - 方法论桥梁的又一个明证[后来还包括分类研究和I&D(信息和文献)研究]。

3.3 1938年之前专家群体的术语活动

促使人们开展系统化的术语活动,让人们产生这种最强烈冲动的领域是在第一次和第二次工业革命期间伴随新型发展而产生出来的新兴科学和技术领域。例如，这两次工业革命期间出现了下面的变化：

——（在科技交流中）作为通用语的拉丁语让位于民族语言；

——机械化生产转变为工业大生产；

——人们对标准化和协调性工作的需求增加；

——专业知识（由此也产生新的概念和术语）开始呈指数增长，而且在今天，它们仍在继续增长（见 Laurén, Myking, Picht 1998）。

人们的这些冲动导致了标准化活动的开展，这些活动从一开始就要求对基础性的术语实行标准化。人们的一部分努力促成了大型国际组织（如国际纯粹与应用化学联合会的建立，或者这些活动为高度权威性的组织［如世界知识产权组织（World Intellectual Property Organization, WIPO）］所重视。

当人们为术语工作选择系统化的方法时，就需要出台明确的原则和方法。因此，这也就不足为奇了：术语科学的规范性方法出现在技术标准化领域，而且主要参与者是技术领域的专家。

在 1900 年后不久，德国工程师协会（Association of German Engineers, Verein Deutscher Ingenieure）与一位德语研究专家签订了合同，让他负责搜集德语中现存的所有术语并编辑成"德国工程师协会科技百科辞典"（VDI-Technolexikon）。1907 年，人们对第一批结果进行了评估，结果发现，如果继续选择按字母顺序进行排列的工作方法，则需要 40 年才能完成这项汇编工作。德国工程师协会发现，德国工程师出身的施勒曼（Schlomann）（1907—1932）发明的新分类方法优于传统的词典编纂方法，因此，德国工程师协会停止了原定的科技百科词典的编纂工作，并开始对施勒曼提供支持。施勒曼与训练有素的术语学家们合作，以 6 种语言出版了 17 部涉及不同学科领域的《带有插图的技术词典》（*Illustrierte Technische Wörterbücher*），他们依据的是施勒曼构想的指导方针（Felber, Budin 1998）。他们遵循分类顺序并在词典中纳入了许多图表。

国际电工委员会于 1908 年开始针对术语的"系统化"工作，并在 1927 年转向采用结构化的方法（1938 年出版第 1 版《国际电工词汇》）。在今天，人们可以通过 IEC 的 Electropedia 在线访问到《国际电工词汇》。1936 年，受到欧根·维斯特（E. Wüster）的博士论文《国际技术语言标准化》［Internationale Sprachnormung in der Technik（International standardization of technical language）］（1931）的触动，国家标准化协会国际联合会成立了一个技术委员会 ISA/TC 37"术语"，旨在为术语标准化制定一般性的原则和规则。ISA 为未来设想了四类建议：

（1）编制术语词汇；

（2）为编制国家或国际标准化词汇表制订计划；

（3）实施对概念、术语及其定义的国家和国际标准化：为其制定原则和价值标准；

（4）设计单语和多语词汇的布局，包括设计词典编纂符号。

4　1945 年后的术语活动

国际标准化组织成立于 1946 年，并于 1947 年 2 月正式开始工作。从成立一开始，人们就预见到了 ISO 技术委员会之一的"ISO/TC 37'术语（原则和协调）'"的成立。1951 年，经过维斯特（他积极参与国际组织的活动）的努力，ISO/TC 37 免于因不活跃而被解散。这个委员会于 1952 年开始运作，并继续采用经过调整的 ISA 建议计划方案（ISO/R）。经过 15 年以上的努力，ISO/TC 37 发布了五个 ISO 推荐标准（ISO/R）和一个 ISO 标准（ISO/TC 37：2004）。在此期间，在位于维瑟尔堡（下奥地利州）的私人术语中心里，维斯特代表奥地利标准化协会（Austrian Standards Institute，ASI）对委员会进行管理。

维斯特毕生坚持不懈地促进术语领域的发展，实现了自己的一个梦寐以求的梦想：建立一个国际术语中心。1969 年，联合国教科文组织实施 UNISIST 计划，旨在在国际水平上交换科学信息（见报告 1971[注7]）。维斯特为此提交了以下两份报告：

（1）科学和技术术语来源清单；

（2）建立国际术语信息中心的计划（发表于 Wüster 1974b）。

此外，欧洲委员会（Council of Europe）对协调术语培训表示出兴趣，并就这件事与维斯特进行了接触。这些或多或少的准备性工作最终促成了 1971 年国际术语信息中心（Infoterm）的成立。与此同时，ISO/TC 37 开始进行整合。费尔伯（H. Felber）成为 Infoterm 的主任和 ISO/TC 37 的秘书。

这一时期的发展恰逢第三次工业革命的开始。这次工业革命伴随着一种新型能源的出现，其潜力超过了过去的所有能源，它就是核能。在这场革命中，人们见证了电子产品（包括晶体管和微处理器）的出现和电信与计算机技术的兴起。在空间研究和生物技术领域中也涌现出新的技术，这场革命催生了生产高度自动化的时代。

由于维斯特从他过去的一些行政工作中脱身出来，他开始将精力放在对自己研究方法的几个子课题的研究上。1972 年，他受邀在（维也纳大学）语言学学院讲授

"特别关注术语理论和语言标准化的词典学和词典编纂学"（Lexicology and lexicography with a special focus on terminology theory and language standardization）课程。他以刚刚发布的 ISO 推荐标准（ISO/R）为基础，但也按照自己的主要兴趣方向对这些材料做了进一步阐释。为这门课程撰写的未完成的手稿，是在维斯特去世后经由费尔伯教授的仔细编辑之后出版的（Wüster 1979）。

在 20 世纪 70 年代，尤其是受到联合国教科文组织的影响，信息和文献领域的专家开始进入 ISO/TC 37 里参与标准化活动。鉴于术语工作也是一项特殊的涉及"信息和文献"的活动，即在术语工作中需要记录有关概念及其表示的事实数据，因此，Infoterm 继续促进术语理论与信息和文献领域工作的结合，尤其是在 20 世纪 80 年代和 90 年代（Galinski 2019）。这也导致了对"术语和文献"（Terminology and Documentation，T&D）领域（除了别的领域之外）实施概念化成为开展知识管理工作的先决条件。

在 20 世纪 80 年代，在国际术语学界，一方面，人们对维也纳、北欧、苏联、布拉格、德国、加拿大和其他的"术语学流派"进行了大讨论，另一方面，也针对（术语工作中的）"名称学和语义学"（onomasiological vs. semasiological）方法开展了争论。多年以来，针对不同学派和国家/区域（术语工作）方法所进行的大讨论使人们认识到，（在术语工作中）存在着不同的经济、政治或者社会条件，需要对术语原则和方法进行不同程度的调整。这个结论也适用于不同的组织环境。在欧洲，在许多欧盟项目中，不同学科的专家与术语专家们一起工作。这样做有利于承认"术语学中存在着多种理论方法"（Costa 2006）这一事实。实际上，这种多元性是其他许多学科也并不陌生的现象。

1980 年后，在语言方面，例如计算机术语编纂（computational terminography）、多语化（multilingualism）、本地化（localization，L10N）、专门目的语言（language for specific purposes，LSP）、术语规划、专业词典编纂、语言资源管理（2002 年）、笔译和口译（2012 年）、计算机辅助和自动翻译、本体（构建及其工程）等活动进入到国际术语信息中心的工作范围里来，这些活动也纳入到了 ISO/TC 37 的标准化活动之中。

通过欧盟项目的实施，ISO/TC 37 的标准对计量学、交通信息学、物联网（Internet of Things，IoT）、产品分类和数据管理等领域中的一些标准化活动都产生了影响，最近还涉及与电子可访问性（eAccessibility）和电子包容性（eInclusion）有关的活动。在任何地方，只要使用到词汇语义级别的结构化内容［即根据元数据，也称为微内容（microcontent），进行数据建模的小型内容实体］，从一开始，采用多语种和多模式的术语学方法就被证明是一种值得遵循的良好工作模式。这种方法也适用于所有电子化应用(eApplications)领域,例如电子商务、电子医疗、电子学习等。

5 展望

经过德语术语委员会(RaDT,2017)的深入讨论[注8],维斯特采用的"旧"版语义三角形现在被进一步扩展:

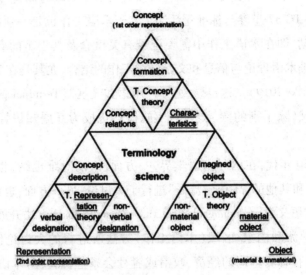

图2 扩展语义三角形

在对"扩展三角形"就术语科学方法的"完整性"进行分析时,我们必须指出:

(1)"表示"(representation)这端是最发达的,特别是从语言学的角度上看;但是,非语言(口语、视觉和其他)的语言模式和替代性的交流手段(包括手语等)所具有的代表性仍然不足。

(2)"概念端"(concept)(一阶表示)仍然发展得不充分,绝对需要融合大脑研究的最新成果,也可能需要融合物联网的"虚拟对象"(virtual objects),其中涵盖了科学技术概念(国际电信联盟,ITU)[注9]。

(3)"对象端"(object)缺乏对电子商务(如产品数据管理)、物联网中结构化内容的考虑,等等。

如果从三角形的其他两端去看,则在每一端上,都可以看到不同的视图。在这个三角形中出现的任何数据都是构成结构化内容(或者结构化数据)的一个要素。从实现一体化和具有互操作性的角度去看,为了能够对跨语言和跨系统边界的内容实现互操作性(哪怕是具有这种潜在能力),这些内容必须由越来越协调的元数据来进行管理。在某种程度上,我们今天的情形很类似于在第一次工业革命期间的情况,在那时,人们使用改进了的机器工具进行生产,在没有人为干预的情况下,实现机械元件的"互换"。为了实现互操作性的全面化,今天的信息与通信技术工具需要根据标准进行实质性的升级。结构化内容的元数据也需要在标准的基础上进一步得到发展和统一。

作者注

注1:ISO 704:2009"术语工作 – 原则和方法"。

注2:ISO 1087:2019"术语工作和术语科学 – 词汇"。

注3:ISO 10241 – 1:2011"标准中的术语条目——第一部分:一般要求和表示示例"。

注4:https://ied. eu/project – updates/the – 4 – industrial – revolutions/, accessed 2020 – 01 – 18。

注5:https://pdfs. semanticscholar. org/03de/2f229d61f63b8c6fd5affe7d116d07ca0f10. pdf, accessed 2020 – 01 – 18。

注6:Nedobity, Wolfgang. 欧根·维斯特和维也纳学术界的语言批评[Eugen Wüster und die Sprachkritiker des Wiener Kreises. In Muttersprache 95(1984/1985)1/2, 42 ~ 48]。

注7:https://unesdoc. unesco. org/ark:/48223/pf0000064862, accessed 2020 – 01 – 18。

注8:http://radt. org/images/veroeffentlichungen/Wissenschaft% 20 – RaDT_2016_rz_16seiten. pdf, acc. 2020 – 01 – 18。

注9:ITU – T Y. 2060:2012 https://www. itu. int/rec/dologin_pub. asp? lang = e&id = T – REC – Y. 2060 – 201206 – I!! PDF – R&type = items,acc. 2020 – 01 – 1。

参考文献

[1] COSTA R, 2006. Plurality of theoretical approaches to terminology[M]// PICHT H. Modern approaches to terminological theories and applications, 77 – 89. Bern: Peter Lang.

[2] FELBER H, BUDIN G, 1989. Terminologie in Theorie und Praxis [Terminology in theory and practice][M]. Tübingen: Gunter Narr.

[3] FELBER H, 1998. Eine erweiterte Wüster Bibliographie (1931 – 1977) [An extended Wüster bibliography (1931 – 1977)][M]// OESER E, GALINSKI C. Eugen Wüster (1898 – 1977). His life and work. An Austrian pioneer of the information society, 235 – 323. Vienna: TermNet.

[4] FUNKE H, 1999. Grammatik, Rhetorik und Dialektik (Trivium) und ihre Fachsprachen: eine Übersicht [Grammar, rhetorics and dialectics (Trivium) and their specialized languages: an over-

view][M]// HOFFMANN L, KALVERKÄMPFER HA, WIEGAND H E. Languages for Special Purposes. An International Handbook of Special Language and Terminology Research, 2255 – 2260. Berlin/New York: de Gruyter.

[5] GALINSKI C, REINEKE D, 2011. Vor uns die Terminologieflut [Facing the terminology deluge] [J]. Edition, 7(2): 8 – 12.

[6] GALINSKI C, 2019. Blütezeit der Zusammenarbeit zwischen Terminologie einerseits und Information und Documentation (IuD) andererseits: 1980 – 2000 [Heyday of cooperation between terminology and I&D: 1980 – 2000][C]// DREWER P, DONATELLA P. Terminologie: Epochen, Schwerpunkte, Umsetzungen. Zum 25 – jährigen Bestehen des Rats für Deutschsprachige Terminologie, 21 – 43. Berlin: Springer Nature.

[7] GALINSKI C, ISO/TC 37, 2004. 50 Years ISO/TC 37 Terminology and other language resources — A history of 65 years of standardization of terminological principles and methods[R]. Geneva: ISO (ISO/TC 37 N499).

[8] KALVERKÄMPER H, 2013. Körperkommunikation als Teil von Translationskultur [Body communication as part of translation culture][C]// BAUMANN K – D, KALVERKÄMPER H, SCHUBERT K. Arbeiten zur Theorie und Praxis des Übersetzens und Dolmetschens 63, 51 – 113. Berlin: Transüd.

[9] KNOBLOCH J, 1998. Fachsprachenforschung in vorhistorischen Sprachen: Forschungsansätze und Sprachrelikte [Special language research on prehistoric languages: Research approaches and language relics][M]// HOFFMANN L, KALVERKÄMPFER HA, WIEGAND H E. Languages for Special Purposes. An International Handbook of Special Language and Terminology Research, 289 – 295. Berlin/New York: de Gruyter.

[10] LAURÉN C, MYKING J, PICHT H, 1998. Terminologie unter der Lupe. Vom Grenzgebiet zum Wissenschaftszweig [Terminology under scrutiny. Development from an interdisciplinary subject to a discipline of science][M]. Vienna: TermNet.

[11] OESER E, 1994. Terminology and philosophy of science[C]// DRASKAU J K, PICHT H. International Conference on terminology science and terminology planning Riga, 17 – 19 August 1992. International IITF Workshop Theoretical issues of terminology science. Riga, 19 – 21 August 1992, 24 – 34. Vienna: TermNet.

[12] PAXTON J, 2012. Mr. Taylor, Mr. Ford, and the Advent of High-Volume Mass Production: 1900 – 1912[J]. Economics & Business Journal: Inquiries & Perspectives, 4(1): 74 – 90.

[13] WENSKUS O, 1998. Reflexionen zu fachsprachlichen Phänomenen in der Antike und Spätantike [Reflections on special language phenomena in antiquity and late antiquity][M]// HOFFMANN L, KALVERKÄMPFER HA, WIEGAND H E. Languages for Special Purposes. An International

Handbook of Special Language and Terminology Research, 295 – 301. Berlin/New York: de Gruyter.

[14] WÜSTER E, 1936. Internationale Sprachnormung in der Technik. Besonders in der Elektrotechnik [International standardization of technical language. Especially in electrotechnology][M]. Berlin: VDI.

[15] WÜSTER E, 1974a. Die Allgemeine Terminologielehre — Ein Grenzgebiet zwischen Sprachwissenschaft, Logik, Ontologie, Informatik und den Sachwissenschaften [General Theory of Terminology — A border field between linguistics, logic, ontology, information science and the subject fields] [J]. Linguistics, 1974, 119: 61 – 106.

[16] WÜSTER E, 1974b. The road to Infoterm[M]. München: Verlag Dokumentation (Infoterm Series 1).

[17] WÜSTER E, 1979. Einführung in die Allgemeine Terminologielehre und Terminologische Lexikographie [Introduction to the General Theory of Terminology and terminological lexicography]. Vol. 1&2[M]. Wien/New York: Springer-Verlag(TU Vienna Series Vol. 8).

欧洲技术交流协会对德国企业术语工作状况的调研报告①

D. 施特劳布 **K-D.** 施米茨 著　邱碧华 编译

摘要：德国技术交流协会是欧洲最大的技术交流协会，它是在德国范围内为人们的技术交流活动提供信息交换和经验交流的最佳平台。文章介绍时任德国术语信息文献中心主任的施米茨教授和德国技术交流协会施特劳布女士在 2016 年牵头对德国企业开展术语工作情况的再调查。此调研报告英文版刊登在 2016 年 9 月《技术交流杂志》的英文网络版上。算是 2010 年同项调研的续篇。此项调研是以德国技术交流协会的名义进行的。文章旨在介绍这篇报告，为读者了解德国企业的术语工作提供一些信息。

关键词：德国技术交流协会，2016 年德国企业术语管理状况，企业术语工作复杂性，企业产品生产的循环周期，企业翻译服务，产品本地化服务，企业有效术语管理工作机制理念

欧洲技术交流协会(the European Association for Technical Communication，tekom Europe e. V.)是全球进行科学技术交流的最大的协会。目前，它已拥有的 9 000 名成员，都积极活跃于技术交流及相关领域里。协会的主要任务是支持欧盟的各项重要目标，代表科技信息使用者的利益，并为提高欧洲总体的经济竞争力贡献力量，协助开展对年轻一代和各种从业人员的技术交流培训活动[1]。德国技术交流协会则是欧洲最大的技术交流协会，是在德国范围内为人们的技术交流活动提供信息交换

---

① 本文曾发表于《中国科技术语》2019 年第 2 期。主要编译自"Tight budgets and a growing number of languages impede terminology work"（见 http://www. tcworld. info/e – magazine/technical – communication/article/tight – budgets – and – a – growing – number – of – languages – impede – terminology – work/）和"tekom study：Cost and effectiveness of terminology work"（见 https://www. tcworld. info/e – magazine/technical – writing/tekom – study – cost – and – effectiveness – of – terminology – work – 136/）。

和经验交流的最佳平台[2]。而 tcworld 有限责任公司（tcworld GmbH）则是欧洲技术交流协会的业务分支机构。其核心业务目前是为欧洲、中国和印度提供技术交流方面的培训和各种相关支持[3]。它创办有技术交流领域的英文版网络电子杂志《技术交流杂志》（*tcworld magazine*）和德文版网络电子杂志 *technische kommunikation*，旨在为每一个在日益增强的全球化技术市场竞争中面临技术交流挑战的个人和团体提供有价值的信息[4]。

德国技术交流协会在 2010 年对德国企业术语工作状况进行过调研，主旨是了解在企业里开展术语工作能够给企业带来什么样的效益，又会给企业造成什么样的成本浪费[5]。调研显示：到 2009 年中期为止，在德国开展术语管理工作的公司还是占少数。参与德国技术交流协会这次调查的企业中，只有 20% 的企业已经在积极运作着有效的术语管理系统。但令人乐观的景象也是存在的：2009 年在许多企业里，术语管理工作已经成为热门话题。接受调查的企业中，20% 处于术语工作的引进阶段，22% 处于术语工作的了解阶段，17% 的公司当时还没有跟术语工作挂钩，另有 1% 的企业完全抵触术语工作，其余的则没有反馈。

参与此次调研的德国技术交流协会研究人员认为，上述调研结果完全可以为各企业的决策者们提供进行现代企业管理的新思路。同时，在调查问卷中，德国技术交流协会的术语学专家们也为受调查者提供了对术语工作基础理论的重要解释，而且在这些貌似抽象的理论部分中，都配有术语用户的现实术语工作报告，也提供了术语工作的个案分析研究成果。德国技术交流协会研究人员还对术语工作与企业成本 - 效益之间的关系进行了分析，由此也为企业开展自己的术语管理工作建立一个商业模型提供了一个现成的模板。在这次调研工作之后，德国技术交流协会研究人员还准备了一个详尽的手册，包括对涉及术语工作的所有软件系统的性能进行描述，同时也提供了当时世界领先的术语管理、术语提取和对术语进行控制的国际术语管理系统的概况介绍。

2016 年，时任德国术语信息文献中心（Die Deutschen Informations- und Dokumentationszentrums für Terminologie）主任的施米茨（Klaus-Dirk Schmitz）教授又与德国技术交流协会负责调查研究工作的施特劳布（Daniela Straub）女士再次合作组织了对当时德国企业开展术语管理工作现状的调查研究。施米茨教授不仅多次参与国际标准化组织（ISO）制定术语标准的活动，近年来写有《术语学和术语数据库》（*Terminology and Terminological Databases*）和《从维斯特到 ISOcat——数据分类的历史性发展》（*Von Wüster zu ISOcat — Zur geschichtlichen Entwicklung von Datenkategorien*）等著作,2010 年荣获"维斯特奖"(截至 2019 年,为获得此奖项的唯一德国人),而且积极参与世界范围的企业术语管理的可行性研究和调查,包括多次参加德国技术交流协会在中国举办的会议,为中国华为集团举办企业术语管理的培训讲座。笔者在本文中主要介绍施米茨教授在 2016 年牵头的这项调研活动,并与其 2010 年的调研形成一种比较,希望能为中国企业逐步开展术语管理工作提供一些新思路。

2016 年的这项对德国企业的调研结论是:"企业紧缺的预算和增多的工作语言,阻碍了术语工作的顺利开展。"[6]

截至 2016 年中期,在德国范围内,有哪些企业已经开展了术语管理工作? 哪些部门在承担着术语管理任务? 商业界的专业人士们又是如何评估术语管理工作带来的收益的? 这种潜在的成本节省能有多大? 带着这些问题,德国技术交流协会在 2016 年又对德国的企业界进行了追踪调研,以期为关心企业术语管理工作的人们提供必要的信息。

像施米茨教授这样的术语学家们一致认为:术语工作在知识传播和信息交换的过程中至关重要[7]。因为在各种组织里,术语管理工作确保了部门之间术语使用的连贯性和一致性,这也加快和优化了翻译工作的效率和质量。而当企业或者各种组织与外界利益相关方(譬如,其他的组织、服务供应商和客户)打交道时,术语则在维护一个统一的企业形象和保持其恪守信誉的客户服务记录方面起着至关重要的作用。

德国技术交流协会代表德国标准化研究院的消费者委员会[the Consumer Council of DIN(Deutsches Institut für Normung),German Institute for Standardization],在 2010 年发表了对德国企业开展术语管理工作情况的调研报告,从消费者的角度显示了企业开展术语管理工作的必要性,指出术语使用不当和造成的翻译错误是导致企业之间以及企业和客户之间理解障碍的首要原因,也是导致科技文献错误百出的主要原因。

2015 年企业调研的结果发表在英文版网络电子杂志《技术交流杂志》2016 年 9 月版上。共有 800 名德国企业人士对调研问卷进行了反馈,其中,24% 是企业经理,74% 是企业雇员。72% 的问卷反馈者在产业界任职,17% 在软件公司工作,另外的 11% 则在其他领域工作。

那么,企业里究竟是哪些人员在负责术语管理工作呢?

实际上,在一个企业内部,许多部门都在开发、传递和使用着术语。即使没有谁特意标明自己正在从事的跟术语有关的工作名曰"术语管理工作",术语管理工作在企业很多部门里其实也是普遍存在着的。因为很多部门都需要产生新的知识,需要确切阐述沟通的信息,需要把头脑里的知识变成文字,甚至需要把这些新信息翻译成别国语言,并将其本地化而为另一种文化所接受。

　　这项调研的现实数据表明:在一个企业中几乎每一个部门都涉及术语的生成问题。新的术语和名字主要"诞生"于以下部门:研究和开发部、设计部、市场部、技术文献管理部、培训部和本地化/翻译部。需要术语工作的部门如此之多,而企业里各种产品和服务的循环周期又比较复杂,这也使得企业内部和企业之间术语管理工作的运作变得棘手,因此,对企业整体的术语管理工作进行规划和布局也就异常重要。

　　图1是一张英文版的企业产品的循环周期图,表明在每一个环节有哪些信息随之孕育而生。

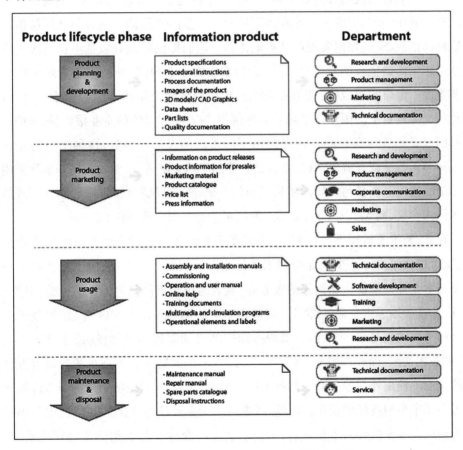

图 1　在产品生产循环过程中所生成的信息产品

事实表明：生产一件产品的同时，又生成了许多的文件。

信息生成的复杂性由两个因素加重：一个是几乎所有的信息产品都必须满足不同的市场需求，因而它们都需要进行本地化和经历翻译过程，也就是信息的传播不仅仅借助一种媒介。由此带来另一个后果，即一种产品在不同语言里却能产生多种信息产品，而且还不止借助于一种媒介进行传播。

调研显示，企业里参与分派术语的部门占了相当大的比例。平均每 11 种不同的信息产品就需要翻译成 12 种语言，而在 2010 年企业生产的信息产品，需要翻译成的目标语言平均起来只有 10 种。而在 2016 年，就参与问卷的所有公司的信息产品而言，至少 45% 需要翻译成其他 10 种以上的不同语言。

那么该如何解决这种企业术语工作的复杂性与企业资金短缺的矛盾呢？

在调研中，参与问卷的企业介绍了他们本企业的产品信息是如何从原始信息转换成翻译信息，又是如何实现产品本地化的。他们提供的调查数据不仅再次表明在企业运作中术语生成的复杂性，同时也显示出在企业内部，开展术语管理工作着实有些难度。但事实也说明，如果在企业运作中分派和使用的术语前后不一致，由此导致的交流理解上的困难则更棘手。在这项调查中，89.5% 的企业报告说，他们的不少部门或者雇员具有为同一产品使用不同术语的经历。而且，这种事情还经常发生。74.6% 的受调查者反馈说，在自己企业的不同文献里，经常发现同一事物使用不同术语的情况。在参与调研的雇员里，有 51.9% 的人反馈自己常常无法立刻理解某个术语的含义，而 57.2% 的人会马上询问正确的术语应该是什么。

在此，施米茨教授再次强调[8]：如果在企业跨部门之间开展有效的术语管理工作，就可以大幅度地减少企业中的术语使用混乱问题[4]。当然，由于几乎各个部门都要与本企业外从事产品销售的服务商（或者为企业提供其他服务的机构）打交道，因此，这就增加了本企业各部门之间进行术语协调的难度。2014 年，德国技术交流协会的一项调查显示：企业的外部服务商（70%）通常使用经翻译（或者已经本地化了）的技术文献，而外部服务商（32%）"自创"术语的情况也不在少数。仅有五分之一的企业不使用外部服务商。拥有 1 000 人以上的工业组织使用外部服务商的概率要远高于中小型规模的企业。因此，考虑到大型企业这些外围的与信息服务相关的服务商或者服务机构对术语工作的介入，建立跨企业和跨机构的术语管理系统，应该是保证企业实现术语使用连贯一致这一目标的重要举措。

此外，由于现代社会的发展，将对企业有用的信息转变成文字或者翻译项目得以实施所需的周期都愈发简短，将产品推向市场的周期也大大缩短，但需要翻译的文献海量存在——这一事实又不容忽略。因此,优秀企业的决策者必须综合考虑该如何节省时间和成本。

对为企业提供本地化的翻译服务的供应商来说,只让一位翻译人员独立将一份科技文献翻译成完全本民族语言,实践证明这根本行不通。通常情况下,企业都是把这种翻译服务移交海外。譬如,有的德国企业把英语翻译任务分派给在印度的分公司。但这样处理造成的问题则是,由于一份科技文献的翻译任务常常分派给了几位翻译人员去完成,因此,翻译成品里各位翻译人员所使用的翻译风格和所使用的术语并不完全一致。

在德国技术交流协会2016年的这项调查里,越来越多的企业已经通过自己的实践发现,要解决好上述"高亮"显示的问题,在企业内外建立起连贯一致的术语管理机制势在必行。

在这项调查中,只有19%的企业认为在他们的企业组织工作里,术语管理工作没有提到日程上来。21%的企业正在引进和开发术语管理机制,25%的企业已经在企业组织规划里积极地设计术语工作蓝图了。这项调研还调查了德国企业使用确定术语的时间周期。其中,19%的企业的使用周期是1年或者少于1年,21%是1—2.5年,25%是2.5—5年,20%是5—10年,16%的企业则长于10年。客观地说,德国企业开展术语管理工作也还只是"新生事物"。40%的企业也只是近些年才开展术语工作。这种情形也能从各企业自己的术语库上反映出来。近些年来,总体上各企业的术语库如同雨后春笋般地建立起来。平均而言,术语管理工作只实施了不到1年的企业术语库拥有1 009条记录;而有着1—2.5年术语工作历史的企业,其术语库拥有记录量达到3 893条;有2.5—5年历史的拥有5 261条记录;术语工作开展了5—10年的拥有5 196条记录;而10年以上的术语库,其术语记录则达到5 417条。

一般而言,各企业术语库除了所有该收录的术语名称之外,它还包括定义(占78%的企业),所属专业学科的信息(占78%的企业),此外还对术语的状态值进行了标记(占71%的企业),譬如,"推荐使用"(preferred)、"允许使用"(permitted)、"不允许使用/废弃的"(deprecated)、"绝对不可使用"(locked)。有的企业(占51%)还添加了与术语相关的语法信息(性、数、格)等。另有40%的企业附加了图表,33%的企业还添加了诸如产品生产流程、客户信息等详细信息。

经过德国技术交流协会的这次调研,对于德国企业为什么终于决心开展术语工作,施米茨教授等得出了几个原因:企业技术文献在国际竞争中需要具有合法性;企业产品品牌要在国际市场中站得住脚;产品生产循环周期需要缩短;每件产品的功能都在日益增加,这也导致了相应术语的增多;新术语在需要翻译成的目标语言里具有异质性;信息量与日俱增;与产品相关的技术文献和信息数量也不断增加;出版这些信息的媒体也多种多样;开发信息和进行翻译服务的时间周期缩短;产品信息等需要翻译成的目标语言的种类增加;翻译量增大;一份文件需要由不同的翻译者同时进行翻译;企业需要节省成本和提高质量。

即使上述这些原因相当站得住脚,对是否在企业中开展术语工作,企业决策者们依旧举棋不定的主要焦点,在于术语工作所需要消耗的成本和它能带来多大效益上。

在德国技术交流协会的这次调研中,当问到企业术语管理工作是否可以节省成本时,参加问卷的企业雇员的主观评估情况是:3.3%的雇员认为节省程度很高;11.5%认为高;17.6%认为比较高;31.5%认为较低;12.1%认为低;7.45%认为很低;16.7%认为无法评估。也就是说,只有32.4%的雇员对企业术语管理工作是否可以节省成本的态度是相当积极的。

而人们对术语工作是否可以潜在提高产品质量的评价态度则显示出另一种结果,大多数的受调查者的反馈是积极的:赞同程度很高的占6.9%,高的占20.2%,较高的占29.9%,赞同程度较低的占20.6%,低的占6.3%,很低的占4.1%。

施米茨教授等认为,即使这次调研的数据不能完全反映德国企业术语工作的状况,参与调研的企业人员的主观态度还是反映出,人们普遍认为企业术语管理工作可以提高产品质量而不是节省了企业成本。

施米茨教授等研究人员也把本企业已经开始实施术语管理工作的受调查者的反馈意见,与那些尚未开展术语工作的企业人士的问卷答案进行了比较,比较结果又展示了另一番图景:那些本企业有术语管理工作的企业人士的答卷,显示出对术语管理工作可以在很大程度上节省企业成本持非常乐观的态度(占48.5%);而与此相反,那些本企业没有术语管理工作的企业人士对此赞同的只有19.3%。另外也显示,人们越是具有术语管理工作经验,企业所涉及的语言翻译工作越重,人们对术语管理工作可以节省企业成本的认识越是深刻。而在对企业术语管理工作是否可以提高产品质量这一问题的认识上,调研结果也呈现出这两组人士具有非常不同的态度:73.4%的本企业已经开始实施术语管理工作的受调查的企业人士,对术语管理工作可以提高企业产品质量的认识持积极态度;而在那些本企业尚未开展术语工作的人士中,对此问题持积极态度的只有43.9%。

施米茨教授等重申:即使2016年德国技术交流协会的调研工作是建立在主观评

估基础上的,但它在客观上也为企业决策者提供了可行性依据,可以对企业决策者实施术语管理举措提供重要的战略性影响。虽然要为术语工作是否能为企业带来很大益处进行论证提供坚实论据绝非易事,但还是可以找到一些硬性的数据的,譬如,翻译人员在翻译记忆系统上进行检索和寻找术语配对的频率。大家同样可以发现,进行了术语管理工作的翻译人员,他们从事翻译工作和进行编辑校对的时间都大大缩短了。事实同样证明,术语管理工作也为翻译质量的提高起到了推动作用。

2016 年德国技术交流协会进行调研时,已经有不少企业在开展术语管理工作的同时,也通过"协同作用"与其他起支持作用的系统相配合,而为本企业的生产经营活动带来了很大收益。例如:82% 已经运作术语管理系统的企业,他们同时也运用着翻译记忆工具;33% 的企业还同时使用对语言进行控制和标准化的系统工具;另有 20% 的企业则同时使用文本控制系统。

如果把 2016 年的这项调研报告和德国技术交流协会 2010 年进行的第一次调研进行对比,人们还会发现,在这 6 年间,德国企业经历了一个新的学习认知过程,企业决策者们也逐步认识到,产品质量不仅仅是简单的成本动因问题,对产品质量进行优化同样有助于节省成本。这种理念同样适用于术语管理工作:在源语言中形成与产品生产和销售相关的语言内容,以及在为目标市场提供这种语言内容的本地化的翻译对等物时,确定的术语能够节省这个运作过程中的成本,这一点已经不容置疑。

提到 2016 年的这项调研得出的积极结论,简而言之就是:德国企业对其术语管理工作重要性的认识程度有很大提高,在企业内部和外部相关交流领域实施有效的术语管理工作机制的理念正在逐步深入人心。

参考文献

[1] [EB/OL]. (2014 – 11 – 25)[2017 – 11 – 21]. http://www. technical – communication. org/.

[2] [EB/OL]. (2015 – 01 – 12)[2017 – 11 – 20]. http://www. tekom. de/ueber – die – tekom/die – tekom. html.

[3] [EB/OL]. (2016 – 7 – 21)[2017 – 11 – 21]. http://www. tcworld. info/footer/about – tcworld/.

[4] [EB/OL]. (2017 – 06 – 19)[2017 – 11 – 18]. http://www. tcworld. info/e – magazine.

[5] tekom study: Cost and effectiveness of terminology work[EB/OL]. (2010 – 12 – 20)[2017 – 11 – 19]. http://www. tcworld. info/e – magazine/content – strategies/article/tekom – study – cost – and – effectiveness – of – terminology – work/.

[6] Tight budgets and a growing number of languages impede terminology work[EB/OL]. (2016 – 10 – 15)[2017 – 11 – 20]. http://www. tcworld. info/e – magazine/technical – communication/article/

tight – budgets – and – a – growing – number – of – languages – impede – terminology – work/.

[7] [EB/OL]. (2016 – 09 – 23) [2017 – 11 – 18]. http://termcoord. eu/termania/why – is – terminology – your – passion/interview – with – prof – dr – klaus – dirk – schmitz/.

[8] Collaborative Terminology Management [EB/OL]. (2009 – 08 – 13) [2017 – 11 – 18]. http://www. tekom. de/upload/2778/2009_Schmitz. pdf.

联合国教科文组织互联网管理术语
汇编创建方法①

邱碧华 编译

摘要:联合国教科文组织在 2005 年出台了一部《术语政策指南——在语言社区制定和实施术语政策》,旨在对全球化的术语工作提供一份指导性的文件。21 世纪进入第十个年头,联合国教科文组织与国际术语信息中心以及互联网名称与数字地址分配机构进行合作,酝酿策划创建出一部互联网管理领域里的阿拉伯语术语汇编,旨在借助信息社会世界首脑会议等平台和互联网管理论坛,支持阿拉伯语社区参与国际化的互联网管理和决策的进程。经过几年艰苦的前期英文术语汇编的筹建工作,以及最终在联合国教科文组织总部召集阿拉伯世界多国专家参与的会议讨论,2017 年,这部誉为最新术语工作方法结晶的"联合国教科文组织阿拉伯语互联网管理术语汇编",终于以网络版的形式在联合国教科文组织的网站上面向全世界公众开放。

关键词:术语政策指南,国际化的互联网管理,互联网管理术语,互联网管理阿拉伯语术语汇编,混合型术语管理方法

联合国教科文组织早在 2005 年就出台了一部《术语政策指南——在语言社区制定和实施术语政策》(*Guidelines for terminology policies — Formulating and implementing terminology policy in language communities*)[1],旨在对全球化的术语工作提供一份指导性的文件。在 21 世纪第十个年头,联合国教科文组织联合互联网名称与数字地址分配机构(ICANN)和国际术语信息中心(Infoterm),开始酝酿一个编制互联网

---

① 本文主要编译自 *Internet Governance Glossary*(*IGG*)*Methodology*,见 https://en. unesco. org/sites/default/files/internet_governance_glossary_methodology. pdf,经联合国教科文组织和国际术语信息中心授权,在此部汇编创建方法英文版的基础上,笔者整理出这篇文章,旨在为中国的术语实践工作提供一些借鉴。

管理术语汇编(Internet Governance Glossary, IGG)的国际项目[2]。这个项目的设立旨在建成一个互联网管理领域中的阿拉伯语术语汇编框架,以支持阿拉伯语社区在各种平台[包括信息社会世界首脑会议(the World Summit on Information Society, WSIS)和互联网管理论坛(Internet Governance Forum, IGF)]上,促进阿拉伯世界多利益攸关方参与国际化的互联网管理和决策的进程。经过几年的艰辛努力,2017年,这个互联网管理术语汇编及其建造方法终于以网络的形式面向大众开放。

2016年,国际术语信息中心主任 C. 加林斯基(Christian Galinski)以电子邮件的形式将这份详细讲解这个处于世界术语工作前沿的术语汇编建造方法的英文文件发送给笔者。2018年,经 C. 加林斯基先生本人的热情建议,笔者将这份英文文件全文整理成中文,然后交付给联合国教科文组织作为中文文件保存。本文将其中的一部分内容进行了编译整理,以期为国内期望了解联合国教科文组织术语工作的读者们提供一条途径。笔者的这篇文章得到了联合国教科文组织和国际术语信息中心的授权。

1　时代背景和这部互联网管理术语汇编产生的必要性

这部"联合国教科文组织互联网管理术语汇编创建方法(Internet Governance Glossary Methodology)"文件所介绍的时代背景如下:

"数字鸿沟"是一个术语,指的是人口统计学意义上,在获得现代信息和通信技术(ICTs)的地区与那些无法或者有限获取现代信息和通信技术的地区之间的差距。信息和通信技术包括电话、电视、个人计算机和互联网,以及所有与之相关的软件及其应用。20 世纪末以前,数字鸿沟主要指在那些有电话设施和没有电话设施的人们之间所做的划分;从 20 世纪 90 年代后期开始,这个术语逐渐主要用来描述那些有和没有互联网接入的人们之间的分化。数字鸿沟尤其存在于城市和乡村地区之间;存在于受过教育的人们和未受过教育的人们之间;它也在社会经济群体之间存在;从全球化的角度上看,它也在工业化程度发达和不发达的国家之间存在。即使在拥有一些技术技能的人群里,数字鸿沟也可以表现为低性能的计算机、低速的无线网络连接、价格较低的网络连接方式(如电话拨号),以及对基于收费的订阅内容的有限访问。例如,2013 年 6 月美国白宫的一份宽带报告显示,只有 71% 的美国家庭使用了宽带,这一数字低于其他国内生产总值(GDP)与之相近的国家。因此,在很大程度上,数字鸿沟是一种现实,尤其是指宽带接入互联网的现时代。

在现时代,视频点播、视频会议和虚拟教室等服务兴起,这使得分隔的获取信息接入市场在现实中问题重重。因为上述这些服务需要接入高速、高质量的连接,而那些在数字鸿沟中处于劣势的人们却无法访问或者负担不起这样的连接。虽然智能手机的用户数量在不断增长,甚至在低收入和少数群体中情况也是如此,但数据计划的成本也在不断上升,在智能手机上执行任务和进行交易也存在一定难度,这些也继续阻碍着数字鸿沟两边差距的缩小。联合国教科文组织鼓励各国利用信息通信技术促进公民更多地参与民主生活。这可以通过以下方式实现:

利用互联网以及其他的信息通信技术作为公民与当局之间进行对话的工具;整合包括图书馆服务和社区媒体在内的新型和"传统"技术;对本地内容进行制作、改编、翻译和分享;以及建立适合不同文化背景的试点项目;高度优先重视目前受到排斥而处于劣势和边缘化群体的需要,以建设开放和包容的信息社会;增多妇女和青年获得知识社会惠益的机会;向目前无法为大量公民提供信息和通信技术的国家提供物质援助。

一些缩小数字鸿沟的倡导者认为这样做将降低文盲率、促进民主、改善社会流动性、推动经济平等和经济增长。联合国教科文组织等政府间组织和互联网名称与数字地址分配机构这样的全球性组织,还有地区性组织、非政府组织(NGOs)及其他组织,都强调语言在建设包容性知识社会中不可或缺的作用。每一种语言都是对其文明所固有的文化天赋的独到证明,每一种语言都为世界遗产做出了自己的贡献。更无须累述,每一种语言在建立跨文化对话、进行民族和解与促进世界和平等方面所发挥的关键作用。

历史经验表明,在这个世界上,如果人们的母语(尤其在术语方面)没有从协调一致的语言政策和辅助性语言协调支持工具中获益的话,他们在当今的信息社会里则往往处于越来越不利的地位上。实践证明,在许多情况下,当一种语言或多或少地局限于家庭的小天地里时,这种语言就开始在专业领域和国际社会中失去其重要性了。换而言之,如果某种语言的使用者在某一特定领域或者跨越多个领域的交叉学科的术语方面落后了的话,那么,随着时间的推移,他们就有可能丧失在不同主题领域里使用自己的语言进行交流的能力。这也就意味着,如果一个语言群体没有开发出自己语言的科学和技术术语,他们就不可避免地被迫去使用其他更发达的外来语,以进行专题领域的沟通和交流。从这个意义上讲,这部互联网管理术语汇编的制定无疑给人们提供了行之有效的工具,从而极大地促进了交流各方之间的沟通、理解、交流与合作。

在互联网的早期发展阶段,人们往往从技术角度对其进行评估。然而,在过去的十年里,从全世界的角度,却逐渐出现了通常称为"软实力"的其他课题,侧重研究人权、民主、隐私、社会公平、包容性、地方性内容的创建,研究相互依存等问题,以及研究涉及互联网使用的其他文化、教育、经济和政治等方面的问题。自互联网管理论坛建立以来,针对上述问题的全球化讨论一直在进行着。互联网管理论坛是两次信息社会世界首脑会议(分别于 2003 年在瑞士日内瓦和 2005 年在突尼斯举行)和信息社会世界首脑会议第十届审查进程产生的成果。在这种时代背景下,人们日益认识到"语言"是一个不容忽视的问题。在当今时代,信息和通信技术与互联网对语言的使用给予了高度支持。因此,如果与此相关的术语缺乏,则势必会对数字鸿沟和知识鸿沟产生间接的影响。

今天,针对互联网管理问题进行的对话和寻求解决问题的办法,从全球化的角度,国际社会已经形成了几个多方利益群体参与解决的机制。上述提到的信息社会世界首脑会议的活动和互联网管理论坛的建立,都属于寻求解决上述问题的主要事例。为了参与国际多利益攸关方的活动进程,世界各国及其国家代表都需要配备自己的语言工具,以增进彼此的理解、合作与协调。在这方面的行动之一,就是国际社会迅速建立了与互联网管理有关的多利益攸关方参与的伙伴关系机制。

目前,在这一方面,鉴于支持性的语言工具未得到充分使用,阿拉伯语国家及其团体,在多利益攸关方活动进程中充分参与建设性对话和联合行动的机会有限。因此,在加强阿拉伯语技术术语方面需要寻找解决办法,以便能以有效、高效和协调的方式促进在关于互联网问题上使用阿拉伯语进行对话。

参与互联网管理术语汇编项目(以下简称 IGG 项目)的合作伙伴们普遍认为,互联网应该为世界各地的所有人服务。互联网技术的进步为全世界的人们获取、保存、创造和分享信息与知识提供了巨大的机会。当信息在互联网上共享时,它就会立即为大量的受众所使用,并可能产生全球性的影响。然而,更为重要的是,要确保信息和知识不仅要提供世界上占主导地位的语言,而且也要让世界上较少使用的语言平等获益。IGG 项目实施的目的,就是依据国际标准创建或者统一术语的正式通用方法,为讲阿拉伯语的国家及其团体提供一份互联网管理术语汇编。

参与 IGG 项目提案准备工作的合作伙伴们热情地在工作方法上提供帮助,他们开发出一种适用于英文的特定语言工具,名为"IG 术语汇编"(A Glossary of IG terms),然后,他们与讲阿拉伯语的专家和其他国际层面上的专家,以及与从事互联网管理(Internet Governance, IG)、信息技术(IT)和语言学工作的组织密切合作,将这套"IG 术语汇编"本地化为阿拉伯语。这样做更是为了促进阿拉伯语国家及其团体积极参与涉及多方利益相关者进行合作的进程,尤其是针对互联网管理问题。这部互联网管理术语汇编可供全世界讲阿拉伯语的国家及其社区、团体使用,尤其针对从事语言政策制定工作的国家层面上的专业化组织,也适用于参与互联网管理合作进程的合作伙伴,同时也适用于讲阿拉伯语的普通人。IGG 项目还可视为一种举措,以满足在地区和国家两个层面上持续进行术语规划、提高机构能力建设和建立有效协调机制的需要。

在 IGG 项目结束时,诚挚期待阿拉伯语国家能使用这部以协作、准确和多利益攸关方参与的方式编制的互联网管理术语汇编;帮助制定联合议程,为决策进程和更有效地进行沟通做出贡献,并鼓励大家参与多利益攸关方的互联网管理机制;参与多利益攸关方的合作进程;在国家和地区层面上从事语言工作的组织之间,建立提高机构能力和进行协调的机制,以促进在互联网上推广和使用阿拉伯语。

预期这部协调统一的互联网管理术语汇编一旦制定完毕,这些新术语及其说明就可以为国际、国家和地区层面上的各级决策者、公共行政部门、媒体、教育机构和公众所使用。

为确保这部术语汇编得到最广泛的传播,该项目包含了包容性的协商和反馈机制,如在线和面对面的讨论与咨询。下面列出了为实现预期成果而确定和需要遵循的主要步骤:

(1)为编制术语汇编草案搜寻关于互联网管理问题的关键性文件:在采用英文编写互联网管理术语汇编草案的筹备阶段,项目组确定和分析了大量的重要文件(160 多份),并将分析结果纳入与互联网管理问题相关的术语初始清单里。

(2)以英文编写一份互联网管理术语汇编草案:为此征求术语学、互联网管理和其他相关领域专家们的意见,请他们为拟订初步的术语清单献计献策。互联网管理术语汇编的英文草案包含所有已经确认了的互联网管理术语。

(3)公开协商:代表着国际、国家和地区层面的专业组织的专家对术语汇编草案进行在线公开协商。根据收到的专家评语和建议,项目组编写 IG 术语定稿前的英文版本,然后使用阿拉伯文对 IG 术语进行翻译改编和本地化。

(4)将 IG 术语汇编本地化为阿拉伯文及其验证过程:启动了另一轮有相关专家和组织参与的公开协商活动。在法国巴黎联合国教科文组织总部举行的面对面验证会议上,专家们集体讨论修订了阿拉伯语的 IG 术语汇编草案。

(5)发布:最后的电子文件由合作伙伴在诸如互联网管理论坛、信息社会世界首脑会议及其他活动期间出版、发布和分发。

在今天,互联网的使用已经远不止是服务研究需要和发展经济的目的,它已经成为现代社会与保障基本人权(包括获得信息、有言论自由的权利)、健康和教育相关权益的关键性支柱之一。与其他技术不同的是,互联网拥有的是"用户",而不是"消费者"。这就是为什么完全以利润为导向的模式(即使这种模式能明显带来更多的创新和投资活动)可能会增加信息丰富者和信息贫乏者之间的鸿沟。前者可以使用到无限制的高质量在线服务,而后者则可能不得不安心于无用的低效服务。没有人能否认,互联网代表着一场新的"技术革命"。它已经并将继续为整个社会带来巨大的好处。但它也确实存在着一定的风险。

因此,互联网管理是一个复杂的、多层面的话题,它涉及技术(首先是基础设施建设和标准化工作)、经济、法律、社会发展和社会文化,以及利益相关者之间的合作等多个方面,互联网管理是一系列的活动及其产物。互联网这种动态发展状况以及这个课题所具有的复杂性,也就决定了创建互联网管理术语汇编方法的复杂性。例如:

随机选择术语和专有名称似乎没有多大用处(尤其是在查阅现有的与 IG 术语相关的词汇表时);使用计算机语言方法及其工具进行术语出现率统计也是不合适的。

新出现的资料源提供的信息往往在现存的资料里找不到,或者与早期资料所描述的情况不同。

鉴于上述情况,互联网管理术语汇编的创建,从一开始就需要采取高度系统化和较为谨慎的工作办法。

在遵循国际标准的前提下,编写互联网管理术语汇编的方法必须加以调整,以适应上述情况。

(1)经过与上述合作伙伴的密切协商,对预选出来的官方文件进行补充和分析,将其作为识别和描述 IG 主要术语的基本"文本语料库"。在对上述文件的性质进行分析的基础上,项目组优先考虑那些有希望为 IG 主要术语提供良好语境背景的文件。在稍后阶段,项目组将再次对照包含所有文件的综合语料库对 IGG 条目草案进行检查。

(2)按字母顺序排列的专业术语和专有名称及其缩写——主要是在互联网上收集到的术语集——则被认为没有多大希望产生出相互一致和前后连贯的好条目。除此之外,项目组从一开始就必须对其他语言版本的 IGG 进行考虑——因为在这些语言里,这些条目肯定不会按照英文字母顺序排列。因此,IGG 项目所选择的系统化方法是从对预选文件的分析入手,对互联网管理维度进行广泛细分,然后着手工作的。

(3)虽然互联网管理术语汇编应遵循国际标准和选择最佳的运作方法,但鉴于它的预期最终用户是博识的非专业人士,而不是高度专业化的专家群体,因此,采用严格意义上的"定义"则是不适当的。IGG 里的定义应该是"用户友好的",而不应该是严格意义上的科学定义。因此,项目组选择了一种浓缩的"描述"形式对 IGG 术语所代表的概念进行表述。特别注意采用这样的方式拟订说明,从而使得 IGG 条目之间的概念关系一目了然。

2　工作概述

本文件旨在说明,如何为互联网管理术语汇编选择和处理与互联网管理有关的术语和名称,并对其进行描述。因此,这里涉及的是这部术语汇编开发的方法,而不是创建互联网管理术语汇编所必要的一般性理论介绍。

对预选文件中 IGG 候选术语的语境背景分析表明,在大多数情况下,文件都没有提供足够的解释,或者解释性的说明很不连贯,甚至相互矛盾。因此,IGG 项目组不得不参考其他的资料源,包括研究性论文、在线计算机百科全书、各种组织的网站等等。因此,几乎每个 IGG 条目都需要对不同来源的若干候选术语出现的事例进行"适应/合并"。

选择 IGG 术语的要求:

术语应属于互联网管理一般级别上的最重要术语;

术语在各自的 IG 维度(即 IG 的子领域中)上不应具有过强的技术性;

对术语的描述应该是对用户友好的,即非专家用户也能够理解 IGG 术语所涵盖的技术性问题。

这部术语汇编里涉及现有各主要组织、论坛、网络、团体、会议、条例和法律文书的专有名称,是从国际或至少是从地区角度上具有相关性的现有文件里,或者根据专家的建议进行选定的。

此部术语汇编中还包括其他的名称,这些名称也可视为代表个别概念的术语,如 Internet Protocol version 4(IPv4)。诸如此类的名称在此视为术语。

这里讲述的方法应该是目前最先进的,而且尽可能以基于官方或者非官方的标准及相关文献为基础。就术语工作本身而言,尤其是在规范化的术语工作(例如术语标准化工作)中,术语是相对稳定的。也就是说,广泛达成一致意见的术语,是经过协调统一或者标准化了的。

从这个意义上说,眼前的这部互联网管理术语汇编不能视为是按照术语规范化方法(规定性方法)制定的。因为,这里的互联网管理术语汇编中的术语部分具有政治"敏感性"——即参与编制的各主要利益攸关方有着截然不同的看法——这一事实给术语汇编过程中的项目组带来了一些挑战。

3　筹备阶段的思考

3.1　从方法论角度审视不同类型的术语工作

为术语工作选择适当的方法,首先取决于以下几个问题:

(1)该领域或者该学科的术语是高度稳定的还是正在发生迅速变化的?

IG 术语中有一些部分是发展迅速的术语,而不是稳定的术语。

(2)谁是术语的目标受众?

IGG 术语所涵盖的大部分或者部分内容面向的是非专家型用户,这就意味着:

——IGG 所选择的术语,在其所覆盖的每个维度上都不应该具有过强的技术性。

——IGG 术语在互联网管理的各个维度上,都应尽可能描述得让非专家用户理解。

(3)IGG 的创建目标是什么?

IGG 的创建是为了在一种语言内部和不同语言之间增强 IG 术语含义使用的透明度,为此:

——IGG 条目应该可以相互参照,以便为互联网管理的主要内容建立起语义"上下文"语境,尤其是在 IG 更高级别的概念层次上。

——对 IG 术语的描述应该采用以下方式,即无须太详细,也不要具有过强的技术性,目的是创建上面提到的语义"上下文",以求更好地让用户理解。

——在采用英文编写 IGG 条目时,应该从一开始就适当考虑到,这些条目以后要翻译成其他语言,或者更确切地说是"翻译加创造"。

综上所述,我们可以清楚了解:

在 IGG 项目中,采用纯粹的"描述性"方法是行不通的,因为在比较大量文件不同上下文语境里的术语含义的过程中会产生大量信息,这势必会让目标受众产生困惑。

然而,正如任何其他术语工作一样,IGG 项目也需要在开始时有一个描述性的阶段。

在 IGG 项目中,采用纯粹的"规定性"方法也是行不通的,因为这种方法需要让某些"权威"来对措辞进行规定,它需要一种高度系统化的方法,来对每一个由一个或多个术语所代表的概念进行协调。

然而,鉴于 IGG 项目从一开始就受到各种因素的制约,故而,在该项目实施过程中,不可避免地要采用某种"规定性"的方法因素(尤其是在进行数据管理和总体布局的时候)。

总而言之,即便是在"描述性"的术语工作方法中也存在着描述性的程度不同;而在"规定性"方法中,规定性的程度也会有所差异。

出于对不同术语工作实际需求的考虑,无论采用上述哪一种方法,都需要人们对工作流程和如何表示数据做出某些具体决定。目前存在着几种对各类术语工作都适用的、先进的术语工作模式,这些模式具有相似性或者互补性,其中就包含专业术语的术语汇编的创建方法,IGG 项目的工作流程和数据表示方式则遵循上述这些术语工作模式的基本原理,尽管项目组针对 IGG 的具体目标略微做了一些调整。简而言之,IGG 项目组选择的是一种混合的术语工作方法,它将术语工作的描述性和规定性因素结合在了一起。这种混合型方法也与专业词典编纂学的工作方法很一致,后者侧重于研究在某一领域的专业交流中出现的术语。

3.2　设计和规划不同类型的工作流程

根据所选择的工作方法的不同和特定的制约条件,具体的工作流程设计可能有所差异。但一般而言,工作流程的设计通常分为以下主要阶段(依据 ISO 15188:2001):

——筹备阶段:审议项目的可行性、具体框架和规格。

——设计阶段:考虑项目领导层的组建和制订项目计划所涉及的所有方面(包括使用什么样的工具)。

——实施阶段。

——审查、评价和核实阶段。

——最后阶段(评估结果并完成项目)。

在实际的术语工作实践中,根据项目的具体目的以及可用性资源(就人力资源和技术能力而言),每个项目都需要或多或少地调整自己的工作流程。

因此,依据最佳方案,IGG 项目的合作伙伴们对以下 ISO/TC 37 "术语及其他语言和内容资源"的主要国际标准规则进行了适当调整：

ISO 10241 – 1：2011 标准术语条目——第 1 部分：一般性要求和表示示例

ISO 10241 – 2：2012 标准术语条目——第 2 部分：标准化术语条目的采用

ISO 15188：2001 术语标准化项目管理准则

同时适当考虑下列一些规则和信息：

ISO 12620：2009 术语以及其他语言和内容资源——语言资源的数据分类规范和数据类别注册表的管理

ISO 26162：2012 术语、知识和内容管理系统——术语管理系统的设计、实施和维护

如下图所示，在必要的时候，项目的中期结果可能须返回到前一阶段。

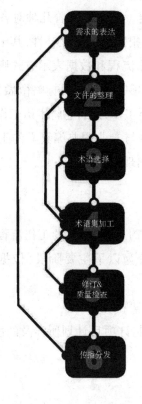

图 1　术语工作涉及的主要活动　　图 2　标准化的完整术语工作流程

考虑到 IGG 还将包含代表着与 IG 有关的组织、论坛、网络、团体、会议、规章和法律文书等专有名称的条目，以及包含属于"术语用法"之类的扩展性术语条目，IGG 项目组参考了维拉蒂（Velardi）等学者撰写的《协作研究项目中术语汇编的定义方法及其在欧洲英才网络中的应用》（"Methodology for the definition of a glossary in a collaborative research project and its application to a European Network of Excellence"）一文里所概述的术语工作方法。这篇文章所概述的从专业词典编纂的语用角度出发使用本体工具的方法，为 IGG 项目提供了最先进的术语汇编创建方法。

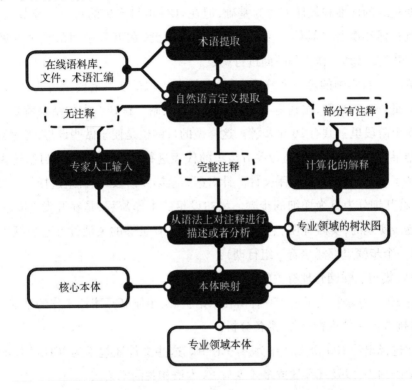

图3　基于本体开发的术语汇编工作流程模型（简化）

鉴于 IGG 项目的工作性质，项目组对现有的最佳方案进行了调整和合并，同时充分利用适合现有文件特点的术语工作工具。

"互联网管理术语汇编编制和验证方法"（IGG 方法）是按照以下主要阶段进行起草的：

第1阶段:定义这部术语汇编的用途（IGG 工作流程步骤1）。

第2阶段:对所提供的文档进行选择，并编制出第一份带有上下文的 IG 术语列表(IGG 工作流程步骤 2—6)。

第 3 阶段:预评估阶段(IGG 工作流程步骤 7—15)。

第 4 阶段:兼顾预评估阶段的工作投入,使用术语提取工具创建术语汇编初稿(IGG 工作流程步骤 16—22)。

第 5 阶段:为确定最终的术语汇编,征求广大专家的意见(IGG 工作流程步骤 23—26)。

虽然为 IGG 项目所选择的"通用"方法是最先进的,并且在尽可能的情况下,以正式或非正式的标准和最佳方案为基础,但在 IGG 项目实施的每一个环节上,都必须考虑到具体环境及其具体要求和制约因素。因此,在 IGG 项目的整个发展过程中,项目组需要对其工作流程不断进行调整。

在 IGG 项目实施的每一个阶段上,项目组所采取的步骤有时是并行的,以求尽可能避免重复某些步骤,尤其是考虑到有时间的限制。这样产生的结果就是——在常用的 5 个阶段里一共有 26 个步骤。这样做的目的也是便于做些设想,考虑到 IGG 的最终结果需要与专家和利益攸关方组织的代表进行协商。此外,项目组还为这类协商准备了与 IG 有关的第一手文件。针对第 2 至第 4 阶段,项目组选择了一种务实的办法,将其细分为更为详细的步骤。最初设想的工作流程,是在开发 IGG 项目的过程中逐步实现的,实践证明,它在需要修改时具有足够的灵活性。它包括以下的步骤(每一个步骤里都涵盖着一组行动):

(1)收集与互联网管理有关的文件:

约有 30 名专家收集了近 150 种潜在术语资源,用作 IGG 术语工作的基础。

(2)挑选出文件进行合并,准备分析:

一共选择出约 100 份文件作为参考清单。这些文件还包括为 IGG 准备的推荐性候选术语列表,以及现存的或多或少与 IG 术语相关的术语表。

(3)按照一定标准对文件进行分类:

将文本文件从术语汇编资源里分离出来后,对其加入更多的相关资源。然后,根据文件的类型(如报告、文章等),假定它们适合于术语抽取(按高度适合、不太适合、至少在术语提取阶段应被忽略的顺序进行归类),对文件重新进行编号、编码和分类(详情见 3.3 所述)。

(4)概述汇编的工作方法:

(与步骤 3 并行)在考虑 IGG 项目的运作能力和时间限制的具体情况下,起草 IGG 项目应用的基本方法。

（5）选择带有上下文背景的 IGG 候选术语：

根据分为 A 和 B 两类文件的文本（见 3.3）以及最新的文献,选择具有上下文和注释的候选术语,并根据子主题按互联网管理的 5 个维度进行分类。

（6）准备文件以测试术语提取工具（term extraction tool, TET）：

（与步骤 5 并行）运用 ProTerm 软件建立了几个文本语料库,以便可以为所选候选术语对任何有用的文档子集进行分析。（详细信息见第 5.2 节）

（7）以预评估格式编纂候选术语清单草案：

由于在步骤 5 中收集的数据非常庞大,因此需要采取一种从预评估阶段开始的格式。它包括对术语的描述性说明进行简化的建议。

（8）编写评论模板：

（与步骤 7 并行）创建通过电子通信收集评论的模板。

（9）起草描述说明的建议稿（与步骤 7 并行）。

（10）合并 IGG 候选术语清单：

在与合作伙伴协商之后,将 IGG 初稿用于预评估。

（11）选择和调整术语提取工具：

（与步骤 10 并行）项目组选择使用术语提取（或更确切地称为"术语和名称识别"）工具 ProTerm,并依据 IGG 的具体目标对其进行了调整,以便尽可能让所有或者任何有用的文件子集都得到分析,以选定出候选术语。项目组利用这个术语软件,建立了几个文本语料库（依据步骤 3 中的文件类别）。（详情见第 5.3 节）

（12）在预评估阶段,通过电子通信手段挑选出 10 名专家进行咨询：

依据 IGG 项目的第一份综合草案,就 IGG 候选术语的遴选问题,项目组征求了 10 名专家的意见。专家们从这些候选术语中进行筛选,摒弃掉其他的候选术语,同时增加了新的候选术语。一些专家还对互联网管理的维度划分进行了评论,并依据维度对一些候选术语重新进行了安排。

（13）预评估结果：

在 IGG 项目接下来的工作中,需要对预评估结果进行兼顾。

（14）检查和处理预评估数据：

对这些预评估数据进行核对,并将其纳入供 IGG 项目今后进一步开发用的初始内容表里。退选的候选术语则暂时列在另一份独立的清单中。

（15）分析候选术语分类综合表：

（与步骤 14 并行）对重新编排的候选术语进行分析,并将其整合到供 IGG 未来发展用的初始内容表里。

（16）对重新编排的结果进行初步合并：

准备供评论用的模板，以便对收到的评论进行评估。

（17）整合 IGG 项目的工作方法（与步骤 16 并行）。

（18）讨论内容表草稿：

合作伙伴对内容表草稿进行讨论，然后对预评估结果进行评价。

（19）对分类术语进行最终的选择：

在充分讨论的基础上，最终确定该阶段 IGG 候选术语的选择。

（20）起草用户友好的术语描述性说明：

在编写方便用户使用的术语描述性说明的过程中，需要采取若干行动以实现以下目标：

将选定的术语纳入主题序列，同时要兼顾给定的建议及其相关性；

减少描述性说明的数量和注释的数量；

以合并后的描述性说明为依据，并依据利用 ProTerm 工具（如 eSignature，digital signature，cybercrime 等）提取的上下文信息，将几个条目进行组合；

分离几个条目（例如将 TCP 和 IP 进行分离）；

添加几个条目（例如将 Internet 添加进来）；

提供相互参照的信息（以红色和粗体字突出显示 --> 尚未完成，在最终布局中也尚未完成）；

利用术语识别和提取工具 ProTerm 添加资料源；

不要给组织名称及其他专有名称（例如惯例／条约）添加上解释性的文本；

去除退选的候选术语，并将其放入另一份单独的文件里（用于存档）。

（21）计算机辅助的上下文比较：

（与步骤 20 并行）实践证明，在 IGG 项目中，ProTerm 工具非常有用。它有助于对重要的上下文进行识别，以作为描述性说明的材料，也有助于清晰跟踪术语资料源，等等。

（22）编辑 IGG 项目工作方法：

（与步骤 20 并行）在第 4 阶段，IGG 方法已经预先确定。

（23）合并 IGG 条目：

在对收到的输入信息和为编写术语的描述性说明而提取的、与上下文有关的信息进行整合的基础上，还需要对相应的条目进行整体修订。为了方便验证会议的召

开,所有的材料都是按字母顺序(作为索引)进行准备的。在内容表的后面附有关于
IGG 条目整体布局的注释说明。

(24)将 IGG 条目翻译成阿拉伯语:

由于意识到与互联网管理以及信息和通信技术有关的许多术语主要是从英语
或者法语借用到阿拉伯语里的,因此,这部 IGG 文件需要翻译成阿拉伯语。

(25)召开各方专家和各利益攸关方参加的面对面验证会议。

(26)对最后的投入进行整合和 IGG 项目的最后巩固:

在对投入、存在的问题和提出的建议进行充分讨论之后,涵盖互联网管理七个
维度(层面)、包含约 200 个术语的 IGG 阿拉伯语 – 英语版本最终大功告成。在互联
网管理术语汇编中,包含了约 50 个重要组织、论坛、网络、团体、会议、规章和法律文
书的专有名称。

在拟订说明的过程中,项目组特别注意为概念间存在关联的条目提供相互参照
的信息。这种考虑,连同整部汇编对所有条目在风格、布局等方面追求协调一致的
要求,使得整个项目的规划需要适时进行必要的细致调整。更为重要的是要认识
到,在步骤 26 之后,还需要有一个最后的过程:

就整部术语汇编所做的所有调整达成一致性意见,以最后确定如何对整套方法
进行阐述说明。

3.3　筹备互联网管理术语汇编所需查阅的文件

一般而言,任何一种术语表都可以包括一份术语清单及其相关定义或者描述性
说明(包括专有名称),这些内容是从现有资料源里筛选出来的,或者是由专家选定
的,也可能是由术语表制作者编制的。

术语汇编开发人员面临的共同挑战是:

——许多现有术语表过于"单一"。制作者一般都理所当然地认为,用户/目标
群体对单个术语表条目或者各自资料源的"上下文"是理解的。

——许多现存的术语汇编中的术语或者专有名称的条目都是按字母顺序排列
的,这就要求用户能够在上下文之外"理解"某些术语。然而,为了实现 IGG 项目的
具体目标,则需要将术语按互联网管理的各个维度/字段(领域)或者子字段(子领
域)进行分组,旨在为理解和翻译这部术语汇编提供必要的背景。

——在对内容相关的条目进行比较时,常会发现追加的资料源往往包含相当矛
盾的信息。

因此,IGG 项目组的主要精力必须放在使用为完成 IGG 项目而选定的文件上。总而言之,几乎每一个 IGG 条目都必须在几个资料源上加以构建/修改:这些资料源包括现有的术语表条目、文本/文件及该领域的其他资料来源。这种情况主要是以下几个问题造成的:许多文件并不描述这些术语本身;这些文件只是以肤浅的方式提及或者涉及这些术语。造成这种情形,要么是因为这些术语的含义被认为是读者理所当然应该知道的,要么是因为这些术语所代表的概念是目标受众已经充分了解了的。综上所述,由于缺乏准确的上下文背景、缺乏概念的统一或者缺乏及时更新的信息,因此,在 IGG 项目中,很有必要对大多数条目的说明进行调整、完善或者重新拟定。

对评估文件的标准进行定义,以便使用这些文件建立文本语料库,则是第一项复杂的任务。IGG 项目组对文件清单(连同档案)进行了分析,并对文件进行了分类。在完成上述任务的过程中,又添加进一些文件。项目组首先分析了 107 份文件和其他三项资料源,遵循的是以下标准:

文件中提供的信息不仅与具体专业领域有关,而且在概念化的上下文背景方面也具有相关性;为用户提供指导性的权威文件;关键性文件,如手册和指南;还审议了现有的各种术语表,旨在与选定的候选术语进行比较,并对术语说明和解释进行合并;发行日期;文件来源,特别是签发当局等。

为了便于在整个项目的实施过程中进一步处理这些文件,项目组首先给这些文件做了标记,不仅标有独特的编号,而且还给文件标题添加了简短形式的助记符,并加上代码以标明文件的性质。例如:

——ar(年度审查)

——acro(包含缩略语)

——bapa(背景文件)

——bripa(简报文件)

——CoEu(欧洲委员会)

——d(草稿)

——dipa(讨论文件)

——dwp(工作文件草稿)

——EuCo(欧盟委员会)

——glo(术语表)

——HB(手册)

——hist（与历史有关）

——IS（互联网社会）

——ov（概述）

——pol（政策相关文件）

——rep（报告）

在 IGG 项目的整个汇编过程中,项目组都使用上述这些综合参考代码。直到项目的最后阶段,这些代码才被这部 IGG 文件附件 1 中所列的常规书目参考代码所取代。

根据 IGG 项目的具体针对性,项目组对所有文件进行了分类,以供进一步选择之用：

（1）从与 IGG 中的术语具有潜在相关性/有用性的角度出发,给这些文件分配"文件限定符"进行分类：

T = 包含相关/切题的术语

F = 文件具有基本性质（具有一般性或者与 IG 的某个专题有关）

P = 文件具有政治性质（一般更适用于国际性层面或者与 IG 的话题语气相关）

I = 文件包含许多信息和通信技术术语（与 IG 有一般性关系或者涉及 IG 的一个话题）

D = 草稿或者报告或者摘要或者（较低级别的）建议

O = 旧文件（与 IGG 项目的目标有关;并不排除旧版本在某些情况下可能更中肯 = 不早于一份被归为旧文件的较新文件）

（2）从术语角度看"优先权"：

A = 与所含术语高度相关

B = 在某种程度上与所含术语有关

C = 与所含术语的相关性低

实践证明,上述以文件性质、术语选择的针对性和与所含术语的潜在相关性/有用性为标准进行的分类,有力地帮助了项目组找到最有效的方法,以启动 IGG 项目。以下是根据上述相关分类进行的工作：

11 份文件被归类为有把握的关键性文件（可能是用作术语提取的最佳起点）;最终确定了 14 个有把握的关键性文件。还有 22 份文件被归类为额外附加的关键性文件。这些文件仍然需要进一步核查,以确定它们是否的确包含比其他关键性文件更合适的术语信息（就定义性的上下文而言）。

对文件的分类,从一开始就以系统化的方法为基础。首先,每一份文件都经过术语专家的审读,例如对文件进行扫描和浏览,然后对它们进行分类。在此过程中,术语专家们都对文件进行了比较,并对分类情况进行了调整。例如,将属于同一类型的文件归在一起。然而,在某些情况下,与对相似的文件进行分类相比,对文件进行分类的程度有高有低,这主要取决于这些文件与 IGG 项目的相关程度。在有些情况下,文件分类根本无法进行,因为该文件不包含与 IGG 项目相关的术语,或者它们没有添加什么新的信息。

总之,术语提取过程是从大约 25—30 份文件入手的。但是,为了使整个项目的运作从一开始就行之有效和易于管理,上述这种分析和分类的方法并不意味着其他文件可以被忽视掉。在保持连贯性的同时,必须特别注意不要失去重点,即不要过多地在某些相关性强的方面投入过多的精力,例如在信息和通信技术或经济术语方面。否则,IGG 所包含的术语很容易超越核心 IG 术语的范畴。不管怎样,项目组最终使用了 150 多种资料源来提取和评估术语。

在开始手动选择术语的同时,项目组还对术语提取软件进行了鉴别和测试,发现现有的大多数术语提取软件系统存在着严重的缺点。(见第 5 节)

3.4　候选术语及其在文件中的上下文语境

就 IGG 而言,项目组对候选术语所在的上下文语境中的信息进行了考察,总结为以下几点:

——大多数情况下,候选术语出现时一般没有定义性的上下文。

——即便是在原假定更适合术语提取的文件里,候选术语出现的地方大多数也没有足够的上下文信息。因此,这就需要 IGG 项目:要么将若干出现候选术语的上下文背景结合起来,要么就求助于更多额外的资料来源。

——在大量的文件文本里,许多术语的使用情况并不连贯一致。

在 IGG 项目启动伊始,项目组就尽可能多地收集具有相关性的上下文信息,并对第一部定义/描述版草稿进行尝试编制。在稍后阶段,考虑到 IGG 目标受众的需求,同时借助术语/名称提取工具,再次对出现候选术语的最重要上下文信息进行检查,决定必须简化草稿中的描述内容。在制定 IGG 条目中的术语描述时,优先考虑到了要具有一般可理解性和用户友好性。在此必须强调的是:实践表明,信息统计的方法(例如对词频信息进行统计)不是选择术语或者提取适当描述性信息最行之有效的标准。有时高频率现象是由布局特征或者参考性信息引起的,而不是由有意义的信息造成的。

4　起草互联网管理术语汇编个别条目的方法

基本上有两种 IGG 条目：

——术语（或者名称，如 IPv4），每一个都代表着一个或一般或具体的，但与 IG 密切相关的概念。

——与 IG 密切相关的组织、论坛、网络、团体、会议、规章和法律文书的专有名称。由于 IGG 草稿里所列的大多数术语条目是从与 IG 主题领域相关的不同资料来源中挑选出来的，因此，从项目一开始就必须采取统一和系统化的方法对 IGG 术语及其说明进行处理（在 IGG 的具体运作过程中，这一点得到了肯定）。然而，这种统一的做法并不意味着，每一个单独的条目都能以同样的方式进行表示。例如，每个术语或者名称的"用法"状态都是逐案说明的，因为并非每一个术语都有同义词或者缩写形式。而在许多条目里，则有两个或者多个同义词；有些是完整形式，并附有缩写形式等。

IG 术语汇编包括这样一些术语或名称：它们虽然相对较新，而且在 IG 圈子里得到广泛使用，但却没有共同协商过的/标准化的定义。而其他一些术语得到了广泛使用并带有明确的定义，因此可以认为是"标准化"的。另外还有一些不常见的术语，尽管它们很少使用，但将其明确化也是很重要的。术语提取工具通常无法区分重要/有意义的和不重要的事例。因此，单凭统计学上的证据并不足以确定一个术语的重要性如何，也不足以从文本上下文语境中识别出一个良好的描述性说明或者解释。

基于标准化的系统性方法——虽然经过调整或者改编——首先是指：

——编制 IGG 的方法，包括大量文件的管理方法；

——IGG 的宏观结构和微观结构；

——条目的布局，包括符号的使用。

这包括——尽可能做到统一——IGG 的结构规则、术语用法及其语义关系、拼写法和其他书写常规、对条目的描述性说明。

根据专业词典编纂和术语工作的一贯做法，项目组决定把每一个 IGG 条目作为一个单独的实体。每一个条目包含：a）一个术语及其同义词或者缩写形式，与之相关的术语（如果存在的话）；b）一条描述性说明，如果有必要的话，后面再加上一条注释。这些条目按照相应的 IG 维度进行分组。IG 维度也提供了一种概念化的"上下文"信息。这种"混合式顺序"（即非字母顺序）在术语标准化工作中很是著名——它在 20 世纪初首度以电工词汇（IEV）的形式出现。后来，大多数的术语或者词汇标准也纷纷采用这种顺序。它也成为一些高度技术性专业词典编纂工作的最佳选择，例如阿尔弗雷德·施勒曼（Alfred Schlomann）于 1906—1932 年编纂其《多语种插图技术词典》系列词典时，采用的就是这种"混合式顺序"〔笔者注：此部"互联网管理术语汇编"的英文版中，将施勒曼编纂其《多语种插图技术词典》系列的时间写成了 20 世纪 90 年代，经过考证是不对的（见"The Life and Works of Alfred Schlomann：Terminology Theory and Globalization". Beitrag zum 15th European Symposium on Languages for Special Purposes. Bergamo 2005. Veröffentlicht in Heribert Picht. *Modern Approaches to Terminological Theories and Applications*. New York：Peter Lang, 2006. 153 – 161）〕。

　　在对 IGG 这种大型术语汇编中的术语条目进行排序时，采用上述这种半系统化的方法（以混合顺序编排条目），则又一次地证明了这种方法的适用性。原因有几点：

　　——广泛性地将术语表划分为子主题，有助于对合适术语进行选择并对其排序；

　　——依据条目概念的相关性对条目进行分组，有助于建立相互参照和细致性的描述，以避免不连贯一致等。

　　因此，IGG 中的条目采用混合式（或者半系统化的）顺序进行编排。

4.1　IGG 条目的微观结构

　　考虑到目标受众的需要，IGG 条目的微观结构大大简化，这样做是合理的。

　　（1）术语或者名称层面（附示例）：

领　域	解　释
2.13	IGG 中条目的编号。
云计算	术语（首选术语在前）或者名称用粗体字进行书写。每一个术语/名称或者其缩写形式，都另起一行进行输入。
互联网运营商 （**Internet operator**）	术语开头用小写字母书写，除非它们是以大写字母开头的名称，或者受某种规则的约束，则具体处理字母或者文字的书写。

续表

领　域	解　释
RT：TCP/IP NOT：承运人	同义词：可以具有不同的使用状态。例如，首选（完全等价于条目的第一个术语，因此也以粗体字母书写），许可（以常规的字母书写）或者弃用； 　　——如果它是一个与首选术语或多或少具有相关性的术语（即一个准同义词或者一个常用的术语/名称），则在它前面加上"RT："（即"相关术语"，也包括准同义词）； 　　——如果它是一个不应该使用的术语/名称（例如，一个弃用术语），则在它前面加上"NOT："（"否："）

（2）描述性说明层面（附示例）：

领　域	解　释
〈互联网基础性设施〉	〈采用角括号式表示〉表明该术语使用的特定领域或者主题，以明确表示该术语在其他领域或者主题中的含义在此被排除在外。
该术语主要指电信服务提供商（TSP）和互联网服务提供商（ISP）	对术语或者名称所代表的概念所做的描述性说明（有时是定义）。交叉参照的IGG术语是用粗体字母书写的。
NOTE：为了提供高质量的服务，互联网运营商正在使用各种流量管理技术来确定某些流量的优先等级。	如果注释有助于理解条目里的概念，则用"NOTE"表示注释。在条目的不同语言版本里，可能会有多个注释。
［百科］ ［从百科改编而来］	方括号内标明资料来源（简称）；资料源的全部信息则列在"参考资料清单"里。通常情况下，源文本需要做一定的修改，这时就标为［从……改编而来］。
IG 维度：*IG* 的一般性维度，法律维度……	如果一个条目包含多个IG维度，则用斜体表示它的缩写形式。
***内部：……	"***内部：……"表示内部注释。（仅在IGG项目的筹备阶段使用）

为了一目了然和方便用户使用,IGG 尽量少地使用词典符号(如不同类型的括号、缩写符号等)并且保证使用的一致性。

4.2 术语的用法和关系

虽然在 IGG 项目里也采用了一些"规定性"术语工作方法,但 IGG 不能被视为一部"规范性"的术语汇编——如果把"规范性"理解为需要获得具有规范权力的领域权威部门(如标准化组织)的批准的话。尽管如此,在 IGG 中,如果某一特定概念有多个术语或者名称,人们有时则必须在首选术语、许可术语和弃用术语之间进行区分。在极少数情况下,即便是缩写形式,也可能具有与其完整形式不同的情形。

在 IG 术语汇编中,一个术语的使用状态可以是上述三种类型之一(首选术语、许可术语和弃用术语)。鉴于 IGG 项目具体目标的需要,在此对国际术语标准 ISO 10241 -1:2011 中有关定义的部分做了一些修改调整:

(1)首选术语

给定概念的首要术语或者名称。可以有一个以上的首选术语或者名称。如果只有一个术语表示该概念,那么该术语便自动定为首选术语。以此类推,"首选"也适用于缩写形式。首选术语或者名称用粗体字母书写。

示例 1:某个术语的完整形式和缩写形式都是首选术语。如互联网服务提供商的完整形式 **Internet service provider** 及其缩写形式 **ISP** 都是首选术语。

示例 2:某个术语的缩写形式和完整形式都是首选术语(但其中一个可能更经常使用)。如互联网协议版本 4

IPv4

Internet Protocol version 4

(2)许可术语

是首选术语的同义术语或者同义名称,但未被定为首选术语。可以有一个以上的许可术语。同理类推,"许可"也适用于缩写形式。许可的术语或者名称用普通字体书写。

示例 1:两个首选术语和一个许可术语

eSignature   e 签名

electronic signature   电子签名

digital signature   数字签名

示例 2:缩写形式定为首选术语,其完整形式定为许可术语

IP address　IP 地址

Internet Protocol address　互联网协议地址

（3）弃用术语

是首选术语的同义术语或者同义名称，但未被定为首选术语或者许可术语。可以有多个弃用术语。同理类推，"弃用"也可以适用于缩写形式。为了对弃用术语进行标记，在它们前面加上"否："

示例：首选术语和弃用术语

Internet operator　互联网运营商

NOT：carrier　否：承运人

解释：这两个术语都广泛用作标准化术语（有定义/经过标准化的含义）。但是，"承运人"这一术语在运输业以及信息和通信技术等不同领域中使用得过于广泛，因此，在 IG 背景中可能会引起歧义。为了明确起见，"互联网运营商"这一术语是 IG 环境中使用的首选术语，而不是"承运人"这一术语。

（4）相关术语

如果把一个在概念上含义相近的术语叫作"准同义词"——即不是一个含义完全相同的术语——或者是一个密切相关的术语，则在它的前面标记上"RT："（即"相关术语"；与同义词词典中的处理方式类似）。

示例：首选术语和相关术语

Internet Protocol suite　互联网协议套

RT：TCP/IP

解释：为什么采用 RT？ TCP 和 IP 都是互联网协议套的基本协议，此外也包含其他协议。另一方面，TCP/IP 经常被用作互联网协议套的同义词。

4.3　拼写法和其他书写惯例

某些术语、名称或者词语可能有不同的拼写变体——不仅只是区域性的拼写变体，如英式英语和美式英语——为了不让同义词的数量泛滥，IGG 项目必须对这些拼写变体的采用做出决定。

示例：eCommerce（电子商务）

否：e-Commerce，e-commerce，E-commerce 等。

在 IGG 中，这些开头带 e 的英文版术语没有连字符，e 采用小写形式，它后面所指的应用区域的术语首字母大写，如 eCommerce。

解释:在术语中使用的连字符和其他句法符号,与它们在文本中最常见的形式一样。在众多不同文件(特别是当包含不同类型的文本时)之间进行术语提取时,拼写法和其他书写习惯会造成很多麻烦。每种变体都必须单独搜索,或者,连同设置(例如区分大小写)也必须与每个搜索结果一起修改。

在某些情况下,人们很难将一般术语和名称区分开来,如 internet 和(the)Internet,或者 Internet Protocol(IP)和其他一些互联网协议的情况。因此,在 IGG 条目中,作为条目出现的术语,通常在其开头采用小写字母书写,而专有名称则采用大写字母书写。毋庸多言,上述提到的现象,严重妨碍了项目组利用术语提取工具进行术语提取的工作,使其难以取得令人满意的结果(见第 5 节)。

4.4 描述还是定义?

虽然,在 IGG 项目着手实施时,项目组最初打算采用严格意义上的定义形式,但随着项目的深入,由于若干原因则放弃了这一想法:

在高度规范和系统化的术语方法中,严格和简明的定义是强制性的,采用这些方法往往是为了形成完整的术语集。但 IGG 的目标是选择互联网管理领域所使用的主要术语和专有名称,因此,这部术语汇编并不需要严格意义上的完整性。IGG 项目所采用的"描述性方法",有时则必然包含多余的因素,或者在某些措辞上不是那么具有"技术性"。

IGG 项目中的定义需要满足"对用户友好"的需求,又加上术语是精心选择的,这就不可避免地导致了对 IGG 术语的解释采用"描述性"方法。

然而,这并不意味着"描述"比"定义"更不正确。与之相反,要为每一种描述找到正确的措辞是一项特殊的挑战。因此,鉴于 IGG 目标受众的具体需求,以及在 IGG 项目中所使用的其他描述性方法,这样做是有意义的。

在这个方面 IGG 项目所遇到的另一个挑战,则是如何通过交叉参照的术语将这些描述联系起来,从而将整部 IGG 转换成一个连贯一致的上下文。"用户友好性"在这方面则意味着,这些术语构成了相关 IGG 条目里为用户提供支持的信息。而在其他参考性工具里,用户经常遇到的则是相互冲突甚至自相矛盾的信息。

4.5 互联网管理术语汇编的宏观结构

除标题页外,IGG 还包括以下部分:

——背景

———目录

———术语表

———术语汇编部分

———附件 1:用于编制 IG 术语汇编的参考文献清单

———附件 2:IG 维度间的相互关系

———附件 3:按字母顺序编排的术语和专有名称的索引

IGG 条目的宏观结构和 IG 维度的划分,主要遵循已得到广泛认可、由学者库尔巴利亚(Kurbalija)在 2012 年提出的关于 IG 维度的划分构想,并将其作为构建 IGG 各主要方面的依据。IGG 术语汇编部分按照 IG 维度细分为 5 个部分,每个部分的前面都有一个简短的介绍。此后还有第Ⅵ部分,介绍各种类型的利益攸关方;第Ⅶ部分包括现有组织、论坛、网络、团体、会议、条例和法律文书的专有名称:

Ⅰ.互联网的一般性管理

Ⅱ.基础设施和标准

Ⅲ.经济维度

Ⅳ.法律维度

Ⅴ.发展和社会 – 文化维度

Ⅵ.利益攸关方

Ⅶ.各组织、论坛、网络、团体、会议、条例和法律文书

虽然第Ⅰ至第Ⅴ部分在很大程度上遵循学者库尔巴利亚在 2012 年提出的并得到普遍接受的 IG 维度的构想,但出于 IGG 项目具体目标的考虑,IG 维度的具体内容做了一定的调整修改,引入了"互联网的一般性管理""元维度"这样的内容,而将社会经济发展和社会文化维度合并为一个维度,同时增加了利益攸关方的类型这一维度的内容。

5　对术语识别和提取工具 ProTerm 的使用考察

在 IGG 项目中选择使用什么样的计算语言学工具,同样是一种极大的挑战。因为大多数工具都是为不同的目的而开发的。

5.1　对几个术语提取工具的测试

在项目启动时,项目组对几个术语识别和提取工具进行了测试。一般容易获得的工具大都有以下特点:

对待处理文本的数量有限制(例如,5MB);对待处理文本的格式有限制;这些工具中有许多是为双语术语提取设计的;或者要求用户在采取任何行动之前先要输入翻译记忆;在确定候选术语方面也存在一些缺陷,例如,将文件逐行作为术语识别的基本单位(譬如,在文件行尾,将多字词术语或者带有连字符的术语分成了两部分,并将分开的部分看成是不同的术语),无法区分组织名称和术语。

在某些情况下,为了能被加载到系统里进行处理,有些文件必须首先进行去格式化(如去除标题页、图表等)。在利用术语提取工具时,可以清楚看到,术语出现频率并不是衡量某一特定候选术语重要性的理想指标。

在某些情况下,只有一个或者极少数的事例后来被证明是非常有用的。而在其他情况下,许多事例则被证明差不多是微不足道的。术语/上下文的重要性往往需要对照着其他资料源加以检查。

另外,许多术语以两个或者多个变体的形式出现(如 e-signature, E-signature, eSignature 等)。而有时,一个术语的两种完整形式具有相同的缩写形式(如 CDN)。许多术语具有同义词或者准同义词。在大多数情况下,识别多字词术语相对容易,而识别一些单字词术语,如 openness,则会陷入困境。这些情况既适用于人工术语提取,也适用于自动术语提取的情形。但是,在人工术语提取中,人的大脑能更有效地从无关数据中筛选出相关的信息。

项目组的测试结果表明:术语和名称识别工具 ProTerm 比测试过的其他工具所受到的限制和约束更少一些。另外,举例而言,有时为了采取不同的搜索策略,可以借助 ProTerm 把为同一批文件建立的几个语料库进行并排使用。因此,综上所述,IGG 项目组选择了 ProTerm(并对其进行了调整改编)作为术语识别和提取工具,并对项目组人员进行了专门培训。

5.2　测试 ProTerm

在对 ProTerm 进行试验时,项目组很快就发现 ProTerm 确定出的候选术语太多。这是因为:项目组所收集的文件不仅涵盖了 IG 术语,而且还涵盖了其他领域的术语。如果算上邻近领域里的 IG 术语,而且还考虑到非常具体的专业细节的话,IGG 就会包含 1 000 多个术语。因此,在 IGG 项目开始时,决定使用最"明确"的文件进行人工术语提取,并记录好上下文,以便以后在计算机协助下编写描述性说明。

5.3　对相关术语和名称进行识别

对识别出的术语和专有名称清单进行检查和评估。在这一阶段上识别出的所

有术语都被认为是具有相关性的。但其中大约有一半在后面变成了退选术语,这是因为:

对从这些文件中所反映出的优先事项,专家们有另外的考虑(这是自然的,更不用说文件中还有许多重复的内容和不同的强调之处);

这些文件的作者(或者颁发文件的组织),与要求选择最重要的 IG 术语编制术语汇编的人,可能有着不同的专业背景;

有些文件是反思性的,或者是议程,或者带有些对抗性质,因此不足以作为描述性的说明之用。

而且,新的 IG 术语日新月异。这就是为什么一些专家后来又增加了一些新的 IG 条目,而另一些专家则希望删除一些条目。

5.4　有效利用 ProTerm

在整理过的 IGG 候选术语清单的基础上,可以有针对性地对 ProTerm 进行应用。实践证明,它对已经识别的术语/专有名称及其上下文的提取效果良好。该系统显示了候选术语/专有名称出现的频率(有时提取结果不一样,这取决于拼写变体,或者词的不同组合的状况,等等)。它还允许在工具中或者原始文件里检查每个术语的出现情况。这样,就为更清晰明确地编制和协调好解释性的说明,并过滤不同领域或者子领域之间的差异和相似之处提供了可能。

简而言之,在这一阶段上使用 ProTerm,其结果绝对优于使用 ProTerm 对没有经过预选的术语进行识别。对于这一点,可以就文件集里出现的术语和专有名称频率,提出一些令人感兴趣的思考:

——如果含候选术语的事例出现频率高,则可能表明一个术语或者名称具有高度相关性,或者在其他情况下则可能不相关;

——而低频率不一定表示某一术语或者专有名称的相关性较低,有时则相反;

——在某些情况下,可能是由于某个术语的新颖性质,因此,尽管最初的一批文件被认为是与某个术语具有高度相关性的,但在这些文件中根本找不到这个术语。

使用 ProTerm 进行术语识别和提取的结果表明:单个术语或者专有名称的上下文往往在语义上"很差"。因此,必须将几处上下文进行合并,或者使用其他资料来源,才可能让对术语的描述完善起来。

借助 ProTerm,不仅可以在术语识别过程中(当它以纯文本格式显示时)查看上下文,而且还可以检查留在工具里的原始版本的文档上下文,它们不仅保持了原始的布局,而且还与非语言的表示相结合。因此,为了理解某些上下文,有必要对原始文档进行多次查阅。

尽管 ProTerm 工具非常有用,但如果对每一个术语的上下文都进行单独的比较和验证的话,则的确很费时间。但是,按一个术语接一个术语地进行上下文识别,以确保提供的是编制术语描述所必需的重要信息,这一步工作却又必不可少。而在通常情况下,在后期工作中,文件中所找到的有用信息却又建议从主清单里删除。因此,能够在同一个工具中使用多个语料库(每个语料库由不同的文件集组成)则是很理想的。

在操作开始时,项目组上传了所有的文件,并建立了三个数据库:

第一个数据库包含所有的文件。

第二个数据库只包含根据相关性进行颜色编码的文件选编。

第三个数据库只为最具相关性的文件建造,其中有一个"停用词"清单,附有 IGG 工作流程第 5 步骤的文献里所确定的术语。到这一步,就可以将其他追加补充的术语确定为核心术语,并将其添加到 IGG 候选术语清单里。

在此之后,为了获得准确的结果,有必要从各种"干扰"中清理出候选术语。否则, ProTerm 工具将识别出更多的候选术语,因为候选术语常带有各种标记(例如句法符号)或者其他的成分/特征,这些成分/特征又把这些候选术语显示成不同的术语。删除/抑制这些标记/特征,确保了在不同文件中候选术语出现频率的精确性,也保障了识别候选术语的完整性,更保证了能有更高的概率去发现重要的上下文信息。

下面的屏幕截图可以对上述信息做一说明:

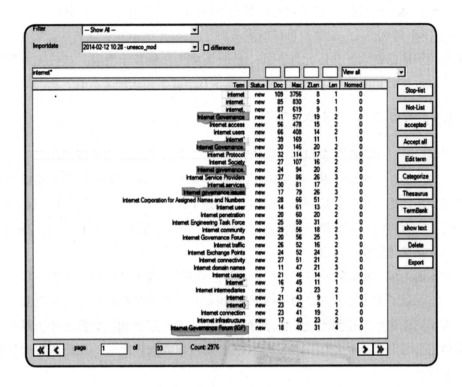

图4　ProTerm 筛查的包含 Internet 的术语群屏幕

　　当寻找 internet(互联网)这一术语时,人们会在同一页和不同数量的文件里发现 internet 的 7 种形式(internet – internet, – internet. – Internet* – Internet：– Internet 等)。每一种形式都应进行再编辑,以协调术语布局,如将标点符号等与术语分隔开来,等等。在这个例子中,人们可以看到带有句号、逗号、撇号、星号、冒号和括号的 internet。就互联网管理而言,internet 带有标点符号的三种形式(出现事例)是"不一样的";而其中另外两种形式,则是与 IG 基本术语密切相关的新术语。

　　ProTerm 允许搜索术语和名称,方法是在查找一个单词时,也同时查找在这个给定"单词"右侧或者左侧与之同时出现的其他单词。这样做的好处是有助于检测复合词构成的术语和搭配组合。

　　同时打开为识别术语/专有名称而建立的三个 ProTerm 数据库, 或者多次打开主数据库的可能性,则允许对筛查的结果进行对比,核实可能的搭配组合,并找到分散在不同文件中的信息。这种对上下文背景的对比,对于巩固 IGG 术语描述的正确性是非常有帮助的。

同时,也能发现若干文件之间存在的重复(相似或者自相矛盾)信息。

ProTerm 的优点之一,便是可以以需求为导向,使用单语和双语文本。文本文件可以采用不同的格式。它还允许在同一系统环境里开展若干活动。这些优点都使得 ProTerm 有别于其他为别的专门目的而使用双语或者多语种文本的工具。

6 IGG 方法的一般性应用

互联网是一个高度动态和多元化的领域,这个领域的术语也呈现出动态变化的增长趋势。IGG 方法也适用于其他领域,如企业管理。在这些领域中,管理策略及其措施必须不断适应市场要求,有时需要采取激进的方式,力求立竿见影地看到成效。对于这类实践性很强的领域,采用"用户友好"的术语管理策略,要比"学术 – 科学"性强的术语管理工作更可取。

对术语汇编(如 IGG)进行及时更新和进一步扩展,是术语管理工作的一项基本要求。它保证了术语汇编内容的可持续性,也保证了其中数据的有效性和重复使用性。为了更新和扩展这类术语汇编,还有其他的工具可以利用。凭借这些工具本身或者将它们与 ProTerm 这类工具相结合使用,则可以大大保障这一更新和扩展过程的高效性。

在术语汇编更新和扩展过程中,尤为重要的,是要保存好所有已删除条目的记录,即历史记录,以及保存好对保留条目所做的修改。因为,在术语汇编进一步开发的过程中,删除了的条目很可能需要复位。而保存好条目修改的历史记录,则可以节省因在过去已经解决了的问题上进行重新讨论而浪费的大量时间。在 IGG 项目中,对术语 openness 的处理就属于这类情况。

具体谈到 IGG 项目,鉴于它的工作重点是在后期要翻译成阿拉伯语版本,因此,最后一次与阿拉伯语专家面对面的讨论会议则是相当重要的。在编写这类术语汇编的整个过程中,始终牢记着它在最后需要翻译成其他语言——记住这一点是明智之举。就此而言,在术语汇编编制的过程中,采用适当方法对语言进行控制或者简化,可能是非常有用的。这一点尤其适用于鉴于不同的文字特点、书写习惯和文化特色的要求,将某种语言"转化"为真正外语的情况。IGG 项目就采用了控制语言的方法。

综上所述,IGG 方法适用于许多其他具有类似性质的术语汇编的编制工作。在以国际术语标准原则为基础的前提下,对术语汇编的要求越是多样化,编制 IGG 这类术语汇编所采用的方法也就必须越加灵活,以适应具体预期目标的要求。举例而言,以上述方法编制的《互联网管理术语汇编》(目前采用英语和阿拉伯语编写),其最后的结果很容易运用于其他目的或者再利用,并可通过以下方式,将这部汇编在各个方向上加以更新或者升级:

添加更多的语言;使用传统的或者先进的技术平台。

上述方向是紧密交织在一起的。

以"方便用户"为宗旨,《互联网管理术语汇编》包含了大量有用的数据和信息。因此,它可以用作教育资源[如公开教育资源(OER)]。一旦其他语言有新的需求,或者出于其他目的需要对此术语汇编进行改编的话,为实现更高水平的内容共享,新的合作/参与的方法和工具又会孕育而生。

参考文献

[1] UNESCO. Guidelines for terminology policies:Formulating and implementing terminology policy in language communities [EB/OL]. (2016 – 01 – 01) [2019 – 01 – 13]. https://unesdoc. unesco. org/ark:/48223/pf0000140765.

[2] About the Internet Governance Glossary[EB/OL]. (2018 – 01 – 01) [2019 – 01 – 07]. https:// en. unesco. org/internet – governance – glossary/about – igg.

[3] VELARDI P, POLER R, TOMÁS J V. Methodology for the definition of a glossary in a collaborative research project and its application to a European Network of Excellence[J/OL]. (2016 – 11 – 21) [2019 – 01 – 10]. http://citeseerx. ist. psu. edu/viewdoc/download? doi = 10. 1. 1. 509. 6626&rep = rep1 &type = pdf.

[4] KURBALIJA J. An Introduction to Internet Governance (5th edition) [M/OL]. DiploFoundation, 2012. [2018 – 10 – 10]. http://archive1. diplomacy. edu/pool/fileInline. php? IDPool = 1484.

[5] Internet Governance Glossary Methodology[EB/OL]. (2017 – 01 – 01) [2018 – 10 – 10]. https://en. unesco. org/sites/default/files/internet_governance_glossary_methodology. pdf.

术语师和专家之间的协调策略
——构建葡萄牙共和国议会术语库的术语学思考[①]

邱碧华 编译

摘要:科斯塔教授是葡萄牙新里斯本大学语言中心主任,自2015年起,她担任国际标准化组织术语委员会第二分委员会的主席。2016年11月前,她一直担任国际术语标准ISO 704和ISO 1087制定工作组的召集人。2000年至2006年,她曾担任欧洲术语协会(EAFT)的主席。2012年,她和语言中心的术语学专家们成功完成了构建葡萄牙共和国议会文本和术语数据库的任务。在完成这个国家级术语项目的过程中,科斯塔教授对"术语师"在与专家发生"互动"时所发挥的积极作用做了认真思考,理论性地总结出术语师在捕捉专家积累的知识和帮助专家实现概念化过程的语言表达方面所采用的"协调"策略。同时,她提示术语工作者要牢记,专家既是验证、确认术语信息的最可靠的资源,也是术语数据库最终的用户,在术语工作的整个进程里,无论专家在场与否,他们都会对术语师所采用的术语工作方法产生重要的影响。她的这一观点,对全世界的术语工作者都具有极强的借鉴意义。文章旨在介绍科斯塔教授关于术语工作中术语师和专家之间的协调策略的主要观点。

关键词:葡萄牙议会文本和术语数据库,术语师,专家,概念化过程,协调,策略

科斯塔(Rute Costa)教授曾经担任欧洲术语协会(European Association for Terminology, EAFT)主席。2015年起,她担任国际标准化组织术语委员会第二分委员会(ISO/TC 37/SC 2)主席,负责起草过国际术语标准ISO 704和ISO 1087。2012年,她带领新里斯本大学语言中心(the Linguistics Centre of the Universidade NOVA de Lisboa, CLUNL)的术语工作团队,成功完成了葡萄牙共和国议会文本和术语数据库(the textual and terminological database of the Portuguese Assembly of the Republic,

---

① 本文主要编译自 https://www.researchgate.net/publication/241945996_Mediations_strategies_between_terminologists_and_experts.

BDTT-AR)（以下简称为 BDTT-AR 术语库）的建造工作。在开展这个项目的过程中，作为一位资深的术语学理论家，她不仅对这个项目所采用的较为灵活的术语工作方法进行了总结，而且第一次从术语学理论的高度对术语工作者（简称"术语师"）和专家之间的合作关系进行了研究，实际上这是一种可贵的理论性突破。笔者认为很有必要做一介绍，与中国正在致力于术语学理论学科建设的同人们共勉。

在下文中，笔者着重介绍科斯塔教授在建造葡萄牙共和国议会 BDTT-AR 术语库的过程中迸发的思想火花，她和她的团队专门撰文探讨了上述话题[1]。

这篇文章旨在探讨在术语学实践工作中，术语师和专家之间的合作关系应该如何建立，以求取得术语项目顺利完成的良好效果。科斯塔教授的术语工作团队针对术语师和专家之间的关系应该如何进行"协调"（mediation）开展了策略性研究。在这个过程里，术语师应当处于主动、引导的地位，依据术语项目所需要的领域知识对专家队伍进行"组建"。葡萄牙共和国议会术语库的建造项目实际上分为两个子项目：在新里斯本大学语言中心，学者们为葡萄牙共和国议会 BDTT-AR 术语库的建造准备所需要的文本和术语资料；对术语学工作方法进行尝试和开发，然后将其融入名为"合作认知语义网"（cogniNET—Cognitive Semantics in Collaborative Networks）项目的合作平台里去。在项目实施过程中，项目组的术语师们意识到在这两个子项目的工作方法之间存在着千丝万缕的联系，因此，他们采取了"主动出击"的策略，自觉依据具体的工作任务去寻求和调整有效的术语工作方法，以求术语项目在整体上保持完整和按计划进行。工作程序主要归纳如下：a) 对语料库进行组织，将其作为第一手的知识源；b) 采用半自动化的方式，从专业文本里提取一定的语言形式，即潜在的候选术语；c) 针对特定目的对术语信息进行组织。此外，每一个子项目还有各具特色的工作方法。譬如，为这个葡萄牙议会文本和术语数据库的内容确认（validation）创造新方法，为 cogniNET 项目里共享的概念化过程设想可能发生的种种情况。在项目实施的每一个环节上，术语师们都起着关键性作用，他们一直牢记术语工作策略中的重要一环：在什么时间和应该如何让专家们介入到项目里来。

科斯塔教授团队里的术语学理论家们经过自己的工作实践，将上述问题进行了理论升华。他们不仅对术语师和专家之间的关系所存在的特色进行了挖掘，而且突显了"协调"这个概念，总结了在术语工作环境中术语师在上述关系中可以采用哪些工作策略，以便最优化地捕捉专家们的智慧，并在工作的各个环节中实现合理共享。

1 术语师和专家的关系

众所周知，术语学的每一个研究项目，都预先在理论与方法论上为术语工作不同阶段的设置和团队的建立提出了一些设想和计划,通常是语言学出身的术语师(这里指葡萄牙的情况)和相关专业领域的专家们一起工作。每个项目自然有其特殊的目的和要求。具体就 BDTT-AR 这个项目来说,则是根据议会明确提出的任务要求,术语项目组的术语师们混合采用了语义学和名称学的术语学方法,创造性地完成了任务。在获取知识方面,项目组主要从文本和"口头"这两个渠道进行交互性工作,"口头"方面主要是直接向议会里不同领域的专家进行咨询。建立有效的工作组至关重要,虽然在此存在着由"多学科背景"人员组成的团队可能不便于管理这一问题,但从"增值"的角度上讲,多种能力的联合势必能增强术语工作团队的"战斗力"。

在 cogniNET 项目中增设 conceptME 平台的目的,就是要建立一个"技术平台",以帮助科技领域的专家们为其领域的术语和概念构建一个"半形式化"的"本体"。这样的"人工产物"实则为一个合作性的"概念化过程"。从这个意义上说,这个"概念化过程"旨在对一个知识领域里的"概念"和"术语"形成一致性意见,因此,这也就在"术语"(terminology)和"知识表示"(knowledge representation)之间建立了牢固的联系。如果这个项目要成功完成的话,则需要一种术语工作方法,它能为专家们在这个"概念化过程"初始阶段的工作提供支持。也就是说,这个"概念化过程"有一个基础性前提:共享的信息来源于一系列的概念和一系列(指称这些概念)的术语,而且,这些概念和术语要取得专家群体的共识。但现实情况是,这个"合作平台"面临着比较棘手的难题:在术语师和专家之间并没有建立起直接的联系——因为这个"平台"是为了向大众普及知识而设计的,参与这项工作的专家来自知识领域的各行各业。当然,在这里对"专家"和"学科领域"的理解较为宽泛,这里说的"专家"跟通常所说的经过严格界定的学科领域专家和小范围经过仔细挑选的专家有所差别。出于术语学理论家的"本能",科斯塔教授在此提醒:因为在这个由广义概念上的专家参与的"概念化过程"中,术语师并不在场,所以,术语学理论工作者应该在此为这两个群体(专家和术语师)设计出可以操作的"协调"策略,用以确保这个概念化过程的顺利实现。

2　何为"协调"?

笼统地说来,"协调"这个术语指称的是一个来自法律领域的概念:"以友好方式解决纠纷的一种模式。其中第三方处于公正的立场上。试图使各方达成一致协议,在必要时为他们提供找到解决争端的途径。"(Mode amiable de règlement des litiges dans lequel un tiers impartial tente d'amener les parties,au besoin en leur proposant un accord, à s'entendre pour trouver une solution à leur différend）从术语学理论角度谈"协调"这个概念，科斯塔教授及其同人选择保留"涉及不同利益派别之间的关系"，"其中有一方充当中介（中间人）以达成一定协议"这一层含义。具体定义为："在当事人之间进行协调的活动，使之达成协议或者进行和解。"至于在术语学环境里应当如何理解"当事人"（parties）和"协议"（agreement）这两个概念，我们可以设想出这么一个"框架"：在其中，术语师和专家可以依据事前拟定的共同目标进行互动。由术语师组织引导的"协调"的过程，可以包含经过深思熟虑的多种类型的策略，它们都能够获得令人满意的预期效果。譬如，实现一个共享的"概念化"过程，或者使术语资料获得专家的确认。但在这个过程中，术语师应当牢记："协调"的最终目标还是在专家之间取得共识。另外，术语师对这个"协调"过程进行引导，并不意味着术语师在整个过程中"袖手旁观"，而是要主动解决好与"术语"或者"概念"相关的问题，以便更有效地组织信息。

这个在术语师和专家之间展开的"协调"需要其中参与各方的"才智"进行大联合，专家的专业知识自然是开展这个过程的重要基础。在与专家沟通的过程中，术语师可以在两类方法上进行选择：可以采用语言学的方法，把经过自己从知识库里仔细挑选的文本进行组织和处理，形成结构明了的术语资料并呈现给专家；或者采用概念化的方法，术语师在此过程中所起的作用就是触发概念化的过程，将专家头脑里的知识借助自然语言的形式明确清晰地表达出来。显而易见，后一种方法更为妥当，因为专家们最了解自己专业领域的术语和概念。简而言之，术语学意义上的"协调"是一个有"蓄谋"的过程，旨在运用术语学的工作方法让专家成为术语工作的一个活跃因素；这个过程由术语师构想并由他们与专家接洽——或者借助概念化过程获得第一手的术语资料，或者从专家那里获得对术语数据的确认（认可），以求最大限度地利用专家的知识完成术语工作任务。

2.1　概念化过程中的"协调"

与概念化过程相关的"协调"理念是指：借助术语师与专家之间的沟通和协调活动，使与术语项目有关的概念得以识别、分析和确认；实施这个过程的目的是借助这些概念及其相互关系，通过建造一个半形式化的"本体"的方式对它们进行定义。针对 conceptME 这个具体的合作平台而言，"概念化过程"的目的是实现人类之间的有效交流。1996 年，学者尤寿德（Uschold）和格吕宁格尔（Grüninger）把"交流"（communication）这个概念理解为一个"本体"（ontology）所起的作用："当想到'本体'为一定的组织提供了一个统一的'框架',因而减少了人们在概念和术语问题上的混淆的时候,人们不得不承认,通过这种方式,'本体'能够帮助那些有着特殊背景或者拥有不同理念和需求的人们实现理解与交流的共享。"[2]因此,在"概念化"过程中为专家之间的交流提供便利,可以被看成是开发更多"形式本体"的最初步骤,这样做也有利于提高信息系统之间的互用性[3][4][5]。

从术语学的角度看,人们可以在这个过程中提出这样的问题:术语师可以采用或者开发出什么样的方法和策略来启动这个过程。其实,支持"概念化过程"的条件和有哪些因素参与了这个过程,决定了术语师应当采取什么样的"协调"方法和策略。总而言之,概念化过程的基础是由一系列任务支持的:这些任务与术语项目的具体要求,也与术语师在同专家合作的过程中术语的形成乃至知识表示的实现密切相关。而且,在通常情况下,专家本身也是主要的终端用户之一。因此,术语师在整个"协调"过程中需要时刻牢记这个因素。

带有概念化框架的 conceptME 平台,它的运作就是从资源中抽取概念开始的。这些概念或者是由术语师事先选定好的,或者是由专家自己存储在平台上的。接下来的阶段,就是对以前确定的概念进行组织。专家们在概念之间建立关系,并为概念关系建立目录。在随后的阶段里,不同的协作小组对已经确定和组织的概念进行共享:来自不同专家的"概念图"被合并在一起,从而形成了一张在专家之间共享的"概念关系图"。在最后的阶段,这张概念及其关系的"绘图",再通过讨论和谈判的方式,由专家们取得一致性意见后得以确定下来。

概念化过程的实现有好几条途径。专家们可以从一个已经存在的"概念模型"入手启动这一过程,或者以一个事先选定好的概念为起点。提取候选术语和对概念进行整理、组织的方法之一,就是完全由术语师进行设计和准备:由术语师对专家将如何利用"合作平台"上的资源和工具做出一些预测,尤其是对他们将如何对概念进行定义和组织进行估计。在这个意义上,术语师实际上设想了"概念化"的场景,因而实现了术语师和专家之间的协调。其中一些情景只由候选术语组成,而其他一些场景可能还包含着与概念相关的上下文语境。候选术语实际上是概念提取阶段的产物。与概念相关的上下文语境,其实强调了从话语角度采用语言形式标记了的概念之间的关系,有助于专家对概念之间的关系进行确定。术语师设想这些场景实际上是为了预测专家在概念化过程的早期阶段会采取什么样的工作途径,预测一下专家可能会需要什么样的术语数据和语言数据,也为后期的数据加工选择好适当的工具。

2.2　确认阶段的"协调"工作

传统术语学要求每一项术语工作都要以"确认(验证)"概念为基础。依据国际标准化组织的标准"NP EN ISO 9000:2005:16","确认(验证)"的定义是"通过提供客观性的证据,以求证实对某一特定用途或者应用的要求已经得到了满足"。在术语学意义上,进行"确认(验证)"的目的,是要强调数据可证实的方面。对于术语师来说,这是一项非常重要的任务。毫无疑问,在项目进行的每一个新阶段上,术语内容的质量都会因经历了系统化的验证过程而得到有保障的新提升。但更需要强调的是,只要有可能,术语师就必须对术语内容的语言和概念的成分同时进行验证,这一点至关重要。

通常,对数据进行收集的工作是比较复杂的,因为它包含了多种因素:术语性的、语言性的、文本化的,同时也包含了概念因素。从这个角度来看,对术语工作进行验证的方法也各有不同,而且也没有什么唯一独到的方法可以让术语师们"一劳永逸"。因此,术语师必须根据要提交给专家验证的数据类型来确定更有效的方法。另外,术语师必须自始至终地想到要把专家吸收到自己的工作里来,使他们成为术语项目运作过程中大多数阶段上的积极参与者(见表1)。

表1　术语工作进程表

术语工作阶段	参与工作各方
了解此项术语工作所涉及的学科领域	术语师
对工作所需要的资源进行识别	术语师,同时要得到专家的确认/验证
对专业文本进行收集	术语师
建造文本类别(对文本进行归类)	术语师,同时要得到专家的确认/验证
对术语进行提取	术语师
选取候选术语	术语师,同时要得到专家的确认/验证
制作概念图	术语师,同时要得到专家的确认/验证
撰写定义	术语师,同时要得到专家的确认/验证
进行术语管理工作	术语师

在葡萄牙共和国议会文本和术语数据库的建造过程中,为了对入库的议会术语

进行验证,科斯塔教授领导的项目组每两周与专家举行一次会议,以便消除在工作过程中产生的疑虑。这些会议都由术语师筹备,他们对专家将要验证的资料数据进行初步选择和组织,并且特别留意这些资料数据的语言信息和术语信息,以便日后就概念方面的问题跟专家进行讨论。在这个阶段,术语师必须对需要得到专家验证的术语内容进行核查,以确保它们的语言维度与概念维度之间存在着关联性。

专家对其专业领域里"概念"的熟悉程度,取决于他们在自己职业生涯中所受过的训练和工作经验的积累。相比之下,具有语言学背景的术语师,却拥有不同于专家的其他技能和知识,特别是他们掌握语言学上有关语言的功能、适用于术语的理论和方法,以及如何在语言和语言之外的因素之间建立联系的术语学知识。由于术语师的知识维度处于专家掌握的某一专业知识领域之外,因此,他们不能有效地分享这一领域的专业知识。所以,术语师有必要制定自己的工作策略,以求借助更精确的语言表达,更好地传递专家所要表达的学科专业内容,这通常涉及概念性的内容(因为专家不是语言学专家)。

当处于专家和术语师之间的合作关系不太好建立的情况下(譬如 conceptME 合作平台的情形),在对"确认/验证"这个概念的理解上,人们就需要再添上一个"维度"。在这种情况下,术语师的责任仍然是收集知识资源、选择候选术语,或者在术语和概念之间建立关系。这种情况跟以往不太相同的地方是:当术语师将自己工作的结果提交给专家时,他们未必需要收到专家的确认结果。在此,人们可以把"确认/验证"所具有的含义理解为:如果专家们实际上使用了术语师提供给他们的术语数据(即使专家们没有给术语师以直接的确认反馈),这其实就说明这些术语数据满足了特定使用或者应用的要求,术语师所设计的术语工作方法和策略具有隐含的有效性。在这个维度上对"确认/验证"的理解,实际上也符合国际标准化组织 ISO 9000:2005 版质量管理体系标准对 validation 的定义[6]。

3 "协调"策略

正如前面分析过的,在术语工作里采用"协调"策略,可以带来对参与各方的知识技能进行协同的效果。在术语项目的实施过程中,这是一个决定性因素,尤其是在术语师拟订工作方案、设想工作场景和需要对术语数据进行验证的时候。与这种术语工作中的现实情况相对应,术语师所采用的与专家"协调"的方法,也自然会对术语学的方法论产生潜在的影响。因此,术语学理论工作者也需要对可适用于不同术语工作情况的"协调"策略进行探索。在所有可以描述的"协调"策略里,科斯塔教授和她的团队介绍了几个与 BDTT-AR 术语库项目直接相关的策略,譬如,在对专业文本来源进行收集以及在建立以确定术语和概念之间关系为基础的概念系统时所使用的"协调"策略。

3.1 选择专业文本来源时使用的"协调"策略

专业文本是术语信息的重要储存库。然而,专业文本通常还包含一个"话语"的维度(discursive dimension),这个维度反映了一个团体所具有的社会、专业、认知和语言方面的特色。上述这些因素其实强调的是在术语工作中开展分析工作和系统化工作的必要性,术语师不仅要分析文本中出现的术语单元,而且还要分析许多其他的因素、机制和结构,同时还要将其系统化。实际上,这些因素、机制和结构在话语层面上常常含蓄(不言明)地标明了概念或者概念之间的关系。

在这个意义上,专家在保证收集术语来源的可靠性方面发挥了关键性作用,他们的意见对在术语资料类型学意义上开展分类工作具有积极意义,从而也加强了对作为知识对象的文本的管理。反过来,在对文本进行类型学意义上的设计、处理和分析时,语言学出身的术语师堪称术语学专家。在 BDTT-AR 项目里所采用的"协调"策略,主要是向专家递交了一份关于葡萄牙议会文本分类的"分类法"建议,以便专家们对语料库(为这个项目提供术语和文本基础信息)里的内容进行验证。

另一种情况是,语料库是根据更通用的具有类属关系的应用程序建立的,例如 conceptME 这个合作平台。在这种情况下,专家对术语工作的参与就有两种可能性:使用以前选定的文本进行概念化,或者根据自己的专业领域使用和储存自己选定的文本。科斯塔教授团队的经验证明:利用术语师建立的语料库来完成他们的术语项目效果更佳,因为术语师建立的语料库包括了涵盖不同知识领域的文本类型,譬如学术文本(博士论文或者其他科学文章)、专业出版物(档案、专题期刊)、法律文本(法令、法规)、技术文本(教科书、报告)等等,更有利于专家对自己所需要的文本类型进行把握。这种类型学分类方法,在功能上是允许从概念化的角度对文本资源进行分类的。因为这种类型学分类方法是开放的,所以用户们可以随时将对文本进行分类的新方法添加进去,以防人们已经实际使用的文本类型与存储在平台里的文本不匹配。

针对上述可供专家选择的两种方法,BDTT-AR 术语库项目组的术语师们都制定了相应的策略,并赋予专家以一定程度的自主权,让他们可以较为自由地管理他们的语料库。

3.2　对术语和概念建立联系的过程中使用的"协调"策略

作为一种方法步骤,使用自动提取工具是获取专业文本中语言形式的一种方式,而且,使用这种工具也有助于识别出其中有哪些语言形式是(指称一些概念的)术语。然而,在一种语言形式未经术语师或者专家观察、分析和验证确认之前,人们是不能轻易下结论说"它是一个术语"的。在术语使用的"上下文语境"里对术语进行观察,这通常有助于术语师在术语和概念之间建立起关系。由于概念是由特定专业文本里的语言实体所指称的,因此,在文本层面上,这些语言关系就表现为术语师们可以观察和分析的对象。在作为"候选术语"的语言形式之间,术语师们可以利用专门性的工具建立起词汇学关系和语义关系。术语师们的这种观察,实际上证实了语言具有一种作为识别概念的手段的潜力,它使得术语师们能够逐渐把握住这个知识领域概念结构的总布局,也就是说,它帮助术语师从"词汇－语义"关系过渡到概念之间的潜在关系。

然而,当遇到这种纯语言性的信息时,专家们却可能遇到一些困难,而在这个时候,术语师们却可以运用"协调"策略来帮助专家们克服这些障碍。科斯塔教授根据多年的术语工作经验获知,专家一般能够轻而易举地独立识别出概念,而且能够描述出概念的各种特征,但是,如果让他们运用自然语言对概念下个定义的话,他们则显得力不从心。与此相反,术语师们却对应该如何对概念下定义"胸有成竹"。科斯塔教授的团队还注意到,专家们也能够把概念之间的关系识别出来,但经常无法对两个或者多个概念之间的关系类型进行命名。而术语师们呢?他们能够识别出指称概念的语言形式,但在需要对概念的特征进行识别的时候,有时却显得"束手无策"。

针对上述情况,术语师们可以"主动出击",制定克服这些障碍的术语工作策略,与专家协商,提交出自己依据语言标准整理出的候选术语建议版,然后指导专家在这个基础上识别出相关的一系列概念。以这些"协调"策略为起点,术语师们还可以与专家合作,对概念的各种特征进行识别,从而在一定的概念系统里进行术语的删除或者增添工作。这类策略还有利于术语师在专家的帮助下,运用自然语言对概念的定义进行起草。科斯塔教授在此特别提醒术语师们,在术语工作的不同阶段上,为捕捉专家的知识所实施的所有策略,都需要建立在掌握了扎实的术语学理论知识并接受了坚实的术语实践培训的基础上,这样才可能达到预期效果。

结束语

　　术语工作中的"协调"策略反映到具体的术语工作方法上,就是要求术语师们同时关注术语学理论中的语言学方法和概念化的方法。术语师在"协调"过程中所起的作用,就是要把握好上述两个维度,并且制定出相应的具体策略,以求在方法论实施的不同阶段上完成好资料数据的收集和准备等工作。术语师还应该时刻铭记,他们需要依据参与术语工作进程的不同专家的特殊情况而采用不同的策略。因此,术语师也需要不断依据具体情况,对那些貌似针对任何学科领域都"通用"的术语学工作方法进行反思,并且能够根据术语数据使用和验证的不同情况对工作策略加以调整。

　　在术语工作的整个"协调"策略里,对术语师和专家之间关系的"经营"情况,成为体现整个术语工作过程的决定性因素。在整个术语工作进程中,对象、术语和概念之间的关系,以及对这些要素如何进行分析、把握,一直是需要人们关注的焦点。因此,术语师需要和专家一起设计、开发出不同形式的"协调"方法,而且要以术语师与专家自身的专业技能背景和具体的术语工作条件为基础。总之,科斯塔教授的团队在帮助葡萄牙议会建造"文本和术语数据库"的过程中,针对术语师所采用的"协调"策略进行了术语学理论探究[7],强调了在术语工作进程中术语师对专家施加积极影响的重要性。只有这样做,术语师才可能在概念分析、术语认证和检验等具体工作中得到专家的积极配合,并在术语的概念维度和语言维度及两者的关系上形成一致性意见,从而促使术语项目的圆满完成。

参考文献

[1] COSTA R, SILVA R, BARROS S, et al. Mediation strategies between terminologists and experts [C/OL]// Proceedings of GLAT 2012 – Terminologie: Textes, Discours et Accès aux Savoirs Spécialisés. GLAT Genova, 2012: 297 – 308 [2018 – 01 – 21]. https://www. researchgate. net/ publication/241945996_Mediations_strategies_between_terminologists_and_experts.

[2] USCHOLD M, GRUNINGER M. Ontologies: Principles, Methods and Applications[J]. Knowledge Engineering Review, 1996, 11(2): 93 – 136.

[3] CASSIRER E. La philosophie des formes symboliques. Tome 1 [M]. Paris: Edition de Minuit, 1972.

[4] SOUSA C, SOARES A L, PEREIRA C, et al. Supporting the identification of conceptual relations in semi-formal ontology development[C/OL]// Proceedings of ColabTKR 2012 – Terminology and

Knowledge Representation Workshop, LREC 2012. Istanbul: ELRA, 2012: 26 - 32.

[5] BARROS S, COSTA R, SOARES A L, et al. Integrating terminological methods in a framework for collaborative development of semi -formal ontologies[C/OL]// Proceedings of ColabTKR 2012 - Terminology and Knowledge Representation Workshop, LREC 2012. Istanbul: ELRA, 2012: 7 - 14.

[6] Quality management systems. Fundamentals and vocabulary: ISO 9000: 2005[S].

[7] COSTA R, SILVA R, SOARES DE ALMEIDA Z. Cooperation between terminologists and experts in the creation of a Terminology and Textual Database: the context of the Portuguese Parliament[C/OL]// Proceedings of Nordterm Symposium 2011: Samarbetet ger resultat: fran begreppskaos till överenskomna termer, Vasa, Finland. Jyväskylä: Nordterm, 2012: 9 - 24.

瑞典术语工作一览①

邱碧华 编译

摘要：瑞典国家术语中心是瑞典在国家层面上开展术语工作的枢纽性机构，也是世界上最古老的术语工作机构之一。瑞典国家术语中心的前身——瑞典技术语中心早在1941年就已经正式成立。1995年瑞典加入欧盟。为了满足日益扩大的术语工作和瑞典政府各项活动电子化的社会现实需求，2001年，瑞典技术术语中心进行了重组和扩充，并更名为瑞典国家术语中心。尼尔松先生是一位瑞典籍术语学家，近几年他一直担任欧洲术语协会主席一职。他自1997年起，就一直在瑞典技术术语中心和此后的瑞典国家术语中心从事术语工作。他具体参与了瑞典和欧盟在欧盟委员会术语库(Eurodicautom)以及此后的欧盟内部机构之间用于术语信息交换的大型术语库(IATE)建造和完善方面的合作项目，并积极为颇具世界影响力的新版《术语手册》和论文集《日常生活中的术语学》等撰文。经其本人同意，在阅读尼尔松先生几篇文章的基础上，编译出这篇文章，旨在为想了解瑞典术语工作的读者提供一些信息，更期望为中国的术语实践工作提供一些借鉴。

关键词：瑞典技术术语中心，瑞典国家术语中心，术语工作长期规划，术语联合工作组，欧盟委员会术语库，术语信息交换，瑞典在线国家术语库，术语产品和基础设施

尼尔松(Henrik Nilsson)是一位瑞典籍术语学家。自1997年起，他一直在"瑞典国家术语中心"(Terminologicentrum, TNC)从事术语工作。在该中心，他参与了各种术语项目，并具体指导工作小组进行生命科学术语和建筑规划部门的术语库的建设。他还在各种团体(大学、私营公司和公共机构)里讲授术语学课程，经常参与国家和国际层面的各种术语学会议。他多年来一直担任"欧洲术语协会"(the Europe-

---

① 本文主要编译自 http://www.tnc.se/wp-content/uploads/2009/05/Terminology_work_the_Swedish_way_Nilsson.pdf 和 http://termcoord.eu/2018/04/interview-with-henrik-nilsson/。

an Association for Terminology，EAFT)的主席[1]。

近20年来,尼尔松先生撰写了多篇介绍瑞典术语学工作的文章。经其本人同意和热情推荐,笔者将其文章整理编译如下,为中国国内热心了解术语学工作的读者们提供一个窗口。

1　瑞典国家术语中心的历史

瑞典国家术语中心是瑞典术语工作的中心,也是世界上最古老的术语工作中心之一[2]。早在1941年,瑞典技术术语中心(Tekniska nomenklaturcentralen, the Swedish Centre for Technical Terminology, TNC)就由瑞典工程科学院(the Academy of Engineering Sciences, IVA)和由工程师与发明家等组成的其他有关社团倡导成立。2001年,在瑞典技术术语中心60年诞辰之际,它重新组建为"瑞典国家术语中心"。为了更好地反映原瑞典技术术语中心工作的延伸和扩大,也为了强调瑞典在国家层面上的术语工作和活动的连续性,这个中心的名称保留了TNC这个缩写形式。在TNC于瑞典技术术语中心早期阶段的60年发展历程中,其术语活动覆盖了越来越多的学科领域。TNC里的术语工作者(术语师)的工作能力和工作经验日益递增,现代化新技术的出现为这个中心提供了更加高效的术语工作手段。

瑞典国家术语中心能够在国家层面上得以顺利成立,也是因为瑞典这个国家具备开展术语工作的一些重要先决条件:(1)其中最重要的因素,是瑞典这个国家具有有利的崇尚科学的历史传统——瑞典强大的系统化和归类的科学传统,可以追溯到博物学家卡尔·林奈(Carl Linnaeus)和化学家贝尔塞柳斯(Jöns Jakob Berzelius)的时代;而且在国家层面上,瑞典一直提供强有力的财政支持[3]。近些年来,TNC从一个非营利性的组织,发展成为现在的没有利润分配的私营企业,但它依旧得到不同来源的财务支持。目前,它最主要的股东是瑞典标准化协会(the Swedish Standards Institute, SIS),但是,瑞典学院(the Swedish Academy),芬兰技术术语中心(the Finnish Centre for Technical Terminology, TSK),以及来自建筑、机械工程、地理信息、化学和信息技术等领域的企业也提供不定期的财务支持。为了保持其作为瑞典术语活动中心的基本功能,瑞典国家术语中心还继续从瑞典"工业、就业和通信部"(the Ministry of Industry, Employment and Communications)获得拨款,延续瑞典技术术语中心过去的传统。其他权威性机构、大学、学院、贸易协会和私营公司,也可以通过"术语活动促进协会"(Association for the Promotion of Terminology Activities, Terminologifrämjandet)为TNC的术语服务性工作拨款。(2)另一个重要的先决条件,就是当今在 TNC 工作的术语师们都已经具备了多方面的能力——目前,TNC 雇用了 10 名术语师,他们有着不同的专业背景,从技术领域跨越到语言学领域。

2　瑞典国家术语中心开展的主要活动

瑞典国家术语中心工作的总体目标是满足专业语言用户的各种术语需求。TNC 通过这一目标的实现[3]能够做到:

——为在各学科领域内开展术语工作的权威机构、组织、企业及个人提供术语服务和支持;

——开发各种术语产品,如术语词汇表和数据库,编写技术写作手册等;

——制定技术文本撰写规则和指导原则;

——收集、处理和传播专业领域的术语;

——对包含术语的标准和其他文件进行术语审查;

——举办、开设与术语工作和技术写作原则、方法相关的讲座及课程;

——在国家层面上与其他语言机构合作,并在国际层面上与各国术语机构开展合作。

上述这些术语活动的开展,有助于对清晰明确的瑞典术语进行开发和维护,更有助于学科专家之间的有效沟通。

2.1　术语产品和基础设施

为了帮助解决各学科领域里在专业交流方面存在的误解和术语使用的不明确性问题,瑞典国家术语中心编制和分发了涵盖大约 40 个学科领域(如岩土工程、造纸、腐蚀、核能、纺织制造和地质学等)的约 80 个术语词汇表,共包含了大约 130 000 个术语条目。除了包括定义以外,大多数术语还附加了英语、法语和德语的等效术语,有条件时也添加进丹麦语、挪威语和芬兰语的对等物。所有的术语表都倾注了相关领域专家的心血。

1988 年,时为瑞典技术术语中心的 TNC,作为瑞典第一批商业化光盘制作机构之一,以 CD-ROM 的形式发布了一个术语库产品"Termdok on cd-rom"。1992 年出版的第三版 TNC 术语表,包含大约 500 000 条术语,主要来自瑞典标准(Swedish Standards)和其他北欧术语库,还有部分内容来自加拿大的术语库 Termium 和欧盟委员会的术语库 Eurminarom。TNC 术语项目的开展离不开与学科领域专家的紧密合作。

TNC 所编制的术语表最能代表其在实施术语项目方面取得的显著成果。除此之外,TNC 已经开展了更多的项目,并且始终与学科领域的专家们保持密切合作。最近(笔者注:21 世纪初),TNC 在养老金计划和道路维护等学科领域里也开展了术语项目(与瑞典国家道路管理局合作)。目前,一个关于数学术语的项目也正在进行中。

在瑞典国家术语中心有一个参考资料图书馆(the TNC reference library),它几乎收集了所有包含瑞典术语的术语词典。该图书馆目前收藏有大约 10 000 册的词汇表、手册、术语文献和杂志等。图书馆还收藏了瑞典标准。著名学者埃德加·康德(Edgar Kant)所收藏的多语言地理术语词汇表尤其让爱沙尼亚人感兴趣,它是由隆德大学(埃德加·康德在那里工作多年)存放在瑞典国家术语中心里的。这个图书馆还收藏了大量图书卡片和多达 14 种语言的术语记录表活页[3]。

2.2 瑞典国家术语中心开展的术语培训活动

在欧洲,虽然瑞典术语工作的历史较为悠久,但它却是少数几个仍然缺乏在大学层面上进行正式术语学教育和培训的北欧国家之一。在瑞典,虽然在翻译培训课程内有一些术语培训举措且这些培训大多是在大学里开设的,但大多数术语学教学都是作为其他翻译课程的一部分,而课程内容虽然由瑞典国家术语中心提供,但大都是为了满足公司和机构术语工作的具体需要。2002 年春,在瑞典的大学里出现了第一个独立的术语学课程,并且提供大学学分。瑞典国家术语中心已经向国家有关部门建议在瑞典技术大学中的一所里设置术语学专业的教授席位。另外,瑞典国家术语中心参加了"欧洲术语协会"的术语培训小组的培训工作。

3 瑞典国家术语中心在国家层面上建立的联系

长期以来,瑞典社会拥有致力于专业语言发展和从事术语工作的共同价值观与社会意识。瑞典国家术语中心作为国家层面的术语工作中心,拥有广泛的联络网络,如语言团体、出版社、术语活动小组等。

3.1 瑞典的语言培养传统

瑞典是一个有着提供语言培养传统的国家。除瑞典国家术语中心之外,还有以下积极从事着语言维护活动的组织:

——瑞典语言委员会(Svenska språknämnden, the Swedish Language Council):是瑞典从事日常语言培养的主要机构,负责监测瑞典语口语和书面语的发展。

——瑞典学院(the Swedish Academy):出版瑞典学院词汇表(Svenska Akademiens ordlista, the Swedish Academy Wordlist, SAOL),即瑞典语词汇拼写和词形屈折变化的(非官方)规范,还出版瑞典学院词典(Svenska Akademiens ordbok, the Swedish Academy Dictionary, SAOB)。

在瑞典政府的不同机构里,都有代表上述组织的语言培训人员,他们可能是记者、科技文献作家、媒体语言小组和包含以上人员的联合小组(Språkvårdsgruppen)。

多年的术语工作实践证明,组织开展专业领域术语工作的最快和最有效的方法是采用联合小组模式,它也是一种独到的瑞典模式。

早在1996年,第一个小组——计算机术语联合小组(Svenska datatermgruppen, the Joint Group for Swedish Computer Terminology, JOGSCOT)就成立了。这个术语联合小组的目标是:在英文术语占主导地位的领域里,充分创造瑞典术语;并通过分析概念与提供合理的定义和解释的方式,对已有的瑞典术语进行协调。一个由5到6个人组成的核心小组每个月碰头一次,制定出包含与计算机英语术语等效的瑞典术语及其相应的评论、定义或解释的预推荐稿。这些预推荐稿再发送给更大的讨论组以征求意见。整个讨论大组每年召开一次会议,成员之间还通过电子邮件进行通信联系。除语言培训方面的代表之外,学科领域专家和来自社会的代表均可自愿参加。然后在相关网站上发布任何公众都可以使用的推荐性术语(即公布已经确定的合适的计算机瑞典语参考性术语),在这些推荐性术语越来越为公众接受之后,这些瑞典语术语就会在社会大众媒体里得到使用,并成为官方已发布的术语词汇表的新部分。

紧随其后,在1999年,瑞典生命科学术语联合小组(Svenska biotermgruppen, the Joint Group for Swedish Life Sciences Terminology)也得以成立。由于当时生命科学还是一个新生的学科领域,也由于这个领域的术语还没有像计算机术语那样已经深入影响到瑞典公众的日常生活和日常语言,因此这个小组规模较小,迄今为止,它主要吸引了该领域的研究人员和教师加入其中。但这个领域的专业媒体密切关注这个术语联合小组的活动,并及时进行报道。

第三个术语联合小组是瑞典建筑环境术语联合小组(Svenska termgruppenförbyggdmiljö)。它成立于2002年。这个小组将建筑环境领域在规划、建筑和设施管理方面的术语也囊括了进去。从组织建设的角度上看,这个小组与其他联合小组也有所不同。其来自建筑信息领域的主要成员与瑞典国家术语中心合作组织了一个由学科领域专家组成的征求意见小组,并联合推出了一个术语库系统,它要求用户成为会员(需要注册登记)和交纳会员费(用户费)。

此后,欧盟发布了"关于体外诊断的指令"(an EU directive about in vitro-diagnostics)。该指令声明,欧盟成员国可以自行决定,是否应该翻译与不同种类医疗器械相关的欧盟文件。瑞典政府接纳了这个指令,因此,瑞典需要在这一领域里形成自己的术语。瑞典在国家层面上也相应地形成了一个新的术语联合小组。

这种术语联合小组的模式也传播到了挪威、芬兰和希腊。尤其在参与"欧盟多语言信息社会"(The EU's Multilingual Information Society, MLIS)的联合项目期间,项目参与国都相应组建了类似的术语联合小组。

这种术语联合小组模式在上述国家取得成功的部分原因,应该归功于其组成成员的广泛性,尤其是社会媒体也参与了这场讨论,在推荐性术语得到认可之后,媒体就开始采纳使用。这是将得到认可的推荐性术语传播给更多公众的决定性举措,这一步至关重要。发达的网络技术不仅大大推动了术语工作本身,也对术语工作结果的传播起到了积极作用。

3.2 瑞典国家术语中心在国家层面上所建立的其他联系

瑞典国家术语中心还参与瑞典其他组织的术语工作,譬如瑞典医学协会(the Swedish Society of Medicine, SvenskaLäkaresällskapet)、瑞典化学学会(the Swedish Chemical Society, Svenska Kemistsamfundet)和瑞典光学学会(the Swedish Optical Society, Svenskaoptiksällskapet)的术语协调工作。

在瑞典,术语工作的开展自然不只是在瑞典国家术语中心这一个机构里进行。在不同类型的组织里术语工作也在蓬勃开展中。一个颇具积极意义的例子,就是瑞典国家卫生和福利委员会(the National Board of Health and Welfare, Socialstyrelsen)所开展的术语工作。他们有两位全职术语师在全国性的医疗卫生领域里从事术语协调工作。在此需要注意的重要一点,就是他们与瑞典国家术语中心之间保持着密切合作,尤其通过开设术语学课程、对术语草案进行评审等方式。

4 瑞典国家术语中心在国际层面上建立的联系

瑞典国家术语中心通过"北欧术语网"(Nordterm)与其他北欧国家进行合作。除了在瑞典本国开展术语工作,TNC 还参与了多个欧盟层面的术语项目,它还在欧洲和全球性标准化组织的术语委员会里发挥着积极作用。TNC 也是欧洲术语协会董事会成员之一。

4.1　北欧术语网

在开展国际性合作方面,北欧术语网开展的各种合作具有特殊作用。北欧国家都具有开展术语工作的悠久传统。早在 19 世纪后期,在北欧就有了技术领域的第一起术语工作。"北欧术语网"的诞生可以追溯到 1976 年。当时,来自丹麦、芬兰、挪威和瑞典的各术语小组的代表们第一次在斯德哥尔摩会面。由此产生了一些涉及各种术语项目的联合课程和非正式的术语学讨论。这些组织规模都很小,且资源非常有限,但通过富有成效的术语学思想和术语工作经验的交流,北欧术语网在国际术语学舞台上扮演着重要角色。它在术语工作方面所取得的积极成果,不仅包括它有许多重要出版物出版[如《术语指南》(*Guide to Terminology*)这部手册就已经翻译成了中文、克罗地亚语和世界语],而且它还组织开设了各种术语学课程,联合北欧国家共同制定出"北欧术语记录格式"(Nordic Terminological Record Format, NT-RF)[4]。

成立北欧语网的主要目的是形成一个北欧术语论坛和术语工作网络。北欧术语网的核心成员由北欧国家的各个国家术语中心组成:冰岛语言委员会(Icelandic Language Council, Íslenskmálnefnd)、芬兰技术术语中心(Finnish Centre for Technical Terminology, Tekniikan Sanastokeskus)、瑞典国家术语中心、丹麦术语工作组(Danish Terminology Group, Terminologigruppen)、北欧萨米研究所(Nordic Sami Institute, Sámi instituhtta)。除此之外,还有许多其他组织和个人参与了北欧术语网的活动。其中有:北欧语言秘书处(the Nordic Language Secretariat, Nordiskasprårådet),所有北欧国家的语言委员会,北欧标准化组织,部分大学和翻译机构。每隔两年,北欧术语网研讨会在其中一个北欧国家里举行。在这些研讨会上,不断涌现出涉及术语学理论和术语工作实践最新成就的新观点。2003 年,瑞典国家术语中心就曾在哥特兰岛(Gotland)的维斯比(Visby)举办过"北欧术语网"研讨会。

4.2　国际标准化组织第 37 委员会(ISO/TC 37)

多年以来,瑞典国家术语中心和"北欧术语网"在国际标准化组织(ISO)唯一专门从事术语工作的"术语和其他语言资源"委员会(Terminology and other language Resources Committee, ISO/TC 37)的工作中发挥了积极作用。瑞典国家术语中心应邀在 TC 37 里代表瑞典,并负责 TC 37 的一个分委员会——"原则和方法"分委员会(SC 1)秘书处的工作。2002 年,作为国际标准化组织第 37 委员会在瑞典的对应委员会,瑞典国家术语和语言资源委员会(Swedish national committee for terminology and language resources)成立,瑞典国家术语中心成为它的项目协调员。目前,该委员会共有 9 名成员。

4.3　欧洲联盟(the European Union, EU)

早在 1995 年瑞典正式加入欧盟之前,瑞典技术术语中心就与欧盟就术语工作问题进行了接触。当大量涉及欧盟和欧洲自由贸易联盟(European Free Trade Association, EFTA)(瑞典是其成员之一)之间合作的文件需要翻译成瑞典语时,瑞典就启动了一个大型翻译项目,并为此成立了一个特别翻译委员会。时为瑞典技术术语中心的 TNC 承担了为翻译人员提供术语服务的任务。TNC 还在欧盟文件英语和瑞典语版本的基础上建立了一个术语库。为了满足所有对欧盟委员会(European Commission, EC)的工作及其相关术语感兴趣的人士的需求,TNC 还从上面提到的术语库里提取资料编制了"英语 – 瑞典语词汇表"。欧盟委员会的词汇表《欧盟委员会词汇和表达》("EC words and expressions")出现于 1993 年,它是涉及范围广泛的欧盟委员会术语工作的实践、理论和方法的结晶。

1995 年瑞典加入欧盟,这也意味着 TNC 面临着新的以翻译为导向的术语工作任务。此后 4 年里,TNC 受欧盟委员会的委托,将瑞典语术语引入他们的大型术语库 Eurodicautom。TNC 为 Eurodicautom 补充进约 14 万条有瑞典语术语并标明来源参考信息的术语记录,在许多情况下还增加了定义和解释性说明[4]。

这些术语涉及的概念具有广泛的专业背景,从法律等人文社会科学跨度到农业、空气污染等自然科学和应用性学科。但 TNC 承担的为 Eurodicautom 提供等效瑞典语术语的工作,在许多方面不同于其以前执行的传统性术语工作,它的工作范围、工作规模、时间限制和主要目标用户都不同于以往。譬如,其中就有一个项目,TNC 为瑞典翻译人员专门设了一个"术语服务台",而且承诺在 48 小时之内回答任何跟术语相关的问题。

在欧盟委员会多语言信息社会(Multilingual Information Society)的相关计划(the MLIS-programme)里,TNC 承担了两个项目:(1)"北欧术语网"项目[Nordterm -Net(MLIS-122)],这个项目的成果就是在互联网上建成了一个北欧联合术语库;(2)Ef-cot(MLIS-2007)项目,成果就是形成了一个关于计算机术语的工作论坛,并将术语联合小组的工作模式"输出"到挪威、芬兰和希腊(见第 3 部分)。21 世纪以来,进行了重组并更名为"瑞典国家术语中心"的 TNC,积极参与了欧盟内部机构之间用于术语信息交换的术语库 IATE(Inter-Agency Terminology Exchange)的建造和开发工作,具体参加到建造这个新型术语库的不同工作小组的工作里去。

5　瑞典的术语基础设施项目

21 世纪以来,瑞典公共行政部门面临着一个巨大的挑战——需要利用现代新技术和寻找新的电子化方式与瑞典公民进行交流。换句话说,瑞典公共行政部门的工作方式需要转变成欧洲现代社会所流行的电子政务形式,即一个权力机构只能专门处理自己的问题,需要为工业界和公民提供 24 小时全天候的政府信息服务。这项新的 24 小时服务不可避免地需要精确的术语,以便在公民需要时能为他们提供想要的信息。各个政府机构都必须着手对自己现有的术语进行整理编订,并需要进行术语协调工作。瑞典各政府机构还进行过几次公众调查,调查结果进一步反映了公众的呼声——公众呼吁瑞典公共行政部门任命具体术语工作人员开展术语工作。从这个角度上也说明,TNC 已经使瑞典在国家层面上向术语基础设施建设方面迈出了第一步。自 2002 年 10 月以来,瑞典国家术语中心开始着手"瑞典术语基础设施"(Terminology Infrastructure for Sweden, TISS)项目,旨在为瑞典提供术语基础设施服务。瑞典国家术语中心这个富有远见的项目包含了不同的实施阶段,其中最重要的一步是建立不同组织中具体负责术语工作的人员网络,并着手对国家层面的术语资源进行调查。所有这些准备,都是为了最终建成一个"基于网络"的术语网站门户——"瑞典在线国家术语库"(Rikstermbanken)。这个国家术语库的建造,得到了瑞典"工业和商业部"(the Ministry of Industry and Commerce)的专项资助。

关于建立术语基础设施的想法并不是一件新鲜事。在 1996 年,就在欧洲层面上完成过 POINTER 项目(the POINTER project)[欧洲运作术语基础设施的提案(Proposals for an Operational Infrastructure for Terminology in Europe)],这是一个有大约 40 名参与者参加的合作项目,在欧盟的 MLAP 计划内进行。这个项目的一个重要组成部分就是进行网络建设——对欧洲各个层面的现有术语基础设施的结构进行整合、促进和改进。在这个项目的实施过程中,北欧地区国家术语中心的卓越工作和区域之间的成功合作被公认为是最佳的实践楷模。POINTER 项目提出了关于若干概念的联合定义(joint definitions),包括对"术语基础设施"的定义——"由机构、公司[大型企业(LE)和中小型企业(SME)]、协会、自雇专业人士等形成的框架;他们的术语活动;他们为(在)给定的应用领域中开展的合作和形成的通信网络(在具体和逻辑层面上)"[terminology infrastructure: framework of institutions, companies (LEs and

SMEs), associations, self-employed professionals, etc.; their terminological activities; and co-operation and communication networks (on both the physical and logical levels) they are operating (in) for a given application area][5]。瑞典的术语基础设施项目借鉴了 POINTER 项目的工作成果,同时又为它增添了更为现代化的特色。

在项目实施过程中,人们起草了在瑞典开发术语基础设施的指导方针,在兼顾瑞典现有和计划中的术语资源的基础上,对实施该项目所应具备的基本先决条件和面临的需求进行了考察。这个项目包括以下几个阶段:

——术语资源调查;

——创建术语门户和国家术语库,以便现有术语库可以公开使用;

——开展建立术语联合小组的试点研究(项目期间应用于体外诊断术语);

——为创建术语协调网络奠定基础,该网络将囊括瑞典所有当局、机构和公司负责术语协调工作的人员;

——继续扩大现有术语联合小组的活动,尤其是促进瑞典计算机术语联合小组的活动;

——起草术语培训计划并准备新教材,包括将《术语指南》[Guide to Terminology (Nordterm 8)] 翻译成瑞典语。

"瑞典在线国家术语库"的建造工作是在 2009 年 3 月 19 日由瑞典"通信和地区政策部"(the Ministry for Communications and Regional Policy)部长托尔斯滕松(Åsa Torstensson)女士正式启动的[6]。现在,在世界上的每一个角落,人们都可以在第一时间从这个地方获得大量的术语及其定义的信息。这项服务是免费的,人们可通过网址 www.rikstermbanken.se 对"瑞典在线国家术语库"进行访问。"瑞典在线国家术语库"所收集的术语涵盖了自然科学和人文社会科学等各个领域,从地质学、经济学、城市规划和建筑学到室内装饰领域等。瑞典国家术语中心自己的大部分术语也包含在其中。因此,"瑞典在线国家术语库"里的术语,基本上能够代表这些来自不同领域的瑞典语术语的准确和现实的用法。

访问者在"瑞典在线国家术语库"里,可以了解到诸如"聚结"(coalescence)这样的术语是如何定义的,或者应该如何将 regleringsbrev 这样的瑞典术语翻译成英语、法语或者波兰语。访问者可以在此检索瑞典语的词缀 dy 和 gyttja 之间有何地区性差异,也可以对来自瑞典不同组织机构针对相同概念的术语及其各种定义进行查看和比较。访问者也可以在此找到瑞典的一些官方少数民族语言的术语,例如芬兰语和萨米语。

结束语

　　如上所述,瑞典的术语工作以不同的方式在不同的学科领域里由不同的组织开展着,但它们始终具有相同的目标:创建一个共同的概念化基础。在这一方面,瑞典国家术语中心被政府赋予了启发和协调术语工作并确保连续性的任务,这是他们继续做着的事情。

　　术语工作始终面向未来。实现知识分享、知识传播和高质量的翻译,以及各个民族性国家的语言规划性活动,都离不开全球性的和国家层面上的术语管理、协调乃至术语标准化工作。术语工作总是"现代的",它永远都是具有连续性和处于动态发展中的。而作为术语工作者,尼尔松等术语学家又充分意识到自己所面临的[6]:

　　——术语工作者(术语师)必须跟上新的时代发展并了解新的社会需求,需要熟悉术语学的理论原则,掌握术语工作方法,并要具有灵活性,能在不断变化的术语工作环境里工作。

　　——需要注重术语师队伍的培养,开展术语培训相当重要。欧盟术语师认证体系的诞生,无疑对术语工作质量的监控起到了极为有益的作用。否则,任何人都可以滥用"术语师"(terminologist)这个头衔。

　　——所有的术语学工作者应该自信和勇于"推销"自己,应该努力让术语工作造福于社会的事实为更多的人所认识。

　　瑞典的术语工作为全世界的术语工作提供了一个成功的范例:它在国家层面上展开,虽然在不同学科领域和不同组织中进行,但始终遵循相同的目标——创建一个共同的基础概念体系。在这一方面,瑞典政府给予瑞典国家术语中心以大力支持。而作为一名中国同行,笔者更希望我们与世界各国的术语工作同步,能与各国的术语界同行共享更多的术语学理论知识,交流更多的术语学实践性经验,我们期待中国的术语学理论和实践在世界术语学的百花园里也绽放得更加美丽!

参考文献

[1] Interview with Terminologist Henrik Nilsson[EB/OL]. (2018 – 06 – 16)[2018 – 07 – 01]. http://termcoord. eu/2018/04/interview – with – henrik – nilsson/.

[2] BUCHER A-L, KALLIOKUUSI V. How to survive after many years as a national terminology centre? Views from two Nordic countries[C]// Conférence sur la coopération dans le domaine de la terminologie en Europe. Paris: Union Latine, 2000.

[3] BUCHER A, DOBRINA C, HALLBERG K, et al. The Swedish EC Language in Focus: Compiling

an EC Termbank and Vocabulary[J]. Terminologie & Traduction, 1995(3): 143 –157.

[4] HALLBERG K. The steps of a translation-oriented terminology project: TNC and Eurodicautom [C]// Conférence sur la coopération dans le domaine de la terminologie en Europe. Paris: Union Latine, 2000.

[5] POINTER, Final Report, (DIT, 16/02/96) [EB/OL]. (2007 – 03 – 30). http://www. computing. surrey. ac. uk/ai/pointer/report/.

[6] NILSSON H. One-stop shop — two-aim game. Improving the availability and quality of terminology in the Nordic countries through Nordterm - Net. Nordic Termbank Services via Internet [C]// Conférence sur la coopération dans le domaine de la terminologie en Europe. PARIS: Union Latine, 2000.

《在线专业辞典理论与实践
——谈辞典编纂学与术语编纂学》书评①

邱碧华 编译

摘要：术语学之父欧根·维斯特在《普通术语学和术语词典编纂学导论》里写道："从目标设定的角度来看，普通术语学的任务是为术语语言研究和术语辞典编纂制定基本原则。"因此，术语辞典编纂属于术语学的研究范围。现代术语学理论具体应用和实践的发展，大都离不开术语知识库或者术语在线辞典的建设，这是现代术语学研究的主要内容之一。在 2015 年第 21 期国际术语学杂志《术语学》上，西班牙著名术语学家费伯和莱昂－阿劳斯两位教授合作发表了一篇书评。该书评批判性地指出了一些现代辞典编纂学者对现代术语学理论的误解，旨在对现存的对辞典编纂学与术语编纂学的一些混淆观点进行澄清。文章旨在介绍这篇书评。

关键词：普通术语学，辞典编纂功能理论，现代术语学连续体，在线专业辞典编纂，欧盟术语库，西班牙环境科学多语术语知识库

引言

术语学之父欧根·维斯特在《普通术语学和术语词典编纂学导论》里写道："从目标设定的角度来看，普通术语学的任务是为术语语言研究和术语辞典编纂制定基本原则。"[1]因此，术语辞典编纂属于术语学的研究范围。现代术语学理论具体应用和实践的发展，大都离不开术语知识库或者术语在线辞典的建设，这是现代术语学研究的主要内容之一。在 2015 年第 21 期国际术语学杂志《术语学》上，刊登了西班牙著名术语学家费伯和莱昂－阿劳斯两位教授合写的一篇书评。这篇书评批判性

---

① 本文编译自 "Theory and Practice of Specialised Online Dictionaries. Lexicography versus Terminography" ［见 *Terminology*, 2015, 21(1) :126 – 136］。

地指出了一些现代辞典编纂学者对现代术语学理论的误解,旨在对现存的对辞典编纂学与术语编纂学的一些混淆观点进行澄清。本文旨在介绍这篇书评,以飨读者。

这本书的写作目的是通过辞典编纂功能理论(the Function Theory of Lexicography, FTL)的运用,提出对现有专业在线辞典的批判性观点,旨在推进专业在线辞典编纂的理论和实践。作者强调了用户具体需求与信息科学技术在辞典编纂和术语编纂中所起的重要作用。

此书分十个章节。全书从术语学理论的角度讨论相关问题。其中在引言部分,作者们对当今专业辞典编纂颇具"民主化"的理论和实践进行了分析,并提出了独到的见解。从开篇("辞典编纂王国已经腐朽了")到结束语("辞典编纂王国是迷人的"),作者们强调了他们写这部书的动机:他们认为在目前的辞典编纂领域存在着近似荒谬的"分裂"现象。

这部书承认:"在任何学科里,不同观点(乃至对立观点)的存在都应该视为正常和健康的现象,只有这样,这门学科才有希望得到进一步发展。"(书3页)在一种学术民主的文化里,那些试图排除、忽视或诋毁一门学科任何重要部分的论调,无论倡导它的人采用什么样的借口,它都没有一席之地。但书评者认为,尽管如此,这部书的其余部分似乎仍然在辞典学编纂和术语学编纂之间造成了一种新的(同样毫无意义的)分裂。

第2章题为"什么是专业辞典编纂?",主要侧重给"专业辞典编纂"(specialised lexicography)和"专业在线辞典"下定义。在这里,"专业辞典编纂"被定义为:"是辞典编纂学的分支理论和实践。主要涉及专业辞典、百科全书、语典(lexica)、术语表、词汇表和其他覆盖除普通文化知识及其相应的一般性语言以外的信息工具。"(书7页)然后,作者们依据所使用的技术,将包含"在线辞典"在内的"电子类辞典编纂"(e-lexicography)分为五类。其中,作者们特别提到西班牙环境科学(多语)术语库(EcoLexicon),认为它为用户提供了新视野和新技术。

在第3章"专业辞典编纂学的学术地位"和第4章"辞典编纂学理论的概念"里,作者们捍卫了辞典编纂学的独立地位,并论述了这一理论的连续性发展。尽管在事实上,辞典编纂学的某些原理和方法可以追溯到不同的学科,如哲学、语言学等等,但作者们更倾向于把辞典编纂学看作是"一门跨领域的独立学科"(书21页)。学术界有一种观点认为,辞典编纂学不是应用语言学的一部分。原因是:专业辞典即使再优秀也是由学科领域的专家们创造的,而没有依据语言学理论(书25—26页)。然而,有人可能会说:这个原因似乎不是支持"辞典编纂学具有独立地位"的依据,而恰恰相反,它似乎进一步提供了反证。但在这里,此部书的作者们更倾向于大大赞扬学科领域专业知识所起的重要作用,而不是解释为什么他们认为语言学方法对辞典编纂过程不具有什么附加价值。

当这部书的作者们将辞典编纂学与术语学进行比较时,他们又抱怨"术语学家们总是过于急切地指出(辞典编纂学和术语学)两者之间的差异"(书28页),然后又加上他们自己对术语学近似苛刻的批判性评价。从更积极的意义上看,这部书似乎在辞典编纂和信息科学之间建立了一个更为紧密的"联盟"关系,它基于这样一个事实:这两个领域都要处理信息的组织和检索等问题。因此,这部书的作者认为,辞典编纂学更接近于信息科学而不是语言学。的确,信息科学可以帮助人们开发各种信息分类、检索和可视化的方法。然而,对于仅仅是外在的技术优势,作者们似乎忘记了这(信息科学)只是蛋糕上的糖霜,而不是蛋糕本身。众所周知,辞典编纂涉及词汇和概念的描述问题,当涉及辞典的内容和数据分类问题时,语言学的作用是不容忽视的。

在书的第4章,通过对涉及科学和理论的不同概念的探讨,作者们对辞典编纂学的独立地位进行了辩护。作者们强调了这样一个事实:在盎格鲁－撒克逊国家,某些学科被认为是不科学的,但在其他国家(例如丹麦),这些学科却被认为是科学的。譬如,在那里,文化或者宗教研究都被称为"文化科学"(cultural science)和"宗教科学"(religious science)。尽管这种争论与该书的主要目标似乎不太相关,但作者们在此似乎忽视了在不同教育背景下,对"科学"的理解具有多义性。

此部书对"辞典编纂学是一种具有连贯性的理论"这一观点的辩护,着重体现于作者声称语句概括(the generalisation of statements)是辞典编纂的核心(即实用工具的设计,可以帮助用户快速、轻松地进行查询,以较精确地满足特定类型用户在特定的超语言情况下的信息需求)(书39页)。虽然作者们没有明说辞典编纂应该有一个潜在的理论,但实际上本书作者的阐述似乎更接近于介绍一种方法论而不是阐述一种理论。

第5章"专业辞典的普通理论"是该书的核心部分。在此,作者们对"辞典编纂的功能理论"(下面简称FTL)进行了讨论和重新表述,尽量与下述观点达成一致:(1)它在信息科学里具有独立地位;(2)技术变革可以用来"生产、展示和利用辞典编纂的产品"(书44页)。FTL主要建立在"辞典编纂工作是实用性工具"这种假设上。因此,这个理论的起点是用户需求,而不是语言学理论。因为语言学方法本身"解决不了一部特定辞典所需要解决的具体的用户需求"(书45页)。

　　作者在此对词汇编纂实践中用来确定用户需求的方法做了概述。其中有一项是用户调查研究,作者认为它统计学价值不大,而且浪费时间和金钱。为了有一种更有效的方法,作者们建议将用户需求分解为最小且富有意义的部分:对信息有需求的具体的人有什么特点,以及需求发生的社会情境如何(书 49 页)。这种对用户特点的规范,可以表述为一个开放的相关问题列表(譬如:用户的母语是什么、其文化背景如何等等),以及相关问题咨询等。在这些问题中,有一些反映了作者试图覆盖世界上所有潜在用户的尝试。作者提出了三种方法:(1)通过问卷调查、访谈等方式;(2)通过观察;(3)通过推理:辞典编纂者与学科领域专家进行合作,从而推断出相关的需求类型。在明确用户需求之后,辞典编纂者需要决定辞典该包含哪些数据类别,以及该如何进行分类。在此,书的作者们重申了自己对使用语料库的立场。虽然他们不否认语料库对完成某些任务有用,但他们不打算“致力于语料库的革命,并为之盲目和充满激情地合唱情歌”(书 59 页)。在他们看来,经常使用语料库是在逃避满足用户需求的责任。

　　在 FTL 中,语料库所起的作用被专业领域的专家所取代。遗憾的是,虽然与领域专家进行合作是有价值的,但这部书的读者可能会怀疑光靠这种合作本身是否够用。也许是由于缺乏足够的经验,书的作者们似乎没有意识到,为了获取知识,语料库可以用于各种用途,而不仅仅是收集纯粹语言现象(如词语如何搭配)方面的数据。同理,在运用语料库的初始阶段,貌似耗时的任务通常会在以后为人们节省大量时间。在这方面,一个专门语料库可以比一两位专家提供的信息更多,因为它汇集了成千上万位专家的知识,在统计上更富有意义。

　　在书的第 5.4 节,辞典的功能被定义为“满足在特定类型的辞典编纂之外(extra-lexicographical)的情形下,特定类型的潜在用户可能产生的特定类型的准时信息需求”(书 62 页)。这是根据用户情况而定的。同一本辞典可能有一种或多种功能,这就产生了四种可能的在线辞典:(1)纯粹的单一功能;(2)多功能但允许单功能数据访问;(3)单一功能但允许个性化的数据处理;(4)多种功能但允许个性化的数据访问。

　　在书的第 5.5 节中,作者们将他们的方法应用于一个翻译辞典的设计,也将其作为对书第 9 章的介绍。作者们按照翻译前中后阶段对潜在用户、情境和需求进行了分析。结论是:某些类型的信息应该以单语或双语的形式提供。由此,作者们认为应该向用户提供对同一辞典不同类型的访问方式(即能更好地接受知识、提供翻译和短语等)。这些都可以通过现有的技术实现,并且能避免信息过载。如果处理得当,这也可以节省搜索成本。感到缺憾的是,作者们并没有考虑到翻译是一种复杂的活动,在这个过程里,各个阶段需要不断地被重新审视。因此,仅提供获得词语搭配及其翻译等效物的访问(书 93 页)可能会妨碍翻译进程,实际上这样做将查询时间增加了两倍。

在书的第 6 章"在线辞典的特殊问题"里,作者审视了当前改善在线辞典状况(即信息过载、咨询和访问时间过长等)的不同技术。矛盾的是,这一章的内容似乎与前一章的内容相冲突。一方面,作者们拒绝使用(语料库、本体和知识工程)技术来方便辞典编纂者的工作;另一方面,他们却又提出了一个系统,譬如在用户需求的弹出窗口里出现不同的选项,并且在必要时自动替换文本(书 103 页)。在此作者们没有意识到,这种辞典的自动定制化服务显然需要一个智能系统,它可以在每种情况下对相关信息进行提出建议、选择、筛选、突出显示和链接等处理。事实证明,FTL也必须以知识表示这一坚固的前提为基础。令人遗憾的是,这一点被作者认为过于复杂和耗时。

在书的第 7 章里,作者对不同的术语学理论进行了分析和批评,特别是现代术语学适合专业辞典的设计和制作方面。在研究现代术语学理论之前,作者指出传统术语学家对概念和概念关系的兴趣是"错误的"。他们认为,像翻译工作者这样的用户是"无法理解专业概念和概念关系"的(书 109 页)。

这种说法有一定缺陷。实际上,翻译工作者在他们(大学)学习过程中接受过术语学培训,在翻译工作实践中也不是单纯翻译单词,而是翻译思维理念(概念)。另外,如果他们想完全理解源文本,并在目标文本里重新创建具有相同含义的文本的话,他们就必须重新构建在这些专业文本背后的概念结构。为了实现这一点,翻译工作者需要知道概念之间的相互关系,并需要确定源语言和目标语言里以及不同文化中可能存在的概念上的差异,找出在源语言和目标语言里术语层面上的错误匹配。而且,所有与计算机辅助翻译工具(CAT)结合使用的术语管理工具,都是以概念为基础而不是以词汇为导向的,因为翻译上的对应关系也显然是以概念为基础的。

作者对术语学理论的分析,好像把术语学的不同理论导向看成是对立的,而不是由描述性术语学等理论导向逻辑演化成的术语学理论的连续体。其实,术语学理论这一连续体中的每一种方法都提供了对概念和术语进行洞察的不同却又常常是相互补充的观点。在回顾以卡布雷(Cabré)为代表的交流术语学理论时,此书的作者们坚持认为:意义(含义)不能在概念结构中精确定位。他们举例称,西班牙语amortización 和 depreciación 这两个的同义词 amortizacion 就不能放在一个概念系统里,因为当把它们翻译成英语时,它们的对应词指的是不同的概念(书 111—112页)。然而,这假想的"两难"困境解释起来却很简单:在一个概念系统里会有两个概念,(在语言层面上)一个条目会有两个同义词。

根据此书作者的观点,泰默尔曼(Rita Temmerman)的社会认知方法的术语学观点乃是"脱离了真实的术语辞典问题"(书 116 页)。他们也质疑学者罗施(Rosch)的原型理论(Prototype Theory)。这些论调都表明该书作者对术语分类和词汇化过程不太熟悉。

在第 7 章最后,他们又批评"术语本体编纂学"(termontography)这一术语编纂学的新理论导向,认为他们的项目都没有采用专业化的信息工具。书作者又认为,西班牙著名术语学家费伯教授(Pamela Faber Benítez)的"框架术语学"理论的基础非常不稳定,因为它没有给术语工作实践提出解决方案(书 119 页)。此书作者批评费伯教授这一理论的另一个原因是它强调语料库。最后,书作者从知识工程的角度也对术语学进行了分析,认为"知识工程是术语学领域的新流行词"(书 121 页)。

第 8 章"专业在线辞典分析"对在线辞典的发展进行了回顾。书作者认为,过去对辞典编纂的批评常存在着一定缺陷,譬如:缺乏总体目标和指导方针,或者只强调某些方面重要而忽略其余部分。在书作者看来,辞典批评应该"以辞典编纂的理论为基础,它应该是评估性的,设身处地地关注用户的需求,关注辞典的整体性和复杂性,并应该有一份指导评估过程的标准化列表"(书 132 页)。这些标准建议如下:(1)作者的观点;(2)功能;(3)访问路径;(4)互联网技术;(5)词典编纂和术语编纂理论基础;(6)生产成本;(7)信息成本;(8)更新状况;(9)领域专家参与情况;(10)数据选择。

书评者认为,上述大多数标准都是合理的,但也不该忘记,人们所分析的资源可能是在不同情况下和出于不同目的而产生的。此外,对于书作者们似乎也落入了他们自己严厉批评的陷阱之中。具体而言,这部书并没有给读者提供足够的数据,以便让读者了解此书所做的分析是否涵盖了全部的情况,书的作者们是否在"总体性和复杂性"这一全局的角度中进行考察。书评者认为,此书作者对辞典资源的评论既不客观也不均衡,因为他们似乎对一本好辞典有一个先入为主的见解,而不考虑任何语境的约束。例如,在分析欧盟术语库 IATE 时,书作者特别关注欧洲纳税人的情况(书 159,162 页),而忽略了应该分析 IATE 是如何创建的。作者忽略了这样一个事实,即 IATE 是一个用于欧盟机构进行术语管理的工具,它建造的目的是确保欧盟翻译工作的一致和快捷。此外,IATE 目前可以免费使用 TBX 格式,因此任何翻译人员都可以将其与机器翻译工具(CAT 工具)结合使用,这也节省了时间和金钱。因此,像运作欧盟术语库 IATE 这样的"世界上最昂贵的辞典编纂工作"(书 15,162 页),应该被视为一项长期性的术语工作投资。

此书作者们还批评了西班牙环境科学(多语)术语库(EcoLexicon),认为这个术语库过多地专注于"水"的定义,并提出应该包含更多不同类型的涉及环境科学的基本信息。书评者认为,实际上,这些基本信息大部分已经在这个术语库的概念网络中或者在术语条目里存在了。此外,对于书作者提到的 EcoLexicon 概念信息过载的问题,书评者认为,早在此书出版之前,这个问题就已经解决了,并且,EcoLexicon 项目组的术语学专家们也早就发表了很多文章来探讨这个问题[2][3][4][5]。作者似乎忽视了这一点。

笔者认为,书作者对 EcoLexicon 的批评其实显示出了自己对术语资源不熟悉。他们较为明显的伪陈述包括:(1)认为 EcoLexicon 不针对特定的用户;(2)检索数据需要几分钟(其实 EcoLexicon 数据检索只需要几秒钟);(3)没有定期进行更新;(4)它包括的项目不多(虽然 EcoLexicon 包含 3 540 个概念和 19 660 个术语);(5)采用原始和耗时的搜索系统等。根据书作者的观点,EcoLexicon 只符合他们的两项标准:作者的观点和数据选择。其实,如果此书作者在下这些结论之前花些时间好好访问一下 EcoLexicon,他们就会发现,它的许多动态特性都是面向用户需求、数据过滤和个性化定制的。值得一提的是,学者贾科米内(Giacomine)进行的一项以用户为导向的研究表明[6],EcoLexicon 也很受翻译用户的欢迎。根据这项研究,EcoLexicon 支持翻译过程中的所有情况。研究结果证明,它是一种非常有效的有助于术语工作的工具,用户无须付出很多努力,并且它呈现出高度可定制的可视化知识库的特点。

书的第 9 章"专业在线辞典的设计、制作和更新",则展示了在辞典编纂功能理论的指导下,书作者是如何进行辞典编纂实践的。在预编纂阶段,辞典编纂项目旨在为潜在用户的需求和具体情况进行设计。然后对所需的人力和财务资源进行评估。在编纂阶段,则根据其功能进行数据类型的选择:解释含义(如定义和类似物);对含义进行限制(提供同义词和多义词指标、提供语法数据和辞典式注释);提供语境化含义(譬如词语搭配和事例);并提供更多的选择项(譬如同义词、反义词,供内外参照的注释)。在辞典编纂后阶段,辞典编纂者要对用户进行追踪观察,并对已有的成果进行相应更新等。

令人惊讶的是,书作者再次表现出了其观点的自相矛盾之处:在否定了"语言学家构想的语料库"的有用性之后,他们却通过(被视为有些幼稚的)谷歌网站进行搜索,来记录术语、术语对等物、事例等(尽管据说,他们也请专业领域的专家交叉核实搜索的结果)。这一章节多少会令读者失望,因为它并没有对读者的期望做出回应:它应该提出一种富有创新精神的新方法,来详细说明专业辞典的现代化特色。遗憾的是,情况并非如此。书作者只提供了一长串的事例,借以反映现代辞典编纂中所面临的挑战。

在这篇书评的最后,书评者给出自己总结性的结论:这部书的主要贡献是它的实用性,它强调用户需求和科学技术进步对术语学发展与辞典编纂的影响,有助于促进现代术语编纂和辞典编纂工作。虽然这部书很明确地表明,它想为读者提供一个了解辞典编纂和术语编纂的背景,希望人们能更多地了解辞典编纂功能理论,但在这一点上多少令人失望,因为它并没有在这个框架模型内提供新的理论性进展。这部书并没有对专业辞典编纂方法提出什么建设性意见,反而向那些不遵循辞典编纂功能理论的学者(特别是倡导术语学理论的学者)提出一些质疑。此外,这部书的作者似乎没有意识到,一种新的理论提案是不能在没有受客观数据支持的论点或者价值判断的基础上进行辩护和验证的。为了科学的进步,各种理论需要不断地受到质疑,这一点毋庸置疑,但是要实现这一点,只能通过提供有力的可行的替代方案来实现。书评者祝愿这部书的作者有一天能够成功地解决这个挑战。

参考文献

[1] 维斯特.普通术语学和术语词典编纂学导论:第三版[M].邱碧华,译.北京:商务印书馆,2011:20-21.

[2] FABER P, LEÓN-ARAÚZ P, REIMERINK A. Representing Environmental Knowledge in EcoLexicon [M]// BÁRCENA E, READ T, ARHUS J. Languages for Specific Purposes in the Digital Era, Educational Linguistics 19. Berlin, Heidelberg: Springer. 2014: 267-301.

[3] GIACOMINI L. Testing User Interaction with LSP e-Lexicographic Tools: A Case Study on Active Translation of Environmental Terms[G]// Proceedings of the 12th edition of the Konvens Conference. Hildesheim, Germany. 2014: 77-85.

[4] LEÓN-ARAÚZ P, MAGAÑA P J, FABER P. Building the SISE: An Environmental Ontology [G]// HREBÍCEK J, HRADEC J, PELIKÁN E, et al. European Conference of the Czech Presidency of the Council of the EU TOWARDS eENVIRONMENT Opportunities of SEIS and SISE: Integrating Environmental Knowledge in Europe. Brno: Masaryk University. 2009: 16-23.

[5] LEÓN-ARAÚZ P, REIMERINK A, ARAGÓN A G. Dynamism and Context in Specialized Knowledge[J]. Terminology, 2013, 19 (1): 31-61.

摩尔多瓦术语工作一览①

邱碧华 编译

摘要:德鲁策女士是摩尔多瓦科学院语言文学研究所术语中心主任,是一位勤勉的术语学家和罗马尼亚语专业翻译家、书评人。其《在翻译影响下的罗马尼亚语术语动力学》在欧洲术语学界颇有影响。她还是摩尔多瓦共和国司法部宣誓翻译审查委员会成员。她在摩尔多瓦共和国罗马尼亚语及其术语的维护和发展方面功勋卓著。卡拉贾女士则是摩尔多瓦国立大学外国语言和文学院翻译、口译与应用语言学系的术语学专家,也是基希讷乌拉丁语联盟局语言评审委员会成员。2018 年,欧洲议会翻译总理事会术语协调部(TermCoord)对两位女学者分别做了采访,充分揭示了摩尔多瓦共和国在国家层面上术语工作的开展情况。本文依据 TermCoord 记者的采访进行了综合整理,旨在为广大读者了解摩尔多瓦共和国的术语工作打开一个窗口。

关键词:罗马尼亚语,罗马尼亚语术语,罗马尼亚 – 俄语术语翻译和改编,概念,受翻译影响的罗马尼亚术语的动态发展,GesTe 数据库

摩尔多瓦共和国(英文:The Republic of Moldova)是位于欧洲东南部的内陆国,与罗马尼亚和乌克兰接壤,首都为基希讷乌。原为苏联加盟共和国之一,1991 年独立,现为独联体成员国。摩尔多瓦是一个主权独立、统一和不可分割的国家。1992 年 1 月 30 日与中国建交。

德鲁策(Inga Druţă)女士是摩尔多瓦科学院语言文学研究所(the Institute of Philology of the Academy of Sciences)术语中心主任,是一位勤勉的术语学家和罗马尼亚

---

① 本文编译自对 I. 德鲁策(Inga Druţă)和 R. 卡拉贾(Rodica Caragia)(摩尔多瓦)二位学者的采访内容,可见 http://termcoord. eu/2018/05/interview – with – terminologist – inga – druta/以及 http://termcoord. eu/2018/05/interview – with – terminologist – rodica – caragia/。

语专业翻译家、书评人。其《在翻译影响下的罗马尼亚语术语动力学》("Dynamics of Romanian terminology under the impact of translation")在欧洲术语学界颇有影响。德鲁策女士撰写了 70 多部科学作品,其中包括 3 部专著,并参与编纂了 3 部词典。她还是摩尔多瓦共和国司法部宣誓翻译审查委员会(the examination commission for sworn translators of the Ministry of Justice of the Republic of Moldova)的成员。她在摩尔多瓦术语工作中起着重要作用,尤其在摩尔多瓦共和国罗马尼亚语的维护和发展方面功勋卓著[1]。

卡拉贾(Rodica Caragia)女士则是摩尔多瓦国立大学(Moldova State University)外国语言和文学院翻译、口译与应用语言学系(the Department of Translation, Interpretation and Applied Linguistics, DTIAL)的高级讲师和术语学专家。她还是法律和医学领域的兼职翻译和口译译员,也是基希讷乌拉丁语联盟局语言评审委员会(the linguistic jury of the Bureau of the Latin Union in Chisinau)成员[2]。

2018 年,欧洲议会翻译总理事会术语协调部(TermCoord)对两位女学者分别做了采访。两位女学者在与记者的谈话中充分揭示了摩尔多瓦共和国在国家层面上术语工作的开展情况。本文是依据 TermCoord 记者的采访内容进行综合整理的。文章分为几个方面,旨在为广大读者了解摩尔多瓦共和国的术语工作打开一个窗口。

1 摩尔多瓦国家术语中心的创建

摩尔多瓦国家术语中心(the National Centre for Terminology)创建于 1989 年,属于摩尔多瓦科学院(the Academy of Sciences of Moldova)。在特纳塞(Constantin Tănase)和库列夫(Valeriu Culev)研究员的倡议与努力下,这个中心成为负责摩尔多瓦共和国涉及术语学研究和协调各行政、经济、社会部门术语工作的机构。该中心的主要事项是:促进在社会所有活动领域里使用罗马尼亚语。1989 年之前,摩尔多瓦政府只使用俄语;1989 年,才将罗马尼亚语作为官方语言写进法律,并恢复了采用拉丁字母的合法地位。因此,这个新创建的机构肩负着特殊的历史使命——它需要针对不同的利益群体,完成对各种标准、产品名称、说明书、企业、机构和商业实体的名称等从俄语到罗马尼亚语的翻译和改写工作。1989 年,该中心有 25 名员工,他们热情、肯奉献。核心人员都是摩尔多瓦著名出版社大百科全书编辑委员会的前任编辑,都是拥有专业(如工程学、生物学、法学等)知识和语言学知识的专家。从一开始,Uniunea Latină[拉丁语联盟(Latin Union),是一个过去使用罗曼语的国际组织,创建于 1954 年,位于西班牙马德里。它具有促进与传播拉丁文化和拉丁文化世界共同文化遗产的共同意识]就提供了大量支持,包括物流设备的资助,摩尔多瓦国家术语中心成功地与"现实泛拉丁网"(the Pan-Latin network Realiter)等建立了现实有效的伙伴关系,并与布加勒斯特等地的术语学专家和计算语言学专业的专家建立了良好合作关系。术语中心和罗马尼亚彼得鲁马约尔大学(Petru Maior University of Târgu-Mureş)的专家布蒂乌尔卡(Doina Butiurcă)女士所领导的一个团队合作,成功编辑了一部珍贵的多语言词典——《经济术语词典》(Dicţionar de termeni economici)(两卷)(布加勒斯特2013—2014出版)。

2　摩尔多瓦国家术语中心提供的服务

为了完成其使命,摩尔多瓦国家术语中心旨在为各行业专家和广大公众创建有用的术语工作工具(如术语词典、术语库等),它在术语学理论和实践领域里所致力的具体工作有:对机构、企业、公司等名称和广告里所使用的文字、产品名称等进行起草、更正与批准;为中央和地方当局,为企业、机构、协会和个人,提供语言和术语咨询服务;提供各种专业文本的翻译和修订服务;根据社会需求提供术语专业知识;在大众媒体里和各部委、企业、各种机构举办的会议与研讨会上,呼吁促进罗马尼亚文学语言和术语的使用与推广等。在摩尔多瓦国家术语中心的网站(www. cnt. md)上,人们可以找到"日常生活里的术语"(Term of the day)栏目,这个栏目提供了新术语和使用得不妥当的术语,并对正确的术语为何正确,以及错误的术语为何使用不妥当进行了解释。另外,从1989年至今,该中心在工作时间通过电话免费向公众提供术语和语言咨询服务。社会各行业人士乃至学校的学生都知晓术语中心的联系电话。国家术语中心不厌其烦地为大家提供各种类型的术语服务。

3　摩尔多瓦共和国的术语工作者应该具备的一些素质

德鲁策女士认为,一名术语师(术语工作者)首先应该长期关注新闻媒体的活动,应该跟踪世界在各个领域里发生的事情,因为新的现象和新的事件必然产生新的术语(如bitcoin、Brexit等等这类术语)。其次,术语师必须熟悉翻译和术语学领域最重要的出版物,也要时常翻看电子词典和浏览术语库,以便知道在哪里能查找到术语。再次,术语师必须精通自己民族语言词汇的形成规则,针对罗马尼亚语,就是要掌握最重要的希腊语和拉丁语词根。因为术语学家必须具备必要的语言能力,能够依据某种民族语言来进行术语分析,并根据某种语言的规则和原则来评估某种术语构成是否成立。在摩尔多瓦共和国,一个术语师必须掌握两种或者三种语言,尤其要掌握法语和英语(这两种语言与罗马尼亚语共享词库),并通晓俄语,因为摩尔多瓦共和国的术语师们面对着大量罗马尼亚语术语和俄语术语之间的翻译、本地化适应工作。如果再附加一点,那就是术语师还应该具备为公司、企业提供必要术语服务的能力,协助企业管理和本地化服务的工作,包括本地化广告和翻译工作所需要的术语服务。

4　在摩尔多瓦共和国开展术语工作的重要性

德鲁策女士认为,在摩尔多瓦共和国开展术语工作之所以重要,最为根本的就是因为术语是一种语言中最具动态性的组成部分。1989 年之前,罗马尼亚语在摩尔多瓦的使用有过艰难的时期。当时政府要求各政府机构和企业使用俄语,而罗马尼亚语的社会地位较低,一般在学校里作为口语使用,在大学中则是部分使用。当时,摩尔多瓦作为苏联的"姐妹"共和国,其民族语言罗马尼亚语不是很受重视,在摩尔多瓦也没有形成任何的罗马尼亚语术语,因此,人们只能运用俄语术语。1989 年 8 月31 日,当罗马尼亚语在摩尔多瓦共和国获得官方语言地位时,国家开始弥补罗马尼亚语言发展上的损失。在社会各领域(各个部委、企业、邮局、商业实体、市政厅和文化机构等等),罗马尼亚语开始得到广泛使用。人们开始注重自己民族语言在口头表达和书写方面的正确性,因此,罗马尼亚语术语在不同领域里使用得是否和谐一致,成为大家关注的重点。在怎么做这个问题上,摩尔多瓦国家术语中心发挥了重要作用。那些过去已经翻译成俄语的成千上万的指示、各种标签等等,都迫切地需要翻译或者转换成现代罗马尼亚语这种民族语言,那些对于现代罗马尼亚语的发展不可或缺的术语都需要生成出来,因此,在摩尔多瓦共和国开展现代化的术语工作至关重要。

另外,在罗马尼亚和摩尔多瓦共和国之间所使用的罗马尼亚语术语是统一的还是各自独立的这个问题上,德鲁策女士回答说,在 20 世纪 90 年代,鉴于对俄语术语的大量翻译工作的需要,摩尔多瓦共和国对一些概念进行了重新命名或者使用了与罗马尼亚不同的术语。但随着时间的推移,这些与罗马尼亚不同的术语得到纠正或者停止使用。今天,可以确认罗马尼亚和摩尔多瓦共和国使用的术语是统一的。

5　摩尔多瓦国家术语中心已经取得的重要成就

首先是完成了一部《职业分类手册》(*The Classification of Professions*)。应摩尔多瓦共和国劳工部长的要求,它已经于 1994 年出版。目前,这个分类手册仍然在使用中,同时进行了相关补充和修订。此外,还出版了一系列小型俄语－罗马尼亚语专业词典,如:《林业词典》(2000 年)、《美发词典》(2000 年)、《小型汽车词典》(2002年)、《纺织工人词典》(2003 年)、《铁路必备词典》(2004 年)、《出租司机指南》(2005 年)、《非食品类商品名称》(2005 年)、《公务员指南》(2004、2012 年)、《建设指南》等。摩尔多瓦国家术语中心已经以电子化的形式,将长期以来为不同领域的翻译研究人员所收集的术语存储起来:一个是 GesTe(一个术语库,收藏有罗马尼亚语、俄语、法语和英语术语,其定义均为罗马尼亚语;另一个是 Liderra(交互式电子俄语－罗马尼亚/罗马尼亚－俄语以及英语－罗马尼亚语/罗马尼亚语－英语词典,见www. liderra. com)。两者均免费向公众开放。这是摩尔多瓦共和国和罗马尼亚术语学家合作的一个良好例子。

此外,摩尔多瓦共和国政府在 2002 年 2 月 18 日做出决定,要求国家术语中心的任务之一是从高等教育机构里吸引更多的学生投身和了解术语学与专业翻译领域,并引导他们学会如何在这些领域进行工作,因此,在过去 15 年里,每年约有 10 到 15名学生在国家术语中心实习。学生主要来自摩尔多瓦国立大学的外国语言和文学院,以及摩尔多瓦自由国际大学文学院和摩尔多瓦科学院社会和人文科学学院。这些高等院校和机构讲授术语课程,而且每年都会为学生组织一次术语学知识竞赛。

6　摩尔多瓦国家术语中心开展的项目

摩尔多瓦国家术语中心在 2015—2018 年间开展的项目名为"罗马尼亚语语言资源门户"(Portal de resurse lingvistice pentru limba Română,Portal of linguistic resourcesfor the Romanian language)。中心正在建造 GesTe 数据库(GesTe database)这个拥有更多资源的术语库,以及网上电子词典(www. liderra. com),旨在为广大公众提供正确使用罗马尼亚语和进行语言研究的指南,并将这些信息存储在广大公众可以接触到的互动平台上。

可以说,今日摩尔多瓦国家术语中心在语言学领域里的国际化研究已经达到了足够成熟的水平。依据现有语言资源的数量和质量,以及依据国际标准的编纂规则,经过语言学家、术语学专家和计算机专家的共同努力,国家术语中心已经在实施旨在进行自然语言自动处理的涉及罗马尼亚语的跨学科项目。在一定程度上讲,自然语言的技术化程度与"电子化使用的语言"(language of electronic use)的地位直接相关。"电子化使用的语言"这一概念深受文化、社会和经济的影响,包括每个公民是否有权利用其母语获取网络空间(或信息市场)提供的知识信息和服务。摩尔多瓦国家术语中心的罗马尼亚语语言资源门户将与其他同类平台保持一致。其中,为罗马尼亚语设计的平台可见 www. archeus. ro, www. dexonline. ro 等,为其他语言设计的平台可见 http://www. sil. org/linguistics/linguistics - resources, http://www. term-cat. cat, http://www. culture. fr/Ressources/FranceTerme 等 。

7 摩尔多瓦国家术语中心存在的问题和对未来的展望

在摩尔多瓦国家术语中心成立后的前几年,当然存在着很多实际困难。在 20 世纪 90 年代,互联网还不是很发达,当时中心唯一的信息来源就是纸质词典以及中心工作人员每次从罗马尼亚带来的众多标准、手册和各种专业书籍。当时,摩尔多瓦政府为了促进罗马尼亚语术语和罗马尼亚语各项规则的完善,尽一切可能为国家术语中心提供支持。那时,政府有一个国家语言部(a State Department of Languages),专门负责审查并监督所有国家层面和私人部门语言立法的遵守情况。但遗憾的是,这项工作在 1994 年就停止了。自那以后,没有再负责摩尔多瓦国家层面的语言问题的具体单位。摩尔多瓦国家术语中心只是一个咨询机构,并没有审查权。日前在摩尔多瓦共和国,只有公共机构对涉及罗马尼亚语术语的问题(特别是与企业广告有关的问题)表现出些许兴趣。现在,摩尔多瓦政府当局似乎对与官方语言(罗马尼亚语)有关的问题变得不如过去那么敏感,甚至将摩尔多瓦国家术语中心的人员编制从 25 个减少到 15 个,在 2007 年减少到 7 个。在 2006 年,摩尔多瓦国家术语中心进行了改组,并与摩尔多瓦科学院语言学语言文学研究所合并。因此,这个中心实质上失去了"国家"的称号和法人地位。更不用说,近年来研究资金很是不足。近一两年来,除了极少数情况,摩尔多瓦政府当局不再支持摩尔多瓦国家术语中心的各项举措。

至于这个术语中心未来的前景,德鲁策女士谈到,该机构从成立开始就立志为公民的利益服务。因此,她希望摩尔多瓦国家术语中心能够持之以恒地继续做好这项工作,以满足广大公众的需求。下一个计划项目是建一个"名字和姓氏"数据库。在苏联时期,摩尔多瓦许多公民的名字和姓氏都使用得不够正确与不自然。现在,人们渴望正确使用自己的名字。这个数据库将在线免费为公民服务,帮助他们找到名字或姓氏的正确书写形式。以后,该中心还可能计划为网络游戏制定指南,这将有助于不会说罗马尼亚语的儿童和青少年更容易接触这门语言。就罗马尼亚语术语而言,术语中心将继续与摩尔多瓦标准化研究所以及各部委和机构合作,以协调和统一正确术语的使用与推广。

8　摩尔多瓦国立大学术语学教学现状

卡拉贾女士所在的摩尔多瓦国立大学外国语言和文学院翻译、口译与应用语言学系创建于20世纪90年代。在该系从事教学活动的骨干大多数是精力旺盛的年轻讲师,经过他们的热情努力,这个系逐步创建起了一个与摩尔多瓦笔译和口译市场需求相对应的术语学学习计划。

21世纪初,在基希讷乌法语联盟(the Alliance française from Chişinău)、拉丁语联盟(Latin Union)和摩尔多瓦国家术语中心的支持下,摩尔多瓦国立大学外国语言和文学院翻译、口译与应用语言学系组织了多次研讨会,讨论各种以术语学为主题(术语学理论、语料库语言学、基于语料库的术语学等)的研究课题。研讨会由来自罗马尼亚、法国、加拿大(魁北克)的术语学专家主持。

2005年,术语学被引入摩尔多瓦国立大学的课程设置里,首先是针对信息学院、针对信息学专业和外语专业的学生,后来则针对翻译、口译和应用语言学系的学生。

卡拉贾女士坦言道,他们都是自学者,因为术语学资源非常有限,他们能够访问到的电子化或者纸质的信息也非常有限。他们从自己所拥有的有限资源中,尝试着开发出适应其潜在笔译和口译市场需求的课程。

当谈到在翻译、口译与应用语言学系的课程中是如何安排术语课程的,卡拉贾女士说道,在他们系的术语学学习计划中,包括为本科二年级学生开设的"术语学导论"(Introduction into Terminology)理论课程和研讨会,以及为硕士学生开设的"术语学"理论课程和研讨会。由于为术语学设置的课程数不是很多,而且这个系主要目标是培养潜在的笔译工作者和口译人员,因此,在术语学教学中,他们尝试将名称学方法(onomasiological approach)(概念优先于术语)与语义学方法(semasiological approach)(概念借助于术语)相结合。作为未来的笔译工作者和口译人员,学生们只能通过研究术语学理论获得对术语学的理解,由此为自己打开理解概念和对应的术语、正确分配翻译等效物的大门,以求最终交付高质量的翻译产品。术语学是帮助翻译工作者做出正确翻译决定的工具。卡拉贾女士认为,术语学是未来笔译工作者和口译人员的核心科目之一。

9　对欧盟机构间术语数据库的思考

卡拉贾女士谈道,她在教学活动中经常使用欧盟机构间术语数据库(IATE),并且还将其推荐给她的学生。卡拉贾女士认为,欧盟机构间术语数据库使用起来很方便,用户只需单击一下,即可获得自己所需要的术语。卡拉贾女士用"省时、省力"来形容 IATE 的可访问性和可靠性。在涉及一般性的法律、财政金融、农业术语及其相关方面时,它是摩尔多瓦共和国罗马尼亚语口语的可靠来源。但卡拉贾女士也时常提示她的学生要意识到词汇和术语之间是有区别的,必要时需要做仔细检查,不要将两者混淆。此外,卡拉贾女士还向大家推荐 TermCoord 网站。她认为,这个网站提供的学术和访谈栏目可以作为大学术语学必修课的内容,也适合作为术语学研讨会的阅读材料使用。TermCoord 网站的术语博客"inmyownterms. com"更是为人们由浅到深地了解术语学提供了理想途径。因为这个栏目采用浅显易懂的方式,引导读者逐步了解术语学理论,而且为人们提供了有关术语学理论和实践的极为有用的信息。

卡拉贾女士还谈道,她很赞同 TermCoord 负责人马斯阿斯(Rodolfo Maslias) 教授在一次演讲中提到的"术语(工作)不是翻译工作者的工作"(Terminology is not the work of translators)的观点,现在欧洲很多国家都有专业化的术语师专门从事涉及术语管理或者研究方面的工作。但卡拉贾女士提到摩尔多瓦共和国的现实与欧洲其他国家不同。除了摩尔多瓦国家术语中心主要从事罗马尼亚语术语和俄语术语之间的协调管理工作之外,摩尔多瓦其他部门或者行业没有设置术语师职位。因此,那些使用其他语言(英语、法语、意大利语、阿拉伯语等)术语的人必须求助于外部资源,必须自己动手解决术语管理问题。在摩尔多瓦,翻译工作者几乎要承担所有的劳动:翻译、术语搜索、编辑、校对。面对希望获得高质量工作成果的客户,翻译工作者的工作压力很大,他们自己也必须是术语工作者。在谈到对术语学理论和实践发展方面的展望时,卡拉贾女士表示,她希望以翻译为导向的术语学理论和实践工作也能够在摩尔多瓦共和国获得持续有效的发展。她坚信每一个企业、机构和组织最终都会意识到创建自己术语库的必要性,因为有效的术语管理工作给生产力的提高所带来的益处已经愈来愈获得人们的共识,有效的术语管理工作也越来越显示出它的优越性。

参考文献:

[1] Interview with Terminologist Inga Druta[EB/OL]. (2018 – 05 – 03)[2018 – 08 – 03]. http://termcoord. eu/2018/05/interview – with – terminologist – inga – druta/.

[2] Interview with Terminologist Rodica Caragia[EB/OL]. (2018 – 05 – 17)[2018 – 08 – 07]. http://termcoord. eu/2018/05/interview – with – terminologist – rodica – caragia/.

术语学家 K. 托拉基教授
与希腊术语工作^①

邱碧华 编译

摘要：欧洲议会是欧盟三大机构之一。欧洲议会翻译总理事会则为欧洲议会所拟定的文件的可靠性提供保证。其术语协调部，是为欧洲议会和欧盟各国的翻译人员与普通公民提供术语服务的部门。术语协调部经常报道对世界一流术语学家的采访。文章根据术语协调部对希腊女术语学家 K. 托拉基教授的专访，整理了托拉基教授关于术语学和术语工作的主要观点，读者从中可以了解到希腊术语工作的一些情况。

关键词：希腊技术协会，欧盟 IATE 术语库，希腊标准化组织，希腊术语网，术语学规定性方法

引言

欧洲议会翻译总理事会的术语协调部（TermCoord）为欧洲议会和欧盟各国翻译人员提供术语服务，主要是维护欧盟内部的术语库（Inter-Active Terminology for Europe，IATE）和提供与术语相关的服务，为翻译工作者遇到的术语问题提供必要咨询。欧洲议会翻译总理事会术语协调部的工作网站（http://termcoord.eu）上设有"专访"栏目，常常刊登术语界新人对世界著名术语学专家的专访文章。2015 年 11 月，曾在 TermCoord 实习过的希腊术语学新秀 D. 察卡欧耶奥加（Dimitra Tsagkogeorga）女士，对希腊著名女术语学家 K. 托拉基（Katerina Toraki）教授进行了采访[1]。通过这篇采访，笔者了解到在中国鲜为人知的希腊术语工作的一些情况。

---

① 本文曾发表于《中国科技术语》2018 年第 4 期。主要编译自"Interview with Katerina Toraki"，可见 http://termcoord. eu/2015/11/interviewwith – katerina – toraki。已取得欧洲议会翻译总理事会授权编译。

托拉基女士在希腊技术协会(Technical Chamber of Greece, TEE)已经工作了 30 多年,积极参与希腊标准化组织(the Hellenic Organization for Standardization, ELOT)第 21、第 22 技术委员会(TE21,TE22)和希腊术语协会(the Hellenic Society for Terminology, ELETO)的工作,为希腊科技术语的统一工作立下了不可磨灭的功勋。她一再强调在最为广泛的领域里开展术语协调工作的重要性,也不断向希腊社会呼吁,欢迎更多的希腊人加入国际化的术语工作大讨论之中。

托拉基教授早年在希腊雅典国立科技大学(the National Technical University of Athens, NTUA)攻读化学工程专业,而后又从英国伦敦城市大学(the City University of London)获得"信息系统和技术"方向的硕士学位,在希腊爱奥尼亚大学(the Ionian University)取得"虚拟图书馆"(virtual libraries)专业的博士学位。1981 到 2011 年,她供职于希腊技术协会。与此同时,她又在雅典的技术教育学院(the Technical Educational Institute, TEI)的图书馆系任教,也在爱奥尼亚大学的图书馆和档案学系指导本科生和研究生的学习。2006 到 2011 年,她曾担任希腊技术协会科学和发展活动理事会(the Directorate for Scientific and Development Activities)主席。

下面是托拉基教授对术语学和术语工作的主要观点,同时也展现了希腊术语工作,这部分内容是笔者根据察卡欧耶奥加女士对托拉基教授的采访整理而来,并从托拉基教授的视角以第一人称叙述,在此与大家分享。

1 希腊标准化组织第 21 技术委员会

希腊标准化组织第 21 技术委员会,曾称"术语原则"(Principles of Terminology)技术委员会,现已更名为"术语–语言资源"(Terminology-Language Resources)技术委员会,以便跟国际标准化组织第 37 技术委员会(ISO/TC 37)的具体名称相对应。它的具体职责是为术语制定标准,也为管理术语制定规则。另外,希腊标准化组织第 21 技术委员会也是国际标准化组织第 37 技术委员会的正式成员,因此,我们也需要依照国际要求,对技术委员会的全部工作进行监测和定期编制工作简报;对于新标准和任何一种标准化文件的制定,我们的各分委员会要么进行投票表决,要么具体参与讨论。他们参与我们术语标准化工作的程度取决于各分委员会的具体身份(是正式成员,还是观察员等)。希腊标准化组织第 21 技术委员会也与希腊术语协会和其他的术语团体共同举办工作坊、研讨会等等。

以我个人之见,在术语工作方面,我们希腊已经开展了很多卓有成效的工作。譬如,2015 年 5 月,我们技术委员会翻译总理事会的雅典办公室为翻译者举办了研讨会。在研讨会上,我们技术委员会的不少委员都积极踊跃地担任发言人,并且为翻译总理事会积极倡导的希腊术语网(Greek Terminology Network)的建立献计献策。技术委员会的委员主要由希腊的学术机构和科学研究院所委派的代表组成,当然这些代表自己要对术语工作感兴趣。大部分代表来自希腊术语协会、雅典学院(the Academy of Athens)、希腊标准化组织、希腊技术协会、语言和话语加工研究所(the Institute for Language and Speech Processing, ILSP)、雅典国立科技大学、雅典大学、希腊物理学家协会和希腊化学家协会。除了上述这些委员,我们还要给一系列的观察员以电子版的形式告知我们委员会的工作情况,并且及时反馈这些专家对某些具体问题的评价、建议或者鉴定。我们委员会的会议是向大众公开的,拟定和发布各项标准的过程也是透明的,工作程序遵循希腊标准化组织的章程,这也是依照国际化规则起草的(譬如,文本起草后要经委员们讨论、达成共识,然后发布,同时告知与此有关的团体,等等)。

2　希腊术语协会

希腊术语协会是依照希腊共和国的法律成立并依照法律规定运作的科学协会,它是一个非营利性科学协会[2]。希腊术语协会的主要宗旨,是通过各种途径研究、协调、处理、推进、收集希腊术语,并将其系统化,然后进行确认和传播,同时积极开展术语学研究工作。希腊术语协会的会员共有 5 类:正式会员、准会员、团体会员、荣誉会员和赞助会员。它由一个行政管理委员会进行管理,此委员会由 7 名选举出的正式会员或者准会员组成。希腊术语协会的核心科学实体是其科学总委员会(the General Scientific Board, GESY),由来自行政管理委员会的代表和希腊术语协会团体会员代表组成。希腊术语协会还组织各种活动,积极参与由其他希腊或者外国团体组织的与术语工作相关的活动,为个人或者团体提供有关术语问题的各种咨询和答疑服务。希腊术语协会的团体会员在术语标准化方面做了很多工作,譬如,编纂出版双语或者多语的术语词典,形成各种希腊术语标准,包括为欧盟术语库(the EU Term Bank)(过去为 EURODI-CAUTOM,现在为 IATE)提供与希腊语对应的各类术语。

希腊术语协会是个具有双重任务的非常活跃的科学团体:首先,在语际(interlingual)维度上,它把术语学看成是一门科学学科;其次,它通过对希腊术语工作的推进,为现代希腊语言在当今时代的丰富和发展积极贡献着自己的力量。希腊术语协会对希腊标准化组织第 21 技术委员会和希腊标准化组织其他标准化委员会的影响也是深远的。它每两年组织一次"希腊语言和术语"(Hellenic Language and Terminology）会议，还积极与其他的相关团体合作，组织术语工作坊或者术语学和术语工作研讨会。希腊术语协会出版名为 *Orogramma* 的双月刊，此期刊提供免费阅读的网络版，主要报道国际术语界和希腊语世界与术语工作和术语学研究相关的新闻和文章。

希腊术语协会的会长 K. 瓦莱翁蒂斯（Kostas Valeontis）先生，是一位谦逊而又不知疲倦的学者，知识渊博却一直高标准要求自己。在他的领导下，希腊术语协会已经为希腊术语及其标准化工作做了许多极为宝贵的先驱性贡献。

3　教学中或深或浅地融入术语学内容

我在爱奥尼亚大学信息科学方面的教学工作包括以下一些方面：教授和指导学生如何进行主题分析、分类，如何做学科索引和查阅，如何进行知识组织和表示等。其中教学的关键所在是引导学生如何理解和把握"概念"的世界，以便让他们在自己今后的专业生涯中，在处理各种研究资料时能够把主题性分析和概念化分析相结合。此外，信息科学本身也是一门不断演变的学术领域，随着新概念的不断涌现，我们需要不断形成新的希腊语术语，因为目前这个领域里的新概念多是通过英语术语进行表达的。

在爱奥尼亚大学和雅典技术教育学院，我早年讲授的课程主要有主题访问系统、文献学、元数据、现代环境中的信息科学等。在讲授这些课程时，我都依据具体情形，或深或浅地融入术语学的内容。另外，我一直定期给这个大学相关专业的本科生和硕士生就术语学专题开设讲座，譬如，2015 年 5 月，我就做过题为"标准化、术语学和图书馆"的讲座。

4　专业知识让术语学工作者如虎添翼

依我个人观点，在一个给定的学科里，掌握这门学科的专业知识能够让术语师（术语学工作者）如虎添翼，他们要比别人更具有优势，更容易轻松自如地理解和处理特定术语项目中所涉及的专业概念。当然，光有专业知识也是不够的，因为一个特定的术语项目不仅需要术语师运用术语学的规则，也需要运用语言学的规则。就我个人经历而言，我自己过去的专业知识储备对我有效的术语工作起着关键性作用，特别是在涉及术语标准化问题的时候。我的专业优势依旧会对我未来的术语工作带来积极影响，因为标准化工作和工程学多少有其相近之处。为了证实我不是在自吹自擂，我很愿意提到奥地利的欧根·维斯特（Eugen Wüster）和俄罗斯的洛特（Dmitrij Semënovič Lotte），这两位把术语学视为一门独立的科学领域的"术语学之父",都是工程师出身。

5　外来新术语的翻译

外来新术语涉及很多问题:譬如,我们应该对新概念先进行较为透彻的理解,然后尽量把它们解释清楚;这就需要有一个"迁移"(transferring)的过程,把对这些概念的理解迁移到我们的语言里来。要完成好这个过程,就需要具有扎实的希腊语功底和丰富的希腊语知识,这是先决条件;当然,还需要具备扎实的源语言(通常是英语)知识功底。在希腊标准化组织第 21 技术委员会的具体工作中,我们通常努力解决的就是上述这些问题,而且我们还会长期继续面对这些问题。我们制定的大部分希腊标准也是从国际标准化组织(ISO)的标准那里迁移和改编过来的。在相当大的程度上,我们是依据 ISO 860(笔者注:涉及如何在概念和术语之间进行协调的国际标准)的相关政策和规则进行工作的。在实际运作中,把外来术语纳入希腊语言真的很不容易。希腊术语协会、希腊标准化组织第 21 技术委员会和希腊标准化组织一直竭力联合起来,以一种集体性、科学化的方法共同发表对相关术语问题的看法。另外,很多其他的团体组织还有专题术语小团组都和希腊术语协会建立了暂时或者长期的联系,力求在特定的专业领域里,针对涉及术语问题的所有大事达成一致,目前在上述方面,我们取得了一些有益的成绩。雅典学院的"科学术语和新词研究中心"(the Research Centre for Scientific Terms and Neologisms of the Academy of Athens)也一直在积极从事新术语和新概念的记录注册工作。我们各方都有志致力于对新引进的术语进行登记的工作, 对此我们也有着极大热情。我们一直认为,至关重要的一环,是将这些外来术语翻译成希腊语这一环节,它必须在透彻理解这些术语所隐含的概念的基础上进行,否则难以得到可靠的翻译结果。

6　对欧盟内部术语库(IATE)的改进建议

我个人在工作中经常使用到 IATE。这个大型术语库是一个相当有用的工具,它储存了极为珍贵的语言和术语资料。我对它的建议是:首先,它的界面可以再设计得友好一些;其次,需要对术语库各领域的分类做个彻底检查,进行全面修订,当然,对各个领域的内容做较为清晰的划分绝非易事。但如果不修订的话,用户在使用它时,还是感到很难在不同的类别之间进行区分,无奈之下用户只好在术语库里到处搜索,结果就是生成了好几页的搜索结果。据我所知,不少用户因为在这个术语库里总找不到他们需要的资料,对这个术语库是否能给他们的工作带来很大的效益丧失了信心。因此,我们可以改进的地方,就是为这个术语库提供更为灵活的系统,为用户设置带有更多选择的参数,以方便他们的搜索和使用。另外,我还想补充一点:这个大型术语库还应该涵盖更多的术语,特别是希腊语的术语,当然,这主要取决于我们这些在希腊从事术语工作的人的继续努力。

7   术语学本质上应该是具有"规定性"的

在术语工作史上,一直存在着"描述性的"(descriptive)和"规定性的"(prescriptive)这两种方法。我认为,无论是把术语学看成一门理论性较强的学科,还是把它视为跟"概念"和"术语"打交道所产生的实践成果,在本质上它都应该是具有"规定性"的。因为开展术语工作,离不开要依据一定的原则、规定和标准。术语学产生的主要目的之一,就是为人们进行有效的表达和交流提供必要的手段和工具。而要产生这样的工具,则离不开对所使用的语言进行标准化,这就要制定术语政策,以实现对术语进行标准化。我们也不要忘记,在特定国家和特定语言的背景下,开展术语工作和制定术语政策的目的,是进行"保护"(在"保存、维护"的意义上讲):在特定主题的专业领域里,保护、培育各自民族语言的独立存在和发展。因此,这就要借助一定的规则和规定,以便对自己的民族语言在专业交流领域里进行协调,以达到交流通畅和互动协作的最终目的。因此,基于上述分析,在一般意义上讲,术语学不可能是描述性的。因为它是在与"概念"打交道,而不是跟"词语"(words)打交道。虽然术语工作的目的是帮助人们理解概念,是用专业化的词语(术语)去描述概念。在术语标准化工作中,采取"规定性"的干预措施是必要的,制定、颁布相应的原则和规则也是不可避免的。

8   希腊术语工作面临的最大问题

希腊术语工作面临两个问题:一是术语政策问题,目前希腊还缺乏这方面的政策,希腊还需要在国家和部门层面上对术语工作进行规划;二是术语培训问题,大学里也应该设置涉及术语培训的课程计划———应该在语言专业和语言学系设置专门的术语课程,在大学的其他院系则应采取多样化的形式开设各类术语学辅修课程。除此之外,我们应该竭尽所能在更多的学科领域里推广和发展希腊术语。我们应该积极向社会呼吁,让更多的人迈入术语工作的行列,让更多的有志之士为促进希腊各团体组织和机构之间的术语工作的合作献计献策,形成一种积极的社会氛围;我们更应该让更多的人积极参与到国际层面上对术语学理论和实践的大辩论中去。

9　希腊术语工作展望

希腊术语协会和希腊标准化组织第 21 技术委员会自成立以来,一直积极投身于希腊术语和语言的协调活动[4]。希腊术语协会举办的各种会议、各方协作制定的术语标准、已经提出的希腊要制定自己的国家术语政策的倡议、希腊术语协会创办的杂志 *Orogramma*、那些正在处理和分析着的海量的概念与希腊术语、那些正在积极与我们合作从事着术语协调工作的专业团体,等等。希望所有这些已经盛开的术语工作之花能够永开不败,希腊语言能够在世界文化的百花园里继续保持其优雅的姿态,它能不断进化和受到精心呵护。在此我借用古希腊哲学家安提西尼(Antisthenes)的一句格言:"对词语的含义进行研究和考察是教育的开端……"(The investigation of the meaning of words is the beginning of education...)愿我们谨记这位希腊祖先的谆谆教诲,温故而知新。

参考文献

[1] Interview with Katerina Toraki[EB/OL].(2015 - 11 - 26)[2017 - 11 - 28].http://termcoord.eu/2015/11/interview - with - katerina - toraki.

[2] [EB/OL].(2010 - 10 - 02)[2017 - 12 - 10].http://eleto.gr/en/history.htm.

[3] NQIS ELOT Greece [EB/OL].(2016 - 03 - 11)[2017 - 12 - 12].https://www.iso.org/member/1759.html.

[4] The Background of Standardization in Greece[EB/OL].(2016 - 03 - 11)[2017 - 12 - 11].https://elot.gr/en/background - standardization - greece.

匈牙利 21 世纪前 10 年的
术语学理论和实践①

邱碧华 编译

摘要:2006 年,匈牙利的语言学家和术语学家阿戈陶女士向全世界介绍了匈牙利术语学发展状况。匈牙利历史独特、语言独立,因此,其他国家对其语言学成就知之甚少。匈牙利术语学研究史可以追溯到几个世纪以前,但因其文献主要采用匈牙利文书写和出版,故而鲜为人知。20 世纪末和 21 世纪初,匈牙利语作为一门小语种,它的术语学实践和理论深受国际政治经济环境的影响,阿戈陶女士的文章,历史性地综述了近 20 多年来,处于时代变革中的匈牙利术语学理论和实践状况,并对匈牙利术语学的未来提出了自己的展望。文章旨在向读者们做一简单介绍,以满足对东欧术语学理论和实践有一定兴趣的读者的好奇心。

关键词:小语种,匈牙利术语学,欧盟经济,欧盟社会,语言规划,"创造新词运动",匈牙利术语委员会

阿戈陶(Fóris Ágota)女士是匈牙利的语言学家和术语学家。她在匈牙利写有一部著名的术语学专著《术语学的六个讲座》(*Hat terminológia lecke*,*Six Lectures on Terminology*),她也常年担任欧洲术语委员会(European Association For Terminology,EAFT)委员,并当选为匈牙利科学院词典委员会和应用语言委员会委员,更是成立匈牙利术语委员会(A Magyar Nyelv Terminológiai Tanácsa/Council of Hungarian Terminology,MaTT)的发起人。目前,她在匈牙利卡罗莱加斯帕大学(Károli Gáspár University)任教,并担任匈牙利语言学系术语学研究小组(Terminology Research Group,

---

① 本文的同名文章曾发表于《中国科技术语》2020 年第 6 期。两篇文章内容有所不同。本文主要编译自 "The Situation and Problems of Hungarian Terminology",原文见 *Terminology in Everyday Life*(edited. by Marcel Thelen,Frieda Steurs. John Benjamins Publishing Company. Amsterdam/Philadelphia. 2010)。

TERMIK)的负责人。2007 年,她撰写了《匈牙利的术语学现状和问题》("The Situation and Problems of Hungarian Terminology")一文,向全世界介绍了发生了经济和社会转型并成为欧盟成员国之后的匈牙利,因其政治和经济体制的变革,以及与世界科技交流日益频繁而带来的术语学领域的变化。

匈牙利历史独特、语言独立,因而西欧社会对其语言学成就知之甚少。实际上,匈牙利术语学研究的历史比较悠久,可以追溯到几个世纪以前,只是文献主要是采用匈牙利文书写和出版的。20 世纪末和 21 世纪初,匈牙利语作为一门小语种,它的术语学实践和理论深受国际政治经济环境的影响,阿戈陶女士的文章介绍了处于时代变革中的匈牙利在 20 世纪 80 年代末到 21 世纪前 10 年的术语学实践状况,并对匈牙利术语学的未来提出了自己的展望。本文旨在向对东欧术语学理论和实践有一定兴趣的读者们做一简单介绍。

1　匈牙利语的语言环境——匈牙利语和说匈牙利语的群体

生活在匈牙利的约一千万人口里,98.5% 的人说匈牙利语,而且把它作为母语。匈牙利语也是匈牙利这个国家的官方语言。此外,还有相当数量的说匈牙利语的人在匈牙利境外生活。据粗略统计,这类人共有五百万之多(2016 年),其中,三百万生活在匈牙利附近的国家里,在罗马尼亚的人数最多。也就是说,说匈牙利语的三分之一的人口,都生活在匈牙利这个国家以外。

在匈牙利这个国家里,其他的少数民族语言有(按在匈牙利国内说这种语言的人数递减程度排列):德语、斯洛伐克语、克罗地亚语、吉卜赛语、罗马尼亚语、塞尔维亚语和斯洛文尼亚语。移民到匈牙利的人们说的移民语言有波兰语、希腊语、亚美尼亚语、保加利亚语、鲁塞尼亚语、乌克兰语,以及近 20 年愈发广泛传播的语言汉语(中文)。

在匈牙利,人们比较普遍会的外语为英语和德语。大多数年轻人说英语和德语,而老一代的匈牙利人则大多会说德语和俄语。在匈牙利的学校里教的外语有:法语、意大利语、西班牙语、拉丁语,以及(不太经常教学的)芬兰语、日语、汉语(中文)、韩语和瑞典语。

2　匈牙利术语学简史

16 世纪以来,欧洲社会发生了经济和技术的大变革,这也给欧洲各国带来了数以万计的新概念,由此也产生了大量的新术语。这种语言方面的变革得到了欧洲各国的广泛承认,因此也带来了整个欧洲各民族语言学上词汇的丰富和演变,而且,它对整个欧洲的大众语言都产生了极大影响,这就是语言规划活动(language planning)。17—19世纪,欧洲知识分子的主流学术生活是发展民族语言,以适应科学、工业和经济的大发展。

在欧洲说匈牙利语的地区,人们曾长期使用拉丁语作为宗教、科学、教育和发展科技的官方语言(这种情况持续到1844年)。随着欧洲工业化进程的发展,德语也得到愈来愈多的使用,一个最具说服力的事实就是:大量的德文术语进入到欧洲的专业语言(languages for specific purposes)领域。西欧各国都致力于独立发展自己的民族语言(譬如,意大利语、法语和德语等民族语言的发展),在匈牙利语世界,也展开了一场改革匈牙利语的民族性运动。在匈牙利,第一次有组织地形成新术语的运动是"创造新词运动"(neologist movement)(匈牙利语:nyelvújítás)(对匈牙利在1772—1872年间发生的这场改革,近代有不少匈牙利学者对这场运动的理论和语言学意义进行过"著书立说")[1][2][3][4]。匈牙利语专业语言词典里都对这些新术语进行了收录。科技语言的现代化,势必也带来了经济和工业语言的现代化。匈牙利语"创造新词运动"的时代恰好与匈牙利资本主义上升时期相吻合:农业机械化发展、铁路的修建和迅猛发展的工业化进程,不仅带来了新工具、新机器和先进的工艺流程,而且也随之孕育出大量的新术语。独立自主的匈牙利工业、农业体系的建立,自然也要求形成新的匈牙利术语。也正是在这个时期,匈牙利文学、会话和诗歌语言也从根本上得到了翻新。而正是在这个时期里,匈牙利术语学的基本问题也毫无保留地得到了大讨论,匈牙利学者们纷纷发表文章,一时涌现了大量的出版物。这自然为术语学在以后作为一门独立学科发展起来打下了基础。早在1834年,匈牙利学者鲍伊佐(József Bajza)就已经认识到,术语的形成和术语体系的分类是以概念为基础的[5]。

"创造新词运动"时期的术语工作,主要是进行"术语构成"(formation of terms)。鉴于"创造新词"这种有特定限制的历史背景,人们对"把术语在一个体系里进行组织""并对术语体系进行开发"这类术语学理论问题的进一步有意识的思索,自然退到了幕后。当时对术语体系的开发,是依据不同专业的逻辑体系展开的。直到20世纪初,迫于科技领域各分支发展的需要,人们才开始对术语分类进行有意识的思考。战后大规模的工业化,也对匈牙利的术语学研究产生了积极影响。20世纪中叶,匈牙利语言学界与科学领域专业化分支学科之间开展起积极的跨学科合作,其中一个最积极的成果就是术语学研究的蓬勃开展。在此时期,匈牙利出版界也有好几部专业词典问世。

20 世纪 50 年代,匈牙利学者卡拉尔(János Klár)和卡瓦勒夫斯基(Miklós Kval-ovszky)出版了一本术语学研究专著,名为《我们的科技术语需要发展和改进的主要问题》(*Müszaki tudományos terminológiánk alakulása és feijlesztésének föbb kérdései/The Major Questions of the Development and Improvement of our Technical Scientific Terminology*)[6]。该书对上述时期的匈牙利术语学研究成果进行了总结,综述了术语学的演变,分析了当时存在的缺陷,还规划了匈牙利术语学未来发展的目标。尽管该书带有较强的"时事性"特点,但在 20 世纪下半叶,匈牙利竟没有再出版过类似这样的术语学专著。直到 2005 年,才有一部有关术语学的综述性专著出版[7]。20 世纪 50 年代,匈牙利才着手科技语的系统化工作:以匈牙利历史上"创造新词运动"和苏联术语学派理论成就为基础,匈牙利学术界为术语工作制定了相应的原则和方法。由此产生的一项成果,便是出版了一系列解释性的科技词典。

20 世纪 70 年代,在匈牙利的大学里,各种"专业翻译小组"纷纷建立。1974 年,匈牙利的大学里发起了"培训专业翻译"的活动,与此同时,以"讲授专业语言"为目的的教学活动也开展了起来。所有这些活动,都对匈牙利术语学理论基础的形成,也为解决好术语学实践问题产生了积极影响。譬如,矿业和重工业领域的术语集的产生,就是一项重要成果。

简而言之,17 到 20 世纪,涉及传统性工艺产业与科学分支、体育运动、技术领域及相关工业的术语和术语体系,在匈牙利得到了较为充分的创造和发展。

3　21 世纪匈牙利术语学现状和存在的问题

3.1　与术语学发展休戚相关的两个重要历史因素:1989 年以后政治体系的变化和 2004 年正式加入欧盟

与欧洲其他语言的术语所面临的问题一样,目前,匈牙利术语学所面临的许多问题,都与世纪之交前后 20 年全球化的政治和经济变革,及其对民族语言演变所产生的影响有着密切关系[8]。随着全球化新产品和科技成果数量的日益增加,以及服务业、管理行业和教育业概念体系的不断扩大,建立有充分根据的术语分类体系成为必然,尤其是当匈牙利的社会和经济处于转型的关键时期。然而,在 21 世纪最初的 10 年,匈牙利逐年递减的经济却不太可能为本国术语学的发展提供足够的财政支持。

在此时代背景下,在匈牙利想组织起强大的科研力量,开展起术语学领域的研究工作,则是"天方夜谭"的幻想。而也正是在这一时期,在全球范围内,术语学的新旧两种理论范式并存。这种令人迷茫的理论状况也为匈牙利人带来了困惑:他们不知道应当如何给自己的术语学理论及其实践找到合适的答案。譬如,不少匈牙利的语言学家认为,术语学所覆盖的是语言学上的问题,它跟概念体系没有什么关系;换句话说,术语学主要该考虑的是词汇单元(词素)应该如何按照匈牙利语的语言标准进行构成,而用不着去考虑它与概念之间的关系。

时至 2000 年,匈牙利还没有任何一所大学在术语学领域开设独立的学位课程。学术界也没有采取任何"联合性的行动",也更没有编纂出相关的教材或者参考材料以促进术语学的发展,即使术语方面出现的混乱状况在匈牙利的经济、法律、公共管理部门都已经有所表现。2006 年,匈牙利科学院的语言、经济和法律部曾经组织过有关术语问题的大讨论,这场讨论提出了很多令人焦虑的术语学问题。譬如,举一个经济学方面的例子:20 世纪 80 年代以来,匈牙利的经济发生了历史性转型(例如:税收系统开始与市场配套;银行系统双轨制形成;1989 年之后,匈牙利的法律和政治环境转向私有化和多党制;等等)。近 30 多年,给匈牙利的经济学术语体系造成重大影响的两件大事便是:1989 年匈牙利政治体制的改变和 2004 年匈牙利正式加入欧盟。

苏联社会主义意识形态经济模式下的术语体系是匈牙利自 20 世纪中叶起构成其经济、商业和金融概念体系的基础。到了 20 世纪 90 年代,匈牙利不得不建立起一套新的术语体系,以适应西欧概念体系的要求。结果,为了重新理顺经济、商业和金融领域里的术语,匈牙利不得不对其术语体系重新进行反思和审视。

在 2004 年正式加入欧盟之前,匈牙利政府不得不逐步采取措施,以适应欧盟的概念体系,也使得匈牙利的法律、行政管理、经济和商业实践活动与欧盟的发展相适应。但这一套欧盟的语言系统也给匈牙利带来了很多实际困难:首先就是翻译人员在把欧盟的法律文件、法规等诸如此类的文献翻译成匈牙利文时,遇到的困难很多。欧盟的概念体系在匈牙利找不到匹配物(一些概念体系在根本上完全缺失,因此,也就不可能为它们找到匈牙利语名字)。结果就是,用匈牙利语对欧盟的这些概念进行描述和为它们找到合适的匈牙利语名字,这两个环节常常同时进行。将欧盟术语改造成匈牙利术语,着实需要付出很多艰辛的努力:要采用匈牙利语对现存的欧盟概念体系进行定义,不仅需要在匈牙利语里找到合适的词汇单元,而且还不能对已经使用的匈牙利语术语造成危害(使现存的匈牙利语术语失效)。当在现存的匈牙利语里找不到合适的词汇单元时,就需要依据匈牙利语构词规则和术语构成法则,重新创造出一个新的匈牙利术语。在此方面存在的主要难题是:在匈牙利还没有对新术语的演变进行评估协调的一致性"协议"(protocol)。由于大家都是"分别行动"的,因此,在同一时间产生了不少同义词[9]。

3.2　匈牙利术语学实践及研究存在着较大的改进空间

在匈牙利,使用术语比较"密集"的地方是参考书、术语库、各类标准和语言规划工作领域。在出版共时性的(synchronic)术语参考书方面,匈牙利落后于西欧国家。譬如,匈牙利国家语料库(the Hungarian National Corpus)虽然是一个开放型的且包含了现代匈牙利语的语料库,但并不包含专业文本。而其他的专业性术语资料库或者参考资料库又不对公众开放(譬如匈牙利几所重要研究机构的术语库,只供内部人员使用)。在匈牙利的语言界也尚未开展过术语协调工作。

匈牙利作为欧盟成员国,需要引进欧洲的标准,同时还要尽量减小这些标准与其本国标准的冲突。一个比较棘手的难题是:大量的欧盟新标准(70%)是采用英语撰写的,而没有匈牙利文字的标准。各项标准里涉及术语部分的内容也是用英文表述的。如果把它们翻译成匈牙利文,则需要投入大量的财力和人力。但为了开拓欧洲内部市场,就必须扫清商业交流中的科技障碍。欧盟采用的办法是:制定出有利于欧洲发展的共同欧洲标准,然后使成员国将该标准引进并作为国家标准,同时对其现行的各类国家标准施加强制性影响。2007 年,欧盟有近 20 000 种欧洲标准,这个数字还以每年发布 1 500 个的速度递增。由于欧盟资金的匮乏,仅有 23% 的欧盟标准被翻译成匈牙利语,其余涉及匈牙利的各项标准(包括术语标准)都只有英文文献[7],而匈牙利中小型企业的经理们大多不通晓外语。这样就给匈牙利的经济和工业发展带来了一些困难:因为其他不少欧盟国家有采用其母语进行表述的欧盟标准,尤其是涉及商业的标准。这种情形自然也给匈牙利的教育、研究工作带来了极大损失。

匈牙利缺乏集中性的和科学组织的语言规划工作,尤其在一些与国家发展密切相关的领域中。而且,在使用匈牙利语进行的各类研究中,也没有开展过语言方面的协调工作。在匈牙利境外说匈牙利语的地区,学者们一直面临着应该如何恰当地使用匈牙利术语,以及如何对其进行翻译等难题。譬如,在医药、生物和经济领域中新出现的术语应该如何转变成匈牙利语,以及应该如何进行统一协调的问题。例如,来自其他地区的体育运动、健康和服务业等领域的术语,在匈牙利历史上都没有过现成的术语,因此,这些匈牙利语的对应说法五花八门,故而给科学研究和科技传播造成了很大的问题。21 世纪以来,在匈牙利境外匈牙利语区的职业学校里,使用匈牙利语进行教学工作已经具备了可能性。但不幸的是,这些匈牙利裔的专业人士大多是在罗马尼亚和斯洛伐克的大学里完成学业的,他们在日常生活里说着一口极其标准的匈牙利语,但却不太愿意采用匈牙利语教学。深究其原因,则是他们对本专业的匈牙利语术语和术语体系不熟悉。实际上,生活在匈牙利之外的匈牙利人处于双语的工作环境之下。这给他们带来的最大益处就是有利于他们同时掌握自己的母语和所在地区的主流语言。他们其实拥有更大的优势和更多的发展机会:他们不仅能够掌握好匈牙利的日常和科技语言,而且还能够熟悉自己所在地区主流语言的科技标准和语言变量。他们具有更大的优势,能接触到其他语言的教科书、字典、术语资料库和其他的参考资料;最起码他们可以很方便地查阅到以网络形式呈现的外文术语库等文献。

学者彭泰克(J. Péntek)还提到了一个有趣的现象:生活在匈牙利本土的人要比生活在匈牙利之外的人更容易接触到用匈牙利语表示的新术语[10]。原因也很简单:在国际化的大公司里,除了英语之外,有些语言也渐渐具有了"官方语言"的身份,如在罗马尼亚正式出售的计算机软件,除了使用英文之外,还采用罗马尼亚语进行说明(因此海外的匈牙利人见不到匈牙利语的新术语)。

3.3 2007 年匈牙利术语工作的状况

阿戈陶女士经过两年的调查研究得出这样的结论:匈牙利正式加入欧盟之后,新概念和与此相匹配的新术语的数量之大和出现速度之快是空前的[11]。因此,在匈牙利,对新概念进行分类和形成新术语的工作迫在眉睫。时至 2007 年,当新概念出现之后,在匈牙利依旧缺乏对概念(采用匈牙利语)的科学描述和术语学意义上的精确定义。新术语的出现常常是在某个场合下临时产生的,而没有经过任何语言学的理性思考或者概念分析。这样产生的恶果就是:这样的伪术语一经传播就很难再进行纠正。而事实上,要确保一种语言的术语得以清晰使用,并且能够做到在不同的语言层面上不发生冲突,建立起跟当今科学知识对应的概念系统,并对概念进行合理定义相当重要。长期以来,匈牙利在专业语言类词典(以及在普通词典里涉及科技问题的条目)中经常发生专业性错误的原因就是词典编纂和术语工作未能向相关专业的专家们进行咨询,在词典出版之前,也没有请这些相关专业的专家提出什么修改意见。不少词典出版商为了商业利益而放弃出版业应该恪守的传统道德原则,一味地追求快捷和方便,结果就造成对一些科技概念的定义很不准确。这必然给词典的使用者造成很多误导和困惑。匈牙利正式加入欧盟之后,涵盖新科技概念的术语及其定义的词典、百科全书和电子版的数据库都比较匮乏。

针对上述问题,阿戈陶女士认为,在术语学研究者、术语工作者和学科专家之间开展长期合作是一个很重要的解决方案。为此,她提出了自己的设想(如下)。

3.4　对匈牙利术语工作的建议

匈牙利的术语工作起码可以在五个方面上"有所作为":

(1)创造新的术语,将缺失的或者不正确的术语替代掉。但在今天,创造新术语的任务变得愈发复杂化了:一方面,新概念层出不穷,却又缺乏匈牙利语的指称;而另一方面,这种概念的迅速涌现则又带来了大量的错误命名(采用匈牙利语)。但可喜的是,匈牙利已经着手进行创造新术语的工作了。

(2)具体在某一学科开展术语的系统化和维护工作。在这一方面的关键性步骤是:以概念和术语体系为基础对术语进行收集和分类。但是,由于在过去几十年里匈牙利在术语分类工作方面存在停滞期,因此,在每一个学科领域里都需要迅速开展术语工作。

(3)开展术语学教学工作。在每一个具体专业领域里都应该进行术语意识教育,并强调建立术语系统和关注术语之间细微差别的重要性。(a)以某种术语学方法为依据,在专业培训中加入指导构建术语和建立术语系统的教学内容,使其成为专业培训的内在内容之一,并且使用母语进行;(b)为具体领域提供涉及专业语言的外语教学;(c)在独立的专业培训里(或者作为专业进修的一项内容)加入介绍这个专业领域术语体系和术语状况的内容,或者再加入一些对术语学理论现状的介绍。阿戈陶女士倾向于开展"术语师"培训,当时在欧洲的不少国家里已经有了"术语师"这个职业,但在2007年的匈牙利,这还未成为一种现实。

(4)创建术语资料库。它能为人们对术语和术语库进行访问提供有效途径。

(5)开展术语学研究。由于进入21世纪以后,国际、欧洲和国家层面的术语体系已经发生巨大变化,这些变革势必会给匈牙利的术语工作造成深远影响,因此,从多个方面对这种世界性的变化进行考察也就势在必行。

在2005年和2006年,匈牙利的两个重要术语组织在松博特海伊(Szombathely)成立。匈牙利术语委员会于2005年成立,归属联合国教科文组织(UNESCO)。它的成立旨在为匈牙利的学者和行业专家之间架设起一座开展术语合作的桥梁,并支持针对术语学实践而开展的理论协调工作。

术语创新中心(Terminológiai Innovációs Központ/Terminology Innovation Centre, the TermIK)于 2006 年 9 月在松博特海伊一所大学的"跨文化研究所"(Berzsenyi Dániel College, Szombathely)里成立。2009 年,它迁址到匈牙利首都布达佩斯的卡罗莱加斯帕大学(Károli Gáspár University),并更名为"术语学研究小组"(TERMIK)。这个机构同时在国际和国家这两个水平上开展工作,在承担多维度和范围较广的术语工作任务的同时,它更渴望在奠定匈牙利术语学理论基础方面发挥出关键性作用。阿戈陶女士衷心希望它能够在协调匈牙利各方在术语问题上的分歧方面,起到积极催化剂的历史作用。

2008 年,匈牙利发行了一种术语学刊物,名为《匈牙利术语学杂志》(*Magyar Terminológia/the Journal of Hungarian Terminology*),它的第一期于 6 月出版,这无疑为匈牙利语术语的深入研究和广泛传播注入了春天般的生命活力。

参考文献

[1] TOLNAI V. A nyelvújítás(The neologist movement)[M]. Budapest: MTA, 1929.

[2] PAIS D. Nyelünk a reforrmkorban[M]. Budapest: Akadémiai Kiadó, 1955.

[3] KOVALOVSZKY M. Tudományos nyelvünk alakulása(The Formation of our Scientific language)[M]//PAIS D. Nyelünk a reforrmkorban. Budapest: Akadémiai Kiadó, 1955.

[4] FÁBIÁN P. Nyelvmüvelésünk évszázadai[M]. Budapest: Gondolat, 1984.

[5] BAJZA J. Nyelvünk miveléséröl[M]. Budapest: 1843.

[6] KLÁR J, Kvalovszky M. Müszaki tudományos terminológiánk alakulása és feijlesztésének föbb kérdései(The Major Questions of the Development and Improvement of our Technical Scientific Terminology)[M]. Budapest: MTESZ, 1955.

[7] FÓRIS Á. Hat terminológia lecke(Six Lectures on Terminology)[M]. Pécs: Iskolakultúra, 2005.

[8] FÓRIS Á. Terminology and social-economic globalization[J]. Terminologija, 2007B(14): 49 - 60.

[9] VÁRNAI J. Sz. Európai uniópai uniós terminolnógia és forditás — múlt és jelen(Terminology and translation of the European Union — part and present)[J]. Forditástudomány, 2005, 7(2): 5 - 15.

[10] PÉNTEK J. Anyanyelv ésoktatás(Mother Tongue and Education)[M]. Csikszereda: Pallas Akadémia, 2004.

[11] FÓRIS Á. Hungary Terminology Today[M]. PUSZTAY J. Terminology and Lexicology in Middle-Europe. Szombathely: Balogh és Társa, 2007A: 15 - 24.

术语和技术文献管理：工业和工程中的安全防护问题①

邱碧华 编译

摘要：施托伊茨（F. Steurs）教授是国际标准化组织术语委员会（ISO/TC 37）佛兰德斯语和荷兰语术语工作的负责人，肖伯乐（G. Sauberer）教授是国际术语网（TermNet）的主任。她们在 2016 年合作了这篇国际会议论文，指出术语管理直接影响产品和服务的可靠性，在工业和工程中与安全防护密切相关。

关键词：术语，技术文献，安全，防护，标准，培训

1   为什么要进行术语管理

1.1   什么是术语？

术语（terminology）是"专业语言中的一系列指称"（a set of designations belonging to one special language）[1]，是所有专业交流的核心成分；它也涉及诸如搭配词、词组或者专门用语（phraseology）在实际情境中的使用[2]。近年来，"本体"（ontology）成为描述概念关系和建立概念系统模型的重要手段，通过建立本体，术语的操作性更强了。业内人士都知道，术语学和专业语言的研究，是置身于多门学科（逻辑学、本体论、语言学、信息科学、语言政策、语言规划等）知识交汇处的。

术语单元（terminological unit）可以看作：语言学中的语言实体，本体论和认知科学中的概念实体，在科技交流话语（语篇）有所限制的框架中的交流单元。

① 本文曾发表于《中国科技术语》2018 年第 2 期。本文编译自"Terminology and Technical Documentation Management：Safety and Security for Industry and Engineering Environments" by Frieda Steurs and Gabriele Sauberer（htts：//www. researchgate. net/publication/303334428）。

在语言学维度上[3]，命名一个新概念，先要考察现存的和潜在的语言形式。在认知维度上，不仅要考察人类知识领域中的概念关系，也要考察这些概念是如何建成有结构的知识单元或者概念系统的，还要考察作为概念代表物的定义和术语。在交流维度上，要考察术语的具体运用，因为在多种多样的交流环境中，术语是作为知识传递的手段存在的，知识接受者也是千差万别的；在交流过程中，也要涉及术语资源的编辑、加工和传播活动，这些术语资源常以专业词典、术语表或者术语库的形式存在。

如果对讨论中的概念不进行精确定义，要实现技术语言交流的有效性和概念的标准化就流于空话。这就意味着名称学的方法（onomasiological approach）还是必要的；术语标准化工作的起点，依旧应该对概念进行没有歧义的定义。一旦一个概念在概念系统中有定义，其术语指派的正确率就会提高；不同语种的术语，也容易依照概念的定义，正确连接到相应的概念上。

1.2　为什么要进行术语管理？

当今世界愈演愈烈的现代化进程，体现在各国政府、商业化组织、工业化市场间愈加频繁的交流活动中。这一切愈加清晰地表明，我们生活在一个日益全球化、相互交织的世界。在此背景下，合作伙伴间高效率、无歧义的多语交流至关重要。国际信息社会对全球化的科技、法律信息有着大量需求；与此相应，也就产生了大量的翻译工作。在大型国际组织或者大型企业中，这种状况尤为突出。

究其原因，主要有二：高端科技对众多产品及其生产过程的影响，引发大量内容复杂的文本和信息；大型公司拥有部门众多、结构复杂的整体布局，用以处理不同水平上的产品及其生产过程。因而，针对同一内容，不同部门往往会出现多种翻译版本。

因此，各大公司首先面临的就是如何做好一手文本资料（即用母语起草的文本）的管理工作。在这些需要信息无歧义的场合，科学做好术语管理工作，就成为解决问题的关键。本文稍后也会谈及处理多语术语管理和翻译问题时遇到的困难。目前，在许多大公司，如何对内容进行管理成为一个令人头疼的大问题，而若术语问题解决好了，很多问题会迎刃而解，因此，术语管理就成为公司开展组织工作的热门。

当今，在这个国界打开、充满着多语种信息的社会，80%的信息来自科技专家之间的交流。在这种特定的经济环境中，每一个公司和机构，都面临着日益变化的科技、法律信息的复杂性，由此也产生了海量的科技管理文献、技术性规范、零部件的分类信息、用户手册、工作规程和报告等。一个小例子：在同一公司或者不同公司里，同一种东西常有截然不同的名字，等人们想到有必要确定清晰的术语并用合适的专业语言表述的时候，大量的时间已经流逝；更不用说，人们也不可能对所有的科技术语实现标准化。因此，撰写这些科技文献的专家，必须先熟悉这个领域的术语。为实现有效的科技交流，最为重要的一点就是对含义复杂的术语尽早定义，并加以记录，以便为未来的用户提供方便。

目前，在欧盟和欧洲国家层面上，法律制定者（立法者）已经对术语的使用和发展制定了特殊要求，尤其侧重对科技文献中术语用法的关注。欧盟针对产品可靠性的相关标准和相关认证工作，都要求各公司提供满足安全标准的有关文件，并将其作为相关产品的有机组成部分。文件不合格则视为产品不合格，由此会带来索赔或投诉。

一个公司真正的财富，其实是每个雇员头脑里的知识和处理着的信息，而这种财富在各商业机构里则要具有可靠性；各公司竭力做的，其实就是如何把雇员头脑中的知识由隐性变为显性。要把头脑中的信息处理好，则离不开正确的表达和交流，离不开定义清晰的概念，更离不开与这些概念相关的各种语言的术语。实践证明，良好的术语运用是信息交流成功的关键。在特定公司或者组织内部，不同部门或者单位之间需要清晰、无歧义的交流；客户更容易从概念清晰的用户手册和其他的技术性交流中获益。

目前，各公司实现这种复杂信息管理的主要方式，就是形成一个中心知识库。在这个库中，概念按与议题相关的子学科给出定义，与此议题相关的术语和信息可以不断加入其中。

当今社会，在政治和公共事务中，对精确术语的需求也是显而易见的。法律条文的制定自然要立足于定义清晰的概念；而表述这些概念的术语，则必须使用法律领域的专门用词。至于政策性的声明（特别是在国际事务中），术语的使用也须正确清晰。

众所周知，若没有术语的存在，学生就无法接受教育，科学工作也无法实现精确性，各领域的专家也会失去使用技术语言表达思想的交流手段，更无法借助信息网络去传播和获取知识。近年，在医学界一些新兴的领域中，对术语清晰性的要求显得更为迫切。最头疼的问题，就是针对同一现象产生了大量的同义词。究其原因，则是同一种研究发生在不同地点造成的。现代医药事业的发展需要医学基础研究、临床医学、制药产业、立法者和保险行业协同合作，这势必要求交流的清晰性，要求所使用的术语具有精确的定义。

2 工程技术和医药健康领域中的术语该如何处理,以提高运用软件和具体操作中的安全防护问题

欧盟为工程技术应用制定的指令:

机械部门是工程技术领域的重要部门。机器由各部分组装而成,其运作借助于动力而非人力,因此,欧盟制订了重要的机器立法。其中主要的部分是涉及人身健康和安全防护问题的。指令要求新产品必须附加信息说明,这多以指南手册的形式存在。所有的欧洲产品安全指令,都要求指导到终极用户,以确保产品的使用安全,甚至为安装仪器的人也制定了确保安装安全的指南。用户指南要求信息全面、通俗易懂,使用用户可以理解的语言。用户指南中起警示作用的指示,则要加以文字解释。为了保证这类指南的质量,确保对技术性指南的准确理解,术语管理就必不可少。

医疗领域:

涉及健康服务、医疗实践、医疗仪器质量安全等问题,对全世界的人都是重要的。国际标准化组织涉及健康问题的就有 1 300 种标准,从口腔医学到医疗设备,从医学信息学到传统医学。

医学标准有利于增进全球化医疗实践的协调,保障患者的康复和医护人员的安全,支持有效的信息交流和资料保护,提高医护管理质量。可以举一个美国美敦力公司(Medtronic)(一个全球领先的医疗科技公司)的例子。这个公司形成了一套完美的术语管理系统,从源文本着手,对重要医疗仪器所涉及的概念全部给出定义,并为不同的目标语言确定相应的术语。

此外,临床研究也是医疗界进行交流的重要领域。临床试验是为了研究需要,因此也遵循着严格的科学标准。但制定这些标准的"合同研究组织"(Contract Research Organization)当前在提高医疗领域信息交流质量方面也面临着极大的挑战。实践证明,若术语管理不得当,就会造成信息传递错误,由此降低医学研究和临床实践的效率。

3 在科技交流和文献资料中,术语管理成为关键性因素

好的品牌应当以保持交流信息的连贯一致为基础,而离开了术语管理,这一切就变成了空话。内容管理的好坏、信息检索是否成功,都仰仗于保持术语信息的一

致性。公司若想实现内外交流的清晰畅通和有效,就须实施高水平的内容管理,同时制定有效的本地化策略,便于与世界各地的客户和科技机构对话。

术语管理所包含的任务:

首先需要检查公司所使用的源文本的质量,供内部和外部交流使用的源文本都包括在内。这一步可以借助"术语提取"工具实现,先形成一个供内部使用的术语库。这个术语库,对公司内部的所有部门和雇员开放。这些术语需要不断更新,新术语需要及时处理并添加到术语库。在产品设计的最初阶段,这类源文本的术语管理工作就该着手进行,这将大大简化科技写作人员和其他专家的工作。对翻译工作而言,源文本的质量越好,翻译过程中的困惑和错误就越少。一旦给概念和正确的术语做了定义,工作的关注点便可转移到多语种的目标市场上。如何令标准化的工业术语表为个体化的目标市场所用呢?

这些多语种的术语资源,应该与翻译记忆工具一体化,以便自由翻译者使用。一个颇为典型的例子,就是当产生一种新软件产品时,在用户界面、产品说明和帮助文件中,以及在内部交流和培训使用的材料中,所有术语要完全一致。目前,虽然对开展系统化的术语工作,有些公司依旧持观望态度,但愈来愈多的公司视术语管理为一种聪明的投资。因为这不仅仅减轻了翻译的工作量、使商业交流变得畅通,也大大减少了本地化过程中的周转时间,带来了加工过程的顺畅,更带来了产品的高质量。

4   工程环境中的质量控制方法、标准和指标

工程中,科技手册和用户指南的制定一直备受关注。公司大都很花气力监控技术性文件的质量。这里介绍两种监控工程文献质量的指标:SAE J2450 和 ISO 17100。

4.1   汽车工业:SAE J2450——多语文献管理的质量控制

这套指标主要应用在将汽车服务信息翻译成各种目标语言的过程中。它由汽车工程协会(the Society of Automotive Engineering)制定。

这套客观化的指标,旨在建立一种连贯性的标准,从而客观衡量汽车行业服务信息的翻译质量。这套指标允许评估者对翻译错误进行标记,然后通过计算得出一定的分数,以衡量翻译的质量。在汽车行业中统一使用这套指标,有利于行业翻译质量的统一监控。

4.2   ISO 17100

ISO 17100 是一套国际普遍认可的为翻译界的公司制定的标准,它包括提供翻译服务所需的关键过程,对翻译者、其技术资源和翻译服务质量都做了严格的规定和定义,旨在概括出一系列获得客户认可的能取得最佳效果的服务程序。

它对如下要素做了定义:委托的工作和翻译;校对和复查;合同要求和项目管理;翻译进程追踪;服务的总体质量管理。

它对多语种翻译中的不同步骤都有详细介绍。这套标准的制定,有助于公司找到经国际标准化组织认可的翻译机构,享受专业化的翻译服务,以促进公司资本的合理利用。

5   专家培训

本文主要强调在工程技术环境中,培养从事术语管理和术语工作(或者相关领域,譬如技术写作)专门性人才的重要性,并提出欧洲资格认证协会(the European Certification and Qualification Association, ECQA)授予"工程术语管理经理"(Certificated Terminology Manager-Engineering)证书的动议。

欧洲资格认证协会的建立,是近 10 年"欧盟终身学习项目"中的几项教育倡议生效的结果,旨在为工业界人士提供资格认证。其目标主要是:产生和维护一系列质量标准和一般性的认证规则,使其对欧洲和非欧洲地区都适用(目前已为 20 个国家的不同组织所采用),主要适用于信息技术产业及其服务部门、工程、财经和制造业。这将产生人数可观的专业队伍,其技能和知识水平具有全欧洲可比较的高层次性。它设有全欧洲认可的规划课程和成套技能培训,拥有欧洲统一的测试题库和考试系统(计算机化网络考试),设计了一套通用的证书级别和颁发证书的通用流程。通过协会的这种教育活动,学习者在国内就可以参加某种专业化的课程学习,课程结束时可参加一项欧洲认可的考试。这种证书已得到欧盟 18 个成员国的培训组织和机构的认可。

2007 年,国际术语网(TermNet)加入欧洲资格认证协会。此后,协会认可的"术语经理"(terminology manager)这一工作角色,在国际术语界的专家和国际术语网成员国参加的联席会议上多次得到讨论。欧洲资格认证协会和国际术语网及其合作伙伴向学员保证:这些设置的课程是全世界通用的,依据统一的标准。

这些课程并不仅仅为培养专业化的术语师设置,也适用于在工业界工作、天天为质量和安全问题伤脑筋、需要掌握好术语管理工作的人。这是为了尊重这种现实：当今时代的公司和各种组织中，承担术语经理的并不一定是在大学里获得了术语学学位的人。通常在这个职位上工作的人，具有的是其他的专业背景。

课程设计了不同的培训水平，以满足不同专业群体的需求，方便其处理不同的术语项目。譬如，初级课程侧重让学员了解术语工作是如何植根于公司和组织的工作环境中的，术语工作的基本原则与方法是什么；术语经理课程则属于高级课程，针对的是那些已经在术语工作领域取得了相当经验的专业人士，有些甚至就是在某领域工作的全职专家。2015 年以来，针对不同专业、旨在为工业界（诸如工程/技术、汽车/航空和医疗/健康领域）培养术语工作专门人才的培训模块已经投入教学：侧重于如何掌握制作科技文献的标准，如何形成质量保障机制，以及如何协调工程产品的可靠性等特殊话题。课程结束时，学员通过反映课程内容的考试，即可获得欧洲资格认证协会认可的术语经理证书。

6　结语

总而言之，术语、术语管理和可靠术语资源的使用，保证了产品的质量，保障了消费者的权益，也节省了公司和组织的成本。

术语管理工作保证了产品和生产过程的质量：

——所有的公司都提供书面的或者口头的术语；

——术语是生产过程，因而也是产品的一部分；

——术语管理工作是保证源文本和技术文献质量的关键所在，在生产过程中不容忽视；

——在公司制定术语政策时，所有的股东都应该积极参与；

——对于公司而言，术语是一种资产，良好的术语管理工作可在激烈竞争中助公司一臂之力，使其脱颖而出。

术语管理工作保障了消费者权益：

——就医疗领域而言，良好的术语工作是保障医学文献清晰性和安全性的前提；

——糟糕的术语管理工作会影响产品的质量，有的甚至造成法律纠纷；

——术语和技术文献是产品的一部分；

——质量保障是工业和技术文献的关键所在；

——技术文献或者使用手册中的错误术语会给消费者造成损失。

术语管理工作有利于节省成本：

德国技术传播协会(Der deutsche Fachverband für Technische Kommunikation, TeKom)2009 年对 1 000 家德国公司的调查结果显示[5],做好科技文献的术语管理工作:

——减少了 5% 的翻译成本;

——减少了近 50% 的翻译工作量;

——减少了 60% 的就翻译而产生的问题和咨询;

——减少了 10% 的总体工作负担;

……

公司的商业竞争环境是动态变化的,对商业知识及时维护和更新,是企业适应不断变化的客户所不可或缺的。术语管理工作在工业工程领域所起到的积极作用,会随着时代的发展而不断得到证实。

参考文献

[1] KOCKAERT H, STEURS F. Handbook of Terminology [M]. Amsterdam/New York: John Benjamins Publishing Company,2015.

[2] 邱碧华. 现代术语学理论要览[J]. 中国科技术语, 2015(4):22,61.

[3] CABRÉ M T. Terminology, Theory, Methods and Applications [M]. Amsterdam/Philadelphia: JohnBenjamins,1999.

[4] TEMMERMAN R. Towards New Ways of Terminology Description: The Sociocognitive Approach [M]. Amsterdam/ Philadelphia: John Benjamins,2000:2 – 10.

[5] STRAUB D, SCHMITZ K-D. Tekom study: Cost and effectiveness of terminology work [EB/OL]. https://www. tcworld. info/e – magazine/technical – writing/tekom – study – cost – and – effectiveness – of – terminology – work – 136.

欧洲议会翻译总理事会
术语协调部对欧洲著名术语学家
施米茨教授的专访①

邱碧华 编译

摘要：欧洲议会是欧盟三大机构(欧盟理事会、欧盟委员会、欧洲议会)之一，是参与欧盟立法、监督、预算和咨询的机构。其翻译总理事会的任务则是确保欧洲议会所拟定文件的可靠性。其下属的术语协调部，则为欧洲议会和欧盟各国的翻译人员与普通公民提供术语服务。文章介绍术语协调部的特约记者对现代术语学大师之一的施米茨教授的专访。施米茨教授担任过"国际术语信息中心"(Infoterm)总裁，是德国术语协会副主席，并担任国际术语网(TermNet)副总裁，在欧洲多个国际会议科学委员会担任科学委员，在术语管理领域享有很高的世界威望。文章旨在介绍这篇专访，为读者提供一些了解欧洲术语工作的新信息。

关键词："术语作为一种服务"项目，欧盟 IATE 术语库，ISO 26162，ISO 30042 (TBX)，"术语信息政策、门户和服务"，软件本地化工作

欧洲议会(European Parliament)是欧盟三大机构(欧盟理事会、欧盟委员会、欧洲议会)之一。它是参与欧盟立法、监督、预算和咨询的机构。其地位和作用及参与决策的权力正在逐步扩大。欧洲议会是欧盟唯一的一个直选议会机构。自 1979 年以来，它的成员由欧盟成员国人民直选产生。其主要任务是讨论人权问题和派遣人权观察委员会等[1]。

欧洲议会翻译总理事会(Directorate-General for Translation)的任务则是确保欧洲议会所拟定文件的可靠性，特别是当这些文件翻译成欧盟各国的 24 种官方语言时，

---

①　本文编译自欧洲议会翻译总理事会术语协调部(Term Coord)的采访文章"Interview with Prof. Dr. Klaus-Dirk Schmitz"，见 http://termcoord.eu/termania/why－is－terminology－your－passion/interview－with－prof－dr－klaus－dirk－schmitz/。

更需要确保翻译的可靠性,以维护多语种欧洲社会政策实施的信誉度和连贯性,保证欧盟社会文化和语言的多样性,以及保证思想和观念交流的透明度、理解性与高质量。欧洲议会翻译总理事会的术语协调部,则为欧洲议会和欧盟各国的翻译人员与普通公民提供术语服务,譬如维护和丰富欧盟内部的术语库(IATE:Inter-Active Terminy for Europe)与介绍翻译工具及其相关服务,为翻译工作者工作中遇到的术语问题提供必要的咨询服务[2]。

欧洲议会翻译总理事会术语协调部的工作网站上设有"专访"栏目,常常刊登年轻的术语领域新人对世界大师级术语学专家进行专访的文章。在这篇文章里,笔者介绍欧洲议会翻译总理事会术语协调部的特约记者 M. 索阿雷(Matilda Soare)女士对现代术语学大师之一的施米茨(Klaus-Dirk Schmitz)教授的专访。

施米茨教授是德国科隆工业大学[原科隆应用科技大学(Germany Cologne University of Applied Sciences,or Technology Arts Sciences TH Cologne,简称 TH Cologne/TH Köln)]信息管理学院主任和术语学专业的全职教授。他的专业背景是计算机科学、数学和语言学,多年来他在术语学理论和术语管理领域,以及为翻译工作者提供翻译软件的本地化工具等领域功勋卓著,颇具国际影响力。在中国他多次到华为等企业进行企业术语管理的培训工作,并在德国技术交流协会(Tekom:Der deutsche Fachverband für Technische Kommunikation)担任术语管理顾问,参与欧盟术语库(EuroTermBank)的建造工作。与此同时,他在欧洲多个国际会议科学委员会担任科学委员,担任德国术语协会[the German Terminology Association(DTT)]副主席,并担任国际术语网(TermNet)副总裁等。目前,他参与非常有创造性的世界性术语项目"术语作为一种服务"[Terminology as a Service(TaaS)],旨在建立一个以"云盘"为基础的可持续维护的核心术语服务平台[3]。

在以下篇幅,笔者依照 M. 索阿雷女士与施米茨教授的问答顺序进行介绍,以期为广大读者了解欧洲术语管理领域的最新动态提供借鉴。

M. 索阿雷女士:施米茨教授,您是一位在术语学领域相当活跃的人物,您是否可以向大家介绍一下您在这个领域所开展的工作呢?

施米茨教授:我除了在德国科隆工业大学信息管理学院承担术语学教学、学术管理工作以及写作和研究工作之外,也积极参与术语专业协会及其他涉及术语管理工作策略或者与术语和翻译问题有关的委员会工作。目前,我正领导着德国术语协会的几个工作组,目的是为德语社会提供一流的术语服务。譬如,我们为德国科技交流协会的每一届大会提供术语资源的生成、协调和应用的跟踪服务,筹备一年一度的"国际术语和知识工程会议"［Terminology and Knowledge Engineering Congress (TKE)］。眼下我正在着手起草国际标准化组织的一项术语管理标准 ISO 26162 "术语管理系统的设计、实施和维护（Design, implementation and maintenance of terminology management systems）"的德文版。同时在修订国际标准化组织的另一项术语管理标准 ISO 30042（TBX）。我还与其他国家的相关专家举行两周一次的网上国际会议,对有关的术语工作合作问题进行讨论。

M. 索阿雷女士：您还参与了不少涉及术语和语言技术的协调项目。其中有一个项目这几年在欧洲大家都比较熟知,那就是"术语作为一种服务"（以下简称 TaaS 项目）。您能为大家提供一些有关这个项目的信息吗？跟我们大家谈谈这个项目的最新进展、您在这个项目中所扮演的角色,可以吗？最好也跟大家谈谈您还参与了其他哪些项目的协调工作？

施米茨教授：TaaS 项目是得到欧盟资助的术语项目,其主要目的是帮助从事翻译工作的人们建造一个术语网。这个术语网可以和现存的高质量术语资源库,如欧盟 IATE 术语库和欧洲术语库（EuroTermBank）相衔接。这个网的建造旨在为人们提供一些手段,帮助大家找到那些在上述术语库中未必存在但在其他网络资源中可能找到的术语资源。这个网也为人们提供了一个基础性平台,共享企业或者个人手头上的术语资源,清除掉初始化（未加工）的候选术语,便于人们对新术语进行认证和翻译。我们科隆工业大学主要负责对用户的需求进行调查,负责设计项目实施的功能说明书和项目实施第一年的数据建模,主要关注项目使用情况;还负责项目实施第二年的测试和评估工作。至于您问到我是否还参与其他项目的协调工作,我们现在还参加了一个名叫"术语信息政策、门户和服务"［(Terminology Information Policy, Portal and Service(TIPPS)]的研究项目。这是土耳其和德国两国之间一个为期三年的项目,土耳其方面的合作伙伴是在安卡拉的哈西德佩大学（Hacettepe University）,德国方面的合作伙伴就是我们科隆工业大学。

M. 索阿雷女士：德国科隆工业大学授予术语学和语言技术方面的硕士学位,您能详细介绍一下这方面的情况吗？

施米茨教授：我们大学的"翻译和多语交流学院"（Institute of Translation and Multilingual Communication）是"大学笔译和口译者学院国际常任会议"（International Standing Conference of University Institutes of Translators and Interpreters, CIUTI）（这一组织的）成员,有着培养笔译和口译者的悠久学术传统。自从欧洲高校启动"博洛尼亚进程"（the Bologna process）之后,拥有翻译专业的大学实现了一些过渡:他们从给

接受笔译和口译教育的学生颁发"文凭"过渡到向这些学生授予学士和硕士学位。我们大学则是德国第一所实行这种转变的大学。我们在这方面的学士学位称为"多语交流"（Multilingual Communication）专业，要求学生掌握两门外语（在英语、法语或者西班牙语中选），有三个领域可以选修（商业、文化和传媒、翻译）。语言专业则在硕士阶段开设：我们在"专业翻译""会议口译""术语和语言技术"方向授予硕士学位。其中，"术语和语言技术"方向的硕士学位是德国特有的。在两年的学习过程中，学生们需要系统学习术语学和语言技术领域里的必备理论知识和技术，此外还包括技术写作、软件本地化应用和专业翻译（只提供在德语和英语之间翻译，重点放在 IT 文本的翻译上）的学习。

M. 索阿雷女士：施米茨教授，您一向和语言技术研发人员交往甚密。您能跟大家谈谈术语管理系统的新趋势吗？

施米茨教授：市场上比较热销的术语管理系统都比较先进。差不多可以满足用户的各项需求。这些系统相当灵活，因此可以适用于许多很特殊的需求环境。要说现在还可以进一步提高的地方，那就是还可以对术语工作流程进行改进，对每条记录的不同状态进行改善，尽量实现一个概念对应一个术语，提高和完善详尽阐述的过程和最后的核实认证过程。至于新的发展趋势，我们已经注意到术语管理愈来愈紧密地和万维网相联系，譬如出现了基于万维网的术语管理工具；把万维网作为术语检索的资料源，社会上有越来越多的人加入到术语活动的行列里来。在这种新趋势的推动下，术语资料也面临着要和其他的语言资源共同使用或者共同操作的问题；举个例子，这就需要建立本体（ontologies）或者建立其他相互链接的开放数据源（Linked Open Data resources）。还有一种趋势我也观察到了，它多少有些像"翻译记忆工具"（translation memories）。近几十年来，术语资源海量增长，而在这些资源中又"鱼龙混杂"，充斥着许多不可靠或者不连贯和不纯正的数据。因此，在术语管理系统中进一步开发质量保证功能和增强清除功能显得十分迫切。最起码，开发出相应的辅助工具，这是相当必要的。

M. 索阿雷女士：在德国科技和工业领域中，术语学或者术语工作扮演着什么样的角色？您能跟大家谈谈您自己的观点吗？

施米茨教授：在德国，说得更确切一些，在欧洲历史上说德语的地区，都有着悠久的术语活动的传统；这不光是在科学领域中，在工业界亦是如此。欧根·维斯特（Eugen Wüster）是术语科学（terminology science）的创始人；德文文献中有大量的术语学论著，这都为术语工作提供了理论指南。德国建有世界上首个大型术语库

（TEAM 和 LEXIS）。在欧洲德语区，人们开发了大量的术语管理软件。在制定术语标准和进行术语学教学与培训方面，这些地区都扮演着开拓者的角色。即便到了今天，在术语工作领域，欧洲德语区依旧起着"领头羊"的作用。在今天的德国，术语及其相关领域的专业协会依旧相当活跃。比如，德国术语协会就相当活跃，它拥有三百多名会员；德国技术交流协会（Tekom）也一直把术语活动作为其大会和技术交流活动的一部分，这个协会目前拥有八千多名会员。德国工业界愈发关注到术语管理工作的重要性，他们不仅支持与翻译、技术本地化和技术写作相关的术语活动，而且也把术语工作看成是其企业语言活动的一部分，认为术语工作是他们进行知识组织工作不可或缺的工具。

M. 索阿雷女士：施米茨教授，用于术语交换的国际标准的重要性如何？在此方面术语工作研发人员和标准化机构应当如何携手合作？

施米茨教授：在不同的用户、不同的术语管理系统和运用系统之间交换术语数据，没有一定的标准肯定是不行的，这一点毋庸置疑。否则，转换程序不仅自行一套，而且也会给术语资源的拥有者带来麻烦，因为他们不得不为不同的用户提供不同的信息解释。恐怕这就是为什么国际标准化组织（ISO）在二十世纪八十年代就着手为术语数据制定可供交换的标准。国际标准化组织制定的 ISO 30042（2008）详细提供了对术语数据进行交换（TermBase eXchange，TBX）的规定。我们现在正在完成 TBX 的更新版本，也着手对过去的标准做一些修订。但是，眼下人们对 TBX 的广泛应用还存在着一些障碍，这种令人陷入"两难"境地的主要原因在于：现代的术语管理系统过于灵活，它允许用户生成自己所需要的所有数据类别，只有用户自己知道这些类别的语义学含义，而不是 TBX 开发者所要求的那种界面。可是 TBX 又太复杂，因此，这些用户无法完成 TBX 的输入和输出操作。我们正在竭力解决这种两难状态。

M. 索阿雷女士：在软件本地化领域，您也是一位享有世界知名度的专家，您可以跟大家说说在软件本地化方面，术语工作起着什么样的作用？

施米茨教授：产品的生产和销售、文件的起草和颁布都离不开术语，软件产品的情形更是这样。说起来原因很多。譬如，软件常常介绍某个项目（或者设计）的新特色，这就离不开对新概念的介绍，而在目标语言（靶语言）里，还不存在与这些新概念相对应的已经得到认可的术语。因此，术语工作者就必须创造出新术语以满足介绍新概念的需要。术语软件工具包括很多部分：手册、纠错信息、文件印刷品、线上帮助指南、安装指南、样品文件包等等。在时间紧迫的情况下，这些东西都会给软件本地化带来难题。因此,在软件的整个准备过程中,术语要自始至终地保持连贯性就显得尤为重要。还需强调一点,我们不能忘记,术语是具体项目(或者设计)和用户之间进行交流的手段。如果软件介绍中出现的术语不易理解、不合适或者不连贯,则会给用户带来理解上的困惑,从而也会导致这套软件无法正确投入使用。

M.索阿雷女士:众所周知,翻译工作者在翻译工作中缺少足够的时间和资源来应对面临的术语难题,您能给翻译工作者提供一些可以操作的术语工作方式吗?

施米茨教授:我的观点是,不管翻译工作者如何繁忙,在处理术语问题时,他们都应该遵循"以概念为导向"的术语工作方法。否则,时间一久,手头的术语资源就会因为缺乏系统性而失去使用价值。我建议翻译工作者采用"以概念为导向"的术语工作方法,这并不意味着他们必须苦心构建概念体系,他们也无须给每一条记录加上定义。他们只需把与一个概念相关的所有术语信息归放在一条术语记录里就可以了。同义词放在同一记录里,同形(同音)异义词(homonyms)则放在不同的记录里。只要他们的术语工作初期准备到位、术语系统做得合理,翻译工作者自己创建包含两个术语以上的术语记录是完全可行的。在翻译工作开始之前,一个术语记录模板里可以为所属学科、用户、术语状况等要素填上默认值(Default Value),同时注明编辑者的姓名和创建日期。在翻译过程中,翻译者只需添加上源语言里和目标语言里的术语,这样,一个有效的术语记录就创建完成了。

M.索阿雷女士:IATE(欧盟机构内部术语库)的术语记录共有27种语言,对此您有何感想?

施米茨教授:依我个人观点,IATE是目前欧洲的一座大型而且相对可靠的术语库,它的信息可以为术语工作者、口译和笔译翻译者、技术写作者提供便捷的服务。它包含欧盟的所有术语资源,对于术语使用者而言还是相当有用的。当然,它的术语信息质量还有待提高,而人们也在不断为此献计献策,对此我深表赞赏。

M.索阿雷女士:在术语数据库中引入概念系统作为体现方式,您觉得它的远景如何?

施米茨教授:在术语管理系统中维持单个的概念系统是容易的。譬如,您只需将数据类别依照概念的层级顺序进行组织就可以了,或者采用整体–部分关系对概念间的关系进行处理。但是,如果为一个学科领域或者学科子领域详细构建一个整体性的概念系统的话,这则是一项艰巨的工作,而且耗时耗力。与学术性活动不同,在欧洲没有谁能抽出时间为术语工作者、口译和笔译翻译者、技术写作者构建这么一个概念体系。目前,只有为数不多的术语学应用实践体现或者维持着概念系统的构架模式,譬如:Webterm（www. iim. th -koeln. de/webterm）,这是德国学生在术语学论文的框架内自创的;再有 i -term（www. iterm. dk）。此外还有德国的 coreon 公司(笔者注:为全球化企业技术和信息交流提供术语和语言服务的公司)[3]综合运用术语管理的前沿手段开发的术语管理的最新方法,它充分体现了我们多年来探讨的"术语和知识工程"的理念。

M. 索阿雷女士:欧洲议会翻译总理事会术语协调部曾尝试使用过一些术语提取工具,想从以前的术语项目里提取术语。依您的观点,什么样的术语提取工具是最合适的?

施米茨教授:最合适的术语提取方法其实是人工提取。当然,这样做过于缓慢而且耗费成本。如果谈到使用软件工具进行术语提取,特别是当人们试图提取多词组成的术语和不连贯的术语时,与语言学知识相关的工具则要比基于统计学或者启发探索式方法的工具理想一些。使用语言学方法的术语提取工具的缺点只在于:它们不是对所有的语言都适用,而只是支持大多数的语言。一些术语提取工具开发商将语言学方法和统计学方法结合使用。在 TaaS 项目中,我们尽力采用以语言学方法为基础的术语提取方法,至少这种方法对于所有的欧洲语言都适用,这样就能满足欧洲的术语用户对他们所需要服务的需求。

参考文献

[1] 欧洲议会[EB/OL].（2017 - 12 - 1）[2018 - 10 - 11]. https://baike. baidu. com/item/欧洲议会.

[2]［EB/OL].（2018 - 10 - 10）[2019 - 10 - 19]. http://www. europarl. europa. eu/the - secretary - general/en/organisation/directorate - general - for - translation.

[3]［EB/OL].（2016 - 09 - 1）[2020 - 10 - 21]. https://coreon. com/.

伊瓦先科教授与斯拉夫语
术语学理论实践①

邱碧华 编译

摘要：伊瓦先科教授是国际斯拉夫学者委员会术语委员会主席。从 2009 年到 2013 年,她担任乌克兰语言研究所青年科学家委员会顾问。在 2010—2016 年期间,她担任乌克兰国家科学院乌克兰语言学院术语系主任,主持乌克兰教育和科学部教育科学和方法委员会的乌克兰语科学和方法委员会的工作。2013—2015 年,她担任乌克兰教育和科学部词典委员会委员。伊瓦先科教授在术语学领域工作了近 20 年,发表过 140 多种专著和论文。她是专著《科学和艺术映像世界中知识碎片的概念表示》的作者。她的研究领域涵盖术语学、措辞学、词汇学、词典学和认知语言学。欧洲议会翻译总理事会术语协调部于 2017 年 6 月对伊瓦先科教授进行了采访。文章是对这次访谈要点的中文编译,向中国读者介绍斯拉夫术语学理论和实践的一些新信息。

关键词：国际斯拉夫学者委员会下的术语委员会,术语语言哲学理论,语言技术理念,语言概念学,Terminologiše 项目

伊瓦先科(Victoria L. Ivashchenko)女士是国际斯拉夫学者委员会下的术语委员会(the Terminology Commission under International Committee of Slavonic Scholars, TC ICSS)主席,也是鲍里斯格林琴科基辅大学(Borys Grinchenko Kyiv University)新闻学院教授,同时还在切尔尼戈夫国立教育大学(Chernihiv National Pedagogical University)担任教授[1]。2009—2013 年,她还在乌克兰语言研究所青年科学家委员会(the Council of Young Scientists of the Ukrainian Language Institute)担任顾问。伊瓦先科教

---

① 本文编译自欧洲议会翻译总理事会术语协调部的采访文章"Interview with Victoria Ivashchenko",见 http://termcoord. eu/2017/06/interview – with – victoria – ivashchenko/。

授在 2010—2016 年间担任乌克兰国家科学院乌克兰语言学院(the Ukrainian Language Institute at the National Academy of Sciences of Ukraine)术语学系主任。在此期间,她主持乌克兰教育和科学部(the Ministry of Education and Science of Ukraine)教育科学和方法委员会(the Scientific and Methodic Council on Education)的乌克兰语科学和方法委员会(the Scientific and Methodic Committee on the Ukrainian Language)的工作。2013—2015 年,她担任乌克兰教育和科学部词典委员会委员。伊瓦先科教授在术语学领域工作了近 20 年,发表了 140 多种学术著作,著有专著《科学和艺术映像世界中知识碎片的概念表示》(*Концептуальна репрезентація фрагментів знання в науково-мистецькій картині світу/Conceptual Representation of Knowledge Fragments in Scientific-and-Art World Image*)[2](2006)。她的研究领域涵盖了术语学、措辞学、词汇学、词典学和认知语言学。

2017 年 6 月,欧洲议会翻译总理事会术语协调部(Termcoord)对这位乌克兰术语学家进行了专访。笔者将这些专访的主要内容进行了整理,为想了解当今斯拉夫术语学理论和实践发展情况的读者提供一些信息。

1　作为国际斯拉夫学者委员会术语委员会的负责人,介绍这个委员会的工作及其活动

伊瓦先科教授首先介绍了这个委员会的成立过程。当前这个委员会的正式名称是"国际斯拉夫学者委员会下的术语委员会"。1955 年 10 月,国际斯拉夫学者委员会在贝尔格莱德会议上决定成立术语委员会,并将术语学研究作为在国际斯拉夫学者委员会领导下开展学术研究的新方向。1958 年至 1963 年,该术语委员会由两个分委员会组成,分别涉及语言学和文学领域。1963 年,前一个委员会称为语言学术语委员会(the Commission on Linguistic Terminology),而后一个委员会则称为文学术语委员会(the Commission on Terminology of Literature)。1978 年,这两个委员会进行了合并。1998—2008 年,这个合并后的术语委员会并不活跃。2008 年 9 月,在第 XIV 届国际斯拉夫学者大会上,由加伊达(S. Gaida)倡议正式成立术语委员会(the Commission on the Terminology),重新命名为 SlavTerm。2013 年,根据同年 8 月 20—27 日在明斯克举行的第 XV 届国际斯拉夫学者大会的决定,伊瓦先科教授被任命为该委员会主席。2013 年,委员会的正式名称变为"国际斯拉夫学者委员会下的术语委员会"(以下简称 TC ICSS)。

从 1958 年算起,在术语委员会存在的 60 年中,它所开展的活动是不规律的。在

1998—2008 年间,这个委员会的活动处于"休眠"状态,且在 1979 年之后,也未能产生任何团队性的合作。在 2008—2013 年,该委员会吸收了来自 6 个国家(俄罗斯、乌克兰、白俄罗斯、波兰、保加利亚和芬兰)的 14 位成员。自 2013 年以来,其成员数量大幅度增加,目前包括来自 10 个国家(乌克兰、白俄罗斯、波兰、俄罗斯、克罗地亚、捷克、斯洛文尼亚、马其顿、塞尔维亚、斯洛伐克)的 38 名成员。(笔者注:斯拉夫语分为东斯拉夫语支、西斯拉夫语支和南斯拉夫语支。东斯拉夫语支由俄语、乌克兰语和白俄罗斯语组成;西斯拉夫语支包括波兰语、索布语、捷克语和斯洛伐克语等;属于南斯拉夫语支的语言有保加利亚语、塞尔维亚 – 克罗地亚语、马其顿语、斯洛文尼亚语)。

自 2014 年以来,TC ICSS 致力于集体完成一部具有分析性的专著《20 世纪末—21 世纪伊始的斯拉夫语术语学》(*Slavic Terminology of the End* XX *– the Beginning* XXI *Centuries*)。这部采用不同的斯拉夫语言成功写成的专著,全面展示了现代斯拉夫语术语学的发展,总结了波兰、乌克兰、塞尔维亚、克罗地亚、白俄罗斯、俄罗斯、斯洛伐克、斯洛文尼亚和马其顿的术语科学的研究经验。该专著不仅侧重总结各术语学派的理论成就,而且还深入研究了在现代信息和通信技术的背景下,各个斯拉夫国家在其术语学论文、专业词典、计算机术语编纂和术语数据库中所体现的术语学理论与实践成果及存在的问题。这种团队性合作主要是为了追求在全球化的大背景下,致力于发展民族国家术语的共同理念,并将代表不同斯拉夫文化的创造潜力联合起来。该专著对术语集、普通与专业性词典、教科书、各种手册、期刊、杂志和专门讨论术语学问题的论文集所涉及的术语学基础性理论进行了总结和系统化。该委员会还为《斯拉夫术语学和术语编纂学(1990—2017)》[*Slavic Terminology and Terminography*(*1990 – 2017*)]制作了书目索引。

此外,TC ICSS 还竭力满足现代信息社会开发斯拉夫语计算机术语编纂学的时代需求,积极制作斯拉夫语专业电子词典,甚至还制作了斯拉夫语和非斯拉夫语相互参照的专业电子词典,同时积极建设术语数据库、语料库、术语在线资源、虚拟终端实验室和数字图书馆。为此,TC ICSS 启动了一个旨在创建斯拉夫语终端数据库的项目,该数据库的标题为《作为多语言网络术语基础的基础斯拉夫术语》(*Višejezične Mrežne Terminološke Baze kao Podloga za Izradu Baze Slavenska Terminografija*)。TC ICSS 计划在其网站上向广大公众免费开放这个术语数据库。

迄今为止,TC ICSS 取得的另一项重大成就,就是在 2014—2016 年间创建了斯拉夫语言网站(http://term – in. net),并对其内容进行了开发。目前,TC ICSS 的成员们正在策划这个网站的英文版。同时在为涉及斯拉夫语言术语问题的《国际斯拉夫学者委员会术语委员会公报》(*Вісник Термінологічної Комісії при МКС = Вестник Терминологической Комиссии при МКС = Bulletin of the Terminology Commission under International Committee of Slavonic Scholars*)制作第一个电子版,以庆贺 TC ICSS 成立 60 周年(2018 年)。TC ICSS 成员定期会面,并讨论委员会每个任期内工作计划所宣布的组织问题、工作任务和目标。譬如:TC ICSS 成员 2013 年在卢布尔雅那(斯洛文尼亚)、萨格勒布(克罗地亚)和华沙(波兰),2015 年在基辅(乌克兰)和华沙(波兰),2016 年在贝尔格莱德(塞尔维亚), 2017 年在华沙(波兰)都举行过碰头会。

2015—2017 年,TC ICSS 与国际斯拉夫学者委员会语言学书志学委员会(the Commission of Linguistic Bibliography at ICSS)合作举办了三次国际会议:2015 年于乌克兰的基辅举办题为"乌克兰术语和现时代"(Українська термінологія і сучасність, Ukrainian Terminology and Contemporaneity)的国际会议;2016 年于塞尔维亚的贝尔格莱德举办题为"今日斯拉夫语术语学"(Словенска терминологија данас, Slavonic Terminology Today)的国际会议;以及 2017 年于波兰华沙举办的"斯拉夫语术语学:今天和明天"(Terminologia słowiańska: dzis i jutro, Slavic Terminology: Today and Tomorrow)国际会议。

2018 年,TC ICSS 重点关注的问题是:

(1)启动涉及下述专题的斯拉夫语研究:a)社会术语学角度的问题;b)斯拉夫国家之间合作中所涉及的道德问题;c)现代科学哲学中的专业术语问题,涵盖"复杂科学"(complexity sciences)、人文科学(法学、社会交流学等)、新技术、高科技、创新技术等。

(2)创建基于科学认知的术语语言哲学理论(linguo -philosophical theory of term),并对其方法论进行更新。当今时代,随着复杂科学的爆炸式发展,现代术语学也需要:a)更新现代术语学的方法论;b)创造社会人文主义(socio -humanitarian)的术语学理念——因为在人文领域里,术语的运作具有特殊性,它在专业环境里具有交流功能。

(3)根据斯拉夫语系各个国家术语的语言规则,并兼顾现代信息社会中术语运作的特殊性,创建应用术语学发展的语言技术理念(linguo -technological conception)。

TC ICSS 所开展的国际合作侧重于斯拉夫语术语的振兴和巩固,目前重点关注对术语编纂学和术语(传统、电子和虚拟)工作空间的研究,以便为斯拉夫语言创建术语门户做好准备。

2 伊瓦先科教授在术语学、措辞学、词汇学、词典学和认知语言学领域所做的研究贡献

伊瓦先科教授不仅对术语学和术语问题感兴趣,而且还对词汇学、词典学、词汇语义学、语言概念学(linguoconceptology)和认知语言学(尤其是认知语义学)兴趣颇浓。伊瓦先科教授最著名的著作有:专著《科学和艺术映像世界中知识碎片的概念表示》(2006 年);与费杜勒恩科娃(T. Fedulenkova)、伊万诺夫(A. Ivanov)和库普林娜(T. Kuprina)等集体撰写的著作《术语和措辞:交叉的边界》(*Фразеология и терминология: грани пересечения/ Phraseology and Terminology: Borders of Crossing*)(2009 年);与赫纳提乌克(I. Hnatiuk)、霍洛瓦休克(S. Holovashchuk)和扎伊沃罗诺克(V. Zhaivoronok)等人合作编纂的双语词典《俄语 – 乌克兰语词典(第一卷)》(*Російсько-український словник, том 1/ Russian-Ukrainian Dictionary, vol. 1*)(2011 年);以及在集体性著作《波兰语和欧洲的术语学流派》(*Polskie i europejskie nurty terminologiczne*)[马瓦霍维奇(M. Małachowicz)和格鲁恰(S. Grucza)编辑,2017 年]中撰写《乌克兰术语学派》("Ukrainian School of Terminology")一章。此外,伊瓦先科教授还发表了一系列旨在探讨术语学问题的论文,诸如:《认知术语学:发展前景》("Когнітивне термінознавство: перспективи розвитку/ Cognitive Terminology: Prospects of Development")(2011 年);《术语学史学:元语言和构造剖面》("Історіографія термінознавства: метамова і структурні підрозділи/ Historiography of Terminology: Metalanguage and Structural Subsections")(2013 年);《乌克兰术语学派:从历史形成的角度审视》("Українська школа термінознавства: з історії становлення/ Ukrainian Terminology School: from the History of Development")(2016 年)等。

伊瓦先科教授担任了《术语公报》(*Термінологічний вісник/ Terminological Bulletin*)(2011、2013 和 2015 年)与《乌克兰术语和现时代》(*Українська термінологія і сучасність/ Ukrainian Terminology and Contemporaneity*)论文集(2013 年)的主编。在 2016 年,她还担任词典《乌克兰语文化活动中的主题名称汇编词典》(*Зведений словник назв суб'єктів культурної діяльності в українській мові/ Compiled Dictionary of Names of Subjects in Cultural Activity in the Ukrainian Language*)的科学编辑。在接受 Termcoord 记者采访时,伊瓦先科教授正在完成她的另一部专著《乌克兰术语学:科

学探索范式的历史学》(*Українське термінознавство*：*історіографія парадигм наукових пошуків*/ *The Ukrainian Terminology*：*Historiography of the Paradigm of Scientific Searches*)。

3　谈术语在斯拉夫语言研究中的作用和不同语言研究术语方法的异同

　　伊瓦先科教授认为,要说清这个问题,则需要首先考察一下,为什么要在斯拉夫语言研究中调查术语具有什么样的特点。在她看来,在所有语言中术语所起的作用都是一样的。但研究斯拉夫语言中的术语,则是将术语学研究进行得更具体一些罢了。在全球化的大趋势下,不同语言社区的文化、经济和政治呈一体化趋势。现代术语学面临着巨大挑战。这种现实则迫使斯拉夫民族必须以语言形式来保护其斯拉夫身份,同时在语言内容上又必须接受国际化的现实。这就决定了斯拉夫民族术语问题的解决,需要继承斯拉夫语言学的传统。从全球的角度上看,科技术语呈现出过度英语化的趋势,这也造成了过多的外文(非斯拉夫语系)术语借用到斯拉夫语言中来。在某种程度上,这种情形势必威胁到斯拉夫语言的民族身份,进而引发语言生态学问题等等。语言文化的纯洁性是由人们原始生产自己民族术语的能力、创造术语和使用术语的能力所决定的。因此,斯拉夫民族术语工作的优先着眼点,就是通过使用本民族的术语来挖掘斯拉夫语系各民族国家的建设潜力,并将其作为某个种族群体进行民族认同和实现民族自决的重要因素。

　　当然,斯拉夫文化的每个领域,在其专业术语的发展和在其民族术语体系的构架方面,都有独特之处。这些构建过程都反映了某个斯拉夫民族自身的发展,也反映了斯拉夫民族文学语言和斯拉夫民族语言政策发展的历史细节。一个多世纪以来,斯拉夫民族的不同学者一直在国家[(一般)大众/(真实)语言]或者国际层面上,对与术语发展有关的上述问题进行过讨论。如果说俄语术语建设是严格按照国际化要求、与国际术语学基本原则保持一致的话,那么,乌克兰语、波兰语和其他斯拉夫语言则还停留在遵从国家术语政策的层面上。在斯拉夫民族各国之间展开术语学大讨论,也许会引发一大堆错综复杂、涉及伦理道德的问题,但是,在持不同世界观和具有不同语言文化背景的术语学家之间开展有效对话、展开有效的种族之间的科学交流则是相当必要的。遗憾的是,迄今为止依旧缺乏国际性的集体对比研究,故而未能对斯拉夫术语中这些前沿性的课题进行总结。

4　在乌克兰的大学里开设术语学专业的情况

据伊瓦先科教授介绍，乌克兰的大学开设有"术语学"、"现代乌克兰术语学"、"术语编辑"（在出版和编辑院系开设）、"术语学基础"、"乌克兰术语学"（在人文学院开设）、"乌克兰专用语言"（在技术学院开设）、"法律语言学"（在法学院开设）、"专家的术语文化"（Terminology Culture of a Specialist）（在文化艺术学院开设）、"生物医学伦理学和专业术语学"、"医学术语和拉丁语"（在"生物医学工程"专业开设）、"职业指导英语术语"（兽医、生物技术、市场学院系）等学科。在 1990—2016 年间，乌克兰的学者们出版了 50 多部术语学教科书、手册指南、教学辅助资料、方法论说明、术语实践课程手册、普通术语学培训手册，此外还出版了涉及各专业领域（科学、技术、法律、医学、生物学、历史学、动物学、化学、经济学、运输、体育等）的术语。在乌克兰，高中阶段也开设了乌克兰专用语言课程和其他一些涉及术语学研究的必修或者选修课程。

5　介绍专著《20 世纪末—21 世纪伊始的斯拉夫语术语学》，概述20—21 世纪初斯拉夫民族术语学发展的主要趋势

伊瓦先科教授在此阐述道：斯拉夫各国现代术语学现存的错综复杂的状况，凸现出斯拉夫民族术语学发展的主要方式也必将是错综复杂的。这主要是因为术语学本身是一个与信息技术密切互动且交叉跨越多个知识领域［逻辑学、系统论（systematology）、符号学和语言学等］的跨学科综合体，它所具有的特殊性决定了它的错综复杂性。20 世纪和 21 世纪之交斯拉夫语言文化研究发展的普遍趋势可用"科学哲学中的认知转向"进行概括，这也表明了术语学研究中价值取向的变化。

在 20 世纪末—21 世纪伊始，斯拉夫语术语学发展的主要趋势和构建方式，首先取决于它错综复杂的现实状况。

鉴于斯拉夫语术语学现存的错综复杂的情形，斯拉夫语术语学可用三种基本研究范式表示：（1）系统化和结构主义/传统范式［其中 28% 与传统术语学所倡导的名称学（onomasiologic）和语义学（semasiologic）相关］；（2）功能性范式（其中 24% 与翻译、现场交流、现场文本文体学研究、专业词典编纂理论和实践等问题有关）；（3）认知范式［其中 10% 与当今流行的认知 - 命名（nominative）、认知 - 语义学、认知 - 交际、认知 - 信息技术等方面的相互结合有关，也涉及语言哲学问题、术语的信息 - 符号学（semiotic）理论，以及与计算机术语编纂学有关］。

在应用和比较性的斯拉夫语术语学研究中,占主导性的研究是"非斯拉夫语(主要是英语)—斯拉夫语言"之间的比较性研究,而缺乏斯拉夫语系各语言之间对术语相似性的研究(它仅占研究总量的1.1%)。这种状况也就呼吁人们在未来要开展对斯拉夫语术语的国际性集体研究。

如果对不同国家在不同时期的术语进行考察,人们则会发现这些术语所表现出的民族性[(一般意义上的)民族性]问题,以及它们所反映出的意识形态、语言学说和政治取向。这也就决定了围绕寻找术语等效物间联系而开展的研究步履维艰。研究这些术语等效物间的联系,将有助于理解在不同斯拉夫语言环境里的术语用法。在这方面开展的研究,可以包括对各学科的术语体系从历史词源、方言学、民族语言学、语言文化学等多种角度进行的研究。

斯拉夫语应用术语学研究包括了斯拉夫语翻译术语编纂学(Slavic translational terminography)这一研究方向。它是斯拉夫各国在缺乏真正的斯拉夫语系各类语言词典的状况下,各国术语学家们为加强和巩固他们的民族语言所做的努力。斯拉夫文化的每一个领域,都会对某种斯拉夫语言的专业术语形成产生重大影响。而事实上,这种影响都会在其术语编纂实践中体现出来。譬如,在20世纪末和21世纪初以"斯拉夫语—斯拉夫语"形式出版的字典中,依照白俄罗斯和乌克兰术语学传统进行编纂的分别占到45.5%和42.4%(首选格式是"俄语—白俄罗斯语"或者"俄语—乌克兰语",或者"白俄罗斯语—俄语",或者"乌克兰语—俄语");涉及波兰语的占到6%,捷克语占到1.4%,克罗地亚语占到0.7%,塞尔维亚语占到0.5%,而在斯洛文尼亚语方面,则无法找到任何一部这类词典。

现代信息社会的需求呼吁发展斯拉夫语计算机术语编纂学,与这一时代召唤相呼应,斯拉夫语系各语言之间和斯拉夫语与非斯拉夫语之间相互参照的电子词典孕育而生。譬如,在Terminologišče(2004—2016)项目框架内,以拉莫夫沙(F. Ramovsha)命名的斯洛文尼亚语学院的术语词典系的专家们为编纂出单语(斯洛文尼亚语)和多语言的电子术语编纂翻译成品进行了不懈的努力,但研究成果主要还是局限在"非斯拉夫语—斯洛文尼亚语"方面。乌克兰国家科学院乌克兰语语言信息基金会(the Ukrainian Lingua-Information Fund of the NAS of Ukraine)为开发在线资源,在2001—2016年期间,资助成立了乌克兰语国家语言机构(Ukrainian National Linguistic Body)、出版了4部多语种电子词典,并在其网站上建立了2个虚拟术语编纂实验室(2001—2016)。其他斯拉夫语国家也在这方面取得了令人瞩目的成就。

随着现代信息社会的发展,现代术语学语言技术研究这一独立研究方向也应运而生,随之而来的便是要求创建术语数据库。在此应该提到以维诺格拉多夫(V. V. Vinogradov)命名的俄罗斯科学院(the Russian Academy of Sciences, RAS)俄罗斯语言学院与"Slovary. ru"[3]公司在 2005 年合作创建了"俄罗斯欧洲北部地理术语"(Географическая терминология Европейского севера России)术语数据库。在 2016 年,斯洛伐克科学院(the Slovak Academy of Sciences, SAS)斯洛伐克国家语言学研究所的语言学家创建了斯洛伐克语术语数据库(Slovenská terminologická databáza)。在捷克共和国文化部的支持下,捷克共和国在 2015 年创建了捷克图书馆和信息科学术语数据库(Česká terminologická databáze knihovnictví a informační vědy)[4]。保加利亚以奥赫里迪斯基(St. Kliment Ohridski)命名的索非亚大学(Sofia University)在 2016 年开发了一个多语种术语数据库(Многоезична терминологична банка),其中包含文本正文的内容,但这个术语库里的斯拉夫语言目前仅包含保加利亚语。2016 年,克罗地亚语言和语言学研究所(the Institute of Croatian Language and Linguistics)采用克罗地亚语和其他语言开发了一个多领域术语数据库 Struna[5],等等。

从现代术语学语言技术(linguo-technological)发展的角度,采用斯拉夫语言创建术语门户尤为重要。斯拉夫语世界在这一方面已经取得了不少进展:2016 年克罗地亚已经创建了克罗地亚语术语(Hrvatski terminološki)[6]门户网站;早在 2009 年斯洛文尼亚就着手创建斯洛文尼亚语术语(Slovenski terminološki)门户网站;乌克兰在 2003—2016 年间创建了 Лінгвістичний портал MOVA. info[7]术语门户。

6 对现代术语学家(术语师)的形象设想和对作为一门独立学科的现代术语学的未来展望

伊瓦先科教授在此满怀信心地描绘了她心目中的现代术语学家(术语师)的形象:首先是一名术语学专家,不仅在特定的专业领域中受过训练,而且具备语言学、系统学、哲学(尤其是科学哲学)、逻辑学、符号学、通信科学、计算机技术、认知科学和其他科学研究的基础知识。应该是一个掌握多门语言和翻译技能的人,了解某些专业领域和学科发展的总体趋势,并能掌握现代化的方法论和科学技术以开展科学研究工作,能够引进最新的术语学理论成果,并响应社会的需求、付诸社会实践。能够独立开设涉及术语学、术语数据库和电子词典的电子课程,能够独立参加术语学学术会议和国际术语工作项目,并且能够不断提高自己的术语工作精通程度。最后,伊瓦先科教授说道,以上罗列的方面,当然没有穷尽作为一名现代术语学家(术语师)所应具备的一切素质。

　　谈到现代术语学作为一门独立学科所面临的未来远景,伊瓦先科教授表示,令人遗憾的是,在当代斯拉夫语国家,作为一门独立学科的术语学,还未能获得官方授予的大学必修课的地位(就算认为它属于语言学范畴,情况也是如此),术语学还未能正式纳入当今所有国家的大学课程里去。能否把术语学引入一些大学的课程中去,在很大程度上取决于教师们的主动性。现实情况表明:作为一门跨领域学科的术语学,它的未来发展前景取决于那些尚未在大学里承认术语学具有必修课官方地位的国家对术语学的态度。术语学具有大学必修课的官方地位——实现这一目标非常重要。因为专家的术语能力决定了这些专家在特定知识领域里的学术水平,并且某一学科术语的发展水平也直接反映了该领域的学术发展水平。

　　从全世界的角度上看,各国政府机构都在大力促进现代术语学的发展,世界各国都建有以国际标准化组织(ISO)的活动为基础的科学和技术术语标准化专门委员会。国际标准化组织成立的主要目标,就是批准经各国代表共同努力制定出的各类标准。各个国家的科学和技术术语标准化专门委员会的任务之一,就是对当前的国际术语标准进行协调并制定出自己的标准,以便依据相关的国际(欧洲)标准,建立起普遍公认且清晰明确的国家科技术语体系。在回答 TermCoord 记者提出的"斯拉夫各国的技术大学,在其目前开设的旨在培养术语学家(术语师)的必修课里,是否在准备专门针对术语标准化问题的内容"这一问题时,伊瓦先科教授表示了自己的遗憾。她认为,将"术语标准化"的内容引入大学的术语学必修课里,在很大程度上也只是涉及了标准化一般性问题的一个方面。令人惋惜的是,现今在斯拉夫各国开设了术语学课程的大学里,都只将"术语标准化"的内容作为一个培训模块。

　　在此,伊瓦先科教授还强调指出,在现时代对人文社会科学术语进行协调,也具有极为重要的意义。人文社会科学领域中的术语在概念和词汇表达上具有模糊性和跨学科的特点。因此,人文社会科学术语也需要进行管理和统一。斯拉夫语国家目前正在尝试着对人文社会科学术语所蕴含的概念进行阐述。毋庸置疑,这是一场新的挑战,许多斯拉夫语国家也需要建立起相应的术语中心或者术语委员会。

　　现代社会已经将计算机技术引入人们的学习过程中来了,电子教科书、电子术语词典、术语数据库、各类门户网站、虚拟术语实验室和其他资源也随之诞生。所有这些也对现代术语学家(术语师)们提出了新的课题:他们需要开发针对"术语学""术语学基础"的电子教科书,还要开设诸如"计算机术语编纂学""术语数据库管理"这类具有现代化特色的术语学课程。在现时代的大背景下,最为重要的是要理顺现代术语学的"语言技术"(linguo-technological)和"语言教学"(linguo-didactic)的基础性原则。这样做将有助于传统术语学方法与现代电子化和虚拟的术语学研究方法实现一体化,从而积极推动术语学自身的发展。

　　总而言之,术语学研究的质量、在斯拉夫语世界创建国际术语中心的可能性、每个斯拉夫民族现代术语的发展,都离不开对术语学传统理论的继承和创新,更离不开斯拉夫各国的术语学家们在理论成就和实践经验上的密切互动。

参考文献

[1] Interview with Victoria Ivashchenko [EB/OL]. (2017 – 06 – 27)[2018 – 07 – 01]. http://termco-ord. eu/2017/06/interview – with – victoria – ivashchenko/.

[2] Концептуальна репрезентація фрагментів знання в науково-мистецькій картині світу[EB/OL]. (2006 – 05 – 11)[2019 – 01 – 01]. http://www. nas. gov. ua/institutes/ium/e – library/Documents/ivashenko. pdf.

[3] Slovary. ru [EB/OL]. (2019 – 01 – 07)[2019 – 01 – 11]. http://slovari. ru/start. aspx? s = 0&p = 3050.

[4] Ceská terminologická databáze knihovnictví a informacní vědy [EB/OL]. (2019 – 01 – 10)[2019 – 01 – 14]. https://tdkiv. nkp. cz/.

[5] Struna[EB/OL]. (2019 – 01 – 01)[2019 – 01 – 11]. http://struna. ihjj. hr/.

[6] Croatian Terminology Portal[EB/OL]. (2019 – 01 – 01)[2019 – 01 – 11]. http://nazivlje. hr/english/.

[7] Лінгвістичний портал MOVA. info [EB/OL]. (2003 – 01 – 01)[2019 – 01 – 12]. http://www. mova. info/.

西班牙术语学专家话术语工作[①]

邱碧华 编译

摘要:罗德里格斯女士是西班牙格拉纳达大学的终身教授,也是一位语料库语言学专家。她与在西班牙格拉纳达大学担任教授的桑切斯女士一起,参与了两个涉及医学术语变量的西班牙国家级术语项目——VARIMED 和 COMBIMED。在术语工作方面,她与桑切斯女士共同参与了肿瘤学术语、港口术语、沿海工程术语和环境科学术语等西班牙国家级术语项目。贝拉斯科博士是西班牙 LexiCon 研究小组的成员,在框架术语学下,从事环境科学和医学领域的术语项目。贝拉斯科博士研究成果卓著,其主要成果发表在具有高影响力的国际期刊上。2018 年,欧洲议会翻译总理事会的术语协调部分别对上述三位优秀的术语学专家进行了专访。

关键词:欧盟 IATE 术语库,术语学描述性方法,框架术语学,VARIMED 术语项目,COMBIMED 术语项目,医疗健康环境中的术语意识

引言

罗德里格斯(Clara Inés López Rodríguez)女士是西班牙格拉纳达大学(the University of Granada)翻译和口译系的终身教授。她是语料库语言学专家,在科技翻译和术语学领域取得了卓有成效的研究成果。她与桑切斯(Maribel Tercedor Sánchez)女士一起参与了两个涉及医学术语变量的西班牙国家级术语项目——VARIMED 和 COMBIMED。桑切斯女士也是西班牙格拉纳达大学翻译和口译系的教授。她的主要

① 本文主要编译自欧洲议会翻译总理事会术语协调部的采访文章,可见 http://termcoord.eu/2018/06/interview – with – terminologist – clara – ines – lopez – rodriguez/和 http://termcoord.eu/2018/07/interview – with – terminologist – maribel – tercedor – sanchez/以及 http://termcoord.eu/2018/09/interview – with – terminologist – dr – juan – antonio – prieto – velasco/。

教学兴趣是科技翻译和视听翻译。桑切斯女士的研究兴趣是术语学、科技翻译(尤其是医学翻译)中的词汇和认知方面的研究,以及借助可访问性的媒体为盲人和聋哑人提供翻译服务。在术语学方面,她参与了 Oncoterm(肿瘤学术语)、Puertoterm and MarcoCosta(海岸工程术语)、ECOSISTEMA(环境科学术语)等西班牙国家级术语项目。贝拉斯科(Juan Antonio Prieto Velasco)博士自 2009 年起,便在西班牙巴勃罗·德·奥拉维德大学[the University Pablo de Olavide in Seville (Spain)]语言学和翻译系任教。他的研究兴趣是术语学、专业知识的可视化和科技翻译。他是西班牙框架术语学(Frame-Based Terminology,FBT)[1]的倡导者——世界著名术语学家费伯(Pamela Faber)教授领导的 LexiCon 研究小组的成员,他们在框架术语学下,从事环境科学和医学领域的术语项目。贝拉斯科博士研究成果卓著,其主要成果已发表在国际术语学、国际词典学和专业翻译等具有高影响力的期刊上。2018 年,欧洲议会翻译总理事会的术语协调部(TermCoord)分别对这三位西班牙术语学专家进行了专访,专访内容透视出西班牙术语学(尤其是费伯教授倡导的框架术语学理论的最新实践)的近期发展状况。借此文章,译者想通过对这些专访要点的整理,为广大读者介绍一些鲜为人知的西班牙术语工作开展的情况。

1 三位术语学专家从 VARIMED 和 COMBIMED 这两个涉及医学术语变量的研究项目中获得的启示

VARIMED 和 COMBIMED 是西班牙格拉纳达大学承接的两个涉及医学术语变量的西班牙国家级术语项目。[2] VARIMED(varimed. ugr. es)主要设计的是医学术语资源,其开发的目的是对英语和西班牙语中医学术语的变量进行解释。在实施这两个术语项目的过程中,罗德里格斯女士发现,在日常的医务工作中,虽然大多数医疗专业人员非常清楚,他们与患者之间在语言和知识沟通方面存在着障碍,但碍于大多数医疗专业人员通常在过度拥挤和专业人员不足的环境下工作,因此,他们没有足够的时间或精力与患者(更别提那些说不同语言或者说方言的患者)进行细致的沟通,同时,他们不会使用通俗易懂的语言向患者解释医学概念。因此,罗德里格斯女士提出,为了克服在医疗环境里医疗专业人员和患者之间语言沟通的障碍,在西班牙有必要提高"医患"和"护患"之间的比例,以向患者普及健康教育;投资多语种医疗资源和口译服务。桑切斯女士也认为,医疗专业人员需要意识到与患者实现有效沟通的必要性,对患者而言,他们也需要有用来传达自身感受的工具。患者的情绪反应,常常在"医患"沟通中被人们忽视。因此,对于表达情绪的术语进行研究,也是一个重要的领域。此外,桑切斯女士认为,有必要对医疗专业人员进行术语意识教育。医疗专业人员不光是掌握作为医学专家的专业知识就可以了,还应该掌握在各个专业知识层次上进行有效交流和沟通的术语学知识和技巧。

贝拉斯科博士也参与了 VARIMED 和 COMBIMED 项目,他的研究方向是如何借助不同类型的视觉效果(图片、图像、图表等)来描述专业概念。他认为,图像不仅可使文本更具有吸引力,而且还可借助这种非语言的形式实现知识的转移。贝拉斯科博士的研究团队认为:由于同义词和术语变量的存在,某个概念可以采用几个术语来指定,但是,图像不是术语,它只是概念的视觉表示。这就意味着,概念仅能由单个的图像来描绘。涉及定义问题时,情况也是如此:一个概念只能有一个定义。与此同时,贝拉斯科博士的研究团队也对上述观点提出了质疑:他们想到,如果概念的含义存在着多维度(multidimensionality)的话,那么概念的标准定义就会产生多种变量(变体),那么,与之相应的视觉表示,是否也会产生同样的情形呢? 将专业知识的可视化方法整合到以知识为基础的术语资源中,自然有助于补充除定义之外的概念信息,但这也给术语学理论和实践带来了巨大的挑战,因为术语工作者(术语师)需要清楚了解这个概念所要描述的具体维度。上述的两个医学术语项目,由于医学专家(医疗服务提供者)和非医学专家(例如患者)之间的维度差异,针对处于不同认知、交际和语言维度的人们,对于医学概念的描述,就需要采用不同的方法。贝拉斯科博士期望开发出一种方法,可以让接受者根据自己的个人情况,去选择具有代表性的图像。

另外,贝拉斯科博士的团队还着重研究术语单元在认知和交际维度上产生变量的原因,他们认为术语单元是医学术语产生特定变量(变体)的潜在基础。贝拉斯科博士与其他大学的研究小组合作,专注研究医疗文本中所使用的图像对患者的友好性程度,比如,哪些图像对患者来说是一种干扰,哪些在他们看来是令人生厌的。贝拉斯科博士及其团队的研究结果表明:感觉刺激(尤其是视觉刺激)程度,是患者对图像产生非友好认知的关键。例如,反映某个医学概念的图像外观不够雅观,从而诱发了患者的负面情绪(如厌恶)、疼痛感或者恐惧感等等。除了研究表示医学概念的图像,贝拉斯科博士及其团队的下一步工作目标和将要探索的领域,则是研究患者情绪在医学文本里的词汇化现象。

2　"隐喻"在医疗卫生工作中能为患者提供话语信息帮助,以及对多模态的探索研究

罗德里格斯女士认为,自古以来,隐喻就一直被人们用于医疗卫生工作中。尽

管"隐喻"这种语言形式有时与医学所提供的科学证据相矛盾,但是,人们使用隐喻
所产生的一些语言表达,在不同语言里已经词汇化了。实际上,医生和科学传播者
在医疗实践当中也在不断创造着隐喻。患者们更是经常使用一些词汇化的隐喻来
表达自己的思想,甚至还创造出描述自己身体状况的隐喻。他们经常借助日常生活
里的物品、声音等经验领域里的事物来表述医学概念,患者更为关注感知、文化和功
能特征。譬如,在心脏病学里,非医学专业的人们在描述循环系统时,他们经常使用
的隐喻则来自运输系统、水利系统、电气系统等人们熟知的领域。在 VARIMED 术语
项目里,罗德里格斯女士等术语学专家就收集了一些人们常用的隐喻,并为人们提
供了一个在线医学词汇网站。桑切斯女士认为,在实现"医患"之间的有效交流方
面,"隐喻"是一个非常重要的机制。因为它帮助人们运用一个更为熟悉的概念来理
解另一个概念,所以它有助于人们传达专业信息。在具体项目的实施过程中,桑切
斯女士发现,患者经常对具有相似性的隐喻更为关注,尤其是对与特定概念的视觉
特征具有相似性的图像更有兴趣。

　　另外,罗德里格斯女士介绍说,她在自己的专业翻译教学工作中发现,诸如纪录
片和图像这类资源,大大激发了学生理解文本的积极性。因此,罗德里格斯等术语
学专家在不同的教学创新行动和实验性的术语工作中对多模态(multimodality)进行
了探索研究,同时也在为 VARIMED 项目构建的数据库里添加了图像设计。罗德里
格斯女士当年也是在西班牙框架术语学创始人费伯教授的指导下完成博士论文的,
她认为框架术语学理论影响了她日后的术语工作实践。他们从认知、语言和交际的
角度来看待术语现象,同时他们也尝试着运用一般性的知识来对专业知识进行解
释。在这个问题上,桑切斯女士则谈到,作为一名科技翻译工作者和大学教师,她很
早就意识到,借助图像可以帮助学生对文本中的概念进行理解。因此,她和从事术
语学研究的同事们,早就决定对如何运用图像对文本的概念信息进行补充开展了研
究,尤其是对那些确实是视觉化的概念(如果不提供可视化的帮助,人们的确难以理
解这些概念)加以研究。此外,桑切斯女士也是在费伯教授的指导下完成博士论文
的,她也认为框架术语学理论对其后来的术语工作影响深远。由于框架术语学侧重
于使术语数据库适应不同的需求,她提倡从真实的语料库里提取信息并强调图像的
重要性。两位女士都强调,框架术语学理论一直是她们所有术语项目的理论基石。
框架术语学是近十年在术语学理论领域出现的,以认知理论为导向的术语学研究和
工作方法。顾名思义,框架术语学以语言学里框架语义学(Frame semantics)为原则
并进行了改版,旨在用来构建专业领域并创建超语言的知识表示。其基本理念是:

与上下文相关的概念含义,构成理解框架(里)或者特定情境下知识的基础。在框架术语学最基本的理念里,"框架"(Frame)指的是"与理解整个概念系统里任何一个概念有必要相关性的任何一个概念系统"(任何一个概念系统都彼此相关得如此紧密,以至于人们要想理解其中的任何一个概念的话,都必须先理解这整个概念系统)。

3　术语工作者和翻译工作者的工作内容和方式发生了重大变化

现代社会,随着信息技术、人工智能技术的飞速发展,先进术语工具和翻译辅助工具的涌现,术语工作者和翻译工作者的工作内容和方式都发生了重大变化。像ICT[译者注:ICT 是信息、通信和技术三个英文单词的词头组合(Information, Communications, Technology)],它是信息技术与通信技术相融合而形成的一个新的概念和新的技术领域,这样的概念和技术领域对于人们来说并不陌生。它们已经深入人们日常工作的每一个角落,并且在不断发展着,这些技术尤其对在语言学领域和术语工作领域的专业人士们来说颇有帮助。但眼前存在的现实问题是:翻译工作者拒绝使用术语增强(terminology-enhanced)的翻译工具,而术语工作者也未跟科技日益发展的社会现状保持同步,他们仍然不知道创造新术语的信息渠道的旧有模式和多媒体性质已经过时。目前在翻译界和术语工作领域里,人们在处理专业文本时,更需要考虑多模态的运作方式,同时也更加需要关注翻译工作和术语工作所具有的认知和交际的意义。这就意味着,术语资源以知识作为导向,它们需要以这种状态进入专业翻译的日常工作里去。

4　增加术语知识库连贯性和动态性的两种方法及其未来面临的挑战

贝拉斯科博士在其文章《语义关系、动态性和术语知识库》("Semantic Relations, Dynamicity, and Terminological Knowledge Bases")里,提出了增加术语知识库连贯性和动态性的两种方法。在与 TermCoord 记者的交谈中,他回答了他们所建造的以框架术语学作为理论基础的术语知识库所面临的重要问题,以及未来发展所面临的挑战。

贝拉斯科博士认为,从框架术语学的理论角度来看,建造术语库的确对知识构建非常有用,而且它确实能对特定的知识领域进行有效的知识表示。术语库的发展方向必须是以知识资源作为基础,并且这些知识资源应该显示出更强的连贯性和动态性。要想实现上述的理论目标,一方面,这可以通过框架结构识别和表示属于某个专业领域的所有概念;另一方面,也可以通过提供更为广泛的概念关系来完成。贝拉斯科博士在此提到,术语工作者在开发此类资源时,在实践中所发现的主要问题,则是此类任务的完成不仅费用高而且时间长:因为这种工作只能在跨学科的工作团队里进行。贝拉斯科博士的团队所采取的方法是:首先,从合适的大型文本语料里提取出他们所需要的多语言语义和句法信息,以便研究里面的术语所代表的概念是如何进行相互关联的;然后,他们必须将专业词典和其他参考资料所提供的定义和上下文背景信息也包含在要构建的术语知识库里;再次,他们还需要请求该领域专家予以协助,以保证这些专业术语概念的准确性;最后,还需要计算机工程师的参与,来保证这个领域的知识表示能以一种有意义的、与术语资源相一致的方式实现,并且,能够让术语用户对特定领域的术语或者概念进行查询。

5 研究图像信息与文本之间的关系对翻译工作具有重大意义

贝拉斯科博士写有《在科技翻译教学中使用多媒体材料》("Using Multimedia Materials in the Teaching of Scientific and Technical Translation")一文,他认为,虽然人们一直把文本都看成是单模的(monomodal),即基本是语言层面上的,但实际情况并非如此。尤其自信息通信技术革命以来,人们只是在语言层面上去理解文本,这是不够的。因为信息通信技术鼓励人们在文本里使用多模态资源(multimodal resources),而不再仅仅是采用印刷的形式进行信息表示。众所周知,专业文本的翻译人员不是该专业领域的专家,翻译人员需要通过文献信息技术和提高自己的专业素养来获取某个领域的专业知识,以便能够翻译某个领域的专业概念。贝拉斯科博士认为,翻译工作者所能获得的第一个信息来源,就是他们必须翻译的文本,其中其实包括了图像,但人们常常把这些图像的作用给忽略了,尤其是当它们不在人们要翻译的文本之中时。实际上,图片、图表、草图等等,是以图像的形式为人们提供着有价值的信息,这些图像信息其实是与语言信息彼此融合、相互补充的。有时正是借助图像帮助人们破译了复杂的文本,有时文本也能提供对图像进行解释的信息。在大学的翻译教学中,多模态材料的使用在对学生进行翻译培训时,有助于提高他们在多媒体场景中对复杂的翻译问题的认识和敏感性。

在谈到没有术语工作者帮助的情况下,翻译工作者应该如何处理好翻译工作中的术语问题时,贝拉斯科博士建议,翻译工作者应该意识到提高自己的文档工作技能,因为这对解决术语问题很重要。翻译工作者不仅仅要会使用双语词典,还要会使用高质量的术语资源来进行记录。在西班牙已经有不少翻译工作者利用翻译辅助工具（CAT 工具）里的术语管理模块进行专业翻译活动。如果说翻译工作者在从事专业翻译工作时还应该注意什么，那就是他们还应该多向领域专家寻求帮助和聆听专家的建议。因为领域专家也是重要的专业信息来源，这一点经常被翻译工作者和术语工作者忽略。

6　向术语工作者和翻译工作者推荐的术语学和翻译学书籍以及对欧盟机构内部术语库的建议

在谈到术语工作者和翻译工作者应该读哪些术语学和翻译学书籍问题时，贝拉斯科博士认为，当今时代，各国学者在这两个领域里进行着大量研究，因此，泛泛地谈该读什么书目则犹如"大海捞针"。贝拉斯科博士就自己和同事们在从事西班牙术语学项目 LexiCon 时围绕其相关工作应该读的书目，提了个建议：读费伯教授撰写的《术语和专业语言的认知语言学视角》（*A Cognitive Linguistics View of Terminology and Specialized Language*）（2012），因为它为人们提供了一个了解框架术语学全貌的新的视角。贝拉斯科博士认为，这部书凝聚了在西班牙和欧盟层面上所开展的一系列术语项目的专家多年辛苦的结晶。另外，除了一些必须使用的《术语学规范手册》之外，他还推荐了一篇芬兰坦佩雷大学（University of Tampere, Finland）的学者凯托拉（Anne Ketola）女士在 2016 年写成的翻译学研究论文，题为《迈向多模态的翻译理论：一个插图技术文本的翻译认知框架》（"Towards a multimodally oriented theory of translation：A cognitive framework for the translation of illustrated technical texts"）。凯托拉女士所开展的研究项目十分有趣，她的这一篇论文详细阐述的是翻译理论，重点关注专业交流的多模态性质。在这篇论文里，她提出"处理插图技术文本的翻译人员，其实处理的是口头和视觉这两种信息，因此，他们的翻译解决方案应该从这两种不同模式的组合上去解释信息。"贝拉斯科博士认为，这篇论文给人们带来了新思路，与此相关的术语学研究可以提上日程。

在回答记者提出的对欧盟机构内部的专用术语库（IATE）的看法和建议的问题上，贝拉斯科博士表示，"欧洲的翻译工作者自 IATE 的前身 Eurodicautom 时起，就一直使用这个术语库。多年来，IATE 一直在努力扩展其内容，尽其所能地将欧盟新的官方语言包括进去"。在贝拉斯科博士看来，IATE 涵盖的领域十分广泛，翻译工作者在这个术语库里找到一个等价的语言的可能性比较大，因此，它对于大机构的翻译工作来说特别有用。IATE 的术语附有可靠性的标识，这是在其他的术语资源中人们会忽略的一点。广大翻译工作者在查找与自己翻译相关的术语时,这一标识可避免无意义的"傻卖力气"。

在谈到 IATE 的不足时,贝拉斯科博士认为,IATE 似乎缺乏稳定的基础性结构,这就导致人们把与某组概念关系毫不相关的一组术语也存放在那里。碍于 IATE 多学科的特性,这个弊端在短时间内解决不了,也不容易解决。贝拉斯科博士认为,IATE 在未来应该发展为一种以知识为基础的术语库。实际上,IATE 可以以从欧盟文件里提取的知识作为基础进行构建,其中术语跟概念的关系,在某种程度上可以通过构建术语本体的形式实现。

参考文献

[1] FABER P, et al. A Cognitive Linguistics View of Terminology and Specialized Language[M]. Berlin: de Gruyter, 2012.

[2] Interview with Terminologist Clara Inés López Rodríguez[EB/OL]. (2018 – 06 – 28)[2018 – 09 – 21]. http://termcoord. eu/2018/06/interview – with – terminologist – clara – ines – lopez – rodriguez/.

[3] Terminologist Maribel Tercedor Sánchez[EB/OL]. (2018 – 07 – 09)[2018 – 10 – 10]. http://termcoord. eu/2018/07/interview – with – terminologist – maribel – tercedor – sanchez.

[4] Interview with Terminologist Dr. Juan Antonio Prieto Velasco[EB/OL]. (2018 – 09 – 06)[2018 – 10 – 28]. http://termcoord. eu/2018/09/interview – with – terminologist – dr – juan – antonio – prieto – velasco/.

比利时术语学家凯雷曼斯博士
与术语工作实践①

邱碧华 编译

摘要: 凯雷曼斯博士在比利时布鲁塞尔自由大学语言学和文学研究系(又称艺术与哲学系)任教。因其在术语工作实践中的突出贡献,2017年10月,欧洲议会翻译总理事会术语协调部对其进行了专访,他介绍了自己对欧洲多语种术语变体的研究,尤其是对欧盟源文本和翻译中命名变体的比较性研究。他对欧盟机构间术语数据库的建设提出了积极的建议,同时谈到了当今术语在机器翻译和与软件本地化相关的应用里所发挥的作用。透过TermCoord记者与凯雷曼斯博士的交谈,人们不仅可以了解到比利时术语工作开展的情况,更能看到一个青年术语学家的成长历程。

关键词: 术语精确性和一致性的错觉,术语变体,语言内部术语变体,语际术语变体,常规(以名称学为导向)的术语库,欧盟机构间术语数据库,机器翻译或软件本地化

凯雷曼斯(Koen Kerremans)博士在比利时布鲁塞尔自由大学(Vrije Universiteit Brussel, VUB)语言学和文学研究系(又称艺术与哲学系)任教,他讲授术语学、科技翻译、应用语言学和翻译学研究等课程。[1]因其在术语工作实践中的突出贡献,2017年10月,欧洲议会翻译总理事会术语协调部(TermCoord)对其进行了专访,透过TermCoord记者与凯雷曼斯博士的交谈,人们不仅可以了解到比利时术语工作开展的情况,更能看到一个青年术语学家的成长历程。译者在此进行整理,旨在为广大读者提供了解比利时术语工作的信息。

---

① 本文主要编译自欧洲议会翻译总理事会术语协调部的采访文章,可见 http://termcoord. eu/2017/10/interview – with – koen – kerremans/。

1　成长为一名术语学专家所进行的知识积累以及应有的兴趣和热情

凯雷曼斯博士在比利时安特卫普大学(the University of Antwerp)取得了日耳曼语言学(Germanic Philology)硕士学位。在学习期间,他对语言技术领域产生了兴趣,他热切渴望能更多地了解自然语言处理(NLP)的工作机制。因此,他又选择去继续攻读由鲁汶大学(KU Leuven)、安特卫普大学、根特大学(University of Ghent)和布鲁塞尔自由大学联合培养的语言科学高级硕士学位。在这段学习期间,他学习了几门关于计算语言学、机器学习、软件编程和自然语言处理的理论课程,也参加了与之相关的实践活动。在学习过程中,他尤其对翻译技术着迷,虽然当时他能接触到的翻译技术主要跟机器翻译相关,但他还是做了与翻译技术相关的研究。当时,他很盼望毕业后能在大学里担任研究员。也许是上天的恩赐,就在他毕业不久,他的导师告诉他一个好消息:布鲁塞尔伊拉斯谟大学学院(Erasmushogeschool Brussel)应用语言学系有个工作机会——担任专业语言研究与传播中心(the Centre for Special Language Studies and Communication)[现为布鲁塞尔应用语言学研究所(the Brussels Institute for Applied Linguistics)的一部分]研究部主任的 R. 泰默尔曼(Rita Temmerman)教授,正在寻找具有编程技能的语言学专家。她的团队正在开展欧盟资助的多语种术语研究项目,旨在建造一个涉及欺诈检测和预防领域的基于本体的知识系统。在凯雷曼斯博士有幸成为泰默尔曼教授团队的一员,开始在这个项目里担任研究员以后,他开始意识到,针对术语学这门学科,他自己掌握的知识非常有限。泰默尔曼热心向他推荐有关术语学的重要书籍及其相关出版物,并向他引荐了许多该领域的杰出专家。就这样,凯雷曼斯博士开始了他在术语学领域的探索,他积极参加学术会议并就其术语学研究开始撰写文章,他的研究兴趣也逐渐集中在翻译术语和翻译技术上。日前,布鲁塞尔伊拉斯谟大学学院应用语言学系已经是布鲁塞尔自由大学的一部分。作为一名大学副教授,凯雷曼斯博士热衷于跟听他讲授翻译和口译硕士课程的学生们分享他对术语学、翻译学等的研究。

2　侧重于欧洲多语种术语变体的研究以及对欧盟机构间术语数据库的建议

凯雷曼斯博士在其博士阶段,主要研究的是专业语料库里语言之间存在的术语变体(即:指代专业概念的不同语言形式)。他将研究工作集中在与环境问题相关的欧盟文本上。其论文的主要论点是:语言间变体的选择以及这些变体在目标文本里的不同翻译等价物(语际变体),是由几个语境因素决定的(他在论文中对此进行了详细阐述)。凯雷曼斯博士认为,对于翻译工作者来说,进行术语翻译时,需要知道这些不同语言选项的存在,并需要了解在哪些情境背景下才有可能使用这些选项,这一点相当重要。

为了达到上述目的,翻译工作者可以通过查阅多种类型的结构化双语或多语言资源来实现,例如双语或多语言词汇表、专业词典、术语数据库等等。当然,这些结构化资源永远也无法完全涵盖出现在专业文本里的丰富语言变体。在专业语料库里,当人们面对源语言术语的众多翻译等价物时,光是查阅上述资源仍然是解决不了问题的。凯雷曼斯博士为了说明这些论点,他将以语料库为基础进行比较分析得出的数据,与从欧盟机构间术语数据库(IATE)里提取的术语记录(用于选择概念)的数据进行了比较。这个过程非常耗时、耗力,因为在凯雷曼斯博士进行相关研究时,人们还无法以 TermBase eXchange(TBX)格式下载 IATE,因此,只能依据自己从做研究用的语料库里提取出来的术语,手动在 IATE 里查找相关的术语记录,并逐个把它们作为单独的 html 文件保存下来。令人欣慰的是,这种折磨人的工作任务已经变得多余,IATE 中的资源现在已经可以下载供人们使用,它现在更能为人们的研究和翻译工作提供方便。

欧盟机构间术语数据库是在 2000 年初启动的,它是欧盟机构翻译中心(the Translation Centre for the Bodies of the EU,CdT)与其他欧盟翻译服务机构之间成功合作的产物。此项目旨在将欧盟内部的术语活动加以集中,以减少或者消除重复性的工作。在 IATE 项目启动之前,不同的欧盟机构都各自管理着自己的术语库。IATE 项目启动之后,这些术语库里的数据被合并到 IATE 里,这就解释了为什么直到今天 IATE 数据库里仍然包含着许多重叠的条目。凯雷曼斯博士在研究期间观察到了这个重要现象,与此同时,他自己对不同欧盟机构里的翻译工作者或者术语师们所创建的术语条目进行了比较,并对其差异性进行了更为详细的研究。为了研究多种语言之间存在的术语变体,凯雷曼斯博士在自己的研究中把 IATE 里这些重叠的术语条目包含了进去。他猜测,如果从术语库潜在的终端用户(譬如翻译工作者)的角度来看,这些重叠的条目在某种情况下对术语进行选择时可能会产生混淆。

3 对欧盟机构间术语数据库中术语变体表示方法的研究

凯雷曼斯博士对欧洲多语种术语变体(在将英语环境里的术语翻译成荷兰语和

法语的情况下)的研究表明,他可以对欧洲文本平行语料库里的术语进行语内和语际变体检查。TermCoord 的记者请其对欧盟机构间术语数据库里术语变体表示的优劣做一下评价。凯雷曼斯博士认为,IATE 数据库是以传统术语学"名称学"(ono-masiologically-structured)作为理论基础而构建成的,这就意味着它由以概念为导向的术语记录组成,旨在对专业概念进行定义或者描述。依照传统术语学理念,在理想情况下,每个概念只应该对应一个术语记录,与这个概念有关的信息是与语言无关的。[2]但是,鉴于现在的 IATE 主要是用作协调欧盟内部的概念系统及其相应术语的一种工具,它面向广大用户开放,因此,用户在使用 IATE 时可以发现,欧盟不同的机构或者欧盟成员国在不同领域和不同语言信息里,对同一概念的理解存在着差异,由此也就出现了出于偏好或者执行不同的术语规范而在不同语言里引起术语变体的现象。所有这些现实信息,都是相关术语学家验证过了的。实践证明,对于任何旨在获取或者对比欧盟内部相关专业领域里使用的专业概念和术语知识的用户来说,这些信息都具有重要价值。

IATE 提供了几种对不同语言里的不同类型的术语变体进行构建或者表示的方法。总体而言,它可以简单列出可能的形式并在信息字段之间进行区分,如"术语"和"查找形式"字段(提供有关每个变体上下文使用的额外信息),又如"注释"、"语言用法"和"区域用法"字段,再如"语法信息"或者"可靠性"字段(提供针对不同变体的附加功能)。凯雷曼斯博士在超过 1000 条 IATE 术语记录的选择里对如何表示术语变体进行了研究,他观察到不同类型的术语变体(例如形态变体、句法变体等)被添加到术语记录里的方式有着较大的差异。这些差异的产生显然是由于术语库里的术语条目都是由在不同机构里工作的人们手动创建的(不同的人自然会对应该采用哪些类型的术语变体,以及应该将这些变体添加到哪些字段持有不同的意见)。

在 IATE 里,人们还可以发现,由于 IATE 数据库采用的是以概念作为导向的结构——每一个术语记录里都列出了几种语言的术语变体,这些术语变体在一定意义上指的是相同的概念,它们是概念的直接等价物(或者认知等价物)。因此,这种类型的数据库结构不会为翻译工作者提供任何针对特定源语言术语(除了目标语言里直接的等价术语外)的潜在的翻译建议。凯雷曼斯博士认为,从术语数据库的角度来看,这是 IATE 的一个弊端。因为实际上,根据上下文的不同,翻译工作者可能用目标语言中与概念相关的术语来翻译源语言术语(一个目标语言里的术语并不直接等价于源语言里的某个术语)。凯雷曼斯博士举了一个他在自己的语料库里遇到的例子:在欧盟委员会的一份工作文件中,英语术语"空气污染"在法语中被翻译为

qualité de l'air（空气质量），或者在欧洲经济和社会委员会（the European Economic and Social Committee）的一份意见中，英语术语"生物入侵"在荷兰语中被翻译为 IS ［Invasieve Soorten（入侵物种）的缩写形式］。实践表明，在以传统术语学（以"名称学"作为基石）为理论基础构建的术语数据库里，除了在目标语言相同的术语记录里出现直接的等价物之外，人们很难将源语言里的术语与特定目标语言里的潜在翻译联系起来。

4 建议在图形（graphs）里显示语内变体和语际变体，以更灵活和动态的方式显示数据

凯雷曼斯博士在其已经出版的《术语变体的多重视角》（*Multiple Perspectives on Terminological Variation*）［由本杰明出版公司（John Benjamins Publishing Company）出版］一书的第一章里，提出了一种新的以动态可视化图形的形式表达术语及其翻译等价物的多语种术语资源。人们可以借助一个思维导图来理解它，其中术语相互关联。研究表明，这可以对不同领域的学习起促进作用。由于现代科技的不断创新，图形可视化这种知识表示形式，也越来越多地应用于词典和术语资源的可视化数据中。一个较为突出的例子就是西班牙的"环境科学多语言术语知识库"（EcoLexicon）。EcoLexicon 是由西班牙格拉纳达大学（the University of Granada）LexiCon 研究小组开发的处理环境科学领域概念的多语言术语知识库。

在凯雷曼斯博士提出的图形可视化理念里，网络中的链接表示语言内部变体和语际变体的各种关系。这些链接源自"基于术语的翻译单元"（term-based translation units），这些翻译单元是从专业翻译（或者平行）语料库里提取的。计算语言学家已经制定了几种自动化方法，用以自动提取同一种语言甚至多种语言中的术语变体。例如，基于模式的系统（Pattern-based systems）能够以一组语言标记或者模式为基础识别语言内部的变量，譬如一种模式"[X]也称为[Y]"，其中 X 和 Y 是变量，借助统计学方法，就能够根据 X 和 Y 同时出现的次数来识别语言内部（在同一文本里）和语际变体（在源文本及其翻译里）的模式（或者为了识别语内变体的模式，或者为了确定语际变体的模式）。凯雷曼斯博士虽然在此言简意赅，但实质上，这些方法或者工具可以帮助人们以（大规模的）多语言语料库作为基础，开发出以术语作为基础的翻译单元资源。

每一个基于术语的翻译单元都是由源语言术语及其翻译组成，并且具有源语言术语所指概念的附加元数据（metadata），以及把它从中提取出来的文本信息（譬如作

者、文本类型或者寄存器）。这个"元信息"（meta-information）在凯雷曼斯博士的这套理念里非常重要，因为它让思维导图具有了"动态的"活力。如果想以更高级的方式对思维导图里的信息进行搜索或者过滤，元数据则必不可少。举例而言，术语用户可能想查看语料库里、特定子寄存器（sub-register）里和出现在特定源文本里的术语变体，他们根据背景参数，放大或者缩小思维导图里的某些区域。换句话说，改变语境条件会导致语言内部和语际变体网络布局的直接变化。

5 《术语精确性和一致性的错觉：对欧盟术语和翻译实践的深入研究》——对欧盟源文本和翻译中命名变体的比较研究

凯雷曼斯博士在 2012 年向在拉脱维亚首都里加（Riga）举办的名为"翻译中的意义：精确的错觉"（Meaning in translation：illusion of precision）的国际会议递交了一篇题为《术语精确性和一致性的错觉：对欧盟术语和翻译实践的深入研究》（"Illusion of terminological precision and consistency：a closer look at EU terminology and translation practices"）的文章。他在文章中指出：在当今欧盟翻译实践的背景下，人们已经难以遵守传统术语学旧有的精确性和一致性的原则。多年来，在欧盟层面上，人们在术语精确性和一致性方面做出了许多努力，尤其是在欧盟法律起草方面。譬如，欧盟关于术语使用的指导原则起草了《欧盟立法人员的联合实用指南》（the Joint Practical Guide for Persons involved in the drafting of EU legislation）[3]。经过对欧盟源文本及其翻译的比较研究，凯雷曼斯博士发现：尽管欧盟做了这些努力，但术语变体却是欧盟文本中的一种普遍现象。之所以产生这些术语变体，则可以通过不同的角度来解释。譬如，强调术语认知维度的研究表明，一门学科的知识不是由具有明确界限的概念构建的，而是由"理解单元"（units of understanding）构建的［泰默尔曼教授在其术语学专著《走向术语描述的新方法：社会认知方法》（*Towards New Ways of Terminology Description：The Sociocognitive-Approach*）[4]里有详细的论述］。从这个角度来看，同一个写作者可能会在一篇文本里引入多个（受认知激发的）术语变体，用以强调同一个理解单元的不同特征。而术语交际方面的研究表明，术语变体也可能是持不同交际意图的文本写作者因其写作风格或者写作目的的不同而产生的。在此可以假定，如果跟政策性文件或者一般的建议性文章相比，描述这种现象的学术文章里使用的术语可能更为"中性"（neutral），譬如：针对"生物多样性破坏"（biodiversity destruction）这种现象，学术文章里可能就使用 biodiversity reduction 或者 biodiversity loss 这样的"中性术语"（neutral terms）。凯雷曼斯博士对欧盟文本的比较研究得出的观察结果是:(英文)源文本里的术语变体模式往往反映在目标文本中(也就是说,源文本里的术语变体倾向于直接翻译出来),但是,由于不同的翻译人员需要考虑的语境参数不同,因而翻译中就会遇到更多的语际变体。

凯雷曼斯博士认为,正如他在前面解释过的,利用以语料库为基础分析获得的语言内部变体和语际变体,可以开发出一种新型的翻译资源,这种资源不是传统的术语数据库或者翻译记忆库。在此资源基础上,人们就能够向翻译人员说明,哪些典型的术语变体可以用于指代特定寄存器(register)里的特定理解单元,以及如何在目标语言里呈现这些变体。

6　当前在与机器翻译或者软件本地化相关的应用里术语所发挥的作用

凯雷曼斯博士介绍说,术语使用的正确性和一致性,一直是评估本地化产品质量和翻译软件产品质量的重要参数。他认为,随着这些新产品和相关技术的出现,术语和术语数据库的作用依旧巨大。虽然术语数据库的建设和维护可能是一个非常耗时的过程,但是,这在任何软件本地化项目里都是必不可少的。这不仅是因为同一种产品需要多次发布它的新版本说明,而且也是因为在软件手册或帮助文件里需要出现同样的术语,在与软件产品相关的营销材料(例如公司的网页)里,术语的使用也需要保持一致性。这就需要有一个术语数据库,从而可以确保所有这些本地化产品在术语上是一致的。在软件本地化项目里,在与人工翻译相关的工作中,术语数据库则是用于加速翻译过程,同时也用于翻译咨询服务。虽然上述术语库的目标在过去跟机器翻译项目的关系不大(因为以前主要是基于知识的机器翻译系统,它们在很大程度上依赖高质量的词典,并借助语法的可用性来产生高质量的输出),但是,现在新的机器翻译系统能够在大规模的(专业)语料库的基础上学习翻译模式,这就意味着,术语数据库更有可能被用作(翻译后)质量评估的来源,而不是在翻译过程中术语使用的来源。

7　介绍布鲁塞尔应用语言学研究所的术语学研究项目

凯雷曼斯博士所在的术语学研究小组属于布鲁塞尔自由大学语言学和文学研究系,他们主要从事翻译、口译和外语习得领域的研究。在翻译和口译研究领域,一项重要的研究就是涉及多语种术语、专业语言和专业交流问题。关于这一系列研究,他们目前参与了 Termraad 学院项目(Termraad Academy project),这个项目是欧盟委员会(the European Commission，EC)翻译总司荷兰语部和欧洲理事会(the Europe-an Council)共同合作的结果,这个项目包括开设与佛兰德语、荷兰语相关的课程。此项目的目的是通过在欧盟重要领域内开展术语工作研究,进一步丰富 IATE 数据库。每年在学年开始时更新主题列表。这个项目的好处还在于,它通过短期培训或者撰写硕士论文的方式进行术语研究,让学生参与 IATE 数据库的维护和更新工作。

8　对术语学发展的未来展望

凯雷曼斯博士谦虚地表示,他很难回答关于一个学科未来发展的走向问题。但他认为,人们首先应该在作为一门理论学科的术语学和作为一门实践的术语学之间做个区分,这一点很重要。在把术语学作为一门理论学科时,人们则可以通过探索性的研究,探讨和解释术语不同方面的运用或者与术语相关的典型现象(如隐喻、新词或者变体),以拓宽人们对术语(及其特征和功能)的理解。而在把术语学作为一门以实践为导向的学科时,术语学所研究的内容,则涉及了对特定领域词汇的搜索、创建、组织和管理。无论人们是采用规定性的还是描述性的术语工作方法,这种研究通常都会产生术语产品(譬如术语数据库或者专业词典)。

长久以来,术语学研究主要是从规定性的角度进行的,这种理念认为,术语应该明确界定概念。而共同发展起来的描述性术语方法,则促成了人们对术语和概念之间关系持更加务实的观点,这些观点大大启发了人们从多种角度(例如从社会、交流、认知、文化等)研究术语问题的可能性。这些从描述性方法产生出来的术语学理论导向来自人们的实践工作经验,技术在其中发挥了重大作用。人们可以预见,作为一门学科的术语学理论将会随着科学技术的进步而发展,举例而言,现在人们用于研究新词或术语变体等现象的研究方法正在改进,这得益于这样的事实:愈来愈多(多种语言)的语言数据变得可用且更易于处理,其中当然包括大数据分析技术或者数据可视化技术。这些新技术的发展必然会对作为一门以实践为导向的术语学产生巨大的影响。譬如,术语云服务支持以协作方式创建术语数据库;关联数据技术有助于在结合现有数据库的基础上自动创建新的术语数据库;等等。

凯雷曼斯博士深信,在不久的将来,"智能"技术将在创建术语数据库时接管一些任务,譬如为新概念创建定义。凯雷曼斯博士预计,也许他们的研究小组会在不久的将来,能够见证到"后期编辑"这一术语含义的延伸,他相信,以实践为导向的术语学能够把他的一部分梦想变为现实。

参考文献

［1］Interview with Koen Kerremans［EB/OL］.（2017 - 10 - 02）［2017 - 12 - 21］. http：//termcoord. eu/2017/10/interview - with - koen - kerremans/.

［2］欧根·维斯特.普通术语学和术语词典编纂导论：第三版［M］.邱碧华,译.北京：商务印书馆,2011.

［3］Joint Practical Guide of the European Parliament, the Council and the Commission for persons involved in the drafting of European Union legislation［EB/OL］.（2015 - 09 - 01）［2018 - 09 - 10］. http：//eur - lex. europa. eu/content/techleg/EN - legislative - drafting - guide. pdf.

［4］TEMMERMAN R. Towards New Ways of Terminology Description：The Sociocognitive -Approach［M］. John Benjamins Publishing Company,2001.

波兰术语学家及其术语工作实践①

邱碧华 编译

摘要：比尔教授是波兰《专业翻译杂志》的副主编和欧洲翻译研究学会秘书长。她在波兰华沙大学应用语言学学院任教，讲授英语－波兰语法律和商务翻译。她的研究兴趣主要涉及法律翻译、翻译培训和语料库语言学。在上述领域里她发表了近50篇论文。2014年出版的专著《迷失在 Eurofog 里：法律翻译的文本契合》更是颇具社会影响力。费德尔博士是欧洲议会波兰语翻译部负责人，长期承担欧洲议会的波兰语翻译工作。欧洲议会术语协调部于2015年和2017年，分别采访了上述两位波兰术语学家。

关键词：欧盟法律翻译，法律术语体系的约束性，术语协调，欧盟概念体系，欧盟 IATE 术语库，欧盟波兰术语的标准化

比尔(Łucja Biel)教授在波兰华沙大学应用语言学学院(the Institute of Applied Linguistics, University of Warsaw)任教，同时担任《专业翻译杂志》(*Journal of Specialised Translation*, *JoSTrans*)的副主编和欧洲翻译研究学会(the European Society for Translation Studies)秘书长。自1997年以来，她一直讲授英语－波兰语法律和商务翻译。她的研究兴趣主要涉及法律翻译、翻译培训和语料库语言学。在这些领域里她发表了近50篇论文。2014年出版的专著《迷失在 Eurofog 里：法律翻译的文本契合》(*Lost in the Eurofog: The Textual Fit of Translated Law*)更是引起社会反响。[1]费德尔(Marcin Feder)博士自2003年起便担任欧洲议会口译员，2012年，他担任欧洲议会波兰语翻译部的负责人。[2]2015年和2017年，欧洲议会术语协调部(TermCoord)分别对这两位波兰术语学家进行了专访。译者将这些专访的主要内容进行了整理归

---

① 本文主要编译自欧洲议会翻译总理事会术语协调部的采访文章，可见 http://termcoord.eu/2017/09/interview－with－lucja－biel/ 和 http://termcoord.eu/2015/07/interview－with－marcin－feder/。

纳,形成以下几点,为渴望了解当今波兰术语学理论和实践发展情况的读者提供一些线索。

1 波兰这个国家在大学层面开设术语学课程的情况

波兰是一个在翻译学和术语学领域堪称充满活力的国家。在波兰的许多大学里,翻译研究和培训工作正在蓬勃开展。据比尔教授介绍,在波兰的大学里,术语学很少作为一个独立的学科进行教学,而是倾向于将术语学教学与翻译研讨会相结合。华沙大学应用语言学学院(它是波兰最为古老,也是规模最大的翻译培训学院)的学者们认为,术语学知识的传授、术语学研究和术语管理,是培养学生翻译技能的基础。因此,在为学生设置翻译模块、计算机辅助工具(CAT)课程以及让学生参与的基于项目的学习过程里,该学院设置了术语学培训的内容。他们还为不同类型的翻译内容(法律、金融、商业、政治、科技等等)提供单独的教学模块。先从术语学概论入手,再到一个特定领域的分支(譬如法律的特定分支——合同法、公司法、刑法等)的关键术语及其概念系统的介绍;最后在教学的后期阶段,还安排具有术语协调内容的更高级的项目实习。学者们一直反映:这种教学方法是非常行之有效的,因为它培养了学生的一系列技能,同时也大大激发了学生(尤其是口译学生)对术语学理论和实践工作的兴趣。相当多的学生决定根据术语项目撰写硕士论文。

2 比尔教授对欧盟机构间术语库的评价,以及对术语管理与专业翻译之间关系的探讨

谈到欧盟机构间术语库(IATE),比尔教授表示:在她的翻译实践、翻译培训和研究过程中,她常常出于多种原因使用它。她个人认为,它是欧盟机构在术语学实践方面的重大成就。自 IATE 术语库向公众开放以来,它的质量得到了显著提高。在可靠资源严重不足的情况下,IATE 为波兰华沙大学应用语言学学院翻译教学和工作实践提供了可靠和有用的波兰语术语资源。IATE 的关键功能之一,是它对术语等价物的评估标有含可靠性等级的标签,譬如"首选""承认""弃用""过时"。在教学实践中,比尔教授发现,这些提示有效地培养了学生对术语等价物可拓展性的意识。IATE 的另一个核心功能是:它的一个完整条目包含了术语等价物的来源以及术语使用的上下文语境。比尔教授举了一个有关"气候变化"(climate change)的例子:在 IATE 里,有两个波兰语术语等价物都具有可靠性——一个是单数形式的 zmiana klimatu,另一个是复数形式的 zmiany klimatu。如果用户完全进入到这个条目里就会发

现：前者是波兰气象和水利管理研究院（the Polish Institute of Meteorology and Water Management）的专家们推荐和确定的，但这个波兰语术语等价物是有争议的，尤其是波兰环境部（the Polish Ministry of Environment）对此持有异议。比尔教授认为，这些信息十分吸引人，因为它们反映了术语的真实本性——术语的用法具有可变性（术语的用法可能在不同的专家组之间有所不同）。IATE 还具有一个重要功能：在一个完整的条目里，含有术语层级关系（hierarchical term relations）的信息提供了外延较宽泛的术语（上位术语）（broader terms, hypernyms）、外延较窄的术语（下位术语）（narrower terms, hyponyms）以及其他相关术语的信息。这些信息有助于人们把一个给定的术语看成是概念系统的一部分。这正如英国术语学家赛杰（Juan C. Sager）教授指出的，当我们知道某个概念在概念网络里的确切位置时，我们就完全理解了这个概念。[3]

　　在谈到术语管理与专业翻译之间的关系问题时，比尔教授认为二者间的关系十分密切。通过实现术语管理，翻译工作者可以节省大量时间。尤为重要的，则是可以确保文档之间术语使用的一致性和连续性。不仅大型翻译项目需要翻译工作者在术语协调方面下一番功夫，就是个体化的翻译工作也离不开对术语的管理，因为这样可以确保常规客户之间术语使用的一致性。就法律术语而言，与其他专业领域相比，它是比较特殊的，无论是在不同语言之间，还是在不同的法律体系之间，法律术语的普遍适用性都很小。由于法律术语受法律体系制约[4]，在两个法律体系之间的术语完全等同的现象实属罕见，因而，翻译工作者必须在法律知识体系之间进行协调。这种协调又不总是可以预测的，它可以是富有创造性的。人们需要注意的是，法律术语可能存在同义词（存在着因地区、写作风格等等引起的术语变体），因此，翻译人员就需要对客户的具体偏好进行跟踪。例如，将波兰语 SA[spółka akcyjna （股份制公司）的缩写形式]这种公司类别翻译成英语时，有的客户可能喜欢翻译成 joint-stock company，而有的客户则可能更喜欢翻译成英国式的 public company limited by shares，或者是欧盟采纳的 public limited liability company，或者是美国式的 publicly-held corporation。当法律翻译工作者将术语翻译成英文时，敏感问题会突显出来，这时尤其需要术语管理。因为这涉及几个法律体系，因此也就受到法律术语领域差异程度的制约。费德尔博士也对上述观点完全赞同。

3　比尔教授介绍《专业翻译杂志》以及专业翻译与术语学研究的关系

　　比尔教授于 2011 年开始担任《专业翻译杂志》的副主编，因而她介绍了这部杂志的情况。《专业翻译杂志》是 2004 年由一群充满激情的学者创建的,它是波兰第一部致力于专业翻译(非文学翻译)的期刊。从这部杂志发行伊始,它就面向广大公众免费开放,以便向公众进行知识传播和提供知识共享。这部杂志主要发表有关专业翻译和术语学理论及其实践方面的论文,并开展翻译培训。这部杂志的亮点是:它提供对学者和实践家的在线访谈。此杂志每年发布两期,其中有一期围绕专门性主题进行编排,并邀请客座教授进行编辑。譬如 2012 年 7 月的第 18 期术语学特刊,就是由著名术语学专家罗杰斯教授(Margaret Rogers)编辑的。术语工作是专业翻译的核心内容之一。因此,术语学研究也一直是《专业翻译杂志》的重要工作。到 2017 年末,这部杂志有 28 期都发表过有关术语学方面的论文。编辑委员会每年在伦敦举行两次会议,讨论杂志的出版政策,探索未来可能面临的各种问题,商讨技术问题并规划进一步的发展,并与专业领域里的学者们保持密切合作,力求让杂志处于学科最前沿。

在谈到自己在法律领域和欧盟翻译领域所发表的一系列论文时,比尔教授介绍说,自己是从认知语言学家发展成为从事法律和欧盟翻译工作的翻译学者的。她个人认为,如果从学术角度来看待欧盟的翻译工作,是特别有意思的。因为鉴于政治、语言和法律因素之间的各种关系(错综复杂且相互作用),造成欧盟翻译工作也极其复杂。研究和探讨其背后的形成过程,则是非常有趣的。

法律术语是法律翻译的核心。比尔教授认为,法律术语是法律知识的单位和法律领域知识结构的切入点。因此,当人们想探讨法律翻译中的等价关系时,术语就起到了关键作用。比尔教授的主要研究领域是欧盟法律翻译。在其欧盟法律翻译的工作实践中,比尔教授体会到:术语翻译及其管理是相当具有挑战性的。一方面,欧盟法律采用其独有的超国家概念体系。另一方面,欧盟概念体系与欧盟各国自己的概念网络又不可能是明确分离的。欧盟各国之间法律体系相互依赖,彼此相互作用且呈现出波动性和持续性——这就是所谓的“概念渗透”(conceptual osmosis)。这种错综复杂的状况,使得欧盟层面的术语显得十分有趣,但在术语管理和翻译的方法上也就相对复杂些。比尔教授也从事欧盟机构之间具体的翻译协调工作,她主要对波兰加入欧盟前波兰政府的翻译工作和波兰加入欧盟后欧盟机构中的波兰语翻译工作进行协调。这种协调性工作,必然要对欧盟波兰语术语的演变、稳定化和标准化情况进行研究。

比尔教授在 2014 年出版了法律翻译专著《迷失在 Eurofog 里:法律翻译的文本契合》(*Lost in the Eurofog: The Textual Fit of Translated Law*)[5],探讨欧盟法律翻译问题

及其对波兰语法律术语的影响。比尔教授对什么是 Eurofog，以及波兰语和其他欧洲国家的语言及其术语如何受到欧盟翻译的影响等问题，也进行了回答。比尔教授介绍说，欧盟文本是在 24 种官方语言的多语言环境里形成的，这就意味着多种语言之间需要不断转换和融合。因此，欧盟开发了一种称为 Eurolect 的特定混合语言用于文本制作。Eurofog 是一种比喻的说法，是新闻界给 Eurolect 起的绰号，旨在说明，欧盟的这种特定的混合语言是欧盟各国法律用语的变体，它是在欧盟程序化语言的强烈影响下，经翻译媒介传播后产生的结果。比尔教授的研究主要探讨两个主题：(1) 文本契合(textual fit)，即研究欧盟法律语言与波兰本国的法律语言的差异；(2) 波兰语的欧洲化，也就是上述的这种差异与波兰加入欧盟后在其国家层面上法律语言的变化有何关系。通过使用语料库对相关数据进行提取，比尔教授发现：Eurolect 里的波兰语文本在多种层面上存在着不同情况的文本契合现象，譬如句子长度、进行法律推理的心理模式(条件)和道义情态(deontic modality)等。在波兰语欧洲化方面，比尔教授对波兰加入欧盟前后的法律语料库进行了比较，发现波兰本国的法律语言在文本结构和语法模式方面受到的影响相对较小，但在法律术语方面受到的影响则较大，尤其在新词方面。比尔教授的这项研究逐渐扩展成一个规模更大的团队项目——波兰语 Eurolect 项目(The Polish Eurolect Project)，该项目在"波兰语 eurolect" (the Polish eurolect)形成的各个阶段上，对其法律术语进行分析。该项目计划在 2018 年底完成。

4　费德尔博士谈对欧盟 IATE 术语库的看法以及对该术语库中波兰语术语的研究

IATE(Inter-Active Terminology for Europe)是欧盟机构内部专用术语库，它于 2004 年投入使用并对公众开放。费德尔博士介绍说，在他成为波兰语翻译部的负责人之前，他曾经担任波兰语翻译部的术语协调员，他个人经常使用 IATE 来完成自己的翻译工作，他本人是使用 IATE 这种可靠的术语工具和术语资源的实践家。他的一些同事也经常使用这个大型术语库。依费德尔博士的观点，IATE 术语库里的波兰语条目非常可靠，且事先经过较深入的研究。费德尔博士还是欧盟机构间波兰语术语小组的成员，该小组成员由来自所有欧盟机构的语言服务人员组成，他们每年举行两次会议，并将其大部分会议时间用于术语协调。实践证明，这种欧盟机构之间的合作不仅独特而且相当有效率，时至今日，费德尔博士依旧会尽可能挤出时间去参加这些会议。

欧洲议会术语协调部（TermCoord）每年接收不少术语学方面的实习生，并为其提供感兴趣的术语项目。TermCoord 记者向费德尔博士问道，能否给这些年轻人提供一些建议，让他们意识到，需要在波兰语的哪些领域里加强术语学研究。费德尔博士认为，至少在他看来应该是经济学领域。因为经济学是目前最令人头疼，但同时又是最受人们欢迎的学科之一。因此，费德尔博士主张，为了确保构建好这个复杂领域的知识体系，他们这些波兰语术语工作者的确需要打好扎实的术语学理论基础，以求为人们提供正确可靠的波兰语术语。

5　费德尔博士谈《新哥斯基础词典》的获奖感受以及担任欧洲议会波兰语翻译部负责人一职所面临的机遇和挑战

21 世纪伊始，费德尔所在的波兰团队集体编纂了《新哥斯基础词典》（*New Kosci-uszko Foundation Dictionary*），他本人也因此被波兰政府授予"国家教育和体育部长奖"（the Minister of National Education and Sport prize）。目前，费德尔依然为他的这项工作以及整个团队取得的成就感到自豪。这部词典编纂项目始于 1999 年，那时还处于没有宽带的时代。费德尔的办公桌前及其周围，堆满了成堆的字典和其他参考资料。一切工作全靠在书海里浸泡和进行人工记录，或者通过电话拨号连接互联网，花时间在互联网上寻找答案。与此同时，费德尔也向各个领域的专家进行咨询。当时碍于工作条件的简陋，所有这些工作都非常耗时、耗力，但费德尔乐在其中。此后，年轻的费德尔作为一名富布赖特少年学者（Junior Fulbright Scholar），远赴美国攻读博士学位。等他学成归来，他又被重新邀请成为这部词典编纂团队的一员，继续参与第二部波兰语－英语双语词典的编纂和审核工作。

自 2012 年起，费德尔博士就担任欧洲议会波兰语翻译部的负责人。在谈到他在这一岗位上所面临的机遇和挑战时，费德尔博士表示，语言部门的负责人首先仍然是一名翻译工作者，其次才负责其部门的日常行政管理（如人力资源管理）工作。作为部门负责人，费德尔博士注重给自己的同事提供更多的专业发展机会，为他们提供参加语言课程和其他一些技能课程的机会，以壮大自己团队的实力，使其能更好地完成自己肩负的使命。费德尔博士还鼓励自己的团队成员参与拟定各种各样的计划方案，尽其所能帮助他们将学来的知识技能在具体实践中派上用场，例如为他们提供辅助教学（虚拟课堂）或者内部培训，组织内部培训研讨会，开展点对点的交流（peer-to-peer exchanges），并提供点对点的信息反馈。费德尔博士领导的团队也一直在筹划着更多可以实施的项目。谈到他们今天所面临的主要挑战，依费德尔博士的观点,乃是由于欧盟《里斯本条约》(the Treaty of Lisbon)的通过,使得欧盟各级会议的翻译技术的能力增强,翻译的速度变快(譬如,虽然每分钟约 120 个字的速度对于口译来说是最佳的,但费德尔博士及其同事经常尝试突破这个极限)。除了接受委员会交给的常规的团体性翻译工作外,费德尔博士的团队还经常接到许多需要进行"一对一"翻译的任务,此外,他们还接受特别活动和小型会议所需要的翻译任务等。因此翻译工作量很大,为了适应这种挑战,他们尽可能均匀分散这些任务。

6 费德尔博士谈如何成为一名优秀的翻译工作者,兼谈对未来为术语翻译工作提供关键性支撑的计算机辅助翻译工具的展望

费德尔博士的博士论文涉及计算机辅助翻译工具(CAT)的内容,在其中他提出了对这种工具进行评估的方法和建议。费德尔博士一直对计算机辅助翻译工具持乐观的态度,他认为,计算机辅助翻译工具是一种人工智能的优秀"附加装置"。它们虽然保证了人工翻译工作的一致性和高质量,但是它们终归是一种为人类提供帮助的辅助性工具。因此,在翻译工作中,人为因素依然至关重要。目前,费德尔博士仍旧尽其所能地去跟踪计算机辅助翻译工具领域的最新发展。

费德尔博士自 2003 年起就在欧洲议会担任口译翻译工作,与此同时,他还在波兰波兹南市的亚当·密茨凯维奇大学(Adam Mickiewicz University)任教。当谈到他是如何在翻译领域取得成功的话题时,费德尔博士谦虚地说,他希望自己是相对成功的,但他自己不能评判,这种评判应该留给他的同事、上级、学生和客户们去做。他个人能做的就是努力工作,此外别无其他诀窍。在他参与的众多项目中,他更享受承担"同声传译"的工作。当为母语不是英语的用户进行英语口译时,费德尔博士觉得这是一种快乐的工作挑战。因为无论这位用户和费德尔博士本人的英语多么流利,英语对他们而言都是一门外语。费德尔博士认为,这对他自己来说就意味着,他永远无法做到像母语那样轻松、准确、清晰地表达自己的思想。费德尔博士认为,在多语翻译实践中,有时看上去使用通用语(lingua franca)进行交流似乎更快、更方便一些,但与此同时,这也意味着对人们传达信息的能力施加了某些限制。这种"两难境地"使得口译工作者的翻译任务变得非常复杂。费德尔博士堪称一位卓越的口译翻译家,他可以连续不断地将英语翻译成波兰语,又从波兰语翻译成英语,同时又能把瑞典语翻译成波兰语。因此,TermCoord 的记者请他对想从事翻译工作的年轻人提出一些建议。记者提到,当前在波兰的大学里,学生最喜欢学习的语言是挪威

语。因此,记者询问费德尔博士,他会建议波兰年轻人选择学习什么外语。是选择学习像挪威语这样富有"异国情调"的语言,还是建议他们继续学习全球通用的语言(英语)。对此,费德尔博士的回答是:如果就欧洲议会的需求而论,最受欢迎的语言是六大语言——英语、德语、法语、意大利语、西班牙语和波兰语。但这并不意味着,如果一个人学习了这六门外语,他就会立刻在口译领域里取得成功。一个年轻人日后能否成为一名优秀的口译工作者,还受许多其他因素的制约。根据费德尔博士的个人经验及其在各种考试评审团里担任过评委的人生经历,他认为:要成为一名成功的翻译工作者,需要执着奋进、坚韧不拔的精神。因为这条人生道路通常相当漫长而且曲折艰辛。如果一个人成熟(这不在于年龄),他就能够处理好自己遇到的困难和压力。另外值得一提的是,尽管大多数的口译工作者都是语言学出身,但在某一个具体专业领域里取得正式学位,具备某个专业领域的精深知识,则是成为一名优秀口译工作者不可多得的重要资产。

参考文献

[1] Interview with Łucja Biel[EB/OL]. (2017 – 09 – 18)[2018 – 10 – 22]. http://termcoord. eu/2017/09/interview – with – lucja – biel/.

[2] Interview with Marcin Feder[EB/OL]. (2015 – 07 – 28)[2018 – 10 – 10]. http://termcoord. eu/2015/07/interview – with – marcin – feder/.

[3] SAGER JUAN C. A Practical Course in Terminology Processing[M]. John Benjamins Publishing Company,1990.

[4] Joint Practical Guide of the European Parliament, the Council and the Commission for persons involved in the drafting of European Union legislation[EB/OL]. (2015 – 09 – 01)[2018 – 09 – 10]. http://eur – lex. europa. eu/content/techleg/EN – legislative – drafting – guide. pdf.

[5] ŁUCJA BIEL. Lost in the Eurofog:The Textual Fit of Translated Law[M]. Peter Lang AG, 2014.

意大利术语学家及其术语工作实践
——兼谈微软公司的术语本地化管理工作①

邱碧华 编译

摘要:斯卡尔帕女士是意大利的里雅斯特大学法律语言口译、英语语言笔译和翻译学教授。她在专业翻译领域成果卓著(其《专业翻译》一书,已经在发行第二版)。斯卡尔帕教授特别关注法律翻译、IT 专业领域的语料库翻译研究,以及涉及移民、医学和法律的翻译研究。20 世纪 80 年代末,她被美国微软公司聘为意大利语言学专家。卡尔博兰特女士则是微软公司语言精英团队的意大利资深术语学家。自20 世纪 90 年代初以来,她在微软公司主要从事本地化工作。2013 年和 2016 年欧洲议会术语协调部分别对卡尔博兰特女士和斯卡尔帕女士做了专访。

关键词:TERMit 多语言术语库,以概念为导向,微软公司术语管理模式,术语管理本地化工作,微软术语社区论坛,微软公司术语库

斯卡尔帕(Federica Scarpa)女士是意大利的里雅斯特大学(the University of Trieste)法律语言口译、英语语言笔译和翻译学教授,她主要讲授专业翻译的课程。她在专业翻译领域成果卓著[其《专业翻译》(*La traduzione specializzata*)一书,已经在发行第二版]。斯卡尔帕教授特别关注法律翻译、IT 专业领域的语料库翻译研究,以及涉及移民、医学和法律的翻译研究。她还研究进行翻译培训的专业化方法,尤其强调翻译作为一种为社会服务的社会道德基础,更注重翻译行业与学术界之间的协同作用,以提高翻译工作者的专业形象。卡尔博兰特(Licia Corbolante)女士是微软公司语言精英团队(Microsoft Language Excellence)的意大利资深术语学家。自 20 世

---

① 本文编译自欧洲议会翻译总理事会术语协调部的采访文章,可见 http://termcoord. eu/2016/01/inter-view – with – federica – scarpa/ 和 http://termcoord. eu/2013/08/interview – with – licia – corbolante/以及 http://www. terminologiaetc. it/articoli/WorkingWithTerminologyAtMicrosoft. pdf。

纪 90 年代初以来,她在微软公司主要从事本地化工作。微软公司语言精英团队是一个由术语学专家和语言学专家组成的国际化团队,主要负责维护一个以概念为导向的多语言术语库(TERMit),并为微软公司的产品团队和本地化服务商提供术语服务支持。2013 年和 2016 年欧洲议会术语协调部(TermCoord)分别对卡尔博兰特女士和斯卡尔帕女士做了专访。从这些内容里,读者可以了解到意大利术语学家对术语学理论和实践的贡献,更能了解到美国微软公司在欧洲实现本地化术语管理的运作情况。译者对这些专访的主要内容进行了整理归纳,以飨读者。

1　术语学专家的成长历程以及 20 世纪末的微软公司术语管理状况

斯卡尔帕教授介绍说,她对术语学的兴趣始于 1989 年,当时她被美国微软公司聘为意大利语言学专家,在的里雅斯特分部工作。在这一年,爱尔兰共和国着手完善其财政和法律框架,以吸引其他国家的信息技术(IT)组织,如英特尔(Intel)、ADO-BE 和甲骨文(Oracle)到爱尔兰投资。也就在这时,微软公司将其丹麦语、荷兰语、芬兰语、瑞典语、挪威语以及最重要的意大利语本地化团队,从其位于美国雷德蒙德(西雅图)[Redmond(Seattle)]的总部搬到了爱尔兰的都柏林。

在针对意大利市场的所有微软产品的服务里,斯卡尔帕教授负责应该如何正确使用语言的工作,其中的重要部分就是对术语实施标准化。在那时,微软公司的硬件和软件开发人员对语言正确使用的认识水平相当低,而微软公司的本地化蓝图仍然处于起步阶段。在术语工作方面,这就意味着微软产品之间存在许多术语使用不一致的情况,而且,微软产品与其他公司的软件和硬件之间也存在许多术语不一致的情况。例如,save 这个英文术语的意大利语翻译,使用 Windows 的 Word 软件译为salvare,而使用 Macintosh[麦金塔电脑(苹果公司的电脑品牌,缩写为 Mac)]的 Word软件则翻译为 archiviare。同样,微软产品里的 directory(目录)翻译成意大利语是 directore,但对于 IBM 的产品而言,其意大利语等价物则是一个现在听起来相当过时的direttorio。那时,微软公司在开展术语工作的方法上是以术语为导向(term-oriented)的,只拥有非常基础的术语表,其翻译等价物是在 Excel 电子表格中编译的,术语表没有提供定义或者上下文信息,而只是提供了产品规范。但从 21 世纪起,微软公司的术语管理工作发生了很大变化。在下面,卡尔博兰特女士会做更为详细的介绍。

2 术语管理工作和术语学研究对专业翻译工作者的重要性

斯卡尔帕教授认为,掌握术语搜索功能和评估文献资料来源的可靠性能够快速有效地完成工作,这对在专业技术领域和科学翻译领域里工作的翻译人员来说至关重要。在欧盟设计的欧洲翻译硕士学位(European Master's in Translation,EMT)[1]的参考框架里,术语和文献研究构成了所谓的"信息挖掘能力"(Information -mining competence),这是专业翻译工作者应该具备的六种能力之一。任何大学的翻译培训计划结束时,都应该让学生获得和掌握这种能力。实践证明,实现这一培训目标是值得的。当然,这六种能力是相互依存的,其他能力的培养对信息挖掘能力是有益的,如知道如何搜索合适的资料以更好地掌握文献主题方面的信息、知道如何在各专业领域里正确应用术语、知道如何创建和管理术语数据库等。

2002 年,斯卡尔帕教授和马格里斯(Marella Magris)、穆萨基奥(Maria Teresa Musacchio)、雷加(Lorenza Rega)等学者共同编辑撰写了《术语手册》(*Manuale di Terminologia*)[2],这是第一部意大利语的术语学手册,它是斯卡尔帕教授及其同事在构建多语言术语库中所获得的成果。这部手册虽有其术语学的理论基础,但如副标题"理论、方法和应用"(Aspetti teorici,metodologici e applicativi)所示,它主要还是以教学方法论作为导向。这部手册包含了意大利专家和其他国际知名术语学专家,如艾哈迈德(Khurshid Ahmad)、安蒂亚(Bassey E. Antia)和迈尔(Felix Mayer)的文章。这部手册的每个作者都依次阐述有关术语学的基本概念,其目的正如在此部手册序言里所阐明的:旨在对术语学的理论、方法和应用进行阐述的"多重声音"进行回顾。这些不同的术语学方法,不仅在今天,就是在十多年后仍然具有相关性。到那时,术语学作为一门学科其方法又有了重要发展,使得这部手册必须重新进行修订。

3 英语惯用语对意大利语术语的影响

斯卡尔帕教授认为[3],意大利语里英语惯用语(Anglicism)的出现,是粗糙的专业翻译带来的直接后果:人们对英语惯用语直接借用、仿造,甚至直接形成语法结构。人们通常把这些行为看成是对意大利语的丰富。因为人们觉得这样做的目的,通常是出于专业语言是用于阐释特定目的的专业含义的角度考虑,认为这是各种文化相联系所进行的语言创作过程。人们普遍认为,若阻止这些外来词进入意大利语是毫无意义的。因为不可否认的事实是:在意大利语里,英语惯用语表达得更为简洁。譬如在信息通信技术安全方面,会借用英语里的 key escrow(密钥托管),而不是意大利语的 deposito di una copia della chiave。现实似乎也表明:阻止外来词进入意大利语也将毫无用处——众所周知,在科学和技术(以及商业和法律)领域,英语已成为国际语言。

然而,对于斯卡尔帕教授这样一个讲授(从英语到意大利语)专业翻译课程具有30 年教龄的人来说,她相信,如果抛开上述这些似乎完全合理的实践和社会学动机之外,还存在着其他一些真正的原因,它们促成了意大利的专业翻译实践者愿意选择英语惯用语,而不是选择一个现有的意大利语等价物来将英语专业词汇翻译成意大利语:那就是所谓的翻译工作者的懒惰。在专业翻译领域里,通常从事专业翻译实践的往往不是专业翻译人员,而只是某个领域"懂"些英语的专家。在意大利专业翻译实践中不难找到这种证据。譬如,以介词或者以 -ing 形式结尾的英语惯用语,在意大利语里很难找到等价物。因此,在意大利语的专业翻译实践中,这些自封的"即兴"翻译家就直接采用了源文本中的英语惯用语。在当今的文化背景下,意大利语"萎缩"的现象正在成为事实。实际上,即使是专业技术写作者,他们对意大利语的使用也经常掉以轻心:他们要么对如何稳妥地进行意大利语专业翻译不加理睬,要么以傲慢的态度对待。因为如果使用英语借用语,而不是采用现存的"望文生义"的意大利语,他们不会为有的读者理解不了他们的写作信息而烦恼。

4　TERMit 多语言术语库介绍

TERMit(Terminologia per Interpreti e Traduttori)多语言术语库全名为"面向口译和笔译人员的术语库",这个项目开始于20 世纪90 年代初。目的是将原口译和笔译现代语言高级学院(Scuola Superiore di Lingue Moderne per Interpreti e Traduttori,SS-LMIT)开展的术语工作进行系统化。欧盟委员会意大利文献中心(Centro di Documentazione Italiano,CDI)时任主任佩尔多莫(Daniela Murillo Perdomo)先生,曾经定期对这个项目进行关注、帮助和追踪,从而使得在欧盟系统工作的意大利语的口笔译人员在这个项目里获益匪浅。现在,TERMit 项目已经发展成为多语言术语数据库,共拥有约 350 个以意大利语作为主导语言的术语集,主要涵盖了与英语、法语、德语、西班牙语和斯洛文尼亚语(此外还有克罗地亚语、荷兰语、俄语)有关的专业领域(从经济学和法律、到 IT 和工程、再到药剂学和生物技术等)。2012 年口译和笔译现代语言高级学院与的里雅斯特大学法学院合并,不同领域的专家们对术语库中专业信息的正确性进行检查,因此,这个术语库的质量得到了更大的提高。

另外,据斯卡尔帕教授介绍,TERMit 是一个以概念为导向(而不是以词目为导向)的多语言数据库,它首先针对的对象是口笔译人员,自然,术语库里的术语记录对语言学家和其他学科的专家也非常有用。以概念为导向也就意味着:不同语言中术语之间的对应关系是在概念层面上创建的,每个术语记录的起点是概念(即"X 称为什么?"),而不是术语本身(即"X 是什么意思?")。斯卡尔帕教授认为,TERMit 的这种设计,是人们的一种自然心理反应,因为它使翻译过程变得更容易,译者可以使用不同的记录来存储同一术语在同一学科或者不同学科中可能具有的不同含义。例如,术语"病毒"(virus)在信息技术(IT)领域里的含义与其在医学领域里的含义是不同的,这两种含义可以存储在两个不同的记录里,而不需要存储在同一个记录(这是词典通常采用的方法)中;在同一数据库里可以存储无限数量的语言;不管源语言或目标语言的配对方向如何,在此术语库里都可以找到一个术语。

谈到 TERMit 多语言术语库和欧盟机构间术语库(IATE)之间的区别,斯卡尔帕教授认为,众所周知,IATE 是一个权威且非常有价值的在线术语资源,可供全球所有的人使用,也允许外部用户提供对其内容进行开发和改进的建议。它包含数百万条术语,涵盖欧盟 24 种官方语言。在面对自己尚不熟悉的专业领域的翻译任务时,它是任何专业翻译工作者和翻译培训人员的一个工作依托。但 TERMit 在规模、语言数量和专业领域方面都与 IATE 存在着明显差异。其中的一个差异,人们可以在单个记录的内容层面上找到:在 TERMit 里提供的信息更加详细一些,每个 TERMit 记录不仅包含源语言里的主要术语及其在目标语言里的术语等价物,而且还包含一整套非常有价值的附加信息,这些信息可以帮助翻译者做出正确的术语选择。这些附加信息是包含在特定字段里的,在这里可以插入几乎无限量的信息。(1)概念域(主题、子域和概念字段),以杜威十进制分类法(Dewey Decimal Classification)作为基础,借助某个学科、某个更具体的领域和一个子域来识别一个概念,以避免同形同音异义词(homonyms)的出现。(2)定义、上下文和注释字段,其中的注释字段,可以通过图像和其他网站的链接予以提供;相关的词语(包含与主要术语在概念层面上具有直接概念关系的术语)及其关系类型(具体说明主要术语与其相关术语之间的概念关系类型,即从属、上下级、同级关系,反义词或者一般关系)。(3)语言学字段,词性(名词、动词等)和语法用法的信息[例如,一个术语是否仅用于复数形式,这些语言信息是否可以在专业词典里找到、是否已在特定地区使用(如英语:美国,英国,加拿大等)],此外,还包含主要术语及其同义词的最常用词组。(4)文献书目来源字段,涉及术语来源、定义、上下文背景以及主要术语所在的专业词典的所有相关信息;(5)意大利语—英语等价物字段(Equivalence it-en)[或者取决于语言对应的不同,也可以是意大利语—德语(it-de)字段],这里包含两种语言里代表相关概念的两个术语之间等价程度的信息。最后,据斯卡尔帕教授总结说,上述所有这些信息并不总是必要的,她们正在计划开发出一种工具,除了整套字段之外,她们还依据用户手头的具体任务,设计出有限数量的可视化字段。

5　微软公司意大利语本地化的术语管理工作

卡尔博兰特女士于2008年11月在技术传播国际会议(tcworld)上,做了题为《微软公司的术语工作》("Working with terminology at Microsoft")的报告。该报告概述了微软公司的术语管理工作情况,并讲述了微软公司的术语管理是如何从简单、孤立的术语表演变成今天的以概念为导向的多语言术语库的。报告对微软公司语言精英团队组中术语工作者(术语师)的角色和工作目标进行了描述,并认真阐述了微软公司在产品开发的周期里开展术语管理工作的主要流程,同时也介绍了可以提供的与术语相关的工具和资源。

卡尔博兰特女士认为[4][5],所谓的本地化,就是根据当地的市场环境对某个市场和某种语言(通常是英语)最初开发的软件程序进行的翻译和改编。术语管理(即术语及其相关概念重新使用时要保持一致以及与此相关的调查和归档工作)是成功实现本地化过程的关键因素。在微软公司里,术语管理工作具体由语言精英团队负责,这个团队由一组语言专家和术语师组成,其工作目标是在全球范围内使微软产品中的术语保持一致性,并追求语言质量的可靠性。这样做带来的益处,则是提高了微软产品开发和本地化生命周期的效率。微软语言精英团队聘任了专职的术语工作专家,以处理涉及英语和其他10种目标语言的术语管理工作。他们与其他目标语言的供应商们保持着长期联系,因为某些微软产品所涉及的目标语言可达100种。此外,微软公司的语言工程师团队负责开发和维护与术语相关的语言自动化工具。

经过二十多年的发展,无论是在术语管理的工作方法上,还是在其发生的产品生命周期上,微软公司的术语管理都发生了很大变化。当微软公司的本地化工作处于起步阶段时,术语表通常是由个别的翻译人员编写,而没有任何开发团队的参与。但随着时间的推移,这些术语表逐渐演变为带有定义的术语表,而且,创建的时间通常也发生在本地化过程的开始阶段上。虽然这些术语表通常是用于特定产品的,但并不总是在不同的产品团队间共享。这种被动的并以术语为导向的术语工作方法,自然存在着一些缺点:微软公司的每一个产品组都创建有自己的一套术语,并采用不同的格式,大家几乎没有共享的术语管理机制,微软各个部门之间产品存在着术语不一致的现象屡见不鲜。

在微软公司当前使用的术语管理模式里,其情况已经大为改观。在本地化开始之前,大多数的新术语就已经被识别出来了。微软公司多语言术语库是以概念为导向的,不仅向微软公司的本地化团队开放,而且也向其他的用户开放。这种具有前瞻性解决问题的主动出击的过程,与过去被动式的术语管理工作相比,它所需要的资源更少,所消耗的时间更少,而且可以节省大量成本。此外,它还减少了潜在的术语不一致的现象,从而有助于提高目标语言的标准化水平,因而获得了终端用户对微软产品更高的信任度。

微软公司产品的术语管理工作流程可以归纳如下:在微软产品生命周期的早期阶段,源语言为英语的术语师与产品开发团队的开发人员以及编写人员通力合作,组织大家进行术语挖掘(term mining)和识别新概念及其相关术语的工作。鉴于微软公司的每一个产品团队都是独立工作的,因此,源语言为英语的术语师们就需要对为特定产品提供的术语进行验证,检验其与现存的术语及其概念是否重复。然后落实定义问题,继而在术语库里创建术语条目,准备好源语言的术语,以便此后将其他语言的术语也纳入其中。而持目标语言的术语师则通过对概念和源语言的术语进行分析,以确定在其研究过程中应该优先考虑哪些方面的问题:依据这个术语是新词还是已经确定了的术语、这个术语是某种产品特有的还是具有普遍性的(在概念系统里,这个术语与其他术语具有相关性)等,术语师们的工作可能会具有不同的侧重点。总之,术语师们根据具体情况来决定最适合他们各自语言的术语工作方法,开展必要的调查研究。在必要的时候,术语管理工作也需要各领域专家的支持,请他们对选择的术语进行评估,并确定最合适的术语。一旦目标语言的最终术语出现在术语库中,微软产品的本地化工作就可以开始了。

术语管理工作流程的每一个阶段,都离不开术语管理工具的使用。譬如,在工作流程最初捕获术语的阶段上,术语师们就要用到术语挖掘工具(term mining tools)。TermStudio是一个以概念为导向的术语库,它是微软公司主要使用的术语管理工具。这个术语库中的每一个条目都代表着一个概念,并且在每一个条目里,都列出了这个概念在源语言和目标语言里可以采用的不同的词汇表现形式(如,同义词、首字母缩略词等)。各个概念之间的层级关系(hierarchical relationship)和关联关系(associative relationship)都一目了然;每个术语条目里都包含了相关的元数据(metadata),譬如,产品名称和版本、术语类别、术语使用说明、术语存在的上下文语境等等。另有一个包含了微软产品当前版本的所有软件系列的数据库对 TermStudio 里的数据进行补充。此外,微软公司也使用其他的术语管理工具用于检测产品软件系列中术语使用不一致的情况。术语管理工具的使用是对 TermStudio 的有效补充。

　　吸引其他社团参与微软公司的术语管理工作,这也是其术语工作的一个特色。2008 年初,微软公司通过启动微软公司语言门户网站(Microsoft Language Portal),向全球各社区提供与语言相关的术语管理工具和术语资源。微软公司语言门户是一个多语言网站,访问者可以使用 90 多种语言进行术语搜索,可以下载超过 50 种语言的工作指南,可以对微软产品所使用的术语提供反馈信息,可以查找有关微软公司术语工作特色的文章,还可以访问使用 10 种不同语言写作的术语工作博客。人们使用术语搜索工具,可以访问超过 15 000 条的 TermStudio 术语条目。此外,微软公司定期举办"微软术语社区论坛"(Microsoft Terminology Community Forum),为用户提供机会——对微软公司语言精英团队所选的术语进行审核并提供相关的反馈。这样,也就确保了微软公司所使用的术语能够密切反映当地文化,同时令使用该微软产品的社区易于接受。

　　总而言之,经过多年的努力,微软公司开发了一整套的术语管理工具和术语工作流程,可以利用越来越多的语言有效开展术语管理工作,同时为全球用户提供一种反馈意见的方式。微软公司也深深认识到,将自己的术语提供给全球社区的重要性。事实证明,微软公司以概念为导向的术语管理工作方法,无论在工作效率,还是在术语一致性和术语工作质量方面都具有明显优势。但是,微软公司语言精英团队的同人们深刻认识到自己的工作任重而道远,他们立志将继续改进术语管理系统,进一步在微软公司语言门户中与全球用户共享信息,并欢迎来自对信息技术术语满怀热情的语言专业人士的反馈。

参考文献

[1] European Master's in Translation (EMT) [EB/OL]. (2016 – 01 – 01) [2018 – 10 – 11]. https://ec. europa. eu/info/resources – partners/european – masters – translation – emt_en.

[2] MAGRIS M, MUSACCHIO M T, REGA L, et al. Manuale di Terminologia. Aspetti teorici, metodologici e applicativi[M]. Milan: Ulrico Hoepli Editore, 2002.

[3] Interview with Federica Scarpa[EB/OL]. (2016 – 01 – 21) [2018 – 10 – 16]. http://termcoord. eu/2016/01/interview – with – federica – scarpa/.

[4] Interview with Licia Corbolante[EB/OL]. (2013 – 08 – 06) [2018 – 10 – 12]. http://termcoord. eu/2013/08/interview – with – licia – corbolante/.

［5］Working with terminology at Microsoft［EB/OL］.（2013 – 08 – 06）［2018 – 09 – 21］. http://www. terminologiaetc. it∕articoli∕WorkingWithTerminologyAtMicrosoft. pdf.

欧洲议会翻译总理事会术语协调部
对世界著名术语学家布丁教授的专访①

邱碧华 编译

摘要：欧洲议会是欧盟三大机构(欧盟理事会、欧盟委员会、欧洲议会)之一，是参与欧盟立法、监督、预算和咨询的机构。其翻译总理事会的任务则是确保欧洲议会所拟定文件的可靠性。它下属的术语协调部，则为欧洲议会和欧盟各国的翻译人员与普通公民提供术语服务。本文是介绍术语协调部的特约记者对现代术语学大师之一的布丁教授的专访。布丁教授是奥地利科学院院士，是奥地利科学院语料库语言学和文本技术研究所所长，是联合国教科文组织数字化时代多语言和跨文化交流主席团主席，是国际标准化组织(ISO)的一个技术分委员会(ISO/TC 37/SC 2)主席，还是国际术语研究所的副所长。他同时担任国际知识组织学会德语分部的副主任，卡尔·波普学院董事会董事。布丁教授在世界术语学界享有很高的威望。

关键词："法律语言互用性(兼容性)服务"项目，欧盟 IATE 术语库，"知识专家"项目，欧盟语言政策，"打开发现的空间"项目

译者在介绍对施米茨教授的专访时，曾经介绍过欧洲议会(European Parliament)的基本情况：它是欧盟三大机构(欧盟理事会、欧盟委员会、欧洲议会)之一，参与欧盟立法、监督、预算和咨询，是欧盟唯一的直选议会机构，其主要任务是讨论人权问题和派遣人权观察委员会等。

欧洲议会翻译总理事会(Directorate-General for Translation)的任务则是为欧洲议会所拟定文件的可靠性提供保证，同时保证欧盟社会文化和语言的多样性。欧洲议会翻译总理事会的术语协调部(TermCoord)，是专门为欧洲议会和欧盟各国的翻译

---

① 本文主要编译自欧洲议会翻译总理事会术语协调部的采访文章，可见 http://termcoord.eu/termania/why－is－terminology－your－passion/interview－with－gerhard－budin/。

人员与普通公民提供术语服务的部门,主要维护欧盟内部的术语库(Inter-ActiveTerminy for Europe, IATE)以及其他相关服务,为翻译工作者工作中遇到的术语问题提供必要咨询。

欧洲议会翻译总理事会术语协调部的工作网站(http://termcoord. eu/)上设有"专访"栏目,常常刊登术语领域新人对世界大师级术语学专家进行专访的文章。2013 年 6 月,曾在欧洲议会完成其术语论文实习阶段的 A. 安托西克(Agnieszka Antosik)女士,对世界著名术语学家维也纳大学翻译研究中心教授 G. 布丁(Gerhard Budin)进行了专访,本文主要是向读者介绍这篇专访的内容[1]。

布丁教授是奥地利科学院院士,是奥地利科学院语料库语言学和文本技术研究所(the Institute for Corpus Linguistics and Text Technology,ICLTT)所长,是联合国教科文组织(UNESCO)数字化时代多语言和跨文化交流主席团主席,是国际标准化组织(ISO)的一个技术分委员会(ISO/TC 37/SC 2)主席(负责术语和语言资源管理预规范和文化多样性管理研究),还是国际术语研究所的副所长。他同时担任国际知识组织学会(the International Society for Knowledge Organization,ISKO)德语分部的副主任,卡尔·波普学院(the Karl Popper Institute)董事会董事。

布丁教授的研究兴趣以及出版的论文主要涉及的课题包括:跨文化的知识交流、知识组织、语言工程、知识工程、网络学习的认识论研究及其协作体系,以及术语学研究、本体工程和翻译技术等,是一位研究兴趣广泛、研究成果多方面的世界著名学者。

在过去 20 多年的时间里,他积极参与上述领域里在国家范围和国际范围里开展的研究项目。布丁教授也是在由欧盟委员会资助的语言和知识工程、网络学习、电子文化遗产系统以及生态环境信息科学(EcoInformatics)领域里所开展重要项目的协调者。其中一项 2013 年开展的由欧洲社会基金会(the European Social Fund)资助的项目——"知识专家"(Knowledge Experts),旨在开发一种多学科研究参与合作的创新性数字化课程。布丁教授牵头的另一项研究项目就是:研究在网络化学习环境下如何开展各项合作、如何获取知识等。另外还有 DYNAMONT(Dynamic Ontology Engineering, in the Semantic Systems Programme of the Austrian Ministry of Technology, Innovation and Transport),这是一项为奥地利技术、创新和交通部建立语义系统中动态化的本体工程项目,还有 EURIDICE(EUropean Recommended materials for Distance learning Courses for Educator)项目,为实施远程课程的教师准备欧洲推荐使用的材料等。

　　布丁教授早年在翻译学领域获得硕士学位,在语言学领域取得博士学位。

　　在以下篇幅中,译者依照 A. 安托西克女士对布丁教授采访的提问顺序进行介绍,以期为想了解布丁教授的读者们提供一些方便。

　　A. 安托西克:布丁教授,您能跟我谈谈您决定在术语学领域开始您的职业生涯的原因吗?

　　布丁教授:早年在我研究翻译学时,我对技术翻译、科学交流和术语学等专业产生了兴趣。20 世纪 80 年代初,大学里的 H. 比勒(Hildegund Bühler)教授带着我们参观过国际术语信息中心(INFOTERM),在那里我遇见了 INFOTERM 的时任主任费尔伯(Felber)教授。德雷斯勒(Dressler)教授指导我有关印刷行业技术术语方面的学位论文。在学生时代,我总体上对语言哲学和语言学很感兴趣,因此决心致力语言学方面的研究。1985 年,我参加了 INFOTERM 组织的第二届国际术语暑期学校,那时我很荣幸在 INFOTERM"打工",当时是以自由职业者的身份参加的。我在语言学方面的博士阶段的学习,先是在西班牙的巴塞罗那,然后转到维也纳大学,由德雷斯勒和沃达克(Wodak)两位教授具体指导。我的博士论文的研究方向主要是社会科学里的术语工作。我在博士阶段,除了在语言学方面(词法、词典学、文本语言学、社会语言学和术语学理论)进行了较深入的学习和研究之外,还研究了经济学和哲学,尤其对科学哲学产生了浓厚兴趣。

　　1988 年,我完成了语言学领域的博士阶段的学习。取得博士学位之后,从 1989 年到 2005 年,我开始在维也纳大学的科学哲学系和社会学系讲授科学交流和术语学理论。1990 年,我不仅在维也纳大学的翻译与口译学院讲授以翻译为导向的术语编纂学课程,而且也成为 INFOTERM 的一员(在奥地利标准化研究所任职),在这里我一直工作到 1996 年,同时参与过国际或者国家层面的术语、技术交流以及图书馆和信息管理标准的制定工作。后来,我回到维也纳大学,1997 年 1 月成为知识工程和术语学研究方面的副教授。2005 年,我在维也纳大学翻译研究中心成为术语学研究和翻译技术领域的正教授。

　　A. 安托西克:布丁教授,在近 20 年里,您参加了许多国际或国家层面的研究项目。您能给大家谈谈 LISE 项目的情况吗?

　　布丁教授:LISE 项目全称叫"法律语言互用性(兼容性)服务"(Legal Language Interoperability Services)。LISE 项目主要是满足法律和行政管理领域里急切需要解决的术语协调问题。这个项目的实施也是为了解决跨国家层面的法律和行政管理领域术语的兼容性问题,通过提高这些术语的质量,而提高欧洲各机构之间立法和行政管理术语的质量。LISE 项目启动的目的,是给那些在公共管理机构和翻译部门管理各种数据文献的人们提供方便,给跨部门、跨行业和多语言的术语管理提供一流的术语管理流程和网络化服务。目前出台的"一揽子"工作方案主要是设法对法律和行政管理领域的术语进行分析,设计操作流程以找到现存的困难,同时为不同的用户组提供未来最优化的选择,为法律术语资源的质量管理运作开发出优良的网络服务。联合参加这个项目的有:维也纳大学、意大利的博尔扎诺欧洲学院(the European Academy of Bozen/Bolzano, EURAC)、奥地利议会和其他一些跨文化公司。

A. 安托西克:布丁教授,您还为一些欧盟委员会资助的项目担任协调员,您能否给大家讲讲与目前联系最紧密的项目,即"知识专家"(Knowledge Experts)这一项目的目的是什么吗?

布丁教授:这个项目的全称叫作"知识专家和在线导师"(Knowledge Experts and E-Tutors),强调知识的共享和对知识内容的开发。

这个项目启动的目的,是通过制定一个混合式的学习计划,为参加的学生提供交流合作的平台,为他们在与知识社会息息相关的核心技能方面得到提高提供方便。这里的术语"知识专家"指的是在知识密集型工业化部门里对一类人的资格认证,譬如"知识经理"(knowledge manage),"知识工程师"(knowledge engineer)等。这个项目也为所有领域的研究生提供一种额外的资格认证,使他们能够把自己学到的技术方法应用到现代知识社会中去,更好地在与现代知识社会相关的社会环境和活动中,进行知识的组织、获取、丰富、表示和传递。这个"知识专家"项目中的另一个专业化特色就是"在线导师",它涵盖了使"在线学习"环境得以运作的一切技能服务,借助这个网络平台,参与学习的师生之间能够顺利有效地进行交流和互动。这些学习计划制定的宗旨,也是为了那些暂且被职业社会淘汰了的人们通过进行知识和技能的更新,使他们重新获得某种专业资格而重返劳动力市场。其中,在知识技术和教育技术方面所需要掌握的最为核心的技能包括:如何进行数字媒体化的知识获取;如何进行教学组织以支持跨文化和国际化环境下的学习过程和知识交流活动,为交流实践设计以外维网为基础的学习环境;如何设计对学习内容进行管理的操作系统;如何设计知识建模、信息和内容管理的方法;如何进行外维网设计、跨文化项目管理和人类资源管理;如何对学习者进行培训和指导(还包括进行文化知识、社会道德伦理方面的教育);等等。为学习者设计的教学课程都注意到理论知识和实践方法的结合,在实践方法方面,注重操作性和实践性社会技能、技术的培训。

总之,"知识专家"项目,是我们目前正在实施的以"跨文化知识生产、网络化学习、网络化科学交流和网络化工作"为主题的大框架下的一个具体项目。目前最为具体的项目就是"打开发现的空间"(Open Discovery Space,ODS),主要是为学校的网络学习资源设计一个欧洲范围的网络环境系统(ecosystem)。

A.安托西克:布丁教授,在您从事的所有领域里,网络学习技术是您的研究专长。依我个人的想象,这个领域该是相当动态化的,它总是处于不断的变化之中。您能跟我们谈谈,您又是如何跟上这个不断推陈出新的社会的呢?

布丁教授:多年来,我一直有把多个领域融合在一起的想法,譬如,我一直考虑着在信息和通信技术的基础上,将知识工程和知识管理与交流和跨文化领域里的研究和实践工作进行结合。因为在上述这些领域里,新的方法、新的理论和新的实践经验是不断涌现的,这里简直就是个动态化的资源内核。我所做的事情,就是在不同的背景下[譬如翻译学、知识理论、文本(语篇)分析、信息管理、本体工程等等]尽量充分地利用上述这个内核里的各项研究资源,比如,术语学就凝聚了这个动态而又多面的研究世界的精髓。譬如,在我上面谈到的"打开发现的空间"项目里,我们就把专业词汇作为引导教师和学习者进一步发现教学资源的核心,他们可以运用专业词汇进行知识的建构和组织,为自己进一步的学习和未来职业发展奠定基础。

A.安托西克:布丁教授,您不仅是维也纳大学的教授,还是一位思维活跃、硕果累累的研究者。您参加过国际或者国家层面的社会活动,您如何看待这些社会活动的? 它们是否占用了您太多的时间呢?

布丁教授:我个人认为,研究人员还是应该参与一些社会实践活动的。这有几个原因:如果研究人员从事的是以实践为基础的研究工作,参与社会实践活动就为他提供了开展研究工作的现实材料,从而可以为其新概念、新理论和新方法的产生提供更大的可能性,同时还可以与产业界和公共机构建立起合作关系。至于我所参加的国际或者国家层面的社会活动,我个人觉得,它们给我的科学研究带来的成果恰好证实了我上述的观点。

A.安托西克:近年来,您个人是否注意到,术语学研究领域的新趋势? 您对术语学的未来又有什么样的展望?

布丁教授:二十世纪八、九十年代,计算机革命也给术语学的研究带来了一场变革,术语学实践工作跟语料库语言学和计算语言学产生了密切联系,它也和知识工程和本体管理紧密结合起来。这个时期,社会学领域也在发生着一场变革,这场变革拓宽了术语学研究的视野,术语学开始与社会语言学相结合,尤其是在具有语言规划和语言政策社会背景的国家或者地区里。在此之后,语言学领域所发生的以认知为导向的变革,也延伸到术语学理论研究领域中来,术语学研究也开始关注术语在专业交流领域里形成和使用过程中的认知维度。至于术语学领域里的经济学变革,则是显而易见的。语言产业和国际性商务贸易活动中,有效的术语管理工作所带来的巨大效益是有目共睹的。如果谈到未来的术语学发展,它一如既往地呈现着跨学科的理论和方法特色,它自始至终都面临着产业界、公共机构,乃至来自科学研究机构由于实践需求而带来的新研究的挑战。

A. 安托西克:布丁教授,您如何看待欧盟的语言政策所起的作用的? 它对术语学的发展会起激励性作用吗?

布丁教授:欧盟的语言政策有其悠久的传统,它们一直致力于在社会各个领域里促进多民族语言的发展。因此,术语学的发展势必会被视为一股主要的推动力,以促进欧盟各种官方语言中多学科术语的形成和发展,同时也为欧盟各成员国地域性语言的发展起到积极的鞭策作用。欧盟内部的术语库的建设和维护就是欧盟语言政策最生动和最具可视性的例子,这个术语库不仅使具有多语种特色的欧盟内部的口笔译工作者从中受益,而且它也方便了欧盟之外的工作者,使他们的日常编辑工作和研究工作不必过多地受到术语问题的困扰。目前,欧盟参与资助的很多项目,都聚焦于为不同的语言和领域产生专业化的术语资源,同时兼顾到各种具体术语项目的特殊目的,还将这些术语资源植入不同的组织环境和社会背景中。综上所述,尽管我讲了这么多术语学理论和实践所取得的成绩和成功的事例,术语学实践的发展还是存在着许多需要完善的地方。譬如,它的发展还需要实现网络化。欧盟机构和各成员国之间,各个专业领域和各种语言之间仍需要进一步加强协调和沟通。

A. 安托西克:布丁教授,您对欧洲议会的术语管理工作有什么思考?

布丁教授:要说起世界一流的术语管理水平来,欧洲议会翻译总理事会术语协调部(TermCoord)的术语管理水平绝对是世界一流的, 这一点它当之无愧!

A. 安托西克:布丁教授,您对有志成为术语管理负责人的年轻人,有什么积极的建议呢?

布丁教授:对此我愿意提以下几点主要建议:

——思维敏捷,头脑灵活;

——对新的技术、思想和工作方法具有开放的头脑,具有创新精神;

——善于跟同一领域和同一专业环境里的人们建立良好的工作关系,拥有良好的社会人际交往圈子;

——擅于公开自己的个人形象,特别是要让公众了解自己除本专业之外还具有

其他的专业技能,勇于宣传自己;

　　——要积极参加大学或者研究机构的学术研究活动。

参考文献

[1] Interview with Gerhard Budin[EB/OL]. (2017 - 11 - 18)[2013 - 06 - 19]. http://termcoord. eu/termania/why - is - terminology - your - passion/interview - with - gerhard - budin/.

浅评日本学者术语学之作《术语动力学：论术语构成和术语增长的描述性理论》①

邱碧华

摘要： 日本学者影浦峡所著的英文术语学著作《术语动力学：论术语构成和术语增长的描述性理论》，自21世纪初以来，在术语学界引起广泛关注。文章简单介绍了其主要框架，并从西方学者视角、结合作者的认识，评价其对世界术语学理论与实践所具有的价值和意义。

关键词： 术语构成的动力学，术语构成的概念化模式，术语增长的量化模式

21世纪初，世界术语学理论书林林总总，在其中出现了一本令全世界瞩目的术语学著作：日本学者影浦峡（Kyo Kageura）所著的《术语动力学：论术语构成和术语增长的描述性理论》（*The Dynamics of Terminology：A Descriptive Theory of Term Formation and Terminological Growth*）。

此书作者影浦峡，是日本国家信息学研究院（the National Institute of Informatics）的学者。自20世纪90年代以来，他与欧洲术语学者，尤其是与英国的语言学家J. C. 赛杰（J. C. Sager）和约里克·威尔克斯（Yorick Wilks），以及与荷兰学者哈拉尔德·巴扬（Harald Baayen）之间有着密切的合作关系，因此，作者对术语构成模式和形成过程的研究，在理论背景和方法论经验上，深深打上了这些欧洲学者的思想烙印。

按作者自己的说法，他是文献学领域"具有精深知识"的学科专家。[1]所以，这部著作侧重的是对文献学领域（the domain of documentation）日语名词性术语内在关系

---

① 本文曾发表于《中国科技术语》2015年第3期。

的研究,作者主要研究这些日语术语构成的动力学特点。此书第七章"术语动力学的量化分析"充分体现了作者在数理统计学方面的专业特长。

此书进行术语分析的语料,来自 1976 年联合国教科文组织由 G. 韦尔斯希(G. Wersig)和 U. 内韦林(U. Neveling)共同编著的《文献学领域的术语》(*Terminology of Documentation*)一书,语料取自 1984 年出版的日文版。作者表明,他之所以改变以往术语学研究的传统习惯,没有去选择专门性文章作为语料来源,而是选择了这部文献学领域的参考书,是因为从专门性文章中随意选择术语的例子,不足以反映共性问题,而选择具有系列性的资料,才可能体现出具有代表性的共同特点。在这部著作中,作者所使用的语料总共有 1228 个日语词条,这些词条都具有术语的特性,且全是名词,包括一个"中心词"(head or nucleus)和"限定成分"(determinant),正是这些名词构成了文献学领域日语术语的核心。为了研究起见,作者把其他可能也具有术语特质的词性(例如,动词、形容词、副词等)则刻意舍弃掉了。

作者在此书中贯穿的指导原则是:强调要对目标(靶)学科领域的总体术语,采用必要的、带有描述性特点的方法进行深入研究,从而把握该领域中术语构成和术语总体增长的规律,而不主张去研究单个的术语。

因为此部著作是用英文写成的,而日文词条的词素或者组成要素之间的分隔不像西文那样用"空格"或者"连字符"表示,为让西方读者更易理解,作者开篇首先向读者阐述,在日文术语构成中,与其词素对应的承载意思的最小语言要素的组成结构。

作者所研究的大部分日文术语,由一个词素构成的占 20.0% ,由两个词素构成的占 50.6% ,由三个词素构成的占 23.0% 。所有的日文术语和各种术语模型,都附有英文译文。

此书共分四个部分和十个章节,彼此之间用可对照检索的标题句子、衔接性的小结、对关键性论点的重复等进行了紧密衔接,以便阅读起来思想连贯。按西方学者们的评价,这种写作风格,承袭了英、美学术著作的写作传统。

在书的前言部分,作者提到:"传统的术语学理论或者原则……没有提供以术语的描述性分析为基础的理论贡献。现有的适合用作术语研究理论基础的东西,总体上只不过是一些简单的先验性的有关概念结构的理论。这一理论把指导术语'应该是什么'且侧重规定性的原则作为支撑点,而并没有研究术语的真实使用情况。""而现实情况似乎反映了术语的基本特色:它们在专业话语中,作为具体的语言对象表明,它们的数量也是在不断增长的。""在术语学研究中,缺乏'术语的理论'……缺乏实实在在的描述性研究。"[1]作者认为,在术语学研究中,需要补充具体描述性的术语分析研究,且这种理论立场应该旗帜鲜明,唯有这类研究的日积月累,方可丰富和巩固术语学理论。

书的第一部分,作者阐述了他开展研究所具有的理论背景,对 term、terminology、lexical unit、vocabular、concept、conceptual structure、characteristic 这些在术语学著作中用惯了的英文单词,按自己的理解,给出了工作定义或者必要的解释。例如:term 是由一个或者多个词所组成的词汇单元,它代表了某领域中的一个概念,terminology 是某学科领域的词汇。[1]有西方学者认为,作者对 domain 和 subject field 这两个英文名称的定义有"重复"之嫌,因为这两个英文名称,在此书中都有"知识领域"的含义,而且前者似乎包含了后者,只是后者还带有"把概念视为归属到一起,是为了成组按常规方式进行分类"这样的特色。此书中另一个美中不足的地方是:作者未能对"文献学"(documentation)做出必要的解释,只是在书中写了一笔,说"文献学"与"图书馆学"(library science)不一样。可是在书附录中所选的术语例子里,却能明显发现这两个领域的术语存在着大量重叠。

在第一章中,作者引用 H. 费尔伯(H. Felber)的论述,对以维也纳学派为代表的传统术语学基本观点进行了回顾[1],然后指出传统术语学在理论框架和本性方面的不足之处。作者所阐述的批评观点,在一定程度上与比利时女学者 R. 泰默尔曼(R. Temmerman)的态度一致。例如:他认为,迄今为止,术语学传统理论中对概念系统进行描述的方法特点,并未超出非术语学研究中所采用的那种语义系统或者概念系统的研究特色,对此,他深感惋惜。所以,他表明,他的研究精力主要放在关注概念要素间更加微妙、精深和错综复杂的系统特色上,以一种以类型为标志(type-token)的原则为基础,对此进行详细描述。作者也对 20 世纪 90 年代出现的术语学新思想做了简单介绍,并提到一些主要代表人物,明确提到这些新理论贡献依旧存在的缺陷:"似乎忽略了'术语描述在术语学理论中所占的位置'这一关键性问题。"[1]并且指出传统术语学理论框架的不足在于,"概念"是给定位在那里的,而不是一种有关"概念"在术语描述中被运用的理论。

在第二章"术语动力学研究理论框架"里,作者给出一个重要条件:从认识论条件的角度,术语作为"以观察或实验为依据的对象客体"和"词的功能性变体",它们构成了一个类别。作为语言单元,它们在言语(parole)层面上是存在的。作者以此作为理论的出发点,他主张:"在认识论高度上,'术语总体'(terminology)这一概念要优先于'单个术语'(term)这一概念。"这其实暗示着作者对术语学传统理论和实践的一种批评。作者认为,作为优先存在的语言储备——"术语总体",应该是系统化术语学研究的主体,而不是以作为"经验性的对象客体"的单个术语为主体。

在第二章第二节,影浦峡对其"术语动力学的目标和方法"这一思想进行了阐述。强调在靶学科领域现存术语整体的构建中,须首要构建"所能观察到的体系性或者充满活力的模式"。这种术语构成的模式在时间进程中可能会发生变化,因此,对不同术语材料片段"共时性"的研究时不我待。这其实也说明,术语的"成长"具有"历时性"。

总之,作者在第一部分强调研究个体学科领域中的术语,强调要对某领域术语总体进行整体性研究,而不是随意选择其中的单个术语作为案例进行研究,并在此部分介绍了术语增长的动力学概念。

书的第二部分,作者介绍了"术语构成的概念化模式"。作者构想了这样一个假设:"一个学科领域的概念系统决定了术语动力学系统性的主要特征。"[1]换句话说,由于概念的系统性,某领域的术语总体也具有系统化的特质。作者首先比较了人们对"词的形成"和"术语的形成"进行描述时所采用过的各种方法,然后开始阐述描述术语构成所需要的概念要素,认为一个复杂术语的形式结构是在"中心词"之前(左边)的限定成分。例如:"情报检索","检索"是中心词,"情报"是限定成分,"分类体系设计者","设计者"是中心词,"分类"和"体系"是限定成分,如把"体系设计者"看成是中心词,"分类"就是限定成分。一个复杂术语可被限定成分扩大。这些术语的构成依靠着或紧或松的各种关系连接着。

从古希腊哲学家亚里士多德开始,"依照概念进行分类"的思想就为许多学者所推崇。在此书里,影浦峡则运用由 J. C. 赛杰、E. 罗施(E. Rosch)、J. F. 索娃(J. F. Sowa)、R. 杰肯多夫(R. Jackendoff)以及 M. 皮尤(M. Pugh)等这些欧洲学者创立的概念分类方法。对此,不少西方学者感到困惑,不明白作者为什么不去选择欧洲名称学的研究传统,特别是为什么没有使用像 P. M. 罗热(P. M. Roget)和 F. 多恩塞夫(F. Dornseiff)这些传统学者的方法,以便更好地支持自己的论点。因为这些学者是从哲学和语言学角度,尝试对"普通语言"中词和词组依照概念进行分类的杰出代表人物。影浦峡虽另辟蹊径,却成功地说明了:概念要素可以被整齐地划分成子类别,然后产生术语。"概念系统按概念类别的层级关系进行组织,具有层级关系的概念类别是可明确定义的。""我们把术语分配给概念系统,是为了定义术语构成模式所在的概念域;把词素分配给概念类别,是为描述术语构成中概念诱发的词素组合做准备……旨在为描述术语构成的规律性提供一个分类框架。""我们在此对概念的本性、结构和位置加以关注，是为了对术语构成模式进行描述，而不是侧重讨论概念理论本身。"[1]

　　在书的第四、第五章，作者从概念类别、术语内部关系和概念化的规范模式这三个方面，从扼要介绍现存的相关理论入手，详细展开了术语构成概念化模式的具体内容，作者运用了大量图表以方便读者理解。在第六章，作者介绍了文献学术语构成的概念化模式的具体内容，并提出了若要更全面地对"术语总体"的动力学特点进行描述，还需进一步深化几个问题。在书第二部分的最后，作者提示到："学科领域中现存术语的一些系统化因素决定了新术语的构成，而后者一经出现，转而又分配给此领域的概念系统""术语的动力学特性本身在产生新术语时并未改变""在形成新术语时，术语的内在关系会怎样合成，也是可以预言的"。[1]

　　简而言之，第二部分通过对术语构成概念化模式的描述，介绍了作者所选的文献学语料源中术语的构成规律。

　　书的第三部分旨在介绍"术语增长的量化模式"。作者在此引入了数学和统计学的方法，采用了大量形象化的公式和图表，这也充分体现了术语学作为跨学科的边缘学科的特点。文献学术语语料源的词素增长模式、"中心词"和"限定成分"的增长模式，以及限定成分类别的动态增长模式等都用图表做了详细的介绍。在第七章，作者首先解释了运用量化方法可以对术语增长的哪些方面进行分析，然后对量化方法及其运用所必需的条件和假设进行检验。第八章从阐述运用量化模型进行术语分析的前提入手，依概念化类别对日文名词性术语词素的动力学特点进行了分析。第九章对术语要素的增长模式进行了量化分析和详细讲解，并以第六章的文献学术语构成模式为依据，详细阐述了每一个术语子集的术语增长模式。在此章最后，作者做了方法论反思，得出的结论是：二项式内插法和外推法，为描述术语增长的模式提供了极为有用且强有力的方法论工具，这也弥补了描述术语构成的概念化模式的不足。[1]

　　书的第四部分是"结束语"，作者在此回顾第一部分讨论过的一些论点，并对二、三部分的研究成果进行重申。作者再次提倡对术语总体的经验性研究，提倡对个体学科领域术语的总体性研究，反对只研究单个术语，也反对随意选择术语案例开展研究。他认为，有关术语的理论，不仅应该反映作为经验性对象客体的单个术语的本质特性，还须反映"把术语和术语总体作为类别"的本质特性。影浦峡把 terminology 定位在"一般自然语言的词汇"和"人造的专门名称"之间的中间位置。他强调，某学科领域的术语总体，虽然也具有像自然语言现象一样的灵活性，但就其代表概念的功能和作为词汇的语言形式而言,它的结构则具有更强的系统化特色。作者在最后表达了将来进一步全面开发术语动力学特质的愿望,提出了对不同领域术语总体的动力学特点进行比较分析的构想。

书的"参考书目"包括了自20世纪60年代以来,在词的构成、术语学和语言统计学方面的主要出版物。日本作者和日文书名,作者都用拉丁字母做了音译。附录的最后是作者和学科的联合索引。此部术语学力作是作者十多年术语学研究思想的凝聚。早在此书出版之前,作者的术语学术思想就已经引起西方学界的广泛关注。例如,在"语言系统"和"言语"的区分上,terminology是一个在"言语"或者"语言事实"层面上加固的概念,属于言语的范围;有关术语的理论应该在整体上对某学科领域的术语总体进行描述;是"术语总体"而不是"单个的术语"与概念领域有着更紧密的对应关系;"术语总体"的概念优先于"单个术语"的概念;要承认单个术语是在经验上可以观察的对象客体;在"术语总体"的概念巩固之前,我们应该搞清什么是"词汇"(vocabulary)和"域"[2]"某领域的术语总体……它的结构则具有更强的系统化特色"等观点。西班牙女学者卡布雷(Cabré)[3]、斯洛伐克女学者达格玛·扎格德(D. Sageder)[4]、比利时女学者R. 泰默尔曼[5]等,都在自己的术语学研究论著中提到过影浦峡的术语学思想贡献。

西方学者认为:影浦峡对术语构成进行概念化分析的方法,其描述性价值和诠释的力度,远远超出了日语和文献学这些狭小的语言和学科领域的局限。因为名词性术语在任何学科领域的术语中都占据着显著位置,撇开这本著作中体现的类型学或者系谱学的一些特点,书中所描述的在术语构成过程中确立的概念内部的关系,在原则上对研究其他语言的术语构成也很适用。

作者在阐述术语构成模式时所采用的基于统计资料进行预测的方法,对研究某一学科领域术语新词的形成和发展规律更具启发性。此书出版的意义,正如作者自己评价的:虽然此书只是向全面探索术语构成和术语增长规律迈出的一小步,但却是很关键的一步。虽然此书还不尽完善,但瑕不掩瑜,它启发人们不仅需要研究具体话语或者专业文本中的个案术语,而且还需要探讨学科领域术语的构成规律和术语总体的增长规律。

德国学者R. 格莱泽(Rosemarie Glaeser)曾评价:影浦峡的术语学理论成就值得人们做更进一步的探讨,特别是在开发其实用性价值方面。此书附录中的术语列表,也可以为辞典编纂和术语编纂工作提供一些灵感。附录中的术语构成模式(模型)等,经过合理的诠释,可以作为西方一些开设语言课程的大学讲授术语学课程之用。中文和日文虽不属于同一语系,但日文受到隋唐文化的影响,借用汉字或者汉字的某些偏旁,与中文有不解之缘。当今时代,汉语和日语呈现了更紧密的互动,因此,影浦峡的这部术语学力作,也会对以汉字为主体的中国术语学建设产生积极影响。

参考文献

[1] KAGEURA K. The Dynamics of Terminology：A Descriptive Theory of Term Formation and Terminological Growth[M]. Amsterdam/ Philadelphia：John Benjamins,2002.

[2] KAGEURA K. On the Study of Dynamics of Terminology：A Proposal of a Theoretical Framework [M]. Amsterdam/ Philadelphia：John Benjamins,2000.

[3] CABRÉ M T. Terminology：Theory, Methods and Applications[M]. Amsterdam/ Philadelphia：John Benjamins,1999.

[4] SAGEDER D. Terminology Today：A Science, an Art or a Practice? Some Aspects on Terminology and Its Development[J]. Brno Studies in English,2010,36(1):123 – 134.

[5] TEMMERMAN R. Watching out for the dynamicity, diversity and indeterminacy of terminological understanding in communication[M]. In Unknown,2013.

附　录

术语学基础性读物（**TermNet** 出版社出版的主要著作）（**TermNet Publisher Products**）：

ARNTZ R, PICHT H. Einführung in die Terminologiearbeit［Introduction to terminology work］. Hildesheim/Zurich/New York：Georg Olms Verlag, 1991.

BAUMANN K-D, KALVERKÄMPER H. Kontrastive Fachsprachenforschung［Contrastive studies in specialized languages］. Tübingen：Gunter Narr Verlag, 1992.

FELBER H, BUDIN G. Terminologie in Theorie und Praxis［Terminology in theory and practice］. Tübingen：Gunter Narr Verlag, 1989.

FLUCK H-R. Fachsprachen. Einführung und Bibliographie［Specialized languages. Introduction and bibliography］. Tübingen/Basel：A：Francke Verlag, 1976.

GALINSKI Ch, GOEBE J W. Guide to Terminology Agreements. Vienna：TermNet Publisher, 1996（en, de）. Order：http://www. ergon-verlag. de.

GRINEV S.［Introduction to terminology］. Moscow：1993（in Russian）.

HOFFMANN L. Kommunikationsmittel Fachsprache［Specialized language as communication tool］. Tübingen：Gunter Narr Verlag, 1985.

HOFFMANN L. Vom Fachwort zum Fachtext［From term to specialized text］. Tübingen：Gunter Narr Verlag, 1988.

HOFFMANN L, KALVERKÄMPER H, WIEGAND E. Fachsprachen/Languages for Special Purposes. Ein internationales Handbuch zur Fachsprachenforschung / An international handbook of special-language and terminology research. Berlin/New York：Walter de Gruyter, 1998. 2 vols. – – > esp. chapters XXIII-XXIV.

LERAT P. Les langues spécialisées［Specialized languages］. Paris：Presses Universitaires de France, 1995.

LAURÉN C, PICHT H. Ausgewählte Texte zur Terminologie［Selected readings in terminology］. Wien：TermNet Publisher, 1993.

PICHT H, SCHMITZ K -D. Terminologie und Wissensordnung. Vienna: TermNet Publisher, 2001. Ausgewählte Schriften aus dem Gesamtwerk von Eugen Wüster. Order: http://www. ergon-verlag. de.

RONDEAU G. Introduction à la terminologie [Introduction to terminology]. Québec: Gaetan Morin ed. , 1983.

SAGER J C. A practical course in terminology processing. Amsterdam/Philadelphia: John Benjamins Publishing Comp. , 1990.

SETTI S. La relation concept - objet autour des définitions de termes. Viènne: TermNet Publisher, 2001 (fr). Order: http://www. ergon-verlag. de.

SCHMITZ K-D. Sprachtechnologie für eine dynamische Wirtschaft. Vienna: TermNet Publisher, 2000.

WRIGHT S-E, Budin G. Handbook of terminology management. Amsterdam/Philadelphia: John Benjamins Publishing Comp. , 1997. 2 vols.

WÜSTER E. The Machine Tool: An Interlingual Dictionary. Vienna, 1967 (de, en, fr).

WÜSTER E. Einführung in die allgemeine Terminologielehre und terminologische Lexikographie [Introduction to the general theory of terminology and terminological lexicography]. Wien/New York: Springer, 1979/Copenhagen: 1985/Bonn: 1991 (Engl. , Jap. , French translations available). Order: http://www. ergon-verlag. de.

IITF-SERIES

IITF -Series 1   FELBER H. Allgemeine Terminologielehre und Wissenstechnik. Theoretische Grundlagen. [General Theory of Terminology and Knowledge Engineering. Theoretical Foundations]. ISBN 03 – 901010 – 13 – 0, 130 pp. , in German. please see IITF-Series 10.

IITF-Series 2   REINKE U. Der Austausch terminographischer Daten. [Exchanging Terminographical Data]. 148 pp. , in German. ISBN 3 – 901010 – 05 – X.

IITF - Series 3   INTERNATIONALES INSTITUT FÜR TERMINOLOGIEFORSCHUNG (Hrsg.): Selected Readings in Russian Terminology. ISBN 3 – 901010 – 08 – 4, approx. 130 pp. , in English. Order: http://www. ergonverlag. de.

IITF-Series 4   DRASKAU J. International Conference on Terminology Science and

Terminology Planning; IITF Workshop Theoretical Issues of Terminology Science. ISBN 3 –901010 –09 –2, 290 pp. , in English.

IITF-Series 5　MOSCHITZ-HAGSPIEl B. Die Sowjetische Schule der Terminologie (1931 – 1991). [The Soviet School of Terminology (1931 – 1991).] ISBN 03 –901010 –10 –6, 348 pp. , in German. Order: http://www. ergonverlag. de.

IITF-Series 6　WEISSENHOFER P. Conceptology in Terminology Theory, Semantics and Word Formation. ISBN 3901010 –11 –4, 270 pp. , in English.

IITF-Series 7　BUDIN G, OESER E. Beiträge zur Terminologie und Wissenstechnik. [Advances in Terminology and Knowledge Engineering.] ISBN 3 –901010 –14 –9, 327 pp. , in German. Order: http://www. ergonverlag. de.

IITF-Series 8　SANDRINI P. Terminologiearbeit im Recht. Dekriptiver begriffsorientierter Ansatz vom Standpunkt des Übersetzers. [Terminology work in the Field of Law. A Descriptive, Term – oriented Approach from the Perspective of Translation]. ISBN 3 – 901010 – 15 – 7, 291 pp. , in German. Order: http://www. ergonverlag. de.

IITF-Series 9　LAURÉN C, MYKING J, PICHT H. Terminologie unter der Lupe. ISBN 3 –901010 –22 – X, viii + 353 pp. In German. Order: http://www. ergon-verlag. de.

IITF-Series 10　FELBER H. Allgemeine Terminologielehre, Wissenslehre und Wissenstechnik. Theoretische Grundlagen und philosophische Betrachtungen. 2001. 284 S. ISBN 3 – 89913 – 391 – 9. Order: http://www. ergonverlag. de.

IITF-Series 12　SHELOV S D, LEICHIK V M. (ED. S) together with Picht H, Galinski C. Russian Terminology Science (1992 – 2002). 2004. ISBN 3 – 89913 – 409 – 5. Order: http://www. ergon – verlag. de.

IITF-INFOTERM SERIES and INFOTERM SERIES
IITF-INFOTERM SERIES

BUDIN G. Multilingualism in Specialist Communication. Proceedings of the 10th European LSP Symposium, Vienna, 1995. ISBN 3 – 89913 – 397 – 8. Order: http://www. ergon-verlag. de.

LAURÉN C, PICHT H. Ausgewählte Texte zur Terminologie. [Selected Readings in Terminology]. ISBN 3 – 901010 –07 –6, 539 pp. , in German.

INFOTERM SERIES

GALINSKI C, OESER E. Eugen Wüster (1898 – 1977) [ProCom] Vol. I 1998 de/en. ISBN 3901010 – 20 – 3.

GALINSKI C, OESER E. 4th Infoterm Symposium [ProCom] Vol. II 1998 de/en. ISBN 3 – 90101021 – 1.

Internationales Informationszentrum für Terminologie (Hrsg.): Terminology Work and Knowledge Transfer. Best Practice in Terminology Management and Terminography. 4th Infoterm Symposium. ISBN 3 – 89913 – 388 – 9. 1998. 456 S. Order: URL: http://www. ergon-verlag. de.

KROMMER-BENZ MAGDALENA, MANU ADRIAN. Terminology Work in Subject Fields. Third Infoterm Symposium. ISBN 3 – 89913 – 389 – 7. 1993. 630 S. Order: http://www. ergon-verlag. de.

PROCEEDINGS

TAMA-Series — Conferences: Terminology in Advanced Management Applications (formerly Terminology in Advanced Microcomputer Applications).

SCHWARZ R. Terminology in Advanced Microcomputer Applications TAMA'92. Proceedings of the 2nd TermNet Symposium. ISBN 3 – 89913 – 400 – 1. 1992. 340 S. Order: http://www. ergonverlag. de.

SCHWARZ R. Tools for Multilingual Communication. Terminology in Advanced Microcomputer Applications TAMA'92. Proceedings of the 2nd TermNet Symposium. ISBN 3 – 89913 – 400 – 1. 1992. 340 S.

TKE-Series — Conferences: Terminology and Knowledge Engineering

CZAP HANS, GALINSKI CHRISTIAN. Terminology and Knowledge Engineering '87. Proceedings International Congress on Terminology and Knowledge Engineering. ISBN 3 – 932004 – 21 – 3. 1987. 435 p. (+ Suppl.).

CZAP HANS, NEDOBITY WOLFGANG. Terminology and Knowledge Engineering'90. Proceedings International Congress on Terminology and Knowledge Engineering. ISBN 3 – 932004 – 23 – X. 1990. 698 p. (2 Vols.). Order: http://www. ergon-verlag. de.

SCHMITZ KLAUS-DIRK. Terminology and Knowledge Engineering '93. Proceedings Third International Congress on Terminology and Knowledge Engineering. ISBN 3 – 932004 – 24 – 8. 1993. 472 p. Order: http://www. ergon-verlag. de.

GALINSKI CHRISTIAN, SCHMITZ KLAUS-DIRK. Terminology and Knowledge Engineering '96. Proceedings Fourth International Congress on Terminology and Knowledge Engineering. ISBN 3932004 – 25 – 6. 1996. 461 p. Order: http://www. ergon - verlag. de.

SANDRINI PETER. Terminology and Knowledge Engineering '99. Proceedings Fifth International Congress on Terminology and Knowledge Engineering. ISBN 3 – 89913 – 398 – 6. 1999. 831 p. Order: http://www. ergon – verlag. de.